패권 충돌의 시대

한국의
대전략

모든 군인과 정치가들은
전쟁을 가볍게 여겨서도 두려워해서도 안된다.

오토 폰 비스마르크

패권 충돌의 시대

완전한 승리의 비극과 제한적 승리의 불가피성

Korea's Grand
Strategy

한국의
대전략

이교관 지음

김앤김북스

패권 충돌의 시대
한국의 대전략
완전한 승리의 비극과 제한적 승리의 불가피성

초판 1쇄 발행 2022년 2월 22일

지은이 이교관
펴낸이 김건수
디자인 이재호 디자인

펴낸곳 김앤김북스
출판등록 2001년 2월 9일(제12302호)
주소 서울시 마포구 월드컵로42길 40, 326호
전화 (02)773-5133 **팩스** (02)773-5134
Email apprro@naver.com
ISBN 978-89-89566-87-8 (03340)

차례

G R A N D   S T R A T E G Y

서문

전략 국민과 스테이츠맨의
등장을 위하여

"책은 독자를 염두에 두지 않고 자기의 피로 써야 한다."

이는 19세기 독일 철학자 프리드리히 니체가 『짜라투스투라는 이렇게 말했다』에서 한 말이다. 책은 남을 의식하지 않고 자신만의 세계관에 따라 영혼을 담아 써야 한다는 것이다. 이 말은 이 책을 쓰는 동안 늘 나의 정신을 일깨워주었다. 니체의 충고를 실천하느냐 여부가 이 책의 운명을 결정한다고 나는 생각했다.

내가 이 책을 쓰게 된 동기는 오늘날 동아시아와 서태평양 지역의 질서를 둘러싸고 격화되고 있는 미중 패권 경쟁 구도 속에서 단순히 한국의 생존 전략을 모색하는 데 있지 않다. 나의 목적은 지난 30년간의 탈냉전 시기에 미국 주도의 글로벌 자유주의 질서가 왜 붕괴했는지에 대한 분석을 통해 미국이 중국과의 패권 경쟁에서 승리하기 위해선 어떤 대전략을 추구해야 하는지, 그 과정에서 한국은 어떤 전략을 갖고 미국을 지원해야 하는지를 살펴보는 데 있다.

하지만 더 중요한 목적은 한국이 추구해야 할 2050년 대전략의 비전을 제시하는 데 있다. 즉, 한미 동맹을 한미 전략핵동맹으로 발전시키고 북한 붕괴 시 통일을 성공적으로 이루어내며, 일본의 군사대국화를 통한 제2의 대동아 공영권 야망을 저지하고 미군의 역내 철수 또는 대규모 감축 시 그 빈자리를 맡아 역내 자유주의 질서를 지켜내기 위해서는 어떤 대전략을 추진해야 하는지를 살펴보는 것이 가장 큰 목적이다.

> **내가 꿈꾸는 대전략의 큰 그림은 한국이 미국과 함께 역내 자유주의 질서를 주도하는 대전략 강국으로 도약하는 것이다.**

내가 꿈꾸는 대전략의 큰 그림은 한국이 2050년까지 국내총생산 5조 달 대의 글로벌 경제, 군사 강국, 즉 세계적 국가로 도약하는 것이다. 한국은 미국이 경제적 쇠퇴로 인해 동아시아에서 떠나거나 주둔군의 규모를 줄일 경우 그 빈자리를 채워야 한다. 중국의 비자유주의적 패권 추구를 저지하는 데 미국과 함께 핵심적 역할을 담당해야 한다. 그럴 경우 한국은 역내 자유주의 질서를 주도하는 대전략 강국으로 도약할 수 있다.

미국은 현재 경제적 쇠퇴 기조가 계속된다면 언젠가 역내 패권을 유지하기 위한 대전략으로서 역외 균형(offshore balancing)을 선택하게 될 것이다. 경제력이 쇠퇴함에 따라 미국은 갈수록 막대한 군사비에 대한 부담을 크게 느끼고 있고, 부의 양극화로 인해 삶이 악화됨에 따라 해외에서 군사적 수렁에 빠져드는 것에 반대하는 미국인들이 늘고 있다. 이 때문에 미국은 향후 30년 내 역내에서 주둔 규모를 대폭 감축하거나 철수하는 대신, 위기 발발 시 파병 또는 증원을 통해 동맹국들과 협력하는 역외 균형으로 대전략을 전환할 가능성이 있다.

이 때문에 한국은 북한의 도발에 대한 대응에 초점을 맞춘 현재의 한미 동맹을 역내 질서 전반을 관리하는 전략 플랫폼으로서 한미 전략핵동맹으로 발전시켜 나가야 한다. 한미 전략핵동맹은 기존 재래식 군사력뿐만 아니라 유사 시 미국 본토와 유럽에 배치되어 있는 전술핵무기까지 전략적으로 공유하는 동맹 체제라 할 수 있다. 한미 동맹이 이처럼 재래식 군사 동맹에서 전략핵동맹으로 도약할 때 한국은 비로소 북한의 핵무기와 탄도미사일 위협은 물론 중국의 군사적 위협에도 맞설 수 있는 안보 환경을 갖출 수 있다.

한국은 이를 바탕으로 2050년까지 30년 동안 GDP 5조 달러대의 경제력과 그에 상응하는 군사력을 갖춘 글로벌 3대 경제 및 군사 강국으로 도약해야 한다. 그렇게 함으로써 한국은 미국이 역외 균형 전략으로 이행함에 따라 생기는 빈자리를 맡아 중국과 러시아, 북한의 위협으로부터 동아시아와 서태평양의 자유주의 질서를 지켜낼 수 있다. 이는 한미 전략핵동맹이 역내 비자유주의화 위기를 해결하는 '한미 전략질서동맹'으로서의 역할을 하게 된다는 것을 의미한다.

한국은 이 같은 세계적 국가로 올라서면서 중장기 전략을 통해 일본이 21세기 문명 국가로 나아가도록 도와주어야 한다. 이 같은 노력이 성공하면 일본은 군국주의적 보수의 권력 독점에서 탈피할 수 있다. 조선의 강제병합에서부터 태평양 전쟁에 이르기까지 동아시아와 서태평양 지역의 공동체에 대한 일말의 존중심을 보여준 적이 없는 군국주의적 보수 세력이 아닌, 한국을 비롯한 이웃 국가들과의 평화적 공존을 존중하는 문명 세력이 국가를 경영하는 정상국가로 점차 변화할 가능성이 있다.

한국이 이제 앞으로 가야 할 길은 글로벌 3대 경제력 및 군사력을 갖춤으로써 중국의 비자유주의적 패권 추구와 일본의 군국주의적 보수 세력에 의한 제2의 대동아공영권 부활 야망, 북한의 핵무기와 대륙간탄도미사일 위협을 저지하고 역내의 평화와 번영을 이끄는 세계적 국가로 나아가는 것이다.

한국은 미중 패권 경쟁, 일본의 군사대국화, 북한의 핵무기와 탄도미사일 개발, 극동으로 축을 옮기고 있는 러시아의 군사적 위협 등으로 인한 위기 속에서 생존하는 데만 급급해서는 미래가 없다. 향후 30년 동안 세계적 국가로 도약해 동아시아와 서태평양 지역을 평화와 번영의 공간으로 바꿔 나간다는 대전략을 갖고 보수와 진보가 합심해 국가 개혁에 나서야 한다.

한국이 대전략 강국으로 도약하기 위해서는 중국과 일본을 상대로 한 두 개의 커다란 도전을 극복해야 한다.

하지만 한국이 향후 30년에 걸쳐 이 같은 대전략의 비전을 달성하기 위해서는 두 개의 커다란 도전을 극복해야 한다. 바로 중국과의 두 차례의 제한 전쟁과 일본과의 역내 차세대 패권 전쟁이다. 특히 중국과의 두 차례 제한 전쟁은 한국이 대전략 강국으로의 도약에 성공할지 여부를 좌우하게도 될 것인 만큼 반드시 승리해야 한다. 일본과의 전쟁은 비군사적인 전쟁으로서 경제와 외교로 이겨야 하고 충분히 가능하다.

중국은 지난 10년간 베트남과 필리핀 등 남중국해 주변 국가의 도서들과 환초들을 불법 점유하거나 인공섬과 군사기지를 건설하는 등 남중국해를 자국의 내해(內海)로 만들려는 시도를 해 왔다. 중국은 더 나아가 동중국해를 내해화하는 전략을 본격화할 것으로 전망된다. 이 때문에 중국이 동중국해와 접한 서해와 남해상의 도서들과 환초들에 대한 영유권 분쟁을 일으킬 우려가 높아지고 있다. 그 같은 우려가 현실화할 경우 불가피하게 한중 간에 해상 충돌이 일어날 가능성이 있다.

중국은 또한 북한이 붕괴할 경우 한국이 평양-원산, 즉 청천강 라인 이상으로 북진하지 못하게 만듦으로써 한미 연합군이 압록강을 사이에 두고 중국군과 대치하는 사태를 막으려고 들 것이다. 중국은 한미 연합군의 압록강 주둔 시나리오를 중국 공산당 1당 지배 체제에 가장 큰 위협 중 하나로 인식하고 있다. 이 때문에 중국은 북한 붕괴 시 한국을 상대로 폭력적인 영토 주권 침해에 나설 가능성이 있다. 그럴 경우 한중 간에 서해와 남해상에서의 제한 전쟁에 이어 제2의 제한 전쟁이 발발할 것으로 예상된다.

문제는 미국과 패권을 다투고 있는 초강대국 중국과의 두 차례의 제한 전쟁에서 어떻게 승리할 수 있느냐이다. 나는 한국의 승리 전략을 리비우스의 『한니발과의 전쟁』과 마키아벨리의 『로마사 논고』에서 발견했다. 리비우스와 마키아벨리가 주목하는 로마의 전략가인 집정관 파비우스가 연전연승의 한니발 군대로부터 로마를 구하고 역전의 발판을 만드는 데 동원했던 '결전 회피'라는 이름의 제한적 승리 전략이 바로 한국이 다가올 중국과의 두 차례 전쟁에서 추구해야 할 군사 전략이다.

한국이 중국 및 일본과의 군사적, 비군사적 전쟁에서 모두 승리함으로써 글로벌 3대 대전략 강국으로 도약하는 비전을 추구하는 것은 21세기 현 세계사의 방향에 부합한다. 오늘날 미국의 대전략 변화와 함께 반도체와 정보통신(IT) 등 첨단 산업에서 한국의 급속한 성장, 중국의 중산층 성장에 따른 중국 공산당 1당 지배 체제의 위기 증대, 일본의 상대적 쇠퇴 등의 정세 변화가 앞으로 30년 내 한국이 역내 질서를 주도하는 국가의 지위에 오를 수 있는 기회를 부여하고 있다. 그렇다면 한국은 이 같은 천재일우(千載一遇)의 기회를 잡기 위한 국가 대전략과 그것을 실현할 외교안보 통일 전략, 경제 전략, 정치사회 전략을 수립하여 추진해야 한다. 그래서 19세기 독일 통일을 이룩한 프러시아 재상 오토 폰 비스마르크는 이렇게 말했던 것이다. "역사의 급류에서 신의 발자국 소리를 귀 기울여 듣고 있다가 그 소리가 들리는 그 찰나의 순간에 신의 옷자락을 잡아챔으로써 민족적 과업을 이루어야 한다."

한국이 대전략을 추구하는 것이 오늘날 세계 질서의 변화와 부합한다는 점을 뒷받침하는 가장 중요한 요인은 미국의 대전략 변화에서 찾을 수 있다. 2017년 1월 트럼프 행정부가 출범한 뒤, 미국의 대전략은 클린턴, 조지 W. 부시, 오바마 등 3개 행정부가 동유럽, 북아프리카, 중동, 그리고 서남아시아 등에서 비민주주의 국가들을 자유민주주의와 시장경제로 체제 전환을 시키기 위한 전쟁을 벌여왔던 자유주의 패권(liberal hegemony) 전략에서 '아메리카 퍼스트(America First)'라는 국익 우선주의 내지는 세력 균형에 기초한 현실주의로 점차 이행해 왔다.

트럼프는 부의 양극화와 실업 등 미국 국민들의 사회경제적 문제가 심각해지자 자유주의 패권 전략을 폐기하고 시리아와 아프간 주둔 미군의 철수를 결정했다. 그는 이어 주독미군 일부를 감축하고 주한미군 주둔비를 한국이 전부 부담할 것을 요구한 데 이어 중국의 막대한 대미 교역 흑자를 줄이기 위해 대중 무역 전쟁을 시작했다. 또 이전에 해외로 공장을 이전했던 미국 기업들에게 공장을 다시 미국으로 옮기라고 하는 리쇼어링(reshoring) 정책을 추구했다.

2021년 1월 바이든 행정부가 출범하면서 미국의 대전략이 이상주의에서 현실주의로 이행하는 흐름이 늦어질 수 있다는 전망이 있다. 바이든 행정부에서 다시금 외교정책의 주도권을 잡은 이상주의 외교 엘리트 그룹인 블롭(the Blob)이 탈냉전 시기 3개 행정부 때 그랬던 것처럼 자유주의 패권을 부활하지 않겠느냐는 전망이 적지 않은 것이다. 그러나 바이든 행정부가 트럼프 행정부가 추구한 국익 우선주의 전략에 어느 정도 공감하는 입장을 표명함에 따라, 미국 국민들이 비판해 온 자유주의 패권 전략을 곧바로 부활시키기는 어려울 것으로 관측된다. 그 같은 입장은 바이든 행정부가 출범한 지 두 달 만인 2021년 3월 초 발표한 '국가안보전략 잠정 지침'에서 확인된다.

이 잠정 지침은 바이든 행정부의 모든 외교안보 전략과 정책에 대해 "바이든 행정부의 안보 전략의 핵심은 중산층"이라면서 "우리가 하는 모든 일은 미국의 각 가정을 위한 것"이라고 밝혔다. 이는 블롭이 위 3개 행정부 때 국민의 동의 여부와 관계없이 추구했던 자유주의 패권 전략을 이젠 국민의 지지 없이는 더 이상 추구하지 않을 뿐만 아니라, 더 나아가 각 중산층 가정에 이익이 되는 국익 중심의 외교안보 전략을 추진하겠다는 입장으로 돌아섰다는 것을 의미한다.

그렇다면 미국의 대전략은 바이든 행정부 임기 동안에도 현실주의적 세력균형으로 이행하는 커다란 흐름은 계속될 것으로 예상된다. 이는 해외 주둔 미군의 감축을 요구하는 미국 국민이 지금보다 더 많아질 경우 미국으로서는 점차 역외 균형으로 이행할 가능성이 높다는 것을 의미한다.

> **미국이 동아시아와 서태평양 지역에서 철수할 경우 어느 나라가 미국의 빈자리를 맡을지가 역내 질서를 결정하게 된다.**

문제는 미국이 동아시아와 서태평양 지역에서 주둔 규모를 대폭 축소하거나 철수할 경우 한국과 일본 중 어느 나라가 미국의 빈자리를 맡게 될 것이냐이다. 일본의 군국주의 성향의 보수 세력은 자신들이 미국의 빈자리를 채움으로써 제2의 대동아공영권이라는 위험한 야망을 실현하고 싶어 한다. 아베 신조와 그의 뒤를 이은 스가 요시히데로 대표되는 일본 자민당의 보수 세력이 미국과 함께 인도-태평양 전략과 쿼드 등 중국을 견제하는 역내 동맹 네트워크를 구축해 오면서 한국을 철저하게 배제시켜 온 것은 바로 이 때문이다.

이와 함께 2019년 7월 당시 아베 정권이 한국을 상대로 반도체 소재 수출 규제 조치를 취한 목적도 미국의 빈자리를 한국이 노리지 못하게끔 선제적으로 타격을 가하려는 데 있었다. 한국이 2010년대 들어서 반도체 산업과 정보통신 산업을 중심으로 급성장하면서 경제 규모에서 일본을 바짝 따라붙자, 일본 자민당의 보수 세력들은 한국의 반도체 산업을 무너뜨려야 한다는 절박감에 내몰린 나머지 수출 규제에 나섰던 것이다. 이 같은 일본의 조치는 미군의 철수 시 발발하게 될 한일 간 차세대 패권 전쟁의 전초전으로 평가할 수 있다.

하지만 일본의 이 같은 무리한 시도에도 불구하고 미국의 빈자리는 한국이 맡을 가능성이 현재로서는 더 높다. 일본은 미국의 역내 제1 동맹국인 양 행세하지만, 미국은 일본이 미국의 빈자리를 맡을 경우 미국의 역내 패권을 지원하는 차원이 아니라 미국을 제치고 역내 패권을 장악하려는 속셈이 있다고 의심하고 있다. 이는 즈비그뉴 브레진스키 전 미 국가안보보좌관이 『거대한 체스판』에서 일본이 경제력에 걸맞은 지위를 인정받고 싶은 나머지 미일 동맹의 우산 아래 머물러 있지 않을 수 있다고 지적한다는 점에서 확인된다.

미국은 글로벌 패권을 유지하기 위해 유라시아 지역의 패권을 안정적으로 관리해야 한다. 이를 위해 미국으로서는 일본을 묶어두어야 한다. 그런데 일본이 언제 미국의 안보 우산에서 떠날지 모른다는 것은 미국의 입장에서 봤을 때 불안 요인이 아닐 수 없다. 그래서 미국은 일본이 1996년 IMF(국제통화기금)를 대체할 AMF(아시아통화기금)를 창설하려 했다는 사실을 잊지 못한다. 오바마 전 대통령이 아베에게서 중국 견제를 위한 다자 무역 협정인 환태평양경제동반자협정(TPP)에 참여하겠다는 동의를 받았을 때, 이를 기대 밖의 큰 성과로 평가한 것도 이런 맥락에서 봐야 한다. 오바마로서는 일본이 과연 미국과 함께 대중 견제에 나설 것인지 여부에 대해서 확신이 없었던 것이다. 이 때문에 미국은 역외 균형으로 이행 시 그 빈자리는 일본보다는 한국이 맡는 것이 미국이 동아시아 패권을 유지하는 데 더 도움이 될 것이라는 견해가 늘고 있다.

최근 미국의 전략 담론 시장에서 역외 균형에 대한 공감이 늘고 있다는 점에서, 미국이 2020년대 중반 전후로 점차 역내 주둔 규모를 줄여나가는 것으로 역외 균형으로 본격적으로 이행해 갈 것으로 전망된다. 역외 균형을 주창하는 대표적인 전략가는 미국 하버드 대학의 현실주의 국제정치학자 스티븐 월트다. 월트는 『미국 외교의 대전략The Hell Of Good Intentions』에서 미국이 자유주의 패권 전략에 따라 세계 전역에서 체제 전환을 위한 전쟁을 벌이는 것을 중단하고 유럽과 동아시아, 걸프 등 3대 전략 지역에만 집중할 것을 제안한다. 이들 지역에서 미국과 동맹국들의 안보와 국익이 위기에 처할 경우에만 파병해 지역의 위기를 해결하는 역외 균형이야말로 미국에겐 최고의 대전략이라는 것이 그의 주장이다. 역외 균형 전략을 추진하게 되면 미국으로서는 중국의 패권 도전에 더 집중해서 대응할 수 있는 장점이 있다고 월트는 지적한다.

그렇다면 한국은 앞으로 30년 동안 미국이 역외 균형으로 이행함에 따라 생기는 빈자리를 미국에게서 넘겨받기 위한 대전략과 이를 실현하기 위한 외교안보 전략을 추진해 나가야 한다. 그렇게 할 때 한국은 미국의 역내 제1 동맹으로서 경제 강국과 외교안보 강국이 됨과 동시에 그 과정에서 북한이 붕괴할 경우 통일까지 이룰 수 있다. 그런 다음에야 한국은 비로소 중국의 비자유주의적 패권 도전과 일본의 위험한 제2의 대동아공영권 야망, 북한의 핵무기와 대륙간탄도미사일 보유를 저지하고 북한 붕괴 시 통일을 해낼 수 있는 세계적 국가로 발돋움할 수 있다.

나는 한국이 지금 이 같은 대전략을 추구하는 것이 21세기 세 번째 10년이 시작된 이후 나타나고 있는 세계사의 큰 방향에 부합한다고 확신한다. 내가 이같이 확신하게 된 데는 냉전 종식 이후 미국이 주도해 왔던 탈냉전 체제가 왜 무너졌고, 중국과 러시아가 어떻게 미국의 패권 체제로부터 이탈해 새로운 대안 질서를 만들고자 노력해 왔는지에 대해 지난 30년간 깊이 연구해 온 것이 큰 도움이 됐다. 〈코리아 헤럴드〉에서 〈조선일보〉에 이르기까지 외교안보통일과 경제, 정치 분야의 언론 경험, 청와대 외교안보수석실과 통일부의 정책결정 과정 참여 경험, 한반도선진화재단에서 한국국가대전략연구원에 이르는 담론 공동체 경험은 세계 질서와 역내 질서의 변화와 그 변화 속에서 한국이 추구해야 할 대전략에 대해 늘 고민하게끔 나를 이끌어 온 원동력이 되어주었다.

나는 미국이 21세기 두 번째 10년대에 중국과 러시아를 탈냉전 질서를 떠받쳐 온 주권과 영토 존중의 베스트팔렌 체제 내에 묶어두는 데 실패하고 패권 도전에 나서는 걸 허용했으며, 그 원인을 미국이 이들 두 권위주의 강국을 상대로 이상주의에 기초한 완전한 승리(a full victory)를 추구했기 때문이라는 문제틀(problematic)을 제시한다.

> **러시아와 중국이 미국의 패권 체제에서 이탈해 새로운 패권 질서를 추구하게 된 것은 미국이 자유주의 패권이라는 완전한 승리 전략을 추구했기 때문이다.**

미국이 이 같은 완전한 승리를 추구하게 된 데는 모든 나라가 자유민주주의와 시장경제라는 정치 및 경제 체제를 갖추면 전쟁이 일어나지 않는다는 민주주의 평화 이론에 기초한 자유주의 패권 전략을 추구한 것이 결정적인 영향을 미쳤다. 미국이 블롭(the blob)의 주도로 탈냉전 시기 3개 행정부 기간 동안 이라크 전쟁과 아프간 전쟁을 비롯해 전 세계 곳곳에서 마구잡이로 체제 전환(regime change) 전쟁을 일으킨 것은 이 같은 자유주의 패권 전략에 따른 것이다. 러시아와 중국이 미국의 패권 체제에서 이탈해 새로운 패권 질서를 추구하게 된 것도 미국이 러시아와 중국을 상대로 각각 동유럽으로의 나토 확장과 아시아 회귀 전략을 추구함으로써 완전한 승리를 거두고자 시도했기 때문이다.

전 역사적으로 보았을 때 완전한 승리의 추구는 한 나라의 안보에 재앙을 초래한다. 이는 15세기 이탈리아 경세가 마키아벨리의 『로마사 논고』와 19세기 프러시아의 군사전략가 클라우제비츠의 『전쟁론』 등 서구 고전들에서 확인된다. 특히 마키아벨리는 한니발이 트렌스메네 호수 전투와 칸나이 전투 등 로마군을 상대로 거둔 초기 승리들을 평화협정을 위한 지렛대로 삼지 않고 완전한 승리를 추구한 것이 카르타고의 패망을 초래했다고 말한다. 이는 역설적으로 로마에도 해당한다. 스키피오가 자마에서 한니발을 무찌름으로써 카르타고를 패망시킨 결과, 카르타고라는 견제 세력이 완전히 사라지자 로마가 쇠퇴하기 시작했다는 것은 완전한 승리 추구가 왜 한 나라의 안보는 물론 장기적인 발전에 유해한 전략인지 알려준다.

나는 완전한 승리 전략의 이 같은 문제점을 바탕으로 미국과 한국이 중국과 러시아의 패권 도전과 북한의 핵, 탄도미사일 개발 및 각종 군사적 도발에 대응함에 있어서 현실주의에 기초한 제한적 승리 전략을 추구해야만 한다는 비전을 제시한다. 존 루이스 개디스는 대전략이란 무한한 열망과 제한된 수단 간의 균형이라고 말한다. 그렇다면 미국과 한국은 중국과 러시아 같은 강대국은 물론 북한 같은 핵무기와 대륙간탄도미사일을 실질적으로 보유한 불량국가에 대해서도 완전한 승리를 거두기가 어려운 것이 현실이다. 클라우제비츠가 『전쟁론』에서 주창하는 바와 같이, 전쟁은 국내 정치의 연장이라는 점에서 전쟁은 적국을 완전히 패망시키는 절대 전쟁이 아니라 제한 전쟁이어야 한다. 이 점에서 한국과 미국은 중국, 러시아, 북한을 상대로 제한적 승리를 추구하는 것이 옳다.

이는 일본에 대해서도 마찬가지다. 한국은 일본에 대해서도 제한적 승리를 추구해야 한다. 일본의 군국주의적 보수 세력이 제2의 대동아공영권이라는 위험한 야망을 추구하는 것을 저지시킨 뒤, 21세기 문명 세력이 일본을 경영할 수 있게 도움으로써 한국의 중요한 파트너로 만드는 것이다. 그래야만 한국이 미국의 빈자리를 맡아 중국과 러시아, 북한을 상대로 한 제한 전쟁을 치를 때 일본의 도움을 얻을 수 있다.

나는 크세노폰, 투키디데스, 맹자, 마키아벨리, 클라우제비츠, 케넌, 키신저 등 고대에서 현대에 이르기까지 동서양의 위대한 전략 사상가들을 통해 완전한 승리의 문제점과 제한적 승리의 타당성을 살펴본 뒤, 이 관점에서 미국의 올바른 대전략과 이를 뒷받침할 한국의 대전략이 무엇이 되어야 할지를 제시할 것이다. 그런 다음 나는 북한, 중국, 일본 순으로 그들의 전략을 살펴보고 이들에 대한 제한적 승리 전략의 방향을 제시할 것이다. 그리고 2050년 한국의 대전략과 이의 실현을 위한 외교안보통일 전략과 경제 전략, 정치사회 전략에 대해 살펴보고자 한다.

나는 오랫동안 고대 로마 5현제(五賢帝)의 한 사람인 마르쿠스 아우렐리우스가 말하는 생각의 힘을 믿어왔다. 아우렐리우스는 『명상록Meditations』에서 "사람은 오래 생각해 온 바대로 된다"고 했다. 이는 개인이나 국가나 마찬가지다. 많은 국민이 나라의 대전략을 틈이 날 때마다 생각하고 '대전략 강국' 또는 '세계적 국가'가 될 것을 상상하면 언젠가 그 꿈은 실현될 수 있다는 것이 나의 믿음이다. 따라서 이 책의 운명은 국민에게 그 같은 꿈을 꿀 수 있는 계기를 제공하는 데 달려 있다. 내가 많은 국민이 2050년 한국의 대전략을 저마다 자신들의 꿈으로 받아들이도록 돕는 것을 이 책의 목표로 삼은 것은 바로 이 때문이다.

문제는 그렇게 하기가 결코 쉽지 않다는 데 있다. 하지만 나는 이 임무를 성공적으로 수행하는 책을 써야 한다는 것을 '천형(天刑)'처럼 받아들였다.

이를 위해 반드시 넘어야 할 '고지(高地)'는 모두 세 개였다. 먼저 각 장마다 독자들에게 거부감 없이 읽히는 첫 문장 쓰기였다. 그다음은 전형적인 무미건조한 논픽션 문체로부터의 탈피였다. 마지막 고지는 니체 말대로 영혼을 담은 글쓰기였는데 '전투'는 여기서 결판난다고 나는 생각했다.

하지만 '첫 문장 쓰기'라는 첫 번째 전선에서부터 난관에 직면했다. 다른 두 개의 전선에 결코 뒤지지 않을 만큼 돌파하기가 어려웠던 것이다. 나는 궁리 끝에 두 명의 대가에게 '신세'를 졌다. 19세기 미국 소설가 헨리 제임스가 『여인의 초상』에서, 20세기 일본 역사 소설의 대가 시바 료타로가 『세키가하라 전투』에서 이구동성으로 조언한 것을 따랐다. "처음 떠오른 생각이 무엇이 됐든 그것으로 자연스럽게 시작하라." 만약 그렇게 하지 않았다면, 본문을 쓰기도 전에 나는 남십자성도 보이지 않는 남태평양의 어느 해역에서 좌초했을 것이다. 그만큼 문재(文才)가 부족한 내겐 새 장을 쓸 때마다 제임스와 료타로가 큰 격려가 되어주었다.

그러나 두 번째 전선에선 치열한 공방 끝에 후퇴를 거듭했다. 『흡혈귀의 비상』에서 미셸 투르니에가 꿈꾼 "논픽션도 기존 문체의 한계를 넘어설 수 있을 것"이라는 희망은 역시 나의 문재 부족으로 인해 실현되지 않았다. 빌헬름 2세가 19세기 독일 통일의 주역인 비스마르크를 총리에서 해임한 뒤, 그의 후임으로 임명된 레오 폰 카프리비는 "나는 저글링(Juggling)을 한 번에 여덟 개를 할 수 있는 비스마르크의 능력을 갖고 있지 않았다"고 토로했다. 카프리비처럼 비스마르크와 같은 저글링 능력을 갖고 있지 못한 나는 국가 대전략에 관한 글의 문체를 논픽션 문체가 갖는 한계에서 탈피시킨다는 것은 불가능했다.

윈스턴 처칠이 『제2차 대전사』를 써서 노벨문학상을 수상한 것도 같은 맥락에서 봐야 한다. 미국의 세계적인 외교 대전략가인 헨리 키신저가 전 세계의 근현대 외교사를 현실주의와 이상주의 간의 패러다임 변화를 중심으로 다룬 명저 『외교Diplomacy』를 탁월한 필치로 쓸 수 있었던 것도 마찬가지다. 키신저가 1970년대 초 미중 데탕트를 통해 냉전 종식의 기반을 닦은 당대 최고의 전략가였기에 그 같은 저술이 가능했을 것이다.

비스마르크와 처칠, 키신저는 각각 19세기 후반과 20세기 전후반의 세계 질서를 각각 세력 균형 전략으로 독일과 미국에 유리하게 바꾸는 데 성공한 '위대한 마법사들'이었다. 하지만 언론과 청와대, 정부를 오가며 그들을 책을 통해 사숙(私塾)해 왔을 뿐인 내게는 그 같은 '마법'이 있을 리 없다. 애초부터 이 책을 논픽션 문체에서 '탈옥'시키는 것은 불가능한 임무였다. 그래서 나는 '영혼을 담은 글쓰기'만큼은 포기할 수 없었다. 문학적인 문체로의 전복보다는 영혼을 담은 글쓰기가 훨씬 더 중요하기 때문이다. 이 책의 운명은 바로 여기서 결정된다고 생각했다. 이를 위해 나는 독자를 의식하지 않고 피로 쓴 글이 진정한 글이라는 니체의 말에 귀 기울이고 또 기울였다.

하지만 니체의 조언 역시 실현하기가 어려웠다. 때문에 나는 이 책을 쓰는 동안 그가 이룩한 경지를 탐낸 '죄'를 범한 데 따른 형벌을 톡톡히 치러야만 했다. '페넬로피의 수의(壽衣)'와 같은 '반복의 덫'에 걸려든 것이다. 오디세이가 트로이 전쟁에서 귀환하기 전, 페넬로피는 그가 죽었다고 여기고 몰려든 수많은 구혼자들의 청을 그의 수의를 짜고 풀기를 되풀이함으로써 물리쳤다. 지난 5년간 나 역시 페넬로피의 처지와 다르지 않았다. 1, 2차 북미 정상회담, 남북 정상회담, 미중 무역 전쟁, 2020년 11월 미국 대선 등 수많은 '쓰나미'들이 들이친 뒤 물러갔다가 다시 덮칠 때마다 탈고와 퇴고를 끝도 없이 반복해야만 했다.

> **| 탈냉전 시기 세계 질서의 변화는 '완전한 승리의 비극'이라는 프레임을 통해 읽어야 정확하게 볼 수 있다.**

이 같은 역경에도 불구하고, 부족하나마 이 책을 완성할 수 있었던 것은 한 번도 나 혼자서 책을 쓴다고 생각해본 적이 없었기 때문이다. 고대에서 근대에 이르기까지 서구의 위대한 사상가들과의 '대화'를 통해 도출해낸 통찰을 그들과 함께 정리하고 있다는 생각이 이 책을 준비하는 지난 5년 동안 좌절할 때마다 나를 일으켜 세워주었다. 특히 마키아벨리와 크세노폰, 클라우제비츠 세 사람이 나의 '독선생(獨先生)' 역할을 해주었다. 이들은 내게 미국이 완전한 승리 전략을 폐기하고 제한적 승리 전략을 추구해야 세계 패권과 역내 패권을 유지할 수 있다는 영감을 주었다. 한국이 중국과 일본, 북한을 상대로 제한적 승리 전략을 추구할 때, 세계적 국가로 도약해 중국의 비자유주의 패권 추구와 일본의 군사대국화를 통한 제2의 대동아공영권 부활 시도를 이겨내고 역내 자유주의 질서를 주도할 수 있을 것이라는 꿈을 꾸게 된 것도 이들의 도움 덕분이었다.

실제로 이들 세 스승의 고전들을 읽을 때마다 그들은 탈냉전 시기 세계 질서와 역내 질서의 변화는 '완전한 승리의 비극'이라는 프레임을 통해 읽어야 정확하게 볼 수 있다고 깨우쳐준 뒤, 그 대안으로서 제한적 승리 전략에 주목하도록 나를 이끌었다. 완전한 승리의 비극과 제한적 승리 전략의 불가피성이라는 관점에서 미국과 영국에서 출간되는 최신 국제정치와 경제 원서들을 읽고 또 읽으면서 이들 세 스승의 통찰과 영감이 맞는지 입증하고자 노력했다. 한국이 한미 전략핵동맹을 기반으로 역외 균형 전략에 따라 물러나는 미국의 빈자리를 맡아 중국과 일본을 상대로 제한적 승리 전략으로 승리할 수 있다는 대전략은 세 분 스승이 내어준 어깨 위에 올라 발견한 '비경(秘境)'이었다.

하지만 이 책을 담론 시장에 내어놓게 된 지금, 나는 기쁨보다 걱정이 앞선다. 이들 세 분 독선생과의 대화를 통해 도출한 21세기 세 번째 10년의 세계 질서와 역내 질서에 대한 분석과 대안을 오로지 나의 공부 부족으로 인하여 제대로 전달하지 못했을지 모른다는 두려움이 엄습하고 있기 때문이다. 내가

30대 초반 기자 시절에 첫 책을 낸 이래 50대 중반을 지나는 나이에 다섯 번째로 출간하게 되는 이 책만큼 긴장한 채 담론 시장에 내놓았던 책은 일찍이 없었다. 그만큼 동서양의 위대한 고전들과 최신 미국과 영국 등 서구에서 나온 외교안보와 경제 분야 원서들에 대한 독서가 훨씬 넓고 깊은 많은 국내외 현자들로부터 어떤 질책을 받게 될지 걱정이 앞서기 때문이다.

그럼에도 나는 이 책이 오늘날 세계 질서와 동아시아와 서태평양 지역의 질서 변화에 대해 미국과 영국에서 나온 그 어떤 국제정치 전략서들에도 뒤지지 않는 넓고 깊이 있는 분석을 제시하고 있다고 확신한다. 나는 서구에서도 '완전한 승리의 비극과 제한적 승리의 불가피성'이라는 담론을 인정하게 되리라 믿는다. 그래서 이 같은 새로운 담론에 기초한 세계와 역내 질서에 대한 분석을 바탕으로 2050년 한국의 국가 대전략을 제시하는 이 책의 출간이 대전략을 제시하는 국제정치 전략서들이 쏟아져 나오는 데 마중물이 될 수 있으리라는 희망을 가져본다.

이 책이 나오기 전까지 국내 외교안보 담론 시장에는 한반도와 동아시아에 관한 책은 두 종류만 존재해 왔다. 하나는 북한 문제가 한국의 안보 문제의 전부인 양 한미 동맹의 대북 전략만 다루는 책들이고, 다른 하나는 미국의 패권 전략이나 미중 패권 경쟁 구도 그 자체만을 그리는 책들이다.

하지만 미국 주도의 탈냉전 자유주의 질서가 왜 붕괴했고 이로 인한 중국의 급부상과 패권 도전, 북한의 핵·탄도미사일 개발 본격화, 러시아의 크림반도 병합 이후 아시아 회귀, 그리고 일본의 군사대국화를 통한 제2의 대동아공영권 부활 시도 등의 위기와 도전을 한국과 미국이 어떻게 극복할 수 있는지를 다루는 전략서는 찾아볼 수 없다.

한국이 미국과 함께 이들 위기와 도전을 극복한 뒤, 미국이 역외 균형으로 이행할 경우 일본 대신 그 빈자리를 채움으로써 역내 자유주의 질서를 주도하는 세계적 국가로 도약하는 비전을 제시하는 전략서는 국내 담론 시장에서 더더욱 찾기 어렵다.

나는 이 책이 한국의 대전략 담론을 형성하는 데 마중물이 되길 바란다. 그리하여 무엇보다도 이 책이 역사의 급류에서 신의 발자국 소리를 듣는 찰나의 순간에 그의 옷자락을 잡아챌 수 있는 '전략 국민(strategic people)'이 등장하는 데 보탬이 됐으면 한다.

대전략 담론 없이는 역사의 급류에서 신의 옷자락을 잡아챌 수 있는 '전략 국민'과 스테이츠맨이 등장할 수 없다.

나는 또한 이 책이 한국을 세계 3대 강국으로 도약시킬 글로벌 스테이츠맨 (statesman)의 출현을 위한 모멘텀이 되길 바란다. 이 책을 통해 세계 질서의 변화에 대한 의미 있는 영감을 얻음으로써 미국과 한미 전략핵동맹을 구축하고 중국과 러시아, 북한에 의한 비자유주의화 위기를 극복하는 대전략 강국으로 한국을 도약시키는 스테이츠맨이 출현하기를 진심으로 기대한다.

이 같은 전략 국민과 스테이츠맨의 등장은 세계와 역내 질서의 냉엄한 현실을 중시하는 것만으로는 기대할 수 없다. 헨리 키신저 전 미 국무장관은 "현명한 스테이츠맨은 사실들을 중시하지만 그것들의 포로가 되지는 않는다"고 말한다. 스테이츠맨은 현실에 기초하되 그것을 넘어서는 비전에 의해 형성되고 인도된다는 것이 키신저의 통찰이다. 스테이츠맨이 내리는 결정의 근원은 그 자신의 내부로부터 오기 때문에 모든 결정은 그의 의지와 양심, 판단에 의해 내려진다. 키신저의 통찰을 바탕으로 오늘날 한국 정치를 평가한다면, 모든 정치인이 세계와 역내 질서의 정확한 현실을 보지 못하는 탓에 현실을 뛰어넘는 비전을 갖지 못하고, 그래서 엄혹한 패권의 시대에 한국이 왜 대전략 강국의 길을 가야 하는지를 판단하지도 결정하지도 못한다는 결론이 나온다.

이 점에서 나는 전략 국민과 스테이츠맨이 등장할 때까지 마냥 기다릴 수 없었다. 나는 고대에서 근대에 이르는 서구의 위대한 전략가들에 대한 사숙 (私塾)과 현존하는 미국과 영국의 권위 있는 전략가들에 대한 전략 독서를 통해 도출해낸 '완전한 승리의 비극과 제한적 승리의 불가피성'이라는 프레임을 통해 수년간 현 세계 질서와 역내 질서의 변화를 해석하고 이에 기초한 한국의 대전략을 고민해 왔다.

이 때문에 나는 그 같은 새로운 프레임에 바탕을 둔 국제 질서에 대한 해석과 2050년 한국의 대전략을 담은 책의 출간을 더 이상 늦출 수 없었다. 더 늦추는 것은 지식인의 임무를 저버리는 것이라는 점을 우려했다. 하지만 나는 이 같은 내용의 전략서가 국내 담론 시장에서 환영 받을 수 있을지 확신할 수 없었다.

그럼에도 나는 최근 국내 국제정치 담론 시장이 급속히 성장하고 국민들의 전략적 사고가 발전해 왔다는 점에 주목했다. 완전한 승리의 비극과 제한적 승리의 불가피성이라는 프레임에 기초한 미중 패권 충돌과 한국의 대전략에 관한 책을 국내에서 내더라도, 그 같은 프레임이 한국의 대전략은 물론 바다 건너 미국의 대전략에 긍정적인 영향을 줄 수 있으리라고 나는 판단했다. 이와 함께 국제정치 분야 전문 출판사로 알려진 '김앤김북스'에서 이 책의 출판을 맡아주기로 한 것도 국내 출간을 결정하는 데 큰 힘이 됐다.

내가 이 책의 출간에 기대를 거는 것은 글로벌 스테이츠맨과 전략 국민의 등장이 빨라질 수 있다는 점이다. 특히 완전한 승리의 비극과 제한적 승리의 불가피성의 프레임을 통한 오늘날 세계와 역내 질서에 대한 새로운 해석에 기초해 2050년 글로벌 3대 경제, 외교, 안보 강국 도약이라는 한국의 대전략을 제시하는 이 책이 운이 좋으면 이 같은 비전에 공감하는 잠재적 스테이츠 맨들에게 영감을 줄 수 있을 것이다. 그런 스테이츠맨이 하나둘 등장해 한국의 대전략에 대한 비전이 확산되기 시작하면 전략 국민이 등장할 수 있을 것이다.

키신저는 비스마르크가 19세기 독일 통일에서 몸소 보여준 것처럼 역사의 급류에서 신의 발자국 소리를 듣자마자 찰나의 순간에 신의 옷자락을 잡아채는 것은 스테이츠맨이 할 수 있는 최고의 기여라고 했다. 한나 아렌트의 경고처럼 오늘날 세계 곳곳에서 전체주의의 징후들이 포착되고 있다. 하지만 지금은 엄연히 민주주의 시대다. 따라서 한민족이 신의 옷자락을 잡아챔으로써 대전략 강국을 건설하는 데 전략 국민이 해낼 수 있는 기여는 스테이츠맨 이상이라고 나는 믿는다. 물론 전략 국민과 스테이츠맨이 협력해야만 성공할 수 있을 것이다.

그래서 나는 민족의 구성원으로서 희망한다. 이 책이 패권의 시대에 동아시아의 바다인 서태평양의 급류를 지나는 신의 발자국 소리를 중국이나 일본보다 먼저 듣고서 그 옷자락을 잡아채는 전략 국민과 스테이츠맨이 한국에 등장하는 데 기여하기를 간절히 바란다.

"전쟁의 승리는 승자를 어리석게 만들고,
패자는 심술궂게 만든다."

프리드리히 빌헬름 니체

"세계 곳곳에서 자유로부터 멀어지는,
심지어는 전체주의의 징후들이 포착되고 있다."

한나 아렌트

GRAND

1부

세계 패권 질서의 거대한 전환과

완전한 승리의 비극

STRATEGY

01

완전한 승리의 비극으로서
탈냉전 질서의 붕괴

한 나라의 운명과 관련해 우리가 역사에서 반드시 배워야 할 교훈은 무엇인가? 그것은 외교안보 정책을 담당한 전략가들이 세계 질서와 그 나라가 속한 지역의 질서 변화를 얼마나 빨리 정확하게 읽어내고 대처하느냐가 국가 생존 여부는 물론 강국 도약 여부를 가름한다는 것이다. 조선이 20세기 초 일본의 제국주의적 침략에 희생돼 35년간 식민지로 전락한 것도 당시 조선의 국정을 주도한 경세가들이 세계와 동아시아 질서의 변화를 정확하게 분석하는 데 실패했기 때문이다. 이 교훈의 중요성은 5G 등 정보통신(IT) 기술의 급속한 발달에 따라 모든 정보가 글로벌 차원에서 광속으로 유통되는 오늘날 더욱 커지고 있다.

그렇다면 한 나라의 외교안보 전략가에게 요구되는 가장 중요한 덕목은 무엇인가? 요컨대 전략가는 어떠한 덕목을 갖춰야만 세계와 역내 질서의 변화를 재빨리 간파해 그에 맞는 전략을 수립할 수 있을까?

미국 예일 대학 국제정치학자 존 루이스 개디스John Lewis Gaddis가 2018년 출간된 『대전략론On Grand Strategy』에서 언급한 바에 의하면, 전략가는 무엇보다도 두 개의 상반되는 감각을 가지는 것이 중요하다. 일단 방향이 정해지면 그 방향으로 우직하게 나아가는 고슴도치의 감각과 주위 환경에 대해 많은 것을 감지하는 여우의 감각, 이 두 개의 상반되는 감각을 동시에 갖추고 그것을 작동시키고 유지하는 능력이 요구된다.

개디스가 전략가에게 이 같은 능력을 요구하는 것은 냉전 종식 이후 유지돼 왔던 미국의 일극 체제가 무너지면서 세계 질서가 그 어느 때보다 불안정해졌기 때문이다. 중국이 경제와 군사 분야에서 본격적인 패권 도전에 나서고 러시아도 중국을 도와 권력 정치의 장에 복귀한 상황에서 세계 질서가 비자유주의화하는 것을 저지하기 위해서는 미국은 물론 한국 등 자유주의 진영의 전략가들은 여우와 고슴도치의 감각을 모두 갖춰 정교한 외교안보 전략을 추진해야 한다는 것이다.

2017년도 후반에 들어서면서 한반도와 동아시아 질서가 북한의 연이은 핵실험과 대륙간탄도미사일(ICBM) 시험 발사로 인해 더욱 불안정해지기 시작했다. 북한이 2017년 9월 6차 핵실험에 성공한 데 이어 2개월여 만인 11월 말에 미국 본토 전역을 타격할 수 있는 대륙간탄도미사일 화성15호 시험 발사에 성공한 것이다. 이는 소형 핵탄두를 탑재한 북한의 ICBM이 미 본토에 도달할 수 있게 되었다는 것을 의미했다. 이로 인해 북핵 게임의 구도가 바뀌기 시작했다. 미국으로서는 북한을 마냥 압박만 하기가 어렵게 된 것이다.

이 같은 구도 변화는 2018년 들어서면서 사상 첫 미북 간 정상회담 개최로 이어졌다. 도널드 트럼프 미국 대통령과 김정은 북한 국무위원장(2021년 1월 8차 당 대회에서 노동당 총비서에 취임) 간에 북한의 비핵화를 위한 1차 정상회담이 2018년 6월 싱가포르에서 열린 데 이어 2차 정상회담이 2019년 2월 베트남 하노이에서 열렸다. 역내 질서는 2018년 8월에 발발한 미중 무역 전쟁이 12월부터 5개월의 휴전을 거쳐 2019년 5월 본격적으로 전개되면서 더욱 요동쳤다.

그러나 트럼프 행정부는 대중 무역 전쟁과 함께 한국과 일본, 캐나다를 비롯한 동맹국들과도 관세 혜택의 폭을 줄이는 방향으로 양자 자유무역협정을 개정하는 등 오바마 행정부와 달리 중국의 패권 도전을 저지하기보다는 'America First'라는 국익 우선주의를 추구하는 데 전력을 기울였다. 이는 오바마 전 대통령이 중국을 봉쇄하기 위해 추진해 온 환태평양경제동반자협정(TPP)에서 탈퇴한 데서 확인된다.

트럼프 행정부의 이 같은 국익 우선주의는 미국의 글로벌 리더십 약화로 이어졌다. 이에 따라 중국은 경제적 패권 도전과 군사적 패권 도전에 더욱 박차를 가할 수 있었고 이는 상당한 성과를 거둔 것으로 평가 받는다.

중국은 2017년 1월부터 2021년 1월까지 4년간의 트럼프 행정부 시기에 일대일로(一帶一路) 프로젝트 추진과 아시아인프라투자은행(AIIB) 설립을 통해 미국에 맞서 자국 중심의 대안 질서 구축에 총력을 기울였다. 중국은 유라시아를 가로지르는 일대일로 사업을 위해 유라시아와 유럽, 아프리카의 많은 개도국들에 항만과 도로 등 사회간접자본 건설에 필요한 자본을 지원하면서 이들 나라를 친중 국가로 만들어 왔다. 중국은 또 2016년 영국과 한국 등 미국의 핵심 동맹국들까지 참여하는 아시아인프라투자은행, 2015년 브릭스 국가들(BRICS, 브라질, 러시아, 인도, 중국, 남아공 등 5개국)이 참여하는 신개발은행(NDB)을 설립함으로써 국제통화기금(IMF)과 세계은행(IBRD)이 주도하는 미국 주도의 금융 질서에 대항하는 새로운 금융 질서를 구축해 왔다.

하지만 중국의 대미 패권 도전은 2021년 1월 바이든 행정부가 출범하면서 중국 견제보다는 국익 우선주의에 집착했던 트럼프 행정부 때와 달리 커다란 어려움에 직면하고 있는 상황이다. 2020년 말 미 대선에서 바이든 이 승리한 결과 이상주의 외교 엘리트 그룹인 '블롭'이 백악관 국가안보보좌관실과 국무부, 국방부 등 모든 외교안보 부처와 기관의 핵심 지위를 다시 차지하면서 중국의 패권 도전을 저지하기 위한 외교안보 정책을 추진해 오고 있다. 바이든 행정부는 출범 직후부터 '인도-태평양 전략(Indo-Pacific Strategy)'과 '쿼드(the Quad)' 등 지전략적 동맹 네트워크를 강화함과 동시에 중국의 신기술 패권 확보를 저지하는 데 총력을 기울이고 있다. 2021년 1월 바이든 행정부가 출범하자마자 글로벌 반도체 산업의 강자인 한국의 삼성전자에 대규모 대미 투자를 요청한 데는 중국의 신기술 패권을 막기 위한 블롭의 대중 전략이 자리하고 있다.

미소 냉전사의 기념비적인 저작인 『냉전의 역사The History of Cold War』로 명성을 얻은 개디스는 이 책에서 20세기 영국의 역사가 이사야 벌린Isaiah Berlin을 인용해 이렇게 말한다. "여우는 많은 것을 알고 있으나 고슴도치는 한 가지 큰 것만을 안다. 우리는 하나의 마음속에 고슴도치와 여우의 서로 다른 두 감각을 엮을 필요가 있다."

고슴도치는 모든 것을 한 가지 중심 의제로 연계시키는데 이를 통해 그들이 말하고 행하는 모든 것이 의미를 갖는 반면 여우는 가끔 관련이 없고 모순되기도 한, 그리고 어떤 식으로든 연결되어 있는 많은 목적들을 추구한다는 것이다. 개디스의 충고대로 전략가가 마음속에 고슴도치와 여우의 감각을 갖춰야 하는 까닭은 무엇보다도 세계 질서의 변화에 대한 정확한 읽기와 신속한 대응을 통해 실책을 최소화할 수 있기 때문이다.

이 점에서 본다면 오늘날 투키디데스와 마키아벨리, 클라우제비츠를 읽는 것은 매우 중요하다. 여기에 한 나라, 아니 세계 질서의 운명이 달려 있다. 이들에 대한 독서 없이는 21세기 들어 세계 질서의 영향을 가장 크게 받는 한반도와 동아시아의 질서 변화를 정확하게 분석한다는 것은 불가능하다.

이들 서구의 고대와 근대 전략가에 대한 깊은 공부가 전제될 때 비로소 그 변화로 인한 위기를 이겨낼 수 있는 전략을 수립할 수 있다. 더 나아가 그 위기를 극복하고 강국으로 도약하기 위한 대전략을 수립하고 추진하는 것 역시 이들에 대한 천착을 요구한다.

현재 한국이 거시적이고 정교한 대전략으로 대응해야 하는 위기와 도전은 동아시아와 서태평양 지역의 패권을 둘러싸고 벌어지고 있는 미중 간 경쟁과 미국의 역내 미군 감축 또는 철수가 불러올 한중일 간 차기 패권 경쟁이 초래할 역내 경제 및 안보 질서의 급속한 변화다.

미국과 중국의 지전략적 패권 경쟁: 인도-태평양 전략 대 일대일로 전략

미중 패권 경쟁의 핵심은 지정학(geopolitics)이다. 남중국해와 인도양으로 이어지는 중동 원유의 수송로와 중동, 아프리카, 서아시아, 동남아시아에 이르는 교역로에 대한 지배권을 유지하려는 미국에 맞서 그것을 분점하거나 빼앗으려는 중국이 벌이는 지정학적 경쟁의 결과가 역내와 세계 질서의 향배를 결정짓게 된다.

미국 존스홉킨스 대학 국제정치학자 제이컵 J. 그리기엘Jacob J. Grigiel이 『강대국들과 지정학적 변화Great Powers and Geopolitical Changes』에서 말한 바와 같이 미국과 중국은 새로운 동맹 네트워크의 형성과 신기술 개발을 중심으로 한 지전략(geostrategy) 경쟁을 본격화하고 있다. 지정학적 변화가 지전략적 대결로 발전하고 있는 것이다. 미국이 일본, 인도, 호주 등과 추진하고 있는 인도-태평양 전략과 중국이 중앙아시아와 서남아시아 등 유라시아 국가들과 추진하고 있는 일대일로가 맞붙고 있는 데는 이 같은 배경이 있다.

또 하나의 질서 변화는 중국의 패권 추구가 본격화하는 상황에서 러시아가 강대국 지위를 회복하기 위해 권력정치 무대로 복귀하고 있고 북한의 대량살상무기 개발로 인한 위기가 본격화하고 있는 것이다. 러시아는 2014년 초 나토가 우크라이나까지 확장하는 것을 저지하기 위해 크림반도를 강제 병합한 뒤, 서방의 경제 제재에 직면하자 극동 지역 개발을 명분으로 아시아로의 회귀를 서둘러 왔다. 북한은 중국의 부상과 미국의 쇠퇴로 촉발된 역내 지정학적 환경의 변화를 틈타 핵무기와 ICBM 개발을 완성해 가고 있다. 특히 2022년 1월 화성-12형의 극초음속 미사일 시험발사에 성공함으로써 3000km 사거리의 극초음속 중거리 탄도미사일(IRBM) 개발에도 바짝 다가섰다. 이에 따라 중국-러시아-북한 간 '전체주의(全體主義) 3각 동맹'에 의한 역내 질서의 비자유주의화 위기가 현실화하고 있다.

> 미국과 중국 간 지정학적 패권 경쟁이 격화하면서 동아시아와 서태평양 지역은 마치 제1차, 제2차 세계대전 직전의 유럽처럼 되어가고 있다.

미국이 주도해 온 탈냉전 질서는 2014년 러시아의 크림반도 강제 병합과 중국의 남중국해 인공섬 건설을 기점으로 종언을 고했다. 이 두 사건을 계기로 미국이 냉전 종식 이후 추진해 온 자유주의 패권(liberal hegemony) 전략이 신기루였다는 것이 드러났다. 러시아가 국제정치 무대에 복귀하고 중국이 패권 도전에 나섬으로써 미국과 미국의 동맹국들은 냉전 때보다 훨씬 더 커다란 안보 위기에 접근해 가고 있다. 한반도를 비롯한 한 동아시아와 서태평양 지역의 질서가 바야흐로 거대한 전환의 위기에 직면해 있는 것이다.

미국과 중국 간 지정학적 패권 경쟁과 이에 따른 지전략적 동맹 네트워크 구축 경쟁이 격화하면서 동아시아와 서태평양 지역이 마치 제1차, 제2차 세계대전 직전의 유럽처럼 되어가고 있다. 이 같은 위기는 중국이 서구가 세계질서의 토대로서 확립해 온 웨스트팔리아 체제(Peace of Westphalia. 1648년 30년 전쟁 종식을 위한 2개의 조약 중 하나로서, 국가 간 평등한 관계와 주권 존중을 핵심으로 한다.)의 대안으로서 위계적 질서에 기초한 이스트팔리아(Eastphalia 또는 Ostfalen) 체제를 주창하고 있기 때문이라고 영국 BBC 아시아 특파원 험프리 헉슬리Humphrey Hawksley는 2018년에 출간된 『아시아의 바다Asian Waters』에서 말한다. 이 때문에 한국은 중국의 부상에 따라 주권이 제약되는 핀란드화의 위기에 직면할 우려가 높아지고 있다.

중국의 대미 패권 도전은 북한이 핵보유국 지위를 본격적으로 추구하도록 부추겨 왔다. 김정은은 2018년 6월 12일 싱가포르에서 도널드 트럼프 대통령과 미북 정상회담을 갖고 비핵화 원칙에 합의했으나 2019년 2월 28일 하노이에서 열린 2차 미북 정상회담에서는 FFVD(최종적이고 완전하게 검증된 비핵화) 방식에 의한 비핵화를 거부함으로써 비핵화 합의 이행에 나서지 않고 있다. 김정은이 이 같은 지연 전략을 펼 수 있었던 것은 미국과의 완충지대인 북한이 친미 국가로 바뀌는 것을 막고자 하는 중국의 지원이 있었기 때문이다. 중국은 미국이 원하는 FFVD 방식의 일괄타결식 비핵화보다는 북한이 원하는 단계별 비핵화를 지지한다. 중국이 일괄타결식 비핵화를 반대하는 까닭은 그렇게 할 경우 북한이 갑작스럽게 붕괴함으로써 미국과의 완충지대로 서의 기능을 상실할 수 있다고 우려하기 때문이다.

미중 간 패권 경쟁의 격화와 그에 따른 동아시아와 서태평양 지역의 정세 변화는 이처럼 역내 자유주의 진영을 위협하는 새로운 국제 질서의 등장을 재촉하고 있다. 미국의 정치철학자 리처드 J. 번스타인Richard J. Bernstein은 2018년에 출간된『우리는 왜 한나 아렌트를 읽어야 하는가?Why Read Hannah Arendt Now?』에서 "그녀의『전체주의의 기원The Origins of Totalitarianism』의 논지 가 현재에도 유효하다"면서 "세계 곳곳에서 자유로부터 멀어지는 전체주의 징후들이 포착되고 있다"고 말한다.

이를 막기 위해서 한국의 전략가들은 고대 전략가들과 그들을 계승한 근대 전략가들의 정신과 철학에 대해 지사(志士)로서 천착할 필요가 있다. 국가, 지역, 그리고 세계 질서의 평화와 번영을 달성하기 위한 전략에 대한 깨달음 이 요청되기 때문이다. 이들 위기의 본질을 정확하게 읽어내고 대응 전략을 수립하려면 그 같은 깨달음을 지닌 전략가들의 등장이 요구되고 있다.

세계 패권 질서의 거대한 변화와 투키디데스

기원전 5세기 그리스 아테네의 장군이었던 투키디데스의 명성이 높아진 것은 18세기 이후다. 근대 이후 여러 서구 철학자들이 그의 사상을 토대로 삼 아 자신들만의 새로운 철학적 영토를 개척해왔다. 그중에서도 가장 큰 공헌 을 한 철학자는 19세기 독일의 프리드리히 니체다. 니체는『우상의 황혼』에 서 투키디데스가 쓴 고전인『펠로폰네소스 전쟁사』에 대해 한없는 찬사를 바 쳤다. "투키디데스가 플라톤과 구별되는 탁월한 점은 참혹한 현실에 직면하 려는 용기를 지녔다는 점이다. 플라톤은 현실을 직면할 용기가 없어 이상 세계로 달아난 겁쟁이였고, 투키디데스는 인생을 정복한 자였다."

17세기 영국의 정치철학자 토머스 홉스는 단순한 찬사만 바치는 데 그치지 않았다. 『리바이어던Leviathan』으로 유명한 홉스는 1628년 고대 그리스어인 헬라스어로 된 『펠로폰네소스 전쟁사』 원전을 직접 번역했다. 그는 투키디데스를 읽으면서 무의식적으로 자연 상태에 대한 자신만의 개념을 만들어냈다. 투키디데스는 이 책에서 인간의 가장 어두운 면을 드러낸 사건으로 두 개를 들었다. 아테네의 역병 창궐과 코르시라 내전이 그것이다. 홉스가 자연 상태를 '만인의 만인에 대한 투쟁 상태'로 개념화할 수 있었던 것은 그가 이들 두 개의 사건에서 영감을 얻었기 때문에 가능했다.

18세기 프랑스의 사회계약론자 장자크 루소도 투키디데스에게 빚을 졌다. 루소는 비민주주의 국가와의 관계는 물론 민주주의 국가 간의 관계도 전쟁 상태로 인식했다. 국제 관계에 대한 루소의 이 같은 인식은 투키디데스에게서 많은 영감을 받은 것으로 평가받는다. 사실 루소와 투키디데스는 인간의 본성에 대해서 견해를 달리한다. 투키디데스는 인간의 본성이 용기, 야망, 두려움, 이익, 신중, 영예, 그리고 애국심에 따라 다양하게 나타날 수 있다고 본다. 인간은 부의 정도와 사는 환경의 차이로 인해 나뉘어져 있다고 말했다. 국가들 또한 두려움과 명예, 자기 이익에 따라 행동한다고 보았다. 국가들의 관계도 크기와 자원, 국력에 따라 평등하지 않다. 때문에 특정 국가는 제국주의가 유용하고 실현 가능하며 가치가 있다고 여기게 된다. 제국이 강대국의 안전과 이익, 영광을 더하기 때문이다.

이에 반해 루소가 꿈꾸는 인간은 평등하고 합리적이며 자유롭다. 인간은 법적인 평등을 넘어 사회경제적으로도 평등하다는 것이 그의 생각이다. 루소의 공화국에서는 아테네가 국가 수입의 원천으로 삼았던 노예 착취를 수용하지 않는다. 루소는 제국(empire)을 가치 있고 실현 가능한 것으로 만드는 교역의 확장을 허용하지 않는다. 루소가 자유롭고 독립적이며 고립적인 공화국을 꿈꾼 까닭은 여기에 있다.

투키디데스와 루소는 이처럼 인간과 국내 정치의 본질에 대해 서로 견해를 달리한다. 그럼에도 두 사람은 국가가 평화를 달성하기 위해 모든 무력을 통제하고 모든 국민의 복종을 강제해야 한다는 데 동의한다.

18세기 독일 철학자 임마누엘 칸트는 개인주의와 국내의 다양성이 민주적 평화를 만드는 초국가적 사회에 대한 열망과 초국가적 사회가 낳는 이익의 근원이 된다고 생각했다. 그러나 루소와 투키디데스는 국가 간 관계는 항상 전쟁 상태이기 때문에 개인주의와 국내적 다양성은 일체 허용할 여지가 없다고 인식했다. 그래서 루소와 투키디데스는 민주주의 체제라도 국가 간 관계는 전쟁 상태에 있다고 본다.

하지만 20세기 오스트리아 경제학자 조지프 슘페터는 칸트와 마찬가지로 민주주의 국가들 간의 관계를 평화 상태라고 봤다. 슘페터는 칸트와 달리 비민주주의 국가와의 관계도 평화 상태라는 인식을 가졌다. 교역이 무조건적으로 평화를 낳는다고 본 것이다. 그러나 칸트는 그렇게 생각하지 않았다.

투키디데스는 민주주의 국가와 비민주주의 국가 간뿐만 아니라 민주주의 국가들 간에도 제국주의가 나타날 수 있다고 봤다. 민주적이든 비민주적이든 불문하고 모든 국가 간 관계가 전쟁 상태라는 것이다.

루소가 영구 평화론을 제시하게 된 데는 '모든 국가 간 관계가 전쟁 상태'라는 인식이 결정적인 역할을 했다. 루소에 의하면 전쟁이 없는 영구 평화의 세계는 모든 국가들을 법의 권위에 복종시키는 국가 연합을 통해서만 이루어질 수 있다. 이런 국가 연합의 성립 논리는 자연 상태에서 자위권을 가진 인간들이 합의에 의해 국가를 만들어 각자의 권리를 이양하고 법을 따르기로 한 것과 동일하다는 것이 루소의 설명이다. 요컨대 인간들이 사회계약에 의해 국가를 만들고 공통의 법에 따름으로써 스스로의 안전을 지키는 것이 인민주권론이라고 한다면, 국가연합은 그와 같은 논리로 주권을 가진 국가들이 국제계약을 통해 하나의 사회를 만들자는 것이다.

투키디데스는 오늘날 국제정치 전략가들이 전 역사를 통틀어 가장 많은 영감을 얻고 있는 고대 전략가로 평가 받는다. 20세기에 투키디데스로부터 세례를 받은 대표적인 전략가는 제2차 세계대전 당시 미국 육군 참모총장을 지낸 조지 C. 마셜George C. Marshall 전 미국 국무장관이 꼽힌다. 아이젠하워가 유럽 전선의 총사령관에 발탁된 것도 마셜이 추천한 덕분이다. 개성이 너무 강한 탓에 정치가들의 눈 밖에 났던 맥아더가 태평양 전선의 총사령관으로 갈 수 있었던 것 역시 마셜이 도와주었기 때문이다. 영국의 처칠 수상은 제2차 세계대전 승리의 최대 공로가 마셜에게 돌아가야 한다고 찬사를 보냈다.

│ 제2차 세계대전을 승리로 이끄는 대전략가 조지 마셜은 펠로폰네소스 전쟁 연구가 │ 현대 국제관계 이해의 핵심이라고 역설했다.

하지만 마셜은 미국의 정규 육군사관학교인 웨스트포인트가 아닌 버지니아 군사학교를 졸업했다. 미 육군에서 능력과 품성 면에서 타의 추종을 불허했던 그였지만 진급에서 버지니아 군사학교 출신이라는 이유 하나만으로 늘 웨스트포인트 출신들에게 뒤져야 했다. 그런 그가 마침내 미 육군에서 제2차 세계대전을 승리로 이끄는 대전략가로 성공할 수 있었던 비결은 진급에 신경 쓰지 않고 항상 군사 전략에 대해 깊이 공부해 온 덕분이었다. 그런 마셜이 고대 전략가들 중에서 어느 누구보다도 높이 평가한 사람이 바로 투키디데스였다. 마셜은 "펠로폰네소스 전쟁 연구가 현대 국제관계 이해의 핵심이다"라고 역설했다.

국제정치는 어느 시대건 세계 패권을 둘러싸고 패권국과 신흥 강국 간에 벌어지는 도전과 응전의 무대다. 패권국이 자신의 지위에 신흥 강국이 도전하지 못하도록 힘을 사용해 굴복시키려 하거나 추종 국가들과 동맹과 협력 관계를 맺음으로써 신흥 강국과 그 지지 국가들을 견제하는 행위 일체가 국제정치인 것이다.

투키디데스에게 바쳐져 온 모든 찬사는 그가 패권 전쟁의 발발 원인으로 제시한 분석에서 비롯된다. 그는 자신이 아테네 장군으로 참전한 경험을 바탕으로 쓴『펠로폰네소스 전쟁사』에서 당시로서는 인류 최대의 전쟁이었던 펠로폰네소스 전쟁의 발발 원인을 아테네의 급속한 부상이 패권국이었던 스파르타의 두려움을 일으킨 데서 찾았다.

그의 이 같은 관찰은 패권국이 신흥 강국의 등장으로 인해 자신의 패권이 위협 받는다는 두려움이 형성될 때 두 강국 간에 전쟁이 발발할 가능성이 높다는 명제로 이어졌다. 이것이 이른바 '투키디데스 함정(Thucydides Trap)' 이라고 불리는 것이다. 미국 하버드 대학 국제정치학자 그레이엄 앨리슨 Graham Alison이 2017년에 출간된『예정된 전쟁Destined for War』에서 미중 패권 전쟁의 발발 가능성 분석에 동원한 핵심 논리가 바로 '투키디데스 함정론' 이었다. 투키디데스 사후 동서양 역사에서 명멸해 온 패권국들과 신흥 강국들 간의 패권 전쟁 중에 투키디데스의 함정이라는 프레임에서 벗어나는 전쟁은 찾아보기 어렵다는 것이 앨리슨의 평가다.

미국의 이상주의 외교안보 엘리트 그룹인 블롭에 대한 미국 현실주의 국제정치학자들의 비판도 그 연원은 투키디데스로 올라간다. 블롭은 자유민주주의 국가 간에는 전쟁이 일어나지 않는다고 믿는다. 그들이 전 세계에 자유민주주의와 시장경제를 확산시키기 위해 독재 정권들을 상대로 전쟁을 일으켜 체제 전환을 추진해 온 데는 이런 믿음이 자리하고 있다. 미국 시카고 대학의 현실주의 국제정치학자 존 미어샤이머John Mearsheimer는 2018년에 출간된 『미국 외교의 거대한 환상The Great Delusion』에서 민주주의라는 정치 체제가 국가 간 전쟁 가능성을 없애주지 못한다고 지적함으로써 투키디데스와 같은 주장을 편다. 제아무리 같은 정치 체제를 갖고 있는 국가들이라고 하더라도 상위의 권위를 가진 조직이 존재하지 않는 무정부 상태의 국제체제 하에서는 전쟁 가능성이 사라지지 않는다는 것이다.

미국 조지타운 대학 국제정치학자 매튜 크뢰니그Matthew Kroenig는 2018년에 출간된『강대국 패권 경쟁의 귀환The Return of Great Power Rivalry』에서 민주주의 국가는 다른 민주주의 국가에 대해 전쟁을 덜 하는 경향이 있다고 언급할 뿐 전쟁을 하지 않는다고 말하진 않는다. 그는 민주주의 체제의 국가는 전제주의 체제의 국가에 비해 권력, 부, 그리고 영향력을 더 잘 확보할 수 있어 전제주의 국가보다 전쟁에서 이길 가능성이 더 크다고 지적한다.

15세기 이탈리아의 도시국가 피렌체의 경세가(經世家) 니콜로 마키아벨리역시 국제정치에 관한 전략의 영감의 원천으로서 근대 이후 수많은 전략가들의 경배(敬拜)를 받아 왔다.

> **미국과 중국 간 강대국 패권 경쟁의 결과를 예측하고자 한다면**
> **먼저 마키아벨리의 『로마사 논고』를 읽어야 한다.**

마키아벨리의 핵심 의제는 군주가 권력을 유지하기 위해서는 내부의 도전 세력에 대해 잔인할 정도로 단호하게 대처해야 한다는 것이다. 이 같은 의제는 인간은 사악하므로 믿어서는 안 된다는 그의 인간관에 기초한다. 인간은 어쩔 수 없이 선해야 하는 경우가 아니라면 불가피하게 악해질 수밖에 없다는 것이 마키아벨리의 인간관이다. 그렇기 때문에 군주든 국가든 이 같이 사악한 본성을 갖고 태어난 인간들을 복종하게끔 만들기 위해서는 이들을 잔인하게 대해야 한다고 마키아벨리는 주장한다.

로크와 루소의 사회계약론에 따라 자연 상태에서 사람들 간의 사회계약을 통해 탄생하게 되는 국가라는 이름의 정치시민사회가 유지되는 데 가장 큰 기여를 할 수 있는 전략도 마키아벨리의 이러한 의제다.

내부 구성원들에 의한 모든 형태의 사악한 도전과 위협을 극복하기 위해서는 국가라는 이름 아래 이들을 잔인한 수단과 방법으로 굴복시켜야 한다는 것이 마키아벨리의 전략이다. 이 점에서 마키아벨리가 『군주론』에서 말하는 군주는 국가 또는 정치시민사회를 의인화한 것이라고 영국의 현대 역사가 피터 왓슨Peter Watson이 『생각의 역사Ideas: A History from Fire to Freud』에서 평가한 것은 옳다.

마키아벨리가 『군주론』에서 제기한 이 의제는 당연히 국제 관계에도 적용할 수 있다. 어느 시대이든 패권 국가는 자신들이 만든 규칙과 규범을 위반함으로써 새로운 질서를 구축하려는 신흥 강국에 대해 군사 및 경제 제재를 가했다. 그렇게 하는 목적은 신흥 강국이 패권국의 규칙과 규범을 준수하도록 함으로써 다시는 패권국에 도전하지 못하도록 만드는 데 있다. 패권국으로서는 그래야만 자신들의 패권 체제를 유지할 수 있다고 믿기 때문이다. 패권국과 신흥 강국 간에 전쟁 발발 가능성이 높은 이유는 바로 여기에 있다. 이 점에서 투키디데스와 마키아벨리는 같은 담론을 제기한 것이다.

하지만 정치철학으로서의 마키아벨리의 담론은 투키디데스의 그것보다는 훨씬 폭과 깊이가 넓고 깊다. 마키아벨리는 『군주론』에서 멈추지 않았다. 그는 모든 출사(出仕)의 길이 막힌 데 따른 고독 속에서 고대 로마의 역사가 티투스 리비우스의 『로마사』 읽기에 몰두했다. 사람은 누구나 읽기를 하고 나면 쓰기라는 운명에 마주할 수밖에 없다. 마키아벨리가 고대 로마의 공화정 시대에서 배워야 할 공화제 가치와 리더십에 관한 명저인 『로마사 논고The Discourses』를 쓸 수 있었던 것은 리비우스를 철저하게 읽었기 때문이다.

미국 국제정치학계의 떠오르는 스타로 평가 받는 크뢰니그 역시 마키아벨리를 경배하는 현대 사도들 중 한 명이다. 그는 『강대국 패권 경쟁의 귀환』에서 미국이 중국과의 강대국 패권 경쟁에서 승리할 가능성이 높은 요인으로 미국의 민주주의 제도들을 든다. 그는 이 같은 분석을 뒷받침하는 근거로 마키아벨리가 『로마사 논고』에서 내놓은 통찰을 제시한다. 로마가 성공할 수 있었던 것은 공화적 제도 덕분이었다는 것이다. 마키아벨리는 이 책에서 "공화적 헌법들에 의해 통치되는 정체들은 한 사회의 폭넓은 재능들과 야망들을 더 잘 활용할 수 있고 이들을 국가 확장에 적용할 수 있다"고 말한다. 크뢰니 그는 주저하지 않고『로마사 논고』를 최고의 고전 반열에 올려 놓는다.

　마키아벨리의 로마사 연구는 영국의 역사가 에드워드 기번Edward Gibbon에게 전승됐다. 영국에서 절대 왕정 체제가 종말을 고한 19세기에 태어난 기번은『로마 제국 쇠망사』를 집필했다. 이 고전은 윈스턴 처칠을 비롯한 수많은 서구 정치가들에게 어마어마한 영감을 주었다. 처칠이 히틀러를 상대로 한 전쟁을 두려워하지 않을 수 있었던 것은 그가 기자로 일할 때는 물론 정계에 입문한 뒤에도 반복해서 읽은 이 책을 통해 독재자는 반드시 멸망할 수밖에 없다는 교훈을 얻었기 때문이다.

　20세기 미국 외교 거장으로서 대(對) 소련 봉쇄 전략을 기획해 '냉전의 아버지'로 불렸던 조지 F. 케넌George F. Kennan 전 주 소련 미 대사도 '기번주의자'였다. 그는 제2차 세계대전 후 미국의 대소 전략과 관련한 주요 의제를 논의할 때 기번의『로마 제국 쇠망사』를 자주 인용해 말했다. 이는 그의 강연 모음집인『미국 외교 50년American Diplomacy』과 개디스의 케넌 평전인『조지 F. 케넌』에서 확인된다. 그의 봉쇄 전략도 기번 읽기에서 탄생했을 것으로 추정될 정도로 그의 주된 지혜의 원천은 기번이었다.

　이것이 기번이 역사가로서 오늘날의 자유민주주의 국제 체제가 살아남는 데 기여한 것이다. 로마 제국이 제아무리 수많은 예술과 문화적 업적을 이룩했다고 해도 기번은 정치 체제로서의 제국을 찬미하지 않았다. 오히려 그는 절대 군주제 하에서의 삶의 비참함을 그렸다. 이것이 그 이전에 로마 제국을 연구한 서유럽의 역사가들과 기번 간의 차이점이다. 그래서 기번이 높게 평가 받는 것이다. 기번이 마키아벨리에게서 영향을 받았다는 점에서 기번의 공로는 마키아벨리와 분리될 수 없다.

　마키아벨리가 고대 로마의 공화정 시대에서 공화주의의 가치와 리더십에 대한 교훈을 담은 『로마사 논고』를 집필한 것은 중세가 끝나가던 15세기였다. 물론 그의 집필 목적은 그의 조국이 로마 공화정의 가치와 리더십을 구현함으로써 로마 제국의 영광을 재현하게 만드는 데 있었다. 그럼에도 마키아벨리의 정치 철학은 모든 나라와 국제 사회가 공화주의 가치와 리더십의 구현을 통해 세계 모든 시민의 삶이 향상되도록 만드는 것을 목표로 했다. 그렇게 본다면 이 지점이 마키아벨리의 정치 철학이 보편성을 얻는 곳이다. 전제 군주와 그가 통치하는 패권국으로 인해 많은 나라와 국제 사회가 폭력이 난무하는 자연 상태로 고통을 겪는 시대를 종식시키는 것이 그의 꿈이었던 것이다.

투키디데스와 마키아벨리에 대해 가장 솔직한 인상을 고백한 근대 서구의 사상가는 니체다. 니체는 『우상의 황혼』에서 그들을 찬미했다. "투키디데스의 『펠레폰네소스 전쟁사』와 마키아벨리의 『군주론』이 그나마 자신을 속이지 않고 이성으로 현실을 보려 했다는 점에서 자신과 연결되어 있다." 그래서 니체는 "이들 전략가의 숨은 생각을 알기 위해서는 이 두 책을 한 줄 한 줄 읽어야 한다"고 덧붙였다.

니체가 실존주의 철학의 대가로서 국제정치에 대한 깊은 안목을 갖출 수 있었던 데는 투키디데스와 마키아벨리에 대한 천착이 큰 힘이 됐다. 인간의 실존 문제가 결코 국가와 세계의 안보에서 벗어나서 얘기할 수 없다는 것을 니체는 이들 두 전략가에 대한 독서를 통해 보여준 것이다. 특히 그는 전쟁이 승자와 패자를 어떻게 만드는지에 대해 인상적인 통찰을 남겼다. 이 통찰은 오늘날 국제 관계에 대한 이해를 하는 데 여전히 효력을 갖는다. 니체는 『인간적인, 너무나 인간적인』에서 이렇게 말했다. "전쟁의 승리는 승자를 어리석게 만들고 패자는 심술궂게 만든다." 이는 그가 투키디데스와 마키아벨리에 대한 독서가 뒷받침되지 않았다면 보여주기 어려운 직관이다.

오늘날 동아시아와 서태평양 지역의 질서가 요동치고 있는 원인도 니체의 이 같은 통찰에 기대어보면 설명이 가능하다. 냉전의 승자인 미국과 패자인 러시아와 중국이 냉전이 종식된 지 15년이 지난 2000년대 중반 이후, 그동안 보여주고 있는 행보가 니체가 『인간적인, 너무나 인간적인』에서 말한 것과 크게 벗어나지 않는다. 미국은 갈수록 어리석어졌고 러시아와 중국은 감춰두 었던 심술을 마침내 본격적으로 드러내기 시작한 것이다. 미국은 영원한 평화가 온 듯 자국과 동맹국들의 안보보다는 테러 지원국과 빈국, 구공산권 국가들의 체제 전환에 열중했다.

미국의 자유주의 패권과 튀모스의 비극

스티븐 월트Stephen Walt는 『미국 외교의 대전략』에서 "냉전 종식 후 미국은 이미 부유하고, 강력하고, 안전하기 때문에 굳이 파괴해야 할 괴물을 찾아 해외로 나가야 할 필요성이 적었으며, 설령 그 같은 노력들이 성공하더라도 얻을 이익은 적었다"고 지적한다. 월트는 이어 "이 같은 현실은 미국으로 하여금 국내 문제들에 우선순위를 두어야 한다는 것을 의미했으나 탈냉전 시기에 등장한 3개의 미 행정부는 그 대신 자유주의 패권(liberal hegemony)을 선택했다"고 부연한다.

월트의 이 같은 비판은 〈내셔널 인터레스트National Interest〉 지 2011년 11/12월호에 실린 그의 논문 〈미국 시대의 종언〉에서도 발견된다. 월트는 이 논문에서 "전 세계 인구의 5퍼센트밖에 되지 않는 한 국가가 세계 거의 모든 곳에 유리한 정치, 경제, 안보 질서를 조직하고 그것들을 수십 년간 유지할 수 있다는 것은 매우 이례적이다"라고 지적했다. 탈냉전 시기에 미국이 추구했던 자유주의 패권 전략이 결코 정상적인 전략이 아니었다는 것이다. 그 결과 미국은 자국 안보에 가장 중요한 유럽과 아시아의 안보 관리를 소홀히 하게 되었다.

미국의 오만함에 더욱 심술궂어진 러시아와 중국은 미국의 이 같은 실책을 놓치지 않았다. 미국의 관리가 소홀해진 틈을 타 전광석화처럼 동유럽과 동아시아에서 미국의 헤게모니에 도전장을 내민 것이다. 소련과 달리 중국은 1972년 미중 데탕트 이후 미국과 협력해 왔다. 그런 중국이 러시아처럼 심술궂어진 것은 공산주의 체제를 유지하는 한 미국이 자신들과 공존하려 하지 않을 것이라는 점을 깨달았기 때문이다. 중국은 냉전 종식에 따라 구소련이 해체된 이후 마지막 남은 사회주의 강국이다. 따라서 미국의 입장에서 볼 때 냉전에서의 승리를 완전한 승리로 마무리하기 위해선 중국의 체제를 전환시켜야 했다. 미국의 대(對) 중국 목표가 중국 공산당 1당 지배 체제를 무너뜨리는 데 있을 것이라고 중국 지도부가 우려하는 것은 이 때문이다.

"전쟁의 승리는 승자를 어리석게 만들고 패자는 심술궂게 만든다."라는 니체의 말은 미국 주도의 탈냉전 질서가 위기에 빠진 이유를 설명한다.

미국 프린스턴 대학 국제정치학자 아론 L. 프리드버그Aaron L. Friedberg에 의하면 중국의 전략가들은 미국이 소련을 없애고 난 뒤 사회주의의 마지막 보루인 중국을 겨냥할 것으로 판단했다고 말한다. 그는 동아시아와 서태평양 지역에서의 군사적 우위를 차지하기 위한 미국과 중국의 군사 전략을 분석한 『공중-해상 전투를 넘어서Beyond Air-Sea Battle』에서 중국이 미국에 대해 '심술'을 부리게 된 계기는 1991년으로 거슬러 올라간다고 진단한다. 그해 미국이 사담 후세인의 이라크군을 상대로 결정적 승리를 거두자 중국은 두려움에 사로잡혔다는 것이 그의 분석이다. 구소련에 이어 중국이 미국의 다음 타깃이 될 것이라는 중국 전략가들의 우려가 깊어진 것은 이때부터라고 그는 말한다.

중국이 동아시아와 서태평양 지역에서 미국의 군사적 패권에 본격적으로 도전하기 시작한 것은 2008년부터 2010년 사이였다. 중국이 냉전 종식 이후 미국을 상대로 속으로 키워 온 심술을 드러낼 때까지 약 20년이 걸린 것이다. 중국의 심술이 현실화할 수 있게 된 데는 급속한 경제 성장과 군사력 증강이 결정적 역할을 했다. 하지만 중국의 경제 성장은 중국 경제가 세계 경제 시스템에 통합할 수 있도록 한 미국의 지원에 힘입은 바가 크다는 사실은 중국의 부상으로 인한 역내 안보 질서의 불안정성 심화의 숨은 아이러니다.

러시아의 대미 패권 도전은 2014년 2월 우크라이나 영토인 크림반도의 강제 병합으로 야기됐다. 미국과 서유럽이 러시아와 국경을 맞댄 우크라이나가 북대서양조약기구(NATO) 가입을 추진하는 데 대한 푸틴의 반격이었다. 미국의 외교 전문지 〈포린 폴리시Foreign Policy〉 CEO 데이비드 로스코프David Rothkoph가 2014년에 출간된 『국가안보 위기National Insecurity』에서 푸틴은 러시아가 크림반도에 대한 강제 병합을 할 경우 미국과 서유럽이 무력 대응을 하지 않을 것이라고 계산했는데, 그 같은 예상이 맞았다고 말한다.

푸틴의 판단에 따르면 미국은 당시 이라크와 아프간에서 병력을 감축하는 상황이어서 대(對) 러시아 군사 행동에 나설 의지가 부족했다. 오바마는 대신 경제 제재를 강력하게 펴겠다고 했으나 독일과 다른 유럽 국가들로서는 대러 교역과 천연가스 도입이 걸려 있어 대규모 경제 제재를 하지 못했다고 그는 지적했다. 미국과 서유럽은 심지어 적전 분열의 양상도 보였다. 우크라이나의 나토 회원국 가입을 추진한 책임을 서로 전가했다고 그는 비판했다.

러시아의 크림반도 병합이 발발한 같은 해 중국도 인공섬을 비롯해 남중국해의 도서와 환초의 영유권을 둘러싸고 주변국들과의 분쟁을 더욱 강화함으로써 이 지역에서 미국과의 패권 경쟁에 본격적으로 나섰다.

이들 두 개의 사건은 다른 나라의 영토를 침략하지 않는다는 탈냉전 질서를 뒷받침해 온 베스트팔렌 체제의 규범을 위반하는 것이다. 헨리 키신저 전미 국무장관은 2010년에 출간된 『세계 질서World Order』에서 오늘날 세계 질서는 한 세기에 걸친 유럽 내의 종교와 정치적 갈등에서 비롯된 30년 전쟁을 종결한 1648년 베스트팔렌조약의 주요 원칙들, 즉 모든 국가의 영토 주권에 대한 존중, 국내 체제와 종교적 소명 인정 등을 바탕으로 한 질서라고 정의한다. 그에 의하면 베스트팔렌 체제는 다층적인 문명과 지역에 걸쳐서 개별 국가가 중심이 되는 국제 질서의 기본 체계로서 작동해 왔다.

키신저의 이 같은 패러다임에 의하면 결론은 다음과 같다. 러시아의 크림반도 강제 병합과 중국의 인공섬 건설을 계기로 지난 300년간 세계 질서의 근간을 이뤄온 국가 주권 존중과 타국의 내정 간섭 금지라는 두 개의 규범을 핵심으로 하는 베스트팔렌 체제가 붕괴했다는 것이다.

하지만 베스트팔렌 체제의 붕괴 책임을 전적으로 러시아와 중국에게만 돌릴 수 있는 것은 아니다. 미국 브루킹스연구소 선임연구원으로서 신보수주의 성향의 국제정치학자인 로버트 케이건Robert Kagan은 2009년에 출간된 『돌아온 역사와 깨진 꿈The Return of History and the End of Dreams』에서 미국과 서유럽으로선 불편한 분석을 내놓는다. 탈냉전 시대가 시작된 1990년대부터 미국과 서유럽은 자신들의 주권은 소중하게 여기면서 국민을 억압하는 다른 국가들의 주권을 침해하고 그들의 내정에 간섭하기 시작함으로써 베스트팔렌 체제의 위기가 발생했다는 것이다.

서구의 이 같은 행동에 따라 국제 사회는 자유민주주의 진영과 전체주의(또는 권위주의) 진영으로 분열되기 시작했다. 베스트팔렌 체제의 근간으로서 자유민주주의적 가치인 국가 주권과 영토를 인정하는 국제법은 1648년 이후 역설적으로 독재 국가들을 보호하는 데 유용한 역할을 해 왔다. 하지만 탈냉전 시대에 들어서면서 서구 국가들은 자신들이 추구해 온 국가 주권이라는 가치가 독재 국가들이 정권을 보호하는 데 악용하지 못하도록 그것을 위반하기 시작했다. 반면 독재 국가들은 오히려 국가 주권이라는 가치가 국제적 규범으로서 유지되도록 애를 쓰는, 그야말로 역설적인 상황이 발생한 것이다.

이 같은 상황은 미국과 서유럽이 러시아와 중국을 상대로 완전한 승리를 거두기 위해 시작한 대장정이 1990년대 말로 거슬러 올라간다는 것을 보여 준다. 분수령은 1999년 3월 발발한 코소보 사태였다. 코소보 사태는 유고슬라비아의 일원인 코소보가 분리 독립을 시도하고 나선 데 대해 유고슬라비아가 공격을 하자, 이를 저지하기 위해 미국과 서유럽이 나토를 통해 개입함에 따라 발발했다.

당시 나토의 개입에 대해 러시아와 중국은 유엔 안전보장이사회를 통해 막고자 시도했다. 하지만 나토는 안보리를 무시하고 코소보 사태에 대한 개입을 강행했다. 이로 인해 러시아는 안보리를 통한 자신들의 국제적 영향력이 무력화될 것으로 우려했다. 당시 보리스 옐친 러시아 대통령은 나토의 개입을 침략 전쟁이라고 비난하는 등 거세게 반발했다. 타국을 공격하지 않은 주권 국가에 대한 개입은 국제법 위반이라고 비판한 것이다. 러시아의 이 같은 항의는 탈냉전 시대에 들어서서 국가 주권 존중이라는 규범을 독재 국가가 위성 국가를 지키기 위해 활용하기 시작했다는 것을 알리는 신호탄이었다.

중국도 나토의 개입을 자유주의 국가들의 패권주의라고 비난했다. 당시에도 키신저는 『세계 질서』에서 우려했던 것처럼 자유주의 진영이 국가 주권 존중의 원칙을 갑자기 버림으로써 세계는 법질서가 무너질 위험에 처했다고 경고했다.

소련 해체 후 러시아 대통령으로 선출돼 자유 시장경제 체제로의 전환에 적극 나섰던 옐친이 반미(反美)로 돌아선 데는 코소보 사태가 결정적이었다. 미국과 서유럽 국가들이 국가 주권에 대한 존중이라는 탈냉전 질서의 규범을 위반함으로써 세계 질서에 혼란이 발생하기 시작했다. 키신저에 의하면 내정 불간섭의 국제법이라는 관점과 자유주의 도덕 정신 구현이라는 관점 간 대립이 세계 질서의 새로운 갈등 축으로 등장한 것이다.

베스트팔렌 체제의 원칙과 규범에 대한 미국의 위반은 여기서 끝나지 않았다. 본격적인 계기는 2001년 9월 11일 이슬람 테러단체인 알카에다(Al-Qaeda)가 뉴욕 트윈타워를 두 대의 여객기를 충돌시켜 무너뜨린 전대미문의 테러였다. 그 후 조지 W. 부시 미국 행정부는 알카에다의 본거지인 아프가니스탄과 함께 미국의 네오콘(Neo-Con) 진영으로부터 핵무기를 개발하고 있다는 의혹을 받아 온 사담 후세인의 이라크를 상대로 각각 테러 세력의 발본색원과 대량살상무기 제거라는 명분 아래 전쟁을 개시했다.

이 같은 개전 이유(casus belli)의 정당성 여부를 떠나서 아프가니스탄 전쟁과 이라크 전쟁은 미국이 국가 주권 존중과 내정 불간섭의 원칙을 위반했다는 것을 입증한다고 키신저 전 국무장관은 평가한다.

키신저의 경고는 그로부터 15년이 흐른 2014년 마침내 현실화했다. 러시아와 중국도 미국과 서유럽을 따라 다른 나라들에 대한 국가 주권의 존중과 내정 불간섭에 기초한 국제법을 위반하는 대열에 본격적으로 뛰어들기 시작한 것이다.

코소보 사태 개입에 이어 우크라이나의 나토 가입 추진 시도에 이르기까지 러시아를 상대로 한 미국과 서유럽의 '완전한 승리' 추구가 러시아와 중국이라는 권위주의 국가들의 반격에 직면하기 시작했다. 러시아는 나토의 우크라이나로의 확대에 맞서 2014년 1월 크림반도를 강제 병합하고 우크라이나 동부 지역을 침공해 친 러시아 분리주의 세력을 지원했다. 그후 소강상태에 놓여 있던 우크라이나의 나토 가입 문제가 2020년 말부터 다시금 불거지고 나토 진영과 러시아 간 군사적 긴장이 고조되고 있는 것은 미국이 바이든 행정부 들어서서도 대러 완전한 승리 전략을 추진하고 있는 데서 말미암는다.

중국은 남중국해 상의 암초에 인공섬을 만든 뒤 전투기 이착륙이 가능한 군사기지를 건설했다. 이는 군사적 우위를 차지하기 위한 중국의 본격적인 패권 도전을 상징하는 것이다. 2017년 중국의 국방비는 2,282억 달러로 2008년의 263억 달러에 비해 164퍼센트 증가했다. 마침내 베스트팔렌 체제를 떠받쳐 온 규범과 원칙이 역사 속으로 사라질 위기에 처한 것이다.

그렇다면 미국과 동맹국들을 중심으로 한 자유주의 진영은 이 같은 위기를 극복하기 위해서 투키디데스에게서 무엇을 배워야 하는가?

루소는 투키디데스가 『펠로폰네소스 전쟁사』에서 "판단하지 않고 사건을 보고했다"고 평가했다. 이 책이 신화에서 벗어나 과학적 역사 서술의 고전으로 꼽히는 까닭은 이 때문이다. 피터 왓슨은 『생각의 역사』에서 투키디데스가 위대한 이유로 그가 이루어낸 두 가지 혁신을 꼽는다. 하나는 헤로도투스처럼 전쟁이라는 주제를 택했으나 그것은 지난 시대가 아니라 자기 시대의 전쟁이었다는 것이다. 다른 하나는 헤로도투스와 달리 사건을 바라보는 안목은 없었으나 그는 전쟁에서 신(神)들이 개입할 여지를 없애버렸다는 것이다. 그는 사건의 배후에 작용하는 운명의 손을 보고자 했다. 이 같은 서술 방식을 통해 그는 25만여 명에 이르는 사람들이 전쟁에서 어떻게 쓰러져갔는지를 마치 인체를 해부하듯 그려냈다. 특히 아테네를 휩쓴 역병에 대한 상세한 묘사는 그가 서구 의학의 아버지 히포크라테스의 영향을 받았다는 것을 보여준다고 영국의 지식역사가 존 버로우John Burrow는 2007년에 출간된 『역사들의 역사History of Histories』에서 주장한다.

> **투기디데스는 인간 본성에 내재하는 인정 욕구인 '튀모스'로 인해 전쟁이 영원히 사라지지 않는다고 보았다.**

문제는 이 위대한 고전을 통해 투키디데스가 후세에 전하고자 한 가장 중요한 교훈이 무엇인지 찾아내는 것이다. 오늘날 국제정치 전문가들이 가장 주목해야 한다고 주장하는 교훈은 앞서 언급한 바와 같이 아테네의 급속한 부상이 당시 패권국이었던 스파르타 내에서 두려움을 일으킨 결과 펠로폰네소스 전쟁이 발발했다는 투키디데스의 함정이다.

과연 그런 것인가? 서구의 투키디데스 연구자들에 의하면 그에게서 정작 배워야 할 가장 중요한 교훈은 그것이 아니다. 투키디데스 함정이라는 명제가 갖는 문제점은 다음 장인 제2장에서 보다 상세하게 다룬다. 미국의 그리스 고전학자 이디스 해밀턴Edith Hamilton은 『고대 그리스인의 생각과 힘The Greek Way』에서 투키디데스의 정수에 대해 이렇게 말한다. "그는 만약 인간이 계속해서 권력에 대한 탐욕과 열정에 의해서 지배된다면 전쟁이 세상에서 가장 중요한 문제를 결정할 것이라는 점을 이해했다."

투키디데스가 동시대의 악을 주도면밀하게 깊이 조사한 뒤 악이 모두 인간 본성의 전혀 변하지 않는 악덕에 근거하고 있다는 것을 인지했다는 것이다. 그래서 그가 깨달은 것은 진정 변화의 여지도 없고, 이루 말할 수 없이 슬픈 진실이었다고 해밀턴은 말한다.

이와 관련해 투키디데스는 그의 책에서 "이러한 모든 악행의 근원은 탐욕과 야망이 부추기는 권력을 향한 욕망"이라고 말한다. 이것이 바로 그리스인들이 사람의 내면에 존재한다고 믿은 '튀모스(thumos)'라는 욕망으로서 오늘날 전쟁과 평화의 문제를 이해하는 데 있어 결정적 요인으로 평가 받는다.

튀모스라는 것은 위엄 또는 가치를 인정받고 싶어 하는 인간의 욕망을 가리킨다. 튀모스가 투키디데스의 고전에서 캐낼 수 있는 최고의 보석일 수 있는 까닭은 그것이 정신 또는 의지의 수준으로까지 올라가면 내적으로 갈등적인 것이 되기 때문이다. 요컨대 사람이든 국가든 위엄 또는 가치를 남이나 다른 나라로부터 인정받고 싶어 하는 욕망을 정신이나 의지의 수준으로까지 강하게 추구할 경우 그것은 개인 간 또는 국가 간에 갈등을 낳을 수 있는 것이다. 튀모스는 이처럼 그 같은 욕망이 좌절되면 방해가 되는 것을 극복하겠다는 감정으로서 이는 개인 간에는 다툼을, 국가 간에는 전쟁으로 이어질 가능성이 높다.

튀모스가 추구하는 두 가지 가치인 명예와 정의는 호전적이고 분개하는 성격을 갖고 있어 복수를 지향한다. 이 점에서 튀모스는 펠레폰네소스 전쟁 당시 그리스 지도자였던 페리클레스가 이끄는 아테네의 이상적인 시민과 내전의 한 당파 모두에게 가장 지배적인 열정이었다고 할 수 있다. 다음 장에서 살펴보겠지만 아테네의 많은 시민들은 어떻게든 스파르타와의 전쟁을 피하고자 했다. 그럼에도 아테네가 스파르타와의 전쟁을 촉발하는 조치들을 취하게 된 데는 튀모스에 사로잡힌 페리클레스가 교묘한 연설로 시민들을 설득했기 때문이었다. 전쟁의 발발 원인은 페리클레스의 튀모스였던 것이다.

튀모스에 대한 이와 같은 평가는 미국 센터칼리지 교수인 크리스토퍼 파스게비치Christopher Paskewich가 2014년에 발표한 〈정치 공동체의 기원: 고대 그리스 사상에서의 튀모스와 전통〉이라는 글에서도 확인된다. 그에 의하면 튀모스는 정치적인 것의 본성과 특성을 드러내준다. 정치 영역의 많은 핵심적이고 구성적인 측면들은 인간 본성에 있는 튀모스적인 요소에 뿌리를 두고 있다는 것이다. 구체적으로 보면 튀모스는 정치 영역이 개인 간 상호작용에서 어떻게 불가피하게 발생하는지, 정치적인 것이 어떻게 지탱되는지, 그리고 무엇이 정치적인 면들을 위험하게 하는지를 보여준다고 말한다. 튀모스는 공동체를 위한 공동의 선이나 기준을 개발하고 정치적 삶에 핵심이 되는 법과 질서를 유지하기 때문에 애국심의 기반이 된다는 것이 그의 평가다.

문제는 튀모스가 가속도가 붙게 되는 경우다. 그때는 공격적인 눈덩이 효과(snow ball effect)로 인해 통제 불가능하게 된다는 얘기다. 애국주의는 맹목적 애국주의가 되고, 종교적 단결은 종교적 박해로 이어지고, 그리고 정의의 수호는 다양성을 억압하는 구실이 된다고 그는 지적한다. 이 점에서 튀모스는 위험이 될 수 있는 만큼 통제돼야 한다는 것이 그의 경고다. 투키디데스에게서 튀모스를 주목해야 하는 까닭은 바로 이 때문이다. 파스게비치는 통제되지 않으면 개인 간 갈등이 일어나거나 국가 간 전쟁이 발발할 수 있다고 봤다. 반대로 튀모스가 통제되면 개인 간 갈등이나 국가 간 전쟁이 억제될 수도 있다는 것을 말하고자 했다. 하지만 투키디데스는 정작 페리클레스의 튀모스가 전쟁의 원인이 되었다는 것에는 눈을 감았다.

튀모스가 국제 관계의 근본 동인이라는 것을 20세기에 가장 잘 인식한 서구 학자는 미국의 현실주의 국제정치학자로 유명한 시카고 대학의 한스 모겐소Hans Morgenthau였다. 모겐소는 제2차 대전 직후 출간된 『국가 간의 정치 Politics Among Nations』에서 세계는 인간 본성에 내재한 여러 가지 힘들의 결과라고 했다. 그는 투키디데스의 통찰을 빌려서 인간은 세 가지 본성인 두려움 (phobos), 자기이익(kerdos), 그리고 명예(doxa)에 의해 동기부여를 받는다고 했다. 국가 간에 영원한 평화가 불가능한 것은 이들 세 가지 인간의 본성에 말미암은 것이다.

그래서 모겐소는 영원히 전쟁이 없는 평화란 존재하지 않는다는 투키디데스의 통찰을 가장 잘 이해한 국제정치학자로 평가 받는다. 그가 현실주의 국제정치학의 발전을 위해 노력할 수 있었던 것은 이 같은 인식을 갖췄기 때문이다. 비록 인간의 본성이 불완전하더라도 그것을 수용할 때만이 영원한 평화가 온 양 자만하지 않고 국가들이 평화를 유지하기 위한 협력에 최선을 다할 수 있다고 본 것이다. 그래서 모겐소는 "언젠가는 마지막 커튼이 내려올 것이며, 더 이상은 권력 정치가 불가능할 것이라고 생각하지 말라"고 했다.

20세기 영국 출신의 소설가로서 『채털리 부인의 사랑』이라는 작품으로 유명한 D. H. 로렌스는 모겐소와 비슷한 말을 했다. 로렌스는 그가 쓴 세계사 책인 『역사, 위대한 떨림』에서 다음과 같이 말한다. "우리는 두 개의 동기, 즉 평화와 번영을 위한 동기와 경쟁과 군사적 승리를 위한 동기를 위해서 산다는 사실을 잊지 말아야 한다. 군사적 모험과 투쟁에서의 승리에 대한 욕구가 충족되면 평화와 확장의 욕구가 나타나며, 이것은 다시 거꾸로 반복된다. 이것이 생의 법칙이다."

이는 로렌스가 비록 소설가였으나 튀모스가 전쟁을 일으키는 인간 욕망의 근원이고, 이것이 충족되면 잠시나마 평화가 찾아오고 다시 전쟁이 발발하는 것이 인간의 역사라는 투키디데스의 통찰을 정확하게 이해했다는 것을 보여준다. 그는 이렇게 말한다. "진정한 역사가가 할 수 있는 것은 인간의 마음속 가장 깊은 곳에서 솟구쳐 오른 물결을 외경심과 존경심을 갖고 지켜보며 이 엄청난 조수의 만조와 간조를 바라보는 것뿐이다. 연역적인 인과관계는 나중에 추측된 것이다. 처음에는 아무것도 없었다."

그러나 미국의 전략가들은 냉전이 종식됐을 때 인간에게 내재해 있는 튀모스의 이 같은 위험성이 또 다른 냉전의 불씨가 될 수 있다는 것에 주목하지 않았다. 탈냉전 시대를 맞은 미국의 전략가들은 역사를 보는 소설가의 안목에도 미치지 못했다. 냉전에서 승리한 미국은 어리석어진 나머지 오만할 대로 오만해져 이성을 갖고 현실을 냉철하게 보려고 하지 않았던 것이다. 미국이 자유민주주의와 시장경제가 최종 승리를 거둔 만큼 더 이상의 전쟁은 없을 것이라고 자신을 속일 수 있었던 것은 이 때문이다. 실제로 냉전 종식 이후 미국의 정치인들과 전문가들 대부분은 전쟁이 사라지고 영원한 평화가 온 것인 양 행동했다. 미국이 냉전의 승리에 취한 나머지 세계 정복자로서 인정받고 싶은 욕망의 튀모스를 억제하지 못한 것이다. 케이건도 『돌아온 역사와 깨진 꿈』에서 지적한 바와 같이, 냉전 종식 이후 미국은 전략과 이념의 모든 갈등과 대립으로서의 역사가 종말을 고했다는 프랜시스 후쿠야마Francis Fukuyama의 『역사의 종말과 마지막 인간The End of History and the Last Man』에 환호작약했던 것이다.

케이건은 앞의 책에서 탈냉전이 계속된다는 잘못된 믿음이 생겨난 것과 관련해 이렇게 말한다. "고대 그리스인들은 인간 본성에는 튀모스가 내재돼 있다고 믿었는데, 튀모스란 자신이 소속된 집단, 종족, 도시, 국가를 지키려는 일종의 용맹성과 호전성을 말한다. 그러나 계몽주의에서는 개인 간 상거래나 국가 간 교역이 개인 또는 국가에 내재된 튀모스를 누그러뜨려주고 심지어 없애주기까지 한다고 믿었다."

『법의 정신l' esprit des lois』을 쓴 몽테스키외는 "상거래가 있는 곳에는 예의와 도덕이 있다"라고 주장했다. 올바른 국제사회 체제, 올바른 정치 체제, 그리고 올바른 경제 체제가 있으면 인간의 본성은 개선될 수 있다고 본 것이다. 냉전이 끝난 뒤 사람들은 이런 관점에서 자유민주주의가 공격성과 폭력성을 지닌 인간의 원초적 본능을 단순히 억제하는 데만 그치지 않을 것이라고 생각했다.

그 결과 도널드 트럼프 행정부 이전까지의 빌 클린턴, 조지 W. 부시, 버락 오바마 행정부에 이르는 탈냉전 시기 24년 동안, 미국 행정부는 전 세계 주요 전략 지역에서 자국과 동맹국들의 안보와 이익을 지키는 데 소홀히 했다. 미국은 세계 질서가 미국의 단극 체제로 재편됐기 때문에 더 이상의 도전은 없을 것이라고 판단했기 때문이다. 구소련과 동유럽 공산 정권들이 붕괴하고 중국이 글로벌 자본주의 시스템에 편입된 만큼 러시아와 중국에 의한 안보상의 위협은 발생하지 않을 것이라고 믿었던 것이다.

미국이 탈냉전 시기에 '자유주의 패권'이라는 '불가능한 꿈'을 쫓는 동안 중국은 부상하고 러시아는 권력정치에 복귀할 기회를 얻었다.

존스홉킨스 대학의 현실주의 국제정치학자 마이클 만델바움은 2016년에 출간된『임무 실패Mission Failure』에서 이렇게 비판한다. "미국은 탈냉전 시기의 대부분을 테러 지원국과 구(舊) 공산권 국가들의 체제를 자유민주주의와 시장경제로 전환시키는 이른바 '사회사업(social work)'에만 열중하며 보냈다." 요컨대 시카고 대학의 현실주의 국제정치학자 존 J. 미어샤이머가『미국 외교의 거대한 환상The Great Delusion』에서 말한 바와 같이 중국의 부상과 러시아의 권력정치로의 복귀 등으로 인해 미국과 동맹국들의 안보가 위험에 처하게 된 것은 전적으로 미국이 탈냉전 시기에 '자유주의 패권'이라는 불가능한 꿈(impossible dream)'을 추구한 데서 말미암은 것이다.

클린턴 행정부는 탈냉전 초기에 금융의 세계화라는 '사회사업'에 전력을 기울였다. 개발도상국들의 고정환율제를 변동환율제로 변경시키는 것을 비롯한, 미국 월스트리트의 초국적 금융 자본에 의한 글로벌 금융 자유화를 통해 미국 주도의 세계 경제 질서를 수립하는 데 전력을 기울였던 것이다.

조지 W. 부시 행정부가 주력했던 '사회사업'은 테러 지원국, 빈국, 그리고 구 공산권의 '체제 전환'이었다. 아프가니스탄, 이라크, 리비아 등 테러 지원국들을 상대로 한 전쟁을 통한 친 서구 정부로의 리더십 교체 추진과 함께 이들 나라와 동유럽 구 공산권 국가들의 체제를 자유민주주의와 시장경제로 전환시키는 '사회사업'에 열정을 바쳤다.

오바마 행정부는 외국에서 군사적 수렁에 빠질 만한 외교안보 정책은 어떻게든 피하기 위해 애썼다. 조지 H. W. 부시 대통령의 안보보좌관으로 일했던 예비역 공군 소장 브렌트 스코우크로프트Brent Scowcroft의 조언에 따라 오바마 대통령은 리비아 사태에 지상군을 투입하는 위험을 무릅쓰지 않고 공군력에 의한 관여에 의존했다. 오바마 행정부는 이처럼 외교안보 정책에 승부를 걸지 않았다. 그 대신 오바마는 2008년 월스트리트 금융위기로 인해 수백만 명이 파산하거나 실직함에 따라 피폐해진 사회경제 기반을 회복하는 데 모든 노력을 집중했다.

미국 하버드 대학의 국제정치학자 앨리슨은 『예정된 전쟁』에서 오바마 행정부의 외교정책에 대해 다음과 같이 정리한다. "관여하되 회피한다(engage and hedge)." 그 결과 미국과 한국을 포함한 미국의 동맹국들이 서유럽과 동아시아 등 주요 지역에서 심각한 안보 위기에 직면하게 되었다. 오바마가 "모든 것을 허용하고 아무것도 못 막았다(permits everything and prevents nothing)"고까지 평가 받는 것은 외교 전략 부재에서 말미암는다는 것이 그의 비판이다. 이 점에서 탈냉전 이후 출범한 미국의 세 행정부는 미국과 동맹국들의 안보를 위한 외교안보 정책을 추구했다고 보기 어렵다는 평가가 미국

내에서 제기된다는 것은 결코 지나치지 않다.

그러나 미국이 설령 투키디데스의 통찰을 정확하게 이해하면서 세계 질서를 관리했다고 하더라도 상황은 달라지지 않았을 것이다. 투키디데스와 마키아벨리의 말대로 인간 본성에 기초해 본다면 권력 정치의 부활이나 국익에 따른 전쟁 발발을 막는다는 것은 불가능하기 때문이다.

그럼에도 불구하고 미국과 동맹국들의 정책 결정자들이 이들 두 전략가의 충고를 마음속에 늘 되새겼다면 탈냉전 시기를 구 공산권과 테러 지원국의 정치 체제와 경제 체제를 자유민주주의와 시장경제로 전환하는 '사회사업'에 허비하지 않고 자신들의 안보에 열중하면서 보냈을 것이다. 만약 그랬다면 탈냉전 체제가 이렇듯 허무하게 종말을 고하지는 않았을 가능성이 높다.

이 점에서 냉전 종식 24년 만에 세계 질서가 폭력이 난무하는 자연 상태로 허무하게 되돌아가게 된 원인은 한 가지다. 그것은 투키디데스에서 마키아벨리와 클라우제비츠로 이어진 전쟁과 평화에 대한 전략과 철학이 미국과 미국의 동맹국들이 추진해 온 외교안보 정책의 근간이 되지 못했다는 것이다.

오늘날 국제 정치의 자연 상태는 17세기 영국의 철학자 토머스 홉스가 『리바이어던』에서 주창한 '만인의 만인에 대한 투쟁'으로서의 자연 상태나 역시 영국의 사회계약론자인 존 로크가 『통치론』에서 말한 "혼자서는 생명과 자유, 재산에 대한 위협을 심판할 수 없는" 자연 상태와 다르지 않다. 탈냉전 질서가 붕괴하면서 동아시아와 동유럽의 상황은 미국이라는 '정부'의 지원 없이는 중국과 러시아에 의한 위협에서 헤어나기 어려운 폭력적이고 야만적인 자연 상태가 심화하고 있는 것이다.

불행한 것은 미국을 중심으로 한 전 세계 자유민주주의 국가들이 자신들의 정치 체제를 처음 설계한 로크조차 제대로 읽어내지 못하고 있다는 사실이다. 로크는 1688년 명예혁명의 이론적 기반을 제시한 명저 『통치론』에서 인간이 정부를 만들어 폭력에 대한 심판을 정부에게 맡기더라도 자연 상태는 지속될 것이라고 단언했다. 마찬가지로 단일 정부가 없는 국가 간 관계가 자연 상태를 벗어난다는 것은 더더욱 불가능하다. 결국 냉전 종식 이후 권력 정치와 이념 대립에 따른 전쟁은 사라지고 영원한 평화가 도래할 것이라는 자유민주주의 국가들의 믿음은 환상이었다. 자유민주주의가 완전무결한 정체 체제가 아니기 때문에 늘 자연 상태로 돌아가지 않도록 조심해야 한다는 로크의 경고를 귀담아 듣지 않았던 것이다.

나토의 동유럽 확장과 탈냉전 질서의 붕괴

2014년은 21세기 두 번째 10년 들어 30년 가까이 유지되어 왔던 세계 질서를 바꾼 사건이 발발한 해다. 유럽과 동아시아에서 동시에 탈냉전 체제가 무너진 것이다. 그 원인은 제2차 대전 직후 대 공산권 전략으로서 냉전의 개념을 설계했던 조지 F. 케넌이 클린턴 행정부의 나토 확장 검토에 대해 1996년에 제기한 경고에서 찾을 수 있다. 그의 경고는 미국과 서유럽이 나토를 동유럽으로 확대하면 러시아의 반격을 초래함으로써 큰 위기가 발발할 수 있다는 것이었다. 케넌은 그 후 1997년 2월 〈뉴욕타임스〉에 실린 기고에서 나토 확장은 탈냉전 시기 미국 외교 정책의 가장 치명적인 실책이 될 것이라고 비판했다.

미국 예일 대학의 존 루이스 개디스 교수는 2012년에 출간된 케넌 평전 『조지 F. 케넌』에서 케넌은 제2차 대전 직후부터 나토가 창설되는 것에 반대했다고 말한다. 미어샤이머가 쓴 『미국 외교의 거대한 환상』에 의하면, 클린턴 행정부의 스트로브 탈보트Strobe Talbott 국무부 부장관은 1995년 동유럽을 나토와 유럽연합으로 끌어들여 러시아로부터의 위협을 막고, 이들 나라로 자유민주주의와 시장경제를 확산시키는 전략을 수립하고 추진하기 시작했다.

그 후 스트로브는 1996년 10월 한 공개 강연에서 이 같은 전략을 언급했다. 당시 객석에서 스트로브의 강연을 듣고 있던 케넌은 강연이 끝나고 질의응답 세션 때 앞서의 경고를 제기했다고 한다. 클린턴은 백악관에서 스트로브를 만나 케넌의 경고에 대해 대화를 나누었을 만큼 케넌의 경고에 부담을 느꼈다. 하지만 클린턴과 스트로브는 나토의 동구 확장 전략을 포기하지 않았다.

유럽의 탈냉전 체제를 단번에 쓰러뜨린 2014년 러시아의 크림반도 병합은 미국과 서유럽이 러시아를 상대로 한 '완전한 승리(a complete victory)'를 거두는 데 병적으로 집착한 결과였다. 냉전 종식 때 해결되지 않은 잠재적 위협 요인들까지 뿌리 뽑음으로써 서구의 안보를 완벽하게 만들겠다는 미국과 서유럽의 욕망으로서 튀모스가 통제되지 않고 분출되었고, 그에 따라 미국과 서유럽 국가들은 나토를 2007년 전후부터 우크라이나를 비롯한 구소련 위성 국가들이었던 동유럽 국가들로 확대하는 전략을 추진했다. 그 주된 목적은 구소련을 계승한 권위주의 러시아에 의한 안보 위협을 근본적으로 차단하기 위한 것이었다.

냉전 종식 직후 미국은 러시아를 자유민주주의 체제로 전환시키고자 했다. 그래야만 전쟁 위험이 사라지고 영원한 평화가 보장될 것이라고 믿었기 때문이다.

그러나 그나마 자유주의적 개혁을 추진해 왔던 보리스 옐친의 뒤를 이어 구소련의 비밀경찰 KGB 출신인 블라디미르 푸틴이 정권을 잡으면서 러시아는 권위주의 국가의 길을 선택했다. 이로 인해 미국과 서유럽은 탈냉전 시대에도 러시아에 의한 안보 위협이 구소련 때처럼 여전히 상존한다고 판단하기에 이르렀다. 미국과 서유럽이 러시아와 국경을 맞대고 있는 우크라이나까지 나토에 가입시켜 러시아에 의한 안보 위협의 방파제로 삼으려 했던 것은 이 때문이다. 우크라이나의 사정도 절박했다. 러시아에 의한 외교안보 주권이 훼손당하는 제2의 핀란드로 전락하지 않기 위해서 나토 가입이 절실했던 것이다.

지미 카터 행정부에서 국가안보보좌관을 지낸 폴란드 출신의 즈비그뉴 브레진스키Zbigniew Brzezinski도 2002년에 출간된『전략적 비전Strategic Vision』에서 우크라이나의 나토 가입이 필요하다고 역설했다. 브레진스키는 러시아가 제국이 되기 위해서는 우크라이나를 필요로 할 것이라고 봤다. 따라서 그가 우크라이나의 나토와 유럽연합 가입을 지지한 것은 러시아가 다시금 서유럽을 위협하는 제국으로 등장하는 사태를 막기 위해서였다. 그렇게 하지 않으면 러시아를 글로벌 강대국 정치 무대로 복귀시키려는 푸틴의 기도를 저지하기 어렵다는 것이 브레진스키의 판단이었다. 하지만 그는 러시아가 어떻게 대응할지에 대해서는 전혀 걱정하지 않았다. 이 같은 낙관적 태도는 어쩌면 그가 이상주의적 외교 전략가였던 만큼 당연한 모습이었다.

러시아의 크림반도 강제 병합으로 유럽에서 러시아에 의한 안보 위협이 다시금 현실화되었고 탈냉전 시대도 종언을 고했다.

그러나 2014년 1월 우크라이나에서 나토와 유럽연합 가입을 지지하는 세력이 권력을 장악했을 때 마침내 우려하던 사태가 발발했다. 러시아가 전광석화와 같이 우크라이나의 나토 가입 가능성을 폭력적으로 제압하고 나선 것이다. 러시아는 우크라이나의 크림반도를 강제적으로 병합한 데 이어 우크라이나의 동부 지방을 침공해 그 지역의 친러 반군 세력을 지원함으로써 내전을 부추겼다.

이 같은 사태로 유럽 대륙에서 러시아에 의한 안보 위협이 다시금 현실화되었고 마침내 탈냉전 시대의 종언이 고해졌다. 미국 저널리스트 출신의 현실주의 국제정치 전문가 로버트 D. 캐플란Robert D. Kaplan은 2016년에 출간된『유럽의 그늘에서In Europe's Shadow』에서 동유럽의 상황에 대해 몰도바의 한 전문가의 언급을 다음과 같이 전한다. "2014년 1월 러시아의 크림반도 병합

이후 몰도바가 직면한 정치적 환경은 긴장되고 불확실하다." 레안카라는 이름의 이 전문가는 이어서 동유럽의 불안감을 이렇게 말했다. "1989년 이후 유지되어 왔던 유럽의 안보 질서가 우리 눈앞에서 사라졌다."

우크라이나의 유럽연합과 나토 가입이 이루어질 경우 러시아가 어떤 형태로든 진압하고 나설 것이라는 우려는 이미 2007년 전후로 미국과 서유럽에 폭넓게 퍼져 있었다. 이는 케이건이 『돌아온 역사와 깨진 꿈』에서 같은 우려를 제기했다는 데서도 간접적으로나마 짐작할 수 있다. 러시아가 우크라이나의 나토 가입에 반대했던 것은 가입 시 미군의 우크라이나 주둔으로 이어지면서 자국에 심각한 안보 위협이 될 수 있다고 우려하기 때문이라는 것이 케이건의 분석이었다.

실제로 러시아는 2014년 1월 우크라이나의 나토 가입을 저지하기 위해 크림반도를 강제 병합한 데 이어 우크라이나 동부 지방을 침공했으며, 2021년 말 미국과 서방 진영이 우크라이나의 나토 가입을 다시 추진하자 우크라이나에 대한 전면적 침공을 위협하고 있다. 그렇다면 왜 워싱턴은 이 같은 위험을 무릅쓰고 굳이 모스크바를 상대로 완전한 승리를 거두고자 하는 것인가? 그 까닭을 알기 위해서는 우리는 다시금 앞에서 언급한 니체의 명제로 돌아가야 한다. 그의 통찰은 모든 것은 승자의 어리석음에서 비롯됐다는 것을 알려주기 때문이다. 미국과 서유럽은 냉전의 승자로서 어리석어질 대로 어리석어진 나머지 패자인 러시아가 반발해봤자 뭐 그리 대수겠냐고 안이하게 생각하고 있는 것이다.

하지만 그런 안이한 판단으로 인해 미국이 치러야 했던 대가는 참혹했다. 아슬아슬하게 유지돼 왔던 탈냉전 체제가 러시아의 크림반도 병합과 우크라이나 동부 지역 침공으로 하루아침에 붕괴하고 권력정치가 부활한 것이다. 이로 인해 2016년까지 8천 명 가까이 희생된 것으로 추정된다. 상이한 이데올로기 간의 대립과 갈등이 종식되더라도 전쟁은 사라지지 않고 언제든 국익에 따라 발발하고 억제될 수 있다는 투키디데스의 경고가 옳았음이 입증된 것이다.

『법의 정신』으로 유명한 프랑스의 법철학자 몽테스키외는 교역이 전쟁의 가능성을 약화시킨다고 주장했다. 칸트의 영구 평화론 이래 교역이 전쟁을 예방한다는 여러 주장들이 제기되어 왔다. 대표적인 논자 중의 한 사람이 슘페터다. 그의 주장은 미국과 중국이 동아시아와 서태평양 지역의 군사적 우위 지위를 둘러싸고 벌이는 경쟁이 격화되면서 시험 받고 있다고 미국 프린스턴 대학의 국제정치학자 아론 L. 프리드버그는 『패권을 향한 결전』에서 주장한다. 미국과 중국 간 교역은 그 어느 나라들 간의 교역보다 많기 때문에 양국 간에 전쟁이 발발할지 여부에 세기적 관심이 모아지고 있다고 그는 말한다.

2019년 5월 미중 간에 무역 전쟁이 발발하자 이것이 실제 전쟁으로 비화할지 여부에 온 세계의 관심이 집중됐다. 하지만 트럼프 대통령과 시진핑 주석 간에 2020년 들어 대타협이 이루어지면서 그 같은 우려는 현실화하지 않았다. 그럼에도 불구하고 미중 무역 전쟁은 세계 1, 2위 경제 대국들이 각자의 경제적 이익을 지키기 위해 상대국에서 만든 수입품에 수천억 달러의 보복 관세를 부과하는 등 명운을 건 경제 전쟁을 벌일 수 있다는 것을 보여준다. 막대한 교역 규모의 강대국 간 관계라고 하더라도 언제든 전쟁이 벌어질 가능성을 배제할 수 없는 것이다.

우크라이나 사태는 교역이 전쟁을 막지 못한다는 논리가 맞는다는 것을 보여주었다. 즉, 러시아의 경제가 금융과 교역의 세계화를 통해 미국과 서유럽과 통합되어 있음에도 그것이 전쟁을 억제하지 못한다는 것이 우크라이나 사태로 입증됐다. 전쟁을 벌여서라도 안보를 지키는 것이 교역을 통한 경제적 이득을 상회한다면 언제든 전쟁이 발발할 수 있는 것이다.

러시아의 크림반도 강제 병합은 미국과 서유럽에 탈냉전 체제의 종식이라는 엄청난 피해를 초래했다. 반면 러시아가 치러야 했던 대가는 미국과 서유럽의 경제 제재뿐이었다. 러시아가 이 제재로 인해 제아무리 큰 피해를 입는다 하더라도 미국과 서구가 입은 탈냉전 체제의 붕괴라는 대가와는 비교도 할 수 없는 것이다. 미국과 서유럽의 규칙과 규범으로 세계가 작동하던 시대가 종언을 고했다는 사실은 그들에게는 무엇과도 비교할 수 없는 중대한 위기이다.

물론 서구의 경제 제재는 러시아에 적지 않은 타격을 주었다. 그렇지 않아도 2008년 미국의 금융위기와 2010년 글로벌 대침체로 인한 여파로 큰 경제적 어려움을 겪어 오던 러시아로서는 서방의 가혹한 경제 제재까지 받으면서 경제가 더욱 어려워졌다.

미국의 대 러시아 완전한 승리 전략

그러나 워싱턴이 치러야 할 대가는 여기서 끝나지 않았다. 러시아가 2016년 말 치러진 미국 대선에 개입한 정황이 포착됐다. 당시 집권당이던 민주당 후보 힐러리 클린턴 전 국무장관이 패배하는 데 결정적인 계기가 되었던 그녀의 상용 이메일 계정 해킹 사건이 러시아 해커들에 의한 소행이라는 사실이 밝혀진 것이다. 이 사건은 그녀가 오바마 행정부 초반 국무장관으로 재직하던 시기에 공용 이메일 시스템을 사용해야 한다는 규정을 위반하고 상용 이메일 서비스를 이용했다는 논란을 불러일으켰다.

이 사건은 힐러리 클린턴의 대선 전략에 큰 부담으로 작용했고 그녀의 패배로 귀결됐다. 요컨대 러시아 해커들이 유력한 대선 후보였던 힐러리를 떨어뜨리는 데 일조한 것이다. 이 때문에 푸틴이 힐러리를 떨어뜨리고 친러시아 성향으로 평가 받던 공화당 후보인 트럼프를 당선시키려고 했다는 의혹이 제기됐다.

만약 이 같은 의혹이 사실이라면 그것은 러시아가 분명히 자국을 상대로 완전한 승리를 거두려고 한 미국에 대한 보복이라고 봐야 한다. 러시아가 오만한 미국에 복수하기 위해 대선 구도까지 흔들어버리는 '심술'을 부렸을 가능성이 있는 것이다. 이 같은 가능성을 전제로 했을 때 유럽에서의 탈냉전 체제 붕괴는 다음과 같이 정리할 수 있다. 냉전의 승자는 승리의 기쁨에 젖어 갈수록 어리석어진 나머지 급기야 오만해졌다. 이 같은 오만은 승자로 하여금 패자가 재기할 수 없는 수준까지 철저하게 무력화시키는 완전한 승리를 시도하게 만들었다. 하지만 이 같은 시도는 코너에 몰린 패자의 목숨을 건 반격으로 인해 실패하고 말았다. 그 결과 승자의 전리품이었던 탈냉전 체제는 종말을 고하게 되었다.

모든 전쟁은 승자가 패자에 대해 완전한 승리를 거두려다 재발했으며, 종국적으로는 커다란 재앙으로 이어졌다.

이 같은 참극은 앞서 언급한 바와 같이 제2차 세계대전 직후 미 국무부 정책기획실장으로서 대 소련 봉쇄 전략을 기획했던 케넌이 이미 경고한 바 있다. 케넌은 『미국 외교 50년』에서 미국과 서유럽이 "나토를 동유럽까지 확대하려 하는 것은 완전한 승리의 추구에 해당하는 것으로서, 그렇게 할 경우 러시아의 반발로 인해 재앙이 발생할 것"이라고 예상했다. 만델바움은 『임무 실패』에서 "미국 외교의 실책은 나토 확대와 발칸 사태 개입, ABM(탄도탄요격탄도미사일 조약) 탈퇴 등의 정책을 추진함으로써 러시아가 자신들의 안보가 서구에 의해 위협 받고 냉전 종식의 정신이 배신당했다고 생각하게 만든 것"이라고 지적한다. 미어샤이머도 2015년에 외교 전문지 〈포린 어페어즈 Foreign Affairs〉에 기고한 논문에서 나토의 확대는 미국과 서유럽의 중대한 실책이라고 비판했다.

역사를 돌아보면 모든 전쟁은 승자가 패자에 대해 완전한 승리를 거두려다 반드시 재발했으며, 이는 승자의 입장에서 볼 때 종국적으로는 커다란 재앙으로 이어졌다는 것을 알 수 있다.

니체가 왜 마키아벨리를 정독해야 한다고 요구했는지는 바로 이 지점에서 확인된다. 마키아벨리는 크뢰니그가 최고의 고전으로 평가하길 주저하지 않는 『로마사 논고』에서 완전한 승리의 추구에 대해 경고한다. 적국을 상대로 한 전쟁에서 한 차례 승리를 거두면 그것에 만족하고 이를 평화협정의 지렛대로 활용해야지, 완전한 승리를 욕심내면 국가가 망하는 재앙으로 이어질 수 있다.

마키아벨리는 대표적인 사례로 카르타고의 멸망을 꼽는다. 카르타고가 한니발이 칸나이(Cannae) 전투에서 로마군을 상대로 거둔 승리를 로마와의 평화협정을 맺기 위한 계기로 삼았어야 했다는 것이다. 카르타고가 칸나이 전투의 승리를 로마와의 평화협정에 활용하지 않고 로마를 상대로 완전한 승리를 거두려는 과욕을 부린 것이 로마의 젊은 집정관 스키피오가 이끄는 로마 원정군에 의해 멸망하게 된 원인이라는 것이 그의 지적이다.

사실 로마가 칸나이 전투와 트레스메네 호수 전투 등에서 한니발에 대패하는 등의 고난을 겪은 것도 제1차 포에니 전쟁 때 카르타고에게서 완전한 승리를 거두려 했기 때문이다. 로마는 제1차 포에니 전쟁에서 이긴 뒤 카르타고가 감당하기 벅찬 배상금을 부과했다. 그 결과 카르타고는 큰 고통을 겪었다. 그로부터 23년 뒤 카르타고는 로마를 상대로 제2차 포에니 전쟁을 일으켰는데 그 원인은 카르타고인들의 복수심이었다. 그렇다고 본다면 제2차 포에니 전쟁으로 인해 로마가 피해를 입게 된 것 자체가 자신들이 카르타고를 상대로 완전한 승리를 거두려는 욕심에서 비롯된 것이었다. 패자가 다시는 승자에 도전하지 못하도록 만듦으로써 완전한 승리를 거두겠다는 카르타고에 대한 로마의 어리석은 욕망이 끝내 제2차 포에니 전쟁이라는 재앙으로 이어진 것이다. 요컨대 로마로서는 완전한 승리 전략의 저주로 인해 한니발에게 멸망당할 뻔했다.

20세기 들어 제1차 세계대전이 제2차 세계대전으로 재발한 원인도 똑같다. 미국, 영국, 프랑스 등 전승국들은 1차 포에니 전쟁 때 로마가 카르타고에 한 것처럼 패전국 독일에 과도한 배상금을 부과했다. 그 결과 경제가 피폐된 독일에서 전승국들에 대한 불만이 높아졌다. 히틀러의 나치가 집권하게 된 것도 이 같은 불만을 이용한 덕분이다. 결국 나치가 일으킨 제2차 세계대전은 제1차 세계대전의 승자인 미국과 영국, 프랑스가 패자인 독일이 정상국가로서 재기할 권리를 원천적으로 봉쇄한 데서 말미암았다.

미국과 서유럽이 동유럽의 끝인 우크라이나까지 나토를 확대함으로써 러시아를 상대로 완전한 승리를 거두고자 했던 전략의 운명은 그 성패와 관계없이 이미 예정되어 있었다. 설령 우크라이나의 나토 가입이 러시아로부터 즉각적인 반발을 불러일으키지 않더라도 그 결과는 마찬가지였을 것이다. 완전한 패배를 당한 러시아가 카르타고와 독일처럼 보복에 나서지 않을 가능성은 거의 없을 것이기 때문이다.

2014년 초 남의 나라 영토를 무력으로 강탈하는 권력정치가 러시아와 중국에 의해 부활함으로써 탈냉전 체제가 종언을 고하게 된 데는, 앞에서 살펴본 바와 같이 미국과 서유럽의 어리석음과 이로 말미암은 오만함이 결정적인 기여를 했다.

> 군사 전략가 클라우제비츠의 일관된 논지는 전쟁은 국내 정치의 연장이며,
> 제한적인 정치적 목표를 달성하면 확전을 해서는 안 된다는 것이다.

케넌의 경고 이전에 어떤 전쟁이든 승자의 완전한 승리 추구를 경계하는 교훈을 남긴 사람은 프러시아의 군사 전략가 칼 폰 클라우제비츠다. 클라우제비츠는 그의 유명한 전략서 『전쟁론』에서 전쟁은 국내 정치의 연장으로 정

치적 목표를 달성하면 더 이상 확대되지 않아야 한다고 말했다. 그렇지 않고 정치가 전쟁에서 손을 뗄 경우 전쟁은 무제한적인 전쟁, 즉 절대전쟁으로 나아간다고 경고했다. 절대전쟁은 적국을 완전히 파괴하는데, 이는 전쟁이 국내 정치적 목표 달성을 위한 수단이라는 본래의 의미를 벗어난다는 것이다.

동서양을 막론하고 클라우제비츠는 위대한 군사 전략가로 평가받아 왔다. 그러나 『전쟁론』에서 그가 일관되게 펼치는 논지는, 전쟁은 제한적인 정치적 목표를 달성하면 확전을 해서는 안 된다는 것이다. 그렇지 않을 경우 국제 질서가 불안정해져 전쟁을 일으킨 국가에도 손해가 된다는 것이 그의 주장의 밑바탕에 흐르는 철학이다. 이 점에서 클라우제비츠는 전쟁이라는 수단을 통해 제한적인 국익을 추구할 것을 지지하는 국제정치 전략가였다. 그가 군인으로서의 경력을 마치고 외교관으로 런던에 가고자 했던 것도 이런 맥락에서 이해할 수 있다.

그럼에도 불구하고 승자가 패자를 상대로 완전한 승리 추구를 자제하고 패자의 재기할 권리를 인정해야 한다는 앞의 주장과 관련해 오해하지 말아야 할 게 있다. 완전한 승리를 추구하지 않는 것이 주변국들을 위협할 수 있는 패자가 무슨 짓을 하더라도 가만히 있어야 한다는 것을 의미하지 않는다. 승자가 어떤 이유로든 완전한 승리를 추구했는데 이에 패자가 그 보복으로 주변국의 영토를 침범하고 강제 병합하는 사태가 발생한다면, 승자는 다시금 강력하게 대처함으로써 패자가 그 같은 도발을 하지 못하도록 해야 한다. 특히 패자가 러시아의 푸틴 정부 같은 권위주의 정권이라면 더욱 강경하게 대처해야 한다.

2014년 초 우크라이나 사태 당시 미국과 서유럽이 우크라이나를 나토에 가입시키려 한 것에 이어 범한 또 다른 실책은 러시아가 크림반도를 병합하고 우크라이나 동부 지방을 침공한 것에 단호하게 대처하지 못한 것이다. 특히 미국은 우크라이나가 절실하게 원하는 방어 무기 공급을 하지 않고, 대신

군용 식량만 제공했다. 더구나 사태 직후 열린 우크라이나와 러시아 간 협상에도 적극 참여하지 않았다. 미국은 기껏해야 서유럽이 러시아에 대해 취한 경제 제재에만 동참했을 뿐이었다.

미국 조지타운 대학의 국제정치학자 로버트 J. 리버Robert J. Lieber는 2016년에 출간된 『후퇴와 그 결과들Retreat and Its Consequences』에서 러시아가 크림반도를 강제 병합한 것이나 이에 대해 미국과 영국, 프랑스 등 유엔 안보리 상임이사국들이 단호하게 대처하지 않은 것은 모두 1994년 부다페스트 합의를 위반한 것이라고 지적한다. 당시 유엔 안보리 상임이사국들은 우크라이나가 핵무기를 포기하고 핵확산금지조약(NPT)에 가입하는 조건으로 주권과 영토적 통합을 영구히 보장한다는 데 합의했다. 그러나 러시아가 크림반도를 강제 병합한 데 이어 우크라이나의 동부 지방을 침공했을 때, 미국과 영국은 그 같은 행위들이 부다페스트 합의를 위반한 것으로 선언했음에도 정작 우크라이나가 러시아에 맞서 싸울 수 있는 무기를 제공하기를 꺼렸다고 비판한다.

미국과 서유럽이 러시아를 상대로 범한 가장 중요한 실책은 러시아가 동유럽 국가들에 대해 위협을 가하는 것을 전략적으로 차단하지 못한 데서 찾아야 한다. 러시아는 우크라이나 사태 발발 이전부터 구소련의 위성 국가들이었던 동유럽 국가들과 '유라시아경제연합(Eurasian Economic Union)'의 창설을 추진해 오던 참이었다. 이 때문에 동유럽 국가들은 또다시 구소련 때처럼 러시아의 위성 국가로 전락할지 모른다는 우려를 갖게 되었다. 우크라이나가 나토와 유럽연합 가입을 절실하게 원했던 배경은 여기에 있다. 이 같은 상황에서 미국과 서유럽은 러시아가 동유럽 국가들의 주권과 영토에 대해 위협을 가하지 못하게 만드는 정도의 제한적 승리 전략을 단호하게 추진했어야 했다. 하지만 미국과 서유럽은 그렇게 하지 않았다.

러시아는 미국과 서유럽이 유라시아경제연합 추진에 대해 단호한 대응을 하지 못하는 데서 그들의 결정적 약점을 포착했다. 러시아는 크림반도를 강제 병합하고 우크라이나 동부 지방을 침공해도 미국과 서유럽이 군사적 대응을 하지 못할 것이라고 판단했다.

미국의 대 중국 완전한 승리 전략과
중국의 패권 도전

중국이 동아시아와 서태평양 지역에서 미국의 군사 패권에 도전함으로써 이 지역의 탈냉전 체제가 종언을 고하게 된 원인과 배경은 유럽의 그것과는 근본적으로 다르다. 냉전이 최고조에 달하던 1970년대 초반, 미국은 소련에 맞서 전략적 우위를 확보하기 위한 목적으로 중국과 협력 관계를 맺었다. 당시 리처드 닉슨 대통령과 키신저 국무장관이 추진했던 '미중 데탕트(detente)'가 그것이다.

영국의 국제정치경제학자 페리 앤더슨Perry Anderson은 2015년 출간된 『미국의 외교 정책과 사상가들American Foreign Policy and Its Thinkers』에서 닉슨의 데탕트 추진 배경을 두 가지로 분석한다. 첫 번째는 1960년대부터 영토 분쟁 등으로 악화되고 있던 소련과 중국의 대립을 활용해 대소 우위를 점하기 위한 것이었다. 두 번째는 미국이 고전 중인 베트남전과 관련해 중국이 북베트남을 지원하는 것을 중단시키기 위한 것이었다. 1990년대 초 냉전이 미국과 서유럽을 중심으로 한 자유민주주의 진영의 승리로 끝날 수 있었던 데는 중국의 기여가 있었다.

그러나 사회주의 종주국인 소련의 붕괴를 바라보는 중국은 괴로웠을 것이다. 같은 사회주의 국가 소련을 등지고 자본주의 국가인 미국 편에 서야만 했던 자괴감이 있었을 것이다. 하지만 미국과의 협력을 바탕으로 경제 발전을 이룩하겠다는 전략적 목표가 있었기 때문에 사회주의 이념을 공유하는 소련을 배신한 데 따른 자괴감을 극복할 수 있었을 것이다.

그럼에도 불구하고 소련이 붕괴하고 냉전의 승리가 미국에 돌아갔을 때, 중국의 속내에 언젠가는 갚아주겠다는 심술이 싹트지 않았을 리 없다. 미국과 서유럽의 자유민주주의 진영에서 상이한 이데올로기 간의 갈등과 대립으로서의 역사가 자유민주주의의 승리로 종말을 고했다고 환호하는 것을 목도하고 자책감과 위기감을 느꼈을 것이다. 중국공산당이 지도하는 사회주의 체제의 중국으로서는 그 같은 역사의 종말론은 결코 수용할 수 없었다.

그러나 당시 중국은 국력이 부족했던 만큼 어쩔 수 없이 굽혀야 했고, 사회주의 시장경제라는 이름의 변형된 시장경제 체제를 채택할 수밖에 없었다. 중국은 대신 언젠가 경제력과 군사력에서 경쟁할 수 있는 날이 오면 미국과 맞붙어보리라는 각오를 다졌을 것이다.

중국이 근해에서부터 자국을 방어하기 위해 남중국해를 포함한 서태평양 지역의 군사적 패권을 미국에게서 빼앗아 올 수 있다는 자신감을 갖게 된 데는 두 가지 사건이 결정적으로 작용했다. 첫 번째는 1992년 미국이 서태평양 지역에서 철수한 것이다. 그해 미국은 필리핀의 클라크 공군기지와 수빅만 해군기지를 폐쇄했다. 두 번째는 2008년 미국이 금융위기를 겪으면서 경제가 급속히 쇠락하기 시작한 것이다. 당시 높은 경제 성장률을 기록하고 있던 중국으로서는 마침내 미국을 추월할 수 있다는 자신감을 가지기 시작했다.

중국은 이들 두 가지 사건을 계기로 만들어진 서태평양 지역의 권력 공백을 재빨리 활용했다. 필리핀의 동아시아 국제정치 전문가 리처드 J. 헤이다리안Richard J. Heydarian은 2016년에 출간된 『아시아의 새로운 전쟁터Asia' s New Battlefield』에서 중국은 이들 두 가지 모멘텀을 활용해 서태평양 지역의 패권을 차지하기 위해 두 개의 사건을 일으켰다고 말한다. 하나는 1995년 필리핀이 영유권을 주장해 온 팡가니방 산호초(Mischief Reef)를 일방적으로 점유한 사건이다. 다른 하나는 2009~2010년 필리핀과 베트남과 남중국해 도서 영유권을 둘러싸고 승강이를 벌인 사건이다.

중국이 2014년 남중국해 스프래틀리 제도의 도서와 환초에 대한 영유권을 굳히기 위해 인공섬 건설을 완공한 데 이어 여기에 전투기 이착륙이 가능한 군사 시설을 건설한 것은 이 같은 맥락에서 봐야 한다. 중국의 인공섬 건설은 서유럽에서의 탈냉전 체제의 종언이 동아시아와 서태평양 지역을 비롯한 전 지구적 차원으로 확대됐다는 것을 알리는 상징적인 사건이었다.

하지만 중국이 2014년 남중국해에서 인공섬 건설을 완성하고 아시아와 아프리카 개발도상국가들의 사회간접자본 시설의 건설을 지원하기 위한 아시아인프라투자은행(AIIB)을 2016년에 설립함으로써 안보와 경제 부문에서 미국의 패권에 정면 도전을 감행하게 된 데는 미국이 중국에 대해 완전한 승리 전략을 추진한 것이 결정적인 영향을 미쳤다.

> 중국은 미국의 아시아 회귀 정책을 중국을 견제하려는 시도로 받아들였고
> 전략적 요충지인 남중국해에서 인공섬 건설에 착수했다.

BBC 아시아 특파원 험프리 헉슬리는 『아시아의 바다』에서 미국의 완전한 승리 전략은 두 개였다고 말한다. 첫 번째는 힐러리 클린턴 당시 미국 국무장관이 2011년 10월 〈포린 폴리시〉에 기고한 글을 통해서 발표한 '아시아 회귀(Pivot to Asia)' 정책이었다. 중국은 미국이 아시아 회귀 정책을 통해 역내 미국 동맹들과 함께 중국을 견제하려는 것으로 받아들였다. 중국은 이 같은 인식에 따라 2012년에 문제의 인공섬 건설에 착수했다고 헉슬리는 말한다.

미국이 중국을 상대로 추구한 두 번째 완전한 승리 전략은 미국 하원이 2010년에 국제통화기금(IMF)의 의결권 6퍼센트를 중국에 부여하기로 한 법안을 거부한 것이다. 이에 따라 중국은 세계 금융질서에서 자신들의 국력에 걸맞은 영향력을 갖기 위해 AIIB를 설립했다는 것이 벤 버냉키 전 미 연방준비제도이사회 의장의 분석이라고 헉슬리는 전한다.

러시아의 베스트팔렌 체제 규범 위반은 우크라이나 한 나라의 영토를 빼앗고 침공한 것이다. 그러나 중국이 불법적인 인공섬 건설을 통해 노리는 영토는 한 나라에 국한된 것이 아니다. 필리핀, 베트남, 말레이시아, 인도네시아, 싱가포르 등 대부분의 동남아 국가들이 관련되어 있다. 이 점에서 인공섬은 러시아의 크림반도 병합과 우크라이나 침공 이상으로 탈냉전 체제의 종식을 결정짓는 사건이다.

하지만 중국의 도전은 미국과 유럽의 안보에 위협을 제기하는 러시아의 도전과는 다르다. 미국으로부터 동아시아와 서태평양 지역의 패권을 빼앗기 위한 것이기 때문이다. 러시아의 목표는 동유럽을 자국과 서유럽 간 완충지대로 묶어두겠다는 데 있다. 반면 중국은 미국에게서 동아시아와 서태평양 지역의 패권을 가져와 이 지역의 질서를 재편하기 위한 규칙과 규범을 새로 쓰겠다는 것이다.

중국의 이 같은 전략에 대해 미국 저널리스트 출신의 국제정치 전문가 캐플란은 2010년 〈포린 어페어즈〉 5/6월호에 게재한 〈중국 국력의 지리The Geography of Chinese Power〉에서 다음과 같이 분석한다. "제국들은 거의 의도적으로 출현하지 않는다. 그들은 유기적으로 자란다. 국가들은 보다 강해지면서 새로운 필요성들을 만들어낸다. 중국은 대륙의 국경들을 안정시킨 뒤에야 외부로 나가기 시작했다. 육지에서의 이런 우호적인 상황 덕분에 중국은 이제 강력한 해군력을 건설하는 것이 자유로워졌다. 하지만 중국은 아직 자기 확신이 부족하다. 여전히 불안정한 해양 강국인 중국은 해양을 영토적으로 생각한다."

캐플란의 지적은 정확하다. 중국이 남중국해에 건설한 인공섬과 군사시설이 명백히 국제법 위반임에도 불구하고 이들 시설을 영해와 배타적 경제 수역을 갖는 정식 영토라고 주장하고 있다.

> 미중 데탕트를 추진한 닉슨 대통령은 "우리가 프랑켄슈타인을 만들어낸 것일지도
> 모른다"고 고백한 바 있다.

2017년 들어서 미국에서 미중 데탕트를 추진한 닉슨 전 대통령과 키신저 전 국무장관에 대한 불만의 징후가 감지되는 것은 그만큼 중국의 위협이 크기 때문이다. 미중 데탕트가 없었다면 중국은 미국과의 경제협력 기회를 얻지 못했을 것이다. 그랬다면 중국이 역사상 최대 강국의 지위를 노리는 현재의 국력을 달성할 수 없었을 것이란 불만인 것이다. 닉슨은 생전에 이 같은 불만을 의식한 것으로 보인다. 앨리슨이 앞의 책에서 밝힌 바에 의하면, 닉슨은 자신의 친구이자 연설문 작성자였던 윌리엄 사파이어에게 "우리가 프랑켄슈타인을 만들어낸 것일지도 모른다"고 고백했다.

브루킹스 연구소의 신보수주의 국제정치학자 로버트 케이건은 2018년에 출간된 『밀림의 귀환The Jungle Grows Back』에서 키신저가 추진한 중국과의 데탕트 정책이 봉쇄라는 케넌과 애치슨의 대소련 전략에 대한 부정이었다고 말한다. 닉슨과 키신저가 냉전 체제를 부정하는 전략을 추진했음에도 불구하고 소련이 체제 내부의 내적 부적합성에 직면해 붕괴한 것은 미국이 자유주의 질서를 유지하고 수호했기 때문이라는 것이 케이건의 주장이다.

키신저의 대 중국 관여(engagement) 전략은 지속 가능하지 않은 미국 우위에 기반한 질서보다 다극 체제의 균형이 더 정의롭고 안정된 것이라는 그의 현실주의 철학에서 비롯되었다. 미국 하버드 대학 국제정치학자 니얼 퍼거슨Niall Ferguson이 쓴 키신저 평전인 『키신저Kissinger』에 의하면 키신저는 "외교라는 예술은 힘의 위협을 잠재적인 것으로 유지하고 위협의 정도도 결정적이지 않은 것으로 유지하고 그것을 오직 마지막 수단으로 삼는다"고 했다. 그렇기 때문에 일단 힘의 위협이 실행되고 유용하지 않은 것으로 드러나게 되면 협상 지위도 함께 파괴된다는 것이 키신저의 주장이다. 키신저의 이 같은 전략 사상은 영국의 해군 전략가 줄리언 코빗Julian Corbett이 1911년에

펴낸 『해양 전략의 몇 가지 원칙들Some Principals of Maritime Strategy』에서 제시한 '결전 회피 전략'과 상통한다.

이 점에서 미국의 대중 데탕트 전략은 소련의 대미 군비 경쟁 강화를 억제하는 데 크게 기여했다고 앤더슨은 『미국의 외교 정책과 사상가들』에서 평가한다. 닉슨과 키신저의 대 중국 데탕트 정책이 소련과의 전략무기제한협정(SALT) 체결 등을 이끌어내는 등 봉쇄 전략보다 엄청난 이득을 거두었다는 것이다.

그렇다면 미중 데탕트는 소련의 위협에 맞서기 위한 지정학적 세력 균형의 관점에서 보는 것이 타당하다. 즉 데탕트 정책은 소련을 상대로 한 완전한 승리를 얻어내기 위한 자유주의 패권 전략인 레이건식 봉쇄 정책과 달리 소련의 팽창을 억제함으로써 미소 관계를 안정적으로 관리하는 데 큰 효과를 거두었다는 것이다.

케넌도 현실주의자로서 키신저의 미중 데탕트 정책에 대해 긍정적인 평가를 내린다. 반면 그는 레이건 행정부의 힘의 우위에 의한 대소 압박과 케네디 행정부의 베트남전에 대해서는 비판한다. 이들 정책은 봉쇄와 관련이 없다는 것이다.

개디스의 케넌 평전인 『조지 F. 케넌』에 의하면 케넌은 생전에 많은 학자가 자신의 냉전 전략인 봉쇄가 성공했다고 평가하지만 자신은 실패했다고 본다고 말했다. 그 이유로 그는 세 가지를 들었다. 먼저 소련 붕괴까지 시간이 너무 걸렸다는 것이다. 그 다음으로 그는 비용이 너무 많이 소요됐다고 비판한다. 그는 마지막 이유로 미국과 서유럽이 종국적으로는 소련에 무조건적인 항복을 요구했다는 것을 꼽는다. 케넌은 이들 세 가지 이유 중 가장 비판하는 것은 미국이 소련을 상대로 완전한 승리 전략을 추진했으며 이는 봉쇄와 거리가 멀다는 것이다.

오늘날 중국의 패권 도전이 본격화함에 따라 북한의 탄도미사일 위협에 대응한 주한미군의 사드(고고도미사일방어체계) 배치 수용 등을 계기로 중국에 의한 한국의 '핀란드화' 또는 '우크라이나화' 시도가 갈수록 심화하고 있다.

박근혜 정부가 2016년 중반 주한미군의 사드 배치를 허용하자 중국은 중국 시장에 진출한 롯데 등 한국 기업들을 제재하거나 한국 관광을 금지시키는 등의 보복에 나섰다. 2017년 초 대규모 촛불 시위로 인해 박근혜 정부가 퇴진한 뒤 들어선 문재인 정부는 중국의 보복을 풀기 위해 중국과의 관계 강화에 역점을 두었다. 이 때문에 한미 동맹이 시험 받기 시작했다. 문재인 정부는 중국의 경제 제재를 피하고 북한의 비핵화를 위해 중국의 지원을 끌어내기 위한 차원에서 친중 노선을 추구한다는 평가를 받는다. 이에 따라 한미 동맹이 약화하고 있다는 우려가 있다. 이는 한국이 바야흐로 중국에 핀란드화 단계로 들어섰다는 것을 의미한다.

| 탈냉전 체제의 종언과 새로운 냉전 체제의 등장은 패자의 재기 권리를 인정하지 않은 승자의 어리석음과 오만함에서 비롯되었다,

2014년 이후 유럽과 동아시아를 중심으로 탈냉전 체제가 종언을 고하고 제2차 냉전 체제가 등장하게 된 데는 이처럼 미국과 서유럽 국가들의 완전한 승리 추구가 결정적으로 작용했다. 클라우제비츠는 패자에게도 미래에 재기할 권리가 있다는 것을 인정했다. 탈냉전 체제의 종언과 제2차 냉전 체제의 등장을 초래한 주범은 패자의 재기 권리를 인정하지 않은 승자의 어리석음과 오만함이다.

니체가 말한 것처럼 냉전에서 승리를 거둔 미국과 서유럽은 어리석게도 패자가 미래에 재기할 권리를 인정하지 않았고, 그래서 패자인 러시아와 중국은 심술이 깊어졌고 그 결과 이들은 탈냉전 체제의 심장을 저격하는 보복을 감행했던 것이다. 이 점에서 우리는 완전한 승리의 추구에 따른 적의 완전한 파괴가 성공하든 실패하든 그 후과가 이렇게 심각한 재앙으로 이어진다는 것을 알 수 있다. 패자의 재기 권리를 인정하는 것이 국제 질서의 안정을 유지하는 최선의 방안이라는 것이 클라우제비츠 전략 사상의 정수인 까닭은 여기에 있는 것이다.

이를 더욱 뒷받침하는 또 다른 극명한 사례는 미국의 조지 W. 부시 행정부의 침공에 따른 이라크의 후세인 정권과 리비아의 카다피 정권의 붕괴다. 이들 정권의 교체는 미국의 예상과 달리 중동 지역의 세력 균형을 무너뜨렸다. 그 결과 극단적인 이슬람주의 테러 세력인 이슬람국가(ISIS)가 이들의 빈 자리를 대체한 뒤 중동 지역의 불안정성은 더욱 심화해 왔다. 이 같은 불안정성은 중동 지역의 많은 사람들이 이슬람국가를 피해 서유럽으로 탈출하는 대량난민 사태를 초래했다. 미국이 중동 지역에서 얻고자 했던 완전한 승리가 거꾸로 미국과 서유럽 국가들의 안보 질서를 불안하게 만드는 결과로 이어졌다. 만약 미국이 후세인 정권과 카다피 정권을 유지시켰더라면 오히려 중동 지역이 상대적으로 안정을 유지했을 가능성이 더 크고 이슬람국가라는 극단적인 이슬람 테러 세력이 발붙이지 못했을 것이다.

동아시아 자유주의 질서의 미래

미국 컬럼비아 대학 현실주의 국제정치학자 스티븐 세스타노비치Stephan Sestanovich는 2014년에 출간된 『완전한 승리주의자Maximalist』에서 제2차 세계대전 이후 현재에 이르기까지 미국은 모든 안보현안에서 근본적인 해결, 즉 완전한 승리를 추구해 왔다고 평가한다. 많은 정책결정자들과 정치인들이 이같은 해법에 공감해 왔다. 이 때문에 그들은 특정 행정부가 완전한 승리를 추진하는 것에 대해 유보적 견해를 가지고 있음에도 그 견해를 표명하지 않고 미루어 왔다. 그들 또한 완전한 승리를 바랐기 때문이라는 것이 세스타노비치의 지적이다.

가장 잘 알려진 사례는 1950년 한국전쟁 발발 당시 미군이 그해 11월 중국의 기습을 받기 며칠 전 오마르 브래들리 미국 육군 참모총장은 태평양 지역 유엔군 총사령관인 맥아더 원수에게 중국과의 국경에서 미군을 철수시키라는 명령서를 작성했으나 보내지 않은 것이 꼽힌다. 그 자신도 맥아더처럼 완전한 승리를 원했던 것이다. 만약 브래들리가 그 명령서를 보냈다면 중국의 개입은 없었을 것이고 미국은 한반도를 통일시켰을 것이다. 중국의 개입으로 인해 한반도가 분단된 것은 이처럼 미국이 완전한 승리를 바랐기 때문이었다. 한국으로서는 너무나 아쉬운 대목이다. 세스타노비치에 의하면 미국이 완전한 승리에 집착하는 까닭은 그렇게 하지 않고 문제의 일부만 해결하는 것은 남은 문제를 미래로 떠넘기는 것이라고 여기기 때문이다.

유럽에서 탈냉전 체제를 한 방에 종식시켜버린 러시아는 2014년 우크라이나 사태 전후 국가 발전의 축을 시베리아를 중심으로 한 동아시아와 서태평양 지역으로 옮겨오고 있다. 영국의 글로벌 경제 일간지 〈파이낸셜타임스〉의 국제문제 논설위원 기드온 래치먼Gideon Rachman은 2016년에 출간된 『동아시아화Easternisation』에서 러시아의 이 같은 축의 이동을 '러시아판 아시아 회귀'로 평가한다. 미국이 차지하고 있는 동아시아와 서태평양 지역의 패권을 넘보고 있는 중국의 진영에 러시아가 동참함에 따라 동아시아와 서태평양 지역은 탈냉전의 종언에 따른 제2차 냉전의 최전선으로 급속히 부상하고 있다.

북한이 핵무기와 탄도미사일 실험을 통해 한국과 미국을 위협하는 전략을 추진하기 시작한 시점은 핵실험을 감행한 2014년 전후로 볼 수 있다. 제2차 냉전 체제의 형성에 따라 중국과 러시아가 공동으로 강력한 대미 견제에 나서면서 북한으로선 이들 두 강대국의 후견 덕분에 핵무기와 탄도미사일 개발에 본격적으로 나설 수 있었다. 북한의 핵·미사일 사태는 이 같이 국제 질서의 변화라는 맥락에서 봐야 한다.

한국이 직면한 안보 위기의 핵심은 탈냉전 체제를 무너뜨린 중국과 북한, 러시아에 의해 포위되고 있다는 것이다. 한국은 이들 전체주의 3각 동맹에 의한 위협에 상시적으로 노출되게 되었다. 동맹국으로서 미국이 이 같은 위협을 억제하는 데 도움을 주겠지만 역외 국가라는 한계가 있을 수밖에 없다. 경제력 쇠퇴와 이에 따른 군사력 감소를 겪고 있는 미국이 동맹국들에 대한 군사적 지원을 적극적으로 하기가 점점 어려워지고 있다. 오바마 행정부가 해외에서 군사적 수렁에 빠지는 것을 피하고 사회경제적 개혁에 열중했던 이유도 여기에 있다.

> **전체주의 3각 동맹의 위협에 미국과 동맹국들이 어떻게 대처할 것인지가 동아시아 안보 질서의 운명을 좌우하게 된다.**

이들 전체주의 3각 동맹의 위협에 미국이 한국을 비롯한 동맹국들과 어떤 전략으로 대처할 것인지가 동아시아 안보 질서의 운명을 좌우하게 된다. 한국의 안보가 미국의 대응 전략에 달려 있는 것이다. 미국의 선택지는 두 가지다. 하나는 완전한 승리를 추구하는 것이다. 이는 중국에 대해서는 중국의 패권 추구를 좌절시킴과 동시에 경제적 부상에 제동을 거는 것으로 나타날 수 있다. 러시아에 대해서는 러시아가 중국이 동아시아와 서태평양 지역의 패권을 차지하는 것을 지원하지 못하게 하는 것이다. 북한을 상대로 한 완전한 승리는 중국과 러시아 두 강대국이 북한 문제에 관여하지 못하게 만듦으로써 김정은 정권을 붕괴시키고 한국 주도의 평화 통일을 이루는 것이다.

다른 하나는 정치적 목표를 갖고 제한적 승리를 추구하는 것이다. 즉, 중국과 러시아, 북한을 상대로 필요한 양보만 얻어낼 뿐 이들 3국을 완전 파괴하지 않는 전략이다. 중국과 러시아가 재기할 수 없을 정도로 완전히 파괴하는 것을 목표로 삼을 필요는 없다. 그 대신 이들 두 권위주의 국가가 동아시아와 서태평양 지역의 자유주의 질서를 위협하지 않는 선에서 미국 주도의 세력

균형 체제에 참여하도록 유도할 필요가 있다.

하지만 북한의 경우 최대의 경제 제재와 군사적 압박을 통해 김정은 정권을 완전히 굴복시켜야만 비핵화로 몰아갈 수 있다. 다시 말해서 선제 타격 등 군사적 수단에 의존하지 않고 오로지 경제 제재와 군사적 압박의 최대화를 통해 핵무기와 탄도미사일 능력을 제거해야 한다.

2014년 이후 탈냉전 체제가 종언을 고함에 따라 미국과 그 동맹국들에 세계의 이목이 쏠리고 있다. 그들이 중국과 러시아, 북한을 상대로 이들 두 개의 선택지 중 어떤 것을 선택하느냐에 따라 세계 질서의 향방이 정해지기 때문이다.

결국 가장 중요한 것은 미국의 선택이다. 미국이 완전한 승리에 집착해 탈냉전 체제의 종언을 초래한 실책을 반복할 것인가? 아니면 패자가 재기할 권리를 인정함으로써 세력 균형에 의한 동아시아와 서태평양 지역의 안정을 추구할 것인가?

이 물음에 대한 답은 미국 혼자만 고민한다고 해서 얻을 수 있는 것이 아니다. 한국과 일본을 비롯한 동아시아와 서태평양 지역 동맹국들도 함께 풀어야 할 문제이다. 중국과 마주 보고 있고 북한과 육상으로 맞대고 있는 미국의 동맹국으로서 한국은 어떤 선택을 해야 하는가? 한국의 선택 기준은 단 한 가지다. 그것은 바로 한반도를 중심으로 한 동아시아와 서태평양 지역이 자유민주주의 체제로 진화하게 하는 데 가장 큰 기여를 하는 선택지가 무엇이냐는 것이다.

그러나 완전한 승리 전략이 초래하는 폐해만 보고 선택지를 골라서는 안 된다. 그것과 함께 똑같이 중요하게 고려해야 하는 기준은 미국과 그 동맹국들의 경제력과 군사력이 앞의 두 개의 선택지 중 어느 것에 더 부합하느냐는 것이다. 이는 2014년에 오바마 행정부가 러시아에 완전한 승리를 거두지 못한 배경에서도 확인된다. 2008년 금융위기와 2010년 글로벌 대침체로 인해 수백만 명의 실직자와 파산자가 발생하는 등 미국의 경제력은 급격히 쇠퇴했다. 프랑스 경제학자 토마 피케티가 『21세기 자본』에 이어 『자본과 이데올로기』에서도 주목하는 바와 같이 소득 상위계층 1퍼센트가 국내총생산의 27퍼센트를 차지할 정도로 부의 양극화가 심화된 상태다.

이 때문에 오바마는 유럽과 동아시아에서 미국과 동맹국들의 안보를 위한 외교적, 군사적 대응에 적극적으로 나서지 않았다. 특히 부시 행정부 때와 같이 또다시 해외에서 군사적 수렁에 빠지는 사태는 어떻게든 피하려 애썼다. 그 결과 오바마 행정부는 러시아가 우크라이나의 영토인 크림반도를 강제 병합했을 때와 중국이 남중국해에서 인공섬을 건설할 때 어떠한 군사적 조치도 취하지 못했다. 심지어 미국은 우크라이나에 대한 러시아의 침공에 맞서는 데 필요한 무기를 우크라이나에 제공하는 데도 실패했다. 우크라이나의 나토 가입을 통해 러시아를 상대로 완전한 승리를 추구하면서도 러시아의 군사적 반격에 대응할 방안도, 의지도 갖고 있지 않았다. 이 같은 사실은 2014년 전후 미국은 완전한 승리를 거두고 싶어도 그럴 능력도 전략도 의지도 없었다는 것을 보여준다.

그렇다면 초점은 당연히 하나로 모아진다. 미국과 한국은 중국과 러시아, 북한의 전체주의 3각 동맹 체제가 동아시아와 서태평양 지역에서 야기하고 있는 위협에 제대로 대처하고 있느냐는 것이다.

중국의 폭력적인 패권 추구, 러시아의 아시아 회귀, 북한의 핵과 탄도미사일 개발 등의 도전과 위기는 시간이 갈수록 서로 수렴되고 있다. 이들 3국의 개별적인 도전이 상호 연결되어 역내 질서의 비자유주의화를 촉진하는 기관차 역할을 하고 있는 것이다. 이에 따라 제2차 세계대전 이후 동아시아와 서태평양 지역에서 미국과 그 동맹국들이 구축해 온 자유주의 우위의 '포용적 세력 균형' 체제가 위협받고 있다.

중국은 미국이 자신들의 군사적 우위 확보를 저지하는 데 온전히 집중하지 못하게 만들기 위해 북한이 비핵화에 나서는 것을 지연시키고 있다. 동아시아로 중심축을 옮기고 있는 러시아도 중국이 역내 군사 패권을 미국으로부터 가져올 수 있도록 지원하고 있다. 러시아는 북한의 비핵화 지연 전략도 뒷받침하고 있다. 푸틴은 2019년 4월 25일 블라디보스토크에서 김정은과 회담을 갖고 "북한의 비핵화는 군비축소를 의미하는 것"이라며 "북한의 안전과 주권 유지를 위한 보장이 필요하다"고 강조했다. 이는 러시아가 김정은이 미북 비핵화 협상에서 주장하는 핵군축을 지지한다는 것을 보여준다. 자신은 그리스로마 혈통이 아니라 몽골 혈통이라고 자랑하는 푸틴이 미국에 맞서 권력정치 무대를 동아시아로 확대하고 있는 것이다. 결국, 동아시아와 서태평양 지역은 이들 전체주의 3국이 미국 주도의 자유주의적 질서에 도전함에 따라 비자유주의적이고 위계적인 체제로 이행할 가능성이 점점 높아지고 있다.

02

탈냉전기 전략가들은
어떻게 투키디데스와
클라우제비츠를
오독했는가

하버드 대학 국제정치학자 니얼 퍼거슨Niall Ferguson은 이런 말을 했다. "역사와 국가의 관계는 성격과 사람의 관계와 같다." 성격이 한 사람의 인생에 미치는 영향이 역사가 한 국가의 운명에 미치는 영향과 같다는 것이다. 이 말이 타당한지 여부를 살펴보려면 먼저 역사와 국가의 관계에 앞서 성격과 사람이 어떤 관계에 있는 것인지 들여다봐야 한다.

기원전 6세기 그리스 철학자 헤라클레이토스는 그리스인들은 '성격이 운명을 결정한다'고 믿었다고 말했다. 이는 그들이 성격과 사람 간 관계는 어떤 관계보다 중요하다고 믿었다는 것을 의미한다. 로마의 철인(哲人) 황제 마르쿠스 아우렐리우스는 그의 잠언집인 『명상록Meditations』에서 "네 견해를 버리면 산다"고 말한다. 어느 사안이든 간에 견해의 표명 여부는 다분히 각자의 성격에 좌우되기 마련이다. 토론을 즐기거나 승부욕이 강한 성격의 소유자라면 자신의 견해를 표명하기를 좋아한다. 반면 나서길 부끄러워하는 성격의 소유자는 자신의 견해를 내세우는 것을 좋아하지 않는다. 시대를 막론하고 어떤 조직에서건 전자보다 후자가 출세할 확률이 더 높다. 성격이 개인의 운명을 결정한다는 헤라클레이토스의 말이 진리일지도 모른다.

그러나 그렇게 함으로써 발생하는 부작용은 너무 크다. 한 개인은 견해를 버림으로써 출세할지는 모르지만 그 견해가 꼭 필요한 조직이나 국가는 쇠락할 수도 있다. 이 점에서 한 개인의 성격은 그의 운명을 넘어 국가와 민족의 운명에까지 영향을 미칠 수 있다.

그렇다면 역사는 국가의 운명에 어떻게 영향을 미치는가? 적어도 역사에서 배우는 민족과 국가는 생존할 가능성이 높다고 볼 수 있다. 반면 그렇지 못한 민족과 국가의 운명은 장담하기 어렵다. 윈스턴 처칠 전 영국 총리는 이렇게 말했다. "당신이 뒤를 더 길게 돌아보면 볼수록 앞을 더 멀리 볼 수 있을 것이다." 그의 아포리즘(aphorism)은 어떤 민족과 국가의 운명이라고 하더라도 적용될 수 있다.

하지만 16세기 프랑스의 사상가이자 수필가로도 유명한 미셸 몽테뉴는 『수상록Essays』에서 경구에 얽매이지 말고 유연한 삶을 살아야 한다고 독자들에게 권한다. 문제는 역사에서 배우는 민족은 그렇지 않은 민족보다 세계사의 무대에서 퇴장 당할 우려가 상대적으로 적다는 사실이다.

미국 작가 제임스 리 버크James Lee Burke는 그의 소설 『네온 레인Neon Rain』에서 이렇게 말한다. "과거와 맞설 때 과거로부터 탈출할 수 있다." 이 말은 과거의 실패를 철저히 분석해 대처할 때 비로소 그 같은 실패를 되풀이하지 않을 수 있다는 의미이다. 따라서 역사에 대한 외경을 통해 배우는 민족만이 살아남는다는 경구만큼은 몽테뉴의 조언과 달리 유연성을 갖고 대할 문제가 아니다.

그렇다면 퍼거슨의 앞의 말은 이렇게 볼 수 있다. 한 사람이 사안을 정확하고 냉정하게 판단하는 성격을 길러 자신이 원하는 운명을 만들어 가는 것과 한 민족이 역사를 냉철하게 분석해 현재 직면한 도전들을 극복하는 것은 본질적으로 같은 문제라는 것이다. 요컨대 그 같은 합리적이고 이성적인 성격을 갖춘 사람들이 많은 민족이야말로 다른 민족이나 국가보다 역사를 돌아보고 더 멀리 내다볼 수 있다고 말할 수 있다.

문제는 우리가 어떻게 해야 역사에서 제대로 배울 수 있느냐는 것이다. 이는 긴급한 과제다. 그만큼 오늘날 우리가 목도하고 있는 동아시아와 세계 질서의 불안정성 심화가 우리 민족과 국가에 심각한 생존의 위기를 초래하고 있기 때문이다. 한국이 이 위기를 극복해 동아시아와 서태평양 지역의 자유주의 질서를 지켜내는 세계적 국가로 도약할 수 있느냐는 역사에서 교훈을 얻고 그것을 실천할 수 있느냐에 달려 있다.

역사를 의미하는 영어 단어인 'history'의 어원은 '일의 연유를 알기 위해 조사하다'는 뜻의 그리스어 'historein'으로 거슬러 올라간다. 이는 독일 유태인 출신의 저명한 미국 정치철학자 한나 아렌트Hanna Arendt가 『칸트 정치

철학 강의』에서 말한 것이다. 아렌트는 1951년 출간된『전체주의의 기원들』
에서 공산주의 체제의 동유럽과 소련이 몰락할 것이라는 정확한 예견으로 명
성을 얻었다. 그녀에 따르면 이 그리스어 동사는 그리스 고전 중의 고전인 호
머의『일리아드』18권에 나오는 'histor(역사가)' 라는 명사에서 파생된 것인
데, 호머는 '심판관' 의 의미로 썼다고 한다.

아렌트가 지적한 바와 같이 일의 연유를 알기 위해 조사하는 것이 역사라
는 말에 담긴 그리스 어원의 의미라면, 역사의 가장 큰 의미는 현재의 문제를
이해하는 데 필요한 과거를 판단하는 것임은 두말할 나위가 없다. 이 점에서
한 국가가 역사에서 교훈을 얻을 수 있느냐 여부는 과거에 대한 판단을 바탕
으로 서로 관련성이 없는 듯 여겨지는 동시대의 사건이나 현안 간의 보이지
않는 이면 관계를 정확하게 읽어낼 수 있느냐에 달려 있다.

헨리 키신저 전 미국 국무장관이 1994년 출간된『외교Diplomacy』에서 "역
사는 금언(maxim)이 아닌 유추(analogy)를 통해 가르친다"고 말한 것은 이
때문이다. "역사는 미리 검증된 조리법을 제공하는 요리책이 아니다. 역사는
비교 가능한 상황에서 이루어진 행위의 결과들을 조명할 수 있다. 이를 위해
서 각 세대는 자신들에게 어떤 상황이 비교 가능한지를 찾아야만 한다."

역사에 대한 키신저의 이 같은 언급은 당대의 현안을 분석함에 있어서 역
사가 얼마나 중요한지를 깨닫게 해준다. 세계 패권을 유지하려는 국가와 도
전하는 국가 간의 승부를 가름하는 것도 역사다. 즉, 어느 쪽이 당대 현안에
대한 역사의 교훈을 더 정확하게 인식해 정책에 적용하느냐에 패권 향배가
결정되는 것이다.

> 미중 패권 경쟁의 결과는 워싱턴과 베이징의 담론 시장 중에 어느 쪽이
> 역사의 교훈을 바탕으로 올바른 전략 담론을 생산하느냐에 달려 있다.

키신저가 그의 하버드대 박사 논문이자 첫 번째 저서이기도 한『회복된 세

계A World Restored』에서 "역사는 국가들의 기억"이라고 한 뒤 "이 기억은 미래의 국가적 결정들에 심한 압박을 가한다"고 말한 것은 이 때문이다.

이 같은 압박을 어느 나라의 담론 시장이 더 잘 이겨내어 역사와 현안 간의 관계를 경쟁국보다 정확하게 분석한 전략 담론을 생산해내느냐가 승부를 결정한다는 얘기다.

미중 패권 경쟁의 결과 역시 워싱턴과 베이징의 담론 시장 중에 어느 쪽이 역사의 교훈을 바탕으로 올바른 전략 담론을 생산하느냐에 달려 있다. 한중 관계도 마찬가지다. 중국은 동아시아와 서태평양 지역에서 미국의 패권에 도전하면서 역내 미국의 동맹국들에 대한 군사적, 경제적 압박을 강화하고 있다. 이 같은 압박은 한국에겐 핀란드와 우크라이나가 러시아에 의해 주권을 제약당해 온 것과 같은 속국화 위기로 다가오고 있다.

한국이 이 같은 중국에 의한 속국화 위기를 극복할 수 있느냐는 결국 서울의 담론 시장이 베이징의 담론 시장을 넘어서는 전략 담론을 창출해낼 수 있느냐에 달려 있다. 더 나아가 한국이 세계적 국가로 도약해 중국이 역내 국가로서 책임을 다하도록 이끌 수 있느냐도 서울의 담론 시장이 베이징의 담론 시장을 넘어서는 전략 담론을 생산해낼 수 있느냐에 달려 있다.

가장 중요한 것은 미국이 중국의 패권 도전을 물리치는 것이다. 그렇게 되면 미국의 동맹국인 한국을 속국화하려는 중국의 기도는 무위로 그칠 수밖에 없다. 따라서 서울의 담론 시장은 워싱턴의 담론 시장과 협력해 베이징의 담론 시장을 압도할 수 있어야 한다.

워싱턴 전략 담론 시장의 실상

하지만 그 전에 워싱턴의 담론 시장이 어떤 상태에 있는지를 살펴보는 것이 매우 중요하다. 워싱턴의 담론 시장이 한국의 외교안보 정책에 가장 많은 영향을 미치고 있기 때문이다. 이 같은 상황은 일본, 호주, 뉴질랜드 등 태평양 동맹국들의 경우도 마찬가지다.

미국의 담론 시장은 과연 미국이 동아시아와 서태평양에서 미국의 군사 및 경제 패권을 유지하고 자유주의 질서를 지키는 데 기여하는 전략과 의제를 생산하고 있는가? 워싱턴의 담론 시장이 그 같은 전략 담론 생산 능력을 갖추고 있다면 미국은 동아시아와 서태평양에서 패권을 성공적으로 유지할 가능성이 높을 것이다. 그렇지 않을 경우에 미국은 경쟁국들의 도전에 대처할 수 있는 적절한 전략을 마련하지 못할 것이고 패권 유지에 어려움을 겪게 될 것이다. 요컨대 미국이 효과적인 전략 담론을 계속 생산할 수 있는 능력을 보유하고 있느냐가 미국이 동아시아와 서태평양을 비롯해 글로벌 차원의 패권을 계속 유지할 수 있을 것인지 여부를 결정짓는다고 볼 수 있다.

> 워싱턴의 담론 시장이 과연 미국의 세계 패권 유지에 기여하는 전략과 의제를 생산하고 있는지에 대한 회의적인 시각이 늘어가고 있다.

미국 외교 전문지 〈포린 폴리시〉의 대표 데이비드 로스코프는 워싱턴의 담론 시장이 그 같은 전략 담론 생산 능력의 보유 여부에 대해서 회의적인 입장을 표명한다. 로스코프는 『국가안보 위기National Insecurity』에서 미국의 담론 시장이 쇠퇴해 왔다고 말하면서, 그 이유는 워싱턴의 싱크탱크들이 뉴스에 나오는 이슈에만 집중하고 정작 중요한 전략 의제에는 소홀했기 때문이라고 지적한다.

로스코프는 그 근거로 2007년부터 2014년까지 8년간 워싱턴의 싱크탱크들이 다룬 의제들의 지역별 횟수가 미주 대륙 611개, 아프리카 590개, EU 지역 484개, 비 EU 유럽 지역과 유라시아 526개, 동아시아 429개였다는 사실을 제시한다. 동아시아 관련 의제 수가 가장 적었다는 사실은 워싱턴의 담론 시장이 동아시아와 서태평양 지역에 대해 상대적으로 적은 비중을 두어 왔다는 것을 보여준다.

워싱턴의 싱크탱크들이 이처럼 동아시아에 대한 의제를 다른 지역들보다 적게 다뤄왔다는 것은 미국 대통령과 국무장관이 이 지역의 전략 의제에 관해 의존할 지적 자본이 부족하다는 것을 의미한다. 당연히 그 같은 지적 자본, 즉 전략 담론의 부족은 이 지역의 안보 위기들에 대해 전략적으로 대응하지 못할 수 있다는 것을 의미한다.

키신저는『백악관 시절』에서 리더들은 정상에 도달하기 전에 축적한 지적 자본이 정상에 있는 기간에 그들이 의지할 수 있는 모든 것이라고 말한다. 이는 제2차 세계대전 말과 냉전 초반 재임했던 해리 트루먼 전 대통령의 말에서도 확인된다. 키신저는『외교』에서, 자신이 하버드대 초임 교수 시절에 트루먼 전 대통령을 만났는데, 트루먼은 대통령이 해야 할 일과 관련해 이렇게 말했다고 전한다. "대통령이 무엇을 해야 하는지를 아는 것이 가장 중요하다." 어떤 대통령이든지 자신의 의제가 분명하면 관료들의 간섭을 이겨낼 수 있다는 것이 트루먼의 소신이었다.

문제는 대통령을 비롯한 정치 지도자들이 자신만의 의제를 준비하지 못했을 경우다. 이 경우 이들 리더는 싱크탱크들로부터 전략 의제를 제공 받아 지적 자본의 부족이나 부재를 보완할 수 있다. 하지만 로스코프의 주장은 워싱턴의 유력 싱크탱크들이 그 같은 역할을 하지 못했다는 것이다. 오바마 대통령이 임기 중에 탈냉전 질서의 종언이라는 외교 실패에 직면했던 것은 이처럼 싱크탱크들의 지원을 받지 못한 데서 말미암은 것이다.

이에 대해선 오바마 행정부의 임기가 2년 남아 있던 2015년의 한 토론에 귀를 기울여 봐야 한다. 당시 오바마 행정부의 외교 정책에 대해 미국의 국제 정치 전문가 4명이 오바마 전 대통령의 입장에서 볼 때 매우 도발적인 주제의 토론을 가졌다. 캐나다 오리아재단이 주관하는 글로벌 토론회인 〈멍크 디베이트The Munk Debates〉가 "오바마는 세계를 더 위험한 곳으로 만들어 왔는 가?"라는 주제로 토론를 벌였다.

오바마는 임기 1기 때부터 외교 정책이 없다는 비판을 받았다. 하지만 미국 국내외 담론 시장에서 공개적인 비판에 직면한 것은 임기 2기부터다. 러시아와 중국이 각각 동유럽과 동아시아에서 주변국들의 영토를 빼앗거나 침범함으로써 자유주의 국제 질서가 큰 위기에 직면했다는 우려가 높아졌기 때문이다. 이 시점에 오바마의 외교 전략을 주제로 한 〈멍크 디베이트〉가 열렸다는 것은 미국 국내외 담론 시장이 마침내 오바마의 외교 전략에 메스를 대기 시작했다는 의미이다. 러시아와 중국의 국제법 위반이 미국의 어떤 정책으로도 막을 수 없었던 것인지, 아니면 오바마가 외교 전략을 잘못 추진한 결과 러시아와 중국의 그 같은 도발이 가능했는지에 대한 본격적인 논의가 이때 시작되었다.

이 토론의 참가자 4명 모두 미국 최고의 전문가로 평가 받는 사람들이었다. 이들 중 국제정치학자 로버트 케이건과 〈뉴욕타임스〉의 국제문제 칼럼니스트 브랫 스티븐스는 오바마가 세계를 더 위험하게 만들었다는 주장에 찬성 입장을 표명했다. 이에 반해 인도계 미국인으로 CNN 방송의 국제정치 문제 프로그램 진행자인 파리드 자카리아와 프린스턴대 국제정치학자 앤-마리 슬로터는 오바마가 세계를 더 위험하게 만들지 않았다고 했다.

최대 쟁점은 2014년 발발한 러시아의 크림반도 병합 사태에 대한 오바마 대통령의 책임 여부였다. 그다음 쟁점은 미국이 남중국해의 도서와 환초를 점유하고 인공섬을 건설하는 등의 국제법 위반을 일삼고 있는 중국에 대해 잘 대응하고 있느냐는 것이었다.

2014년 발발한 러시아의 크림반도 강제 병합에 대한 양측의 의견은 극명하게 갈렸다. 자카리아와 슬로터는 러시아가 원래 그런 나라인데다 주변국들의 움직임과 국내 문제 때문에 크림반도를 강제 병합했다고 주장했다. 오바마 행정부가 대(對) 러시아 정책을 잘못 펴서 그렇게 된 것은 아니라는 것이다. 이들은 오히려 오바마 행정부가 잘 대처했다고 옹호했다. 사태 직후 오바마 행정부가 러시아에 대한 유럽연합의 경제 제재에 신속하게 동참했고 이는 러시아에 대한 제재로 충분한 것이었다고 그들은 긍정적으로 평가했다.

오바마가 시리아에 대한 군사적 응징을 주저한 것이 러시아의 크림반도 병합에 결정적인 영향을 미쳤다고 볼 수 있는가?

하지만 케이건과 스티븐스는 오바마 대통령의 대시리아 정책 실패가 러시아의 크림반도 병합을 낳았다고 비판했다. 당시 오바마는 시리아 아사드 정부의 화학무기 사용을 레드라인으로 설정했다. 이는 시리아가 화학무기를 사용하면 군사적으로 단호하게 응징하겠다는 미국의 최후통첩이었다. 하지만 시리아가 그 같은 레드라인을 위반하자 오바마는 군사적 대응에 나서기를 주저했다. 결국 군사적 대응에 나서긴 했으나 그것은 지상군 투입이 아니라 전투기와 드론에 의한 공격이었다. 러시아 대통령 푸틴이 우크라이나의 크림반도 병합과 동부 지방 침공을 감행할 수 있었던 데는 오바마가 시리아에 대한 군사적 응징을 주저하는 모습을 보인 것이 결정적인 영향을 미쳤다고 이들은 주장했다. 만약 시리아가 레드라인을 넘었을 때 미국이 즉각 군사적 응징에 나섰더라면 푸틴은 크림반도 병합에 나서기 어려웠을 것이라는 비판이다.

남중국해에서 영유권 분쟁을 일으키고 있는 중국에 대한 오바마 행정부의 대응에 대해서도 평가가 엇갈렸다. 자카리아는 오바마 대통령이 대 중국 전략으로서 '아시아 회귀' 전략을 추진한 것에 대해 후한 점수를 주었다. 중국이 동아시아와 서태평양 지역에서 미국의 패권에 도전하는 것을 견제하기 위해 외교와 안보의 축을 아시아로 옮긴 것은 잘한 결정이라고 평가한 것이다.

아시아 회귀 전략에 따라 오바마가 호주와 필리핀에 미군 기지를 만들겠다고 한 것도 잘한 결정이었다고 주장했다. 대중 전략에 대한 자카리아의 이 같은 평가는 2017년 "자유주의적 국제 질서는 끝났는가?"라는 주제의 〈멍크 디베이트〉에서도 계속됐다. 당시 하버드 대학 니얼 퍼거슨과의 토론에서 자카리아는 중국이 점차 법과 제도에 기반한 통치를 하고 있는 나라로 변모하고 있다고 지적했다. 요컨대 미국의 노력 덕분에 중국이 바뀌고 있다는 것이다. 비록 중국의 부상에 따라 남중국해 영유권 분쟁이 심화하고 있긴 하지만 이 같은 사실로 인해 오늘날 자유주의적 국제 질서가 끝났다고 하는 것은 잘못됐다고 그는 말했다. 슬로터는 자카리아와는 다른 맥락에서 오바마를 옹호하는 주장을 폈다. 오바마 행정부는 중국이 동아시아와 서태평양 지역을 불안정하게 만드는 것과 아무 관계가 없다는 것이 슬로터의 주장이었다.

자카리아에 맞서 케이건은 오바마의 아시아 회귀 전략은 말에 불과했다고 반박했다. 군사력 재배치는 없었다는 것이다. 스티븐스도 아시아 회귀가 발표된 지 2년이 지난 2013년 현재 호주에는 미군이 전혀 주둔하지 않고 있다고 주장했다. 오바마의 더 큰 문제는 동아시아와 서태평양의 동맹국들이 중국에 대해 갖는 불안감을 해소하지 못한 것이라고 케이건은 비판했다.

대중 외교와 군사 전략인 아시아 회귀가 실패한 것과 마찬가지로 대중 경제 봉쇄도 실패했다는 평가도 제기됐다. 오바마가 대중 경제 전략으로 추진했던 TPP(환태평양경제동반자협정)도 2015년에 이미 사실상 끝났다는 것이 스티븐스의 주장이었다. 2017년 초 트럼프 대통령이 취임 직후 공식적으로 탈퇴를 선언하기 2년 전에 TPP는 이미 사망 상태였다는 것이다. 오바마 행정부가 세계를 더 위험하게 만들었느냐는 물음에 대해 찬성하는 측과 반대하는 측의 인식 과정은 이처럼 서로 완전히 다르다.

오바마가 세계를 더 위험하게 만들었다는 데 찬성하는 측의 인식은 크게 두 가지 특징을 보인다. 하나는 오바마의 시리아 정책과 러시아의 크림반도 병합 간 관계에 대한 분석에서 보듯 외견상 관련 없는 사안들 간의 보이지 않는 관계를 모두 파악한 뒤 결론을 내린다는 것이다. 다른 하나는 아시아 회귀 전략의 수립 배경과 추진 상황을 검토한 다음 오바마의 대 중국 정책에 대한 비판을 내린 데서 알 수 있듯이, 결론을 내리기 전에 해당 정책의 수립 과정과 이후 결과를 검토하는 과정을 밟는다는 것이다.

하지만 오바마에게는 어떠한 잘못도 없다고 주장하는 전문가들인 자카리아와 슬로터가 제시한 논리에는 이 같은 구조적이고 복합적인 인식 과정이 전혀 보이지 않는다. 특히 푸틴이 크림반도 병합을 시도할 수 있었던 데는 오바마의 우유부단함이 크게 작용했다는 것을 인정하지 않는다. 그 대신 반대 측은 모든 원인을 오로지 러시아 내부와 주변 지역에서만 찾았다. 반대 측의 또 다른 문제는 발표된 정책들을 목표만 보고 그 결과는 살펴보지 않은 채 결론을 도출했다는 것이다. 이는 무엇보다 반대 측이 아시아 회귀 전략에 따라 호주와 필리핀 내 미군 기지를 창설하겠다는 오바마의 발표에만 주목하고 있다는 데서 알 수 있다. 이들은 오바마의 약속이 이행되고 있는지 여부는 살펴보지 않았다. 반대 측은 호주와 필리핀에 미군 배치가 이루어지지 않는 등 아시아 회귀 전략이 오바마 행정부가 당초 목표한 대로 추진되지 않고 있다는 점을 간과하는 잘못을 범했다.

우크라이나로의 나토 확장 시도와
유럽 자유주의 질서의 종언

19세기 독일 철학자 아루투어 쇼펜하우어는 그의 수필을 모아 놓은 『수상록』에서 "글은 건축하듯 써야지 도미노 쌓기 하듯 써서는 안 된다"고 말했다. 어떤 사안에 대해 건축하듯 글을 쓰기 위해서는 그 사안에 관한 통찰을 구해야 한다는 것이다. 하지만 사람들은 생각을 깊이 하지 않은 채 정보만 모아 나열하는 식으로 글을 쓴다는 것이 쇼펜하우어의 비판이었다.

글이나 말은 똑같은 인식 체계에서 도출되는 만큼 위의 〈멍크 디베이트〉는 쇼펜하우어의 충고가 옳다는 것을 입증한다. 찬성 측인 케이건과 스티븐스의 결론 도출 과정은 하나의 건축물을 짓는 것을 보는 느낌을 준다. 반면 반대 측인 자카리아와 슬로터의 주장은 도미노 쌓기 같은 인상을 주기에 충분하다고 말한다면 지나친 평가일까? 오바마 전 대통령이 임기 8년 동안 세계를 더 위험하게 만들었다는 주장에 동의하는 케이건과 스티븐스의 논리가 이에 반대하는 자카리아와 슬로터보다 더 설득력을 갖는 것은 이 때문이다.

하지만 안타깝게도 오늘날 워싱턴의 조야를 지배하는 것은 반대 측의 논리와 주장이다. 어느 시기든 한 나라의 외교 정책은 그 나라의 담론 시장을 지배하는 주류의 견해를 바탕으로 수립되기 마련이다. 그렇다면 탈냉전 시대의 종언에 대한 책임은 잘못된 외교 정책을 추진해 온 미국 정부에게만 묻기 어렵다. 도미노 쌓기 식의 논리와 주장을 확산시켜 온 미국 담론 시장이 함께 책임져야 할 몫인 것이다.

정부가 추진하는 정책의 결과는 그 정책이 어떤 담론에 영향을 받았느냐에 따라 완전히 달라진다. 〈멍크 디베이트〉로 돌아가보자. 여기서 최대 쟁점으로 다루어졌던 현안은 나토가 러시아와 국경을 맞대고 있는 우크라이나의 가입을 승인하는 동유럽으로의 확대 전략에 대한 평가였다. 따라서 이 쟁점에 대해 당시 미국과 서유럽의 동맹국들에서 어떤 담론이 제기됐었는지를 살펴보는 것이 가장 정확하다.

하지만 〈멍크 디베이트〉에서 제기된 논리와 주장은 우크라이나 사태가 발발한 시점으로부터 1년여 넘게 지나서 나온 것인 만큼 대표성이 낮다. 미국이 동유럽 구 공산권 국가들의 나토와 유럽연합 가입 전략을 추진하기 시작한 지 10여 년이 지난 2008년으로 거슬러 올라갈 필요가 있다. 오바마 행정부가 출범한 그때 이후 미국과 서유럽 국가들의 담론 시장에서 이 문제에 대해 어떤 논리와 주장이 있었는지를 모두 확인하는 것이 중요하다.

98

2008년 미국과 서유럽의 동맹국들은 우크라이나의 나토와 유럽연합 가입 가능성을 공식 인정했는데 거기엔 두 가지 배경이 있었다. 하나는 서유럽 국가들이 미국의 군사력을 바탕으로 한 나토 체제로 안보를 지키고 있으나 늘 러시아에 의한 위협을 우려할 만큼 푸틴을 위험 인물로 인식한 것이다. 다른 하나는 구소련의 위성국가들인 동유럽 국가들이 미국의 지원 하에 자유민주주의 체제로 전환한 이후 늘 러시아에 의한 침공이나 속국이 될 위험성을 우려하고 있다는 것이다. 이 때문에 미국과 서유럽에선 푸틴 체제가 들어선 이후 러시아의 안보 위협을 원천 차단함으로써 완전한 승리를 거두고 싶어 하는 분위기가 조성되어 왔다. 서구로서는 그것이야말로 탈냉전 시대의 완성이라고 봤기 때문이다.

그들이 생각해낸 차단 방법이 러시아와 국경을 맞대고 있는 우크라이나를 나토와 유럽연합에 가입시키는 것이었다. 미국과 서유럽은 러시아가 군사적으로 반격할지에 대해서는 전혀 생각하지 못했다. 물론 미국과 서유럽 동맹국들은 러시아가 반발할 가능성은 있을 수 있다는 것은 예상했다. 하지만 그들은 러시아가 우크라이나를 침공할 정도까지 반격하지는 않을 것이라고 예상했다.

하지만 주지하다시피 그 예상은 빗나갔다. 2014년 1월 갑작스레 나토 가입에 대해 반대 입장을 갖고 있던 정부가 물러나고 친서방 성향의 새 정부가 들어섰다. 그러자 러시아는 말 그대로 전광석화같이 우크라이나의 크림반도를 병합한 데 이어 동부 지방을 침공했다. 우크라이나의 새 정부가 곧 나토 가입을 결정할 것이라고 판단한 러시아가 이를 막기 위해 군사 공격을 감행한 것이다.

러시아는 우크라이나의 나토 가입이 이루어지면 미국 군대가 러시아 국경 근처에 배치될 수도 있다고 보았다. 그렇게 될 경우 러시아는 자신들의 안보뿐만 아니라 강대국으로서 어떤 대외 전략도 자유롭게 추진하기 어려울 것으로 판단했다. 러시아가 이보다 더 심각하게 받아들인 것은 푸틴 정권의 안정성이 위협 받을 수 있다는 것이었다. 완충 지대도 없이 러시아의 턱밑에 주둔한 미군을 통해 미국의 자유주의가 직접적으로 유입될 경우 권위주의 체제인 푸틴 정권에 중대한 위협이 되리라고 본 것이다.

미국과 서유럽이 추진한 우크라이나로의 나토 확장은 러시아를 상대로 한 완전한 승리 전략이었다.

러시아의 크림반도에 대한 강제 병합과 우크라이나 동부 지방 침공은 전쟁은 국내 정치의 또 다른 수단이라는 클라우제비츠의 언명을 따라 이루어졌다. 요컨대 푸틴의 전쟁 목표는 우크라이나의 나토 가입을 무산시킴으로써 자신의 정권 안정이라는 국내 정치적 목적을 달성하는 데 있었다.

그렇다고 본다면 여기서 한 가지 결론이 가능하다. 그것은 미국과 서유럽의 정책 결정자들과 담론 시장의 전문가들 모두 우크라이나가 나토와 유럽연합에 가입할 경우 러시아의 대응과 클라우제비츠 간의 관련성을 전혀 주목하지 않았다는 사실이다.

문제는 러시아가 우크라이나 크림반도 강제 병합과 동부 지방 침공이라는 반격을 가한 결과 국가 주권 존중, 영토 침범과 내정 간섭 금지 등의 베스트팔렌 원칙에 기초한 국제 질서가 위기에 처하게 되었다는 데 있다. 서구가 우크라이나를 나토에 가입시키려 한 것이 21세기 베스트팔렌 식 자유주의 국제 질서의 완성을 가져온 것이 아니라 도리어 위기로 내몬 것이다. 우크라이나의 나토 가입 의제가 이렇듯 원래의 의도와는 정반대의 결과를 초래하게 된데는 미국과 서유럽 국가들의 정부뿐만 아니라 담론 시장에도 책임이 있다. 대체 담론 시장을 주도해 온 전략가들은 무엇을 했었기에 이런 결과가 나왔는가?

문제의 근원을 좇다보면 결국 쇼펜하우어의 우려가 자리하고 있다. 우크라이나의 나토 가입 문제가 본격 논의되던 2000년대 중반, 미국과 서유럽의 담론 시장을 휩쓴 관련 글과 말, 책의 상당 부분이 도미노 쌓기 식의 논리였다. 우크라이나가 나토에 가입할 경우 발생할 위험과 그것에 대한 근본적인 대응 방안은 제시되지 않았다.

2017년 사망한 즈비그뉴 브레진스키 전 미 국가안보좌관은 그의 마지막 저서 『전략적 비전』에서 우크라이나로의 나토 확장 정책에 찬성했다. 그와 같은 이상주의적 성향의 학자들은 공개적으로 가입 지지 의사를 밝혔다. 반면 현실주의적 성향의 국제정치학자들 사이에서는 우려의 목소리가 있었으나 직접적으로 반대 목소리를 내는 전문가들은 찾기 어려웠다. 러시아의 군사적 반격 가능성에 대한 확신이 없었기 때문이다. 더구나 완전한 승리를 추구하면 재앙을 초래할 것이라고 경고했던 대 소련 봉쇄 전략의 기획자 조지 F. 케넌은 이미 2005년에 죽고 없었다. 미국과 서유럽이 추진한 우크라이나로의 나토 확장 전략은 의심할 여지가 없이 러시아를 상대로 한 완전한 승리 전략이었다.

그 결과 러시아가 반격하기 전까지 미국과 서유럽의 담론 시장은 전체적으로 지지 분위기로 모아졌었다. 우크라이나의 나토 가입이 실제로 추진된 데는 미국과 서유럽 담론 시장의 이 같은 분위기가 큰 영향을 미쳤다. 전체주의 국가들과 달리 자유민주주의 국가들의 정책 결정자들은 자국의 담론 시장의 분위기에서 결코 자유로울 수 없기 때문이다.

결국 탈냉전 체제가 2014년 들어 마침내 종언을 고하게 된 데는 이처럼 미국과 서유럽 국가들의 담론 시장이 러시아에 대해 무지했던 것이 결정적 역할을 했다. 이는 미국과 서유럽 국가들의 전문가들이 우크라이나 문제에 대해 건축하듯 접근했어야 하는데 그렇게 하지 못했다는 것을 의미한다. 우크라이나를 가만히 놔두고 러시아와의 균형을 유지하는 대신 우크라이나를 서구 진영에 편입시키면 러시아에 의한 안보 위협이 완전히 소멸되고 완전한 승리를 거둘 것이라고 그들은 도미노 쌓기 하듯 접근했다. 쇼펜하우어의 충고가 맞았다.

미국의 대 중국 담론이 놓치고 있는 4개의 퍼즐

중국의 패권 추구가 본격화함에 따른 동아시아의 안보 위기가 심화하고 있다. 이 위기를 전략적으로 잘 해결할 수 있느냐 여부는 동아시아와 서태평양의 탈냉전 체제가 종언을 고할지 여부와 직접 맞닿아 있다. 서유럽의 탈냉전 체제가 러시아의 크림반도 병합으로 붕괴한 것처럼 중국이 남중국해와 동중국해를 자신들의 영해로 만드는 데 성공하느냐에 따라 동아시아와 서태평양의 탈냉전 체제의 종언 여부가 확정되는 것이다.

문제는 동아시아와 서태평양 지역의 탈냉전 체제의 종언을 막기 위한 전략이 무엇이냐는 것이다. 무엇보다 미국과 역내 동맹국들이 그 같은 전략의 수립과 실행을 해낼 수 있느냐 여부는 이들 자유주의 진영 국가의 담론 시장에 달려 있다. 미국과 그 동맹국들의 담론 시장이 중국에 의한 안보 위기의 실체를 정확히 분석한 뒤 이를 바탕으로 전략 담론을 생산해낼 수 있어야 한다. 그래야만 중국이 더 이상 역내 자유주의 질서를 위협하지 못하도록 억지할 수 있는 대중 전략을 개발하고 성공적으로 실행할 수 있게 된다.

하지만 2008년 월스트리트 금융위기와 2010년 글로벌 대침체 이후 미국 경제가 쇠퇴하는 상황에서 중국이 패권 도전을 본격화하는 것에 대해 미국은 전략적으로 대처하지 못했다. 가장 큰 책임은 역시 미국의 담론 시장에 있다. 중국의 패권 도전에 따라 역내 질서의 불안정이 날로 심화하고 있는 것은 미국의 담론 시장에서 그 같은 불안정을 극복할 전략을 제시하지 못하고 있기 때문이다. 오바마 행정부가 중국의 패권 도전을 미리 예상하고 막지 못한 데는 워싱턴의 안보 전문가들이 내놓는 담론들이 도미노 쌓기 하듯이 만들어진 탓이라는 비판이 많다.

실제로 2000년대 이후부터 최근에 이르기까지 미국에서 나온 대중 전략서와 보고서 대부분이 이 같은 비판에서 자유롭지 못하다. 먼저 이들 전략서와 보고서 중 다수가 동아시아와 서태평양 지역에서 미국과 동맹국들이 직면한 위기의 전략적 의미를 꿰뚫어 보지 못한 채 각국의 입장만 나열하는 식으로 작성된 것으로 평가 받는다. 특히 중국이 군사와 경제 분야에서 제기하고 있는 도전과 이에 대한 미국의 대응 상황을 전달할 뿐 통찰이 드물다는 비판이다. 무엇보다 중국이 패권을 차지하면 역내 질서가 어떻게 바뀌고 그로 인해 미국과 그 동맹국들은 어떤 위기에 직면할 것인가에 대한 통찰과 대응 전략을 제시하는 책이나 보고서를 찾기가 어렵다.

**| 미국의 담론 시장이 중국의 패권 도전에 대한 담론을 만들지 못한 것은
| 4개의 퍼즐 놓쳤기 때문이다.**

미국의 담론 시장이 놓치고 있는 중요한 퍼즐은 대략 네 가지다. 첫째, 중국이 어떻게 패권을 도모할 정도로 막강한 경제력과 군사력을 확보할 수 있었느냐이다.

중국의 부상이 냉전 시기에 미국이 미중 데탕트를 통해 중국이 세계 경제 시스템으로 편입할 수 있게 지원한 데서 비롯된 유탄인지에 대한 치밀한 분석이 요구된다. 그 이유는 미국의 지원에 따른 세계 경제 편입이 중국이 부상할 수 있었던 결정적인 기반이라면 그 기반에 대한 제재를 가하는 것이 중국의 패권 도전에 대한 중요한 견제 카드가 될 수 있기 때문이다. 만약 미국의 지원이 도움이 되긴 했으나 경제적 급부상의 핵심 원천이 중국 자체 역량이라면 그 같은 경제 제재는 효과적 견제 카드가 되기 어렵다.

하지만 지금까지 나온 많은 전략서와 보고서는 중국이 사회주의 체제는 유

지하면서도 시장경제 시스템을 받아들이면서 글로벌 경제 시스템에 통합함에 따라 저임금 노동력으로 연간 두 자릿수의 성장률로 급성장을 이루었고, 그 결과 미국의 패권에 도전할 수 있을 정도로 군사력을 증대할 수 있었다는 논의에 머물러 왔다. 일부 전략서들이 패권 경쟁의 향후 전망이 중국의 경제 성장률에 달렸다는 식의 '경제결정론'으로 흐르고 있는 것은 이 때문이다.

설득의 수단으로서 돈이나 권력에 의한 강압보다는 매력과 같은 소프트 파워의 역할을 강조하는 미국 하버드 대학 국제정치학자 조셉 나이Joseph Nye와 조지타운 대학 국제정치학자 로버트 J. 리버가 경제 결정론의 관점에서 미중 패권 경쟁의 향배를 전망하는 대표적인 인물이다. 두 사람은 자신의 책에서 미국의 경제력이 아직은 중국을 크게 앞서고 있기 때문에 중국에 패권을 빼앗길 가능성이 많지 않다는 주장을 펴고 있다.

둘째, 중국이 패권을 추구하는 진정한 목적이 무엇인지를 알아야 한다. 중국이 미국을 상대로 패권 경쟁을 본격화하는 진정한 목표는 동아시아와 서태평양 지역의 패권을 차지하려는 21세기 '뉴 리바이어던'의 지정학적 권력 욕망을 넘어서는 것이다. 하지만 중국의 패권 도전의 목표를 지정학적 권력 욕망을 넘어서서 분석하는 전략서는 찾아보기 어렵다. 오늘날 중국 공산당은 중국 경제가 성장하고 중산층이 두터워지면서 자국 내부에서부터 도전을 받고 있다. 이에 따라 중국 공산당은 1당 지배 체제를 유지하기 위해 중산층의 불만을 역내 패권국 지위 달성 등의 대외 전략을 통해 해소하려는 듯한 모습을 보이고 있다. 만약 이 같은 시각이 설득력을 갖는다면 중국이 동아시아와 서태평양 지역의 질서를 비자유주의화하려 할 가능성이 높다. 미국이 주도하는 자유주의 질서는 중국의 중산층들을 동요시킬 수 있다는 점에서 중국 공산당 1당 지배 체제에 위협적이다. 반면 중국이 역내 질서를 비자유주의화하는 데 성공할 경우 이는 중국 공산당이 1당 지배 체제를 유지하는 데 큰 힘이 될 수 있다.

문제는 이런 맥락에서 쓴 중국의 패권 전략을 분석하는 전략서와 논문을 미국과 서유럽의 담론 시장에서 찾아보기 어렵다는 것이다. 미국 프린스턴 대학 중국 문제 전문가 아론 프리드버그Aaron Friedberg가 쓴 『패권을 위한 결전』 정도가 있을 뿐이다. 프리드버그는 이 책에서 중국 공산당이 역내 패권을 차지하려는 이유가 경제 발전에 따라 증가하는 국민의 정치적 불만을 외부로 돌림으로써 공산당 1당 지배 체제를 안정시키는 데 있다고 말한다.

　프리드버그와 같은 주장을 논리적으로 제기하는 미국과 서유럽 국가의 전문가들이 드문 까닭은 무엇 때문인가? 그것은 무엇보다도 냉전 종식 이후 자본주의가 공산주의를 상대로 최종 승리를 거두었다는 역사의 종말론이 확산된 나머지 학계에서조차 중국이 공산당이 통치하는 국가라는 인식이 약화돼 왔기 때문이다. 하지만 중국은 여전히 자본주의 국가들을 상대로 한 대외 전략을 레닌과 마오쩌둥의 혁명 이론에 기초해 추진해 오고 있다. 1954년에 출간된 키신저 전 미 국무장관의 『핵무기와 외교정책Nuclear Weapons and Foreign Policy』 이후 중국의 이 같은 본질을 전제로 하여 대중 전략을 다룬 책이나 논문을 오늘날 미국과 서유럽에서 찾기 어려운 것이 현실이다.

　셋째, 미중 패권 경쟁의 결과가 중국의 승리로 판가름 난다면 이 지역의 미국 동맹국들은 어떤 상태에 처하게 될 것인가이다. 미국과 서유럽의 전략서와 논문 가운데 중국이 승리할 경우 발생할 수 있는 동아시아 동맹국들의 운명을 진지하게 전망한 것은 거의 없다. 특히 북한을 사이에 두고 중국과 마주하고 있는 유일한 자유민주 국가인 대한민국의 운명을 고려한 전략서는 더더욱 찾아보기 어렵다.

　미국과 동맹국들의 담론 시장이 놓치고 있는 네 번째 퍼즐은 미국이 중국의 패권 도전에 맞서 추구해야 할 전략이 무엇이냐는 것이다. 러시아를 상대로 우크라이나의 나토 가입을 통해 시도했던 것과 같은 완전한 승리 전략을 중국에 대해서도 추구할 것인지, 아니면 중국의 패권을 막으면서도 중국의 영향력을 인정하고 공존을 추구하는 현실주의적 세력 균형 전략을 추진할 것인지 여부다. 이 마지막 퍼즐은 앞의 세 가지 퍼즐의 해답이 무엇이냐에 달려 있다.

이러한 네 개의 퍼즐 풀기를 통한 대중 전략 논의는 기존 대중 전략서와 논문들에서는 찾아보기 어렵다. 기존 문서들이 제시하고 있는 전략 방향은 크게 세 가지다. 첫째, 단기적으로 중국을 견제하고 균형을 이루는 데에 중점을 둔다. 둘째, 어떻게든 미중 간 전쟁 발발 가능성을 최소화한다. 셋째, 동아시아와 서태평양 지역은 물론 정세가 불안정한 중동 지역에서 중국이 책임 있는 역할을 맡도록 유도한다.

미국의 담론 시장이 앞의 네 가지 중요한 퍼즐에 대한 근본적인 고민 없이 이처럼 비교적 손쉬운 세 가지 대중 전략 방향에 관한 논의에 주력하게 된 데는 두 가지 요인이 있다. 국제정치 전문가들이 통찰 없이 글을 쓴다는 점 이외에도 탈냉전 시대의 세계 질서에 대한 미국의 환상과 이 시기의 미국 경제 상황 악화가 그 같은 단기적이고 얕은 대중 전략 논의를 초래했다.

구체적으로 설명한다면, 미국 전체가 냉전 종식 이후 상이한 이념 간의 대립과 갈등이 영구적으로 해소되었다는 '역사의 종말' 관점에 취해 있었다. 그 결과 미국 행정부와 담론 시장은 중국이 새로운 강대국으로 부상하면서 동아시아와 서태평양 지역에서 패권을 추구하는 것에 대한 현실주의적 인식을 하는 데 실패했다. 그 결과 마이클 만델바움이 『임무 실패Mission Failure』에서 말했듯이, 조지 W. 부시 행정부는 임기 8년 동안 오로지 구 공산권 국가들과 개도국들과 빈국들, 테러 지원국들의 체제 전환이라는 이른바 '사회사업(social work)'에 주력했다.

두 번째 요인으로 미국 경제가 2008년 금융위기와 2010년 글로벌 침체를 계기로 급속히 쇠퇴하면서 국내 개혁이 미국 행정부의 최우선 과제로 부상했기 때문이다. 오바마 행정부는 임기 8년 동안 건강보험 개혁 등 사회경제 문제들에 주력하면서 동아시아와 서태평양 지역에서의 중국의 패권 도전과 북한의 핵무기 및 탄도미사일 개발 위기에 대해 전략적으로 대응을 하지 못했다. 오바마 행정부는 중동 지역에서 확산되는 이슬람국가의 테러에도 적극적인 대응을 하지 못했다.

그렇다면 미국의 대중 전략이 단기적이고 얕아지게 만든 근본 요인은 무엇일까? 앞 장에서 살펴본 바와 같이, 나는 그 근본 요인이 고대 전략가인 투키디데스와 근대 전략가인 클라우제비츠에 대한 오독(誤讀)에 있다고 본다.

투키디데스에 대한 오독과 '투키디데스 함정론'의 함정

투키디데스에 대한 오독의 핵심은 그가 『펠로폰네소스 전쟁사』에서 주장한, 아테네와 스파르타 간 펠레폰네소스 전쟁의 발발 원인이 오늘날 갖는 의미에 대한 해석과 관련이 있다. 전쟁의 원인은 아테네의 급속한 국력 증대가 패권국이었던 스파르타 내부에서 우려를 불러일으킨 데서 찾아야 한다는 것이 투키디데스의 주장이다. 그에 의하면 스파르타는 아테네가 자신들의 도시와 파라이에우스항으로 이르는 길을 방벽으로 둘러쌓는 공사를 하자 아테네의 강성해짐에 두려움을 느꼈다. 그래서 스파르타는 아테네에 방벽 쌓기를 중단하라고 요구했으나 아테네는 간교를 써서 그 요구를 무시하고 방벽을 완성했다. 그 후 아테네와 일련의 갈등을 겪은 끝에 스파르타는 동맹국들을 소집해 아테네를 상대로 한 전쟁 준비에 돌입했다.

미국의 전략가들은 이 명제를 미국과 중국 간 관계에 적용해 '투키디데스의 함정(Thucydides Trap)'이라는 논리를 만들어 확산시켜 왔다. 중국의 급속한 국력 증대가 미국 내의 우려를 불러일으킴에 따라 펠로폰네소스 전쟁과 같은 두 강대국 간 대규모 전쟁이 발발할 수 있다는 것이다. 그러면서 이들은 미국이나 중국 모두 이 같은 함정에 빠지지 않도록 소통을 늘리고 서로 자극하지 말아야 한다고 촉구한다.

미국 전략가들의 이 같은 논리가 오독의 결과인 까닭은 무엇보다도 아테네를 중국에, 스파르타를 미국에 각각 비유하는 것이 잘못됐기 때문이다. 아테네가 중국과 가장 다른 점은 국력 증대가 자력으로 이룬 것이 아니라 동맹 도시국가들에게서 받은 많은 전비에 기초한 국력이라는 것이다. 더욱이 펠로폰네소스 전쟁 자체가 투키디데스의 설명과 달리 처음부터 아테네와 스파르타가 서로 상대편에 대해서 일으킨 것이 아니었다. 투키디데스는 페르시아 전쟁에서 승리한 이후 아테네의 국력이 증가하자 이를 스파르타가 질투하고 두려워해 전쟁을 피할 수 없었다고 분석했다. 그러나 투키디데스의 이 같은 분석에는 문제가 있다. 아테네와 갈등 관계에 있던 코린토스와 포티다이아가 먼저 아테네와 마케도니아 연합과 전쟁에 들어갔고, 이어서 스파르타의 참전을 요구하면서 펠로폰네소스 전쟁으로 발전하게 되었던 것이다.

> **애초부터 '투키디데스 함정' 같은 것은 없었다. 펠로폰네소스 전쟁 자체가 아테네와 스파르타가 서로 상대편에 대해서 일으킨 잔쟁이 아니었다.**

미국 예일 대학의 세계적인 투키디데스 연구가인 도널드 케이건Donald Kagan도 40여 년간에 걸친 연구 성과를 담은 책『투키디데스, 역사를 다시 쓰다』에서 아테네와 스파르타는 서로를 불신했으나 전쟁을 피하고자 노력했다고 지적했다. 케이건에 의하면 스파르타 내 호전적인 정파의 아테네에 대한 적개심, 동맹국이었던 포테이다이아에 대한 아테네의 강경한 대응 등 스파르타, 아테네, 코린토스 모두 분노와 복수심, 오만에 눈이 멀어 연이어 잘못된 판단을 내림으로써 전쟁이 일어났다. 더 중요한 사실은 아테네 시민들 대부분은 스파르타와의 전쟁으로 비화될 수 있는 중요한 고비 때마다 어떻게든 전쟁을 피하려 했다는 점이다. 하지만 그때마다 아테네의 지도자인 페리클레스가 전쟁을 유도하는 결정이 이루어지도록 영향력을 발휘했다. 그 결과 전쟁을 피하는 것이 최선이라고 생각하던 아테네 시민들은 민회에서 페리클레스의 주장에 강요되다시피 넘어갔다. 하지만 이 대목에서 투키디데스는 진실을 감추었다. 그는 자신이 존경해 마지않는 페리클레스가 아테네 시민들을 억지로 끌어들여 스파르타와의 전쟁에 나서도록 만들었다는 사실에는 눈을 감은 것이다.

그 대신 투키디데스는 페르시아 전쟁 이후 아테네의 국력 증대에 대한 스파르타의 위기감이 고조되어 온 것이 펠레폰네소스 전쟁의 원인이라고 주장했다. 케이건에 의하면 당시 아테네 시민들 거의 대다수가 페리클레스로 인해 스파르타와의 전쟁이 일어났다고 인식했다. 실제로 『펠레폰네소스 전쟁사』에도 전쟁이 발발하자 주거지와 자산을 옮겨야 하는 등의 고통으로 인해 아테네 시민들 사이에서 전쟁 반대 분위기가 확산됐다는 대목이 나온다. 그러자 페리클레스는 장례식 연설을 통해 전쟁은 시민들의 합의에 의해 결정된 것이 아니냐고 반문한다. 그는 자신의 설득에 의해 시민들이 전쟁을 결정했는데도 그 같은 자신의 역할은 빼고 전쟁 개시의 책임을 시민들에게 돌리는 태도를 보였다. 그렇게 한 뒤 그는 다시금 전쟁의 필요성을 역설한다. 전쟁에서 승리하면 그에 따른 과실을 나눠 가질 수 있다고 말하면서 전쟁의 승리를 위해 노력하자는 것이다. 아테네의 전쟁 결정은 시민들의 자발적 의사에 의한 것이 아니라 엄연히 페리클레스의 의제에 따른 것이었다.

그럼에도 불구하고 투키디데스는 아테네 시민들이 공유했던 이런 진실을 외면하고 자기만의 독특한 관점이 진실인 것처럼 주장했다. 더구나 스파르타 왕 아키다무스는 전쟁 직전까지도 아테네에 특사를 파견해 전쟁을 피하기 위한 합의를 시도했다. 하지만 아테네는 특사 방문 자체를 거부했다. 아키다무스는 또 전쟁 개시 이후에도 아테네가 합의에 나올 가능성을 기대하고 적극적인 전투를 명하지 않았다. 이 때문에 그는 국내에서 큰 비판을 받아야 했다. 이처럼 전쟁에 대해 페리클레스는 적극적이었던 반면 아키다무스는 소극적이었다. 투키디데스가 감춘 이 같은 진실은 플루타르크를 보면 드러난다는 것이 케이건의 '폭로'다. 그의 결론은 애초부터 '투키디데스 함정' 같은 것은 없었다는 것이다.

그런데 오늘날 중국은 미국을 상대로 해서 함께 전쟁을 벌일 만한 동맹국을 갖고 있지도 않다. 마찬가지로 미국도 중국을 상대로 일부 동맹국들이 전쟁을 벌이더라도 덜컥 중국과의 전쟁에 참전할 가능성은 없다. 만에 하나 미국의 동맹국들과 중국 간에 전쟁이 벌어질 가능성이 있는 경우 미국이 최우선적으로 취할 수 있는 정책은 하나다. 그것은 그 같은 충돌을 사전에 막기 위한 조정에 착수하는 것이다.

그 다음으로 다른 점은 아테네의 국력이 오늘날 급부상하는 경제력을 바탕으로 군사력을 증대시켜 미국에게서 패권을 빼앗으려는 중국의 국력과 크게 다르다는 것이다. 당시의 아테네가 해상제국을 건설함으로써 전성기에 있었던 것으로 평가 받고 있지만 실제로는 쇠퇴하기 직전의 상태였다. 별이 가장 밝게 빛나는 때가 폭발한 직후라는 사실과 같다. 프랑스의 저명한 역사가 페르낭 브로델Fernad Braudel을 비롯한 몇몇 저명한 서구 역사가들도 페리클레스의 시대가 그리스 문명의 전성기와 일치한다는 주장을 거부한다. 이들에 의하면 그 시대가 아무리 찬란했을지라도 그것은 위대한 민족이 창조해낸 가장 소중한 것들의 종말을 뜻한다는 것이다.

아테네에게는 조직적으로나 정신적으로나 스파르타로부터 패권을 가져오겠다는 능력은 물론 목표나 의지도 부족했다. 아테네가 스파르타에 비해 우세한 것은 해군력이었는데 이것만으로는 육군력이 훨씬 우세할 뿐만 아니라 페르시아의 지원을 받는 스파르타를 이길 수 없었다. 더구나 아테네의 해군력은 수많은 동맹 폴리스들이 낸 전비(戰費)를 바탕으로 건설된 것이었다.

더욱 심각한 문제점은 당시 아테네 지도자였던 페리클레스가 제대로 된 준비도 없이 스파르타를 전쟁으로 끌어들이는 치명적인 실책을 저지르는 등 현실적이지 못한 리더십의 소유자였다는 것이다. 아테네가 전쟁에 나선 것도 패배한 것도 모두 페리클레스의 잘못된 인식과 전략에서 말미암는다고 해도 지나치지 않다.

실제로 그는 충분한 육군력의 뒷받침이 없는데도 아테네 시민들을 성벽 안으로 피신시킨 뒤 해군력만으로 스파르타를 공격함으로써 큰 패배를 초래했다. 전염병 발생으로 수많은 아테네 시민들이 죽었는데 그 와중에 페리클레스 본인도 그만 전염병에 걸려 죽고 말았다. 아테네는 더 이상 전쟁을 수행할 수 없을 정도로 상태가 악화했다.

아테네의 이 같은 모습은 로마 제국의 전·현직 집정관들이 지위에 연연하지 않고 목숨을 걸고 한니발 군대와 싸웠던 것과 대조된다. 아테네는 로마의 집정관들처럼 온몸을 던져 전쟁을 승리로 이끌겠다는 사즉생(死則生)의 의지를 가진 정치가들이 부재했다. 전체적으로 보면 아테네는 실제의 능력보다 더 많은 능력을 갖춘 것처럼 행동했을 뿐만 아니라 절제와 안정을 보여주지 못했다. 소크라테스와 플라톤을 비롯한 대철학자들이 출현한 시기였으나 그에 걸맞은 철학과 전략의 깊이를 보여주지 못한 채 다른 나라들이 낸 돈으로 모래성과 같은 부와 군사력을 쌓기에 급급했던 것이다. 투키디데스도 당시 아테네는 민주주의가 꽃피운 전성기가 아니었다고 말했다. 그의 평가에 의하면 아테네는 명목상 민주정체였으나 페리클레스라는 제1시민이 통치한 비민주 체제였으며 스파르타에 패배한 이후에는 자질이 부족한 정치가들로 인해 몰락의 길을 걷게 되었다.

반면 케이건은 페리클레스의 사후 클레온이 과감한 정책으로 아테네를 구했다고 반박했다. 투키디데스는 민주정을 혐오한 나머지 시민들의 지지를 받던 클레온을 겁쟁이로 묘사했다고 그는 비판했다. 하지만 케이건의 이 같은 반박과 비판은 유연성을 갖고 볼 필요가 있다. 클레온은 기원전 428년에 아테네에 반기를 들었다가 진압된 미틸레네에 대한 재판에서 미틸레네의 성인 남자는 모두 처형하고 여자와 아이는 노예로 팔자고 민회에 제안하는 등 민주정체에 적합한 리더의 자질이 결여된 인물로 평가할 수 있다. 이 점에서 클레온에 대한 평가는 케이건보다는 투키디데스가 옳았을 가능성이 크다고 볼 수 있다.

어쨌든 아테네는 기원전 431년에 시작한 전쟁을 10년이 지난 420년에 이르러 스파르타로부터 휴전을 이끌어내는 데 가까스로 성공했다. 하지만 이마저도 아테네의 전성기를 그리워하던 호전적인 세력에 의해 파기됐다. 그 후 더욱 나락의 길로 떨어진 아테네는 클레온이 미틸레네에게 저지른 반인간적이고 반문명적인 악행을 기원전 416년에 멜로스에서도 행하는 오점을 남겼다. 아테네는 전쟁의 향배에 전혀 변수가 되지도 않는 멜로스섬에 스파르타와의 관계를 끊으라고 요구했다. 하지만 멜로스가 이를 거부하자 아테네는 이 섬의 성인 남자들을 전부 학살하고 여성과 아이들을 노예로 팔아버리는 만행을 저질렀다. 아테네는 항복을 거부하는 멜로스인들에게 "힘의 우위를 갖는 자가 다스리는 것이 어쩔 수 없는 자연의 본성"이라고 말하는 오만함도 보였다. 아테네가 멜로스를 상대로 이 같은 야만적 행위를 한 데는 스파르타에 패배한 데 따른 시민들의 깊은 좌절감을 해소하려는 목적이 있었다. 아테네는 이처럼 압제적인 모습을 보였다. 이에 반해 스파르타는 패권국으로서 절제되고 안정된 모습을 보였다는 것이 투키디데스의 관찰이다.

중국의 경우 아테네와 달리 모든 경제력과 군사력을 자력으로 갖추었다. 이와 함께 2017년 1월 도널드 트럼프 행정부 출범 이후 미국이 오히려 스파르타의 절제력과 인내심을 보여주는 데 실패해 왔다는 점을 주목할 필요가 있다. 또 다른 점은 아테네는 여러 동맹 폴리스들과 함께 스파르타를 상대해야 했기 때문에 전쟁을 유발할 수 있는 모든 변수를 통제하기 어려웠던 반면 오늘날의 중국은 정반대라는 사실이다. 중국은 어려운 상황이면 후퇴하고 유리한 상황이면 나아간다는 마오쩌둥의 전략을 대외 전략의 기본으로 삼고 있어서 미국과의 전쟁으로 이어질 수 있는 모든 변수를 통제하고 있다. 게다가 중국은 "전쟁이 정치의 연장인 것처럼 평화도 정치의 연장"이라는 블라디미르 일리치 레닌의 말을 실천하고 있다. 패권국 지위를 얻기 위해 군사적 위기를 조성하기도 하고 이로 인해 정세가 불리할 경우엔 평화 공세에 나서는 등 전쟁과 평화를 번갈아 이용하고 있다.

미국의 전략가들에게 그리 도움이 되지 않겠지만, 중국을 기원전 5세기의 아테네와 비교하다 보면 한 가지 공통점이 발견된다. 강대국으로서 주변 약소국들을 대하는 태도가 그것이다. 아테네는 자국과 스파르타 사이에서 중립을 취하고 있는 멜로스에 항복을 요구하고 강자가 약자를 지배하는 것이 자연의 본성이라고 말하면서 오만한 태도를 보였는데, 이는 오늘날 중국에게서도 엿볼 수 있다. 2016년 7월 한국이 미국의 탄도미사일 방어 시스템인 사드(THAAD)를 도입하기로 결정한 이후 중국이 보여준 모습도 이와 다르지 않다. 중국은 사드를 철회할 것을 강압적으로 요구하면서 자국 시장에 진출한 한국 기업들을 상대로 불법적인 보복을 가하고 중국인들의 한국 관광도 금지시키는 등 오만한 태도를 취했다. 이는 고대 아테네와 오늘날의 중국이 약소국을 상대로 힘으로 자신들의 의지를 관철하려는 나쁜 제국의 속성을 공유하고 있음을 보여준다.

사드 사태 당시 미국은 방관자의 입장을 취했다. 미국의 태도는 잘못된 것이다. 왜냐하면 한국의 사드 시스템 도입이 무엇보다 주한미군의 안전 확보를 위한 차원에서 이루어졌다는 점에서 중국이 철수를 요구해야 할 상대는 미국이었기 때문이다. 그렇다면 미국은 왜 가만히 지켜만 보고 있었는가? 가장 큰 이유는 미국의 전략가들이 투키디데스의 함정론에 사로잡혔기 때문일 수 있다. 미국은 한중 간 갈등에 관여했다가 미중 간 갈등으로 비화할까 두려워했을 가능성이 있다. 이 사례는 미국이 투키디데스 함정론에 빠진 나머지 동맹인 한국이 중국으로부터 위협을 받는 상황을 방관했음을 보여주는 것일 수 있다.

> **아테네는 중국이 아니고 스파르타는 미국이 아니다. 중국은 문명의 쇠퇴기에 들어선 아테네와 달리 국력이 급격히 증대하고 있다.**

결론적으로 아테네는 중국이 아니고 스파르타는 미국이 아니다. 특히 중국은 문명의 쇠퇴기에 들어선 아테네와 달리 국력이 급격히 증대하고 있는 나라다. 그렇다 보니 중국은 패권 확보를 위해 나름대로 전략적 사고와 절제력을 키워나가고 있다. 이 같은 평가는 니얼 퍼거슨이 "중국 공산당의 정치국 상무위원회는 어느 나라 정부보다도 전략적 사고 수준이 높다"고 언급한 데서 찾을 수 있다. 더군다나 아테네와 스파르타가 패권을 다투었던 공간과 미국과 중국이 패권을 다투고 있는 공간이 규모에서 전혀 비교가 되지 않는다. 아테네와 스파르타 간 전쟁은 당시 세계 체제에 해당했던 펠레폰네소스 반도를 둘러싸고 벌어졌다. 하지만 오늘날 중국이 패권을 추구하는 공간은 세계 체제가 아니라 동아시아와 서태평양 지역 그리고 일대일로가 지나는 유라시아 대륙에 국한된다. 더구나 패권 전략도 유리하면 나아가고 불리하면 후퇴한다는 마오쩌둥의 군사 전략에 의거해 이루어지고 있다. 따라서 이 같은 상황에서 중국이 여전히 경제력과 군사력에서 세계 1위 자리를 유지하고 있는 미국과의 전쟁을 일으킬 가능성은 높지 않다고 할 수 있다.

여기에다 미중 간 전쟁 가능성을 더욱 어렵게 만드는 게 또 있다. 그것은 양국 모두 상대방을 확실하게 파괴할 수 있는 수많은 핵폭탄과 함께 소형 핵탄두를 탑재한 ICBM을 보유하고 있다는 것이다. 이른바 핵무기에 의한 상호확증파괴가 이들 강대국 간 전쟁을 불가능하게 하는 것이다. 핵무기 시대에 미중 간에 재래식 무기에 의한 전쟁 발발 가능성도 이들 강대국의 핵무기의 상호확증파괴능력으로 인해 없다고 보는 것이 정확하다. 재래식 전쟁은 기껏해야 조지 W. 부시 미 행정부가 임기 8년 동안 일으킨 이라크전쟁과 아프간 전쟁에서 보듯 강대국과 핵무기를 보유하지 않은 약소국 간에나 가능하다고 봐야 한다.

투키디데스의 함정 논리가 확산되면서 미국의 전략가들의 관심은 어떻게 중국과의 전쟁을 피할 것인가에 집중되어 왔다.

이 같은 점들로 미루어 본다면 미국의 전략가들이 대중 전략의 중심 논리로 '투키디데스의 함정'을 내세우는 것은 설득력이 약하다. 문제는 미국이 중국과의 전쟁이냐 아니냐의 이분법적인 사고에 빠지면서 동아시아와 서태평양 지역 내 동맹국들의 안보 위기가 심화하고 있다는 것이다. 실제로 미국이 중국과의 전쟁 가능성을 없앤다는 명목으로 중국의 국제적 규범과 규칙 위반을 용인하는 횟수가 증가함에 따라 이 지역의 안보 질서가 갈수록 불안정해져 왔다. 중국이 남중국해 인공섬의 건설을 통해 동남아 국가들의 도서와 환초에 대한 영유권을 침해하고 사드를 도입한 한국의 주권을 제약하는 강압적 외교를 추구하는 행태를 미국이 방관함으로써 동맹국들의 국익이 현저하게 위협 당하고 있는 것이다. 사드 사태에서 보듯이 중국에 의한 미국 동맹국들의 안보 위기가 더욱 심화되어 왔다

이처럼 미국과 서유럽에서 투키디데스의 함정과 같은 잘못된 논리가 대중 전략의 중심으로 자리매김하면서 사드 사태에서 보듯이 중국에 의한 미국 동맹국들의 안보 위기가 더욱 심화되어 왔다. 하버드 대학의 국제정치학자 앨리슨은 『예정된 전쟁』에 '미국과 중국은 투키디데스의 함정을 피할 수 있는가?'라는 부제를 달았다. 여기에서 미국 전략가들이 대중 전략과 관련해 기울이고 있는 관심은 오로지 중국과의 전쟁을 피할 수 있느냐 여부에만 있다는 것을 알 수 있다. 그 같은 대중 전략으로 인해 중국의 패권 도전으로 인해 심화하고 있는 동맹국들의 안보 위기가 미국의 주요 의제로 다루어지지 않고

있는 것이다.

이와 같이 미국 전략가들이 전쟁 방지를 대중 전략의 중심에 놓는 것을 비판할 경우 자칫 오해의 소지가 있다. 미국에 전쟁을 벌여서라도 중국의 패권 도전 능력과 의지를 완전히 파괴하는 '완전한 승리'를 촉구하는 것으로 받아들여질 수도 있기 때문이다. 하지만 이는 완전한 오해다. 미국이 중국과의 전쟁 방지에만 집중한다고 비판하는 것이 결코 중국과의 전쟁을 촉구하는 것이 아니다. 그보다는 그 같은 의제가 초래할 부작용을 우려하는 것이다.

미국이 중국과의 전쟁을 예방하는 의제에만 골몰할 경우 이는 중국의 정책 결정자들의 입장에서 미국이 웬만한 도발은 문제 삼지 않겠다는 신호로 잘못 받아들일 수 있다. 이 때문에 투키디데스 함정이라는 논리로 중국과의 전쟁 예방을 최우선 순위에 두는 대중 전략을 추진하는 것은 동아시아와 서태평양 지역의 안보 질서가 갈수록 중국에 의해 불안정해질 것임을 의미한다. 이것이 미국이 투키디데스의 함정이라는 논리에 함몰되지 말아야 한다는 비판의 핵심이다.

이 같은 비판의 목표는 자유민주주의 진영의 리더인 미국이 중국의 세력 확장을 적극 견제하도록 촉구하는 데 있다. 중요한 것은 그 같은 견제가 체제 전환 등 완전한 승리를 추구하는 전략이 아닌 중국이 자신의 국력에 걸맞게 역내 안정을 위한 책임 있는 역할을 맡도록 유도하는 현실주의적 세력 균형에 기초해야 한다는 것이다.

앞서 지적한 바와 같이 미중 간 전쟁 발발 가능성을 높게 보는 투키디데스의 함정이라는 논리 자체가 오류다. 아테네와 스파르타가 그런 함정에 빠져 펠로폰네소스 전쟁이 벌어졌다는 논리 자체가 성립하지 않는다는 것은 투키디데스 연구가인 도널드 케이건의 연구에 의해 이미 확인됐다. 미중 간에 투키디데스 함정에 따른 전쟁이 불가능하다고 볼 수 있는 가장 큰 까닭은 미중 모두 서로를 확증 파괴할 수 있는 핵폭탄과 이를 서로의 영토에 투사할 수 있는 ICBM을 상당한 규모로 보유하고 있다는 사실이다. 이들 초강대국 간에 전쟁이 발발해 서로 핵무기를 탑재한 ICBM을 발사하게 된다면 양국 모두 완전 파괴된다. 이 때문에 두 나라 모두 이 같은 참극을 피하기 위해서라도 전쟁을 벌일 수 없다. 그렇다고 본다면 설령 투키디데스의 함정이 상정하는 대로 중국의 부상이 미국 내부의 우려를 불러일으킨다 해도 미중 간에 전쟁 발발 가능성은 없다고 보는 것이 현실적으로 타당하다. 이 같은 조건 하에서도 적국을 상대로 전쟁을 벌이겠다는 나라가 있다면 그 나라는 자멸하겠다는 것이나 마찬가지다. 클라우제비츠는 『전쟁론』에서 이 같은 자멸 전쟁은 원시 야만 상태에서조차 일어나기 어렵다고 말한다.

그럼에도 불구하고 미국과 서유럽의 전략가들은 투키디데스의 함정이라는 논리를 확산시켜 왔다. 미중 간 전쟁 가능성에 대한 우려를 지속적으로 제기하고 있는 이들의 모습은 마치 상상으로 만들어낸 적을 향해 돌진하는 돈키호테의 그것과 다르지 않다.

문제는 이들의 희극적인 논리가 미국을 '대범하게' 만들고 있다는 데 있다. 미국이 동아시아와 서태평양 지역에서 자국과 동맹국들의 국익이 중국에 의해 침해당하는 사태가 비일비재하게 발생하고 있는데도 '대범하게' 넘기는 일이 반복되어 온 것이다. 2000년대 들어 출범한 미국 행정부들이 이 같은 기조의 대중 정책을 추진해 온 데는 중국과의 전쟁을 촉발할 수 있는 어떠한 자극이 될 만한 것은 피해야 한다는 심리적 억압을 당하고 있기 때문일 수 있다.

만약 이 같은 추정이 맞는다면 미국이 세르반테스와 같은 상상력에 도미노 쌓기 하듯 글을 쓰는 전문가들의 전략서와 보고서로부터 큰 영향을 받고 있다고 평가할 수 있다. 요컨대 미국이 전쟁 회피를 대중 전략의 목표로 삼고 중국을 어떻게든 자극하지 않는다는 기조의 정책을 펴오고 있다는 것은 이들의 전략서와 보고서에 의존하고 있다는 것을 의미한다.

클라우제비츠에 대한 오독과
미국의 완전한 승리 전략

미국과 서유럽의 많은 전문가들이 투키디데스의 함정에 빠져 중국과의 전쟁 발발을 두려워해 온 데는 근대 최고의 전략사상가로 평가 받는 클라우제비츠에 대한 오독이 크게 기여했다.

적국을 완전 파괴해 미래에 재기할 권리를 인정하지 않는 절대 전쟁은 불가능하다. 더군다나 이 같은 전쟁을 무리하게 밀어붙였다가는 재앙이 따를 수 있다는 것이 클라우제비츠가 『전쟁론』에서 주장하는 핵심 논지이다. 그렇기 때문에 전쟁에서 일단 정치적 목표를 달성하면 확전을 자제하는 게 바람직하다는 것이 클라우제비츠의 철학이라 할 수 있다. 이 때문에 니얼 퍼거슨이 2005년에 출간된 『콜로수스Colossus』에서 말한 것처럼, 『전쟁론』은 군사 전략서가 아니라 외교 전략서로 보는 것이 타당하다.

적국에 대한 완전한 승리를 추구하는 전쟁이 재앙을 초래한다는 것을 극명하게 보여주는 사례는 미국의 이라크 침공이다. 조지 W. 부시 행정부는 대량살상무기(WMD) 개발을 저지한다는 명분으로 2003년 3월 이라크를 침공했고, 그 결과 사담 후세인 정권이 무너졌다.

문제는 후세인 정권의 몰락으로 중동 지역 전체가 안정되기는커녕 더욱 불안정해졌다는 데 있다. 미국이 이라크를 상대로 절대 전쟁을 벌인 것은 아니었다. 그러나 후세인이 무너지면서 이들 국가는 이슬람국가라고 자칭하는 이슬람 극단주의 세력에 의한 내전이 지속되는 등 중동 지역은 후세인 정권 붕괴 이후 미국의 기대와 정반대로 더욱 불안정해졌다. 이는 미국이 이라크를 상대로 완전한 승리를 추구한 것이 역효과를 냈음을 의미한다.

미국과 서유럽은 클라우제비츠가 예상한 대로 재앙에 직면해야 했다. 이슬람국가의 등장으로 인해 중동 지역이 더욱 불안정해지고 이를 견디지 못한 중동 국가들의 많은 국민들이 자신들의 나라를 떠나는 디아스포라(diaspora)가 확산된 것이다. 그 결과 미국과 서유럽 국가들은 대규모 중동 난민의 유입 사태에 직면했다. 이와 함께 미국이 극단적인 이슬람주의에 의한 테러리즘을 발본색원하겠다는 기치 아래 벌였던 후세인 정권의 전복이 거꾸로 이슬람국가에 의한 극단적인 테러 사태를 불러일으켰다.

이라크에서는 2018년 5월 급기야 반미 정권이 들어서는 사태까지 발생하기에 이르렀다. 이라크 주둔 미군 수백여 명을 공격해 살해한 민병대 지휘관 출신 무끄타다 알 사드르가 이라크의 새로운 집권자로 등장한 것이다. 그가 이끄는 반미 민족주의 성향의 연합정당인 사이룬은 5월 12일 총선에서 최다 의석을 차지했다. 미국의 CNN 방송은 "미국의 적이 이라크의 킹메이커가 됐다"고 평가했다. 미국은 2003년 후세인 정권을 무너뜨리기 위해 이라크를 침공한 이후 추진해 온 민주화 프로젝트에 무려 1조 달러가 넘는 천문학적인 돈을 쏟아부었다. 이라크에서 이처럼 반미 정권이 등장했다는 사실은 미국의 이라크 체제 전환 노력이 대실패를 했다는 것을 보여준다. 미국이 이라크에서 펴온 완전한 승리 전략이 완전한 패배로 끝난 것이다.

사태가 이렇게 전개될 줄 알았다면 미국은 차라리 후세인 정권을 유지시키는 것이 훨씬 나았을 것이다. 그러나 부시 행정부는 이라크를 테러 지원국과 대량살상카무기 생산국으로 지목하고 이들 나라의 체제 전환을 역사적 사명으로 여겼다. 후세인이라는 악을 제거하면 중동에 평화와 안정이 찾아올 줄 믿었다. 그랬기 때문에 미국은 이슬람국가라는 더 크고 질이 안 좋은 거악이 후세인의 자리를 대체할 줄은 전혀 예상하지 못했다. 미국의 이 같은 전략적 실책은 당시 부시 행정부의 전략가들이 클라우제비츠를 군사 전략가로만 읽고 외교 전략가로 읽지 못한 오독에서 비롯되었다고 볼 수 있다.

클라우제비츠의 주장대로 제한 전쟁을 통해 후세인으로 하여금 미국 주도의 탈냉전 세계 질서에 순응하도록 하는 대신 정권을 유지하도록 하는 것이 올바른 전략이었다. 그랬다면 중동 지역은 약간의 불안정은 있었을지라도 이슬람국가의 출현으로 인해 중동 질서와 세계 질서까지 위협당하는 상황은 발생하지 않았을 것이다.

│ 부시 행정부의 이라크 전쟁은 완전한 승리를 위한 전쟁이었고, 그랬기 때문에
│ 재앙에 직면할 수밖에 없었다.

미국 컬럼비아 대학의 현실주의 국제정치학자 세스타노비치는 2014년에 출간된『완전한 승리주의자Maximalist』에서 조지 W. 부시 행정부의 이라크 전쟁은 완전한 승리를 위한 전쟁이었고, 그랬기 때문에 재앙에 직면했다는 평가를 내린다. 그렇다면 부시 행정부 내에서는 이 전쟁에 반대한 고위 정책 결정자들은 없었던 것인가? 세스타노비치에 의하면 콜린 파월 국무장관 등이 있었다. 하지만 그들도 결국 완전한 승리를 원했기 때문에 지지로 돌아섰다는 것이 세스타노비치의 말이다.

물론 부시 행정부에서 버락 오바마 행정부와 도널드 트럼프 행정부를 거쳐 조 바이든 행정부에 이르기까지 대중 전략이 중국이 미국과 동맹국들의 안보를 위협하지 못하도록 확고하게 추진되지 못한 데는 투키디데스의 함정론에 따른 전쟁 회피가 큰 영향을 끼쳤다. 하지만 그 외에도 사회적 요인과 경제적 요인도 있다. 사회적 요인은 역사의 종말론과 깊은 관련이 있다. '이념 간 갈등과 대립의 역사는 종말을 맞았다'는 주장에 영향을 받은 부시 행정부는 유럽과 동아시아, 중동 등 핵심 전략 지역에서 자국과 동맹국들의 국익과 안보를 지키기 위한 외교 정책에 집중하지 않았다. 미국은 대신 구 공산권 국가들과 테러 지원국들의 체제를 자유민주주의 체제로 전환시키는 사회사업에 주력했다.

경제적 요인은 미국이 2008년 월스트리트 금융위기를 겪으면서 경제가 내리막길을 걷기 시작한 데서 찾아야 한다. 금융위기는 2010년 유로화 위기가 발발하면서 글로벌 대침체로 이어졌다. 이런 상황에서 오바마 행정부는 출범 전부터 건강보험 개혁을 비롯한 국내 개혁에 집중하겠다고 예고했다. 오바마 행정부가 8년 임기 동안 사실상 외교안보 정책이 없었다는 평가를 받았던 것은 이 같은 출범 기조를 줄곧 유지했기 때문이다. 2017년 출범한 트럼프 행정부는 국내 경제 회복을 위해 전 세계의 외교안보 현안에서 오바마 행정부 때보다 더 멀찍이 멀어지는 기조를 택했다. 동맹국이건 아니건 가리지 않고 기존의 자유무역협정(FTA)을 미국에 유리하게 개정하는 압박에 나섰다. 트럼프 행정부는 2017년 중반 북한 핵·탄도미사일 위협에 직면한 상황에서도 한국을 상대로 FTA 개정 압박을 가했고, 결국엔 목표로 했던 결과를 얻었다. '선 경제 이익, 후 안보 협력'이라는 미국의 새로운 동맹 관리 모델이 등장한 것이다.

이와 같이 미국이 중국의 위협에 맞서 현실주의적 세력 균형 전략을 추진하는 데 실패했던 것은 이 같은 요인들이 복합적으로 작용했기 때문이다. 하지만 이들 요인을 모두 하나로 환원해서 말한다면 그것은 바로 투키디데스와 클라우제비츠에 대한 오독이다.

만약 미국과 그 동맹국들의 정책 결정자들과 전문가들이 이들 두 전략가의 사상을 정확하게 이해하고 그에 기초한 정책을 마련해 추진했다면 미중 관계는 물론 북핵 사태는 지금과는 많이 달라졌을 것이다. 하지만 그들 대부분은 『펠레폰네소스 전쟁사』와 『전쟁론』을 생각 없이 읽었거나 아예 읽지 않았다. 실제로 영국 옥스퍼드 대학의 클래식 시리즈로 출간된 『전쟁론』의 해설을 맡은 베아트리체 호이저Beatrice Heuser는 이 해설에서 전쟁론을 실제로 읽은 전문가는 드물고 대개는 '전쟁은 정치의 연장'이라는 클라우제비츠가 이 책에서 제기한 유명한 명제만을 듣거나 보기만 했을 뿐인데도 자신들이 읽었다고 생각하는 경우가 대부분이라고 말한다. 그 같은 오독 또는 부독(不讀)은 정보에만 의존한 전략서와 보고서의 범람을 가져왔다. 이에 따른 미국과 서유럽의 담론 시장의 질적 저하는 미국의 외교안보 전략에 치명적인 영향을 끼쳤다. 그 결과가 중동 테러 지원국들을 상대로 한 체제 전환 사업의 대실패와 그로 인한 테러 확산과 난민 사태이다.

오바마 행정부와 트럼프 행정부가 세계 주요 지역의 안보 현안에 대한 관여를 주저하게 만들었던 경제 악화도 마찬가지다. 그 원인 역시 역사의 종말론이 낳은 폐해에서 찾아야 한다. 냉전 종식으로 영원한 평화가 왔다는 환각에 취한 미국은 월스트리트 초국적 금융자본을 내세워 신자유주의 글로벌 금융 자유화에 나섰다. 그러나 금융 세계화는 월스트리트의 거대 금융자본으로 하여금 모럴 해저드(moral hazard)에 빠지게 했다. 2008년 미국 금융위기의 진원지였던 리먼 브러더스의 파산은 부동산 버블의 붕괴 가능성에 대한 금융 당국의 경고에도 불구하고 부실 부동산에 대한 투자를 계속한 데서 말미암았다. 이렇게 본다면 미국의 경제 악화와 이로 인한 초강대국으로서의 글로벌 지위 하락은 역사의 종말론에 따라 세계 경제에 대한 완전한 승리를 추구한 데 따른 재앙으로 볼 수 있다.

03

'전쟁과 평화 사이의 공간' 관리 실패와
동아시아와 서태평양 지역의 위기

"전쟁은 인류만큼 오래된 반면 평화는 근대의 발명품이다."

19세기 영국의 법학자이자 역사가 헨리 메인Henry Maine 경(卿)이 인류 초기의 생각들이 어떻게 근대의 생각들에 영향을 미쳤는지를 다룬 『고대법 Ancient Law』에서 한 말이다. 미국 조지타운대 법과대학 교수 로자 브룩스Rosa Brooks는 2016년에 출간된 『어떻게 모든 것이 전쟁이 되고 군이 모든 것이 되었는가How Everything became War and the Military became Everything』에서 메인 경의 위의 말을 다음과 같이 바꿔 말한다. "전쟁은 인류 역사의 많은 시기에 하나의 규범으로까지 존재해 왔던 반면 순수한 평화는 예외적인 경우로 남아 있다."

메인 경과 브룩스 교수의 말을 간추리면 다음과 같이 표현할 수 있다. 전(全) 역사적 산물인 전쟁은 인간이 없앤다고 해서 없어지는 것이 아니고, 근대의 발명품인 평화라는 것은 만들고 싶다고 해서 항상 만들 수 있는 게 아니라는 것이다. 세계 질서의 안정은 그 질서에 변화를 일으킬 수 있는 힘을 가진 강대국들 간의 관계가 조심스럽게 관리될 때 가능하다. 전쟁이 일어나지는 않지만 미묘한 긴장이 유지되면서 어느 정도의 평화가 달성될 수 있는 것이다. 이 때문에 '전쟁과 평화 사이의 공간(the space between war and peace)'이 성공적으로 관리될 때 세계 질서가 안정된다.

미국 보수주의 성향의 공익 재단인 스미스 리처드슨Smith Richardson의 나디아 쉐드로Nadia Schadlow 전 미국 국방정책위원에 의하면 '전쟁과 평화 사이의 공간'은 지속적인 관심을 요구하는 정치, 경제, 그리고 안보 경쟁들이 세차게 벌어지는 풍경이 가득한 공간이다. 따라서 미국은 평화와 전쟁 사이에 존재하는 이 공간을 성공적으로 관리해낼 수 있어야만 세계 질서의 안정을 달성할 수 있다고 그녀는 주장한다.

'사이 공간(space between)'의 관리 전략에 대해 쉐드로 전 국방정책위원은 이렇게 말한다. "전쟁과 평화 사이의 공간은 그것이 분명한 경계를 그을 수 없는 채로 영원히 남아 있을 것이라는 가정을 전제로 법과 정치, 제도를 개발할 때 관리가 가능하다." 전쟁과 평화 사이의 공간 관리는 헨리 키신저의 관점에서 말하면 현실주의에 바탕을 둔 세력균형(balance of power)이다. 차이가 있다면 키신저의 세력균형은 군사력에 기반한 외교와 경제라는 하드 파워(hard power)에 의해 달성되는 반면 쉐드로의 사이 공간 관리는 법과 정치, 제도와 같은 소프트 파워(soft power)에 의해 이루어진다는 점이다.

> **오늘날 세계 질서가 권력정치의 소용돌이로 휘말려 들어가게 된 이유는
> 미국이 전쟁과 평화 사이의 공간을 관리하는 데 에 실패했기 때문이다.**

오늘날 탈냉전 체제가 붕괴하고 세계 질서가 급속히 권력정치의 소용돌이로 휘말려 들어가게 된 이유는 미국이 사이 공간의 관리와 세력균형 유지에 실패했기 때문이다. 즉, 미국은 쉐드로와 키신저의 충고와 달리 전쟁과 평화 사이에 분명한 경계를 그은 다음 완전한 승리를 거두고자 했다. 그렇게 되면 평화가 영원히 지속되리라는 환상에 사로잡혔고 그 결과 사이 공간의 관리에 실패했다.

이 책의 앞 장들에서 줄곧 살펴본 바와 같이 유럽과 중동, 동아시아에서 영토적 주권 존중과 내정 불간섭을 비롯한 베스트팔렌 체제의 핵심 원칙들이 권력 정치에 의해 짓밟히는 제2차 냉전 시대가 등장한 것은 바로 이 때문이다. 이렇듯 외교안보의 세계는 전쟁과 평화가 이분법적으로 나누어질 수 있는 공간이 결코 아니다. 어느 한 지역에서 평화를 달성하기 위한 목적으로 편정책이 그와 무관한 멀리 떨어진 다른 지역에서 전쟁 발발이나 안보 위기를 초래할 수 있기 때문이다.

전략가가 몇 수(數) 앞을 내다보고 정책을 수립하고 추진해야 하는 것은 이 때문이다. 브룩스에 의하면 전략가가 몇 수 앞을 내다볼 수 있느냐 여부는 전쟁과 평화가 서로 반대되는 것이 아니라 연속선상에 놓여 있다는 세계관을

갖고 있느냐에 달려 있다.

브룩스는 세계를 있는 그대로 받아들일 것을 권고한다. 전쟁은 없애고 싶다고 해서 없어지는 것도 아니고 평화를 영구적으로 정착시키고 싶다고 해서 마음대로 그렇게 되는 것이 아니라는 것이다. 세계를 이해하기 위해서는 현재 사용되고 있는 범주들을 바꿔야 가능하다는 것이 그녀의 지론이다. 인간은 늘 범주를 만들어 온 '호모 카테고리쿠스(Homo Categorikus)'라고 정의할 수 있다고 그녀는 말한다.

따라서 전쟁을 없앨 수는 없는 만큼 그것을 통제하거나 관리하기 위한 새로운 범주를 개발하는 노력이 요청된다고 브룩스는 주장한다. 전쟁 발발의 가능성을 전략적으로 통제 또는 관리할 수 있는 새로운 규칙과 기관, 제도를 개발해야 한다는 것이다.

러시아의 크림반도 병합과 중국의 인공섬 건설 등을 계기로 탈냉전 체제가 붕괴한 데는 미국과 서유럽이 전쟁 발발 가능성을 통제하거나 관리할 수 있는 새로운 규칙과 기관, 제도를 개발하지 못한 것이 결정적으로 영향을 미쳤다. 오로지 완전한 승리를 거두면 영구 평화가 올 것이라는 환상에 사로잡혀 전쟁과 평화 사이에 경계를 긋는 전략을 추진했던 것이다.

더 나아가 미국과 서유럽은 동유럽과 동아시아가 보이지 않는 방식으로 서로 연결되어 있다는 것을 인식하지 못했다. 냉전의 승자인 미국과 서유럽의 오만에 대해 언젠가 복수하겠다고 별러왔던 러시아와 중국 입장에서 동유럽과 동아시아는 각각 전략적 이해가 가장 크게 걸려 있는 곳이라는 점을 미국과 서유럽 외교안보 전략가들은 간과했다. 러시아에 대한 견제에 집중하면 중국의 도전이 거세지고, 중국에 대한 압박을 강화할 경우 러시아에 의한 위협이 심화되는 구조적 현실을 직시하지 못한 것이다.

탈냉전 베스트팔렌 체제의 느닷없는 종언은 이처럼 미국과 서유럽이 세계질서에 대한 두 가지 잘못된 인식을 가진 데서 말미암았다고 할 수 있다. 하나는 전쟁과 평화 사이에 경계를 그으면 전쟁이 사라지고 평화가 달성되리라 본 것이다. 다른 하나는 동유럽에서의 대 러시아 전략과 동아시아에서의 대 중국 전략 사이에 경계를 그어도 두 지역과 두 강대국 간에 서로 영향을 주고 받지 않으리라고 인식한 것이다.

미국은 왜 전쟁과 평화 사이의 공간 관리에 실패했는가

미국이 전쟁과 평화 사이의 공간 관리에 실패하는 데 처음으로 영향을 미친 것은 미국의 대중 전략이다. 제2차 세계대전 이후 동아시아와 서태평양 지역에서 유지되어 온 미국 주도의 질서에 대한 중국의 도전을 막기 위해 추진했던 아시아 회귀(Pivot to Asia), 즉 재균형(rebalancing) 전략이 그것이다. 외교, 군사, 그리고 경제 부문에서 동맹국 및 파트너 국가들과의 유대를 강화함으로써 중국을 견제하겠다는 아시아 회귀와 재균형 전략은 당시 힐러리 클린턴 국무장관이 2011년 10월 〈포린 폴리시〉에 기고한 글과 같은 해 11월 버락 오바마 대통령이 호주를 방문했을 때 호주 의회에서 행한 연설에서 각각 제시됐다.

아시아 회귀 전략에 대한 동아시아와 유럽, 중동 등 세 주요 지역의 반응은 다 달랐다. 이 차이가 나중에 이들 지역의 동맹국들과 파트너 국가들에게 생각지도 못한 재앙을 초래했다. 미국 전략가들이 미리 내다보지 못한 변수가 바로 이 차이다. 아시아 회귀 전략이 동아시아와 서태평양은 물론 서유럽과 중동에서까지 미국과 동맹국들의 안보에 큰 해를 끼칠 수 있다는 것을 미국 전략가 중 누구도 예상하지 못했다.

동아시아와 서태평양 지역의 미국 동맹국들과 파트너 국가들은 축(軸)을 다시 아시아로 되돌린다는 표현에는 '임시(臨時)'라는 의미가 담겨져 있다고 우려했다. 그들은 아시아 회귀라는 표현은 미국이 중국의 부상으로 인한 안보 위협으로부터 영원히 자신들의 주권과 영토를 보호해주겠다는 의지를 담고 있지 않다고 보았다. 반면 서유럽과 중유럽 국가들도 똑같은 우려를 했다. 러시아에 의한 안보 위협이 엄연히 존재하고 있는 상황에서 미국이 중심축을 동아시아로 이동시키겠다고 결정함에 따라 서유럽과 중유럽의 동맹국들은 물론 동유럽의 협력 국가들까지 자신들의 안보가 미국의 우선순위에서 밀려났다는 불안감에 사로잡혔다.

중동의 동맹국들도 예외가 아니었다. 사우디아라비아와 아랍에미리트 등 중동의 미국 동맹국들은 미국이 동아시아로 군사력을 대거 이동하면 이란과 극단주의 세력의 영향력이 커지고 러시아의 개입 가능성이 높아질지 모른다는 걱정이 깊어진 것이다. 당시 오바마 행정부는 아시아 회귀 전략을 채택하면서 2020년까지 미국 해군과 공군 전력의 60%를 동아시아와 서태평양 지역에 배치하겠다는 야심찬 계획을 발표했다.

이들 세 지역의 이 같은 반응 차이가 결합돼 미국과 동맹국들에 큰 안보 위기를 초래하기까지는 그리 오랜 시간이 걸리지 않았다. 미국이 중국의 패권 도전에 대응하는 데 외교력과 군사력을 집중하겠다고 선언한 지 3년이 지나자 유럽의 안보에 큰 구멍이 뚫리는 사태가 발생했다. 바로 러시아가 우크라이나 영토인 크림반도를 강제 병합한 것이다.

> 미국은 전쟁과 평화 사이의 공간을 관리하는 대신 경계를 긋고 러시아를 상대로 완전한 승리 전략을 추진함으로써 유럽에서 영구 평화를 달성할 수 있다고 믿었다.

2014년 미국과 서유럽 국가들 간 공동 안보를 위한 북대서양조약기구(NATO)가 러시아와 국경을 맞대고 있는 우크라이나를 회원국으로 받아들이려 하자 러시아가 전격적으로 우크라이나의 크림반도를 무력으로 탈취하는 사태가 벌어졌다. 미국과 서유럽은 전쟁과 평화 사이의 공간을 관리하는 대신 경계를 긋고 러시아를 상대로 완전한 승리 전략을 추진했으며, 그렇게 함으로써 러시아에 의한 전쟁 위협을 제거하고 유럽 대륙에서 영구 평화를 달성할 수 있다고 믿었다.

러시아가 크림반도를 강제 병합함으로써 겨냥한 타깃은 실제로는 크림반도 자체가 아니라 미국과 서유럽의 이 같은 환상이었다. 러시아는 여기서 멈추지 않고 우크라이나 동부 지방의 반란을 부추겨 이곳을 전쟁 상태로 만들어버렸다. 이로 인한 인명피해는 2016년까지 8천명 가까이 되는 것으로 추산하고 있다.

여기서 중요한 퍼즐은 러시아의 크림반도 병합 사건이 왜 미국의 아시아 회귀 또는 재균형 전략의 보이지 않는 결과일 수 있느냐는 것이다. 러시아가 제아무리 우크라이나의 나토 가입에 대해 큰 우려를 갖고 있다고 하더라도 미국이 유럽에서 언제든지 군사적으로 응징할 수 있는 태세를 갖추고 있다면 남의 나라 영토를 마음대로 빼앗는 행위를 하기 어렵다. 그런데 러시아가 보기에 2014년 무렵 미국은 그 같은 응징 태세를 갖추고 있지 않았다.

미국은 2008년 월스트리트 금융위기를 기점으로 쇠락하기 시작한데다 2011년 10월 힐러리 클린턴이 발표한 아시아 회귀 전략에 따라 중국의 부상을 견제하기 위해 동아시아와 서태평양 지역에 군사력을 집중하고 있었다. 이 때문에 미국은 당시 러시아가 크림반도를 무력에 의한 병합을 시도하더라도 군사적으로 신속한 대응을 하기 어려운 처지였다.

러시아는 정확히 이 점을 노렸다. 그렇지 않고서는 러시아가 미국과 서유럽을 상대로 크림반도를 강제 병합한 것을 넘어서 우크라이나 동부 지방을 침공해 이곳의 친 러시아 세력을 지원함으로써 내전(內戰)을 격화시키는 도발을 저지를 수 없었을 것이다.

키신저가 지적한 바와 같이 다른 나라의 영토 탈취 금지는 냉전 종식 이후 탈냉전 시기에 전 세계적으로 확산되어 온 21세기 베스트팔렌 체제의 핵심 규범 중 하나다. 따라서 그 같은 도발은 최소한 유럽의 탈냉전 체제에 종지부를 찍는 행위였던 만큼 쉽게 저지를 수 없는 것이었다. 미국의 급소를 정확히 노렸기 때문에 가능했다고 봐야 한다.

결국 중국이 동아시아와 서태평양 지역의 미국 패권에 본격적으로 도전하는 사태를 막기 위해 오바마 행정부가 야심차게 추진했던 아시아 회귀 전략이 거꾸로 탈냉전 체제가 종언을 고하도록 만드는 데 큰 역할을 한 것이다. 역설적인 결과가 발생한 것이다.

문제는 이 같은 결과가 거꾸로 미국의 아시아 회귀 또는 재균형 전략에 심대한 타격을 가했다는 사실이다. 러시아는 크림반도 병합을 통해 우크라이나의 나토 가입을 저지함에 따라 유럽 전선이 안정되었다고 판단하자 극동 지방에 대한 집중적인 개발에 착수했다. 이는 러시아가 자신의 활동 축을 극동으로 옮긴다는 의미에서 이른바 '러시아판 아시아 회귀'라고 불린다.

〈파이낸셜타임스〉의 논설위원인 기드온 래치먼은 2016년에 출간된 『동아시아화Easternisation』에서 러시아 푸틴 대통령이 러시아인들의 혈통은 그리스 로마가 아니라 몽골이라며 러시아판 아시아 회귀에 대한 '혈통적' 정당성을 부여하고자 했다고 말한다. 러시아판 아시아 회귀는 중국의 패권 도전에 대한 미국의 견제를 러시아가 약화시키는 역할을 하고 있다는 점에서 중국에게는 우호적인 정세를 조성하고 있다. 미국 현실주의 국제정치학자들인 알렉산더 쿨리Alexander Cooley와 대니얼 넥슨Daniel H. Nexon은 2020년에 출간된 『패권으로부터의 이탈Exit from Hegemony』에서 당초 중국의 위계질서에 들어갈지도 모른다는 우려로 중국의 대미 패권 도전에 소극적으로 임하다가 러시아가 갈수록 그 같은 우려를 접고 중국의 역내 군사 패권 도전을 적극 지원하고 있다고 평가한다. 이는 중국과 러시아가 2019년 7월과 2020년 12월 각각 한 차례씩 전투기들과 조기경보기 등으로 한국의 서해와 남해 방공망식별구역(KADIZ)을 위반해 동해 독도 부근 영공까지 침범했다는 데서 확인된다.

홍미로운 사실은 러시아의 아시아 회귀 전략이 전적으로 미국과 서유럽이 러시아를 상대로 완전한 승리를 거두려고 시도한 데서 말미암았다는 데 있다. 러시아의 크림반도 병합과 우크라이나 동부 지방 침공에 대해 미국과 서유럽이 경제 제재를 가하자 러시아는 이로 인한 경제적 피해를 만회하기 위해 극동 개발에 박차를 가하기 시작한 것이다.

결국 러시아의 아시아 회귀 전략은 중국에 유리한 환경을 조성하게 된다. 실제로 중국은 더욱 공세적으로 미국의 패권에 도전할 수 있게 됐다. 중국은 남중국해에 위치한 세 곳의 환초들에 인공섬을 건설하고 각각 그 주위로 12해리 영해를 선포했다. 그러나 2016년 국제해양법정에서 중국이 인공섬들의 주위로 영해를 선포할 권리가 없는 것으로 판결났다.

북한이 핵·미사일 개발에 본격적으로 착수할 수 있었던 계기도 우크라이나 사태였다. 러시아가 크림반도를 강제 병합함에 따라 미국이 다시금 러시아의 위협에 따른 유럽의 안보 위기를 해결하기 위해 당분간 유럽에 신경 쓸 수밖에 없었다. 이 때문에 미국이 추진해 오던 아시아 회귀의 동력이 약화됐다. 이 같은 정세 변화는 동아시아와 서태평양 지역의 군사적 우위를 추구하고 있던 중국에 날개를 달아준 셈이었다.

북한이 2016년 1월 5차 핵실험을 감행하는 등 핵·미사일 개발에 본격 착수하게 된 데는 당시 미국과 러시아, 중국 간에 서로의 전략이 얽히고설키면서 세계 질서가 급변하기 시작한 것이 결정적 영향을 미쳤다.

아시아 회귀 전략의 비극적 결과:
탈냉전 자유주의 질서의 붕괴

정리하자면, 미국의 아시아 회귀는 러시아의 크림반도 강제 병합과 함께 러시아판 아시아 회귀를 가져왔고 이는 다시 중국의 공세적인 패권 도전과 함께 북한의 핵무기·탄도미사일 개발 본격화를 초래했다고 볼 수 있다. 이렇게 본다면 당초 아시아 회귀 또는 재균형 전략을 통해 중국의 패권 도전을 차단하고 북한의 핵무기, 탄도미사일 개발을 억제하려던 미국의 목표는 무산되고 역효과만 내고 만 것이다.

중동 지역에서도 미국의 아시아 회귀 전략은 러시아의 입지를 강화하는 결과를 가져왔다. 미국과 서유럽의 약점을 파악한 러시아가 중동 지역 문제에 공세적으로 개입함에 따라 이 지역의 혼란이 가중되었다. 반군을 상대로 독가스를 사용하는 등 악정을 펴 온 시리아의 아사드 정권의 처리가 러시아가 아사드를 지원함에 따라 더욱 어려워졌다.

시리아 내전이 격화되고 이라크와 리비아를 기반으로 한 이슬람 극단주의 세력인 이슬람국가(ISIS)에 의한 테러가 극에 달하면서 서유럽으로의 대규모 난민 사태가 발생했다. 그 결과 중동 난민들이 밀려든 서유럽 국가들에서는 난민 입국 허용을 둘러싼 국론 분열이 심화되었다. 이로 인해 프랑스와 독일 등 여러 나라에서 그동안 의회 진출을 하지 못했던 극우 정당들이 난민 유입 반대를 의제로 표방함으로써 총선에서 상당한 의석수를 차지하는 등 정치적 변화가 일어났다. 제2차 세계대전 이후 유럽의 자유민주주의 국가들에서 억제되어 온 극우세력이 부활하기 시작한 것이다.

미국의 전략가들이 몇 수 앞을 내다보지 못한 채 아시아 회귀 전략을 추진한 결과 초래된 재앙은 네 가지로 정리할 수 있다. 첫 번째는 러시아의 크림반도 강제 병합에 따라 유럽의 탈냉전 체제가 종언을 고한 것이고, 두 번째는 중국이 남중국해 환초에 인공섬을 건설하고 영유권을 주장하면서 동아시아와 서태평양 지역의 미국 주도 질서에 본격적으로 도전한 것이다. 세 번째는 러시아와 중국이 미국 주도의 국제 질서를 흔들자 북한이 핵과 탄도미사일 개발에 본격적으로 나선 것이다. 네 번째는 대규모 중동 난민 유입 사태로 인해 서유럽 국가들에서 중도 보수 정당이 퇴조하고 극우 정당들이 부상한 것이다.

이 같은 결과들은 미국이 러시아와 중국, 북한을 상대로 전략을 수립하면서 세 가지 실수를 저지른 데서 기인했다. 첫 번째 실수는 유럽과 동아시아, 중동 등 주요 지역에서 미국이 직면한 위협이 무엇인지를 규정하는 데 실패한 것이다. 미국은 중국의 부상에 따른 위협만 크게 보고 그에 대한 대응 전략에 집중한 나머지 이 전략으로 인해 유럽의 안보 위협과 북핵 위기, 중동 지역의 불안정성이 초래될 수 있다는 사실을 인식하지 못했다.

두 번째 실수는 미국이 러시아에 의한 안보 위협을 중국의 경제적 급부상에 따른 패권 도전보다 작게 인식하고 러시아를 상대로 완전한 승리를 거두려는 전략을 추진한 것이다. 다른 강대국을 상대로 완전한 승리를 추구할 경우 큰 재앙으로 연결될 수 있다는 것을 미국의 전략가들은 간과했다.

세 번째 실수는 미국이 2008년 금융위기를 계기로 경제력이 쇠퇴하면서 어떠한 안보 위기든 평화적으로 해결하겠다는 도그마에 빠진 것이다. 이는 오바마 대통령이 2011년 말 호주 의회에서 행한 연설에서 알 수 있다. 당시 그는 동아시아와 서태평양 지역의 재균형 전략과 관련해 분쟁은 평화적인 방법으로 해결하겠다는 원칙을 천명했다.

하지만 미국의 '안보 위기의 평화적 해결'이란 독트린은 오히려 전체주의 또는 권위주의 국가들의 도발을 장려하는 결과를 낳았다. 러시아, 중국, 북한, 그리고 이슬람국가는 자신들이 국제 규범을 위반하는 도발을 저지르더라도 미국이 무력으로 응징할 가능성이 낮을 것이라고 확신했다. 실제로 오바마 미 행정부는 위에서 살펴본 네 가지 도발에 대해 어떤 군사적 조치도 취하지 않았다. 러시아에 대해 강도 높은 경제 제재를 가하는 정도에 머물렀다. 크림반도 병합이 탈냉전 체제의 종언을 고한 것에 비해서는 비대칭적 대응이었다.

북한에 대해서는 여전히 전략적 인내라는 기조를 유지하면서 낮은 수준의 경제 제재를 지속하는 데 그쳤다. 이슬람국가와 시리아 문제와 관련해서 미국은 지상군 투입 대신 공군력으로 대응함으로써 더 이상 해외에서 군사적 수렁에 빠지지 않기 위해 극도로 조심했다. 키신저의 현실주의적 세력 균형 노선을 이어받은 브렌트 스코우크로프트Brent Scowcroft 전 국가안보보좌관의 조언을 따른 것이다. 이 때문에 미국 내에서도 강경하게 대응했어야 했다는 비판들이 제기됐다. 하지만 오바마 행정부는 평화적 해결이라는 독트린을 고수했다. 그 결과 중국과 북한에 의한 위협이 본격화되면서 동아시아와 서태평양 지역 안보 질서의 불안정성이 심화되었다.

대중 전략의 방향: 제한전 불사를 통한 억지 전략

그렇다면 중국의 패권 도전과 북한 핵과 탄도미사일 문제에 대해 미국과 동맹국들은 어떻게 접근해야 하는가? 무엇보다도 러시아에 의한 위협을 통제함으로써 유럽과 중동의 질서를 안정화하는 데서 시작해야 한다. 그래야만 미국이 유럽과 중동 문제에 신경 쓰지 않고 중국의 패권 추구를 견제하고 북한의 핵·탄도미사일 위협에 대처하는 데 전력을 쏟을 수 있다. 그렇지 않으면 어떤 전략을 추진하더라도 미국은 유럽과 중동에서 발이 묶이게 되어 중국과 북한을 상대로 외교적, 군사적 자원을 집중할 수 없게 된다.

중국이 동아시아와 서태평양 지역 내 미국 주도의 자유주의 질서에 도전할 수 있다고 처음 자신감을 갖게 된 시점은 조지 W. 부시 행정부가 이라크 침공 등 중동에서 벌인 테러와의 전쟁에서 큰 성과를 거두지 못한 채 물러나는 것을 목도했을 때였다. 뒷날 미국의 전략가들은 중동에서 벌인 테러와의 전쟁이 사실상 실패로 돌아간 것이 중국의 역내 패권 도전 의욕을 자극했다는 사실에 충격을 받았다.

이뿐만이 아니다. 미국 프린스턴 대학 국제정치학자 아론 L. 프리드버그 교수가 『공중-해상 전투를 넘어서Beyond Air-Sea Battle』에서 말한 바에 의하면 당시 중국의 군 당국은 미국이 이라크 전쟁에서 선보인 첨단 무기들을 분석해 인민해방군을 강화하는 계기로 삼았다. 이 같은 사실도 미국의 대중동 전략이 동아시아와 서태평양 지역에서 미국 주도의 자유주의 질서에 대한 중국의 도전을 잉태했다는 것을 보여준다.

문제는 어떻게 러시아에 의한 위협을 통제해 유럽과 중동 지역을 안정화할 것인가이다. 이를 알기 위해서는 키신저 전 국무장관이 하버드대 교수로 재직하던 초기 1954년에 출간된 『핵무기와 외교정책』에서 제기했던 주장에 먼저 귀를 기울일 필요가 있다.

당시 미국 최대의 적이었던 소련에게 어떤 도발을 해도 미국이 군사적 대응을 하지 않을 것이라고 믿게 만드는 '공수표(blank check)'를 주어서는 안 된다고 키신저는 말했다. 그가 이 같은 주장을 하게 된 데는 핵전쟁에 대한 미국의 우려가 크게 작용했다. 미국은 핵무기의 위력을 의식한 나머지 소련의 위협에 군사적 대응을 할 경우 핵전쟁이 발발할 수 있다는 우려가 컸다. 이 때문에 당시 미국 내에서는 소련을 상대로 전쟁으로 이어질 수 있는 어떤 모험도 피해야 한다는 사고가 팽배했다.

그러나 키신저는 그 같은 모험을 하지 않으면 소련에게 공수표를 주게 된다고 믿었다. 소련도 핵전쟁에 대한 공포를 갖고 있기 때문에 핵무기 시대에서도 재래식 전쟁이 주된 전쟁 형태가 될 수밖에 없다고 그는 말했다. 따라서 소련의 위협에 대응해 군사적 모험을 감행할 수 있어야만 그 같은 위협의 재발을 막을 수 있다는 것이 그의 경고였다.

키신저의 이 같은 통찰을 따른다면 미국과 동맹국들에게 요구되는 전략은 중국과 북한, 러시아에게 공수표를 주지 않는 것이다. 이들 세 나라 모두 핵무기는 물론 세계 어디라도 공격할 수 있는 대륙간탄도미사일을 보유하고 있다. 미국과 한국은 이들 세 나라의 도발에 대해 군사적 대응을 할 경우 핵전쟁이 발발할지 모른다는 불안감을 갖고 있다. 하지만 이들 세 나라 모두 핵전쟁은 공멸이라는 것을 잘 알고 있다. 그럼에도 이들이 핵전쟁을 감행할 수 있다는 모습을 보이는 것은 오로지 미국이 군사적 대응을 하지 못하게끔 만들기 위해서다. 특정 국가가 국제 질서 혹은 한 지역의 질서에 큰 위협이 되는 도발을 할 경우 미국은 전쟁을 무릅쓰고라도 단호히 응징하겠다는 의지를 보여야 한다는 것이 키신저의 생각이다.

> 적국이 군사적으로 도발할 경우엔 확전을 불사하겠다는 의지를 보여야만
> 적국의 군사적 도발을 저지할 수 있다.

이 같은 전략을 좀더 명확히 정리해 보면, 완전한 승리는 지양하되 적국이 군사적으로 도발할 경우엔 확전을 불사하고 단호히 응징하겠다는 의지를 분명히 해야만 한다는 것이다. 이로 인해 제한전이 발발하더라도 확전을 불사하겠다는 의지를 보여야만 적국의 군사적 도발을 저지할 수 있다고 본다.

하지만 현실을 들여다보면 이 같은 전략이 적용될 여지가 보이지 않는다. 프리드버그에 의하면 미국과 중국이 군사적으로 충돌하게 될 경우 미국이 갖고 있는 한 가지 분명한 우려는 재래식 전쟁에서 핵전쟁으로 확전될 가능성이다. 이 때문에 미국은 현상유지 상태로의 복귀와 함께 중국이 적대 행위를 조기에 끝내도록 만드는 것과 같은 매우 방어적인 목표들만 추구할 가능성이 있다고 그는 전망한다. 그리고 이런 방어적 대응이 실패할 경우 미국은 한국과 일본을 비롯한 동맹국들과 함께 중국을 압박하기 위해 군사작전과 같은 보다 공세적인 조치들을 취할 수 있다는 것이 프리드버그의 전망이다.

하지만 현실은 이같이 방어적 대응과 공세적 대응을 순차적으로 해나갈 수 있을 만큼 호락호락하지 않다. 현상유지에 급급하다가 형세가 불리해진 후

공격으로 전환하겠다는 것은 상식적으로 볼 때 어려운 일이다. 키신저가 지적한 바와 같이 목적에 걸맞게 힘을 사용할 의지가 없으면 처음이든 나중이든 간에 공세적 대응에 나서는 것 자체가 힘들다.

미국이 중국의 패권 도전을 견제하기 위해 힘을 사용하려는 의지가 약하다는 것은 핵전쟁을 불사할 수 있다는 중국의 프레임에 미국이 갇혀 있는 것일 수 있다. 미국과의 무력 충돌이 발생할 경우 핵무기 사용 여부에 대해 중국은 '먼저 사용하지 않는다(no first use)'는 독트린을 갖고 있다. 중국은 여전히 이를 고수한다고 주창하고 있다. 하지만 일부 중국 분석가들은 몇몇 경우에는 인민해방군이 재래식 공격에 대한 보복으로 핵무기를 사용할 준비가 되어 있다는 것을 암시해 왔다. 중국 인민해방군이 2004년에 출간한 『2차 포격전의 과학』이라는 제목의 연구서에 의하면 중국의 군사 전략가들은 다양한 목적의 억지력을 제고하기 위해 핵무기를 사용하는 방안을 토론해 왔는데 이들 목적에는 중국의 핵시설에 대한 미국의 선제 타격을 예방하는 것도 포함되어 있다.

이 같은 담론의 목적은 중국의 대응에 관한 미국의 의심을 고조시키는 데 있다. 미국의 재래식 무기에 의한 타격에 맞서 핵무기의 사용 가능성을 암시함으로써 그 같은 타격을 억지하려는 것이다. 요컨대 핵무기 사용 가능성에 대한 암시는 중국의 의도일 수 있다. 냉전 종식 이후 미국의 핵무기 보유는 감소해 온 반면 중국은 증가해 왔는데, 이런 상황에서 그 같은 암시는 미국으로 하여금 확전의 위험성에 대한 두려움을 더 갖게 만들 수 있다.

하지만 미국의 몇몇 전략가들은 중국의 이 같은 담론이 갖는 전략적 의도를 파악하고 중국에 경고 메시지를 던지고 있다. 미국의 대표적인 중국 전략가 중 한 명으로 평가 받는 프리드버그는 『공중–해상 전투를 넘어서』에서 "만약 중국이 핵무기를 사용하게 되면 미국도 큰 피해를 입지만 중국의 정권과 국민에게 치명적인 결과를 초래할 것"이라고 말한다.

프리드버그는 중국에 대한 경고성 말을 이렇게 덧붙인다. "중국 지도자들도 자신들이 재래식 무기로 미국을 공격할 경우 미국으로부터 핵무기 공격을 받지 않을 것이라고 확신하지 못하고 있다는 사실을 상기할 가치가 있다." 한편으로는 중국에 핵무기 사용은 공멸한다는 점을 일깨우고, 다른 한편으로는 재래식 무기로 미국을 공격하면 핵무기에 의한 반격을 당할 수 있다는 경고를 한 것이다.

하지만 이 같은 경고는 민간 전략가들의 담론 차원에서만 제기될 뿐이다. 미 행정부 차원에서는 여전히 중국의 패권 도전을 견제하기 위해 힘을 사용하기를 주저하고 있다. 미국이 제아무리 초강대국일지라도 중국이 남중국해에서 일으키고 있는 모든 분쟁과 국제법 위반 행위에 일일이 대응할 수는 없다. 중국의 여러 도발 행위 중 상징적인 것을 골라 단호하게 응징하는 모험을 해야 한다. 그렇게 하면 중국이 비록 급부상하는 강대국이라고 하더라도 도발에 따른 위신 하락과 비용을 고려하지 않을 수 없다. 이 때문에 중국으로서는 도발을 줄이거나 당분간 중단할 가능성이 크다.

하지만 미국은 2017년 1월 트럼프 행정부 들어서서도 오바마 전 대통령이 공약했던 '분쟁의 평화적 해결'이라는 독트린에서 벗어나는 데 실패했다. 중국은 남중국해의 남사군도와 서사군도의 도서들과 환초들을 불법 점유해 왔다. 하지만 미국은 그중에서도 상징적 도발을 선택해 단호하게 대응하는 모험을 하기를 주저해 왔다. 아니 그보다는 미국이 그런 모험 자체를 생각하기 싫어하는 모습을 보여 왔다.

2017년 11월 베트남 다낭에서 열린 미국과 베트남 정상회담에서 트럼프 대통령은 중국의 도발에 대한 적극적 대응을 포기한 듯한 태도를 취했다. 트럼프가 베트남과 중국 간에 벌어지고 있는 서사군도 영유권 분쟁을 자신이 중재해주겠다고 나섰던 것이다. 베트남은 중국과의 갈등에 따른 안보 불안을 해결하기 위해 미국으로 외교 축을 옮기는 중이었다. 이런 상황에서 미국이 중국을 압박해 남중국해 도서와 환초에 대한 불법 점유 등 안보위협을 중단하도록 해주기는커녕 오히려 중국과 영유권 협상을 중재해주겠다는 의사를 밝히자 베트남은 충격을 받았다. 중국과 영유권 분쟁을 벌이고 있는 다른 동남아 국가들도 당혹스런 반응을 보이기는 마찬가지였다. 이 때문에 트럼프의 중재 발언은 미국이 더 이상 역내 최강국의 지위에 있는 것이 아니라는 것이 확인됐다는 비난을 받았다.

미국은 오바마 행정부 임기 8년 동안에도 남중국해에서의 항행의 자유만을 강조했을 뿐 일체의 군사적 모험은 자제했다. 미국은 남중국해 공해상에서 가끔 항공모함과 구축함 등으로 이루어진 함대의 순시만 해왔다. 이는 트럼프 행정부의 뒤를 이어 바이든 행정부가 출범한 이후에도 전혀 달라지지 않았다. 더 큰 문제는 미국 항모의 출현이 중국에 위협이 되지 않은지 오래라는 것이다. 미 항모가 나타나면 어선들로 위장한 중국 선박들이 항모에 가까이 붙어 괴롭힘으로써 미 항모가 인근 중국 항구로 피항(避港)을 하게끔 만드는 일까지 발생하고 있다. 천하의 미 핵추진 항모가 중국에 위협이 되기는커녕 중국 어선들에게 창피당하는 수모를 겪는 실정인 것이다.

> **미국의 '공중-해상 전투' 전략이 대 중국 확전우위 전략이 못 되는 이유는 중국의 패권 도전을 포기시키는 데 실패한 뒤 중국과 결전을 벌이는 전략이기 때문이다.**

중국이 육상 기반 탄도미사일을 이용해 미국이 남중국해를 통해 접근하는 것을 막는 전략인 반접근과 지역거부(Anti-Access and Area Denial, 약칭 A2AD)에 맞서 미국이 추진해 온 대중 군사전략인 공중-해상 전투(Air-Sea Battle, 약칭 ASB)도 중국의 도발들을 선택적으로 응징하는 확전 우위 전략과는 거리가 멀다. A2AD는 미 국방부가 붙인 명칭으로서 중국이 독자적으로 만든 것이 아니다. 중국이 자체적으로 붙인 군사전략의 명칭은 '적극적 방위(積極的 防衛, active defense)' 또는 '반간섭(反干涉, counter-intervention)'으로 알려져 있다.

ASB가 확전 우위를 위한 군사전략이 되지 못하는 이유는 두 가지다. 하나는 ASB가 중국 본토의 미사일 기지와 핵시설을 파괴함으로써 중국과의 결전을 승리로 이끌기 위한 전략이라는 것이다. 지금 미국에게 요구되는 것은 중국의 패권 도전 의지를 약화시킴으로써 결전에까지 올라갈 수 없게 만드는 적극적인 균형 전략이다. 제한전의 발발을 감수해서라도 역내 질서의 불안정을 고조시키는 중국의 도발에 대한 군사적 응징을 감행하는 키신저 식의 모험이다. 이 같은 모험을 미국이 각오할 수 있어야만 중국의 패권 욕망을 억제할 수 있다. 따라서 A2AD는 중국의 패권 확보를 전제로 미국의 마지막 뒤집기를 막기 위해 수립한 전략이다. 반면 ASB는 미국이 중국의 패권 도전을 포기시키는 데 실패한 뒤 동아시아의 패권을 넘기지 않기 위해 중국과 벌이는 결전 전략이다.

다른 하나는 ASB가 전력의 투사(投射) 능력에서 A2AD에 밀리는 것으로 나타나고 있다는 것이다. 그러다 보니 ASB가 중국의 군사 패권 도전을 억제하기는커녕 오히려 부추기는 결과를 낳고 있는 상황이다.

이들 두 전략 간 승부를 가르는 기준은 투사 거리다. 미 해·공군 합동 원정함대가 중국과의 결전을 위해 남중국해로 이동한 다음 맨 먼저 해야 할 것은 중국의 대함 탄도미사일 사정거리에서 벗어난 해역에 포진하는 것이다. 그 직후에 중국 해안선을 따라 포진되어 있는 둥펑-21D 등 중거리탄도미사일(IRBM) 공격을 피해가며 항모와 구축함에서 함대지(艦對地) 미사일 공격을 가하고 항모에서 발진한 스텔스기에서 공대지 미사일을 발사해 반격하는 것이다. 중국 미사일 기지와 핵 시설을 타격함으로써 반격 능력을 무력화시키는 것이다.

하지만 중국의 중단거리 탄도미사일 사정거리에서 벗어난 해역에 위치한 항모에서 최신예 스텔스 전투기 F-22와 F-35가 이륙해 중국 본토까지 날아가서 탄도미사일 기지 등을 타격한 뒤 항모로 귀함할 수 없다. 이들 전투기의 비행거리가 중국의 탄도미사일 사정거리를 커버할 수 없기 때문이다. F-22와 F-35는 중국 본토 부근 해역의 공중에서 중국 전투기들과 교전하고 항모로 귀함한다는 것은 더더욱 어렵다. 두 스텔스 전투기는 세계 최고의 전투기로 불리지만 중국의 A2AD 전략을 상대로 한 전투에서는 예상과 달리 전혀 힘을 발휘하지 못할 것으로 평가 받고 있다.

프리드버그도 2011년 출간된 『패권을 향한 결전A Contest for Supremacy』에서 "항모에서 발진하는 전투기들의 가장 큰 한계는 짧은 비행거리"라면서 "그들이 수백 마일 내에서 발진하지 못하면 목표물에 도달할 수 없다"고 말한다. 이어 그는 "만약 이들 전투기를 무력화하거나 바다에 빠지게끔 하는 위협을 가한다면 중국은 이들 전투기를 먼 곳에 떨어져 있게 함으로써 중립화할 수 있다"고 덧붙인다.

전투기의 항속 거리만 문제가 되는 것이 아니다. 미국의 항모와 구축함에서 육상으로 발사되는 함대지 미사일도 사정거리가 짧아 중국 본토 탄도미사일 기지와 핵시설을 타격하기 어렵다. 미국 하버드대 국제정치학자 그레이엄 앨리슨Graham Allison은 『예정된 전쟁Destined for War』에서 이렇게 말한다. "중국은 반접근과 지역거부 군사 능력을 전개해 미국 항모와 다른 주요 함선들을 위협함으로써 중국 근해에서 점차적으로 미군을 몰아내 왔다."

상황이 이렇게 된 데에는 미국의 최신 전투기들의 비행거리가 중국의 중단거리 탄도미사일의 사정거리를 극복하지 못한 것이 크게 작용하고 있다. 중국의 탄도미사일 사정거리 밖에서 비행해서는 중국 본토의 육상 기반 미사일 기지와 핵시설을 타격할 수도 없고 중국 전투기들과 교전하기도 어려운 상황이다.

이 때문에 미 국방부는 공중-해상 전투 전략을 업그레이드하고자 노력하고 있다. 스텔스 전투기들의 비행거리 문제를 해결하기 위해 펜타곤은 중국 본토의 탄도미사일 기지를 파괴할 수 있는 원거리 공격 미사일(stand-off missile)을 장착한 장거리 폭격기들을 투입할 것을 공군에 요구하고 있다. 그렇게 되면 미 항모들이 중국에 가까이 접근하는 게 가능할 것으로 예상된다.

중국의 패권 추구와 대미 결전 전략

하지만 미국이 공중-해상 전투 전략을 보완하는 사이에 중국이 손을 놓고 있을 가능성은 거의 없다. 중국도 반접근과 지역거부를 위한 투사 능력을 높이려 할 것이다. 미국의 장거리 폭격기가 원거리 공격 미사일을 발사하기 전에 이를 격추할 수 있는 레이더 시스템과 미사일 능력을 한층 더 발전시킬 것으로 예상된다. 미국 싱크탱크인 랜드연구소(Rand Corp.)는 2015년에 펴낸 한 보고서를 통해 "앞으로 5~10년 사이에 미국이 우위를 차지했던 전선이 중국이 우위를 점하는 지대로 급속히 바뀌는 것을 목도하게 될 것"이라고 전망했다.

미국은 이처럼 군사적 모험을 감행해서라도 전략적 위협에 대처하겠다는 의지가 크게 부족하다. 하지만 중국은 미국의 처지와 정반대다. 시진핑이 마오쩌둥의 '군사 결정론'을 계승하고 있기 때문이다. 마오쩌둥은 "정치권력은 총구(銃口)에서 나온다"는 유명한 말을 했다. 이는 동아시아와 서태평양의 패권은 미국에 대해 군사적 우위를 확보할 때 가능하다는 것으로 바꿀 수 있다. 마오쩌둥의 이 같은 군사 결정론은 현 중국 지도부에게도 계승되고 있다.

앨리슨은 앞의 책에서 시진핑은 중국의 군사력을 다시 조직, 건설하고 있다고 말한다. 그는 러시아의 중국 문제 전문가인 안드레이 코코신을 인용해 중국의 군사력 재조직과 재건설은 규모와 깊이에서 전례가 없는 것이라고 평가한다. 미국의 중국 문제 전문가인 윌리엄 커비는 "시진핑 주석이 원하는 군은 전쟁에서 싸워 승리하는 것"이라고 말한다. 왜냐하면 시진핑 주석이 중국 몽(中國夢)을 실현시킬 수 있는 핵심이 바로 군이라고 믿기 때문이라고 커비는 설명한다.

시진핑 본인은 이렇게 말했다. "중화민족의 위대한 부활을 달성하기 위해서는 부국(富國)과 강군(强軍) 간에 조화가 필요하다는 것을 확신해야 한다." 이에 대해 커비는 "모든 강대국들이 강한 군대를 건설해 온 것처럼 중국은 '강군몽(强軍夢)'을 특히 중요하게 여기고 있다"고 말한다. 그 이유는 "지난날 외세에 당했던 치욕들을 갚아야 하기 때문이라는 것"이 그의 해석이다.

외세에 의한 치욕을 갚기 위해 중국이 준비하고 있는 것은 해군력 강화이다. 지난날 바다를 통해 이루어진 외세의 침탈을 막지 못한 것은 해군력을 기르지 못했기 때문이라고 중국은 반성하고 있다. 지난 치욕의 세기에 중국을 지배한 강국들 모두 해군 우위에 의존했다는 사실을 교훈으로 삼고 있는 것이다. 중국이 시진핑이 국가주석에 취임한 이후 해군력과 공군력 건설에 총력을 기울이고 있는 데는 이 같은 판단이 자리하고 있다. 이를 위해 중국은 육군 30만 명을 감축했고 인민해방군 내 육군의 지배력을 축소시켰다. 중국이 미국과의 결전을 대비해 남중국해를 통한 미군의 접근을 차단하는 반접근과 지역거부 전략을 추진하고 있는 것은 이 때문이다.

앨리슨에 의하면, 중국의 군사 전략가들은 유사시 자국 방어를 위한 해상 방어선인 제1도련선(오키나와와 필리핀과 인도네시아를 잇는 해상 라인) 내의 바다에 대한 통제를 목표로 한 '전진 방어(forward defense)' 전략에 의한 해전을 준비하고 있다. 미국 해군대학의 제임스 홀름즈와 토시 요시하라는 "국가의 위대함은 해양력에서 나온다는 알프레드 머핸의 생각이 중국의 전략가들을 현혹하고 있다"고 주장한다. 이 때문에 "중국이 근해에서 해전을 일으켜 이기는 데 비상한 가치를 부여할 수 있다는 것을 미국은 예상해야 한다"는 것이 홀름즈와 요시하라의 경고다.

역내 패권을 장악하기 위해 중국이 추구하는 최고의 전략은 손자의 가르침 대로 '싸우지 않고 이기는 것'이라고 프리드버그는 분석한다. 강력한 해군력 과 공군력 건설을 바탕으로 한 반접근 및 지역거부 전략, 대미 핵전쟁 가능성 을 암시하는 담론, 중국 근해상에서의 미국과의 해전 기획설 등 모든 전략은 미국을 상대로 싸우지 않고 이기는 것을 목표로 하고 있다.

> 반접근 및 지역거부 전략 등 중국의 모든 전략은 미국을 상대로 싸우지 않고
> 이기는 것을 목표로 하고 있다.

문제는 역내 패권이 중국 지도자들의 입장에서 차지해도 좋고 못해도 어쩔 수 없는 것이 아니라 목숨을 걸고 확보해야 하는 목표라는 데 있다. 중국 지 도자들은 중국의 대외 위상이 강해질수록 자신들의 정권 기반이 더욱 강해질 것이라고 믿는다는 분석이 제기되고 있다.

프리드버그는 "중국의 지도자들이 패권을 추구하는 이유는 그들이 부상하 는 강대국의 지도자들이기 때문에 또는 중화민족이기 때문이 아니라 그들이 지배하는 중국 사회주의라는 권위주의 체제에 안전한 세계를 만들고자 하기 때문"이라고 말한다. 그는 "중국이 (미국에) 패하거나 치욕을 당하고 있다는 인식이 광범위하게 확산될 경우 공산당이 통치를 계속해 나가는 것이 극도로 위태로워질 수 있다"고 그는 부연한다. 그래서 이 같은 위험에 대비하는 최고 의 보험은 미국과의 충돌 위험이 높은 남중국해와 동중국해에서 압도적인 힘 으로 패권을 확보하는 것이라고 중국 지도부가 믿는다는 것이다.

그렇다면 미국과 동아시아의 미국 동맹국들에게 제2차 세계대전 이후 미 국이 주도해 온 자유주의 질서를 유지한다는 것은 어떤 의미인가? 중국에 의 해 붕괴된다면 어쩔 수 없이 받아들여야 하는 그런 것인가? 이에 대한 해답 은 중국이 패권을 차지한 이후 형성되는 동아시아와 서태평양 지역의 새로운 질서가 미국과 한국 등 동맹국들에게 어떤 결과를 초래할 것인가에 대한 정

확한 분석에서 찾아야 한다.

> **중국 지도자들이 패권을 추구하는 이유는 그들이 지배하는 중국 사회주의 체제에 안전한 세계를 만들고자 하기 때문이다.**

중국 지도자들의 믿음처럼 중국이 패권을 차지하는 데 따른 역내 질서 변화가 중국의 권위주의 체제에 안전성만 부여하는 데 그친다면 미국과 한국 등 동맹국들이 중국에 패권을 내어주거나 중국과 패권을 나누게 된다고 해서 굳이 세상이 끝난 것처럼 여길 필요가 없을 것이다. 하지만 중국의 패권 질서가 자국 내 공산당 1당 지배 체제의 안정에 기여하는 것을 넘어서 역내 자유민주주의 국가들의 정치에 영향을 미칠 경우엔 사정이 완전히 달라진다. 사회주의 성향의 정당들이 집권하거나 더 나아가 정치 체제가 중국식 사회주의와 유사한 방향으로 바뀌는 등의 변화가 초래된다면 중국에 의한 패권 장악은 목숨을 걸고 막아야 하는 문제가 된다.

특히 한국이 그렇게 될 우려가 높다. 한국 정치에 대한 보이지 않는 지배를 낳을 수 있을 뿐만 아니라 친중 성향의 세력이 정권을 장악할 가능성이 높을 것으로 전망된다. 이와 함께 중국의 패권 장악은 역내 질서를 비자유주의화할 가능성이 높다. 만약 이 같은 전망이 들어맞는다면 한국 등 미국의 역내 동맹국들은 중국과 러시아, 북한 등 비자유주의 세력들의 포로가 되거나 종속될 우려가 높다.

동아시아와 서태평양 지역의 패권 향배가 중국뿐만 아니라 미국과 한국 등 역내 동맹국들에게도 생사를 건 문제가 되는 것은 바로 이 때문이다. 그렇다면 중국이 패권을 차지하는 것을 저지하려면 무엇을 해야 하는가? 그 답은 키신저가 『핵무기와 외교정책』에서 한 주장에서 찾을 수 있다. 키신저에 의하면, 전략적 독트린의 과제는 힘을 정책에 구체화하는 것이다. 따라서 국가 목표가 공세적이건 방어적이건 또는 그 목표가 현상변경이건 현상유지건 간에 싸울 가치가 있는 목표를 규정하고 그 목표를 달성하기 위한 적절한 힘의 규모를 결정하지 않으면 안 된다는 것이 그의 주장이다.

현상유지 국가로서 미국의 기본적인 전략 문제는 저지해야 할 전략적인 현상변경이 무엇인가를 분명히 규정하는 데 있다고 키신저는 지적한다. 키신저의 주장을 적용해 보면 중국의 패권 확보 저지가 미국의 입장에서 볼 때 싸울 가치가 있는 목표라고 할 수 있다. 그렇다면 미국은 이 목표의 달성을 위해 적절한 규모의 군사력과 외교력을 그러한 목표를 달성하는 데 투입할 것을 결정해야 한다.

여기서 주목해야 할 부분은 '적절한 규모' 다. 중국을 상대로 적절한 규모의 힘을 사용하는 것이 매우 중요하다. 확전을 불사함으로써 상대방이 뒤로 물러나게 만드는 전략인 확전우위를 감행할 수 있는 의지와 이를 뒷받침할 수 있는 적절한 힘을 투입해야 하는 것이다.

미국의 전략 문제 전문가인 에드워드 러트윅Edward Luttwak도 키신저와 같은 입장을 갖고 있다. 그는 『전략Strategy』에서 "전투력을 사용하려는 의지가 없다고 한다면, 최강의 군사력이라고 할지라도 전혀 억제하거나 만류할 수 없다"고 말한다. 그는 냉전 때의 스웨덴을 예로 든다. 그에 의하면 당시 스웨덴은 유럽 기준에 의하면 상당한 군사력을 보유하고 있었으나 소련 잠수함의 영해 침범을 확실히 억제하지 못했다. 그 까닭은 스웨덴이 한 번도 군사력을 사용하려는 국가 차원의 의지를 갖지 못했기 때문이다.

04

위대한 전략 사상가들의
통찰과 대전략

오늘날 자유주의 국가들에서 대전략을 고민하는 사상가들은 '고독'하고 그들의 전략은 제대로 된 조명을 받지 못해 '주변화'되기 일쑤다. 이는 현재는 물론이고 과거에도 그랬고 미래에도 달라지지 않을 것이다. 물론 국가와 독재자의 지시로 대전략이 수립되는 전체주의와 권위주의 국가들은 예외다. 하지만 자유주의 국가들의 경우 위대한 전략가들이 내놓은 전략이 주변화되는 것은 숙명이다. 그 까닭은 대다수 전략가들이 자신을 알아주는 '전략 리더'와 '전략 국민'을 만나기 어렵기 때문이다.

오늘날 한반도를 둘러싼 동아시아와 서태평양 지역은 21세기 중후반의 패권 구도를 좌우하는 긴박한 질서 재편 과정에 돌입하고 있다. 중국의 역내 군사 패권 도전 본격화, 자유주의 패권 전략에서 현실주의로의 이행을 서두르고 있는 미국의 역내 주둔 축소 움직임, 중국과의 패권 경쟁을 위한 일본의 군사대국화, 북한의 핵과 탄도미사일 위협 현실화, 러시아의 아시아 귀환 등 역내 안보 질서는 홉스와 루소가 말한 야만의 자연 상태를 닮아가고 있다.

동아시아 질서 재편 경쟁과 전략 역사 연구

문제는 한국이 과연 이러한 위기를 이겨낼 수 있을 것인가이다. 낡은 진보와 보수 모두 대안을 내놓지 못하고 있다. 이는 전략가의 부재에서 말미암는다. 중국의 패권 도전과 러시아의 권력정치로의 귀환에 따른 미국 주도의 탈냉전 시대가 종언을 고하면서 동맹과 적국의 경계가 뒤엉키는 동아시아 지역의 질서 변화 속에서 국가 대전략의 방향을 제시하는 전략가가 어디에도 보이지 않는 것이다. 이 문제의 원인은 전략 보수 중심의 대경장 세력이 아직 등장하지 않고 있는 데서 찾아야 한다.

그렇다면 우리가 시급히 풀어야 할 문제는 세 가지다. 첫 번째는 한국은 어떤 전략가를 필요로 하느냐는 것이다. 두 번째는 그런 전략가가 추진해야 할 전략은 무엇이냐는 것이다. 마지막은 그런 전략가와 전략을 찾지 못할 경우 대안은 무엇이냐는 것이다.

헨리 키신저 전 미 국무장관은 『외교』에서 "역사는 사례들을 통해 가르친다"고 말한다. 그는 1970년대 초 국가안보보좌관과 국무장관으로서 리처드 닉슨 전 대통령을 도와 미중 데탕트를 성사시켜 미국의 외교정책을 지정학적 세력균형으로 전환시켰다. 이로 인해 소련은 서쪽에서는 서유럽에 의해, 동쪽에서는 중국에 의해 압박당하는 커다란 도전에 직면했다. 그 결과 소련은 미국과 대결하는 전략에서 탈피해 중동과 서남아시아 등에 대한 개입을 축소하고 대미 관계 개선을 시도했다. 미중 데탕트가 소련이 개혁과 개방으로 나아가도록 물꼬를 튼 것이다.

20세기 초 제1차 세계대전 이후 탈냉전 시기에 이르기까지 한 세기 동안 미국의 외교가 이상주의에서 탈피해 현실주의에 기반해 추진된 것은 이때가 유일하다. 일반적으로 널리 알려진 것과 달리 미국이 소련과의 냉전에서 승리하는 데 결정적인 역할을 한 것은 우드로 윌슨에서부터 조지 H. W. 부시에 이르는 거의 모든 행정부가 추구한 이상주의 외교 전략도 조지 케넌의 봉쇄 전략도 아니다. 그것은 닉슨-키신저의 지정학적 세력균형 전략이었다. 키신저가 이같이 대전략가의 입지를 굳히게 된 것은 리슐리에와 메테르니히, 비스마르크 등 근대 유럽의 세력균형 정치를 주도한 전략가들과 그들의 전략을 깊이 연구했기 때문이다.

그렇다면 우리는 키신저의 충고대로 역사를 돌아보아야 한다. 고대와 근대, 현대 동서양의 전략가와 전략 중에 우리에게 도움이 될 전략가와 전략을 찾아야 한다. 중국과 일본 등 강국들과의 군사전 또는 외교전에서 승리하는 데 필요한 고대와 근대의 전략가와 전략을 본받는 작업에 서둘러 착수해야 한다. 이 점에서 역내 질서 재편 전쟁은 전략 역사 연구를 둘러싼 경쟁이다.

이 경쟁에서 이기기 위해선 먼저 전략가와 전략에 대해 올바른 정의를 내려야 한다. 그중에서도 전략의 정의를 알아보는 것이 중요하다. 그래야만 전략가가 어떤 사람인지가 드러나기 때문이다. 전략의 어원은 '전반적 지배'라는 의미를 갖는 'strategos'라는 그리스어다. 이 어휘는 군대나 민중집단을 뜻하는 'stratos'와 이끌다, 몰아가다, 그리고 움직이게 하다는 의미를 갖는 'agein' 등 두 낱말이 합쳐져 만들어졌다는 것이 글로벌 경영전략가 랄프 쇼이스Ralph Sheuss의 설명이다. 하지만 기원전 550년 그리스에서 이 낱말은 군대의 장군을 지칭하는 말이었다. 『전략 사전』에 의하면 당시 이 용어가 갖는 구체적인 의미는 군대를 격려하고 열광하게 해서 목표를 향해 전진하도록 이끄는 사람이었다.

> **클라우제비츠에게 전략이란 전쟁이나 전투에서 승리하기 위한 계획이 아니라 목표를 달성하기 위한 계획이다.**

전략에 대해 가장 통찰력 있는 정의를 내렸다고 평가 받는 사람은 19세기 프러시아 군사 전략가 클라우제비츠다. 그가 『전쟁론』에서 말한 것 중에서 가장 눈여겨봐야 하는 대목이 있다. "전략에는 승리가 없고 오로지 성공만 있다"라는 언명이다. 흔히들 전략은 전쟁이나 전투에서 승리하기 위한 계획이나 방법으로 이해하고 사용한다. 하지만 클라우제비츠는 이를 부정한다. 전략이란 목표를 달성하기 위한 계획이라고 그는 말한다. 전략은 전쟁이나 전투를 승리로 이끌기 위한 계획이 아니라는 것이다.

그렇다면 전쟁이라는 맥락에서 본다면, 전략은 전쟁의 목표에 따라 승리를 위한 계획일 수도 있고 패배를 위한 계획일 수도 있다. 전쟁에서 반드시 승리해야 한다면 승리를 위한 계획의 수립과 이행을 성공시키는 것이 전략인 것이다. 반면 목표가 일정 수준의 피해를 입지 않는 패배를 당하는 것이라면 그같은 패배를 위한 계획의 수립과 이행을 성공시키는 것이 전략이다. 다시 말해서 한 나라가 다른 나라를 상대로 군사전과 외교전 중 하나를 하기로 결정할 경우 그것을 통해 목표를 달성하기 위한 계획이 수립되면 그걸 가리켜 전략이라고 일컫는 것이다.

전략의 이 같은 개념에 대해 클라우제비츠가 묘사한 내용을 더 들어볼 필요가 있다. 그는 『전쟁론』에서 전략을 "전쟁에서 목적을 달성하기 위한 교전의 운용"이라고 정의했다. 그에 따르면 전략은 전쟁이 군사력이 사용되는 것이라면 그 같은 형태의 전쟁에 부합하는 목적을 전체 군사적 행동에 부여해야 하며, 개별 원정 계획을 결정하고 그 계획 하에서 교전의 순서를 정해야 한다. 전략이란 어떤 형태의 전쟁이 됐든 간에 전체 목표가 정해지면 그것을 달성하기 위해 전체 상황 판단을 통해 인적·물적 자원을 가장 중요한 곳에 집중 배치하고 이용하는 것을 의미한다고 그는 설명한다.

영국의 20세기 군사 전략가로 널리 알려진 리들 하트B. H. Liddell Hart도 전략에 대해 "정책의 목적들을 실현하기 위해 군사적 수단들을 배분하고 적용하는 기술"이라고 정의했다. 물론 이 같은 정의는 군사력이 동원되는 전쟁에 해당된다. 하트의 이 같은 정의에서 '군사적 수단'을 외교적 수단 또는 경제적 수단으로 바꾼다면 그 전쟁의 형태는 외교 전쟁이나 경제 전쟁이 된다.

이에 반해 전술은 각각의 전투 단위에서 승리하기 위해 수립하고 추진하는 방안이다. 전략은 전쟁 목표의 달성에 관한 것이고, 전술은 각각의 전투에서의 승리에 관한 것이다. 그래서 전략은 전장(戰場)과는 멀리 떨어진 곳에서 수립되는 반면 전술은 전투 현장을 바라볼 수 있는 곳에서 수립된다고 클라우제비츠는 설명한다. 그렇기 때문에 전술이 전투의 승리를 이끌어내는 데 실패하면 전략이 전쟁 목표의 달성이라는 존재 이유를 상실하게 된다.

전략가(strategist)가 어떤 사람인가 하는 것은 전략에 대한 이 같은 정의에 기초해야 한다. 먼저 이 문제에 들어가기 전에 전쟁에 대한 정의를 알아볼 필요가 있다. 클라우제비츠에 의하면, 전쟁이란 한 나라가 군사력과 외교, 경제 제재 등 각종 힘(force)을 사용해서 자신들이 원하는 바를 다른 나라들로 하여금 하도록 만드는 모든 행위를 가리킨다.

문제는 전쟁의 목표다. 전쟁의 형태가 어떤 것이든, 즉 군사력을 사용한 열전(熱戰)이건 외교력이나 경제력을 동원한 냉전(冷戰)이건 간에 그 전쟁의 목표는 그 국가 안에서 각각의 힘을 담당하는 세력이 독자적으로 수립하는 것이 결코 아니다. 그렇다면 누가 전쟁의 목표를 정한다는 것인가? 클라우제비츠는 전쟁은 정치의 연장이라고 했다. 전쟁은 정치의 수단이라는 것이다. 한 나라의 정치 리더십이 모든 형태의 전쟁 목표를 정한다는 것이 그의 주장이다. 한 나라가 국내 정치 목표에 따라 다른 나라에 대해 전쟁을 벌인다면 그 목표는 그 나라의 정치 리더십에 의해 결정된다는 것이다. 그렇기 때문에 전쟁의 목표가 승리인지, 제한적인 승리인지, 또는 제한적인 패배인지는 정치 리더십에 의해 결정된다.

그러므로 클라우제비츠의 관점에서 보면 전략가는 정치의 수단 또는 연장으로서 결정된 전쟁의 목표를 달성하기 위해 계획을 수립해 이행하는 사람이다. 전략가는 정치 리더십의 일원일 수도 있고 전쟁에 동원되는 특정한 힘을 담당하는 일원일 수도 있다. 마찬가지로 민간의 현자(賢者)나 전문가일 수도 있다. 누가 됐든 간에 목표 달성을 위한 계획의 수립과 이행을 해낼 수 있는 사람이 전략가이다.

한국이 동아시아와 서태평양 지역의 비자유주의화 위기를 극복하고 21세기 중반 역내 질서를 주도하는 강국으로 도약하기 위해서는 바로 이런 전략가가 등장해야 한다. 강국의 지위에 이르는 과정에서 벌여야 하거나 벌어지는 모든 형태의 전쟁 목표를 성공적으로 달성하기 위한 전략의 수립과 이행을 담당할 전략가가 필요한 것이다.

클라우제비츠와 같은 근대 전략가와 키신저로 대표되는 현대 전략가들 대부분은 서구에서 배출됐다. 그 배경은 서구의 지적 전통이 동양의 그것보다 전략과 전략가의 배출에 더 적합하기 때문일 수 있다. 쇼이스의 말처럼 기원전 5세기 그리스에서 장군을 의미했던 전략이라는 말은 그 후 클라우제비츠와 하트가 정의한 개념으로 진화해 왔다. 그래서 서구에서는 전략 개념의 기원이 그리스로마 문명으로 거슬러 올라간다고 보는 것이다.

맹자: 이선양인(以善養人)의 제한적 승리 사상

서구의 시각과 달리 전략 개념은 클라우제비츠나 하트가 발전시키기 훨씬 전에 동양에서 철학적으로 틀이 잡히기 시작했다. 동양 사상에서도 전략 개념의 연원이 오래전으로 거슬러 올라간다. 전략의 영어 단어인 'strategy'를 '戰(싸울 전)' '略(생략할 략)'이라는 한자로 표기한다는 것은 전략 개념이 동양 사상에서도 전승되어 왔음을 의미한다.

전략의 개념에 관해 다루면서 맹자(孟子)를 언급하는 것은 이 책을 읽는 독자들에게 생소하게 여겨질 것이다. 하지만 그를 말하지 않고는 동양에서 전략의 개념이 어디에서 기원하는지 알 수 없다. 동양에서 전략의 개념의 연원은 적어도 맹자까지 거슬러 올라가는 것이다. 맹자는 공자(孔子)로부터 100여 년 후에 태어났다. 그는 공자의 제자들에게 사숙(私淑)함으로써 공자의 철학을 공부할 수 있었다. 맹자가 전략에 관한 통찰을 얻을 수 있었던 것은 전적으로 이 사숙 덕분이었을 것이다.

전략의 개념에 대한 그의 통찰이 발견되는 대목은 『맹자』 제8권 '이루장구(離婁章句)' 하편 15장이다. 그는 이렇게 말한다. "널리 배우고 자세히 말하는 것은 장차 간략하게 설명하기 위함이다(博學而詳說之 將以反說約也)." 이 문장의 두 번째 구절에 나오는 약(約)은 전략의 략과 같이 '간략하게 한다'는 의미로 쓰인 것이다. 따라서 맹자의 이 말을 전쟁과 관련해 풀이하자면, '전쟁의 목표를 달성하기 위한 핵심을 간략하게 도출한 것'이 전략이라고 할 수 있다. 중요하지 않은 것은 생략하고 꼭 해야 할 것만 실행하는 것이 곧 전략이라는 것이다. 그러므로 전략이란 깊고 넓은 공부를 통해 통찰을 얻지 않으면 나올 수 없는 경지의 결과물이다.

맹자는 전략의 개념을 한마디로 이렇게 정리한다. "사람이 하지 않는 일이 있은 뒤에야 할 일이 있다(人有不爲以後 可以有爲)." 이 구절은 대개 사람이 옳지 않은 일을 하지 않아야 옳은 일을 할 수 있다는 것으로 해석돼 왔다. 의(義)를 실천하기 위한 자세의 문제로 본 것이다. 하지만 이런 식의 해석은 맹자를 의로운 삶을 권장하는 유학자로 한정하는 오류를 범하고 있다. 그가 살았던 시기는 춘추전국시대였다. 그는 혼란했던 시기에 이 나라 저 나라 주유하며 군주들에게 국가 전략을 조언해주는 전략가로서의 삶을 살았다. 그러므로 『맹자』 8장의 이 문구는 다음과 같이 재해석될 필요가 있다. "사람이나 국가는 목표 달성을 위해서는 해서는 안 되거나 할 필요가 없는 것은 과감하게 배제해야 한다. 그렇게 하기 위해서는 먼저 사안에 대한 넓고 깊은 연구를 통해 핵심에 집중해야 비로소 목표를 달성할 수 있다."

이 문구가 전략의 의미를 담고 있다는 것은 영국 펭귄사가 출간한 『맹자』 영문판(『Mencius』)에서도 찾아볼 수 있다. "사람은 하지 않는 것들이 있을 때에만 위대한 일을 할 수 있다(Only when there are things a man will not do is he capable of doing great things)." '위대한 일'에 집중하는 것이 바로 전략을 의미한다고 할 수 있다.

사실 『맹자』는 들여다보면 볼수록 전략에 관한 아포리즘으로 가득 차 있다는 것을 발견하게 된다. 그는 위대한 전략 사상가였다. 그는 공자 이상으로 각 나라의 군주에게 필요한 정치적 전략에 관한 조언을 했다. 조언의 핵심은 대개 두 가지였다. 하나는 신하들로부터 충성을 이끌어내고 백성들의 마음을 사기 위한 전략이고, 다른 하나는 한 나라의 통치권이나 천하의 패권을 차지하거나 유지하기 위한 전략이다.

　후자의 전략에 해당하는 맹자의 말은 이루장구 하편에서 전략 개념이 나온 15장 다음인 16장에 나온다. "착한 것으로써 사람을 굴복시켜려 한 자는 완전히 사람을 굴복시키지 못하며, 착한 것으로써 사람을 기른 후에야 능히 천하를 열복시킬 수 있으니, 천하가 마음으로 열복하지 아니하고 왕 노릇 할 자가 있지 아니하다(以善服人者 未有能服人者 以善養人然後 能服天下 天下 不心腹而王者 未之有也)." 이 말은 비록 선한 의도라도 사람들을 복종시키려 한다면(以善服人) 한 나라를 얻지 못할 뿐만 아니라 천하를 제패할 수 없다는 뜻이다. 선한 의도로 사람들이 행복할 수 있도록 돕겠다(以善養人)는 자세일 때만이 비로소 한 나라를 경영할 기회를 얻을 수도 있고 세계 질서를 주도할 수도 있다는 것이 그의 사상이었다.

> 맹자의 사상에서 이선복인(以善服人)이 국제정치에서 완전한 승리를 가리킨다면
> 이선양인(以善養人)은 상생의 승리 또는 제한적 승리를 의미한다.

　이선복인(以善服人)이 국제정치에서 완전한 승리를 가리킨다면 이선양인(以善養人)은 상생의 승리 또는 제한적 승리를 의미한다고 볼 수 있다. 맹자의 사상은 이처럼 탈냉전 질서가 종언을 고하게 만든 자유민주주의 진영의 전략 실패에 대한 통찰을 제시한다.

　맹자는 또한 완전한 승리의 추구가 갖는 폐해에 대해서 다음과 같은 통찰도 제시했다. 이는 7권 이루장구 상편 21장에 나온다. "생각지도 않은 명예가 있을 수 있으며, 최선을 다해도 헐뜯음이 있을 수 있다(有不虞之譽 有求全之毁)." 앞의 대목은 한 나라의 국가 경영을 확보하거나 세계 패권을 잡으려는 과정에서 완전한 승리를 거두지 못하는 것이 결과적으로 생각지도 못한 명예(譽)를 가져다준다는 의미를 갖는다. 뒤의 대목은 한 나라의 국가 경영 기회를 확보하거나 세계 제패를 도모하는 과정에서 경쟁 세력이나 국가를 완전히

굴복시키려 했다가는 도리어 피해(毁)가 있을 수 있다는 것을 뜻한다. 무엇이든 완벽하게 이루지 못했다고 해서 잘못된 것이 아니고, 완벽하게 이루었다고 해서 무조건 잘한 것이 아닐 수 있다는 것이 맹자의 사상이다.

하지만 이 같은 해석은 유학에 관한 담론 시장에서는 찾아볼 수 없다. 전통적인 해석은 사람의 행실에 관한 것이다. 여씨(呂氏)의 해석에 따르면, 행실이 명예를 얻지 못할 것인데 우연히 생각지도 않은 명예를 얻을 수 있고, 허물을 면하기를 구하다가 도리어 헐뜯음을 얻을 수 있다는 것이다.

여씨의 해석이 맞을 수 있다. 그럼에도 춘추전국시대라는 시대적 상황에서 이 구절을 재해석할 필요가 있다. 춘추전국시대는 주나라가 견융의 침공을 받아 천도한 기원전 770년부터 진나라가 통일한 기원전 221년까지의 시기다. 이 시기에 주나라의 천하질서가 무너지고 각지의 소국들이 등장해 천하를 분점하면서 패권 경쟁을 벌였다. 따라서 각국 군주의 입장에서 보면 행실의 문제를 넘어서 대내 전략과 대외 전략의 방향을 의미할 수 있을 것이다.

혼란한 시기에 한 나라의 국가 경영을 안정시키거나 천하의 리더십을 확보하는 과정에서 군주에게 가장 중요한 전략에 관한 조언이라고 해석할 수 있다. 그 조언의 핵심은, 반대 또는 경쟁 세력을 상대로 완전한 승리를 거두려하지 않으면서도 이들 세력에 대해 명백한 우위를 확고히 하라는 것이 맹자의 마음이 아닌가 생각한다.

탈냉전 시대의 종언을 초래한 결정적 원인은 바로 미국과 서유럽이 나토를 러시아와 국경을 마주하고 있는 우크라이나까지 확대함으로써 러시아를 상대로 완전한 승리를 추구한 것이다. 이 같은 과정을 맹자의 전략 사상을 적용해서 풀이해 본다면 다음과 같다. 미국과 서유럽은 러시아를 상대로 냉전의 승리를 완전하게 만들려고 했다가 탈냉전의 종언을 초래하고 말았다. 만약 미국과 서유럽이 완전한 승리를 거두려 하지 않았다면 러시아가 우크라이나의 영토인 크림반도를 강제 병합하고 이 나라의 동부 지방을 침공하는 사태는 발발하지 않았을 것이다. 그랬다면 맹자의 말대로 탈냉전 시대가 유지되는 생각지도 않은 명예를 얻었을 수도 있었을 것이다.

국제정치에 관한 맹자의 이 같은 전략 사상은 지금까지 조명을 받지 못했다. 맹자는 이들 전략 사상 외에도 국가 간 정치와 관련된 많은 통찰을 남겼다. 하지만 그의 사상은 오로지 유학의 덕목과 차원에서만 평가받아 왔다. 춘추전국시대를 종횡으로 누비면서 나라와 천하를 고민했던 그가 펼친 사상을 개인의 수양 차원으로만 이해하고 해석하는 것은 그에 대한 모독일 수 있다. 맹자는 전략 사상들을 남기면서 과연 후세에 제대로 평가되고, 그 같은 사상이 한 나라와 세계의 평화와 번영을 위해 실행될지 확신이 없었을 것이다. 일반 정치에 관한 사상은 평가받아 왔다고 치자. 하지만 그의 국제정치 전략 사상은 아직 햇빛을 받지 못하고 있다. 맹자에게 학문적으로 관심을 둔 국제정치학자들은 찾아보기 어렵다. 그는 전략가로서 고독했을지 모른다. 이 같은 상황을 예견했을 수 있는 것이다.

맹자가 살아 있다면 그의 고독은 더욱 깊어지고 있을 것이다. 오늘날 자신의 전략 철학을 따르지 않는 나라가 다름 아닌 중국이기 때문이다. 전체주의 공산주의 체제인 현대 중국에 이르러서 유학은 국정을 이끄는 사상으로서의 역할을 마감했다. 그렇다고 해도 유학의 전통이 여전히 남아 있는 중국이라면 맹자의 '이선양인' 전략을 폄으로써 이웃 국가들과 공존하는 모습을 보이는 것이 옳다. 그러나 중국은 정반대의 길을 가고 있다. 착한 목적에서가 아닌 나쁜 목적에서 이웃 국가들을 굴복시키는 전략을 펴고 있는 것이다.

투키디데스: 비영합 상태와 제한적 승리를 통한 전쟁 예방

고대 아테네의 장군이었던 투키디데스가 오늘날 살아 있다면 국제정치 현실을 보면서 맹자와 같은 감정을 가질지 모른다. 기원전 4세기에 발발했던 펠레폰네소스 전쟁은 당시 인류 최대의 전쟁으로 많은 희생을 낳았다. 그런 만큼 이 같은 전쟁이 재발하지 않도록 교훈을 남기겠다는 생각이 그로 하여금 『펠레폰네소스 전쟁사』를 쓰게 했다. 하지만 후세의 인류가 주목한 교훈과 그가 정작 전하고자 했던 교훈이 달랐다. 그가 이 역작을 남기면서 외로웠다면 이 때문일 것이다.

> 투키디데스는 어느 특정 국가가 이익을 독차지하고 그 외의 나라들은 손해를 보는 영합 구조에서는 반드시 전쟁이 발발한다고 보았다.

투키디데스는 사람은 다른 사람보다 더 뛰어나거나 우세하고자 하는 명예욕인 튀모스(thumos)를 가지고 있어서 국가 간 이익의 차이가 발생할 가능성이 높다고 보았다. 그러므로 전쟁을 예방하기 위해서는 국가들 간 이익 구조가 한 나라에만 유리하지 않은 비영합(non-zero sum) 상태를 유지해야 한다는 것이 그가 남기고자 했던 교훈이었다. 어느 특정 국가가 이익을 독차지하고 그 외의 나라들은 손해를 보는 영합(zero-sum) 구조에서는 반드시 전쟁이 발발한다는 것이다.

그러나 투키디데스 사후 그의 역작에 대한 평가는 그가 바랐던 것과는 거리가 멀었다. 대다수 연구자들은 펠레폰네소스 전쟁의 발발 원인이 아테네의 급속한 국력 증대가 당시 그리스 세계의 패권국이었던 스파르타의 우려를 낳았기 때문이라는 그의 언급에 주목했다. 튀모스라는 인간의 본성으로부터 전쟁이 발발할 수 있다는 그의 주장은 크게 주목받지 못했다. 그 결과 신생 강국의 출현이 기존 강국의 우려를 불러일으킬 때 두 강국 간에 전쟁을 낳는다는 뜻의 '투키디데스 함정'이라는 말이 생겨났다. 오늘날 중국의 급속한 부상이 패권국인 미국의 큰 우려를 불러일으킴으로써 이들 두 강대국 간에 전쟁이 발발할 수 있다는 담론을 뒷받침하고 있는 것은 바로 투키디데스 함정론이다.

문제는 투키디데스가 전쟁의 발발은 국가 간 이익의 차이에서 비롯되었다고 한 자신의 교훈이 어떻게 실천되기를 기대했느냐는 것이다. 이에 대해서 그가 구체적으로 언급한 바는 없다. 하지만 합리적으로 생각해 보면 그것은 현실주의에 바탕을 둔 세력균형일 것이다. 어느 한 나라가 일방적으로 이익을 독점하거나 압도적인 국력을 보유하는 상태가 아니라 여러 나라 사이에 세력균형 상태가 이루어질 때 전쟁이 발발할 가능성이 낮다는 것이다.

튀모스라는 인간의 본성에 따르면 설령 세력균형이 이루어지더라도 언제든지 전쟁이 발발할 수 있다는 결론이 나온다. 어느 한 나라가 제아무리 다른 나라와의 경쟁에서 승리하더라도 전쟁 가능성이 사라졌다고 안심해서는 안된다. 하지만 냉전 이후 미국과 서유럽은 전쟁 가능성이 사라진 것처럼 여김으로써 투키디데스의 교훈을 간과하는 우를 범했다. 오히려 냉전의 승자인 미국과 서유럽은 패배자인 러시아를 상대로 완전한 승리를 거두려다 되레 반격을 받게 돼 결과적으로 탈냉전이 종언을 고하게 되는 사태가 발발했다. 이 점에서 투키디데스의 핵심적인 전략 사상은 완전한 승리를 거두려 하지 않을 때 전쟁이 예방될 수 있다는 것이라 할 수 있다.

오늘날 동아시아와 서태평양 지역의 패권을 둘러싸고 벌어지고 있는 미중 간 경쟁도 서로를 상대로 완전한 승리를 거두려 하지 않을 때 전쟁이 예방될 가능성이 높다. 하지만 워싱턴은 절대 패권을 놓으려 하지 않고, 베이징은 패권에 대한 욕망을 포기하지 않겠다는 의지를 불태우고 있다. 오히려 시간이 갈수록 이들 두 강대국의 의지는 더욱 강해지고 있다.

따라서 양국 간에 전쟁 가능성을 낮추기 위해서는 두 가지 방안이 있다. 하나는 서로 상대방이 역내에서 차지하고 있는 영향력을 인정하는 것이다. 다른 하나는 미국과 동맹국들이 힘을 합쳐 중국의 폭주를 제어하는 것이다. 현재의 미국 주도의 질서는 일정 정도 중국의 영향력을 인정하고 있다는 평가를 받는다. 이 점에서 중국이 강압적인 패권 도전을 멈추지 않을 경우 미국과 역내 동맹국들과 협력 국가들이 경제 제재 등의 수단을 동원해서라도 이웃 국가들의 주권과 영토에 대한 중국의 침해를 중단시키는 노력이 요청된다.

로크: 패권국과 패권 도전 국가에 맞서는 약소국 연합

1688년 영국 명예혁명을 가능케 한 이론을 제시한 존 로크가 국제정치 전략가로도 평가되어야 한다는 것은 아직까지 시도된 적이 없다. 지금 내가 전개하는 평가는 첫 시도라고 할 수 있다. 로크가 『통치론Two Treaties of the Government』에서 제시한 주장들 중 국제정치와 관련된 부분은 다음과 같다. 로크에 의하면 자연 상태에는 강제가 아니라 이성으로 지켜야 하는 자연법이 존재한다. 로크의 자연 상태는 만인의 만인에 대한 투쟁 상태인 토머스 홉스의 자연 상태와는 다르다. 로크는 자연 상태에서는 누구나 자신의 자산(생명과 자유, 재산의 합)에 대해 타인이 자연법을 어기고 탈취하려 할 경우 스스로 그를 심판할 수 있는 권리를 보유하고 있다고 말한다. 하지만 자연 상태에서 자연법 위반자들이 너무 많아져서 사람들이 자신들에게 주어진 심판권을 더 이상 행사하기 어려워지는 때가 필연적으로 오게 된다고 본다. 로크에 의하면 그 같은 때가 오면 사람들은 계약에 의해 국가를 만들어 주권을 넘기기로 한다. 그렇게 되면 국가는 국민 간 합의에 기초해 법을 만들어 사람들이 타인에 의해 피해를 당하지 않도록 보호하게 된다.

그러나 국가가 설립되어 정치시민사회가 등장한다고 해도 자연 상태가 완전히 사라지지 않는다는 것이 로크의 주장이다. 정치시민사회로의 이행 후 사람들이 직면하는 자연 상태는 두 가지다. 하나는 국가와 사회가 범죄가 발생하는 것을 항상 막지는 못하기 때문에 사람들은 언제 어디서 생명과 자유,

재산이 침해당할지 모른다는 불안감에 시달리게 되는 '사회적 자연 상태'가 있다. 다른 하나는 국가를 통치하는 리더, 기본 이념, 그리고 국정 시스템에 의해 생명과 자유, 재산이 침해당할 수 있다는 불안감을 갖게 되는 '국가적 자연 상태'다.

문제는 국가 성립 이후 이러한 두 가지 자연 상태에서 사람들은 자신의 생명과 자유, 재산을 보호하기 위해 어떻게 해야 하느냐는 것이다. 이에 대해 로크는 말하지 않았으나 국가와 사회가 사람들의 생명과 자유, 재산을 보호하지 못한다면 사람들은 자연 상태에서 자연법이 허용했던 심판권을 다시금 행사해야 한다. 스스로 자신들의 생명과 자유, 재산을 지켜야 하는 것이다. 바로 이 대목이 동아시아와 서태평양 지역의 약소국들에게 의미를 갖는다.

정치시민사회에서 국가가 하는 역할은 국제 사회에서는 패권국이 담당하게 된다. 패권국은 주도적으로 국제 사회의 규범과 규칙을 만든다. 이러한 규범과 규칙은 정치시민사회로 치면 법이라 할 수 있다. 하지만 그 같은 규범과 규칙을 위반하며 패권국에 도전하는 국가가 등장할 수 있다. 패권국이 강력한 힘으로 그러한 도전을 물리치고 국제 질서를 유지할 때 정치시민사회라 할 수 있다.

문제는 이때 도전 국가가 나타나 패권국의 지위가 흔들리는 상황이 발생하면 국제 사회는 '사회적 자연 상태'가 된다. 국제 사회가 이 같은 사회적 자연 상태에 놓일 경우 약소국들이 해야 할 것은 로크가 말한 대로 자연법이 허용하는 심판권을 행사하는 것이다. 이를 오늘날 역내 질서에 적용한다면 한국과 베트남 등 중국에 주권을 침해당하는 국가들은 중국이라는 패권 도전 국가를 상대로 심판권을 행사해야 한다는 것을 의미한다. 약소국들은 또한 패권국에 의해 영토와 주권이 위협당하는 '국가적 자연 상태'에 직면할 수 있다. 로크의 관점을 적용한다면 이 경우에도 약소국들은 패권국을 상대로 자연법이 준 심판권을 행사할 수 있다.

그런데 여기에는 한 가지 문제가 있다. 약소국이 심판권을 행사해도 그들의 힘이 약해 심판권의 효력이 발생하기가 어렵다는 사실이다. 약소국의 경제력과 군사력이 약하기 때문에 그런 국력으로는 패권 도전국에 의한 영토 강탈 행위뿐만 아니라 패권국에 의한 국익 침해를 막기 어렵다. 그렇다면 어떻게 해야 약소국의 심판권이 패권 도전 국가와 패권국을 상대로 힘을 발휘할 수 있는가? 우선 패권 도전 국가의 강압적 행위에 대해서는 같은 처지에 있는 약소국들이 연합하는 방법이 있을 수 있다. 이와 함께 점차 쇠퇴하고 있는 기존 패권국과 동맹 또는 협력 관계를 맺어 대응하는 방법도 있다.

패권국에 의한 국익 침해에 대해서는 약소국들이 연합체를 구성해 대응하는 방법이 있다. 같은 처지에 있는 국가들끼리 안보 및 경제연합 기구를 설립하는 것이다. 그러한 기구는 한 나라의 정치시민사회에서 볼 수 있는 시민단체나 연합회 같은 성격을 갖는다. 홉스가 말한 바와 같이 거대한 괴수인 리바이어던으로 변해버린 국가에 의해 자유권과 재산권이 침해당할 때, 국민들이 시민단체 또는 연합회를 만들어 대응하는 것과 같다고 할 수 있다.

로크가 고독했다면 바로 이 지점에서다. 영국을 자의적인 군주정에서 국민이 선출한 의회가 통치하는 정치시민사회로의 이행을 가능케 한 철학을 제시한 로크로서는 국제 사회도 그 같은 이행을 하도록 만들고 싶었을지 모른다. 그 같은 이행을 이룩한 국가들이 국제 관계에서는 힘 있는 국가들이 자의대로 행동하는 자연 상태를 고수하는 현실에 무력감을 느꼈을 수 있다.

그래서 로크는 이에 대한 해결책으로서 약소국들 간 연합체 구성을 고민했을 수 있다. 그 같은 약소국 연합은 국제 규범과 규칙을 위반하고 자신들의 영토와 주권을 강압적으로 침해하는 국가에 효과적으로 대응할 가능성이 있기 때문이다.

이 같은 구상이 현실화한다면 국가 간 관계도 어느 정도 자연 상태에서 국제적 실정법에 의해 통치되는 정치시민사회로 이행할 수 있다고 로크가 생각했을 수 있다. 그러나 국제정치 현실은 그 같은 구상이 이루어지기에는 자연 상태 그 자체라는 사실에서 로크는 전략가로서 고독을 느꼈을 수밖에 없었을 것이다. 더군다나 투키디데스가 통찰한 바와 같이 국제 관계의 유일한 기준은 국익이다. 이 점에서 약소국들의 국익이 일치되기 힘든데다가 패권 도전국이나 패권국이 그 같은 약소국들의 연합기구 탄생을 가만히 보고만 있지는 않을 것이다.

실제로 이 점은 동아시아와 서태평양 지역에서 확인되고 있다. 패권 도전국인 중국의 국제법 위반 행위로 인해 동남아시아 국가들의 영토와 주권이 침해되건만 이들 간의 통일된 대응은 이루어지지 않고 있다. 각자의 이익이 일치되지 않았기 때문이거나 중국이 무마하고 있기 때문일 수 있다. 중국은 자신의 도발로 인해 주변 약소국들의 반발이 심각하다고 여기면 외교와 경제적 협력을 통해 그 같은 반발을 무마해 왔다.

루소: 영구 평화를 위한 연방정부와 동아시아연합 비전

장 자크 루소는 18세기 영국의 보수주의 사상가인 에드먼드 버크Edmund Burke가 '정신 나간 소크라테스'라고 비난할 정도로 급진적이라는 평가를 받았다. 하지만 루소는 17~18세기 서구의 사회계약론 사상가 중에서 국제사회에 대한 고민을 가장 많이 한 사상가로 꼽힌다. 버크는 루소의 사회계약론에 대해서만큼은 과소평가하지 않았다. 국제사회의 가장 중요한 문제는 그때나 지금이나 어떻게 해야 전쟁을 방지하고 영구 평화를 이룰 수 있는가이다. 루소는 바로 이 문제의 해결 방법을 제시하고자 노력한 사상가다. 국제사회가 자연 상태에서 벗어나 전쟁 없는 영구 평화 상태로 이행하도록 만들 수 있느냐가 그의 평생의 화두였다. 이 점에서 루소야말로 오늘날 동아시아와 서태평양 지역의 안보 문제를 해결하는 데 꼭 필요한 사상가다. 중국의 패권 추구로 인해 갈수록 자연 상태로 떨어지면서 전쟁 가능성이 높아지고 있어 그 어느 때보다 역내 국가들은 그의 영구 평화 전략에 관심을 가질 필요가 있다.

루소의 영구 평화 전략은 미국의 국제정치학자 케네스 월츠Kenneth Waltz 가 『인간 국가 그리고 전쟁Man the State and War』에서 설명한 바와 같이 "한 국가 내의 개인들을 하나로 묶어주는 것과 같은 연대감으로 국가들을 법의 권위 아래에서 대등하게 대우하는 연방정부를 구성하는 것"이다. 연방정부를 구성해 모든 국가들이 연방법에 의한 공통의 결정을 수용하게끔 만들면 전쟁 가능성이 사라지므로 영구 평화가 가능하다는 것이 루소의 생각이었다. 루소는 그의 『영구 평화론』에서 이렇게 말했다. "연방제는 모든 주요 국가들을 회원으로 포함해야 하며, 모든 회원국에 대해 구속력을 갖는 법령과 규정을 통과시킬 수 있는 권한을 가진 입법부도 있어야 한다. 이 연방제는 명령의 형태이든 금지의 형태이든 모든 회원국에게 공통의 의결 사항을 준수하도록 강요할 수 있는 강제력도 갖추어야 한다. 마지막으로 국가들이 자국의 이익과 연방 전체의 이익이 충돌한다고 인식할 경우 임의로 탈퇴하는 사태를 막을 수 있는 역량과 견고함을 가져야 한다."

루소는 한 국가가 아무리 훌륭한 대외 정책을 펴더라도 그 정책이 반드시 다른 나라에도 이익이 되는 것은 아니며, 국내적으로 훌륭히 통치되고 있는 공화국이라고 해도 부당한 전쟁을 일으킬 수 있다고 보았다. 그래서 그는 전쟁 가능성을 없애고 영구 평화를 이룰 수 있는 방안으로서 연방제 구성을 제안했던 것이다.

오늘날 동아시아와 서태평양 지역만큼 루소의 연방정부 구성이라는 영구 평화 전략을 절실히 필요로 하는 곳은 없다. 문제는 실현 가능성이다. 당장에 미국과 중국 간에 패권 다툼이 치열한 상황에서 역내 모든 국가들이 참여하는 연방정부를 구성하겠다고 하는 것은 현실성이 낮다. 미국, 중국, 일본, 러시아 등 강대국들로서는 자신들이 약소국들과 똑같은 지분으로 참여하는 것에 동의하기가 쉽지 않을 것이다. 하지만 분명한 것은 어느 지역보다도 상이한 이념과 체제로 인한 갈등과 대립에 따른 전쟁 가능성이 높은 지역인 만큼 연방정부 구성이 전쟁 가능성을 없애줄 유일한 대안일 수 있다. 따라서 3단계로 점차적으로 추진해나갈 필요가 있다. 1단계에서는 동아시아와 서태평양 안보 공동체를 설립하고, 2단계에서는 각국 정부가 주권을 보유한 채 공동의 사안을 협의해 결정하고 각자 따르는 의사결정 시스템으로서 연합정부를 구성할 수 있다. 이들 두 단계가 성공적으로 운영되면 3단계로 연방정부를 구성하게 된다.

영구 평화를 위한 연방정부 구성은 루소가 자신의『영구 평화론』에서 다룬 의제다. 하지만 루소의『사회계약론』을 보면 이미 그에 대한 생각이 담겨져 있다는 것을 알게 된다. 루소에 의하면 사람들이 사회계약을 체결하는 것은 자연 상태에서 자위권 행사만으로는 더 이상 자신들의 생명과 자유, 재산을 지킬 수 없기 때문이다. 사람들은 사회계약에 의해 탄생한 국가에 주권을 이양함으로써 국가가 만든 법에 의한 보호를 받을 수 있게 된다. 이 같은 사회계약론의 논리를 접하게 되면 누구나 국가 단위를 넘어 국가 간 관계로까지 확장하는 것에 대해 생각하게 된다. 자연 상태에 있던 사람들 간에 체결된 사회계약이 국가라는 공동의 권위체를 탄생시켜 위험으로부터 사람들의 안전을 지키게 된 것처럼 국가들 간에 국제계약이 체결되면 모든 국가를 전쟁이라는 위험으로부터 지킬 수 있는 공동의 권위체가 탄생할 수 있다는 논리가 자연스럽게 도출되는 것이다. 루소도 아마 사회계약론을 완성하면서 국가 간 영구 평화를 이루기 위한 '국제계약론'에 대해서도 고민했을 것이고, 그 결과가『영구 평화론』으로 나왔을 수 있다.

그러나 루소는 자신의 영구 평화론이 후세의 인류를 전쟁의 참화로부터 구해낼 수 있을지에 대해서는 확신하지 못했을 것이다. 20세기 영국의 대표적인 철학자 버트런드 러셀의 비아냥을 들었다면, 그는 고독하다 못해 비참한 기분마저 느꼈을지 모른다. 러셀은 『서양철학사The History of Western Philosophy』에서 "루스벨트와 처칠은 로크의 후예이고, 히틀러는 루소의 후예"라고 냉소했다. 하지만 오늘날의 유럽연합(EU)은 그의 영구 평화론에 기초하고 있다. 냉전 때 서구 진영과 대립했던 동유럽 10개 국가가 2009년 가입함에 따라 유럽연합은 루소의 연방정부 구상에 점차적으로 다가서고 있다.

하지만 영국이 2020년 1월 탈퇴함으로써 유럽연합은 위기에 직면해 있다. 영국의 유럽연합 탈퇴는 2017년 국민투표에서 승인된 후 야당의 반대로 이루어지지 못하다가 보리스 존슨Boris Johnson 총리가 2019년 총선에서 승부수를 던지면서 실현됐다. 영국의 탈퇴는 빈국(貧國)보다 더 많은 분담금을 내야 하는 부국의 국민들이 국가 간 연합에 부정적으로 돌아서고 있다는 것을 반영한다. 이처럼 루소의 영구 평화론은 점차적으로 실현되는 모습을 보이다가 부침을 겪고 있다. 그럼에도 루소는 오늘날 여전히 세계가 필요로 하는 전략가이자 사상가다.

루소의 영구 평화론은 동아시아와 서태평양 지역에 가장 절실하게 필요한 사상이다. 독일 통일도 유럽연합이라는 지역 공동체가 있었기에 가능했다고 정치학자 최장집 고려대 명예교수는 말한다. 소련이 자신들의 영향권에 있는 동독과 통일을 할 수 있도록 해달라는 서독의 요구를 수용한 데는 유럽연합이라는 공동체의 존재가 큰 영향을 미쳤다는 평가다. 이 같은 평가는 루소의 영구 평화론이 냉전 종식에 기여했음을 보여준다. 그래서 최 교수는 한반도 통일도 유럽연합과 같은 기반이 있을 때 가능할 것이라고 말한다. 독일 통일 때처럼 중국이 한국에 의한 한반도 통일을 지지하도록 만들려면 동아시아연합이라는 공동체의 뒷받침이 있어야 한다는 의미다.

하지만 오늘날 루소의 사상에 기초해 동아시아연합이라는 구상을 제기하는 국가와 전문가를 찾을 수 없다. 한마디로 현실성 없는 구상으로 일축하는

166

분위기가 지배적이다. 하지만 국가들 간 연방정부 구성이 전쟁을 없애고 영구 평화를 가져올 것이라는 루소의 생각이 처음부터 현실성이 있다는 평가를 받은 것은 아니라는 사실을 상기할 필요가 있다. 언어가 생각을 바꾼다. 동아시아와 서태평양 지역이 유럽연합처럼 안보와 경제 공동체로 발전할 수 있다는 꿈을 꾸는 국가와 지식인이 늘어날 때 동아시아연합은 실현될 수 있다. 루소의 영구 평화론은 유럽에 한정되지 않고 전 세계를 위한 것이었다. 동아시아연합이 실현될 수 있다면 루소의 고독은 한결 덜어질 수 있을 것이다.

마키아벨리: 선한 목표를 위한 악한 수단의 사용

여기서 우리는 마키아벨리를 불러내야 한다. 로크와 루소의 비전을 해결해줄 수 있는 유일한 전략가이기 때문이다. 앞의 두 명의 사상가는 자신들의 비전을 실현해나가는 과정에서 직면하는 위기와 도전을 어떻게 해결할 것인지는 제시하지 않고 있다. 반면 마키아벨리는 『군주론』에서 군주는 목표를 달성하기 위해서라면 수단을 가리지 말아야 한다고 말한다. 여기서 군주는 리더를 가리키는 것이 아니다. 영국 캠브리지 대학의 역사가 피터 왓슨Peter Watson에 의하면 군주란 국가를 의인화한 개념이다. 따라서 국가는 목표를 달성하기 위해서는 수단을 가리지 말라는 것이다. 미국 저널리스트 출신의 국제정치 전문가 로버트 D. 캐플란Robert D. Kaplan은 『아시아의 가마솥Asia's Couldron』에서 이렇게 말했다. "마키아벨리의 『로마사 논고』와 『군주론』은 새로운 질서의 탄생이 얼마나 어려운지를 보여준다."

문제는 국가의 목표가 무엇이냐는 것인데, 로크나 루소는 국내나 국제적 차원에서 보는 목표가 같다. 국내적 차원의 목표는 법의 제정과 실행을 통해 온갖 위험으로부터 국민의 생명과 자유, 재산을 지키는 것이다. 국제적 차원의 목표는 다른 국가와의 전쟁을 피하거나 이겨서 존속하는 것이다. 국가의 생존은 그 구성원인 개인들을 위험으로부터 보호하기 위해서는 반드시 필요하며, 따라서 생존이라는 국가의 목표는 선한 것이다.

마키아벨리는 목표의 실현을 위해 수단을 가리지 말라고 한 탓에 그 목표마저도 선하지 않다는 인상을 준다. 마키아벨리의 고독은 이 지점과 관련 있다. 그러나 그가 말하는 군주, 즉 국가가 실현하고자 하는 목표 자체는 선한 것일 수 있다. 그는 『군주론』에서 "군주는 바람 부는 대로 운명의 변화가 지시하는 대로 따를 수 있는 심성을 지녀야 한다"고 했다. 그런 다음 그는 "가능한 선을 벗어나서는 안 되나 피할 수 없다면 악을 행할 수도 있어야 한다"고 덧붙였다. 국가가 생존을 위해 불가피하게 악을 행하는 것은 정당성을 인정받는다는 것이다.

한 나라가 천하를 경영하기 위해서는 '이선양인(以善養人)'의 리더십을 발휘해야 한다는 맹자의 의제도 마키아벨리의 이 같은 전략으로 실현될 수 있다. 이선양인은 선으로써 다른 나라들과 공존하고 이들이 발전하게끔 한다는 의미로 해석할 수 있다. 하지만 맹자는 이를 위해 국가가 어떻게 해야 하는지에 대해서는 언급하지 않았다. 마키아벨리는 이 같은 선한 목표를 달성하기 위해서는 가급적 선한 수단을 동원하되, 어쩔 수 없는 경우엔 악한 수단이라도 사용할 수 있어야 한다고 말한다. 그는 모든 목적이 수단을 정당화하는 것이 아니라 일부 목적들만이 수단을 정당화한다고 말한다. 그는 『로마사 논고』에서 이렇게 말한다. "파괴를 목표로 폭력을 행사하는 자는 비난을 받지만 선한 목표를 위해 폭력을 사용하는 자는 비난받지 않는다."

마키아벨리의 사상은 이처럼 맹자와 로크, 루소가 추구했던 비전들을 실현할 전략을 제시한 것이다. 그는 로크의 '국가의 생존'과 루소의 '국제 사회의 영구 평화', 맹자의 '국가 간 평화적 공존'이라는 비전을 실현하는 주체가 국가임을 밝혔다. 그런 다음 그는 그 국가가 어떻게 세 명의 사상가들이 제시한 비전을 실현할 수 있는지에 관한 전략을 제시했다. 요컨대 맹자와 로크, 루소가 국가의 생존을 위한 비전을 제시했다면, 마키아벨리는 그 비전을 실현하기 위한 전략을 제시한 것이다.

동아시아와 서태평양 지역에서 중국의 강압적인 패권 추구로 인해 초래된 안보 위기에 대한 역내 국가들의 대응 전략은 마키아벨리에게서 찾아야 한다. 가급적 선한 수단으로 중국의 폭력적인 패권 추구에 대응해야 하지만, 불가피할 경우 악한 수단도 사용할 수 있어야 한다는 것이 그의 충고이다. 그렇다면 불가피한 경우는 어떤 경우이고, 그런 경우에는 어떤 악한 수단을 써야 하는가?

갈수록 중국에 의해 주권이 제약당하는 위기에 직면해 있는 한국에게 이 문제는 외교와 군사 전략의 화두가 되어야 한다. 중국의 강압적인 패권 추구에 맞서 미국과의 동맹 강화나 인도, 호주, 일본, 그리고 동남아 국가들과의 협력 증대는 선한 수단들에 해당한다. 문제는 이러한 선한 수단만으로는 중국의 위협에 대처하기 어려울 때 쓸 수밖에 없는 마키아벨리적 수단이 무엇이 있는가? 이에 대한 답을 마련해두는 것이 외교와 군사 전략을 수립하고 추진하는 정부 부처들과 관련 전문가들의 과제다.

2020년대 중국의 패권 도전으로 위기에 처한 동아시아의 자유주의 질서를 구하고 그 질서가 더욱 공고히 유지될 수 있도록 만들 전략을 갖춘 전략가는 과연 등장할 수 있을 것인가?

"사람의 마음이란 평화보다는 승리를 갈망할지 모를 것이네.
하지만 승리란 위대할수록 오래 지속되기 어렵더군."

한니발

"중국 공산당은 국내 불안정을 더 두려워하기 때문에
중국의 글로벌 투사력은 제한적일 것이다."

매튜 크뢰니그

GRAND

2부

동아시아와 세계 패권을 둘러싼

미국과 중국의 충돌

STRATEGY

05

미중 패권 전쟁의 구조:
확전 우위 게임

"내게는 정말로 조지 케넌이 필요하지 않다." 버락 오바마 전 미국 대통령이 현직에 있을 때 한 말이다. 그가 퇴임한 뒤 이 언급이 다시 주목 받게 된 계기는 하버드대 국제정치학자 그레이엄 앨리슨이 2018년 출간된 『예정된 전쟁Destined for War』에서 인용하면서다. 여기서 중요한 것은 오바마 전 대통령이 이 말을 통해 미국 국내는 물론 세계 전체를 향해 전하고자 했던 의미가 무엇이냐는 것이다. 외교정책을 수립하고 추진하는 데 있어서, 냉전 시기 대소련 봉쇄 전략을 수립한 케넌과 같은 대전략가가 굳이 필요하지 않다는 뜻인가? 만약 오바마가 이런 맥락에서 그 같이 말한 것이라면 그가 의도하고자 한 바는 분명하다. 오늘날 세계가 냉전 시대와 달리 이념적으로 대립하고 있지 않기 때문에 미국이 굳이 봉쇄 전략과 같은 대외 정책을 추진할 필요가 없다는 것이다.

그러나 그것은 오만이었다. 2014년 탈냉전 질서가 붕괴하게 된 데는 오바마의 이 같은 인식이 결정적이었다. 그렇게 볼 수 있는 까닭은 탈냉전 질서의 심장을 쏜 러시아의 크림반도 강제 병합이 바로 케넌의 경고를 무시한 결과였기 때문이다. 케넌은 나토를 동유럽까지 확대하는 것은 러시아의 군사적 반격을 초래하는 등 재앙을 낳을 수 있다고 경고한 바 있다. 하지만 오바마 행정부는 이를 무시하고 우크라이나까지 나토의 확대를 시도했고 그 결과 탈냉전 질서의 종언이라는 참변을 당한 것이다.

하지만 탈냉전 질서의 붕괴는 오바마 행정부의 전략 실패 탓으로만 돌리는 것은 옳지 않다. 냉전 종식 이후 출범했던 세 행정부 모두에 책임을 지우는 것이 타당하다. 더구나 이들 행정부의 유산을 이어 받았던 트럼프 행정부도 그 책임에서 자유롭지 않다. 그 까닭은 트럼프 행정부가 중국과 러시아의 도전에 맞서 미국과 동맹국들의 안보를 강화하기보다는 미국의 이익을 확보하는 데 더 골몰했다는 평가를 받기 때문이다. 트럼프 행정부는 중국과 러시아가 각각 동아시아와 유럽의 안보 질서를 불안정하게 만들지 못하도록 세력균형 전략을 성공적으로 추진하지 못했다는 비판을 받는다.

문제는 냉전 종식 이후 로마제국과 같은 지위를 달성한 미국이 어쩌다 이렇게까지 전략 실패를 거듭해 왔느냐는 것이다. 20세기 초 영국으로부터 패권국의 지위를 물려받은 이후 미국은 대외 정책에 대한 전략적 사고 문화가 발달해온 것으로 평가 받아왔다. 하지만 트럼프 행정부가 출범한 이후에 그 같은 전략 실패의 원인을 전략적 사고 문화가 변한 데서 찾아야 한다는 움직임들이 나타나고 있다. 워싱턴 DC의 외교안보 담론 공동체의 급속한 쇠퇴가 전략 실패를 낳은 보이지 않는 요인이라는 것이다.

앨리슨이 말한 것처럼 워싱턴의 전략적 사고가 주변화(marginalization)하고 있다는 평가가 있다. 앨리슨의 관찰에 의하면 오늘날 미국의 외교안보 정책 결정자들은 전략을 진심으로 고민하는 척도 하지 않는다. 중국, 러시아, 그리고 극단적 이슬람 세력에 대한 대처와 관련해 그들은 "우리가 하고 있는 노력의 기조는…"과 같은 말만 한다는 것이 그의 지적이다. 요컨대 앨리슨의 말은 그들은 전략에 대해 가급적 언급하지 않는다는 것이다. 자신은 케넌을 필요로 하지 않는다는 오바마의 말은 미국 행정부의 정책 입안자들의 이 같은 전략적 사고 문화에서 말미암은 것이라고 할 수 있다.

미국의 정책 입안자들과 민간 싱크탱크 전문가들이 전략적 사고를 하지 못하게 된 결과 오바마 대통령마저 "나는 케넌 같은 사람은 필요하지 않아"와 같은 현실과 괴리된 말을 예사로 하게 된 것이다. 오늘날 워싱턴 DC라는 명칭에서 'DC'가 '기능이 정지된 수도(Defunct Capital)'의 첫 글자 조합이 아니냐는 냉소를 받고 있는 상황은 이런 맥락에서 이해해야 한다.

미 행정부의 외교안보 정책 결정은 워싱턴 싱크탱크들이 주최하는 세미나와 전문가들의 각종 보고서와 책 출간, 신문 및 방송, 인터넷 언론 등의 담론 공동체(discourse community)로부터 많은 영향을 받아 왔다. 그렇다고 본다면 담론 공동체가 대통령과 외교정책 입안자들 사이에서 퍼지고 있는 '전략적 사고 부재 증후군'의 원인 중 하나일 수 있다. 요컨대 이 책 앞에서 살펴본 바와 같이 미국 조야의 담론 공동체의 전략적 사고 수준이 갈수록 낮아지고 있는 데서도 미국의 전략 실패의 한 원인을 찾을 수 있다.

미국의 전략적 사고 부재는 핵심 동맹국인 한국에 심각한 영향을 미칠 수 있다. 미국의 외교안보 정책 결정자들이 역내의 지정학적 상황에 대해 정확한 판단을 내리지 못한다면 그것은 대한민국과 한반도 전체의 운명에 큰 위기를 초래할 수 있기 때문이다.

미국의 전략적 사고 부재는 중국의 패권 도전 본격화와 관련해 세 가지 중대한 실패를 초래했다.

실제로 워싱턴 조야의 전략적 사고 부재는 중국의 패권 도전 본격화와 관련해 세 가지 중대한 실패를 초래해 왔다. 첫 번째는 2014년 남중국해 인공섬 건설을 기점으로 중국이 미국의 패권에 대한 도전을 본격화한 이후 동아시아와 한반도가 직면한 위기에 대해 미국이 정확한 인식을 못하고 있다는 것이다. 두 번째는 이로 인해 중국에 대한 전략적 목표를 제대로 설정하지 못한 채 오바마 행정부부터 트럼프 행정부를 거쳐 바이든 행정부에 이르기까지 임기응변으로 대응하고 있는 것이다. 마지막은 중국을 상대로 한 미국과 동맹국들의 전략적 목표가 설정되지 못함에 따라 이를 위한 전략 수립과 추진은 엄두도 내지 못하고 있는 것이다.

이 같은 세 가지 실패 중 가장 중요한 것은 위기에 대한 정확한 인식 실패라고 볼 수 있다. 정확한 인식만이라도 할 수 있다면 목표 설정과 이를 위한 전략 수립과 추진은 어렵지 않기 때문이다. 전략적 사고란 위기 인식, 목표설정, 전략의 수립과 추진으로 이어지는 3단계를 일컫는다. 클라우제비츠는 『전쟁론』에서 전쟁에서 전략이란 목표 달성을 위한 관여라고 했다. 전쟁이든 외교든 간에 목표 달성을 위해 어떻게 관여할 것이냐가 바로 전략이다.

미국의 국제정치 전략 문제 전문가인 에드워드 N. 러트웍Edward N. Luttwak 은『전략Strategy』에서 미군 용어사전을 인용해 전략의 개념을 "전시와 평시에 채택된 정책에 대한 최대의 지원을 제공하기 위한 국가 또는 국가들의 정치적, 경제적, 심리적, 군사적 힘"으로 밝히고 있다. 러트웍에 의하면 구 소련군이 내린 전략의 정의는 "장차 전쟁의 조건과 본질, 전쟁 준비 및 수행 방법, 군의 종류와 그 전략적 활용의 기초, 그리고 물질적, 기술적 지원 토대, 전쟁과 군에 대한 리더십 등을 연구하는 것"이다. 하지만 러트웍은 자신에게 맞는 전략의 정의는 프랑스의 앙드레 보프르 장군이 내린 정의로, "상호 간의 투쟁을 해결하기 위하여 무력을 사용하는 의지들의 변증법에 관한 기술"이다.

전략에 관한 이처럼 서로 다른 정의들은 20세기를 대표하는 세계적인 경영 사상가 피터 드러커Peter Drucker에 의해 보다 구체적으로 보완된다. 드러커에 의하면 전략이란 "적이 원하는 방식이 아닌 나만의 방식으로 싸움을 하는 것"이다. 클라우제비츠가 말한 '관여'란 '적이 원하는 방식이 아닌 나만의 방식으로 싸우는 것이어야 한다'는 것이 드러커의 생각이었다. 다시 말해서 중국에 대한 전략적 목표가 결정되면 중국이 원하는 방식이 아닌 미국 자신의 방식으로 싸워 목표를 달성하는 것이 바로 미국의 입장에서 전략이다.

세계적인 투자가인 일본 소프트뱅크 회장 손정의는 전략(戰略)에서 '략(略)'은 '생략'을 의미하며, 전쟁의 승리를 위해 중요하지 않은 것은 생략하고 중요한 것에 집중하는 것이 전략이라고 말한다.

이들 전략가의 생각을 종합하면 전략은 다음과 같이 정의할 수 있다. 전쟁에서 승리를 위해 중요하지 않은 것은 생략하고 그 가장 중요한 목표를 적이 원하는 방식이 아닌 나의 방식으로 쟁취하는 것이다. 다만 그 승리는 전쟁이 국내 정치의 연장이라는 점에서 절제된 또는 제한적 승리여야 한다는 클라우제비츠의 통찰을 따라야 한다.

미국의 대중 전쟁 회피 전략

그렇다면 미국이 전략에 대한 이 같은 정의에 따라 대중 전략을 수립하기 위해 먼저 해야 할 일은 중국의 부상에 따른 안보 위기에 대한 정확한 인식이다. 하지만 미국의 행정부와 담론 공동체 어디에서도 미국과 동맹국들이 직면한 위기에 대한 정확한 분석을 하고 있다는 흔적을 찾기가 어렵다. 미국은 '투키디데스 함정'이라는 프레임에 함몰돼 중국과의 전쟁 가능성만을 주목해왔다. 그러다 보니 미국의 대중 목표는 오로지 전쟁 회피로만 설정되어 왔다. 이 같은 목표를 달성하기 위한 전략은 가급적 중국을 자극하지 않는 것이었다. 1960년대 쿠바 미사일 위기 이후 존 F. 케네디 대통령의 발언도 이 같은 대중 전략의 타당성을 뒷받침한다. 케네디 대통령은 "핵 강대국들은 적국으로 하여금 모멸적인 후퇴와 핵전쟁 간에 하나를 선택하도록 만드는 대립은 피해야 한다"고 말한 바 있다.

러트웍에 의하면 미국 국방부는 남중국해의 해상 훈련을 가상 적국이 중국이라는 것을 밝히지 않은 채 해오고 있다. 그 이유는 남중국해의 해상 훈련이 중국과의 군사적 충돌로 이어지지 않도록 주의하고 있기 때문이라고 한다. 그는 2012년 출간된 『중국의 부상 對 전략의 논리The Rise of China vs. the Logic of Strategy』에서 미국은 대중 전략을 재무부, 국무부, 그리고 국방부 별로 각기 다르게 추진하고 있다고 평가한다. 미 재무부와 국무부는 국방부와 달리 중국을 경제와 국제 협력 분야로 유도하는 전략을 펴왔다.

미 재무부는 중국에 위안화의 평가 절상을 요구하고 다른 한편으로는 중국이 미국 국채를 구입하도록 유도하는 등의 전략을 통해 중국을 상대로 미국의 경제적 이익을 추구해 왔다. 이에 반해 미국의 무역대표부는 권한이 상대적으로 작은 탓에 중국과의 무역 수지 불균형을 개선하기 위한 대중 압박을 적극적으로 추진하지 못해 왔다. 국무부의 경우 중국으로 하여금 국제 협력을 위한 국제 협정과 제도, 기구들에 참여하도록 유도함으로써 중국이 글로벌 질서의 안정을 위해 책임감을 갖도록 만드는 전략을 추구해왔다. 중국의 동아시아 및 글로벌 패권 도전에 대응하기 위한 미국의 전략은 이처럼 양국 간 글로벌 협력 증대를 위한 관여 전략과 저강도의 군사적 억지 전략이 함께 추진되어 왔다.

이 같은 전략의 수립과 추진 배경에는 중국과의 전쟁을 어떻게든 피하는 것이 가장 중요하다는 투키디데스의 함정 프레임이 자리하고 있다. 투키디데스는 역사의 새로운 법칙은 역사가 신에 의해 정해진 운명에 의해서가 아니라 주 행위자인 인간에 의해 만들어지는 것이라고 말했다. 앨리슨은 그의 책에서 미국의 대중 전략 방향과 관련해 투키디데스의 이 교훈을 강조한다. 아마도 그가 투키디데스의 이 말에 특별한 의미를 부여하고자 하는 의도는 중국과의 전쟁을 피하는 것이 미국의 대중 전략적 목표이고 미국이 노력한다면 충분히 피할 수 있다는 점을 부각시키는 데 있을 것이다.

> 앨리슨을 비롯한 미국 전략가들은 투키디데스의 함정론에 입각해 중국과의 전쟁을 피하는 것이 대중 전략의 목표가 되어야 한다는 입장을 고수해 오고 있다.

이는 앨리슨이 제2차 세계대전도 노력했다면 피할 수 있었다고 설명한 데서 간접적으로 확인된다. 1936년 히틀러가 베르사이유 조약을 위반하고 독일을 재무장했을 때 영국과 프랑스가 그 조약을 지키기 위해 군대를 파견했다면 재무장에 반대했던 독일 장성들이 히틀러를 내쫓았을 것이고, 만약 그랬다면 제2차 세계대전은 발발하지 않았을 수 있었다는 것이 그의 추론이다. 핵강대국 간 전쟁을 유발할 수 있는 어떤 대립도 피해야 한다는 케네디 대통령의 언급을 앨리슨이 주목하는 이유도 미국과 중국이라는 핵 강대국 간 전쟁은 어떻게든 피해야 한다고 인식하기 때문이다.

문제는 미국이 앞의 세 가지 대중 전략으로 3차 세계대전으로 이어질지 모를 미중 전쟁을 예방할 수 있느냐는 것이다. 앨리슨이 말한 것처럼 제2차 대전의 발발은 독일이 베르사이유 조약을 위반했을 때 영국과 프랑스가 군대를 파견했다면 막았을 가능성이 분명히 존재했다. 만약 이 같은 분석이 맞다면 중국이 남중국해 영유권 분쟁을 일으켰을 때 미국은 동맹국들과 함께 이 교훈을 행동으로 옮겼어야 했다. 2014년 중국이 남중국해 섬들과 환초들을 불법 점유하고 인공섬을 건설할 때 미국과 동맹국들은 남중국해에 군대를 파견하거나 중국에 대한 제재를 추진했어야 했다. 그랬다면 그 후 남중국해를 중심으로 발생해 온 중국의 국제법 위반 행위들을 막을 수 있었을지도 모른다.

그러나 미국과 동맹국들은 군대 파견이나 안보리 회부 등 어떤 실질적인 행동도 하지 않았다. 미국의 국제정치 전문가들도 그 같은 행동을 촉구하지 않았다. 미국 행정부는 제2차 대전 직전 독일과 뮌헨협정을 맺어 어떻게든 히틀러를 달래려고 했던 당시 영국의 체임벌린 수상이 갔던 길을 답습하고 있는 것이다.

하지만 히틀러를 저지하려 했다면 영국과 프랑스가 군대를 파견했었어야 했다고 주장하는, 앨리슨을 비롯한 대다수의 미국 전략가들도 중국에 대해서는 그 같은 조치를 취하는 것을 주저해 왔다. 그들은 오히려 투키디데스의 함정론에 입각해 어떻게든 중국과의 전쟁을 피하는 것이 대중 전략의 목표가 되어야 한다는 입장을 고수해 오고 있다. 제2차 대전 직전의 독일과 오늘날 중국 간에 공통점이 늘어나고 있는데도 그들은 서로 다른 대응을 주장하고 있는 것이다.

중국 견제를 위한 두 가지 선택지

결국 미국과 한국, 일본을 비롯한 미국의 동맹국들에게는 두 가지 선택지가 놓여 있다. 하나의 선택지는 중국에게 국제법을 준수하지 않을 경우 강력한 군사적 대응을 불사하겠다는 의지를 보여줌으로써 중국이 다시는 인공섬 건설 같은 국제법 위반을 못하게 하는 것이다. 다른 하나의 선택지는 중국을 자극하지 않기 위해 '중국판 뮌헨협정'을 체결함으로써 미중 전쟁 예방을 추구하는 것이다. 그렇다면 전자와 후자의 선택 중 어느 것이 중국의 패권 도전으로부터 미국과 동맹국들의 국익과 안보를 지킬 수 있는 전략적 선택인가?

앨리슨을 포함한 미국 전략가들의 주장대로 역사에서 교훈을 얻는다면 전자를 선택할 가능성이 높다. 중국이 국제법을 위반하면서까지 영해를 확장하는 행위를 막기 위해서는 군사력 사용을 불사하겠다는 의지를 미국과 미국의 동맹국들이 분명하게 밝혀야 하는 것이다. 그래야만 중국이 국제법을 준수하도록 만들 수 있고 미중 전쟁을 예방해 3차 대전도 막을 수 있는 것이다.

실제로 군사 전략의 측면에서도 전자를 선택하는 게 옳다. 그렇게 보는 논리적 근거는 미국의 전략가 허먼 칸Herman Khan의 '확전 우위(escalation dominance)' 전략 개념이다. 미국과 중국 간에 갈등과 대립이 심화되고 군사적 충돌 가능성이 높아질 경우 어느 국가든 상대국에 대해 우위를 차지하는 전략은 확전을 불사하는 것이다. 확전이 되면서 설령 전면전으로 치닫더라도 이를 감수하겠다는 의지를 가진 국가가 우위를 점하게 된다는 것이 이 전략의 핵심 논리이다.

> 미국과 중국 중에 확전을 불사하고서라도 상대국에 우위를 차지하겠다는
> 의지를 가진 쪽이 패권을 차지할 가능성이 높다.

요컨대 미국과 중국 중에 확전을 불사하고서라도 상대국에 우위를 차지하겠다는 의지를 가진 쪽이 동아시아와 서태평양 지역의 패권을 차지할 가능성이 높다는 게 칸의 얘기다. 그래서 미국의 군사 전략가들은 일반적인 국제정치 전문가들과 달리 오늘날 미중 게임을 확전 우위 게임으로 보고 있다. 이

같은 인식을 갖고 있는 미국의 대표적인 군사 전략가들은 『반접근 전쟁Anti-Access Warfare』의 저자 샘 J. 탄그레디Sam J. Tangredi, 『공중-해상 전투 전략을 넘어서Beyond Air-Sea Battle』의 저자 아론 L. 프리드버그Aaron L. Friedberg, 『해상의 포화Fire on the Water』의 저자 로버트 하딕Robert Haddick을 꼽을 수 있다.

그렇다면 미국과 한국과 일본 등 미국의 동아시아와 서태평양 지역 동맹국들은 이 같은 갈림길에서 어느 쪽을 선택해야 할 것인가?

선택의 기준은 동아시아와 서태평양 지역의 패권을 중국에 빼앗길 경우 미국과 한국과 일본 등이 직면하게 될 위기의 정체이다. 아직 위의 두 선택지 중 하나를 고르지 못하고 있다는 것은 미국과 미국의 동맹국들이 그 위기의 핵심을 파악하지 못하고 있다는 것을 의미한다. 그 이유는 중국이 '살라미 자르기(salami slicing)' 전략으로 패권을 추구해 왔기 때문이다.

중국의 역내 패권 도전을 위한 핵심 전술: 살라미 자르기 식 도발

미국의 해병대 장교 출신으로 동아시아 군사 전문가인 하딕에 의하면, 살라미 자르기는 시간이 지나면 결국 의미 있는 전략적 변화로 이어지는 작은 변화들의 점진적인 축적이다. 중국이 살라미 자르기 식으로 저지르는 도발들이 상대적으로 소규모인 탓에 레드라인(red-line, 금지선)을 넘은 것으로 간주하기가 어렵다는 것이다. 그 결과 군사 및 외교 차원에서 강력하게 대응하는 데 미국과 동맹국들이 어려움을 겪고 있다고 하딕은 2014년에 출간된 『해상의 포화』에서 말한다.

이는 남중국해를 차지하기 위한 중국의 시도가 수차례에 걸친 살라미 자르기 식 도발을 통해 이루어지고 있는 데서 확인된다. 남중국해 대부분의 해역을 중국의 영해로 표시한 '구단선(九段線, nine-dash line)'은 중화인민공화국 수립 이전의 중화민국으로 거슬러 올라간다. 그러나 이들 주장은 21세기 첫 번째 10년 후반까지는 거의 언급되지 않았는데 단 두 번의 예외가 있었다. 중국은 1974년 당시 패망하던 월남으로부터 서사군도(Paracel Islands)의 우디섬(Woody Island)을 빼앗은 데 이어 그로부터 21년이 지난 1995년 남사군도(Spratly Islands)에 있는 필리핀의 팡가니방 산호초(Mischief Reef)를 점령했다. 그 후 잠잠하던 중국은 2012년 6월 우디섬에 싼사시(Sansha City)를 만들어 체계적인 살라미 자르기를 추진하기 시작했다. 중국의 의도는 자국이 영유권을 주장하는 남중국해의 모든 도서와 환초를 싼사시를 통해 행정적으로 관리하는 것이었다. 이러한 조치가 있기 두 달 전 중국은 필리핀의 스카버러 환초를 병합했다. 당시 중국의 해사법 집행기관과 필리핀의 해안 경비대 간에 스카버러 환초를 두고 장기간 교착 상태가 벌어졌다. 결국 필리핀 측이 두 손 들고 전격적으로 철수하면서 그 후 스카버러 환초에는 중국 함정들이 주둔하게 되었다.

중국은 이 같은 살라미 전술을 통해 남중국해의 도서나 환초, 바위섬과 그 주변 해역에 대한 영유권 분쟁을 본격화하기 시작했다. 중국은 2013년부터 남중국해에 해양 경찰 소속 함정들을 가동해 중국 영토에서 불법적으로 항해하는 선박들을 조사하겠다고 밝혔다. 이로 인해 베트남과 필리핀 등 인접국들과 중국 간에 물리적인 충돌들이 지속적으로 발생해 왔다. 하지만 중국은 살라미 전술을 지속하면서 갈등이 발생하더라도 그것이 군사적 충돌로 이어지지는 않았다.

중국은 남사군도 근처의 해면 아래에 있는 바위 위에 인공섬들을 건설하기 시작했고 2014년에 완공했다. 하지만 미국은 물론 관련 당사국들은 중국의 살라미 전술로 인해 인공섬 건설과 같은 불법 행위가 레드 라인을 넘는 것으로 인식하지 못했다. 미국과 관련국들이 그동안 중국의 국제법 위반에 강력한 대응하지 못해 온 것은 바로 이 때문이다.

중국의 살라미 전술은 현재 일본이 영유하고 있는 동중국해의 센카쿠 제도 (중국명 댜오위다오)를 대상으로도 추진돼 왔다. 중국은 센카쿠 제도 주위에서 준군사적, 비군사적 해양 자원들을 공격적으로 활용해오고 있다. 중국이 이 같은 자원들을 동원하는 까닭은 미국과 일본이 대응하지 못하도록 만들려고 하기 때문이다.

> **미국의 입장에서 문제는 중국의 살라미 자르기 식 도발이 너무 작은 나머지 개전 이유가 되지 못하는 것이다.**

미국과 관련국들의 입장에서 중국의 살라미 전술에 대응하기 어려운 이유는 분명하다. 그 같은 살라미 자르기 식 도발이 너무 작은 나머지 개전 이유 (開戰 理由, casus belli)가 되지 못하는 것이다. 중국의 살라미 자르기는 경쟁국들을 불편하게 만든다. 문제는 경쟁국들이 레드 라인을 긋고 벼랑 끝 전술로 대응할 수도 없는 것이 전 세계는 중국의 살라미 자르기 행위들을 정치적으로 사소하다고 인식하기 때문이라는 것이 하딕의 분석이다. 그 결과 중국 지도자들은 시간이 지날수록 살라미 전술에 더욱 의존하고 있다.

남중국해 도서들과 환초들의 영유권을 장악하기 위해서는 그보다 더 효과적인 전술이 없다는 것을 그들은 잘 인식하고 있는 것이다. 이 때문에 남중국해 영유권을 둘러싸고 중국과 갈등을 빚고 있는 주변 국가들과 미국은 잘 준비된 적인 중국에 맞서 첫 군사 행동을 고려해야만 하는 상태에 언제든지 놓일 수 있는 상황이다. 하지만 중국의 살라미 자르기 식 도발을 세계가 그리 심각한 것이 아니라고 인식하는 한 이에 맞서 미국과 동맹국들이 군사적 대응을 한다는 것은 정치적으로나 군사적으로나 어려운 결정일 수밖에 없다.

중국은 살라미 전술이 성공함에 따라 인도와 중국 간 국경선 분쟁에도 이 전술을 사용하고 있다. 양국은 분쟁의 대상인 부탄과 미얀마가 관련된 접경

지대는 관련국들 간에 협의에 의한 최종 결정을 하기로 2012년에 합의했다. '실질적 통제선'이란 명칭의 국경선을 둘러싼 논란을 해결하기 위해 양국은 '협의와 협력을 위한 실무 회의'를 개최해 오면서 외교적 해결 방안을 모색해 온 것이다. 그러나 이런 외교적 노력은 갈수록 증가하는 중국군에 의한 살라미 자르기 식의 잦은 국경선 침범으로 인해 무위로 돌아가고 있다고 러트웍은 말한다. 2010년에 200회가 조금 넘었던 중국군의 국경 침범은 2011년에는 300회가 넘었다.

중국군의 침범들은 남중국해에서 펴 온 도발처럼 너무 소규모인 탓에 인도로서는 정색을 하고 군사적 대응을 하지 못하고 있다. 하지만 중국의 이 같은 살라미 자르기 식 침범 전략은 국경 문제를 외교적 문제로 인식해 온 인도로 하여금 군사적 문제로 여기게 만들었다. 러트웍에 의하면 중국군의 잦은 침범이 낳은 분명한 결과는 인도의 대 중국 외교정책에서가 아닌 대 중국 국방 정책에서 나타났다. 인도가 이웃 국가로서 오랫동안 라이벌인 파키스탄에 대한 국방 정책보다 중국에 대한 국방 정책을 더 강력하게 추진하기 시작한 것이다. 인도가 중국에 대한 견제를 위해 미국, 일본, 호주와 함께 인도-태평양 전략(Indo-Pacific Strategy)'을 추진하게 된 데는 이런 배경이 있다.

중국은 국경 문제를 외교적 사안에서 군사적 분쟁 사안으로 전환시킬 때 비로소 자국의 이익을 보다 더 보장할 수 있다고 본다. 왜냐하면 국가 간 국경선에 대한 논란이 외교 차원에만 이루어지는 것과 군사적 차원으로 발전하게 되는 것 간에 큰 차이가 날 수 있기 때문이다. 애초부터 영유권이 없거나 분명하지 않은 영유권을 주장할 경우 이를 외교적 협의 대상으로 하는 것보다 군사적으로 분쟁 대상으로 삼는 것이 나중에 양국 간 합의 시 영토적 보상을 더 많이 받아낼 개연성이 크다고 중국은 판단하고 있는 것이다.

이에 대해 인도는 2017년 6월 중국이 부탄의 국경 분쟁 지역인 둥랑고원과 연결된 도로를 확장하려 하자 군대를 파견해 막았다. 이로 인해 인도군과 중국군은 군사적으로 대치하는 상황이 한 달 넘게 지속되는 사태가 발생했다. 인도가 군대를 파견하면서까지 중국의 도로 확장을 막은 까닭은 인도의 동북부 7개주가 중국의 위협 하에 놓일 수 있다고 우려했기 때문이다. 둥랑고원과 연결된 도로가 확장될 경우 인도 동북부 7개주를 연결하는 '닭의 목'이라고 불리는 20km 길이의 좁은 회랑에 중국이 손쉽게 접근할 수 있다는 것이 인도의 판단이었다. 만약 그렇게 되면 인도가 동북부 7개주와 분리될 가능성이 충분히 있다. 인도는 중국이 둥랑고원과 연결된 도로 확장에 나선 목적이 유사 시 인도의 동북부 7개주로 신속하게 접근할 수 있는 길을 내려는 것이라고 의심하고 있다.

살라미 전술은 이처럼 인도와의 국경 분쟁에서 남중국해와 동중국해 영유권 분쟁에 이르기까지 중국의 핵심 전술로 자리 잡아 왔다. 그만큼 살라미 전술이 중국이 역내 패권 확보라는 목표를 달성하는 데 중요한 역할을 하고 있는 것이다.

살라미 전술 외에 중국의 불법적인 도발들에 대해 주변국들이 대응하기 어렵게 만드는 또 다른 수단은 외교다. 필리핀의 동아시아 전문가 리처드 J. 헤이다리안Heydarian이 2015년에 출간된 『아시아의 새로운 전쟁터』에서 분석한 바에 의하면 중국은 자국의 도발 행위들에 대해 주변국들이 다른 국가들과 연합해 대응하려 한다는 것을 깨닫는 즉시 외교와 무역, 역사적 유대 등의 수단을 동원해 적극 무마해 왔다. 시진핑 정권이 2014년 중반 남중국해 석유 굴착을 둘러싼 위기와 같이 인근 국가들과 긴장이 고조되면 경제적 인센티브와 고위급 외교 채널들을 활용해 무마하는 전략을 펴왔다는 것이 헤이다리안의 지적이다.

중국은 남중국해와 동중국해에서 불법적인 도발을 해오면서도 살라미 전술을 통해 그러한 도발의 목표를 은폐하고 미국과 관련 국가들이 군사적으로 대응하지 못하게 하는 데 성공해 왔다. 하지만 남중국해와 동중국해를 차지하려는 중국의 속내를 드러내주는 직간접적인 증거 모두가 감춰질 수는 없다. 중요한 증거 중 하나가 '사건 현장'인 남중국해와 동중국해와 접한 중국의 해안에서 발견되기 때문이다.

중국의 대 미국 군사 전략: 반접근 지역 거부

중국 대륙의 해안을 따라 중단거리 탄도미사일인 둥펑-21과 둥펑-15가 집중 배치되어 있다. 중국이 이들 탄도미사일을 배치한 목적은 남중국해와 동중국해를 넘어서는 사정거리에서 짐작할 수 있다. 바로 이들 해역 밖에서 적의를 갖고 중국으로 향하는 외국 항모와 구축함, 전투기 등의 접근을 막는 것이다. 중국의 입장에서 이 같은 접근이 가능한 나라는 미국뿐이다.

그렇다면 중국이 남중국해에서 주변 국가들의 반발에도 불구하고 일부 도서들과 환초들을 점거하고 영유권을 주장해 온 목적은 무엇인가? 이 지역에서 미국이 가지고 있는 군사적 패권을 빼앗아오는 것이다.

이 같은 사실은 두 가지 중요한 의미를 갖는다. 하나는 중국이 1971년 닉슨과 마오쩌둥 간 미중 정상회담에서 암묵적으로 받아들였던 아시아에서의 미국의 군사 우위를 더 이상 인정하지 않는다는 것을 넘어서 그 자리를 대체하겠다고 나서기 시작했다는 것이다. 다른 하나는 중국이 2000년대 들어서 급속한 경제성장을 이룬 결과 세계 무역과 금융을 주도하게 되면서 국가적으로 자신감을 갖게 됐다는 것을 의미한다. 중국이 이 같은 성장을 할 수 있었던 결정적 계기는 1971년 미중 정상회담에 따른 미중 데탕트 체제였다. 20세기 초 독일과 일본은 서구 강대국들에 의해 세계 원자재 시장에 들어가지 못했다. 반면에 중국은 운 좋게도 미국의 도움으로 산업 발전에 필요한 석유와 구리, 철 등 주요 원자재를 수입할 수 있었다고 영국의 글로벌 경제지 〈파이낸셜타임스〉의 제프 다이어Jeff Dyer는 2014년에 출간된 『세기의 결전The Contest of the Century』에서 평가한다.

그렇다면 미국을 상대로 한 중국의 군사 전략은 무엇인가? 중국이 동아시아와 서태평양 지역에서 군사적 우위를 차지하기 위해 추진하고 있는 전략이 무엇이냐는 것이다. 바로 '적극적 방위(積極的 防衛, active defense)' 또는 '반간섭(反干涉, counter-intervention)'이라는 이름의 군사 전략이다. 하지만 이 전략은 '접근 거부(access denial)'라는 명칭으로 더 잘 알려져 있다. 중국이 자국 영토와 영해로의 미국의 군사적 접근을 거부한다는 의미로 이는 미국의 전략가들이 만든 표현이다. 중국이 탄도 미사일 기지를 본토 해안선에 따라 배치한 것은 접근 거부 전략과 함께 이 전략을 수행하기 위한 하위 전술들에 해당한다.

전체 명칭은 반접근과 지역 거부(Anti-Access and Area Denial, A2/AD)인데, 반접근은 중국의 영해로의 접근 거부를, 지역 거부는 영해 밖 해역으로의 접근 거부를 의미한다. 하나의 군사 독트린으로까지 평가 받는 이 전략에 따라 중국은 미국과 미국 동맹국들의 해군력과 공군력이 전시에 자국의 근해(近海)로 접근하는 것을 막기 위해 다양한 군사 장비를 구축해 왔다. 이들 장비에는 다양한 탄도 및 크루즈 미사일들, 육상 기반 전투기들, 미사일 장착 해안 순찰 항공기들, 해상 전함들, 기뢰전 등이 포함된다.

중국의 접근 거부 전략은 육지로부터 바다에 대한 지배를 시도하는 것으로 이 전략의 성공은 전적으로 육상 기반의 플랫폼과 능력에 달려 있다.

중국의 접근 거부 전략에서 가장 중요하게 여기는 것은 육상에서 적국을 맞아 싸운다는 점이다. 이 때문에 중국의 접근 거부 전략의 성공은 전적으로 육상 기반의 플랫폼과 능력에 달려 있다. 이러한 반접근 전략은 미국 태평양 함대와의 작전상 평형을 이루는 데 중점을 두는 중국 해군의 노선과는 궤를 달리한다. 반접근 전략은 중국이 육지로부터 바다에 대한 지배를 시도하고 있다는 것을 보여준다고 하딕은『해상의 포화』에서 말한다.

문제는 중국의 반접근 전략이 미국 해군에게는 냉전이 고조되던 시기 이후 처음으로 직면하는 위협이 되고 있다는 데 있다. 중국이 전체 판도를 바꾸는 기술적 진보를 이루면서 다량의 미사일을 서태평양에 정확히 투사(投射)할 수 있는 능력을 갖게 됐다는 것이다. 이 같은 투사 능력은 대륙에 위치한 미사일 기지와 맞물려 미국의 군사력과 계획에 엄청난 도전을 제기하고 있다는 것이 하딕의 평가다. 중국의 육상 기반의 반접근 능력이 갖는 최대 장점은 대륙 본토의 긴 해안선을 따라 탄도미사일 발사대를 이리저리 옮겨가며 미국 함정을 상대로 중단거리 탄도미사일을 발사할 수 있다는 점이다.

미국 국방부는 중국이 세계에서 가장 역동적인 미사일 시스템을 운영하고 있다고 평가한다. 중국의 육상 기반 탄도 및 크루즈 미사일 대부분은 이동식 운반 직립 발사 장치에 탑재되어 있다. 최소한 16개의 바퀴가 달린 이 운송 장치는 미사일을 지속적으로 재배치하는 것을 가능하게 해준다. 이 때문에 중국 근해로 진입하려는 미국 해군 원정대가 중국의 육상 기반 미사일 위협을 제거한다는 것은 어려울 수 있다는 것이 미국 군사 전략가들의 평가다.

중국의 접근 거부 전략은 이처럼 동아시아의 지정학에 중대한 변수로 등장하고 있다. 무엇보다 주목할 것은 남중국해와 동중국해를 중심으로 한 서태평양이 중국의 '호수'로 급속히 전락하고 있다는 사실이다. 1982년 류화칭 인민해방군 사령관이 덩샤오핑의 지시로 설정한 해양 방어선인, 오키나와-타이완-필리핀-보루네오로 이어지는 '제1도련선(島連線)'이 현실적인 중국 방어선이 되고 있는 것이다. 그 결과 이 선의 안쪽에 위치한 국가들은 중국의 '볼모국가'가 되는 게 아니냐는 위기감이 높아지고 있다. 타이완, 베트남, 필리핀, 싱가포르, 말레이시아 등은 중국의 육상 기반 탄도 및 크루즈 미사일 사정거리 안에 들어감에 따라 남중국해 도서와 환초의 영유권을 빼앗기고 주권까지도 위협 받는 상황에 놓인 것이다.

중국의 이웃국가들이 느끼는 위기감은 여론조사에 의해 확인되고 있다. 2014년 중반 미국의 퓨(Pew) 리서치센터의 여론조사 결과에 의하면 여덟 개 이웃 국가들의 국민 다수가 남중국해와 동중국해에서 심화되고 있는 중국과의 영토 분쟁으로 인해 불안감을 느끼고 있다. 그들은 점차적으로 중국의 해군 우위와 영토적 공세에 의해 피해를 입을 수 있다고 느끼고 있다. 필리핀에선 93%가, 일본에선 85%가, 베트남에선 84%가 매우 우려된다고 답했다. 한국에서도 83%가 비슷한 감정을 느낀다고 답했다. 필리핀, 베트남, 그리고 일본 시민들은 중국을 그들의 최대 안보 위협으로 생각하는 것으로 조사됐다. 중국에 대한 반감이 주류가 되고 있는 것이다.

이 때문에 제1 도련선 내 국가들 중에서 미국과 손을 잡으려는 나라들이 늘어나고 있다. 특히 냉전 종식 이후 쇠퇴해 온 미국의 옛 동맹 질서가 되살아나고 있다. 일본과 필리핀과의 동맹 관계가 회복되고 있는 한편 베트남과 인도, 인도네시아는 미국과 동맹 초기 단계와 같은 협력 관계를 형성하고 있다. 중국에 의존해왔던 미얀마의 지도자들도 미국과 미국의 동맹국들에게 마음을 열고 있는데 이는 그들이 예전보다 더 많은 선택지를 가지고자 하는 신호로 읽힌다. 동아시아와 서태평양 지역에서 미국의 영향력이 이처럼 증가하고 있다는 것은 중국의 전략적 실수를 보여주는 가늠자가 된다는 것이 러트웍의 분석이다.

중국에 불리한 또 다른 요인이 있다. 접근 거부 전략에 따라 중국의 해양 방어선이 되기 시작한 제1도련선이 거꾸로 미국과 동맹국들에게 장점이 될 수 있다. 중국의 위협에 대응해 레이더, 공중 방어 체계, 대 함정 미사일 체계, 그리고 해저 감시 및 작전을 위한 잠재적 장소로 활용될 수 있다. 특히 제1도련선을 따라 레이더들과 무기 시스템들을 배치하는 것은 중국의 전함들이 더 넓은 태평양으로 진출하는 것을 방해하거나 그들의 진로를 미국과 동맹국에 유리한 통로들로 유도할 수 있다는 장점이 있다고 하덕은 평가한다. 그 같은 위치들은 또한 중국이 공중 작전을 자유롭게 펼치는 것을 위협할 수 있다고 그는 덧붙인다.

그럼에도 불구하고 이들 두 가지 부정적 요인이 중국의 접근 거부 전략에 결정적 타격을 가하기는 어려울 것으로 보인다. 먼저 중국의 부상 이후 다시금 작동되기 시작한 미국의 동아시아와 서태평양 동맹 시스템은 미국에게는 큰 이점이지만 중국에 의한 공격의 첫 번째 타깃이 될 수 있다는 단점도 있다. 중국은 유사 시 미국의 동맹국들이 미국과 협력하지 못하도록 이들 나라에 있는 미국의 해, 공군 기지를 맨 먼저 타격할 것으로 전망되기 때문이라고 미국 컬럼비아대의 동아시아 국제정치학자 토마스 J. 크리스텐슨은 2016년에 출간된 『중국의 도전The China Challenge』에서 말한다.

미중 패권 전쟁은 확전 우위 게임이다. 중국과 미국 중 어느 쪽이 확전 우위를 차지하느냐에 따라 결판이 나게 된다.

더구나 본질적으로 이 게임의 핵심은 확전 우위 게임이라는 사실이다. 중국과 미국 중 어느 쪽이 확전 우위를 차지하느냐에 따라 결판이 나는 것이다. 중국이 확전을 불사하고 제1도련선 내로 접근하는 모든 함정과 전투기를 육상 기반의 탄도 및 크루즈 미사일로 공격하겠다는 최후통첩을 했을 때 미국과 미국의 동맹국들이 과연 그에 맞서 접근을 감행할 수 있느냐 없느냐가 확전 우위의 향배를 결정하게 된다.

이를 결정하는 것은 미국과 동맹국들의 함대와 전투기 전단이 중국의 중단거리 탄도 및 크루즈 미사일, 대함 미사일을 비롯한 무기 체계의 공격을 피해서 중국 본토에 대한 반격을 가할 수 있느냐 여부다. 현재 중국의 육상 발사 미사일 시스템은 개전 즉시 서태평양에 주둔하고 있는 미국 공군 기지 대부분을 타격함과 동시에 미국 항모와 함대 전단과 잠수함 전단을 격침시킬 수 있다는 평가가 많다. 이 점에서 미중 간 확전 우위 결전이 제1 도련선을 기점으로 발발할 경우 승리는 중국이 거둘 가능성이 더 높을 것으로 전망된다.

이 같은 전망을 더욱 뒷받침하는 것은 미국이 투키디데스 함정론에 사로잡혀 있다는 사실이다. 전쟁을 불사하고 중국과의 확전 우위 경쟁을 벌이겠다는 단호한 의지를 갖춰야만 동아시아와 서태평양 지역에서 자국과 동맹국들의 국익과 안보를 지킬 수 있다는 사실을 미국은 간과하고 있다. 하지만 미국은 어떻게든 중국과의 전쟁을 피하는 것을 목표로 삼고 있다. 이는 중국이 살라미 전술로 남중국해의 도서와 환초를 강제로 병합하거나 점유하는 사태가 벌어지고 있는데도 미국이 적극 관여하지 않고 있다는 데서도 확인된다. 미국은 고작해야 서태평양 해상에서 '항행의 자유(the freedom of navigation) 작전'이라는 이름 아래 해상훈련만 해오고 있다. 그마저도 중국을 군사적으로 자극하지 않는 선에서 이루어지고 있다. 싱가포르 연례 아시아안보대화와 같은 1.5트랙(半官半民) 차원의 다자 안보 대화에서 미국 국무부와 국방부 대표들은 중국 대표단을 향해 남중국해 상의 항행의 자유가 지켜져야 한다는 의제를 제기했을 뿐이다. 이 같은 미국의 태도는 중국의 남중국해 인공섬 건설에 대한 대응에서도 그대로 이어져 왔다.

중국의 대 미국 확전 우위 가능성

중국이 확전 우위를 차지할 가능성이 높다는 전망을 뒷받침하는 근거를 구체적으로 살펴 볼 필요가 있다. 먼저 가장 중요한 것은 남중국해를 중심으로 한 서태평양 지역의 제공권을 어느 쪽이 확보하느냐다. 현재 미국은 공중전에 관한 한 세계 최고의 단거리 전투기인 F-22와 이를 조금 줄인 F-35 개발을 완료해 향후 15년에 걸쳐 공군, 해군, 그리고 해병대에 배치할 예정이다.

문제는 미중 간 전쟁이 광활한 서태평양 전구에서 벌어질 것인 만큼 미국이 이 같은 단거리 전투기에 과도하게 의존하고 있다는 것은 결정적인 약점으로 평가 받는다. 그 이유는 단거리 전투기로는 지상의 공군 기지에서 출격해서 그 넓은 서태평양 상공에서 작전을 펴기 어렵기 때문이라고 하딕은 분석한다.

현재 중국은 남중국해와 동중국해 방향으로 대륙 본토에 길게 쭉 뻗어 있는 해안선을 따라 사정거리가 1,000km가 훨씬 넘는 1,000~1,200개의 단거리 탄도 미사일을 배치하고 있다. 이들 탄도미사일은 한국(2개)과 일본(2개), 오키나와(1개)에 있는 5개의 미국 공군기지를 타격하는 것이 충분히 가능하다. 중국은 사정거리 1,500~3,000km의 육상 기반의 크루즈 미사일과 중거리 탄도 미사일 600기와 함께 신형 장거리 크루즈 미사일을 탑재할 수 있는 공격 전투기와 폭격기 500기를 보유하고 있다.

중국의 잠수함들도 다양한 크루즈 미사일을 탑재하고 있어 미국 공군 기지에 또 다른 위협을 가할 수 있다. 미 해공군의 접근 거부를 위한 중국의 이 같은 군사력은 한국과 일본에 있는 5개의 미국 공군기지의 소티 창출 능력(sortie generation, 즉 24시간 동안 전투기를 가동할 수 있는 능력)을 심각하게 압박하거나 파괴할 수 있는 것으로 평가 받는다. 이 평가가 맞는다고 본다면 확전 우위는 중국이 차지하게 될 것이다.

중국이 이처럼 확전 우위를 차지할 가능성이 높다는 것은 동아시아와 서태평양 지역의 안보 질서의 중대한 변화를 시사한다. 현 시기가 이 지역의 군사 패권이 미국에서 중국으로 넘어가는 과도기에 있다는 전망이 설득력을 얻고 있는 것이다.

한 나라의 군사력이 경제력을 기초로 한다고 본다면 이 같은 전망은 현실화될 가능성이 높아 보인다. 미국 하버드대 국제정치학자 그레이엄 앨리슨이 『예정된 전쟁』에서 인용한 미중 간 경제력 격차 전망에 따르면 중국이

6~7% 성장률을 지속할 경우 국내총생산이 2025년에는 미국의 15배에 달하고, 2040년에는 3배가 넘을 것으로 예측되고 있다. 이 같은 전망대로 미중간 경제력이 향후 20년 내에 3배 가까이 역전될 경우 현재 러시아와 중국, 서유럽 주요 국가들의 국방비를 다 합친 것보다 많은 국방 예산으로 구축된 미국의 군사력 우위가 지속되기 어렵다.

미국이 2018년 8월 시작했던 대중 무역 전쟁의 결과도 결코 성공적이지 못했다. 트럼프 행정부는 중국이 더 이상의 경제적 부상을 하지 못하게 하거나 그 부상 속도를 더디게 할 목적으로 중국의 대미 수출 관세를 인상하거나 흑자 규모를 축소하도록 압박했다. 하지만 미 경제뉴스 전문 통신인 〈블룸버그〉는 2020년 9월 20일자 보도에서 트럼프 대통령이 중국과의 무역적자를 개선하겠다며 중국을 거세게 몰아붙였지만 대중 무역적자는 오히려 더 늘었다고 지적했다. 트럼프 대통령의 취임 당시 대중 무역적자는 연간 2400억 달러(약 278조원) 수준이었으나 4년이 지난 2020년 현재 연간 3000억 달러 수준으로 25%가량 더 늘었다는 것이다. 이 때문에 미국은 자유무역 종주국이라는 체면을 벗어던지면서까지 중국과의 전면적인 무역 전쟁을 벌인 취지가 무색해졌다는 평가를 받는다.

문제는 중국이 2020년 들어 중국 우한을 진원지로 하는 코로나19 바이러스가 전 세계적으로 확산되면서 글로벌 경기 침체가 이어지는 상황에서도 미국을 비롯한 주요 서구 국가들과 달리 플러스 성장을 했다는 사실이다. 같은 해 2분기 중국의 국내총생산 성장률은 3.2%로 주요 선진 공업국들 가운데 유일한 플러스 성장을 기록했다. 이에 반해 미국은 코로나19 방역에 실패하면서 9.5% 마이너스 성장률을 기록했다. 그 결과 2020년 하반기 들어 중국 통화인 위안화는 8주 연속 상승해 달러 당 6.7 위안까지 낮아지는 등 강세를 보였다. 이 때문에 월스트리트는 트럼프의 만류에도 불구하고 중국에 대한 투자를 늘려왔다.

2020년 여름 트럼프 대통령은 중국에 공장을 설립한 미국 기업들에 공장을 미국으로 다시 옮기라는 이른바 리쇼어링(reshoring)을 촉구했다. 하지만 월스트리트의 금융 자본은 이 같은 리쇼어링 정책에 노골적으로 반발했다. 제조업의 중심이 이미 중국으로 넘어간 마당에 미국 기업들의 공장을 미국으로 되돌리는 것은 대세를 역행한다는 것이다. 월스트리트의 반발은 여기에서 그치지 않았다. 중국이 2019년 말 외국 금융 자본의 중국 투자 규제를 해제하자 2020년 들어 월스트리트의 대형 금융 자본들이 앞 다퉈 대중 진출을 선언했다. 월스트리트의 금융 자본들이 이 같이 중국 자본과 합작으로 중국에 초대형 금융기관들을 설립하기 시작한 것은 중국이 앞으로 글로벌 금융 중심으로 부상할 가능성이 높다는 판단이 크게 작용하고 있다.

바로 여기서 동아시아와 서태평양 지역이 직면하고 있는 위기의 정체가 드러난다. 월스트리트의 초국적 금융 자본들이 전망하고 있는 것과 같이 글로벌 제조 및 금융 중심으로서 중국의 위상이 확고해질 경우 중국의 도전을 받고 있는 동아시아와 서태평양 지역의 자유주의 질서가 위험에 처해질 가능성이 높다. 중국이 미국과의 군사적 충돌 시 확전 우위를 차지할 가능성이 높고 향후 20년 내 미국의 경제력을 3배 가까이 추월할 것이라는 전망이 현실화할 우려가 커지고 있다.

중국의 확전 우위와 한국의 우크라이나화 위기

중국의 패권 도전이 성공할 경우 동아시아 지역 대부분의 국가들이 중국에 의해 대내외 주권이 제약을 받는 상태를 넘어서 군사적 위협에 상시 노출될 수 있다. 이 같은 위기는 '우크라이나화'로 명명할 수 있다. 한 나라의 외교 주권이 인접한 강대국에 의해 제약 당하는 의미의 '핀란드화'라는 표현으로는 설명이 부족하다. 인접한 강대국에 의해 외교 주권을 제약 당하는 단계를 넘어서 러시아의 크림반도 병합처럼 영토까지 빼앗길 수 있다는 의미의 '우크라이나화'가 더 정확한 설명이 될 수 있다.

이는 베트남과 인도, 필리핀, 인도네시아, 말레이시아 등 동남아 국가들이 중국의 위협을 피하기 위해 미국과의 관계를 회복하거나 동맹과 유사한 관계를 형성하기 시작했다는 데서 알 수 있다. 특히 중국과 같은 사회주의 체제의 베트남마저 미국과 협력을 추구하고 있다는 사실은 많은 것을 시사한다고 미국의 전략 문제 전문가 러트웍은 지적한다. 미국과 중국을 군사적으로 물리친 경험이 있는 베트남조차 중국의 위협으로부터 주권과 영토를 보전하는 것이 결코 쉽지 않을 수 있다고 판단하고 있다는 것이다.

한국의 경우는 오히려 중국의 영향력이 갈수록 증가하고 있다는 평가를 받는다. 두 가지 배경을 들 수 있다. 기업들의 중국 시장 진출을 위해서는 대중 협력 필요하고 북한에 의한 핵·탄도미사일 위협을 해결하기 위해서는 중국의 역할이 필요하다고 보기 때문이다. 한편 미국에서는 한국의 경우 중국의 위협에 대해 일본이나 동남아 국가들과는 다른 접근을 취할지 모른다는 의혹이 제기되고 있다. 대표적인 의혹은 미중 전쟁 발발 시 한국이 미국에 불리한 정책을 펼지 모른다는 것이다. 미중 전쟁이 발발했을 때 한국 내 미군 공군기지가 중국 공격에 나설 경우 한국 정부가 자국 영토로부터 중국에 공격을 감행하는 것을 제지할 가능성이 높다고 하딕은 우려한다.

또 다른 의혹의 눈길은 한국의 보수 성향의 정부조차 북한의 재래식 무기에 의한 도발에 맞서 강력하게 대응하지 않았던 배경에 모아진다. 특히 이명박 정부가 2010년 말 북한에 의한 연평도 포격 시 강력하게 보복 공격을 하지 않은 것도 남북한 모두 긴장 고조를 자제해야 한다는 중국의 요구에 영향을 받았기 때문이라고 러트웍은 말한다. 이 점에서 미국의 전략가들은 한국을 베트남과 정반대 케이스로 분류하고 있다는 것이다. 이 때문에 미국의 담론 시장에서는 한국을 신뢰하지 않는 분위기가 형성되고 있다.

미국이 한국에 갖고 있는 의혹이 아주 근거가 없는 것은 아니다. 특히 미중 전쟁 발발 시 한국 내 미군 공군 기지에서 전투기가 발진해 대(對) 중국 공격에 참여하는 것에 한국 정부가 제동을 걸 가능성이 있는 것은 사실이다. 2017년 중반 전후 북한의 탄도 미사일 시험 발사에 대해 미국의 외과수술 식 타격 논의가 나오자 문재인 정부가 급히 제동을 걸었다. 한국 정부의 동의 없는 상태에서 한반도에서 전쟁이 발발해서는 안 된다는 입장을 전달한 것이다. 이와 함께 그 같은 의혹이 현실화될 가능성을 뒷받침하는 중국에 의한 두 가지 위협이 더 있다. 하나는 한국의 미군공군 기지 두 곳을 표적으로 하는 탄도 및 크루즈 미사일의 배치이고, 다른 하나는 한반도를 사정권으로 하는 단거리 탄도 미사일인 둥펑-15의 배치다.

동아시아와 서태평양 지역의 우크라이나화 가능성은 그 원인을 접근 거부를 통한 중국의 패권 장악 전략을 넘어서 더 큰 프레임에서 찾을 필요가 있다. 비록 중국의 경제 체제가 계획경제에서 사회주의 시장경제로 이행했다고 해도 정치 체제가 여전히 공산주의라는 점을 주목해야 한다. 공산주의 국가는 그 나라가 위치한 지역 전체를 자신의 체제에 위협이 되지 않는 우호적인 환경으로 만드는 것을 목표로 한다. 구 소련도 자신들의 주변 지역인 동유럽 국가들을 모두 위성국으로 만들었다.

> 중국의 최종 목표는 단지 미국으로부터 패권을 넘겨받는 데 그치지 않고 동아시아 전체를 공산당 1당 지배체제에 위협이 되지 않도록 비자유주의화 또는 우크라이나화하는 데 있다.

북한이 핵무기와 대륙간 탄도미사일 개발에 매달려온 것도 명분은 미국의 군사적 위협을 막는 것으로 내세우지만 실제로는 남한을 적화하는 데 그 최종 목적이 있다. 이 점에서 중국이 동아시아와 서태평양 지역에서 추구하고 있는 최종 목표는 단지 미국으로부터 군사 및 경제 패권을 넘겨받는 데 그치지 않고 이 지역 전체를 자신들의 공산당 1당 지배체제에 위협이 되지 않도록 비자유주의화 또는 우크라이나화하는 데 있다고 봐야 한다. 이 지역의 이웃국가들이 우크라이나화하면 자연스럽게 이들 국가의 정권은 친중 세력에게 돌아갈 것이고 그렇게 되면 친중화를 통한 비자유주의 국가로 변할 수 있다는 것이 중국의 생각일 수 있다.

헨리 키신저 전 미 국무장관이 북한의 핵무기와 탄도 미사일 개발로 인한 위기 해결을 위해 제안한 미국과 중국의 '빅딜' 방안은 이 같은 현실을 반영한다. 동아시아와 서태평양 지역의 국가들이 갈수록 주권과 안보가 중국에 의해 좌우되는 우크라이나화하고 있는 현실을 그가 인식하지 못할 리가 없다. 그렇다고 본다면 그는 미국이 힘으로 이 같은 현실을 바로 잡기 어렵다는 고민이 있었을 것이다. 서태평양 지역의 패권까지는 아니더라도 한반도만이라도 중국에 양보하는 선에서 북한의 핵·탄도미사일 위협만이라도 제거하는 것에 대해 중국과 합의하는 시나리오를 그가 구상한 것은 이 때문일 것으로 보인다.

이미 2014년을 기점으로 구매력(PPP) 기준으로 국내총생산에서 미국의 경제력을 추월하기 시작한 중국을 상대로 완전한 승리를 거둘 수도 없고 거두려고 해서도 안 된다는 것을 키신저가 모를 리 없다. 그렇다고 본다면 현실주의적 세력 균형론의 신봉자인 그의 입장에서는 당연히 중국에 줄 것은 주되 받을 것은 받는 것이 미국에게는 최선의 이익일 수밖에 없다.

키신저가 엑슨 모빌 회장 출신으로 2017년 초 트럼프 행정부의 초대 국무장관이 된 렉스 W. 틸러슨Rex Wayne Tillerson에게 제시한 빅딜 방안은 다음과 같은 것으로 알려졌다. 중국이 미국과 힘을 합쳐 김정은 정권을 붕괴시켜 한국에 의해 통일이 이루어지도록 한 다음 주한미군을 철수해 한반도를 중립화하자는 것이다. 주한미군의 철수가 통일 한국이 중국의 속국이 되는 사태를 초래할 것이라는 한국의 우려는 동맹국들의 안보보다는 미국의 국익을 중시하는 키신저 같은 세력균형론의 대가에게는 상대적으로 덜 중요하다. 세계 질서의 전반적인 안정을 위해 중국과 협력할 수밖에 없는 처지로 쇠락하고 있는 현실에 따른 절망을 투기디데스 함정론으로 위안 삼고 있는 미국의 입장에서 보면 그의 구상이 대중 전략으로 채택될 가능성이 적지 않다. 이 때문에 2017년 중반 북한의 탄도 미사일 위협이 고조되었을 때 외교적 해결 방안과 군사적 해결 방안 사이에서 고민하던 트럼프와 틸러슨에게는 키신저의 빅딜 방안이 새로운 지평을 제공하는 것일 수도 있었다.

하지만 그것은 사실 동아시아와 서태평양에서 위축되고 있는 미국의 현실을 드러내주는 것일 수 있다. 문제는 한국이 한반도의 미래를 둘러싼 미국과 중국의 이 같은 전략적 합의 가능성을 정확하게 분석하고 있느냐는 것이다. 그렇지 않으면 중국의 속국화로 이어질 수도 있는 한반도 중립화에 대한 미중 간 빅딜을 파훼할 수 있는 전략의 수립과 추진은 불가능할 것이다.

06

크로 메모랜덤과
미중 패권 충돌의 불가피성

기원전 202년 북아프리카 카르타고의 외곽에 위치한 자마(Zama)에서 로마의 젊은 명장 스키피오와 카르타고의 한니발이 2차 포에니 전쟁을 종결하게 될 역사적인 전투를 앞두고 만났다. 한니발은 스키피오의 뒤를 따라 이탈리아에서 카르타고로 급히 귀환한 상태였다. 전력에서도 한니발의 군대는 도저히 승리할 엄두도 낼 수 없을 만큼 스키피오의 군대에 크게 뒤져 있었다. 때문에 한니발은 평화협정을 체결하는 것 외에는 조국을 지켜낼 방법이 없다고 판단했다. 그래서 그는 스키피오에게 만나자고 제안했다.

아쉬울 것이 없는 스키피오는 만나려 하지 않았고 한니발은 간청에 간청을 거듭했다. 결국 이를 받아들인 스키피오는 통역을 가운데 두고 멀찌감치 떨어져 한니발과 대좌했다. 한니발은 어떻게든 평화협정을 끌어내야만 카르타고의 미래가 있다는 마음에 절박한 심정이었다. 한 때 코끼리 부대를 앞세워 로마를 공포로 몰아넣기도 했던 한니발의 위용은 그의 모습 어디에서도 찾을 수 없었다. 한니발은 승리의 허망함과 함께 평화가 강자에겐 영광인 반면 약자에겐 짐일 뿐이라고 말했다. 자식뻘인 스키피오의 마음을 움직이기 위해 비굴한 모습도 마다하지 않았던 것이다.

고대 로마의 역사가 리비우스Livy는 『한니발과의 전쟁War with Hannibal』에서 한니발이 스키피오에게 다음과 같이 말했다고 전한다.

"사람의 마음이란 평화보다는 승리를 갈망할지 모를 것이네. 나는 정치적인 머리보다는 야심찬 정신을 더 좋아하지. 자네처럼 내게도 그런 행운이 한 번은 있을 줄 알았었지. 하지만 승리란 위대할수록 오래 지속되기 어렵더군. 지금은 자네에게는 승리의 시간인 반면 우리에게는 모든 것이 어두운 시간이지. 자네에게 평화는 영광스러운 일이고 공정한 것으로 여겨지겠지. 하지만 우리가 청하는 평화는 우리에게 어떤 명예도 가져다주지 않고 오히려 필요한 짐만 지울 것임을 나는 안다네."

하지만 스키피오는 한니발의 간청을 냉정하게 거절한다. 스키피오는 당시 로마의 우세한 해군을 이용해 카르타고 본국을 공격해 승리를 거두는 것만이 전쟁을 끝내는 지름길이라고 믿고 자마까지 온 상황이었다. 이 전략은 로마 본국에서 적지 않은 반대에 직면했으나 스키피오는 고집을 꺾지 않았다. 특히 트레스메네(Tresmene) 호수 전투와 칸나이(Cannae) 전투 등에서 한니발 군대에 대패한 뒤 전략을 전면전 대신 지연전으로 바꿈으로써 로마군이 한니발 군대와의 전략적 균형을 되찾는 데 크게 기여했던 집정관을 지낸 로마의 원로 파비우스가 집요하게 반대했다. 한니발 군대를 상대로 한 전면전은 물론 카르타고 본국으로의 원정전은 더 더욱 어렵다고 판단한 파비우스는 스키피오를 극구 말렸던 것이다.

하지만 스키피오는 그의 만류를 물리치고 기어코 로마군과 함께 북아프리카에 상륙해 카르타고의 동맹국들로부터 항복을 이끌어낸 뒤 이들 나라의 군대를 지원 받아 자마에 도착했다. 그런 만큼 그는 한니발의 요청을 받아줄 수 없었다. 받아줄 경우 카르타고가 언제 또 다시 평화협정을 깨고 로마를 공격할지 알 수 없기 때문이었다.

이에 따라 한니발은 어쩔 수 없이 자마 전투에 나설 수밖에 없었고 그 결과는 자신이 우려했던 대로 대패였다. 전투 후에 스키피오는 카르타고에 한니발을 인도할 것을 요구했다. 하지만 한니발은 이미 도주한 상태였다. 당시 그는 시리아의 왕이었던 안티오쿠스 4세에게 망명했다고 역사가들은 전한다.

자마 전투의 교훈: 한니발과 스피키오의 대화

사실 훗날 평가이긴 하지만 긴 역사의 관점에서 보면 자마 전투는 승자가 없다. 물론 당시에는 스키피오가 승자였고 한니발이 패자였다. 하지만 로마는 카르타고라는 강력한 경쟁자가 멸망함에 따라 더 이상의 외부 긴장 요인이 없어진 결과 쇠퇴하기 시작했다. 스키피오는 자마 전투에서 이겼으나 그의 조국 로마는 국가 생존이라는 큰 전쟁에서 종국에는 지게 된다. 카르타고를 상대로 한 스키피오의 완전한 승리 전략이 로마의 쇠퇴를 초래했다고 평가할 수 있다. 이 점에서 카르타고와의 전면전을 피해야 한다고 주장했던 파비우스의 전략이 역사를 긴 호흡에서 보았을 때 스키피오의 전략보다 로마에 이로운 것이었다고 평가할 수 있다.

스키피오 개인의 정치적 운명도 불운했다. 그는 귀국해 로마 원로원의 제1인자인 '프린켑스'에 올랐다. 하지만 그는 기원전 184년 대(大) 카토의 음모에 휘말려 원로원에서 물러났고 이듬해 52세의 짧은 일기로 죽음을 맞았다. 그래서 그는 자신이 살린 조국에 의해 고발당한 것에 화난 나머지 "배은망덕한 조국이여, 그대는 나의 뼈를 갖지 못할 것"이라며 가족묘지에 묻히기를 거부하는 유언을 남겼다. 그가 자마 전투로 한니발과 카르타고를 상대로 추구한 완전한 승리가 거꾸로 로마의 쇠퇴와 자신의 정치적 운명에 비극적 종말을 초래했던 것이다.

> **"사람의 마음은 평화보다는 승리를 갈망한다"는 한니발의 말처럼 평화보다는 승리를 갈망하는 인간의 본능은 기원전 3세기나 현재나 다르지 않다.**

한니발의 말에서 오늘날 세계 질서와 관련해 주목해야 할 대목은 "사람의 마음은 평화보다는 승리를 갈망한다"는 것이다. 힘이 있으면 평화보다는 승리를 갈망하는 본능은 기원전 3세기나 현재나 다르지 않다. 당시 카르타고가 지중해의 패권을 거머쥐기 위해 로마를 침공한 것처럼 20세기 초와 중반에 독일은 유럽의 패권을 장악하기 위해 제1차, 제2차 대전을 일으켰다. 어떤 국가든지 한 지역의 패권을 도모할 만큼의 경제력과 군사력을 갖추면 반드시 패권에 도전하기 마련이라고 해도 지나치지 않는다고 할 수 있다.

크로 메모랜덤: 미중 전쟁은 발발할 것인가

제1차 세계대전이 발발하기 직전 독일의 해군력 강화에 대한 당시 영국 외무성의 선임 서기관 에어 크로Crowe의 판단도 여기서 벗어나지 않는다. 크로의 판단에 대해서는 헨리 키신저가 『외교diplomacy』에서 내놓은 설명이 설득력을 갖는다. 키신저에 의하면 크로는 1907년 작성한 메모랜덤에서 독일이 해군력 건설에 나선 목표가 무엇이든지간에 영국보다 강력한 해군력 건설을 완성하면 그 자체로 영국에게는 객관적인 위협이고 대영 제국의 존재와는 양립할 수 없게 될 것이라고 봤다.

독일 정부가 표명하는 것이 무엇이든, 그 결과는 계획적인 범행 의사를 갖고 유사한 입지를 차지함으로써 나타나는 것과 마찬가지로 여타 세계에 대한 끔찍스러운 위협이 될 것이다. 때문에 영국은 이 같은 최악의 상황에 대비해야 한다는 것이 크로의 제안이었다. 제1차 세계대전이 발발하기 7년 전에 이 같은 보고서가 나왔다는 것은 그 당시 외교로 위기를 해결할 여유가 없었다는 것을 의미한다고 키신저는 평가한다.

어느 한 쪽이 물러서지 않는 한 전쟁은 불가피했던 것이다. 결국 아무도 물러서지 않았고 7년 후 제1차 대전이 발발했다. 크로가 오늘날 살아 있다면 중국에 대해 제1차 대전 직전의 독일과 같다고 할 것이라고 키신저는 『중국 이야기On China』에서 분석한다. 군사력을 강화하면서 남중국해에서 영유권 분쟁을 일으키는 중국이 자신의 목표를 어떻게 설명하든 간에 크로의 결론은 하나일 것이라는 말이다. 즉, 중국의 힘이 미국의 군사력, 특히 해군력에 필적할 경우 중국은 반드시 동아시아와 서태평양의 미국의 패권에 대한 도전에 나설 가능성이 높다는 것이다. 크로의 인식을 미중 관계에 적용해 본다면 중국은 지금은 능력을 감추겠지만 언젠가는 능력 감추기를 그만두게 될 것이다. 그 때는 미국도 중국과 똑같이 행동하게 될 것이라고 키신저는 말한다.

그렇게 될 경우 문제는 영국과 독일이 전쟁으로 치달았던 것처럼 미중 간에 전쟁이 벌어질 것이냐다. 크로의 프레임에 의하면 미중이 전쟁으로 치달게 되는 것은 불가피하다고 볼 수 있다.

| 크로의 관점에 따르면, 중국의 힘이 미국의 군사력, 특히 해군력에 필적할 경우
| 중국은 반드시 미국의 패권에 도전하게 된다

중국의 체제 전환을 추구하는 미국의 신보수주의와 21세기 중화주의를 내건 '중국몽(中國夢)'이라는 '완전한 승리주의'가 충돌할 가능성이 높아지고 있다는 것이다. 키신저는 미중 간에 '신보수주의 대 승리주의'라는 갈등 패턴이 창조되고 각각의 진영 별로 동맹이 결성되면 스스로 부여한 조건으로부터 절대로 달아날 수 없다는 것이 크로가 지닌 인식의 진수라고 지적한다.

이 같은 프레임이 작동하면 사소한 사안에서조차 적대감이 고조되기 때문에 양국 간 전쟁 발발을 막기 위한 해결책이라고는 하나도 남지 않는다. 키신저가 크로와 다른 점은 이 같은 일이 일어나서는 안 된다고 보고 어떻게든 노력해야 한다고 주장하는 것이다. 중국의 정책이 전쟁으로 치닫는다고 하더라도 이에 대해 미국은 어떻게든 중국과의 전쟁을 막기 위한 노력을 해야 한다는 것이 키신저의 입장이다.

한니발의 말과 크로의 메모랜덤은 이처럼 오늘날 중국의 부상과 관련해 중요한 교훈을 준다. 평화보다는 승리를 더 갈망하는 미국의 신보수주의와 중국의 완전한 승리주의 간의 군사적 충돌을 제어하는 노력을 양국 모두 기울이지 않으면 미중 간 전쟁 발발의 가능성이 갈수록 높아진다고 볼 수 있다.

2021년 1월 20일 바이든 행정부가 출범함에 따라 키신저가 말하는 신보수주의는 민주당의 이상주의로 바꿔 말하는 것이 맞다. 바이든의 외교안보를 주도하는 엘리트 외교 그룹인 블롭(the Blob)이 추구하고 있는 자유주의 패권이 이상주의 대외 전략이다.

시진핑의 권력 독점과 중국의 패권 도전

2018년 2월 말 국가주석 직을 5년 임기로 2회만 맡을 수 있다는 제한 규정을 삭제함으로써 마오쩌둥 이후 유일하게 그에 필적하는 절대 권력을 손에 쥔 시진핑이 역내 패권을 잡으려다가 자칫 자마 전투를 앞둔 한니발과 같은 처지로 전락할지는 알 수 없는 일이다. 하지만 그 때 시진핑이 스키피오에게 평화를 애걸하던 한니발처럼 미국에 평화협정을 맺자고 갈구하게 되더라도 이미 동아시아와 서태평양 지역은 상당 부분 파괴된 후일 것이다.

그래서 '상대성 이론'의 아인슈타인이 "3차 대전의 무기는 알 수 없으나 4차 대전의 무기는 나무막대기와 돌멩이가 될 것"이라고 한 것이다. 키신저가 촉구한 것처럼 미중 간 전쟁이 발발하지 않도록 노력하는 것이 중요한 까닭이다.

그러나 이 같은 노력은 미국만의 몫이 아니다. 중국의 패권 도전으로 인해 가장 직접적인 피해를 입는 한국도 미국만큼 전략적 대응 노력을 해야 한다. 따라서 중국의 패권 도전과 이로 인한 동아시아와 서태평양 지역의 비자유주의화 위기에 대해 한국 정부와 담론 시장의 정확한 분석과 전략적 대응이 그 어느 때보다 요청된다.

지금까지 나온 미국과 동아시아, 그리고 서유럽의 전망들을 종합하면 2030년 전후에 동아시아와 서태평양 지역의 질서가 바뀔 가능성이 높다는 전망이 우세하다. 1945년 제2차 대전 종전 이후 이 지역에서 미국이 세계 최고의 경제력을 바탕으로 한 군사력을 통해 유지해온 패권이 중국에게로 넘어갈 것으로 예상되는 것이다. 그 같은 전망의 근거는 중국이 2021년 현재 코로나19 글로벌 확산 이전의 성장률 6~8%대를 회복할 가능성이 커지고 있다는 사실에서 찾을 수 있다. 반면 미국은 코로나19 대응에 실패해 경제성장률이 연 2%대에 묶일 가능성이 높다고 예측되며, 따라서 중국이 2030년에 이르러서는 국내총생산에서 미국을 따돌리게 될 것으로 예상된다.

중국이 경제력에서 앞서나가면 군사력에서도 차이가 줄어들 수밖에 없다. 군사력에서 중국이 미국과 대등해지거나 추월하게 된다면 미국 주도의 질서는 더 이상 유지되기 어려울 것이다. 2040년이 되면 미국의 글로벌 패권 독점 시대도 마침내 막을 내리게 된다. 바야흐로 중국과 권력을 나눠야 하거나 중국이 더 영향력을 행사하게 될 글로벌 시대가 다가오고 있는 것이다.

> **2040년이 되면 미국의 글로벌 패권 독점 시대도 마침내 막을 내리게 된다.**
> **중국과 권력을 나눠야 하는 시대가 다가오고 있다.**

2017년도 말부터 중국이 대외 정책 기조를 공세적으로 전환하기 시작한 데는 이 전망이 현실화할 수 있다는 중국 지도부의 자신감이 영향을 미쳤다. 이 해 10월 24일 중국 공산당 대회 폐막식에서 시진핑 국가주석 겸 당 총서기는 앞으로 떨쳐 일어나 해야 할 일을 하겠다는 뜻의 분발유위(奮發有爲)를 천명했다. 이로써 덩샤오핑의 유지인 도광양회(韜光養晦)가 밑바탕이 됐던 지난 30여 년간의 대외 기조는 역사 속으로 사라졌다. 힘을 충분히 기른 만큼 적극적으로 동아시아와 서태평양 지역은 물론이고 더 나아가 세계 패권까지 추구하겠다는 것이 시진핑을 정점으로 한 중국 지도부의 의지이다.

동아시아와 서태평양 지역 국가들의 입장에서 볼 때 더욱 심각한 것은 시진핑이 마오쩌둥에 버금가는 권력 독점을 추구하고 있다는 사실이다. 이는 사드(THAAD)의 배치와 남중국해 영유권을 둘러싸고 각각 중국과 갈등을 빚어 온 한국과 동남아 국가들의 미래에 매우 심상치 않은 대목이다. 2017년 10월 당 대회에서 시진핑은 5년 뒤 자신을 이을 후계자를 지명하지 않았다. 덩샤오핑의 유지대로 전임 주석들인 장쩌민과 후진타오는 임기 10년의 중반을 맞는 5년 차에 열리는 당 대회에서 5년 뒤 후계자를 상무위원회의 일원으로 발탁해 준비를 시키는 이른바 '격대지정(隔代指定)' 시스템을 가동해왔는

데 시진핑은 이번에 그 같은 관례를 따르지 않았다. 시진핑의 권력 연장 시도는 여기서 그치지 않았다. 2018년 2월 25일 개최된 전국인민대표자대회에서 국가주석의 연임 규정(1회 임기 5년)이 삭제된 것이다. 이로써 시진핑은 현재 연임 중인 국가주석 직을 한 차례 더 연임할 수 있는 길이 열렸다. 케빈 러드 전 호주 총리는 미 외교전문지 〈포린 어페어즈Foreign Affairs〉 2021년 3/4월호에 실린 기고에서 시진핑이 2035년까지 국가주석 직을 유지한다는 목표를 갖고 있다고 분석한다.

문제는 시진핑 주석의 권력 연장을 위한 이런 결정들이 동아시아와 서태평양 국가들, 특히 한국의 미래에 어떤 의미를 갖느냐이다. 시진핑이 5년 뒤 자신을 이을 후계자를 정하지 않은 것이나 전인대가 국가주석 연임 규정을 삭제한 것에 대해 권력 독점 의도로만 해석하는 것은 지나치게 중국 국내 정치만을 염두에 둔 평가일 수 있다. 시진핑이 제시한 분발유위라는 새로운 대외 기조의 측면에서 그의 권력 연장을 위한 중국 정부의 조치들을 해석할 필요가 있다. 시진핑은 향후 5년 내에 또는 집권 기간을 더 늘려서라도 동아시아와 서태평양 지역의 패권을 차지하거나 그에 준하는 현상변경을 이루겠다는 의지를 분발유위라는 새로운 대외 기조에 담았을 수 있다.

만약 시진핑의 의도에 대한 이 같은 평가가 틀리지 않는다면 그의 집권 기간 내에 중국이 이 지역의 패권 확보를 위해 모든 자원을 쏟아 부을 것으로 예상된다. 그럴 경우 남중국해 영유권을 중국과 다투어 온 동남아 국가들과 중국에 의해 미국의 대중 전진 기지로 인식되어 온 한국은 크나큰 위기에 직면하게 될 가능성이 높다. '21세기 전체주의 리바이어던'으로서의 행보를 본격화하고 있는 중국에 의해 주권이 심각하게 구속당하는 속국화의 위협에 본격 직면할 수 있는 것이다. 권력 독점을 노리는 시진핑의 행보를 볼 때 이 같은 위협이 현실화할 것인지 판가름 나는 시간은 짧게는 5년, 길게는 10년밖에 남지 않았을 것으로 보인다.

중국의 대체질서 구축: RCEP 주도와 AIIB 설립

오늘날 동아시아와 서태평양 지역의 정세는 상대적으로 중국에게 유리하게 돌아가고 있다. 미국은 트럼프 행정부 4년 간 중국의 패권 도전을 견제하기보다 중국의 대미 흑자를 축소하고 중국의 정보통신 기술 기업들을 제재하는 등 국익 우선주의 전략을 추진하는 데 골몰했다.

이로 인한 경제적 어려움이 적지 않은 상황에서 중국은 2020년 초 우한에서 발발한 코로나19 바이러스 감염 사태로 경제적으로 커다란 위기에 직면했다. 중국은 우한 전역을 봉쇄하고 대대적인 방역에 착수했다. 이 같은 국가주의적 노력으로 중국 내 코로나19 바이러스 확산세가 잡혔다. 그 결과 중국 경제는 2020년 하반기부터 다시 상승세를 탔다.

하지만 미국은 트럼프 행정부 말기에 확산된 코로나19 감염 사태에 전략적인 대응을 하지 못했다. 미국은 현재 세계에서 감염 확산이 가장 빠른 국가 중의 하나로 꼽힌다. 이로 인해 미국 경제는 중국 경제만큼 회복세를 보이지 못하고 있는 상황이다. 중국의 패권 도전 목표 달성에 우호적인 환경이 조성되고 있는 것이다.

트럼프 전 대통령은 임기 초에 중국에 우호적인 언행을 해 주목을 받았다. 2017년 11월 베트남 다낭에서 개최된 아시아 태평양경제협력회의(APEC) 기간에 베트남 국가주석과의 정상회담에서 트럼프는 서사군도의 섬과 환초 영유권을 둘러싼 중국과의 분쟁을 조정해주겠다고 제안했다. 베트남은 미국이 중국을 물리쳐주길 바라는데 정작 미국 대통령은 중국과 베트남 간에 협상과 대화를 중재해줄 수 있다는 입장을 밝힌 것이다. 트럼프의 이 같은 중재 발언은 남중국해에서 중국과 영유권 분쟁 중인 베트남과 필리핀, 인도네시아 등에 엄청난 충격을 주기에 충분했다.

중국의 급속한 부상에 따른 위기감으로 인해 미국과의 협력 관계를 강화해 오던 동남아 국가들에겐 이 사건이 의미하는 바는 분명했다. 지역의 규범과 규칙은 미국이 아니라 중국이 써나가기 시작했다는 것이다. 냉정하게 판단해 볼 때 미국이 이 지역을 중국에 사실상 넘긴 시점은 2011년으로 거슬러 올라간다. 당시 클린턴 힐러리 국무장관이 미국의 외교 전문지인 〈포린 폴리시 Foreign Policy〉 10월호에 기고한 글을 통해 '아시아 회귀(Pivot to Asia)' 정책을 선언했는데, 동남아 국가들은 축을 아시아로 이동하겠다는 것 자체가 미국이 이 지역에 영구적으로 머무르겠다는 의미가 아니라는 점에서 실망감을 표출했다.

그래서 오바마 행정부가 그 대안으로 들고 나온 의제가 '아시아에 대한 전략적 재균형(Rebalance to Asia)'이었다. 이는 다자 외교, 경제 통합, 군사 주둔 등의 억지력을 통해 남중국해와 동중국해에서 중국의 위협에 대응하겠다는 의지를 이 지역 동맹국들과 협력국가들을 확신시키기 위한 전략이었다.

> **오바마 행정부의 아시아 회귀는 사실상 부도났다. 중국 견제를 위한 군사력 증강 배치가 전혀 이루어지지 않았다.**

그러나 오바마 행정부가 한 것이라고는 공해상에서의 항행의 자유를 주장하면서 남중국해에서 해상 훈련 기동을 하는 정도에 불과했다. 국제법을 위반하면서 이웃국가들의 영유권을 침탈하는 중국의 도발 행위들을 저지하기 위한 미국의 군사적 재균형 노력은 적극적으로 이루어지지 않았다.

그 결과 중국의 군사적 도발이 더 본격적으로 이루어지기 시작했다. 2014년, 중국은 필리핀이 영유권을 보유했던 남사군도 내 팡가니방 산호초 위에 인공섬 건설에 착수했다. 중국의 인공섬과 군사기지 건설은 러시아의 크림반도 병합과 북한의 핵무기와 탄도 미사일 개발과 함께 탈냉전 체제를 쓰러뜨린 3대 사건으로 평가 받는다. 이어 중국은 베트남과 필리핀을 상대로 각각 서사군도(Paracel Islands)와 남사군도(Spratly Islands)에서 공세적인 군사 행동을 벌여 왔다. 미국의 아시아 회귀 선언을 미국이 중국을 포위하겠다는 의지를 갖고 있다는 것으로 판단했기 때문이다. 하지만 오바마 행정부의 아시아 회귀는 사실상 부도났다. 중국 견제를 위한 군사력 증강 배치 등이 이루어지지 않은 것이다. 이 같은 남중국해의 정세는 트럼프 행정부가 들어선 이후에도 변함이 없었다. 오히려 악화되었다고 볼 수 있다.

트럼프가 2017년 취임하자마자 오바마가 대중 견제를 위해 추진해 왔던 TPP에서 탈퇴함으로써 동아시아와 서태평양 지역의 경제 질서를 새로 쓰는 임무가 중국에게 넘어갔다. 특히 한국, 중국, 일본 등이 동남아 국가들과 추진해 온 역내포괄적경제동반자협정(RCEP)이 2020년에 타결됨으로써 RCEP가 TPP의 대안으로 떠오르고 있다. RCEP은 한국과 중국, 일본, 호주, 뉴질랜드 등 5개국 및 아세안 10개국이 가입한 초대형 자유무역협정이다.

미국이 탈퇴한 이후 TPP는 아시아와 태평양 지역 11개 국가가 참여하는 '포괄적·점진적 환태평양경제동반자협정(CPTPP)'이라는 명칭의 다자간 자유무역 협정으로 개편돼 2018년 3월 8일 출범했다. 참여 국가는 일본, 호주, 뉴질랜드, 캐나다, 멕시코, 칠레, 페루, 싱가포르, 베트남, 말레이시아, 브루나이 등이다. 11개국이 서명한 다자간 자유무역협정이다. 이 다자 무역협정은 미국이 TPP를 탈퇴한 이후 일본 중심으로 새로 출범한 것이다. CPTPP 회원국은 인구 5억 명 규모이며 전 세계 국내총생산의 13%가량을 차지한다. 하지만 미국이 아닌 일본 중심의 CPTPP가 과연 중국을 견제할 수 있을 것인지는 예상하기란 쉽지 않다. 특히 회원국들이 일본의 리더십을 흔쾌히 인정하지 못하는 것도 부정적인 요인이다.

이와 함께 중국은 미화 3조 달러가 넘는 막대한 외환 보유고를 바탕으로 역내 새로운 금융 질서의 창출을 추구하고 있다. 신개발은행(NDB), 위기대응자금(CRA), 아시아인프라투자은행(AIIB) 등이 그 같은 목표를 위해 중국이 만든 국제금융기구들이다.

트럼프의 국익 우선주의:
미국 경제패권 유지와 중국의 역할 인정

중국의 이 같은 본격적인 패권 도전에 대한 재균형 노력 대신 트럼프 행정부가 중점을 둔 의제는 다음 세 가지다. 첫 번째는 미국의 대외 교역 적자를 축소하고 미국 내 일자리를 창출하는 것이다. 이를 위해 미국은 중국, 한국, 일본 등을 상대로 경제적 압박을 가해 양보를 얻어내고자 했다. 트럼프는 2018년 8월 중국과의 무역 전쟁을 시작했다. 미국은 대중 무역 적자를 줄이기 위해 중국의 주요 대미 수출 상품들에 고율의 관세를 부과했다. 이에 중국도 보복 관세로 반격에 나서면서 미중 무역 전쟁이 발발했다. 같은 해 12월 1일 부에노스아이레스 G20 정상회의 기간에 미국과 중국은 정상회담을 갖고 3개월 휴전 기간을 갖고 협상하기로 합의했다. 중국의 류허(劉鶴) 경제부총리와 미국의 스티븐 므누신Steven Mnuchin 재무장관 간 협상은 당초 타결될 것으로 전망됐으나 2019년 5월 결렬됐다. 중국이 지적 재산권 침해 중단과 자국 내 기업에 대한 정부 보조금 지급 중단 등을 법적으로 보장하라는 미국의 요구를 주권 침해라고 반발하며 거부했고 트럼프는 즉각 5천억 달러에 달하는 중국의 대미 수출품에 고율의 관세 부과를 결정했다. 그러자 중국도 600억 달러의 미국의 대중 수출품에 보복 관세를 부과하는 조치를 취했다. 이로써 미중 간에 무역 전쟁이 본격적으로 발발했다. 하지만 2019년 9월 미국과 중국은 1년 넘게 끌어 오던 무역 협상을 일단 마무리했다. 미중 무역전쟁으로 인해 세계 경기가 침체하고 양측 모두 국내 경제 및 정치에서 큰 타격을 입을 수 있다는 우려에 따라 타협에 나선 것이다. 그럼에도 트럼프가 대중 무역 전쟁을 끝낼 가능성은 높지 않다는 분석이 많았다. 2020년 11월 대선에서 재선되기 위해 중국이 미 농산물을 구매하도록 유도하기 위해 불가피하게 봉합한 것이었을 뿐 재선이 되면 더욱 강력한 무역 전쟁에 나설 것이라는 전망이 높았다. 이 때문에 트럼프가 중국과의 무역 전쟁을 본격적으로 벌이면서 궁극적으로 추구했던 목표가 무엇이었느냐는 의문이 제기돼 왔다.

무엇보다도 트럼프 재임 당시 확산됐던 분석은 미국의 대중 무역 전쟁이 중국의 역내 패권 도전을 저지하기 위해 중국 경제를 손보는 차원에서 이루어지고 있다는 것이었다. 하지만 트럼프는 2017년 1월 취임 직후부터 2021년 1월 퇴임 때까지 중국의 역내 군사적 패권 도전을 막는 데 그다지 적극적인 모습을 보이지 않았다. 그는 남중국해에 수시로 항모를 파견해 이 해역에서의 항행의 자유를 지키기 위한 순찰 이상의 조치를 취하지 않았다.

그러나 그가 분명하게 드러내 보인 속내는 적국이든 동맹이든 가리지 않고 미국의 경제적 이익을 위해서라면 경제적 압박을 가하고 고율의 관세를 부과하는 등 미국 우선주의(America First)를 추구하겠다는 것이었다. 이는 2017년 11월 베트남 다낭에서 개최된 APEC에서 미중 정상회담을 앞두고 중국이 미국에 수십억 달러를 투자한 데 대해 트럼프가 고맙다는 반응을 보인 데서 엿보인다. 미국이 주도해 온 역내 안보 및 경제 질서가 중국에 의해 위협 받는 현실은 아랑곳 않고 중국이 미국에 투자를 했다고 하자 마냥 '좋다'는 반응을 보인 것이다. 이 상황에서 제기된 가장 중요한 의문은 트럼프가 추진했던 대중 무역 전쟁의 진정한 목표가 무엇이었느냐였다. 요컨대 대중 무역 전쟁이 중국의 역내 군사 패권 저지까지 겨냥한 것인지 여부였다.

만약 그렇지 않다고 한다면 트럼프의 궁극적인 목표는 중국이 과도한 대미 수출 흑자를 올리지 못하게 하고 정보통신 분야에서 앞서 나가지 못하게 해 미국의 경제적 패권을 계속 유지하는 데 있었다고 볼 수 있다. 오바마 행정부는 건강보험 등 사회경제 분야 개혁에 매달리다 중국의 패권 도전에 대한 전략적 대응 기회를 놓쳤다. 트럼프도 다른 맥락에서 오바마의 전철을 그대로 밟았다. 트럼프 행정부는 중국의 대미 수출 흑자를 축소하고 중국이 정보통신 분야에서 글로벌 패권을 차지하지 못하게 하는 데 집중한 나머지 정작 중요한 중국의 역내 군사패권 도전에 전략적으로 대응하는 데 실패했다는 비판을 받는다.

트럼프 행정부의 두 번째 중점 목표는 북한이 개발하고 있는 핵무기와 탄도미사일 문제를 해결하기 위해 중국과의 협력을 강화하는 것이었다. 북한의 핵 개발로 인한 안보 위기가 2018년 6월 12일 싱가포르 1차 미북 정상회담을 시작으로 대화와 협상을 통한 해결 국면으로 이행할 수 있었던 데는 중국의 기여가 있었다. 2017년 9월 북한의 6차 핵실험과 11월 대륙간탄도미사일 화성-15호 시험 발사 등 도발에 대해 안보리가 북한에 치명적인 제재들을 채택할 수 있었던 데는 중국의 협력이 결정적이었다. 그 결과 북한은 경제난이 악화되었다. 김정은도 미국의 군사적 압박으로 인해 신변 불안감에 시달렸다. 김정은이 핵실험과 장거리 탄도미사일 시험 발사 등 도발을 중단하고 트럼프와의 두 차례 회담에 나온 것은 미중 간 대북 제재 협력의 결과였다. 트럼프 행정부가 대(對) 중국 차원에서 추구해 온 동아시아와 서태평양 지역 안보 의제가 북한의 비핵화 문제로 좁혀졌다는 것 자체가 트럼프가 중국의 역내 영향력을 현실적으로 인정했다는 것을 의미한다.

여기서 중요한 것은 북한의 비핵화 해결을 중국이 도와주는 대가로 미국이 치러야 할 비용이다. 그것은 헨리 키신저 전 미 국무장관이 트럼프 행정부 출범 초 렉스 틸러슨 국무장관에게 조언했던 '한반도 중립화' 일 수도 있고, 남중국해와 동중국해에서 분쟁 중인 도서들에 대한 중국의 영유권을 인정해주는 것일 수도 있다. 문제는 미국이 두 개의 선택지 중 어느 것을 고를 것이냐이다. 이 중 하나라도 양보하지 않으면 중국이 대북 송유관 폐쇄와 같은 대북한 압박 조치를 지속해나갈 가능성은 낮다고 볼 수 있다. 어느 지점에서 미중 간 빅딜이 이루어지더라도 그것은 중국의 역내 패권 확보를 위한 중대한 계기가 될 것으로 예상된다.

트럼프 행정부의 세 번째 중점 목표는 중국 본토 해안선을 따라 배치된 중단거리 탄도 미사일의 사정권 밖에 위치한 미국-일본-호주-인도로 이어지는 라인을 중국의 팽창을 억제하는 마지노선으로 만드는 것이었다. 트럼프 대통령이 2017년 11월 초 일본 방문 기간에 아베 신조 총리와 합의한 인도-태평양 전략(Indo-Pacific Strategy) 구상이 그 같은 내용이다. 그 결과 한반도 남단에서 오키나와, 필리핀, 그리고 싱가포르를 거쳐 인도네시아로 이어지는 라인은 미국의 방어선에서 점차 배제되어 가고 있다.

인도-태평양 전략이라는 이름의 이 같은 대(對) 중국 안보 네트워크 구상은 2006년부터 개최되어 온 미국, 일본, 호주, 인도 등 4국 간 전략대화에서 대중 봉쇄 전략으로서 논의되어 왔다. 이 개념을 처음 제시한 사람은 인도의 쿠라나Gurpreet S. Khurana 박사다. 하지만 그것을 의제로 발전시킨 것은 아베 전 총리였다.

이 구상은 한국을 미국의 대중 최종 방어 마지노선으로부터 배제하는 방향으로 전개되고 있다는 의혹을 받고 있다. 이는 트럼프 대통령이 아베를 만난 뒤 곧 바로 방한해 문재인 대통령과 가진 정상회담에서 사전 합의 없이 이 구상을 공동 발표문에 포함시키자고 전격 제안했다가 무산된 사태에서 읽을 수 있다. 문재인 정부는 한국이 중국에 의해 주권이 제한 또는 위협 당하는 사태를 막기 위해 트럼프의 제안을 수용하는 것 외에 선택의 여지가 없었다. 하지만 문재인 정부는 사전에 협의하지 않았다는 이유로 유보했다. 유보 결정에 대해 많은 언론의 비판이 제기되자 청와대는 뒤늦게 해명에 나섰으나 외교부의 입장과 혼선을 빚으면서 오히려 신뢰만 떨어뜨렸다. 그 결과 이 구상에 대한 한국 정부의 유보 입장이 집중 조명을 받으면서 한미 정상회담이 오히려 양국 관계에 부담이 되는 사태로까지 발전했다.

이후에도 외교 참사가 이어졌다. 당시 강경화 외교부 장관이 APEC 기간 내에 있을 한중 정상회담을 염두에 두고 사드 추가 배치 반대, 미국의 미사일 방어 체계 참여 반대, 그리고 한미일 간 군사동맹 발전 반대 등 이른바 3불

(不) 기조를 표명한 것이다. 이로써 한미 정상회담은 안 하느니보다 못한 것이 돼 버렸다.

한미 정상회담이 이렇게 망가지게 된 책임은 트럼프 행정부에게도 일부 있다. 미국이 진정으로 한국이 중국의 영향권에서 벗어나 대중 전초 기지 역할을 하기를 바랐다면 문재인 정부가 인도-태평양 구상에 참여하지 않을 수 없게 만드는 지혜를 발휘했어야 했다. 최소한 외교 당국 간 사전에 긴밀한 협의를 거쳤어야 했다. 하지만 그러지 않았다.

그렇다면 인도-태평양 전략 구상을 둘러싼 한미 정상 간 이견 사태가 발생하게 된 원인은 무엇인가? 그것은 트럼프 행정부가 무성의했거나 한미 동맹에 대한 문재인 정부의 진정성을 도발적으로 확인해보려 한 것이었다고 밖에 볼 수 없다. 트럼프 행정부는 북한의 잇단 탄도 미사일 시험발사와 6차 핵실험 위기 상황에서 문재인 정부가 대북 제재 확대 등 미국의 강경 대응 기조와 반대로 대북 유화책을 주장해 오는 것에 대해 부정적 입장을 보여 왔다. 이 때문에 트럼프 행정부 내에서는 문재인 정부와 함께 할 수 없는 것이 아니냐는 인식이 확산되기도 했었다.

더욱이 문재인 정부는 사드 배치로 인한 중국의 경제 보복 사태를 피하기 위해 친중(親中) 노선으로 방향을 틀고 있었다. 이런 국면에서 인도-태평양 전략 구상을 둘러싼 한미 갈등은 미국이 한국을 중국의 위협에 맞서 최종 방어 라인 밖에 놓고 있다는 의혹을 부채질했다. 한국인들에게 한국전쟁 직전의 애치슨라인이 반복되는 게 아니냐는 우려를 떠올리게 하는 것이었다.

인도-태평양 구상 관련한 한미 간의 이러한 엇박자 사태는 아베의 '공작'일 가능성이 적지 않았다. 한미간 균열을 노린 아베가 트럼프에게 일본 방문이 끝나고 한국에 가면 문 대통령에게도 참여를 제안해보라고 권유했을 가능성을 배제할 수 없다. 이 구상을 주도해 온 아베는 한국이 그 같은 제안을 갑작스럽게 받으면 거절할 수밖에 없을 것이라고 보고 트럼프에게 그렇게 해보라고 요청했을 수 있다. 만약 자신의 예상대로 한국이 거절하거나 유보하면 한미 관계가 균열을 보일 것이고 대중 네트워크에서 한국을 배제하는 데 효과적일 것이라고 계산했을 수 있다.

> **트럼프 행정부가 역점을 두고 추진했던 의제들은 중국의 군사적 패권 확보와 그로 인한 한반도의 중국 속국화 위기를 심화시켜 왔다.**

트럼프 행정부가 역점을 두고 추진했던 이들 세 가지 의제는 중국의 군사적 패권 확보와 그로 인한 한반도의 중국 속국화 위기를 심화시켜 왔다. 그 시기는 하버드대학 국제정치학자 그레이엄 앨리슨Graham Allison이 『예정된 전쟁Destined for War』에서 전망한 시기보다 훨씬 빨라질 수 있다.

가장 중요한 원인은 트럼프 행정부의 대 중국 중심 의제가 중국의 군사적 패권 저지에 있지 않았다는 데서 찾아야 한다. 트럼프를 당선시킨 일등 공신은 불공정한 자유무역협정을 개정해서라도 일자리를 만들어 달라는 미국 중서부의 쇠락한 공업지대의 근로자들과 농가들의 지지였다. 이런 상황에서 트럼프로서는 2020년 11월 대선에서 재선되기 위해서라도 중국의 군사적 패권 확보 저지보다는 중국을 압박해 대미 수출 흑자를 줄이고 미국산 농산물 수입을 늘리게 하는 데 역점을 둘 수밖에 없었다.

하지만 트럼프 행정부가 임기 4년 간 중국에 대한 군사적 견제를 강화하지 않았던 근본적인 원인은 미국의 경제력 하락과 이로 인한 군사력 감소, 그리고 미 국민이 원하지 않았던 데서 찾아야 한다. 어찌됐든 트럼프 행정부가 중국과의 무역 불균형 시정에 더 많은 힘을 쏟는 상황에서 한국은 중국의 주권 침해나 속국화 위협에 대처하기가 쉽지 않았다. 만약 이 같은 상황에서 중국과의 제한 전쟁이 발발했다면 미국이 적극적으로 지원했을 가능성은 높지 않았을 것이다.

중국과의 제한 전쟁시 한국의 전략:
결전 회피와 확전 우위

이 같은 상황에서 한국의 정치 지도자들은 중국과의 갈등이 고조될 경우 어떻게 대처해야 하는가? 나는 한국이 일단 영국의 19세기 해군 전략가 줄리언 코빗Corbett이 제시한 결전 회피 전략을 펴다가 전쟁에서 이길 수 있다고 판단되는 순간이 오면 미국의 전략가 허먼 칸Khan이 말한 확전 우위 전략으로 과감히 전환해야 한다고 주장한다. 이순신 장군이 임진왜란 당시 조선 수군을 함선과 병력의 수에서 압도하는 왜 수군과의 해전에서 이길 수 있었던 요인은 그의 전략이 결전 회피 전략과 확전 우위 전략의 조합이었다는 데서 찾을 수 있다.

그러나 우리는 중국이 지켜만 보고 있지 않는다는 것을 분명하게 인식해야 한다. 한중 제한 전쟁이 발발할 경우 미국이 적극적으로 지원할 가능성이 높든 낮든 간에 중국은 한미 군사 동맹을 어떻게든 약화시키고자 모든 수단을 동원할 것이다. 이는 중국이 사드 배치와 북핵 문제를 고리로 한미를 떼어놓으려 하고 한일 협력을 차단하는 데 주력해 왔다는 데서 알 수 있다. 사드 배치도 중국이 이의를 제기해야 한다면 그 대상은 미국이어야 한다. 왜냐하면 사드 미사일 X밴드 레이더의 탐지 거리가 중국의 동북부 탄도 미사일 기지들을 포함한다고 중국은 판단하기 때문이다. 이 점에서 중국은 사드의 한국 배치는 자신들의 반접근과 지역거부 전략에 대한 미국의 대응 차원에서 이루어졌다고 인식하고 있다. 중국이 사드가 자신들의 전략적 균형을 해치고 있다고 주장한 데는 이 같은 인식이 자리 잡고 있다. 따라서 중국이 사드 배치에 대해 항의를 해야 할 대상은 한국이 아니라 미국이 맞다.

그럼에도 불구하고 한국을 상대로 사드를 철수시킬 것을 요구하고, 보복을 위협하고, 실제로 경제 보복을 가한 중국의 목표는 한미 동맹의 와해에 있다고 봐야 한다. 한국 내 친중 세력을 적절히 동원하면 국론이 분열될 것이고 그렇게 되면 한미 관계가 악화할 가능성이 높다고 중국은 계산했을 가능성이 있다. 2016년 7월 박근혜 정부가 사드 배치 결정 이후 사드 배치를 둘러싸고 한국 사회가 진보와 보수 간에 치열한 갈등이 발생해 왔다는 데서 그 같은 계산은 전혀 틀리지 않았다고 평가할 수 있다.

더구나 2017년 5월 문재인 정부가 출범한 직후 사드 배치 문제는 박근혜 정부의 가장 핵심적인 적폐로까지 부상했다. 당시 청와대는 사드 배치가 주요 적폐인 이유로서 두 가지를 발표했다. 하나는 박근혜 정부 말인 2017년 초에 사드 한 기가 도입됐는데 국방부는 새 정부의 청와대 보고에서 이미 배치된 2대의 발사대 외에 4대의 발사대가 추가 반입돼 칠곡 미군 기지에 보관되어 있다는 사실을 고의로 누락했다는 것이다. 다른 하나는 사드 미사일의 X밴드 레이더에 대한 환경 영향 평가가 졸속으로 이루어졌다는 것이다. 이 때문에 사드 배치 과정의 불법 행위에 대한 조사가 필요하다는 것이 청와대의 주장이었다.

하지만 국방부를 중심으로 한 군(軍)은 청와대의 주장에 대응하지 않았다. 사드 한 기는 6대의 발사대로 이루어져 있다. 때문에 사드 한 기를 들여왔다고 청와대에 보고했다는 것은 배치된 2대의 발사대 외에 4대의 발사대가 배치를 기다리고 있다는 의미를 갖는다. 따라서 국방부는 보고 누락을 하지 않았다는 입장이었다. 환경영향 평가 관련 의혹도 마찬가지였다. 주한미군 시설은 한미 간 합의에 따라 환경영향 평가도 받지 않아도 되지만 국민 정서를 고려해 자청해서 평가를 받았고 그 결과 적합 판정을 받았다는 것이 국방부의 입장이었다.

그러나 군은 이 같은 내부 입장을 겉으로 드러내지 않았다. 군은 청와대가 사드에 대한 보고를 제대로 알아듣지 못해 놓고 국방부에 누명을 씌우고 있다는 불만을 가졌다. 이로써 사드 배치 문제는 중국이 의도한대로 한국의 청와대와 군 간의 관계를 분열시키는 데 성공했고 그 결과로 한미 관계는 더욱 악화일로를 걸어야 했다.

중국의 패권 저지를 위한 미국과 동맹국들의 전략

냉전 때 미국과 치열한 경쟁을 벌였던 소련은 군사력에서는 미국과 비슷했으나 경제력에선 크게 뒤졌다. 그래서 냉전은 미국과 서유럽의 승리로 끝날 수 있었다. 하지만 지금의 중국은 구소련과 달리 경제 대국이자 군사 대국의 지위를 눈앞에 두고 있다. 그런 중국이 오늘날 미국의 자리를 차지할 경우 전 지구적 차원의 비자유주의화 위기를 초래할 가능성이 있다. 전 세계 자유민주주의 진영이 중국의 패권 추구를 저지하기 위해 단결해야 하는 까닭이 여기에 있다.

그렇다면 관건은 어떤 전략이 효과적으로 중국의 패권을 저지할 수 있느냐는 것이다. 현재 미국과 미국의 역내 동맹국 및 협력국들이 검토할 수 있는 대중 전략 중 현재 가장 효과적인 방안은 경제 봉쇄다. 물론 경제 봉쇄는 즉각 효과를 보기 어렵다. 중국을 제외한 모든 국가들이 봉쇄에 참여할 가능성이 낮기 때문에 더욱 그렇다. 북한 같이 경제 실패 국가조차 10년 넘게 이어지고 있는 경제 제재에도 불구하고 체제를 유지하고 있다.

> 대중 경제 봉쇄의 목표는 중국의 붕괴가 아니라 중국의 경제 성장률을 둔화시킴으로써 동아시아와 서태평양 지역의 패권 장악을 저지하는 데 있다.

이 점에서 대중 봉쇄를 당장에 효과를 보겠다는 기대를 갖고 추진해선 안 된다. 적어도 10년 정도 내다보고 장기적인 관점에서 추진해야 하는 것이다. 더욱이 중국을 붕괴시키자고 봉쇄하는 것이 아니다. 봉쇄 목표가 중국의 경제 성장률을 둔화시킴으로써 동아시아와 서태평양 지역의 패권 장악을 저지하는 데 있다는 것을 상기해야 한다.

미국의 전략 문제 전문가 에드워드 러트웍Edward Luttwak이 『중국의 부상 對 전략의 논리The Rise of China vs. the Logic of Strategy』에서 내놓은 주장을 참고해 보면 세 가지의 방안을 생각할 수 있다. 첫 번째는 미국, 일본, 서유럽, 그리고 동남아 등 주요 시장에 중국의 저가 제품이 유입되지 않도록 하는 것이다. 두 번째는 중국이 주요 선진국들에서 개발한 4차 산업 혁명의 주요 기술들을 입수하지 못하도록 원천 차단하는 것이다. 세 번째는 원유와 철광석을 비롯한 세계 자원 시장에 대한 접근을 차단하는 것이다.

이미 미국과 서유럽에서는 정부 차원의 구입 시 중국산 제품을 배제하는 사례가 급속도로 늘어나고 있는 추세다. 특히 미국의 경우 정부 기관들의 중국산 통신 장비 구입과 중국의 인프라 투자가 금지되고 있다. 이 같은 정책은 2019년 5월 트럼프가 대중 무역전쟁에 본격 착수하면서 더욱 강화됐다. 중국의 대표적 정보통신 기업인 화웨이의 네트워크 장비의 미국 내 수입을 금지시킨 것이다.

이는 미국을 중심으로 한 자유민주주의 진영의 대중 경제 봉쇄가 사실상 시작되었다는 것을 의미한다. 호주에서도 자국 원자재 생산 회사들에 대한 미국 기업들의 인수는 허용하는 반면 중국 기업들의 인수는 금지하고 있다. 몽골의 경우 중국에 대한 경제 의존도를 줄이기 위해 세계 최대의 매장량을 갖고 있는 저황(low-sulfer) 석탄 수출을 위한 철도를 중국 방향이 아닌 러시아 방향으로 부설했다. 브라질과 아르헨티나는 농장과 목장을 중국에 판매하는 것을 금지했다.

한국도 이 같이 전 세계적으로 확산되고 있는 대중 경제 봉쇄에 점진적이고 비공식적인 방법으로 동참해야 한다. 중국 시장에 진출한 한국 기업들이 중국 당국의 부당한 제재로 얼마나 큰 피해를 입을 수 있는지가 2016년 7월부터 2017년 11월까지 지속된 사드 사태를 계기로 극명하게 드러났다. 거대한 중국 시장을 공략하는 것이 한국 경제 성장에 도움이 된다는 생각만으로 중국에 대한 투자와 수출을 무작정 늘리는 것은 신중해야 한다. 중국이 패권을 장악하기 위해 주변국들에 대한 강압적인 행위를 서슴지 않는 상황에서 미국과의 동맹을 맺고 있다는 이유로 언제 어떻게 한국 기업들에 대한 제재를 가할지 알 수 없다.

향후 대중 투자와 수출이 현재보다 크게 늘어났을 때 중국 당국이 안보상의 이유를 들어서 한국 기업들을 또 다시 제재를 가할 수 있다. 그럴 경우 한국 경제는 사드 사태 때와는 비교할 수 없을 정도의 위기로 치달을 우려도 배제할 수 없다. 이 때문에 한국은 대중 경제 의존도를 줄여나가야 한다. 동남아 시장과 남미 시장으로 수출 시장을 다변화하는 노력을 더욱 본격적으로 해나가야 한다. 주요 기간망에 소요되는 시설과 장비도 중국산을 구매하는 것은 제한해나갈 필요가 있다. 자칫 중국이 그 같은 시설과 장비에 들어가는 부품 수출을 중단할 경우 기간망이 마비될 수 있다. 마찬가지 이유로 한국 기업들도 중국산 부품의 구매를 줄여나가야 한다.

대중 의존도를 줄이기 위한 경제 봉쇄만큼이나 중요한 것은 중국이 정부와 개인 차원에서 한국 내 땅과 가옥을 구입하는 것을 막는 것이다. 몽골에서 중국 문제를 연구하고 있는 한 연구자에 의하면 중국은 주변국들의 중국화를 위한 전략의 하나로서 이들 국가의 땅을 적극적으로 구입하고 있다. 중국이 구매한 땅에 자국민을 이주시킴으로써 화교 사회를 건설하려 한다는 것이 그의 주장이다. 일단 화교 사회가 들어서서 그 범위를 넓혀갈수록 그 나라는 점차 중국화가 될 수밖에 없다고 중국 당국이 판단하고 있다. 브라질과 아르헨티나가 미국과 유럽 기업들의 농장과 목장 구입은 막지 않다가 2011년에 갑작스레 법을 만들어 중국 기업들의 구입을 막은 것도 이 같은 맥락에서 이해할 수 있다. 한국도 특정 지역이 중국인들의 집단 거주지로 변하지 않도록 주의 깊게 살피고 막아야 한다.

대중 경제 봉쇄를 동맹국들과 협력해 성공시키고 다가올 중국과의 제한 전쟁에서 승리하기 위해서는 전략 이전에 사람이 무엇보다 중요하다. 승리 전략을 수립하고 추진할 수 있는 새로운 패러다임으로 무장한 전략 그룹이 출현해야 한다.

20세기 보수와 진보 세력은 어떻게든 중국과 좋은 관계를 유지하려 했다. 그래야 하는 이유로 이들은 세 가지를 들고 있다. 첫 번째는 중국 시장을 붙잡는 것만이 한국 경제가 발전할 수 있는 길이라는 것이다. 두 번째는 중국은 북한 핵과 미사일 문제의 해결에도 큰 도움을 줄 수 있는 나라이기 때문이라는 것이다. 마지막으로 중국의 위협이 두렵기 때문에 중국을 자극하지 않아야 한다는 것이다.

그렇다면 이러한 구시대의 보수와 진보를 대체할 국정을 담당할 세력은 누구여야 하는가? 무엇보다도 동아시아와 서태평양의 비자유주의화와 한반도의 중국 속국화를 초래할 중국의 패권을 저지할 수 있는 새로운 패러다임을 창조할 수 있는 세력이어야 한다. 16세기 임진왜란의 발발을 예견하고 10만 양병설과 함께 모든 분야에서의 국가개혁 패러다임을 제시한 이이(李珥) 선생의 경장(更張) 사상을 21세기에 맞는 방향으로 계승할 대경장(大更張) 세력이여야 한다.

문제는 20세기 보수와 진보를 뛰어넘는 21세기 경장 세력이 갖춰야 하는 패러다임이 무엇이냐는 것인데, 그것은 동아시아와 세계 질서를 주도할 수 있는 강국을 건설한다는 의미의 '강국화(强國化)'여야 한다. 한국을 더 이상 중진국이라는 협소한 틀에 가두지 말고 경제 및 군사 강국으로 발전시켜야 한다는 것이 강국화 사상의 핵심이다. 이 같은 강국화론에 대한 확신을 갖춘 세력이 국정을 담당할 때만이 한국은 중국, 일본, 그리고 북한의 위협에 의한 국론 분열과 주권 제약 등의 위기를 극복할 수 있다.

이 같은 위기들이 극복될 때 비로소 한국은 동아시아와 서태평양 지역이 자유민주주의를 바탕으로 한 평화 공동체로 발전해가도록 하는 데 주도적 역할을 담당할 수 있다. 따라서 강국화 사상과 이를 실천할 21세기 대경장세력이야말로 중국에 의한 한국의 속국화와 더 나아가 동아시아의 비자유주의화 위기를 해결할 대전략을 수립하고 추진할 수 있을 것이다.

그렇다면 대경장 세력은 어떤 방향으로 경제 강국화 전략을 짜야만 하는가? 두 가지 방향으로 수립되어야 한다. 첫 번째는 중화학 공업 경쟁력을 다시금 강대국 수준으로 높임과 동시에 주요 제조업 분야에서 새로운 개념의 제품과 서비스를 창출해내는 '개념 설계' 능력을 강화하는 것이다. 이 의제는 이정동 서울대 공과대학 교수가 2017년에 쓴 『축적의 길』에서 제시했다. 요컨대 이 교수의 이 같은 의제를 전제로 볼 때 22세기 강국 도약을 위한 전략은 '개념 설계 국가'가 되는 것 외에는 없다. 대경장 세력의 임무는 바로 이러한 개념 설계 국가를 수립하는 것이다. 두 번째는 정부가 기업과 협력해 4차 산업의 기술 발전을 위한 전략을 수립한 뒤 기업들을 전력을 다해 지원하는 것이다. 이러한 전략은 정부의 지원에만 의존해서는 결코 성공할 수 없다. 대경장 세력이 주요 사안들을 자신들의 의제로 삼아서 강력한 리더십을 발휘해야만 성공할 수 있다.

군사 강국화를 달성하기 위한 전략은 무엇인가? 세 가지를 꼽을 수가 있다. 첫 번째는 중국과 일본을 상대로 한 어떠한 전쟁도 감당할 수 있도록 육·해·공 모든 부문에서 강력한 군사력을 갖추는 것이다. 필요하다면 핵무기도 언제든지 제조할 수 있도록 준비해두어야 한다. 사실상 한국이 핵 억제력을 자체적으로 갖고 있다는 인식을 중국과 일본이 갖도록 해야 한다.

두 번째는 이 같은 전쟁을 승리로 이끌 수 있는 뛰어난 전략가들을 양성해야 한다. 현재 한국의 군 엘리트 수준으로는 군사 강국으로의 도약이 쉽지 않다. 오늘날 한국 군 내부에서는 투키디데스의 『펠로폰네소스 전쟁사』, 리비우스의 『로마사』, 마키아벨리의 『군주론』과 『로마사 논고』, 클라우제비츠의 『전쟁론』 등 고대부터 근대까지 이르는 동서양의 전략 고전들을 깊고 넓게 공부하고 있는 전략가들을 찾아보기 어렵다. 물론 외교 분야도 역시 별반 다르지 않다. 따라서 역내 군사 강국으로의 도약을 위해선 한국 외교안보 분야 엘리트들이 한반도 차원을 넘어 동아시아와 서태평양 차원의 전략을 깊게 연구하는 환경이 조성되어야 한다.

전시작전권을 미군으로부터 가져오기 위한 가장 중요한 조건도 이것이다. 물론 전시작전권을 미국으로부터 조속히 가져와야 한다는 것은 진보 진영의 의제이고 전시작전권을 서둘러 가져오는 것은 위험하다는 것은 보수 진영의 의제라는 식의 이분법은 잘못이다. 주권 국가라면 당연히 전시작전권을 가져야 한다. 다만 전시작전권을 당장 가져 올 경우 한국군이 감당할 수 있는지를 살펴봐야 한다. 전시작전권 전환 시 과연 한국군이 주한미군을 이끌면서 합동 작전을 해낼 수 있는 역량을 보유하고 있는지 면밀히 검토할 필요가 있다.

따라서 세 번째는 미군을 비롯한 동맹국 군대와 함께 중국과 북한, 러시아를 상대로 한 제한 전쟁을 승리로 이끌 수 있는 합동 전략과 전술 능력을 갖춘 군 엘리트들을 양성하는 것이다.

대경장 세력은 한미 동맹을 '전략핵동맹'으로 발전시킴으로써 미국과 함께 동아시아와 서태평양의 자유주의 질서를 지켜내야 한다. 중국의 군사적 패권을 저지하고 일본과 북한이 국제적 규범을 준수하게 강제해야 한다. 그러기 위해서는 2050년까지 국내총생산 5조 달러대의 명실상부한 강국으로 도약해야 한다. 1조 7천억 달러대의 국내총생산을 향후 30년 내에 반도체, 바이오, 2차전지 등의 전략 산업을 중점 육성해야 한다. 우주 개발에도 적극 뛰어들어 훗날 경제적으로나 기술적으로 국가 발전에 기여할 자산을 미리 확보할 수 있어야 한다.

07

자유주의 패권의 종언과
미국 대전략의 변화

미국은 '불가능한 꿈'에서 깨어나고 있는 것인가? 아니면 '제국의 꿈'을 포기하고 있는 것인가? 2018년 12월 말 도널드 트럼프 미 대통령이 시리아와 아프가니스탄 주둔 미군의 철수를 발표했다. 이 같은 철수 결정에 반대한 제임스 매티스 국방장관은 전격 사퇴했다. 미국에서 전례를 찾기 힘든 대통령과 국방장관 간에 충돌이 벌어지자 철수 결정 배경에 커다란 관심이 모아졌다. 이러한 해외 주둔 미군 철수 결정이 향후 미국의 대전략이 바뀔 수 있음을 알리는 신호탄일 수 있다는 평가가 제기되고 있다.

과연 시리아와 아프가니스탄 주둔 미군 철수 결정은 미국의 대전략이 바뀐 데 따른 것인가? 만약 그렇다면 여기서 두 개의 중요한 퍼즐이 제기된다. 하나는 트럼프 행정부의 대전략은 직전의 오바마 행정부의 대전략과 어떻게 달랐고, 다른 하나는 트럼프 행정부를 뒤 이은 바이든 행정부는 어떤 대전략을 추구하고 있느냐는 것이다. 미국 대전략의 변화는 동아시아와 서태평양 지역의 질서에 큰 영향을 미치게 된다. 미중 관계와 북한의 비핵화, 한미 동맹의 미래와 주한미군의 감축 여부 등 현안이 미국의 새로운 대전략에 따라 결정될 가능성이 높다.

자유주의 패권의 종언을 선언한 트럼프

2018년 말 트럼프의 시리아와 아프가니스탄 철수 결정은 워싱턴 조야의 안보정책 공동체의 강력한 반발을 불러일으켰다. 공화와 민주 양당과 싱크탱크들, 군, 언론계는 탈냉전 시기에 추진해 온 자유주의 패권(liberal hegemony) 전략이 이번 철수 결정으로 종언을 고할지 모른다고 우려했기 때문이다. 1991년 구 소련 붕괴에 따른 냉전 종식 이후 클린턴, 부시, 그리고 오바마 등 세 행정부가 추진해 온 자유주의 패권 전략이 시리아와 아프간 주둔 미군 철수 결정을 계기로 현실주의 세력균형 전략으로 대체될 것이라는 우려가 고조되면서 워싱턴 조야의 분노가 폭발한 것이다.

공격적 현실주의 국제정치학자로 유명한 미국 시카고대 존 J. 미어샤이머는 『미국 외교의 거대한 환상The Great Delusion』에서 탈냉전 시기에 미국 외교가 실패한 것은 동유럽을 비롯한 구 공산권 국가와 테러지원국, 빈국을 자유민주주의 체제로 전환시키려는 '불가능한 꿈(impossible dream)'을 꾸었기 때문이라고 말한다. 그 같은 불가능한 꿈을 꾸게 만든 장본인이 바로 자유주의 패권 전략이라는 것이다.

> **트럼프는 미국이 세계 경찰관 역할을 더는 맡지 않겠다고 말함으로써 미국이 자유주의 패권이라는 불가능한 꿈에서 깨어나게 했다.**

트럼프는 2018년 말 시리아와 아프가니스탄 주둔 미군의 철수 결정을 발표하면서 미국은 앞으로 막대한 비용이 소요되는 세계 경찰관 역할을 더는 맡지 않겠다고 말했다. 이 때문에 그러한 철수 결정은 미국이 현실주의 전략으로 복귀한다는 것을 알리는 나팔 소리로 들리기에 충분했다. 이로써 트럼프는 미국이 자유주의 패권이라는 불가능한 꿈에서 깨어나게 만들었다.

트럼프의 철수 결정에 대한 반발을 주도한 미 행정부 안팎의 이상주의 성향의 엘리트 외교 전문가 공동체인 '블롭(the Blob)'은 미국 경제가 세계 경찰관 역할을 하는 것을 더는 감당할 수 없게 되었다는 사실을 납득하지 못했다. 매티스 국방장관으로 대표되는 미국군도 마찬가지다. 군은 모든 대외 문제에 군사적으로 개입하려는 속성을 갖고 있다. 하지만 트럼프의 처지는 달랐다. 그로서는 2020년 11월 대선에서 재선되기 위해서는 해외 주둔 미군을 철수시켜서라도 재정을 절약해 국민의 삶을 증진시키는 데로 써야 했기 때문이다.

사실 미국의 자유주의 패권 전략 폐기 움직임은 트럼프가 2017년 취임 이후 추진해 온 안보와 경제 분야 대외 정책에서 점진적으로 그 모습을 드러냈다. 미어샤이머에 의하면 트럼프는 이미 2016년 대선 기간에 자유주의 패권 전략이 비참하게 실패했으며 당선되면 그 전략의 몇몇 핵심 요소들은 폐기하고 싶다는 입장을 표명했다. 그가 취임 이후 중국, 러시아, 북한 등 적국들을 상대로 한 자유민주주의 확산을 통한 체제 전환에 거리를 두어 온 것은 이 때문이다. 그래서 그는 모든 대외 정책의 최우선 목표를 미국 이익 우선에 둘 수 있었다.

미국의 자유주의 패권은 공화당의 신보수주의(neo-conservatism)와 민주당의 이상주의(idealism)의 합작으로 추진되었다. 공화당의 신보수주의 전략가들과 민주당의 이상주의 전략가들이 함께 자유주의 패권을 추진해 온 것이다. 이 점에서 자유주의 패권이 역사의 뒤안길로 사라지게 됐다는 사실은 미국의 대전략의 방향을 둘러싸고 냉전 종식 이후 30년 간 벌어져 온 현실주의와 이상주의의 사상전이 현실주의의 승리로 끝나가고 있다는 것을 의미한다.

따라서 트럼프가 임기 초반에 자유주의 패권 전략을 폐기했다는 것은 냉전 종식 이후 미국 외교안보 공동체 내부에서 벌어져 온 내전의 결판이 났다는 것을 의미한다. 즉, 딕 체니 전 부통령, 폴 월포위츠 전 국방부 부장관에서 마이크 펜스 부통령, 존 볼턴 국가안보보좌관에 이르는 신보수주의 전략가들 그리고 즈비그뉴 브레진스키 전 국가안보보좌관, 메들린 올브라이트 전 국무장관에서 힐러리 클린턴 전 국무장관, 수전 라이스 전 국가안보보좌관에 이르는 이상주의 전략가들과의 대결에서 헨리 키신저와 조지 케넌, 브렌트 스코우크로프트 등 현실주의 전략가들이 마침내 승리를 거둔 것이다.

그렇다면 자유주의 패권 전략이 실패하고 트럼프 행정부 출범 이후 국익 우선주의라는 형태로 현실주의적 세력균형 전략이 대안으로 등장했던 배경은 무엇인가? 그것은 무엇보다도 미국이 전 세계의 안보와 경제 분야에서 추진한 자유주의 패권 전략이 애초에 목표로 했던 것과 정반대인 결과를 초래했기 때문이다. 이 같은 사태를 더욱 악화시킨 것은 2008년 월스트리트 금융 위기였다. 오바마는 임기 8년 간 금융위기로 악화된 경제 회복에만 매달렸다. 외교 정책은 실종됐다. 이로 인해 미국은 러시아와 중국 등 권위주의 체제의 강대국들의 도발에 강력하게 대처하는 데 실패했다. 오바마는 오로지 군사적 수렁에 빠지는 것만 피하는 데 주력했다.

그럼에도 불구하고 오바마는 공식적으로 자유주의 패권 전략을 폐기하지 않았다. 그렇다고 해서 그가 현실주의적 세력균형 전략을 병행했던 것도 아니었다. 그 결과 미국은 이상주의적 가치의 확산을 통한 완전한 승리의 추구는 포기하지 않으면서 그것을 뒷받침할 군사력을 행사할 의지도 능력도 없는 그야말로 '외교의 블랙홀'에 빠지고 말았다.

사실 미국은 냉전 종식에 따라 패권국가로서 추진한 자유주의 패권 전략이 이 같은 참혹한 실패를 겪으리라고 전혀 예상하지 못했다.

탈냉전 시기 미 자유주의 패권의 두 축: 체제 전환과 금융자유화

미국이 클린턴과 부시, 오바마 등 세 행정부의 임기 24년 동안 추진한 자유주의 패권 전략은 두 가지였다. 첫 번째는 미국의 안보와 직접 관계가 없는 국가들을 자유민주주의와 시장경제로 체제 전환(regime change)시키는 것이었다. 두 번째는 금융자유화를 핵심으로 하는 신자유주의를 전 세계로 확산시키는 것이었다. 미국은 냉전 이후 모든 나라가 이 같은 체제 전환에 성공하고 신자유주의가 확산되면 세계가 평화와 번영을 이룰 것이라는 환상에 사로잡혔다.

이상주의 외교 그룹 블롭의 이 같은 환상은 전 세계 국가가 자유민주주의와 시장경제라는 동일한 정치와 경제 체제를 갖추면 전쟁이 없어지고 평화가 이루어진다는 '민주주의 평화이론'에 기반한 것이다. 민주주의 평화이론을 지지하는 사람들은 '좋은 국가'가 많아질수록 세계 평화에 도움이 된다고 생각한다. 칸트도 그렇게 생각했다. 하지만 루소는 그에 반대되는 대답을 갖고 있다. 한 국가의 의지가 자국에는 타당한 것이어도 다른 국가들과의 관계에서는 잘못된 것일 수 있다는 것이다. "그렇기에 국내적으로 훌륭히 통치되고 있는 공화국일지라도 부당한 전쟁을 일으킬 수 있다."라고 루소는 말한다. 민주주의 평화이론이 거꾸로 '민주주의 전쟁이론'이 될 수 있다는 것이다.

루소의 통찰대로, 미국이 중동과 서남아시아의 이슬람 국가들, 북아프리카 빈국들에 자유민주주의 체제를 이식하려는 시도는 이들 지역의 질서를 오히려 더 불안정하게 만드는 결과를 초래했다. 이라크 전쟁으로 사담 후세인을 제거했으나 친이란 시아파 세력이 권력을 잡았다. 리비아에서 가다피 정권이 무너진 뒤 결과도 마찬가지다. 극단적인 테러 세력인 이슬람국가(ISIS)가 이라크와 리비아, 시리아 등지를 기반으로 중동 정세를 악화시키고 서유럽 지역에서 자살 테러를 일삼게 된 것도 결국 미국의 자유주의 패권 전략에서 비롯되었다. 비록 후세인과 가다피, 무바라크가 독재자였지만 지역 정세는 오히려 그들이 권력을 잡고 있었을 때가 더 안정적이었다.

미국이 클린턴 행정부 8년 기간 동안 신자유주의 금융·세계화를 추진하면서 아시아와 유럽 국가들이 고정환율제에서 변동환율제로 전환함에 따라 금융위기가 빈발하고 부의 양극화가 심화되었다. 이로 인해 많은 자유민주주의 국가들의 중산층이 붕괴하고 그 결과 우파가 약화되고 극우파와 좌파가 득세하는 사태가 초래됐다.

마침내 2014년 탈냉전 질서가 붕괴한 데는 미국의 자유주의 패권 전략이 초래한 두 개의 외교 실패가 결정적인 역할을 했다. 하나는 러시아의 크림반도 강제 병합이고, 다른 하나는 중국의 남중국해 인공섬 및 군사시설 건설이다. 이들 사건이 탈냉전 질서를 붕괴시켰다고 보는 것은, 탈냉전 체제를 떠받쳐 온 베스트팔렌 조약(Peace of Westfalen)의 핵심 규범인 타국의 영토 침범 금지와 주권 보장이 러시아와 중국에 의해 유린되었기 때문이다.

러시아가 2014년 2월 크림반도를 전격 병합한 이유는 미국이 러시아의 대서구 완충지대로 간주되어 온 우크라이나를 나토에 가입시키려 했기 때문이다. 러시아는 나토의 우크라이나로의 확장을 심각한 안보 위협으로 받아들였다. 러시아는 우크라이나의 크림반도를 병합한 데 이어 동부 지방을 침공했다. 이로써 러시아에 의한 권력 정치가 부활하면서 유럽에서의 탈냉전 체제가 무너지고 말았다.

> 미국과 서유럽은 "나토의 동유럽 확장은 반드시 재앙을 초래한다"는
> 대소 봉쇄전략의 기획자 조지 F. 케넌의 경고를 잊어버렸다.

미국 존스홉킨스대 국제정치학자 마이클 만델바움은 『임무 실패』에서 이렇게 비판한다. "탈냉전 질서가 붕괴된 것은 전적으로 미국이 자신과 동맹국들의 안보는 돌아보지 않고 동유럽 등 구 공산 국가와 테러지원국, 빈국의 체제 전환이라는 '사회사업'에 골몰했기 때문이다." 미국과 서유럽은 "나토의 동유럽 확장은 반드시 재앙을 초래한다"는 대소 봉쇄전략의 기획자 조지 F. 케넌의 경고를 잊어버렸다. 오바마는 아예 "자신은 케넌이 필요하지 않다"고도 말했다.

중국이 2014년 남중국해에 인공섬을 건설하고 군사 시설을 짓기 시작한 것도 러시아의 크림반도 강제 병합 사건과 같은 맥락에서 볼 필요가 있다. 미국 프린스턴 대학의 국제정치학자 아론 L. 프리드버그가 『패권을 향한 결전』에서 말한 바와 같이 중국이 군사력 증강을 통해 동아시아와 서태평양 지역에서 미국의 패권에 도전하기 시작한 것은 미국이 2003년 이라크 전쟁과 아프가니스탄 전쟁을 일으켰을 때부터다. 그의 분석에 의하면 중국은 미국이

이 두 개의 전쟁에 동원한 가공할 위력의 첨단 무기와 장비를 목도하면서 미국의 자유주의 패권 전략에 의한 체제 전환 가능성을 두려워했다. 중국의 역내 패권 도전은 이 같은 두려움이 중산층의 확대와 정치적 욕구 증대로 공산당 지배 체제가 무너질 수 있다는 위기감과 맞물리면서 더욱 본격화했다.

미국의 자유주의 패권에 맞서는 중국:
신 안보 및 금융 질서 구축

중국이 미 항모와 전폭기 등의 남중국해 접근을 막기 위한 군사 전략인 '반접근과 지역거부'를 추진한 것은 바로 이 때문이다. 그 후 중국의 패권 전략은 동아시아 금융 패권과 유라시아 전역의 중국화 전략으로까지 확대됐다. 중국은 2016년에 아시아인프라투자은행(AIIB)을 설립해 국제통화기금(IMF)과 세계은행(IBRD), 아시아개발은행(ADB)을 기반으로 한 미국의 금융 패권에 도전하기 시작했다.

이와 함께 중국은 2013년부터 유라시아 국가들과의 육상과 해상 연결을 통한 이들 지역 전체의 친중화(親中化)를 위한 일대일로(一帶一路)를 추진해오고 있다. 중국이 이 같이 대미 군사 우위를 넘어 역내 전 분야의 패권을 도모하게 된 데는 2011년 9월 힐러리 국무장관이 발표한 미국의 아시아 회귀(Pivot to Asia) 전략에 대한 두려움도 영향을 미쳤다. 중국은 미국의 아시아 회귀 전략이 안보의 중심축을 동아시아로 이동시켜 중국의 사회주의 체제를 자유민주주의 체제로 전환시키려는 자유주의 패권 전략이라고 이해했다.

러시아의 크림반도 강제 병합과 중국의 남중국해 인공섬 건설, 일대일로 추진으로 초래된 글로벌 자유주의 질서의 위기는 이처럼 미국의 자유주의 패권 전략에서 비롯되었다. 러시아와 중국이라는 강대국을 상대로 체제 전환

위협을 가하고 완전한 승리라는 불가능한 꿈을 꾼 결과 세계는 더 불안정해 지고 유럽과 동아시아 지역에서 미국의 전략적 이익은 위기에 처하게 되었 다. 미국 로스앤젤레스 캘리포니아대학(UCLA) 정치학자 마크 트라크턴버그 에 의하면, 현실주의는 상대적으로 평화로운 세계를 만들고 이상주의는 끝없 는 갈등을 낳는다. 현실주의자들은 전쟁으로 이어질지 모르는 정책을 추진하 는 것에 신중한 반면 이상주의자들은 그렇지 않다. 그들이 전쟁이 가져오는 재앙에 무관심하기 때문이다. 19세기 프러시아 전략가 클라우제비츠는 『전 쟁론』에서 "전쟁은 전혀 의도하지 않은 재앙의 영역으로 이끈다"고 말한다.

미국이 현실주의 외교 전략의 중요성을 간과한 데는 1989년 프랜시스 후 쿠야마가 제기한 '역사의 종말론'이 큰 영향을 미쳤다. 그는 이 주장을 1993 년 『역사의 종말과 마지막 인간』이란 책을 통해 한층 더 정리해 내놨다. 소련 의 붕괴로 자유 민주주의가 공산주의와의 대결에서 최종 승리를 거둔 만큼 상이한 이데올로기 간 갈등과 대립의 '역사'가 종말을 고했다는 담론에 미국 전체가 열광했다.

후쿠야마가 저지른 오류의 심각성은 그가 민족주의와 국가 이익 등에 따른 갈등과 대립으로 언제든 국가 간 전쟁이 발발할 수 있다는 사실을 생각하지 못한 데 있다. 이 때문에 미국 신보수주의 국제정치학자 로버트 케이건은 『역 사의 귀환과 깨진 꿈The Return of History and the End of Dreams』에서 중국의 부 상과 러시아의 복귀로 인해 '역사의 종말론'이 '종말을 고했다'고 주장했다.

바이든 행정부의 외교안보 전략 방향: 두 가지 길

이제 관심은 자유주의 패권 전략을 폐기한 트럼프 행정부의 뒤를 이어 바 이든 행정부가 출범하고 나서 동아시아와 서태평양 지역의 질서가 어떤 방향으로 변화할지에 모아지고 있다. 현재로서는 두 가지 길이 있다.

첫 번째 길은 바이든 행정부가 현실주의 전략을 추진하는 것이다. 이 길은 미국이 중국을 상대로 체제 전환 등의 완전한 승리 전략을 추구하는 대신 중국의 역내 리더십을 인정하고 평화와 안정에 기여할 수 있도록 유도하는 길이다. 하지만 중국이 단독 리더십을 차지하기 위해 군사적 패권을 강력하게 추구하고 주변 국가들의 외교 주권과 영토 주권을 위협할 가능성을 배제할 수 없다. 그 같은 상황이 발생하면 현실주의 전략의 선택은 하나다. 중국에 그 같은 도발을 중단하지 않으면 확전을 불사할 것이라는 점을 분명히 함으로써 확전 우위(escalation dominance)를 추구하는 것이다. 미국의 군사전략가인 로버트 하딕은 『해상의 포화Fire on the Water』에서 "미중 경쟁의 핵심은 확전 우위 경쟁"이라고 진단한다. 인공섬과 군사시설 구축 등으로 주변국의 영토와 주권을 침해하고 항행의 자유를 위축시키는 중국의 도발은 확전 우위 전략으로만 제어 가능하다는 것이다.

미국은 중국의 A2AD에 맞서 공중–해상 전투(Air-Sea Battle) 전략을 펴 왔으나 갈수록 중국에 군사적 우위를 빼앗겨 왔다. 심지어 미 항모가 어선들로 가장한 중국 해군의 소형 선박들을 피해 중국 항구로 피항(避港)하기도 했다. 따라서 미국은 현실주의 세력균형 전략에 따라 중국에 대한 관여 전략과 확전 우위 전략을 병행 추진해야 한다.

북한의 비핵화 문제 역시 더 진전될 것으로 전망된다. 미국이 자유주의 패권 전략을 폐기하는 방향을 변화하고 있어 중국으로서는 미국에 의한 체제 전환에 대해 두려워하지 않게 될 것으로 예상된다. 시진핑이 시리아 주둔 미군 철수 발표 직전 중국은 패권을 추구하지 않겠다고 한 발 물러선 것도 이 때문일 것이다. 그렇다면 중국이 북한의 비핵화가 미국과의 완충지대인 북한의 친미화로 이어지지 않을 것이라는 판단 아래 미국과 협력해 김정은이 비핵화에 적극 나서도록 압박할 가능성이 있다.

두 번째 길은 트럼프가 그랬던 것처럼 미국이 현실주의적 세력균형 전략으로 이행하면서도 경제 부문을 중심으로 한 국익 우선 전략을 추구하는 것이다. 하지만 이 경우 미국이 단호한 군사력 행사 의지와 능력을 갖추고 확전 우위 전략을 추진하지 않는다면 중장기적으로는 역내 질서가 더 위험해질 가능성을 배제할 수 없다.

더 큰 변수는 중국과 러시아 간 군사 협력이 강화되고 있다는 점이다. 영국 〈파이낸셜타임스〉의 수석 논설위원 기드온 래치먼이 『동아시아화』에서 말한 바와 같이 러시아는 크림반도 병합으로 동유럽에 대한 영향력을 강화한 뒤 극동 지역의 경제 개발과 군사력 강화에 본격 착수하는 '러시아판 아시아 회귀'를 서둘러 왔다. 미국 국제정치학자들인 알렉산더 쿨리와 대니얼 넥슨은 『패권으로부터의 이탈Exit from Hegemony』에서 러시아는 중국의 위계질서에 들어가는 것에 대한 거부감을 갖고 대중 군사 협력에 다소 소극적이었으나 2019년부터 그 같은 거부감을 벗어던지고 중국의 대미 군사 패권 도전을 적극 돕고 있다고 평가한다. 이는 2019년 7월과 2020년 12월 각각 한 차례씩 양국 공군이 합동 작전으로 한국의 서해 방공망식별구역(KADIZ)과 동해 독도 영공을 침범한 데서 확인된다. 2017년부터 2020년까지 3년 간 중국은 KADIZ를 사전 통보 없이 60여 차례 진입했다.

이 같은 정세에서는 북한 비핵화 협상도 진전되기 쉽지 않다. 여기에다 미국이 주한미군마저 감축하거나 철수시킬 경우 중국이 역내 패권국으로 부상할 가능성은 더 높아진다.

한미 전략핵동맹을 통한 중국의 비자유주의화 위협 저지

한국의 전략은 한 가지로 모아진다. 중국, 러시아, 북한의 전체주의 3각 동맹에 의한 비자유주의화 위기를 막기 위한 21세기 한미 동맹의 비전을 마련해 워싱턴의 조야를 설득하는 것이다. 한국 정부는 미국이 주한미군을 철수시키지 않고 계속 주둔시키게끔 유도하기 위한 전략적 노력을 해야 한다. 이를 위해서는 트럼프 행정부 때처럼 분담금 액수를 놓고 다투는 모습을 보여서는 안 된다. 그보다는 분담금 증액을 선제적으로 제시해나가는 동맹의 모습을 보여주어야 한다. 설마 미국이 주한미군을 철수시키겠느냐는 안이한 생각을 버려야 한다. 그리고 한미간에 합의된 조건에 맞춰 미군으로부터 전시작전권을 넘겨받아야 한다. 전술핵 재배치를 비롯한 나토식 핵공유 체제를 구축함으로써 한미 동맹을 한미 전략핵동맹으로 발전시키고 한국군을 중러북 3각 동맹에 의한 비자유주의화 위기를 극복하는 '전략군'으로 육성시켜야 한다.

냉전의 역사에 관한 권위 있는 연구자로 평가받는 미국 예일대학 국제정치학자 존 루이스 개디스는 2018년에 출간된 『대전략론』에서 대전략을 "무한한 열망들과 제한적인 수단들 간의 균형"이라고 정의한다. 미국의 대전략이 탈냉전 시기의 자유주의 패권 전략이라는 불균형 전략에서 현실주의적 균형 전략으로 이행하고 있는 것은 이 점에서 타당하다. 한국도 전략 목표와 보유 수단 간에 균형을 이루는 대전략을 시급히 마련해야 한다. 그렇게 해야만 북한의 핵개발과 중국에 의한 속국화, 일본의 군사대국화 등 3대 위협을 이겨낼 수 있을 것이다.

08

강대국 경쟁의 귀환과
미국의 역외 균형 전략

조 바이든 행정부가 추구하는 미국의 대전략은 무엇일까? 분명한 것은 바이든 행정부가 도널드 트럼프 행정부가 동맹국과 적국 가리지 않고 오로지 경제적 이익만을 우선시한 '퍼스트 아메리카(First America)'라는 국익 우선주의를 지속할 가능성은 거의 없을 것이라는 사실이다. 2020년 11월 대선에서 바이든의 외교 전략을 이끈 그룹은 탈냉전 기간 동안 자유민주주의와 시장경제의 전 세계적 확산을 적극 추진해 온 이상주의 외교 엘리트들인 '블롭(the Blob)'이었다. 대선 전에 바이든이 당선되면 블롭이 미국의 패권 회복을 위해 중국 공산당 붕괴 등 강대국의 체제 전환도 불사하는 공격적인 자유주의 패권 전략을 추진할 것이라는 전망이 유력하게 제기되기도 했다.

하지만 퍼스트 아메리카도 공격적인 자유주의 패권도 아닌 제3의 대전략인 '역외 균형(offshore balancing)'이 추진될 가능성을 주목할 필요가 있다. 오늘날 미국의 경제력이 예전보다 크게 약화한 만큼 미국이 평시에는 동아시아와 유럽, 걸프만 등 3대 전략 지역에서 동맹국들과의 긴밀한 협력을 통해 패권 도전국들을 견제하는 체제를 유지하다가 중대 도발이 발발하는 경우에만 미 본토에서 해당 지역에 군사력을 파견하는 역외 균형이 유력한 대전략으로 평가 받고 있다.

┃ 트럼프 행정부 4년 간 미국의 대전략은 국익 우선주의와 자유주의 패권 사이에서
┃ 혼선을 거듭했다.

2020년 11월 초 미국의 대통령 선거에서 바이든은 상당한 격차로 승리를 거둘 것이라는 여론조사들과 달리 가까스로 승리를 거두었다. 특히 미시간, 위스콘신과 펜실베니아 등 주요 경합주들에서는 득표율 차이가 1% 정도에 불과했다. 이 같은 선거 결과는 2020년대 세계 질서의 운명을 좌우하는 미국의 대전략이 무엇이 될 것인지를 가늠하게 해주는 순간으로서 평가 받는다. 트럼프 행정부 4년 간 미국의 대전략은 국익 우선주의와 자유주의 패권 사이에서 혼선을 거듭했다. 트럼프는 2017년 1월 취임 직후 자유주의 패권을 폐기하고 국익 우선주의를 추진했다.

하지만 클린턴-부시-오바마 세 행정부에서 자유주의 패권을 주도했던 이상주의 외교 엘리트들인 블롭의 반발로 인해 트럼프의 국익 우선주의와 자유주의 패권 간에 충돌이 끊이지 않는 등 미국의 대전략을 둘러싸고 커다란 혼선이 빚어졌다. 이런 상황에서 바이든이 트럼프와의 적지 않은 격차를 두고 승리했을 경우 자유주의 패권의 부활을 기정사실화하고 나설 가능성이 높을 것으로 예상됐다.

하지만 선거 결과는 바이든의 신승으로 나타났다. 불과 선거 한 달 여 전까지만 해도 여론조사 10% 포인트 이상 차이가 났으나 실제 선거 결과는 4.5% 포인트로 그 차이가 크게 좁혀진 것이다. 더욱 주목해야 할 것은 이번 대선의 향배를 결정지은 미시간, 미주리, 펜실베니아 등 주요 지역에서는 그 차이가 1% 포인트 안팎에 불과했다는 사실이다. 더군다나 트럼프의 득표수는 2016년 11월 대선 때보다 1122만표가 증가했다.

트럼프의 이 같은 선전은 2016년에 이어 이번 대선에서도 캐스팅 보트 역할을 한 중서부의 쇠락한 공업지대인 '러스트 벨트'의 많은 유권자들이 트럼프의 국익 우선주의에 대한 재신임을 보여주었기 때문이다. 이들 지역은 트럼프에게 코로나19 확산 사태에 대한 책임을 묻기보다 그가 국익 우선주의에 따라 대중 무역 전쟁을 벌여가면서까지 일자리를 늘리고자 노력했다는 점을 인정한 것이다.

바이든이 예상과 달리 힘겨운 승리를 거뒀다는 사실은 국익 우선주의와 자유주의 패권 전략 간 대결이 사실상 무승부를 기록했다는 것을 의미한다. 따라서 바이든 행정부가 아무런 제약 없이 자유주의 패권 전략을 복원하기가 결코 만만치 않다. 더군다나 바이든 행정부가 국익 우선주의를 일정 정도 계승할 가능성이 적지 않다고 할 수 있다. 그래서 트럼프는 물러나더라도 '국익을 위해선 글로벌 리더십은 물론 동맹국도 포기할 수 있다'는 트럼프주의는 남을 것이라는 전망이 유력하다.

문제는 국익 우선주의가 일정 정도 유지될 경우 과연 바이든 행정부가 글로벌 리더십 회복과 동맹 관계 강화를 실현할 수 있겠느냐는 것이다. 결론은 쉽지 않다는 것이다. 바이든 행정부로서는 대미 수출품 관세 특혜 축소와 방위비 분담 증대 요구를 절반의 수준으로 낮추더라도 동맹국들과의 관계를 오바마 행정부 때 수준으로 회복하기 쉽지 않다. 우선 바이든 행정부는 코로나19 사태로 인해 동맹국들과 관세 조정 협의에 나서기도 어렵다. 방위비 분담 증대 요구도 마찬가지다.

현재 미국에서는 코로나19 감염 확산으로 인해 경기가 갈수록 침체되면서 실업률이 다시 높아지고 있다. 프랑스의 세계적인 진보 경제학자 토마 피케티가 저서 '자본과 이데올로기'에서 말한 바와 같이 소득 상위 1%가 총소득의 27%를 차지하는 부의 양극화가 더욱 심화하고 있다. 이는 1920년대 대공황 시기 수준이다. 코로나19 사태로 일자리를 잃은 중산층이 무료 식품공급소를 찾고 있는 현실이 이를 웅변해주고 있다.

이 같은 위기 상황에서 소득 상위 1%인 월스트리트 슈퍼 리치들과 고학력자들의 지지를 받아 출범한 바이든 행정부가 백인 서민층 다수가 지지한 트럼프의 국익 우선주의 정책인 관세 특혜 인하를 거둬들이는 것은 사실상 불가능하다. 만약 거둬들였다가 일자리가 더욱 줄어들 경우 바이든 행정부로서는 그 후폭풍을 감당하기 어렵기 때문이다.

전통적으로 서민과 저학력자들을 대변해 온 미국의 민주당은 탈냉전 시기를 거치면서 고소득층과 고학력자들의 지지를 받는 정당으로 변신해 왔다. 그런 상황에서 바이든 행정부가 서민층의 민생과 일자리 창출에 기여해 온 관세 특혜 축소 정책을 취소할 경우 그것은 민주당의 정체성에 어긋날 뿐만 아니라 전통적 지지 기반을 무너뜨릴 위험이 있다. 이는 방위비 분담금 증대와 주한미군 주둔비 전액 부담 요구도 마찬가지다. 미국 서민층은 그렇게 해서 절약될 막대한 달러가 자신들을 위해 쓰일 것이라고 기대하고 있다.

바이든은 대통령직에 취임한 지 1주일도 안 된 2021년 1월 25일 트럼프의 국익 우선주의와 닮은 '바이 아메리칸(Buy American)' 행정명령에 서명했다. 미국 내에서 생산된 제품만 정부에 납품할 수 있다는 바이든식 국익 우선주의 정책이 선을 보이기 시작한 것이다. 바이든 행정부는 이처럼 국익 우선주의를 일정 부분 유지할 수밖에 없는 상황이다. 그런 만큼 바이든 행정부의 대전략을 주도하는 블롭의 입장에서 막대한 국방 예산이 소요될 수밖에 없는 자유주의 패권을 노골적으로 회복하기도 어렵다.

바이든 행정부가 역외 균형을 자유주의 패권과 국익 우선주의의 대안으로 검토할 가능성은 충분히 존재한다. 대선 결과가 미국 국민이 어느 한 쪽에 표를 몰아주지 않은 것으로 드러났다는 것은 미국 국민의 다수가 바이든 행정부가 국익 우선주의의 본격화와 자유주의 패권 부활 중 어느 하나만 선택하는 시나리오를 경계하고 있다는 메시지를 보낸 것으로 볼 수 있기 때문이다.

바이든은 취임 직후 국무부를 방문해 시리아와 아프간 주둔 미군 철수를 결정했던 트럼프의 정책을 계속 이어가겠다는 점을 밝힌 바 있다. 그는 이 날 예멘 내전 개입을 그만 끝내겠다고 말했다. 예멘 내전 개입이야말로 자유주의 패권 전략에 따라 전 세계 곳곳에서 벌인 무분별한 체제 전환 전쟁의 대표적인 사례다. 바이든 행정부가 예멘 내전 개입을 더 이상 하지 않겠다는 것은 미국이 트럼프 행정부에 이어 바이든 행정부도 미국의 안보와 직접적 관련 없는 체제 전환 전쟁을 완전히 그만두겠다는 것을 의미한다.

미국 경제가 어려운 만큼 국익 추구는 매우 중요하다. 하지만 미국 국민 다수는 그럴수록 동맹국들과의 긴밀한 경제 및 안보 협력을 통해 중국과 러시아를 견제를 함으로써 세계 질서의 안정을 도모하는 것이 미국의 진정한 국익이라고 인식할 가능성이 있다. 만약 미국 국민 다수가 이 같은 생각에 동의하게 될 경우 바이든 행정부는 역외 균형을 2020년대의 대전략으로 추진할 가능성이 있다.

바이든 행정부와 관련한 최대 관심은 이처럼 블롭이 최종적으로 선택하게 될 미국의 대전략 방향에 모아지고 있다. 이는 중국 공산당이 지배하는 중국의 급속한 부상에 맞서 미국이 패권국 지위를 지켜야 한다는 전 세계 자유주의 진영의 여망이 그만큼 크다는 것을 의미한다.

강대국 경쟁의 귀환: 민주주의 국가와 전체주의 국가의 대결

이와 관련해 세계 패권 이행의 역사를 정치 체제를 중심으로 연구해 오고 있는 국제정치학자들의 전망이 주목을 받고 있다. 그들 다수는 미중 패권 경쟁의 승부는 이미 끝났다는 시각을 제기한다. 최근 들어 미 학계에서 스포트라이트를 받고 있는 조지타운대 국제정치학자 매튜 크뢰니그Matthew Kroenig는 2018년 출간된 『강대국 경쟁의 귀환The Return of Great Power Rivalry』에서 강대국 세력 경쟁에서 민주주의 체제의 강대국이 전제주의 체제의 강대국에 대해 큰 이점을 누린다고 말한다. 때문에 중국이라는 전제주의 국가가 세계 패권 국가가 될 가능성은 낮으며 미국이 당분간 패권 국가로 남을 것이라고 그는 말한다. 크뢰니그는 미국을 이을 차기 패권 국가도 비잔틴제국을 무너뜨린 베네치아공화국이나 스페인제국을 물리친 네덜란드공화국처럼 민주주의 국가일 것이라고 전망한다. 같은 맥락에서 중국 공산당에 의해 대륙에서 쫓겨난 국민당이 건국한 대만이 오히려 중국을 꺾고 중국 대륙의 주인이 될 가능성이 있다고 그는 예측한다.

크뢰니그가 중국이 미국에 질 수밖에 없다고 보는 근거로 제시하고 있는 것은 중국 공산당이다. 그는 "중국 공산당은 언제 붕괴할지 알 수 없다"면서 "중국 공산당은 국내의 불안정을 더 두려워하고 있다"고 지적한다. 그는 또 "중국 공산당이 펜타곤보다 자국의 국민을 더 두려워 한다는 사실은 중국의 국력이 글로벌 투사력을 갖춘 군사대국이 되는 것을 제한하게 될 것"이라고 덧붙인다. 그에 의하면 중국 공산당의 마르크스-레닌주의 모델은 중국이 창조적인 경제 건설과 우호국과 동맹국의 확보, 글로벌 파워 투사 능력을 갖춘 치명적인 군사대국이 되는 것을 허용하지 않는다. 중국 공산당에게는 개혁, 정체, 붕괴라는 3개의 미래가 있다는 것이 그의 전망이다. 따라서 일부에서 제기하는 '중국 공산당이 경영하는 세계'라는 미래는 결코 실현되지 않을 것이라고 그는 말한다.

> **중국 공산당은 국내 불안정을 두려워 하기 때문에 중국의 글로벌 투사력은 제한적일 수밖에 없다.**

현재 미국의 국방비는 연 7천 180억 달러로 1460억 달러의 중국보다 5배 이상 많다. 하지만 미국의 최대 강점은 미국이 자신의 국방 전략을 외부의 적에만 초점을 맞출 수 있다는 단순한 사실이라고 크뢰니그는 말한다. 미국은 중국과 달리 자국 정치 체제가 내일 당장 무너질지 모른다고 우려하지는 않는다는 것이다.

크뢰니그는 강대국 경쟁의 승패는 민주주의 체제 여부에서 판가름 난다고 말한다. 민주주의가 최고의 무기라는 것이다. 지난 400년 간 민주주의 패권 국가들이 패권을 넘겨준 나라들이 모두 민주주의 국가였으며, 이 점에서 미국도 패권을 또 다른 민주국가에게 이양하게 될 것이라는 것이 그의 전망이다. 현재 유력한 후보군은 유럽연합(EU)과 인도라고 그는 평가한다.

크뢰니그의 주장은 중국이 여전히 불법 강제 노동 재교육 캠프를 전국에 수백 개 운영하고 있는 전제주의 국가라는 사실에서 큰 설득력을 지닌다. 누구든 공산당 독재 체제에 위협이 되면 아무런 법적 절차 없이 4년까지 강제 노동 재교육 캠프에 수용되는 나라가 전 세계 국가들이 닮고 싶고 배우고 싶은 글로벌 리딩 국가가 될 수 없다는 것은 너무도 당연하다. 미국의 경제학자 대런 애쓰모글루Daron Acemoglu와 제임스 로빈슨James A. Robinson은 2019년에 출간된『좁은 회랑The Narrow Corridor』에서 오늘날 중국의 충격적인 인권 실태를 전한다. 2012년 현재 중국 전역 약 350곳에 설치된 강제 노동 재교육 캠프에는 16만 명이 수용돼 있었으며 2014년 5월 현재 이들 캠프를 통해 '교정'을 받은 이들의 숫자만 70만 9천 여 명이나 된다는 것이다.

미국의 궤도에서 이탈한 중국과 러시아

바이든 행정부가 풀어야 할 미중 패권 경쟁의 문제는 단순한 승패의 차원을 넘어서는 것이다. 크뢰니그의 전망대로 미국이 중국과의 패권 경쟁에서 승리할 가능성이 높다는 것은 의심할 여지가 없다. 관건은 미국이 경제가 어려운 만큼 가능한 적은 비용을 투입해 중국과 러시아가 자유주의적 글로벌 질서를 더 이상 위협하지 않도록 유도함으로써 미국과 동맹들의 안보와 경제를 안정시킬 수 있느냐는 것이다. 요컨대 앞으로 미 행정부의 대전략은 미국의 궤도로부터 상당히 이탈한 중국과 러시아가 순순히 귀환하도록 만드는 것이다.

> 미국은 탈냉전의 환상에 도취되어 완전한 승리를 추구함으로써 중국과 러시아가 미국 주도의 궤도에서 이탈하는 것을 허용하고 말았다.

헨리 키신저 전 국무장관은 1996년 5월 꼭 오늘날과 같은 국제 정세를 미리 보기라도 한 듯이 당시 클린턴 행정부를 상대로 경고했다. 키신저는 당시

〈워싱턴 포스트〉에 게재한 칼럼에서 "미국이 탈냉전의 환상에 도취돼 중국과 러시아가 미국의 궤도에서 이탈하는 것을 허용해왔다"고 지적했다. 키신저의 경고가 있은 지 꼭 1년 만인 1997년 4월 중국과 러시아는 장쩌민 주석과 보리스 옐친 대통령 간 합의를 통해 세계의 다극화와 새 국제질서의 수립을 추진한다고 선언했다. 그로부터 17년 뒤에 미국 중심의 단극체제인 탈냉전 질서는 2014년 러시아가 우크라이나의 크림반도를 강제 병합하고 중국이 남중국해에 인공섬을 건설해 군사기지화함으로써 무너졌다. 그 후 중국과 러시아가 대항 질서의 수립에 박차를 가하면서 세계질서는 급속히 다극체제로 이행해오고 있다.

문제는 중국과 러시아가 왜 미국의 궤도, 즉 미국과 서구 주도의 자유주의 국제 질서를 이탈하려 했느냐에 있다. 이 의문은 중요하다. 그 이탈을 촉진하는 요인들을 제거해야만 중국과 러시아가 자유주의 질서로 복귀하도록 만들수가 있기 때문이다. 따라서 미국의 새로운 대전략의 기준은 바로 여기에 있다고 볼 수 있다.

키신저가 1996년에 클린턴 행정부가 중국과 러시아가 미국의 궤도에서 이탈하는 것을 허용했다고 비판하면서 그 근거로 삼은 것은 두 가지 정책이다. 하나는 러시아로 하여금 안보 위협을 우려하게 만드는 나토의 동유럽 확장이었고, 다른 하나는 중국으로 하여금 국가부도와 금융 위기를 걱정하게 만드는 고정환율제 폐지 등 금융시장 자유화 압력이었다.

사실 클린턴 행정부는 냉전 종식에 따라 미국에 더 이상 적수가 없다고 판단하고 이들 두 개의 정책을 추진했다. 전자는 스트로브 탈보트 국무부 부장관이 구 동구 공산권 국가 모두 나토로 묶으면 러시아에 의한 위협은 영원히 사라질 것이라고 구상한 데서 출발했다. 그는 러시아가 비록 냉전에서 패배하긴 했으나 언제든 세계 권력정치 무대에 복귀할 수 있는 글로벌 강대국이라는 사실을 간과했다. 그래서 키신저가 클린턴 행정부를 '탈냉전의 환상에

도취됐다' 고 비판한 것이다.

후자의 정책 역시 클린턴 행정부가 전 세계 금융시장을 자유화해 월스트리트 금융자본이 각국의 외환과 주식, 펀드시장을 주도하게 하면 미국의 국력은 영원할 것이라고 판단한 데서 비롯되었다. 클린턴 행정부는 1997년 12월 세계무역기구(WTO) 금융자유화 협정을 추진한다는 거창한 목표 아래 전 세계 국가들을 상대로 고정환율제를 변동환율제로 바꾸게 하는 등 금융 규제의 철폐를 압박했다.

클린턴 행정부가 특히 이 같은 압력을 강하게 제기한 지역은 동아시아였다. 당시 미국은 1996년부터 잠재적인 경쟁국인 일본은 물론 중국과 한국을 상대로 거세게 몰아붙였다. 동맹과 적국을 가리지 않고 신자유주의적 금융자유화를 압박했던 것이다. 1997년 후반 한국이 태국 바트화 폭락과 홍콩 증시 폭락의 여파로 국가부도 사태에 직면해 국제통화기금(IMF)에 구제 금융을 신청하게 된 'IMF사태' 가 발발한 것도 그 연장선상에 있다. 한국은 외환위기로 변동환율제로 이행했다. 중국은 고정환율제를 고수하다가 2005년에 가서야 부분 변동환율제를 도입했다.

1997년 4월 옐친과 장쩌민이 공동 선언문을 통해 다극 체제와 새로운 국제 질서의 수립을 추진하자고 합의한 데는 이처럼 나토의 동진에 따른 안보 위협과 미국의 금융자유화 압박으로 인한 금융위기 우려가 결정적인 역할을 했다고 볼 수 있다.

그런데 놀라운 것은 중국과 러시아가 1997년 미국의 궤도를 이탈하게끔 촉발한 이 요인들이 23년이 지난 오늘날에도 두 권위주의 강국들이 미국 주도의 글로벌 자유주의 질서에서 이탈하고 새로운 대항 질서의 수립에 박차를 가하게 만들고 있다는 사실이다.

2014년 2월 유럽의 탈냉전 질서를 무너뜨린 러시아의 크림반도 병합은 미국과 서구가 러시아와 국경을 접하고 있는 우크라이나를 나토 회원국으로 받아들이려고 하자 푸틴이 그에 앞서 전격적으로 감행한 지정학적 충돌이다. 러시아는 우크라이나가 나토와 유럽연합 회원국이 되면 우크라이나에 미군이 주둔할 수 있게 되고, 러시아는 미국과 서구에 의해 체제 전환 압박을 받게 될 것이라고 우려해 왔다. 하버드대학의 현실주의 국제정치학자 스티븐 월트Stephen Walt는 2018년에 출간된『미국 외교의 대전략The Hell of Good Intentions』에서 "미국이 우크라이나의 민주화를 위해 5억 달러 이상을 지원했다"고 말한다.

2014년 중국의 남중국해 인공섬 건설도 러시아의 크림반도 병합과 비슷한 차원에서 추진되었다. 중국은 2011년 후반 힐러리 클린턴 미 국무장관이 '아시아 회귀'를 발표하자 이를 미국이 중국을 군사적으로 봉쇄하려 한다는 것으로 인식했다. 중국은 남중국해를 미국의 접근을 저지하기 위한 완충지대로 만들고자 했다. 요컨대 중국은 러시아가 나토의 동진에 대해 크림 병합으로 반격한 것처럼 자신들도 미국의 아시아 회귀에 대해 남중국해 인공섬 건설로 맞선 것이다.

1990년대 중반 중국이 미국의 궤도로부터의 이탈을 도모하게 만든 미국의 금융 시장 자유화 압박은 중국 경제가 세계 1, 2위를 다투게 된 오늘날엔 그 성격이 바뀌었다. 미국이 중국을 상대로 금융시장 자유화 압박은 계속하면서도 구매력 기준 국내총생산 세계 1위인 중국에 그에 상응하는 국제 경제 기구들의 지분을 나눠주기를 꺼려한다는 것이다.

이 문제가 처음 수면 위로 떠오른 것은 2010년이었다. 당시 중국은 급속한 경제 성장을 통해 세계 국내총생산 순위에서 16조 8천억 달러의 미국에 이어 9조 2천억 달러로 2위를 차지했다. 중국은 이를 근거로 미국에 IMF 지분을 올려줄 것을 요구했다. 2010년 오바마 행정부는 중국의 요구대로 IMF 지분을 3.81%에서 6%대로 올려주기로 했다. 하지만 미국 의회가 인준을 거부했다. 결국 중국의 IMF 지분 증가는 무산되고 말았다. 이에 중국은 미국이 국제 경제 질서를 중국과 협력해서 운영하기보다는 독점하겠다는 생각을 갖고 있다고 판단했다. 영국 BBC 방송의 험프리 헉슬리가 2018년에 출간된 『아시아의 바다Asian Waters』에서 지적한 바와 같이, 미국 의회가 중국의 경제력에 상응하는 IMF의 지분 제공을 거부한 것은 2011년 발표된 아시아 회귀 전략 이상으로 중국으로 하여금 미국의 글로벌 경제 질서로부터 이탈하도록 부추긴 사건으로 평가 받는다.

중국의 궤도 이탈을 자극한 또 다른 요인은 미국의 대중 경제 전략이다. 오바마 행정부의 블룹이 대중 경제 봉쇄를 목표로 2010년부터 추진해 온 환태평양경제동반자협정(TPP)이 그것이다. 중국은 TPP에 맞서 2012년부터 동남아국가연합(ASEAN), 한국, 일본, 호주, 뉴질랜드, 인도 등 16개국이 참여하는 역내포괄적경제동반자협정(RCEP)을 본격적으로 추진하기 시작했다.

하지만 TPP와 RCEP의 운명은 엇갈렸다. 12개 참여국의 최종 서명이 이루어진 상태에서 미국 의회 비준을 앞두고 있던 TPP는 2017년 1월 트럼프 대통령이 취임 직후 탈퇴를 선언하면서 좌초했다. 하지만 RCEP은 2019년 협정문이 타결되면서 2020년 세계 최대 경제 블록으로 출범하는 데 성공했다.

미국이 탈퇴한 이후 TPP는 아시아와 태평양 지역 11개 국가가 참여하는 CPTPP라는 명칭의 다자간 자유무역 협정으로 개편돼 2018년 3월 8일 출범했다. 참여 국가는 일본 · 호주 · 뉴질랜드 · 캐나다 · 멕시코 · 칠레 · 페루 · 싱가포르 · 베트남 · 말레이시아 · 브루나이 등이다. 11개국이 서명한 다자간 자유무역협정이다. CPTPP 회원국은 인구 5억 명 규모이며 전 세계 국내총생산의 13%가량을 차지한다. 시진핑은 CPTPP 가입 의사를 표명하고 있는데, 이는 미국이 참여하지 않고 있는 RCEP과 CPTPP 모두 가입함으로써 다자 자유무역 체제의 주도 국가로 도약하겠다는 의지를 드러낸 것이라고 할 수 있다.

중국과 러시아의 새로운 국제 질서 구축

중국이 미국 주도의 국제 경제 질서에 대항하기 위해 설립한 금융기구는 모두 두 개다. 하나는 2014년 BRICS 5개국, 즉 브라질, 러시아, 인도, 중국, 남아프리카공화국이 공동으로 만든 국가개발은행(NDB)이 있다. 하지만 이는 실질적으로는 중국이 주도해서 만든 금융기구다. 다른 하나는 2016년 57개국의 참여로 설립된 아시아인프라개발은행(AIIB)이 있다.

미국의 입장에서 더 도전적인 금융기구는 AIIB다. 여기에는 미국의 동맹국들인 한국과 영국, 독일 등이 참여하고 있다. 이 두 금융기구 모두 미국이 주도해서 설립된 세계은행(IBRD)과 국제통화기금(IMF)의 역할과 유사하다. 미국의 현실주의 국제정치학자인 컬럼비아대학의 알렉산더 쿨리와 조지타운대학의 대니얼 넥슨은 2020년에 출간된 『패권으로부터의 이탈Exit from Hegemony』에서 "중국의 NDB와 AIIB가 세계은행과 비슷한 역할을 하고 있다는 근거가 있다"면서 "이들 두 기구 모두 미국의 패권을 약화시키고 있다"고 지적한다.

중국의 이 같은 대안 글로벌 금융기구 설립으로 미국 주도의 국제금융 질서가 약화되는 사이 미국과 서구가 러시아로부터 완전한 승리를 거두려했던 동유럽 지역은 점점 더 러시아의 영향권으로 들어가고 있었다. 러시아는 2014년 크림반도 강제병합 이후 동유럽과 중앙아시아 국가들에게 나토의 동진에 맞서 2002년 설립된 집단안보조약기구(CSTO)와 2015년 창설된 유라시아경제연합(EAEU)에 참여할 것을 압박하고 있다. 미국과 서유럽이 2014년 크림반도 병합 사태로 주춤하는 사이 러시아의 영향력이 동유럽을 넘어 중유럽까지 확대되고 있는 것이다. 중국도 중유럽과 동유럽에 대한 관여를 본격화하고 있다. 중국은 2012년 이 지역 16개국과 함께 CCEESC, 이른바 '16+1 Group'을 만들었다. 쿨리와 넥슨은 앞의 책에서 'EU는 중국이 이 기구를 EU의 대 중국 정책을 약화시키는 지렛대로 이용하려는 것이 아니냐고 의심한다"고 말한다. 2010년 중반 이후 유럽이 점차 동아시아와 같이 미국과 중국, 러시아 간 지정학적 경쟁의 무대로 바뀌고 있는 것이다.

중국의 대항 질서 구축은 전 세계적 차원에서 이루어지고 있다. 중국은 2013년 시진핑이 제안한 내륙 실크로드 경제벨트와 해양 실크로드 경제벨트 건설 프로젝트인 '일대일로'를 추진하면서 유라시아, 동유럽, 서남아, 동남아, 아프리카 등에서 투자와 금융지원을 대가로 군사기지를 획득하고 있다. 중국은 아프리카 지부티와 파키스탄, 캄보디아 등에서 해군기지와 항구 접근권을 얻었다. 지부티에는 미국의 해군기지가 있으며, 중국의 해군기지는 미군 기지로의 물자 공급도 차단할 수 있는 위치에 있다. 당초 옛 실크로드교역로 복원 수준으로 여겨졌던 일대일로가 어느 사이 미국의 경제와 안보 패권 질서를 흔들고 있는 것이다.

하지만 미국의 패권 상실과 관련해서 가장 주목해야 하는 것은 미국 주도의 자유주의 질서 해체가 중국과 러시아 등 강대국보다 개도국과 빈국들에 의해 더욱 촉진되고 있다는 사실이다. 쿨리와 넥슨은『패권으로부터의 이탈』에서 미국에 맞서 중국과 러시아가 대안 질서의 건설을 추진하자 많은 개도국과 빈국이 가세함으로써 미국의 패권 해체가 더욱 현실화하고 있다고 지적한다.

2014년 러시아의 크림반도 병합 직후 유엔에서는 미국의 제안에 따라 우크라이나 영토 통합 결의안 표결이 있었다. 100개국이 찬성했으나 11개국이 반대하고 68개국이 기권한 것으로 드러났다. 이러한 결과에 대해 쿨리와 넥슨이 관심을 두는 대목은 기권국 수가 68개국이나 된다는 사실이다. 미국의 패권이 해체되고 있다는 것을 상징적으로 보여준다는 것이다.

이들의 분석에 의하면 전 세계 많은 정권들이 미국이 1990년대와 2000년대에 구축해 온 자유주의 질서를 더 낫거나 나쁘거나 간에 이제는 자신들의 준거 질서로서 받아들이고 있지 않다는 것이다. 그 이유는 중국과 러시아가 미국 주도의 질서에 대한 대안 질서 구축에 나서면서부터 사우디아라비아, 터키, 브라질과 같은 지역 강국들이 각자의 지역에서 금융과 상품 공급의 후견국으로 등장하고 있기 때문이다. 쿨리와 넥슨은 "많은 정권들이 지역 강국을 미국과 서유럽 대신 새로운 후견국으로 삼아 새로운 경제적 기회와 정치적 지렛대의 원천으로 활용하고 있다"고 평가한다. 많은 개도국과 빈국들이 중국과 각 지역 강국들을 새로운 후견국으로서 선호하는 것은 금융 지원과 상품 공급의 조건이 인권이나 정치 체제 등과 연계하지 않는 등 까다롭지 않기 때문이라는 것이다.

이들 많은 개도국과 빈국들이 중국과 러시아가 주창하는 대항 규범과 가치를 따르는 것도 미국과 서유럽 국가들이 주도하는 자유주의 질서의 약화에 일조하고 있다. 중국과 러시아는 나토의 동진과 아시아 회귀 등에 따른 안보 위협에 직면한 이후 주권존중과 불간섭을 주창하고 있다. 중국은 신장과 위구르 소수민족 탄압에 대한 국제사회의 비판을 차단하기 위해 2001년에 설립된 상하이협력기구(SCO)의 창설 원칙인 '문명적 다양성(civilizational diversity)'이라는 가치를 미국과 서구가 인정할 것을 요구하고 있다.

중국의 이 같은 전략은 중앙아시아에서 효과를 발휘하고 있다. 러시아는 미국과 서구에서 확산되고 있는 동성애 등 성소수자들의 인권, 이른바 'LGBTQ'에 반대하는 전통 가치의 회복을 주창해 오고 있다. 러시아는 전통 가치의 지지 선언을 유엔인권이사회에서 통과시키기 위해 애쓰기도 했다. 중국과 러시아의 이 같은 대항 규범 확산 노력은 미국과 서구가 중국과 러시아, 그리고 두 강대국을 새로운 후견국으로 삼아 경제 및 군사적 지원을 받는 국가들의 내부 문제를 간섭하는 것을 차단하는 데 효과를 내기 시작했다는 평가를 받는다.

미국의 글로벌 패권이 해체되고 있는 상황은 이와 같이 본질적으로 비군사적인 성격이 더 강하다. 그래서 쿨리와 넥슨은 바이든이 당선돼 블롭이 자유주의 패권 전략을 부활시킨다고 해서 글로벌 패권을 되찾을 수 있는 게 아니라고 말한다. 문제는 중국과 러시아를 미국과 서구 주도의 자유주의 국제 질서의 궤도로 복귀시키는 것이다. 단순히 바이든 행정부가 자유주의 패권 전략을 부활시키지 않는 것만으로는 중국과 러시아로 하여금 본래의 궤도로 복귀시키기 어렵다.

미국의 제한적 승리 전략과 역외 균형

어떻게 중국과 러시아를 자유주의 국제질서의 궤도로 복귀시킬 것인가? 이에 대한 답을 제시하는 것이 대전략의 책무이다. 미국 예일대학 국제정치학자 존 루이스 개디스John Lewis Gaddis는 2018년에 출간된 『대전략론On Grand Strategy』에서 대전략에 대해 다음과 같이 정의했다. "대전략이란 무한한 열망(aspirations)과 제한된 수단(instruments) 간의 균형이다."

개디스의 정의를 이해하는 전략가라면 러시아의 위협을 완전히 없애고 싶은 열망을 실현하고자 나토의 동유럽 확장을 추진하지 않을 것이다. 러시아가 반발할 경우 미국과 서유럽 국가들이 보유한 수단으로는 러시아를 제압할 수 없기 때문이다. 더군다나 러시아의 반발은 불 보듯 뻔하고, 그렇게 될 경우 러시아의 반격으로 미국과 서유럽 국가들의 피해가 엄청나리라는 것은 충분히 예상할 수 있다. 그래서 대소 봉쇄의 설계자 조지 F. 케넌과 미중 데탕트의 설계자 키신저를 비롯한 현실주의 전략가들이 나토의 동구 확장에 반대했던 것이다.

미국의 아시아 회귀(Pivot to Asia)도 나토의 동유럽 확장처럼 열망과 수단간 균형이 이루어지기 어려운 전략이다. 오바마 행정부는 2011년 후반 이 전략을 발표한 이후에도 동아시아에서 중국을 포위하기 위해 특별히 더 많은 병력과 전략무기를 배치하지 않았다. 중국의 역내 군사적 패권 도전 가능성을 차단하겠다는 블롭의 구상은 말로만 끝난 것이다.

하지만 중국의 입장에서는 아시아 회귀라는 명칭에서 유럽에서 러시아의 위협을 제거한 만큼 이제 중국의 위협을 없애고자 하는 미국의 자유주의 패권 전략으로 받아들였다. 그 결과 중국은 남중국해에서 더욱 폭력적인 영유권 분쟁에 나서기 시작했고 급기야 암초에다 인공섬을 건설하고 군사기지를 설치함으로써 미국과의 군사적 긴장이 고조되어 왔다. 게다가 중국은 둥펑-21과 둥펑-15 등 중단거리 탄도미사일을 자국 해안선을 따라 배치하는 등 남중국해를 경유해 미 항모와 구축함 등이 접근하는 것을 막기 위한 '반접근과 지역거부(Anti-Access and Area-Denial)' 전략을 더욱 강화하고 있다.

블롭은 오바마 행정부 때 아시아 회귀를 선언했지만 행동으로 옮기지 못했다. 하지만 중국은 아시아 회귀를 대중 포위의 신호탄으로 받아들이고 남중국해로의 미 해군과 공군의 접근을 차단함으로써 서태평양에서의 군사적 우위를 차지하려는 의지를 행동으로 실제 옮기고 있다.

나토의 동유럽 확장 전략과 미국의 아시아 회귀 전략의 실패로부터 미국과 동맹국들이 얻어야 할 교훈은 강대국을 상대로 '완전한 승리(a complete victory)'를 지향해서는 안 된다는 것이다. 중국과 러시아가 주변국의 영토를 침범하거나 국제질서의 근간이 되는 국제법을 위반했을 경우에는 군사적으로 단호하게 대처해야 한다. 하지만 그 같은 위협이 발생할 가능성이 있다는 이유만으로 다른 강대국을 상대로 체제 전환과 같은 완전한 승리를 거두겠다는 전략을 추진하는 것은 자제해야 한다. 왜냐하면 재앙적 결과가 뒤따르기 때문이다. 이는 미국과 서유럽 국가들이 나토의 동유럽 확장 전략을 추진하기 시작한 이후 러시아가 2008년 조지아 침공과 2014년 우크라이나 침공 등 두 번 전쟁을 일으켰다는 데서 알 수 있다.

세계 GDP 순위 2위에 오른 중국이 국제통화기금(IMF)의 지분 증대를 요구했을 때 미국이 거부한 것도 마찬가지다. 글로벌 경제 질서의 운영을 독점하고 싶다는 미국의 열망은 현재 미국이 보유하고 있는 경제적 수단으로는 실현되기 어렵다. 더군다나 중국의 구매력(PPP) 기준 국내총생산이 2014년에 이미 세계 1위를 차지한 상황이다. 물론 실질적인 경제력은 여전히 미국이 앞선다. 미국 싱크탱크 브루킹스연구소의 라이언 하스Ryan Haas는 2021년 초 출간된『더 강한 나라Stronger』에서 미국이 경제력에서 중국보다 대략 35％ 더 크다고 평가한다. 하지만 그 격차가 급속히 줄어들고 있는 것은 사실이다. 2000년에 미국 경제는 중국 경제보다 거의 10배 컸다. 2008년 글로벌 금융위기가 발발하기 전까지만 해도 미국 경제는 중국 경제보다 5배나 컸다.

미국의 선택은 경제 분야에서도 제한적 승리를 추구하는 것이다. IMF 등 글로벌 경제 질서를 좌우하는 국제기구들에서 중국이 더 많은 책임을 갖고 의사결정에 참여하게끔 유도하기 위해 중국의 지분을 더 늘려줌으로써 IMF와 경쟁하는 국제기구를 만들지 못하게 해야 한다. 물론 미국과 서유럽을 비롯한 자유주의 진영이 더 많은 지분을 가져야 한다. 미국은 중국이 NDB를 설립한 데 이어 AIIB 설립에 들어간 2015년에 미 의회 인준 절차를 거쳐 2010년에 중국이 요구했던 IMF 지분을 6％대로 늘려주기로 했다. 하지만 이미 중국이 대항 국제 금융기구 설립을 본격화한 이후였다.

이와 같은 맥락에서 볼 때 제2의 미국 우선주의와 자유주의 패권 전략은 바이든 행정부의 대전략으로 적절하지 않다. 하버드대학의 현실주의자 스티븐 월트는『미국 외교의 대전략』에서 "트럼프는 자유주의 패권 전략의 결함들을 정확하게 포착해냈으나 제대로 된 대안을 마련하지 못했다"고 평가한다. 그렇게 된 데는 트럼프가 외교안보 정책을 다뤄 본 적이 없는데다가 블롭의 전면적인 협조 거부가 적지 않은 영향을 미쳤다고 그는 지적한다.

그럼에도 트럼프가 추진했던 미국 우선주의는 경제적 이익을 지나치게 우선시한 결과 한국, 독일 등 동맹국 및 협력국들과의 경제 및 안보 협력 시스템이 위기에 처하게 되었다는 비판을 피하기 어렵다. 중국과의 관계에서도 미국 우선주의는 중국이 국제 경제 및 안보 질서의 책임 있는 당사자로서 역할을 하도록 유도하기보다는 경제적 이익을 두고 매번 싸우는 모양새만 연출하고 말았다. 그 결과 트럼프는 미중 관계를 글로벌 경제 및 안보 질서의 안정에 기여하도록 관리하는 데 실패했다.

> **역외 균형은 글로벌 세력 균형에서 경쟁국들이 미국의 중대한 이익을 위협하기 위해 힘을 투사하는 것을 차단하는 데 초점을 맞춘 전략이다.**

그렇다면 역외 균형은 왜 자유주의 패권 전략의 가장 합리적인 대안이 되는 것인가? 역외 균형이 미국의 대전략이 되어야 한다는 주장을 펴는 대표적인 미국의 학자는 스티븐 월트다. 그는 역외 균형은 글로벌 세력 균형을 유지하면서 경쟁국들이 미국의 중대한 이익을 위협할 수 있는 상황을 차단하는 데 초점을 맞춘 전략이라고 설명한다. 역외 균형은 미국의 중대한 이익이 걸려 있는 유럽과 동북아, 걸프만 등 3개의 주요 전략 지역에서 직접적인 위협이 제기될 때에만 예외적으로 군사력을 전개하는 전략이라는 것이다. 이 점에서 자유주의 패권 전략의 최고의 대안은 역외 균형 외에는 없다는 것이 월트의 지적이다.

월트는 중국의 도전에 대한 대응 전략으로서 가장 효과적인 전략도 역외 균형이라고 말한다. 역외 균형을 채택할 경우 미국의 지도자들은 중앙아시아 국가들과 이라크 내 갈등들에 주의력을 분산시키지 않아도 된다. 그렇게 될 경우 미중 관계뿐만 아니라 한국과 일본, 호주 등 동아시아와 서태평양의 동맹 국가나 협력 국가들과의 관계를 관리하는 데 더 많이 집중할 수 있다는 것이다.

미국의 역외 균형과 한국의 전략: 전략핵동맹

한국이 바라는 것은 바이든 미 행정부가 역외 균형을 주한미군의 철수나 감축을 하지 않으면서 추진하는 시나리오다. 미국이 역내 주둔 규모를 감축한다면 다른 나라에 주둔하고 있는 미군을 감축하도록 미국과의 전략 대화가 필요하다. 그런 다음 한국은 미국이 역외 균형에 따라 다른 나라에 배치돼 있던 전력을 점차 감축하는 상황에서 발생하는 빈 공간을 한국군이 맡는 전략을 마련해야 한다.

무엇보다 한국은 한미 동맹을 전술핵무기를 공유하는 전략핵동맹으로 발전시킴으로써 한국군이 미군과 힘께 역내 질서의 안정에 중요한 역할을 담당하게 해야 한다. 한미 전략핵동맹이 동아시아와 서태평양 지역의 자유주의 질서를 수호하는 초석이 되게 하는 것이다. 이는 한미 동맹이 전략핵동맹을 거쳐 궁극적으로 중국에 의한 역내 질서의 비자유주의화를 저지하는 '전략질서동맹'으로 진화되어야 한다는 것을 의미한다.

이를 위해서는 한국군은 전시작전권을 이양받기 위한 장비와 작전 능력 등의 조건들을 충족시켜나가야 한다. 한국군은 북한의 핵, 탄도미사일 위협이나 중국과 러시아의 영공과 영해 침입, 일본의 도발 등 역내 군사적 긴장 상태에 능동적으로 대응할 수 있는 '21세기 전략 강군'으로서 발전해가야 한다. 그래야만 미국이 동아시아의 전략 파트너로서 일본이 아닌 한국을 선택하게 될 것이다.

미국이 제아무리 세계 1위의 경제력을 계속 유지한다고 하더라도 제조업의 중심을 중국에 빼앗긴 상황에서는 역외 균형이 오래갈 가능성이 높다. 그렇다고 한다면 미국의 대중 역외 균형 구조에서 한미 전략핵동맹 체제가 그 중심이 될 수밖에 없다. 동아시아와 서태평양 지역의 자유주의 질서가 한미 전략핵동맹 체제에 의해 지속되기 위해서는 한국의 경제력 규모가 현재 GDP

가 4조 7천억 달러대인 일본보다는 더 커져야 한다. 그래야 일본의 방해를 받지 않고 한미 전략핵동맹 체제를 이끌어갈 동력이 생기는 것이다.

그렇다고 본다면 우리는 이제부터라도 2050년을 목표로 삼아 글로벌 3대 강국으로 도약하기 위한 대전략을 수립해 추진해야 한다. 2020년 코로나19 바이러스의 글로벌 확산으로 인한 전 세계적인 경기 침체에도 불구하고 한국은 전 세계 GDP 순위 10위를 차지했다. 2019년 12위에서 두 단계 올라서 2020년에 처음으로 G10이 된 것이다. 이근 서울대 경제학과 교수는 『2021년 한국 경제 대전망』에서 "2020년에 한국이 실질 1인당 GDP에서 일본을 임진왜란 이후 처음으로 추월했다"고 평가했다. 현재 1조 7천억 달러대에 머물러 있는 GDP를 5조 달러대로 3배 늘이기 위해선 4차 산업에서 승부를 내야 한다. 이를 위해선 무엇보다도 반도체 산업과 인공지능(AI)과 사물인터넷(IoT) 관련 산업, 바이오 산업, 배터리 산업, 전기차와 수소차 산업 등의 전략 산업에 대한 전국가적인 투자가 이루어져야 한다.

"중국의 지도자들이 패권을 추구하는 것은 그들이 지배하는
권위주의 체제에 안전한 세계를 만들고자 하기 때문이다."

아론 L. 프리드버그

"확전 우위란 어느 국가가 군사적으로 도발할 경우 그 도발 국가를 상대로
확전을 불사할 때 우위를 차지할 수 있다는 전략이다."

허먼 칸

GRAND

3부

중국의 역내 패권 전략과

다가올 한중 전쟁

STRATEGY

09

중국의 국내 정치와
역내 패권 추구

오늘날의 중국을 이해하려면 먼저 러시아의 공산주의 혁명을 성공시킨 블라디미르 레닌을 이해해야 한다. 레닌은 클라우제비츠의 『전쟁론』에서 얻은 통찰에 기초해 혁명을 성공시킬 수 있었다. 현재 중국 공산당이 추구하는 대외 전략의 구조를 이해하는 데 있어서도 '전쟁은 국내 정치의 연장'이라는 클라우제비츠의 통찰이 가장 중요한 명제다. 레닌과 마오쩌둥이 각각 러시아와 중국의 공산주의 혁명을 성공시키는 데 이 명제 이상으로 중대한 영향을 미친 전략 이론은 없다.

중국 공산당을 이끌고 있는 현 지도부도 클라우제비츠의 전략 사상을 나침반으로 삼고 있다. 시진핑 국가주석과 그의 책사로서 공산당 상무위원 겸 중앙당 서기처 서기직을 맡고 있는 왕후닝을 비롯한 그의 핵심 참모들 역시 이 명제를 바탕으로 국내 정치 전략을 수립하고 그러한 국내 정치 전략을 달성하기 위한 수단으로서 대외 전략을 추진하고 있다.

국내 정치의 부산물로서 중국의 패권 추구

현재 중국이 추구하는 대외 전략의 최고 목표는 동아시아와 서태평양 지역의 군사 패권을 미국으로부터 가져오는 것이다. 중국의 이 같은 대외 전략 목표를 이해하기 위해서는 먼저 중국의 국내 정치적 목표가 무엇인지를 알아야 한다. 요컨대 중국 공산당의 국내 정치적 목표가 무엇인지 아느냐 여부가 중국의 대외 전략을 이해하는 데 관건이다.

2010년대 들어서 중국 공산당이 국내 정치에서 추구하고 있는 최대의 목표는 공산당 1당 지배 체제를 유지하는 것이다. 그렇다면 답은 한 가지다. 중국 공산당의 지배 체제 유지가 중국 대외 전략의 가장 중요한 목표라는 결론을 내릴 수 있다. 급속한 경제 발전을 바탕으로 군사력을 증대시키면서 중국 공산당이 역내 패권을 추구하고 있는 이유는 국가 권력에 대한 공산당의 독점 체제를 유지하기 위한 것이다.

클라우제비츠로부터 깊은 영향을 받은 레닌은 '전쟁은 계급의 이익을 달성하기 위한 수단'이라고 말했다. 중국 공산당 역시 그러한 맥락에서 '전쟁은 국내 정치의 연장'이라는 클라우제비츠의 명제를 대외 전략에 반영하고 있다. 중국 공산당은 현재 벌이고 있는 대미 패권 전쟁을 단순히 중국에서의 1당 지배 체제를 유지하기 위한 것으로만 보지 않는다. 그보다는 레닌이 그랬던 것처럼 오늘날 중국 공산당 지도부는 미중 패권 경쟁을 공산주의자로서의 자신들의 계급적 이익을 달성하기 위한 수단 또는 국내 정치의 연장으로서 인식하고 있다.

이에 대해 가장 분명하게 동의하는 서구 전문가는 미국 프린스턴대학의 중국 문제 전문가 아론 L. 프리드버그Aaron L. Friedberg다. 그는 『패권을 향한 결전A Contest for Supremacy』에서 다음과 같이 말한다. "중요한 것은 중국의 패권 추구가 국내 정치 체제의 부산물이라는 것이다. 중국의 현 지도자들이 급속히 부상하는 강대국의 리더들이기 때문에 또는 중국인이기 때문에 패권을 추구하는 것이 아니라 그들이 지배하는 중국의 권위주의 체제가 안전한 세계를 만들고자 하기 때문이다."

중국 지도부는 역내 패권 확보에 성공하면 공산당 1당 지배 체제에 대한 국민의 불만을 잠재울 수 있다고 본다.

중국 지도자들은 그들의 나라가 해외에서 더욱 강해질수록 국내에서 그들의 정권이 더 안정될 것이라고 믿는다는 것이 프리드버그의 관찰이다. 중국 지도자들은 중국이 해외에서 패배하거나 치욕을 당할 경우 공산당이 통치를 계속해나가기 극도로 위험해질 것이라고 우려하고 있다. 이 때문에 그들은 정권 불안정이라는 리스크에 대한 최고의 보험이 중국 근해를 포함한 동아시아와 서태평양에서 패권을 추구하는 것이라고 믿는다고 그는 덧붙인다.

그렇다면 중국은 왜 역내 패권 확보를 공산당 1당 지배 체제의 유지를 위한 전략으로 추진해 오고 있는 것인가? 그 까닭은 역내 패권 확보에 성공하면 오랜 공산당 1당 지배 체제에 대한 중국 국민의 불만을 잠재우는 데 성공할 수 있고 그렇게 되면 공산당의 권력 독점 체제를 계속 유지할 수 있다고 중국 지도부가 믿고 있기 때문이다. 구매력(PPP) 기준 1인당 국내총생산이 2014년을 기점으로 미국을 앞서는 등, 중국 경제가 성장함에 따라 민주주의에 대한 중국 국민들의 욕구가 높아져왔다. 이 때문에 중국 지도부는 그러한 민주주의 욕구가 자칫 공산당 1당 지배 체제의 붕괴로 이어지지 않도록 국민들에게 패권국의 국민이라는 자부심을 불어 넣어주기 위한 대외 전략을 추진하게 된 것이다. 국민들이 공산당 지배 체제에 반대하는 사태가 발생하지 않도록 만들기 위해 중국 정부가 대외 전략을 그 수단으로 삼고 있는 것이다.

정리하자면 중국 내 중산층 증가가 민주주의에 대한 욕구 증대로 이어졌고, 이는 중국 공산당이 대외 전략으로서 역내 패권 도전에 나서도록 만들었다는 것이다.

글로벌 금융 및 컨설팅 기관들은 2015년을 기점으로 중산층 수에서 중국이 미국을 앞지른 것으로 평가한다. 스위스의 투자은행 크레디트스위스(CreditSwiss)에 의하면 2015년 중국의 중산층 수가 1억 900만 명에 도달했고 처음으로 9,200만 명인 미국의 중산층 수를 넘어섰다. 미국 학계의 일각에서는 중국의 중산층 수가 3억 명을 넘었다는 분석도 나오고 있다. 크레디트스위스가 정의한 중산층은 미화 5만~50만 달러의 여유 자산을 보유한 계층을 가리킨다. 미국의 투자 컨설팅사인 보스턴컨설팅그룹에 의하면 2012년 현재 1억 2000만 명의 중국 국민이 연간 소득이 2만 달러를 넘어섰다.

이 같은 사실은 중국이 미국을 제치고 세계 최대의 중산층 대국이 됐다는 것을 보여준다. 그 결과 2015년도를 기점으로 중국의 1인당 국내총생산은

8,000달러를 넘어서기 시작했다. 최근 들어 서유럽과 호주, 일본 등의 대형 식품 및 생활용품 매장이 중국 관광객들에 의해 싹쓸이 되는 현상이 종종 발생하고 있는 것도 14억여 명의 중국인들의 연간 소득이 약 1만 달러 시대에 돌입하면서 그만큼 구매력이 높아졌기 때문이다. 2000년대까지만 해도 저가 제품으로 세계의 매장을 채웠던 중국인들이 이제는 전 세계 쇼핑몰을 지배하는 '세계 최대의 소비자'로 등장한 것이다.

중국 정부는 이 같은 중산층의 급속한 증가를 공식적으로 인정하는 모습이다. 2015년 2월 당시 가오후청(高虎城) 중국 국무원 상무부장은 "현재 중국에서 중·고소득층이 형성되고 있고, 이 같은 계층들이 원하는 소비 수준은 일반적인 대중 수요에만 머물러 있지 않다"고 밝혔다. 이 같은 언급은 중국 공산당이 중산층의 급속한 증가가 어떤 결과를 가져오는지를 면밀히 관찰하고 있다는 것을 보여준다. 2017년 현재 중국의 GDP는 12조 달러를 기록했다. 1년 사이에 1조 달러가 증가했다. 이는 중국의 연간 성장률이 현재의 6~7% 대를 유지할 경우 중산층의 급증 추세가 지속될 것이라는 전망을 낳고 있다. 중국 정부는 중산층의 다원주의 욕구가 분출할 경우 공산당 지배 체제가 위기에 직면할 수 있다는 우려를 가지고 있다.

중국 국민들의 정치적 자유에 대한 욕구가 고조되고 있다는 것을 보여주는 사례들이 2018년 4월 중국 전국인민대표자회의(약칭 전인대) 폐막 이후에 나타나기 시작했다. 중국 전국인민대표자회의(약칭 전인대)가 내린 결정은 중국 국민들의 정치적 자유를 억압한다는 비판을 초래했다. 문제의 결정은 국가주석직의 2회 연임 규정을 폐지한 것으로 중국의 정치권력 구조에 중대한 영향을 미치는 것이었다. 이는 시진핑 국가주석이 3회 이상을 연임할 수 있다는 것을 의미했으며, 이 결정으로 시진핑의 장기 집권 시대가 열리게 되었다.

2017년 10월 19기 중앙위 전체 회의에서 시진핑 국가주석은 덩샤오핑의 유지에 따라 장쩌민과 후진타오 등의 전임 주석들이 지켜왔던 '격대지정(隔

代指定. 현 주석이 차차기 후계자를 내정하는 시스템)' 원칙을 따르지 않았다. 전임 주석인 후진타오가 재임 당시 시진핑 주석의 2회 연임 후 국가주석 겸 당 총서기로 내정했던 후춘화(胡春華) 광동성 당서기가 상무위원 겸 국가부주석에 오르지 못하는 사태가 발생한 것이다. 이 뿐만이 아니라 시진핑은 후진타오 전 주석에 의해 국무원 총리로 내정됐던 쑨정차이(孫政材) 충칭시 당서기를 부패 혐의를 들어 전격 숙청했다.

시진핑 주석은 쑨정차이 숙청을 주도한 왕치산(王岐山) 당 기율위 서기를 후춘화 대신 국가부주석 겸 상무위원으로 기용했다. 시진핑 주석은 또 자신의 책사인 왕후닝을 상무위원 겸 당 중앙서기처 서기로 발탁했다. 시진핑 주석과 리커창 총리 외에 공산당의 최고 권력기구인 상무위원회에 새로 선출된 5명 중 왕치산과 왕후닝을 빼고 나머지 3명은 시진핑의 후계 구도와 전혀 관계없는 인물들로 평가된다.

19기 상무위원회의 이 같은 구성부터가 시진핑 주석이 당내 권력 분점을 무시하고 권력 독점을 추구하기 시작했다는 것을 보여준다. 시진핑 세력에 의한 권력 독점의 부작용은 2018년 8월부터 시작된 미국과의 무역 전쟁에서부터 나타나기 시작했다. 중국의 대미 수출품에 대한 고율 관세 부과를 개시로 시작된 트럼프의 대중 무역 전쟁에 대한 시진핑 주도의 대응 전략이 전혀 효과를 내지 못하면서 중국 경제에 대한 심각한 타격을 초래했다.

중국의 대미 대응은 시진핑의 측근인 왕후닝 당 서기처 서기와 국무원의 류허(劉鶴) 경제 담당 부총리가 주도해 왔다. 만약 리커창 총리와 후춘화 부총리 중심의 공청단파와의 권력 분점 체제가 작동했더라면 사태가 심각하게 악화되지 않았을 가능성이 있다. 정파 간의 균형에 따라 신중한 대응 전략이 추진됐을 것이다. 그랬다면 사태가 무역전쟁으로까지 비화하지 않았을 수도 있었다.

시진핑의 주석직 연임 제한 폐지와 비판 여론

미국과의 무역 전쟁에 앞서 시진핑의 권력을 강화하는 것에 대한 우려가 적지 않은 상황에서 2018년 4월 전인대에서 국가주석직의 연임 규정 철폐 조치가 결정됐다. 이에 따라 중국 국민들의 반대 목소리가 터져 나오기 시작했다. 인터넷 상의 각종 소셜 네트워크 서비스(SNS) 망에 시진핑의 정치권력 독점을 신랄히 비난하는 글들이 올라오기 시작한 것이다. 베이징대학 학생들을 비롯한 지식인들로부터도 비판이 터져 나왔다.

시진핑의 권력 강화에 대한 국민적 반발이 거세짐에 따라 중국 당국은 인터넷에서 관련 단어가 검색되지 않도록 하는 조치를 취했다. 중국 공산당은 중국 국민들의 비판 고조에도 불구하고 전인대 회의 이후 전국 곳곳에 시진핑 초상화를 붙이는 등 개인숭배 분위기를 조성하고 나섰다. 이런 상황에서 7월에는 급기야 상하이 도심에 붙여진 시진핑의 초상화에 먹물이 뿌려지는 사태까지 발발했다.

사태는 여기서 멈추지 않았다. 지식인들의 비판이 본격적으로 이루어지기 시작한 것이다. 칭화대의 쉬장룬 법학원 교수는 시진핑 주석에 대한 개인숭배 중단과 2회 연임제의 복원을 주장했다. 그는 자유민주주의 계열의 싱크탱크인 '톈저(天則)'의 홈페이지에 발표한 '현재의 두려움과 기대'라는 제목의 글에서 "최근 국가의 통치 방식이 시대를 역행하고 있다."며 "현재 중국 국민은 국가 발전 방향과 개인의 생명, 안전에 대해 매우 혼란스럽고 걱정스러운 상태로 이미 전 국민적으로 일정 정도의 공황 상태에 도달했다."고 비판했다.

언론계에서도 시진핑의 권력 강화에 대한 저항 움직임이 포착됐다. 중국 관영 방송인 CC-TV의 한 뉴스 시간에 프로듀서로부터 쪽지를 건네받은 앵커가 갑자기 시진핑이 등장하는 보도를 하면서 주석이라는 호칭을 뺀 채 시진핑이라고만 표현하는 상황이 벌어지기도 했다. 이는 권력 분점이라는 최소한의 당내 민주주의가 시진핑에 의해 막을 내리고 권력 독점 체제가 부상하고 있는 데 대해 지식인 계층을 중심으로 중국 국민 사이에 확산되면서 공산당 1당 체제에 대한 불만이 분출하기 시작했다는 것을 의미했다.

중국은 1989년 덩샤오핑이 천안문 사태 직후 개혁과 개방을 더욱 강화할 것을 촉구한 이른바 '남순강화(南巡講話)'를 계기로 사회주의 계획경제에서 사회주의 시장경제로 이행해 왔다. 그 결과 중국 경제는 덩샤오핑 시대 때부터 사실상 자본주의 생산양식인 사회주의 시장경제로 변화하기 시작했다. 이에 따라 많은 국민이 중산층 이상의 계층으로 도약했다. 그 결과 중국은 부르주아 사회로 점차 바뀌어 왔다.

> **중국의 정치권력을 독점하고 있는 중국 공산당은 현재 생존 게임에 처해 있다.**
> **이 도전을 이겨내느냐 여부가 중국 공산당의 생존을 결정짓게 된다.**

이로 인해 중국의 정치권력을 독점하고 있는 공산당은 중국 대륙을 통일한 이후 최대의 위기에 직면하고 있다. 중국 사회를 이끄는 다수의 중산층이 공개적으로 의사 표명은 않고 있으나 다양한 우회적인 의사 표시 수단들을 통해 민주주의 체제로의 전환을 요구하고 있거나 그런 바람을 갖고 있을 가능성이 높다. 만약 그렇다면 현재 중국 공산당은 생존 게임에 처해 있다고 봐야 한다. 이 도전을 이겨내느냐 여부가 생존을 결정짓는 것이다.

중국 공산당은 이미 1989년에 한 차례 도전을 겪었다. 그 해 6월 4일 새벽 베이징 천안문 광장의 대학생 시위를 유혈진압한 천안문 사태가 그것이다. 천안문 사태 때 베이징 주재 영국대사관의 앨런 도널드 경이 본국에 보낸 전문에 의하면, 당시 사망자 수가 1만 명을 넘는다고 자유아시아방송(RFA)이 같은 해 12월 20일 보도했다. 미 백악관의 한 기밀 해제 문서에도 중국 내부 문서를 인용해 사망자 수가 1만 454명으로 기록되어 있는 것으로 보도되기도 했다.

천안문 사태의 희생자가 1만 명이 넘는다는 이 같은 증언이나 주장이 사실이라면 오늘날 중국 정치에 대해 중요한 시사점을 던져준다. 구매력 기준 국내총생산은 세계 1위이지만 그만큼 부의 불평등도 심화하고 있다는 보도들이 늘고 있는데다 중국 공산당 관리들의 부패는 더 조직적이고 규모가 커졌다는 의혹들이 제기되고 있다. 30년 전의 상황보다 부의 불평등과 공산당 관료들의 부패가 더 심하다면 중국 공산당으로서는 그 때와는 비교도 할 수 없는 위기 상황으로 몰릴 가능성을 결코 배제할 수 없다.

시진핑 체제 들어 공산당이 기율위원회를 통해 부패한 고위 당 간부 적발과 처벌을 강화하고 있는 데는 이 같은 배경이 있다고 할 수 있다. 앞서 언급한 바와 같이 2017년 9월 중국 공산당은 유력한 차기 지도부 후보의 한 명이었던 쑨정차이 충칭시 서기를 두 달 여에 걸친 당 기율위의 조사 끝에 당의 기밀 누설과 뇌물 수수 혐의로 당적과 공직 박탈이라는 '쌍개(雙開)' 처분으로 전격 낙마시켰다. 이 같은 결정의 배경에는 시진핑 당 총서기 겸 국가주석이 최측근인 천민얼을 신임 충칭시 서기로 임명해 차기 지도부에 진입시키려는 의도가 작용한 것이 아니냐는 분석이 있다.

그럼에도 쑨정차이 충칭시 서기의 갑작스런 숙청 배경에는 공산당이 부패한 고위 간부들에 대한 숙청을 대대적으로 하고 있다는 인상을 국민들에게 심어주기 위한 측면도 적지 않았다. 시진핑 주석이 2017년 10월 19기 중앙위 전체 회의에서 자신의 임기 5년을 남기고 격대지정 방식으로 그의 후임 지도부를 지정했다면 국무원 총리로 선출될 것이 유력했던 쑨 서기의 탄핵 사례는 이 같은 두 가지 맥락에서 볼 필요가 있다. 이 점에서 중국 공산당은 국민들의 민주주의 욕구 증대와 부의 불평등 심화로 인한 체제 위기를 선제적으로 억제함으로써 공산당 1당 지배 체제의 유지를 위해 노력하고 있다고 볼 수 있다.

이 같은 평가는 시진핑 주석이 2018년 1월 발표한 신년사를 통해 농촌의 빈곤 해결에 최대 역점을 둔다고 밝힌 데서 확인된다. 그는 "2020년까지 농촌 빈곤층의 빈곤탈출을 실현하는 것은 우리의 장엄한 약속이고, 중화민국의 수천 년 역사에서 처음으로 절대빈곤을 완전히 제거하는 것이다."라고 말했다. 2017년 탈 빈곤 사업의 성과를 강조하면서 시진핑 주석은 "우리는 전면적인 샤오캉(小康, 의식주를 걱정하지 않는 물질적으로 안락한 삶의 수준) 사회 건설 목표를 향해 또다시 큰 걸음을 내디뎠다."고 말했다. 중국 공산당은 2017년 10월 제19차 당 대회에서도 균등한 발전을 통한 사회 모순의 해결을 강조했다. 이 같은 의제는 모두 시진핑 주석의 위 두 가지 목표를 위한 것이다.

그러나 역내 패권을 장악하려는 중국의 대외 전략의 목적이 단지 중국 공산당이 국내적 위기에서 벗어나기 위한 것만은 아니다. 중국 지도부는 강화된 경제력과 군사력을 바탕으로 팽창 정책을 추구하고 있으며 동아시아와 서태평양 지역에 대한 지배권을 확보하려 하고 있다. 중국이 남중국해의 거의 대부분을 포함하는 9단선(九段線) 내 해역을 자국 영해라고 주장하는 것도 근대에 제작된 중국 내부의 지도에 그 근거를 두고 있다. 이와 함께 동아시아와 서태평양 지역을 중국의 현 사회주의 체제에 우호적인 공간으로 전환시키려는 목적이 있다고 평가된다.

중국의 이 같은 대외 전략은 러시아와 북한으로부터 적극적인 뒷받침을 받고 있다. 극동 지역의 천연가스 개발프로젝트를 본격적으로 추진하는 등 '러시아판 아시아 회귀'를 추진하고 있는 러시아와 핵·탄도미사일 개발을 통해 미국에 맞서 온 북한으로서는 중국이 큰 도움이 되기 때문이다. 역내 질서가 중국에 의해 비자유주의화하게 되면 러시아와 북한 모두 자신들의 체제 유지나 안보에 큰 도움이 된다고 보는 것이다. 특히 중국과 러시아 간의 관계를 주목해야 한다. 영국 런던대학의 국제정치학 교수인 로버트 S. 싱Robert S. Singh은 2016년에 출간된 『오바마 이후After Obama』에서 "러시아의 아시아 회귀로 러시아와 중국의 관계가 안정되고 있다"고 평가한다. 싱의 분석에 따르면 중국과 러시아는 미국의 힘을 불신하면서 무기 거래와 상품 교역을 늘리고 있다. 이들 두 권위주의 국가는 또 서구의 쇠퇴를 자신들의 영향력을 제고하기 위해 이용하는 데에서도 이해가 일치하고 있다고 그는 지적한다.

이 같은 평가는 러시아와 중국이 2018년 9월 초순 러시아 블라디보스톡 앞바다에서 대규모 연합 군사훈련을 실시한 데서도 확인된다. 두 나라 모두 이번 훈련이 미국에 공동으로 대응한다는 의미를 갖는다고 공공연히 밝혔다. 러시아가 이미 중국의 역내 패권 장악을 지원하고 있는 것이다. 중국도 크림 반도 병합으로 인해 미국과 유럽연합에 의한 경제 제재에 어려움을 겪고 있는 러시아를 지원하고 있다. 하지만 이들 세 개의 서로 다른 목적은 하나로 수렴된다. 그것은 바로 중국 공산당의 권력 독점체제의 영속이다.

클라우제비츠에 의하면 전쟁이란 힘으로 상대방이 내가 원하는 것을 하게끔 만드는 행위다. 여기서 힘이란 군사력의 위협과 행사는 물론 외교력과 경제력 등 모든 수단을 포함하는 개념이다. 반드시 군사력을 실제로 사용하는 열전(熱戰)만이 전쟁은 아니다. 그렇다고 본다면 중국의 역내 패권 추구는 전쟁 행위나 다름 없다. 중국은 국민들의 정치적 불만을 대외적 자긍심의 제고로 해소하려는 정치적 목적의 수단으로서 역내 패권 추구라는 전쟁을 본격화하고 있는 것이다. 따라서 전쟁은 국내 정치의 연장이라는 클라우제비츠의 명제는 중국이 추구하는 역내 패권 전략의 목적을 어떤 개념이나 이론보다도 잘 설명하고 있다고 평가할 수 있다.

중국의 역내 패권 전쟁의 규모와 강도: 완전한 승리인가, 제한적 승리인가

문제는 전쟁의 규모와 강도다. 클라우제비츠에 의하면 전쟁은 국내 정치의 연장인 만큼 제한된 정치적 목적을 달성하기 위한 제한 전쟁이어야 하고, 일단 그 목적이 달성되면 더 이상 전쟁을 확대해서는 안된다. 중국 공산당이 아무리 공산당 권력 독점 체제에 대한 국민들의 증가하는 불만을 바깥으로 돌리고자 패권 전쟁을 벌일 수밖에 없다고 하더라도 클라우제비츠의 지적대로 상대방의 완전한 파괴를 추구하는 절대 전쟁을 치를 수는 없을 것이다. 완전한 승리의 추구는 결국 재앙을 초래하기 때문이다.

> **패권 전쟁에서 중국이 추구하는 완전한 승리는 역내에서 미국을 내쫓고 이웃 국가들을 속국으로 만드는 것을 의미한다.**

중국의 입장에서 완전한 승리는 역내에서 미국을 내쫓고 이웃 국가들을 속국으로 만드는 상태를 의미한다. 완전한 승리를 거두려면 중국 공산당은 모든 물적·인적 자원을 총동원해야 하는데, 그렇게 하더라도 완전한 승리를 거두기 어렵다. 미국과 동맹국들도 모든 자원을 총동원해 맞설 것이기 때문이다. 이미 중국의 패권 추구에 맞서서 미국, 일본, 인도, 호주 등 4개국 중심으로 '쿼드(the Quad)' 연합 등이 신속하게 구성되고 있다. 따라서 완전한 승리를 위한 절대 전쟁은 불가능하고 역내 패권을 미국과 공유하는 것을 목표로 제한 전쟁을 벌이는 것이 중국 공산당에게는 합리적 선택이 될 수밖에 없을 것이다.

그러나 중국 공산당이 치르고 있는 제한 전쟁은 규모와 강도 면에서 전례 없이 넓고 강력하게 전개될 가능성이 높다. 실제 그런 방향으로 진행되고 있다. 그 이유는 중국 공산당이 이 전쟁을 통해 소기의 정치적 목적을 달성하지 못하면 생존할 수 없기 때문이다. 자유민주주의 체제에서는 정권이 권력을 잃는다고 해도 정치적 생명이나 육체적 생명을 잃는 것은 아니다. 하지만 중국이 패권 전쟁에서 패배할 경우 중국 공산당 지도부와 주요 당원들은 정치적 생명은 물론이고 육체적 생명도 위태롭게 된다.

중국이 역내 패권을 차지하더라도 국민들이 그것만으로 만족하지 않을 수 있다. 국민들이 언제든 독재 체제에 항거하는 혁명을 일으킬 수도 있다. 그만큼 급성장하는 부르주아 계층의 정치적 자유 욕구가 증대하는 한편 빈부 격차에 따른 중하층 국민들의 불만이 심화하고 있는 상황이다. 만약 중국에서 민주주의 혁명이 발발할 경우 중국 공산당은 역사의 무대에서 쫓겨나게 될 뿐만 아니라 천안문 사태에 책임이 있는 전·현직 지도부를 포함한 당의 대다수 간부들과 부패한 관료들 모두 일체의 안전이 보장되지 않는다. 시진핑을 정점으로 하는 중국 지도부가 두려워하는 시나리오는 이것이다.

때문에 중국의 역내 패권 전쟁은 일반적인 제한 전쟁 수준을 훨씬 넘어서 절대 전쟁에서나 볼 수 있는 폭압적이고 잔인한 형태로 나타날 가능성이 있다. 이는 2017년 10월 베이징에서 개최된 19대 당 대회의 폐막식에서 시진핑이 내놓은 메시지에서 찾을 수 있다. 대외 전략 기조를 덩샤오핑이 제시한 낮은 자세로 적극적 역할을 자제해야 한다는 '도광양회(韜光養晦)'에서 중국의 핵심 이익을 위해 할 일은 하겠다'는 의미를 갖는 '분발유위(奮發有爲)'로 전격적으로 선회한 것이다. 여기서 중국의 핵심 이익이란 중국 공산당의 생존이라고 평가할 수 있다.

시진핑 주석의 분발유위라는 담론은 클라우제비츠의 통찰과 마오쩌둥의 사고가 합쳐져서 탄생한 전략이다. 한 국가의 정치권력의 본질에 관해 마오는 "권력은 총구(銃口)에서 나온다"고 말했다. 전쟁이 정치의 연장이고 그 전쟁이 국내 정치권력의 유지 또는 장악을 위한 것이라면 총구를 적국뿐만 아니라 국내 적대 세력을 향해서도 겨누어야 한다는 것이 마오의 정치 전략의 핵심이다.

이 때문에 분발유위는 마오의 사상이 낳은 전략이라고 볼 수 있다. 이 점에서 19차 당대회는 중국 공산당이 개혁과 개방을 통한 문명국가로의 발전을 역설한 덩샤오핑의 사상이 아닌 대약진운동과 문화대혁명을 통해 프롤레타리아의 완전한 승리를 추구했던 마오쩌둥의 사상을 추종하기로 결정했다는 것을 의미한다.

마오쩌둥은 완전한 승리에 집착하다 실패했다. 문화대혁명을 통해 프롤레타리아 중심의 사회주의 국가 건설이라는 완전한 승리를 거두려 한 실책을 범한 것이다. 중국 공산당이 부르주아 계층의 증대와 빈부 격차의 심화로 인한 정치적 위기를 타개하기 위해 완전한 승리를 추구할 가능성을 배제할 수 없다. 중국 지도부가 자신들의 1당 지배 체제를 유지하기 위해 국내외의 적들을 상대로 어떤 위험한 일을 벌일지 전혀 알 수 없는 것이다.

그 같은 징후는 깊어질 대로 깊어지고 있다. 중국은 베트남과 필리핀 등이 영유권을 갖고 있던 서사군도와 남사군도의 도서들과 환초들을 강제로 점유하고 있다. 남사군도 내 해수면 아래 있는 환초 위에 인공섬을 건설해 군사기지를 설치하는 등 국제법에 위반하는 행위들을 버젓이 저질러 왔다.

중국의 대 한국 패권 추구: 사드 배치에 대한 보복과 압박

주한미군이 북한의 탄도미사일 위협에 대응하기 위해 사드(THAAD) 도입을 2016년 7월 당시 박근혜 정부가 승인한 것에 중국 정부는 반대하는 차원을 넘어서서 중국에 진출한 한국 기업들을 제재하고 중국인들의 한국 관광을 금지하는 등 보복을 가했다. 자신들의 대미 전략적 균형에 방해가 된다고 주장하면서도 사드 도입이 한국의 대북 전략적 균형을 위한 것임을 무시하는 것이다.

더 심각한 것은 중국이 한국의 외교안보 주권에 심대한 위협을 가해 오고 있다는 사실이다. 중국 정부는 한중 정상회담 기간에 한국 측에 3불(不), 1

한(限)', 즉 사드의 추가 배치, 미국의 미사일방어(Missile Defense) 체계 참여, 한미일 군사동맹 참여 등 3가지를 하지 않는다는 것과 함께 사드의 X밴드 레이더가 중국 탄도미사일 기지를 탐지하지 못하게 탐지 방향과 거리를 제한할 것을 강압적으로 요구하는 모습을 보였다.

중국은 미국이 항공모함과 전략폭격기를 비롯한 전략자산을 중국 본토로 접근하는 것을 차단하고자 애써 왔다. 이것이 반접근과 지역거부(A2AD)라고 불리는 중국의 대미 군사 전략이다. 중국이 본토의 긴 해안선을 따라 중단거리 탄도 미사일 기지들을 설치해 운영해 오고 있는 것은 이 같은 전략에 따른 것이다. 중국으로서는 자국 중단거리 탄도미사일 기지들을 탐지하는 X밴드 레이더를 갖춘 사드의 한국 배치를 막지 못하면 미국과의 군사적 패권 경쟁에서 불리할 수 있다는 우려를 하고 있다.

하지만 중국 정부가 한국 기업과 국민, 정부에 대해 가해 온 경제 제재와 주권 침해는 보다 큰 그림에서 이해할 필요가 있다. 다시 말해서 중국 공산당이 자국 국민들에게 대외적으로 자부심을 심어줌으로써 공산당 지배 체제에 대한 불만을 해소하려는 정치적 목적을 가진 것으로 평가할 필요가 있다.

앞으로 한국을 비롯한 역내 자유주의 국가들에 대한 중국의 압박과 억압은 더욱 심해질 것으로 예상된다. 중국 공산당은 권력 독점 체제의 유지를 위해 중국 국민들의 왜곡된 자부심을 높이기 위한 전략을 더욱 강화할 가능성이 높기 때문이다.

정치적 선택권을 보장하는 다원주의가 부정되고 있는 현실에 대한 국민들의 불만을 약화시키기 위해 중국 정부는 이웃국가들의 주권을 짓밟는 '폭력국가'로서의 행보를 본격화할 가능성이 높다. 이웃국가들에 대한 중국의 군사적, 외교적, 경제적 폭력 행사가 가능한 것은 중국이 존 로크와 장 자크 루소의 관점에서 볼 때 '정상 국가'가 아니기 때문이다.

로크의 『통치론』과 루소의 『사회계약론』에 의하면 자연 상태에 있는 사람들은 합의를 통해 자신들의 생명과 자유, 재산을 지켜줄 수 있는 절대적인 권위체인 국가를 수립한다. 자연 상태의 사람들은 국가가 수립되면 비로소 정치시민사회의 구성원들로서 국민이 된다. 국민은 자연 상태에서 가졌던 자연권을 국가에 위임하고, 국가는 국민의 합의에 따라 법을 제정해 그들의 생명과 자유, 재산을 국내외의 위협으로부터 보호한다. 하지만 중국은 로크와 루소가 상정한 기준으로 보았을 때 정상 국가로 볼 수가 없다. 국민들의 합의에 의해 수립된 국가가 아닌 공산당이 정치권력을 독점하는 '의사(疑似) 국가'에 지나지 않기 때문이다. 결국 중국은 공산당이 지배하는 '의사 국가' 또는 '폭력 국가'라는 성격으로 인해 중국인들의 자유와 생명, 자산을 억압하게 된다.

중국이 강압적으로 패권을 추구하면서 동아시아와 서태평양 지역 질서의 퇴행이 초래되고 있다. 사회계약에 의한 실정법이 더 이상 통하지 않는 자연 상태로의 퇴행이 나타나고 있다. 중국이 의사 국가와 폭력 국가로서 중국인들에 대해 자행해 온 억압적 정책을 역내 이웃국가들에게까지 적용하고 있는 것이다. 이로 인해 동아시아와 서태평양 지역은 계약 상태가 아닌 폭력 상태로 후퇴하는 위기에 직면해 있다. 이 위기는 비자유주의화의 위기로도 정의할 수 있다. 중국의 패권 추구와 러시아의 아시아 회귀, 북한의 핵·탄도미사일 개발로 인해 동아시아와 서태평양 지역이 '계약'에서 '폭력'으로 후퇴하는 사태가 벌어지고 있는 것이다.

중국의 강압적 패권 추구에 대한 대응 전략

그렇다면 한국과 미국 등 자유민주주의 진영은 이 같은 위기에 어떻게 대응할 것인가? 제일 중요한 것은 미국과 미국의 동맹국들이 중국 공산당이 역내 패권을 폭력적으로 추구하지 못하도록 하는 대중 관여 정책을 전략적으로 추진해야 한다는 것이다. 중국이 구매력 기준 GDP 세계 1위 경제력과 그에 따른 군사력에 상응하는 글로벌 리더십을 확보하려면 역내 안보 질서의 안정성을 제고하기 위해 노력해야 한다는 것을 중국이 인식하게 만들어야 한다.

미국과 동맹국들은 중국 공산당이 점진적인 정치 개혁을 해나가도록 유도하는 것이 동아시아와 서태평양 지역의 질서 안정에 도움이 된다는 점을 인식하고 이를 위해서 군사, 외교, 경제, 그리고 담론 전략을 복합적으로 수립해 추진해야 한다. 이들 4대 전략의 전제는 중국의 패권을 저지하더라도 역내 리더십을 전혀 인정받지 못하게 하는 완전한 승리 전략은 추진하지 않는다는 것이다. 완전한 승리 전략은 결국 재앙을 초래하기 때문이다.

군사 전략과 관련해서는 확전 우위 전략을 통해 중국이 미국과 미국의 동맹국들의 안보에 위협이 되는 군사적 도발을 하지 못하도록 억제해야 한다. 외교 전략의 경우 중국의 높아진 국제적 위상에 상응하는 수준에서 주요 현안과 관련해 중국의 의사를 존중하는 노력을 해야 한다. 경제 전략과 관련해서는 중국이 현재와 같은 경제 발전을 이룩할 수 있었던 것이 세계 경제 체제에 통합되었기에 가능했다는 점을 인식하도록 만드는 것이 중요하다. 그러나 중국이 폭력적으로 패권을 추구할 경우에는 세계 자원 시장에 대한 접근을 제한하거나 TPP와 같은 중국 견제 목적의 대중 경제 동맹을 구축해야 한다.

끝으로 담론 전략과 관련해서는 동아시아와 서태평양 지역은 물론 글로벌 담론 시장을 통해 중국의 강압적이고 폭력적인 패권 추구를 알려나갈 필요가 있다. 이와 함께 역내 및 글로벌 현안에 대해 중국이 책임 있는 역할을 하도록 유도하는 담론을 적극적으로 생산하고 확산하는 노력이 요청된다.

10

다가올
두 차례의 한중 제한 전쟁

중국은 항공모함과 핵잠수함을 비롯한 미국의 전략 자산이 서해와 동중국해를 통과하지 못하게 만들기 위해 서태평양 지역에서 보다 넓은 '전략적인 공간'을 찾고 있다. 이는 미국 스탠포드대학 역사학자 이안 모리스Ian Morris가 2016년 출간된 『전쟁! 그것은 무엇 때문에 좋은 것인가?War! What Is It Good for?』에서 중국 정부의 한 고위 관계자를 인용한 말이다. 여기서 전략적 공간이라는 표현은 중국이 서해와 동중국해를 남중국해와 함께 중국의 내해(內海)로 만들겠다는 의미를 갖는다. 이 점에서 중국이 동아시아와 서태평양 지역의 패권을 미국에게서 가져오기 위해 반드시 차지해야 하는 해역에는 서해가 포함되어 있다는 것을 확실히 알 수 있다.

중국이 노리는 서태평양의 전략적 공간: 서해와 마라도, 이어도 해역

중국이 한반도의 서해와 동중국해를 자신들의 내해로 만들려는 목적은 무엇인가? 그것은 앞에서 살펴 본 바와 같이 서태평양 지역에서의 군사적 우위 확보가 동아시아 전역의 군사 패권을 미국에게서 빼앗아 오는 데 결정적인 관건이기 때문이다.

여기서 중요한 것은 모리스의 주장대로 중국이 머지않은 장래에 서해와 동중국해의 내해화 전략을 본격적으로 추진할 경우 한국에게 어떤 안보 위기가 발생할 수 있느냐이다. 중국이 동중국해로의 미 해군의 접근을 막을 경우 미국의 해·공군은 한국과 중국 영해 사이에 있는 서해 상의 공해를 통한 북상을 할 수 없게 된다. 그렇게 될 경우 중국이 서해상의 한국 영해 일부까지도 중국의 내해로 만들겠다고 나설 가능성이 백퍼센트라고 봐야 한다.

이와 함께 우려되는 것은 북한의 서해 방면 해상 및 육상에서 군사적 위기가 발발할 경우 미국 항모가 한국 해군과 함께 서해상의 공해를 통해 북상해 작전을 펼치는 것이 불가능하게 되는 상황이다. 이는 중국이 동아시아와 서태평양 지역의 패권을 미국에게서 빼앗기 위한 전략적 공간을 확보하기 위해 한국의 영해를 넘볼 수 있다는 것을 의미한다.

또 다른 문제는 제주도 남단 해역도 무사하지 못할 가능성이 높다는 것이다. 중국이 동중국해에로의 미국 해·공군의 접근을 막는다는 것은 제주도 아래 마라도와 이어도 주변의 해역에서부터 서해로 진입하는 해역 전체를 봉쇄한다는 것을 의미하기 때문이다. 요컨대 제주도 주변 해역은 물론 그 아래에 있는 마라도와 이어도 주변 해역까지 중국의 내해로 전락할 가능성이 높아지는 것이다.

이어도에 대한 중국의 전략과 관련해 주목해야 할 사실은 중국은 바위섬은 영토적 지위를 갖는다는 견해를 거부해 왔다는 사실이다. 영국 BBC 뉴스의 아시아 전문 기자 빌 헤이튼Bill Hayton이 2014년에 출간된 『남중국해』에서 말한 바와 같이 중국은 해수면에서 5미터 밑에 있는 바위섬인 소코트라 또는 수얀 바위(이어도의 중국명)는 영토가 될 수 없다고 주장해 왔다. 만약 이어도가 영토적 지위를 가질 수 있다면 한국은 이어도 주위 12해리의 영해와 최대 200해리의 배타적 경제수역(EEZ)까지 갖게 된다. 그렇게 되면 서해를 역내 패권을 차지하기 위한 전략적 공간으로 삼으려는 중국의 계획은 이루어지기 어렵다.

중국이 해수면 밑 바위섬의 영토적 지위를 인정하지 않겠다는 입장을 고수하고 있는 데는 이런 배경이 있는 것이다. 이어도의 EEZ 문제와 관련한 한국과 중국 간 협상이 진척을 보이지 않고 있는 것은 바로 이 때문이다. 이에 따라 중국은 한국이 이어도에 해양과학 연구를 위한 기지를 2003년에 완공했을 때 강력하게 항의해왔다. 중국 외교부는 2013년 3월 이어도는 영토가 아니고 한국과는 영토 분쟁이 없다고 발표했다. 이어도의 EEZ를 인정 못하겠다는 것이다.

서해와 동중국해를 둘러싼 전 해역을 자국의 내해로 만들기 위한 중국의 패권 전략은 이처럼 한국에 안보상의 중대한 위기를 초래할 수 있다. 한국도 남중국해 주변의 동남아 국가들처럼 영토와 영해를 중국에 언제 어떻게 탈취당할지 알 수 없는 처지로 전락할 수 있다.

이 때문에 중국의 패권 도전이 본격화할수록 한국과 중국은 서해의 영유권을 둘러싸고 제한 전쟁을 벌일 가능성이 높아지고 있다. 최근 중국이 서해를 중심으로 한 동중국해에서 보이고 있는 군사적 움직임은 한국의 입장에서 볼 때 예사롭지 않다. 중국은 칭다오 북쪽에서 한국에 인접한 서해를 가로질러 하이난섬까지 최신형 핵공격 잠수함들과 SSBN 핵무기 탑재 탄도미사일 잠수함들을 재배치해왔다고 미국의 외교안보 문제 저널리스트인 로버트 D. 캐플란Robert D. Kaplan은 2014년에 출간된 『아시아의 가마솥Asia's Cauldron』에서 주장한다. 이 해역은 1990년대 이후 중국의 잠수함들이 제집처럼 드나들어 온 곳이다.

> 중국은 2013년 서해와 동중국해의 공해의 상당 부분을 포함하는 상공에 일방적으로 방공망식별구역을 선포함으로써 이 구역을 통제하기 시작했다.

중국의 국제법 위반은 이 뿐만이 아니다. 중국은 아예 2013년 서해와 동중국해의 공해의 상당 부분을 포함하는 상공에 일방적으로 방공망식별구역(CADIZ)을 선포했다. 이에 따라 중국은 자신들에게 사전에 통보하지 않은 항공기나 전투기는 이 구역을 통과하거나 들어설 수 없도록 했다.

하지만 미 프린스턴대학 국제정치학자 토마스 J. 크리스텐슨Thomas J. Christenson에 의하면 이 같은 조치는 국제법상 근거가 없는 도발적 행위다. 그는 『중국의 도전The China Challenge』에서 중국의 이 같은 제한 조치는 미국이 냉전 초기에 만들었던 방공망식별구역의 개념과 거리가 멀다고 지적한다. 당시 미국의 개발 의도는 자국의 영토에 들어오기 위한 의도를 갖고 접근하는 항공기에 대해 12마일 영해 상공에 들어오기 전에 경고하도록 하는 데 있었다. 따라서 자국의 방공망식별구역을 단지 통과만 하는 민간 항공기에도 사전에 통보를 하라는 중국의 요구는 도발적 행위에 해당한다는 것이 크리스텐슨의 주장이다.

이 점에서 중국의 방공망식별구역 설정은 서해와 동중국해를 자신들의 내해로 만들고자 하는 시도일 가능성이 높다. 중국이 CADIZ를 공표한 직후 한국이 곧 바로 CADIZ와 일부 겹치는 방공망식별구역(KADIZ)을 선포한 데는 이 같은 우려가 자리한다. 설정 시점을 중국의 발표 직후 얼마 지나지 않은 시점으로 잡은 것은 그렇게 하지 않을 경우 중국의 압력으로 인해 설정 자체가 어려울 것이라는 우려가 컸기 때문이다.

중국은 2018년 들어 한국의 서해와 남해를 내해화(內海化)하기 위한 전략을 본격화하기 시작했다. 서해는 폭이 400해리에 못 미쳐 한국과 중국 모두 배타적 경제수역 200해리를 주장할 수 없다. 이 때문에 양국은 동경 122~124도 해역을 잠정 조치 수역으로 설정해 놓고 있다. 그런데 중국이 이 해 9월 초순 한국과 협의도 없이 이 수역을 자국 영해인양 잠식하기 시작했다. 중화인민공화국이라는 표식을 한 부표(浮漂)를 동경 124도 라인에 다량 띄워놓은 것으로 확인된 것이다. 부표는 항행하는 선박에게 항로나 위험을 알려주는 역할을 한다. 중국이 이들 부표를 잠정 조치 수역의 한국 쪽 끝인 동경 124도 라인에 집중적으로 띄워놓은 의도는 분명하다. 중국이 미국 해군의 접근을 막기 위해 펴고 있는 반접근과 지역거부를 서해와 남해에서도 본격적으로 펴기 시작했다는 것을 보여주는 것이다. 이처럼 중국은 서해와 남해를 동아시아와 서태평양 지역의 패권을 차지하기 위한 '전략적 공간'으로서 만들겠다는 의도를 노골적으로 드러내고 있다.

이와 관련하여 필리핀의 동아시아 전문가 리처드 J. 헤이다리안은 2016년에 출간된 『아시아의 새로운 전쟁터』에서 서해상에서의 한중 간 갈등은 임계점 가까이 고조되고 있다고 평가한다. 중국의 이 같은 의도는 이미 2013년부터 확인되기 시작했다. 그 해 7월 당시 최윤희 한국 해군참모총장이 중국을 방문했을 때 중국은 최 총장에게 한국 해군은 서해 동경 124도를 넘지 말라고 요구했다. 이에 최 총장은 북한 잠수함에 대응하기 위해서는 넘는 것이 불가피하다는 이유로 중국의 요구를 거부했다.

한중 잠정 조치 수역은 서로 영유권을 주장할 수 없는 해역임에도 중국은 마치 자국의 영해인양 한국 해군에 들어오지 말 것을 요구해 왔던 것이다. 한국 해군을 진입하지 못하게 하면 미국 해군의 진입도 자연스럽게 차단할 수 있다는 것이 중국의 계산이라고 봐야 한다.

대중 제한 전쟁 전략:
코빗의 결전 회피와 칸의 확전 우위

한국은 중국이 역내 패권 전략에 따라 서해와 남해의 한국 수역을 장악하는 사태를 어떻게든 막아야 한다. 이를 위해 중국과 제한 전쟁을 치러야 하는 상황이 발생하더라도 한국은 절대 피해서는 안 된다. 실제로 중국이 한국을 상대로 제한 전쟁을 벌여서라도 이들 해역의 영유권을 장악하려 할 가능성이 높다. 특히 중국으로서는 어떻게든 항공모함과 핵잠수함, 전폭기 등 미국의 전략 자산이 제주도 남단과 서단 해역의 동중국해를 거쳐 서해로 진입하는 것을 막기를 원하기 때문이다. 그래야만 동아시아와 서태평양 지역의 패권을 미국으로부터 가져올 수 있다고 중국은 믿고 있다.

중국은 이처럼 동아시아와 서태평양의 패권을 장악하기 위해 남중국해에 이어 서해와 남해에 대한 내해화 전략을 추구하고 있다. 이로 인한 한중 간 갈등과 대립은 두 차례의 제한 전쟁으로 비화할 가능성이 적지 않다. 양국이 이 같은 각자의 목표 간에 고조되는 긴장을 정치적으로, 즉 외교적으로 해소하지 못할 경우 클라우제비츠의 말대로 정치의 마지막 수단인 전쟁에 의존할 수밖에 없을 것이다. 이 같은 가능성이 현실화할 경우 한국과 중국은 해상과 육상에서 각각 한 차례의 제한 전쟁을 치를 수밖에 없는 상황에 직면할 것으로 예상되고 있다.

이러한 제한 전쟁의 가능성을 살펴보기 전에 먼저 짚고 넘어갈 것이 있다. 그것은 다름이 아니라 중국이 핵무기 보유국이고 강대국인 반면 한국은 핵무기 보유국이 아닌데다 중견국(middle power)에 불과한 만큼 양국 간에 제한 전쟁은 결코 가능하지 않을 것이라고 보는 시각이다.

과연 그럴 것인가? 미국의 전략 문제 전문가인 에드워드 N. 러트웍의 견해를 들어보자. 그는 『중국의 부상 對 전략의 논리』에서 중국도 자신들의 핵무기가 주변국들의 군사적 도전을 허용하지 않을 것이라는 인식을 갖고 있다고 말한다. 중국은 자국의 핵무기가 베트남을 비롯한 도전적인 주변 국가들을 위협할 수 있다고 이해하고 있다는 것이다.

하지만 중국의 이 같은 판단은 현실적으로 결코 타당하지 않다. 그 이유로는 두 가지를 꼽을 수 있다. 하나는 핵무기를 보유한 강대국일수록 핵무기의 위력을 잘 알고 있어 사용하기 어렵다는 것이다. 헨리 키신저는 1954년에 출간된 『핵무기와 외교정책』에서 핵무기를 보유한 강대국은 핵무기의 파괴력을 너무나 잘 알고 있어서 중소 규모의 국가들과 군사적 충돌이 발생할 경우 대처하기 어려울 수 있다고 말한다.

다른 하나는 만의 하나 중국이 핵을 보유하지 않은 국가들 상대로 핵무기를 사용할 경우 결코 국제 사회로부터 정당성을 인정받지 못할 것이다. 중국은 또한 국제 사회의 리더 국가로서의 지위도 더 이상 유지할 수 없는 처지로 떨어질 것이다. 중국도 이를 잘 알고 있다.

그렇다면 그 다음으로 풀어야 할 의문은 한중 양국 간에 재래식 무기에 의한 제한 전쟁이 가능하다는 것에 대해 이견은 없느냐는 것이다. 이에 대해서도 완전 부정은 아니지만 어느 정도 부정하는 시각이 존재하고 있다. 그 같은 시각은 중국이 보유한 재래식 군사력이 한국보다 월등하기 때문일 것이라고 보기 때문이다.

중국이 군사 대국화를 추구하는 데 있어 한국과 같은 핵무기를 보유하지 않은 나라들을 상대로 한 견제 능력 확보는 중요한 고려 사항이 아니다. 중국이 군사력 강화를 통해 얻고자 하는 목표는 오로지 미국을 비롯한 역내 강대국들에 대한 군사적 우위 확보이기 때문이다. 러트웍도 중국의 군사 대국화 목표는 핵무기 보유 강대국인 미국과 인도, 러시아를 상대로 확전 우위(escalation dominance)의 지위를 확보하는 데 있다고 분석한다. 확전 우위는 확전했을 때 감당할 수 있는 나라가 우위를 차지한다는 이론으로 허먼 칸에 의해 수립됐다.

> 제한 전쟁에서는 누가 더 가능한 목표를 설정하고 달성 전략을 세우느냐가 전쟁의 향배를 결정짓는 만큼 중소국가가 강대국을 이길 가능성을 배제할 수 없다.

하지만 이 같은 시각도 반드시 옳다고 할 수는 없다. 클라우제비츠는『전쟁론』에서 소국이라도 제한 전쟁에서 강대국을 상대로 목표를 갖고 신속하게 공격하면 승리할 수 있다고 했다. 강대국이 어떻게든 중소 국가의 모든 것을 파괴하고 말겠다는 의지를 갖고 벌이는 절대 전쟁에서는 당연히 중소국가가 질 수밖에 없는 것은 맞다. 하지만 제한 전쟁에서는 누가 더 가능한 목표를 설정하고 이를 달성하기 위한 전략을 세우느냐가 전쟁의 향배를 결정짓는 만큼 중소국가가 승리할 가능성을 배제할 수 없다고 클라우제비츠는 말한다.

확전 우위도 중국보다는 한국이 차지할 가능성이 더 크다고 할 수 있다. 허먼 칸의 이론에 기초해서 본다면 한국이 중국보다 더 죽기 살기로 확전을 불사할 수 있는 여지가 훨씬 더 크기 때문이다. 이를 결정짓는 지점은 두 가지다. 하나는 확전이 될 경우 어느 나라가 잃을게 더 많으냐는 것이다. 다른 하나는 21세기는 전 세계가 인터넷을 통해 실시간으로 연결되어 있어 정부와 민간, 군 간에 비밀이 거의 없어진 만큼 확전이 될 경우 도덕적으로 어느 쪽이 더 타격을 입느냐가 확전 우위를 가져갈 나라를 결정하게 된다.

이 같은 맥락에서 볼 때 중국이 한국보다 결코 더 유리한 위치에 있다고 보기 힘들다. 중국이 전쟁을 벌이는 목적이 한국의 주권을 침해하고 서해와 남해상의 도서와 영해를 점유하려는 데 있다면 정당성 측면에서 한국을 결코 앞설 수 없는 것이다.

키신저가 『세계질서』에서 말한 바와 같이 현 세계 질서는 영토적 주권 보장과 타국의 내정 간섭 금지라는 베스트팔렌 체제의 원칙들에 기초해 있고, 그 같은 원칙들을 위반하는 쪽이 국제적 비판을 받게 된다. 따라서 한국이 확전 우위와 함께 국제적 정당성까지 확보할 가능성이 더 높다. 그렇기 때문에 한국이 중국과의 제한 전쟁에서 승리할 가능성이 낮다고 볼 이유가 없다.

한국과 중국 간에 두 번의 군사적 충돌, 즉 제한적 전쟁이 발발할 수 있다는 전망과 관련해 가장 중요한 의문은 세 가지로 정리할 수 있다. 첫 번째는 발발 가능성이 높은 시기는 언제이냐이고 그 다음은 그 같은 충돌이 벌어질 가능성이 큰 지역은 어디냐이다. 마지막은 중국과의 군사적 충돌에서 승리하기 위한 전략은 무엇이냐이다.

첫 번째 군사적 충돌이 발발한다면 그 시기는 중국이 남중국해 영유권 분쟁을 마무리한 뒤 동중국해로 무대를 옮길 때 즈음일 것으로 전망된다. 중국이 동중국해에서 노리고 있는 타깃은 모두 세 곳이다. 첫 번째 타깃은 일본과 영유권 분쟁을 벌이고 있는 센카쿠열도(尖角列島, 중국명 釣魚島)이고, 두 번째 타깃은 제주도 남단의 마라도(제주도에서 8km 떨어진 곳에 위치한 섬)이며, 마지막 타깃은 이어도(제주도에서 남서쪽으로 149km 거리에 위치한 바위섬)다.

중국은 센카쿠열도에 대한 영유권을 차지하게 되면 곧 바로 한국의 남해와 서해에서의 영유권 확보에 나설 것이다. 2010년 3월 한국의 초계함 천안함이 백령도 근처에서 북한 잠수함의 어뢰 공격에 의해 폭침되었다. 당시 미국의 항공모함 조지워싱턴호가 서해를 통해 들어오려 했을 때 중국은 강력하게 항의했고 미국은 결국 취소했다. 중국이 미국의 핵추진 항공모함 조지워싱턴호의 서해 진입을 막았다는 사실은 중국이 서해를 자국의 전략적 공간으로 만들려 하고 있다는 이안 모리스의 주장을 뒷받침하는 것이다.

서해 남단의 경우 중국이 노리는 목표는 제주도로부터 남서쪽으로 8km 떨어진 마라도와 149km 거리의 남서쪽 해상에 위치한 이어도와 그 주변 해역이다. 이들 두 해역은 서해와 함께 중국이 동중국해의 내해화를 완성하기 위한 최종 타깃이 되는 곳들이다. 이 때문에 중국이 한반도 서쪽의 서해와 남쪽의 제주도와 마라도, 이어도를 포함한 남해를 미국의 해군과 공군에 의한 접근을 차단하기 위한 전략인 반접근과 지역거부(Anti-Access and Area Denial, 약칭 A2AD)의 또 다른 핵심 해역으로 삼고 있다는 것을 한국군은 냉정하게 평가할 필요가 있다.

중국은 남중국해의 내해화가 마무리되면 센카쿠 열도와 그 주변 해역의 영유권 확보와 함께 서해에 대한 한국의 영유권을 탈취하기 위해 본격적으로 나설 것으로 전망된다. 이를 위해 중국은 미국을 상대로 한 반접근과 지역거부 전략을 서해와 남해에도 적용할 것으로 전망된다. 그러자면 이들 두 해역을 사정권 안에 두고 있는 둥펑-21D와 둥펑-15 등 중단거리탄도미사일을 동북부 지방의 해안선에 배치해 한국의 대응을 무력화하려 할 것이다.

그렇게 될 경우 한국은 서해에 대한 영유권을 상당히 제약당하는 상황에 직면하게 될 것이다. 마라도와 이어도 주변 해역은 아예 중국에 빼앗길 가능성이 높아진다. 이 같은 우려는 중국이 필리핀과 베트남이 영유권을 갖고 있던 남중국해의 도서들과 환초들을 강탈한 사례들을 볼 때 그 가능성을 결코 배제할 수 없다.

중국이 실제로 서해와 남해에서의 한국의 영유권을 제약하거나 빼앗으려 시도할 경우 한국으로서는 마라도와 이어도의 주변 해역을 비롯한 서해와 남해의 영유권을 지키기 위해 중국과 결전을 벌일 수밖에 없는 상황에 직면하게 될 것이다. 이 경우 이어도 주변 해역에서 한중 간 해전이 발발할 가능성이 높다고 평가된다.

한중 제한 전쟁은 양국 중 어느 나라가 확전을 더 감당하려 하는냐에 따라 전쟁의 우위가 결정될 것이다.

그렇다면 중국과의 제한 해전이 발발할 경우 전쟁을 좌우하는 요소는 무엇인가? 단순히 함대함(艦對艦) 전투를 하거나 지대함(地對艦) 또는 함대지(艦對地) 미사일 공격을 주고받는 등 어느 쪽의 화력이 더 강력한지에 관한 것이 아니다. 어느 쪽이 확전 우위 게임을 추구하려는가의 문제이다. 다시 말해서 한국과 중국 양국 중 어느 나라가 확전을 더 감당하려 하는냐에 따라 전쟁의 우위가 결정되는 것이다.

한국은 한반도 전체의 주권을 잃어버릴 수 있는 절체절명의 위기를 극복하기 위해 확전을 불사할 수 있는 반면 중국이 확전을 불사할 이유는 한국보다 약할 수밖에 없을 것이다. 중국은 이어도와 마라도를 둘러싼 서해와 남해를 내해화하지 않아도 자국 해안에 미국 항모의 접근을 차단할 수 있는 탄도미사일들을 배치해놓고 있다. 이 때문에 중국이 군이 한국과 결사적으로 전쟁을 할 전략적 이유는 약할 수밖에 없다. 이 점에서 이 제한 전쟁에서 확전 우위는 한국이 차지할 가능성이 높다.

이 같은 가능성은 연안(沿岸) 해군 사상을 제창한 영국의 줄리안 코빗Julian Corbett의 '결전 회피 전략'이라는 관점에서 주목할 필요가 있다. 독일 연방군 대학 교수로서 군사 전략 전문가인 베아트리체 호이저는 『전쟁론 읽기』에서 코빗의 결전 회피 전략은 클라우제비츠의 『전쟁론』으로부터 영향을 받았다고 말한다. 함대의 목표는 상대국 함대와 결전을 벌여 누가 더 센지를 가리는 데 있는 것이 아니라 해전을 통해 정치적 목적을 달성하는 데 있는 만큼 그러한 목표를 달성하려면 결전을 회피해야 한다고 코빗은 보았다.

한국의 함대들과 전투기들이 중국의 함대들과 전투기들과 일정 거리를 두고 견제를 하면서 결전을 피할 경우 무한정 전쟁을 끌 수 없는 중국은 후퇴할 가능성이 높다. 한국은 해·공군으로 편성된 원정대를 보내야 하는 미국처럼 먼 거리에 있는 나라가 아니다. 한국의 함대들과 전투기들은 각각 국내에 있는 해군 기지와 공군 기지를 오가면서 서해와 남해에서 작전을 수행할 수 있다. 이러한 지리적 장점 덕분에 한국의 해군과 공군은 중국의 함대들과 전투기들을 상대로 코빗의 결전 회피 전략을 충분한 여유를 갖고 추진할 수 있다.

이는 1690년 6월 10일 영국이 네덜란드와 동맹을 맺고 프랑스와 벌인 해전인 비치헤드 전투(Battle of Beachy Head)에서 확인된다. 이 전투는 오렌지공 윌리엄3세가 영국 국왕에 즉위해 명예혁명이 성공하자 프랑스왕 루이14세가 폐위된 영국의 제임스2세를 지지하기 위해 군사적으로 개입하면서 발발한 전투다. 당시 토링턴 제독이 이끄는 영국 함대들은 압도적인 전력을 갖춘 투르빌 제독의 프랑스 함대들을 상대로 승리했는데 그 전략이 바로 결전을 회피하면서 해상에서 일정 간격을 두고 균형을 유지하는 방식의 결전 회피 전략이었던 것이다. 이 점에서 해상에서 벌어지는 한중 제한 전쟁에서 한국의 승리 가능성을 전망해볼 수 있다.

한중 전쟁과 항공모함의 필요성

코빗의 결전 회피 전략을 통해 효과적으로 중국과의 해상 제한 전쟁을 승리로 이끌기 위해서는 한국도 앞으로 7만톤급 항공모함을 2050년까지 두 척까지 확보할 필요가 있다. 현재 중국은 두 척을 운용 중인데 그 수를 향후 5~6척까지 늘릴 것으로 전망되고 있다. 중국이 이어도 해역 주변에서 항모를 동원해 제공권을 장악할 경우 제주도 해군기지에서 출동한 이지스함들과 전투기들로는 균형적인 대치 상태를 유지하기가 쉽지 않다. 이지스함의 함대함 및 함대공 포격으로는 중국의 항모 선단이 구축함과 전투기로 공격하는 것을 저지하기가 어렵기 때문이다.

이 점에서 문재인 정부가 2020년 8월 2021-25 국방중기계획에 따라 3만톤급 경항모를 건조해 2030년까지 취역시키기로 한 것은 부족하나마 다행스런 결정이다. 수직 이착륙이 가능한 F-35B 전투기들을 탑재할 수 있는 만큼 이지스함들의 지원을 받을 경우 이어도 해역을 비롯한 서해와 남해상에서 중국 해군의 위협에 최소한의 대응을 할 수 있기 때문이다. 하지만 경항모 한 척만 보유해서는 중국이 앞으로 확보하게 될 5~6척의 항모들을 상대하기는 벅찰 수밖에 없을 것이다.

중국이 지난 2012년 9월부터 운용하고 있는 첫 번째 항모인 랴오닝호는 한국이 건조하기로 결정한 경항모보다 배수량이 두 배가 넘는 67,500톤으로 길이 300m와 폭 73m의 항모로서 J-15 등 고정익기 26대, 헬기 24대를 탑재할 수 있다. 랴오닝호는 길이 333m와 폭 78m의 크기에 전폭기 슈퍼호넷에 조기경보기 E-2C, 대잠수함 초계헬기 시호크 등 70여 기의 항공기를 탑재하는 미 항모 조지 워싱턴호보다는 전력에서 크게 뒤진다. 하지만 랴오닝호는 일본이 2022년까지 개조 완료할 예정인 27,000톤급의 이즈모급 경항모보다는 훨씬 전력이 세다. 이즈모급 경항모는 당초 헬기 탑재만 하는 헬기 모함으로 출발했으나 2018년 11월 중기 방위력 정비 계획에 따라 2017년 도입하기로 결정된 수직 이착륙기인 F-35B와 함께 고정익기 운용이 가능한 경항모로 개조되고 있는 것으로 알려졌다.

이 점에서 2022년 3월 9일 대선에서 새로운 정부가 등장하면 2026-30 국방중기계획에 3만톤급 경항모 한 척을 2035년까지 더 취역시키는 방안을 적극 반영해야 한다. 이들 두 척의 항모가 2030년과 2035년 차례로 취역하게 되면 중국과 일본은 물론 러시아에 의한 한반도 인근 해역에서 노골적으로 우리 영해와 영토 주권을 위협하기가 어려워 질 것이다. 이 시기는 매우 중요하다. 특히 북한의 붕괴로 인한 한반도 통일의 기회가 찾아오게 될 가능성이 높은데, 이 때 미국의 항모 파견이 늦어지더라도 한국이 항모 두 척으로 서해와 남해, 동해를 완전히 장악하고 육상을 통한 한국군의 북상을 지원함으로써 이북 지역을 확보할 수 있다.

북한 붕괴 시 한반도 전 해역을 장악하고 한국군의 북상을 지원하기 위해서는 두 척의 항모가 필요하다.

경항모를 한 척 더 확보하려 할 경우 2020년에 경항모 건조 결정이 공개되었을 때보다 훨씬 더 비판을 받을 가능성이 있다. 비판의 핵심은 한국의 국력에 비해 경항모가 두 척이나 필요하느냐는 데 집중될 것이다. 북한에 의한 핵무기와 ICBM 위협만 대응하면 되는 상황에서 경항모를 왜 두 척이나 보유하느냐는 비판이 봇물처럼 터져 나올 공산이 크다. 이와 함께 항모가 필요한 군사적 위기가 발발하면 미 항모의 지원을 받으면 되는 것이 아니냐는 비판도 제기될 것이다. 하지만 이 같은 비판들은 중국이 남중국해에 이어 동중국해까지 내해화를 본격 추구하면서 서해와 남해상에서의 우리의 영해와 영토 주권이 위협받고 있다는 사실을 정확하게 인식하는 못한 데서 말미암은 것이라고 할 수 있다.

이와 함께 바이든 행정부가 트럼프 행정부 때보다 중국의 군사 패권 도전을 저지하는 데 훨씬 더 적극적임에도 중국의 동중국해 내해화 과정에서 한중 간 해상전이 발발할 경우 한국을 위해 항모를 파견하리라는 보장이 없다.

이 같은 전망은 미국이 중국과의 전쟁을 피하려는 '투키디데스 함정론'에 빠져 왔다는 점에서 가능성이 적지 않다.

더 중요한 것은 현재 북한의 경제난이 안보리 경제 제재와 함께 코로나19 사태의 장기화로 인해 최악으로 치닫고 있다는 점에서 볼 때 북한이 향후 10년 내로 붕괴할 수 있다는 전망들이 국내외에서 제기되기 시작했다는 점이다. 현재 북한이 처한 식량난은 간단치 않은 것으로 판단된다. 이는 김정은이 2021년 6월 15일 사흘 일정으로 열린 노동당 전원회의를 주재하면서 이례적으로 '식량정세 긴장'을 강조한 데서도 엿보인다. 김정은은 전원회의에서 '현 난국을 반드시 헤쳐 나갈 것'이라며 '특별명령서'까지 공개했다.

북한 붕괴 시 서해와 남해, 동해를 장악하고 한국군의 북상을 지원하기 위해서도 두 척의 항모가 필요하지만 이들 항모는 통일 이후에 더욱 큰 중요성을 갖는다. 신의주 앞바다에서 제주도 남단 이어도 해역을 거쳐 독도를 지나 러시아와 맞붙은 함북 최북단 앞바다에 이르는 한반도를 둘러싼 수역 전체를 관할하고 주변국들의 항모 전력에 대한 최소한의 균형을 맞추려면 경항모가 두 척이 필요하다.

한중 전쟁과 미국의 지원

중국과의 제한 전쟁 발발 시 한국의 승리 여부에 큰 영향을 주는 또 다른 중요한 변수는 미국의 지원 여부이다. 트럼프 행정부는 2017년 초 출범했을 때만 해도 남중국해 영유권 분쟁에 관여하거나 경제와 군사 분야에서 중국을 견제하는 것을 꺼렸었다. 트럼프 행정부 후반에 마이크 폼페이오 국무장관이 중국 공산당 정권을 무너뜨려야 한다고 공개적으로 말하기도 했지만 트럼프가 공식적으로 추진한 대중 정책은 국익 우선주의 이상도 이하도 아니었다.

트럼프는 오바마 전 대통령이 중국의 위협을 막기 위해 추진했던 두 개의 대중 견제 전략을 포기했다. 우선 중국의 패권 도전을 견제하기 위해 2011년 힐러리 클린턴 국무장관이 선언했던 아시아 회귀 정책을 폐기했고, 오바마가 임기 후반에 중국을 경제적으로 봉쇄하기 위해 태평양 연안 국가들과 함께 추진했던 환태평양경제동반자협정(TPP)에서도 전격 탈퇴했다.

하지만 바이든 행정부가 2021년 1월 출범하면서 이 같은 상황이 바뀌고 있다. 바이든 대통령은 오바마와 트럼프 때와 달리 남중국해를 비롯한 서태평양 지역에서 발생하는 중국의 군사적 도발에 적극 대응할 가능성이 높다는 전망이 나오고 있다.

아시아 회귀는 중국의 패권 도전으로부터 미국의 국익과 동맹국들의 안보를 지키기 위해 추진된 전략이었다. 그러나 이 전략은 오바마 행정부의 임기 후반에 제대로 추진되지 못했다. 그 이유는 오바마가 국내 사회경제적 개혁에 집중했기 때문이기도 하지만 더 큰 이유는 '투키디데스 함정'에 빠지지 않기 위해 가급적 중국을 자극하지 않아야 한다는 담론이 미국 조야에서 대(對) 중국 컨센서스로 자리 잡은 데 있다. 이 같은 담론은 정작 아시아 회귀 전략을 입안한 커트 캠벨 전 미 국무부 동아시아태평양 담당 차관보에게서도 확인된다. 캠벨은 2016년에 출간된 『축The Pivot』에서 아시아 회귀 정책의 목적은 대 중국 견제에 있는 것이 아니라 미중 양국 간 협력을 증진시키는 데 있다고 말한다. 이 같은 언급에는 아시아 회귀 정책이 행여나 대중 봉쇄를 위한 것으로 비칠까 염려하는 그의 생각이 담겨있다. 캠벨은 바이든 행정부에서 백악관 국가안보회의에 신설된 '아시아 차르' 역할을 하게 되는 인도-태평양조정관에 임명돼 대중 전략을 주도하고 있다는 평가를 받는다.

트럼프도 재임 기간 동안 이 같은 컨센서스로부터 벗어나지 못했다. 이는 그가 2017년 11월 초 베트남에서 개최된 아시아태평양경제협력회의(APEC) 정상회담에 참석해 베트남의 쩐 다이 꽝 국가주석과 가진 양국 정상회담에서 중국과 베트남 간 서사군도 영유권 분쟁을 조정해줄 용의가 있다는 입장을 표명하기도 했다. 이 제안은 미국이 베트남을 돕겠다는 것이 아니라 베트남과 중국 사이에서 거중 조정자로서 역할을 할 수 있다는 의미다. 중국과의 영유권 분쟁이 격화하면서 중국의 안보 위협에 대처하기 위해 미국과의 관계를 점차 강화해 온 베트남의 입장에서 보면 충격일 수밖에 없는 제안이었다.

트럼프의 이 제안은 미국의 대중 전략에 중요한 영향을 미쳤다. 서태평양 지역의 패권이 미국에서 중국으로 이미 넘어갔다는 평가를 낳는 계기가 됐기 때문이다. 남중국해 주변 국가들로서는 트럼프의 제안을 미국이 더 이상 중국을 견제하기 어렵다는 고백일지 모른다고 받아들일 수 있었다. 이와 관련하여 트럼프의 발언이 보도된 직후 헤이다리안은 "미국은 동아시아와 서태평양에서 더 이상 넘버원(No. 1)이 아니다"라고 평가했다. 그는 APEC 정상회담 후인 11월 13일 〈워싱턴 포스트〉 지에 기고한 글에서 한 걸음 더 나아가 미국이 동아시아와 서태평양 지역에서 직면한 위상 변화에 대해 뼈아픈 지적을 했다. 한, 중, 일 3국에 이어 베트남까지 방문한 트럼프 대통령의 아시아 순방의 의미와 관련해 그는 "미국이 아시아에서 수십 년간 유지해온 헤게모니가 급격하게 쇠퇴하고 있다는 것이 명백하게 드러났다"고 주장했다.

트럼프 행정부 출범 이후 동아시아와 서태평양에서 미국의 입지가 급격히 쇠퇴하게 된 것은 트럼프가 아시아 회귀 전략을 포기했기 때문이다. 대표적인 사례는 트럼프 대통령이 취임 직후 내린 환태평양경제동반자협정(TPP) 탈퇴 결정이라고 헤이다리안은 지적한다. TPP는 오바마 행정부가 추진한 대중 경제 견제 전략이었다. 그런 만큼 트럼프의 탈퇴 결정은 미국이 대중 경제 견제를 포기한 것으로 받아들여질 수 있었다. 남중국해에서 미국 주도의 현질서가 유지되기를 희망하는 베트남과 필리핀 등 동남아 국가들이 트럼프 행정부에 큰 실망을 한 것은 이 때문이라는 것이 헤이다리안의 관찰이다.

하지만 바이든이 트럼프를 누르고 2021년 1월 대통령에 취임함에 따라 한

중 간 무력 충돌 시 미국의 지원 가능성은 더 높아졌다. 바이든과 민주당은 중국 공산당에 의해 동아시아와 서태평양 지역의 자유주의 질서가 위협 받고 있는 현실에 대해 트럼프와 공화당보다 더 심각한 우려를 제기해 왔다. 이 때문에 바이든 행정부는 한중 제한 전쟁 발발 시 한국이 고전하는 것을 지켜만 보지 않을 것이다.

트럼프 행정부가 2020년에 추진했던 반중 글로벌 연합도 사실은 이상주의 성향의 외교 엘리트 그룹인 블롭(the Blob)의 의제였다. 자유주의 패권 전략을 주도했던 블롭이 반중 글로벌 연합 구축에 나섰던 것이다. 그러한 블롭이 바이든 행정부의 주도권을 쥐고 있는 만큼 미국은 중국에 의한 역내 질서의 비자유주의화를 막기 위해 중국을 상대로 경제 및 군사적 견제 전략을 더욱 강력하게 추진할 것으로 전망된다. 바이든 행정부가 미국, 일본, 인도, 호주 4 개국이 참여하는 대(對) 중국 지전략적 동맹 체제인 쿼드(the Quad)를 강화함과 동시에 중국의 신기술 패권을 저지하기 위해 반도체와 2차전지와 같은 핵심 분야에서 한국과의 협력을 강화하고 나선 것도 그 같은 전망을 뒷받침한다.

북한 붕괴와 한중 전쟁

두 번째 군사적 충돌이 발발할 것으로 예상되는 지역은 한반도 북부 지역이다. 언젠가 북한 정권이 붕괴하게 돼 한미 연합군이 압록강까지 진격하려 할 때 중국이 전격적으로 군사 개입에 나설 가능성이 크다. 북한 붕괴 시 한국에 의한 통일에 따른 국경선 획정과 관련한 중국의 전략은 인민해방군으로 하여금 압록강을 넘게 해 청천강과 함흥을 잇는 이른바 청천강 라인에서 막아 이 같은 라인을 중국과 통일된 한국 간의 국경으로 삼는다는 것이다.

한국은 북한이 붕괴해서 한미 연합군이 북상해야 할 때 중국 인민해방군의 군사 개입에 대비해야 한다. 중국은 한미 연합군이 북상할 경우 인민해방군을 투입시켜 어떻게든 청천강 라인에서 한미 연합군의 북상을 저지하려 할 가능성이 높다. 그 결과 청천강 라인을 중심으로 한중 간 육상전이 발발할 가능성이 있다. 마치 미국과 서유럽이 러시아와 국경을 맞대고 있는 우크라이나를 나토에 가입시키려 하자 러시아가 2014년 1월 우크라이나의 크림반도를 강제 병합한 데 이어 우크라이나 동부 지방을 침공한 것과 같은 상황이 발생할 수 있는 것이다.

> **중국이 한미 연합군이 평양-원산 간 청천강 라인 이상으로 북상하는 것을 반대하면서 이 라인의 수용을 요구할 때 어떤 선택을 해야 하느냐가 문제다.**

문제는 중국이 평양-원산 간 청천강 라인 이상의 북상은 허용하지 못하겠다면서 이 라인을 수용할 것을 요구할 때 우리가 어떤 선택을 해야 하느냐는 이다. 한국에게 주어질 수 있는 선택지는 두 가지다. 첫 번째는 전면전을 불사하는 것이고, 두 번째는 중국의 청천강 라인 제안을 수용하는 것이다.

전면전은 불가능하다. 그 이유는 크게 두 가지다. 하나는 미국이 반대할 가능성이 높다는 것이다. 실제로 '투키디데스 함정론'에 따라 중국과의 전쟁을 우려해 온 미국은 한국이 청천강 라인 이북 영토를 확보하기 위해 중국과 전면전을 벌일 경우 자칫 미중 간 전면전으로 이어질 수 있다고 보고 한국에 제동을 걸 가능성이 크다.

다른 하나는 한국이 청천강 라인을 수용하더라도 이 라인 이북에 들어설 어떤 북한 정권도 오래 살아남기는 어려울 것으로 예상돼 머지않아 수복할 수 있기 때문이다. 한국 외교의 전략가로 평가 받는 한 인사는 "중국이 청천강 라인에서 북상을 중단할 것을 요구하면 일단 수용한 뒤 국토의 3분의 2라도 통일하는 것은 결코 나쁜 상황은 아니다"고 말한다. 중국이 6.25 동란 때와 달리 휴전선에서 한미 연합군의 북상을 막겠다고 나서지 않는 것만이라도 다행이지 않느냐는 것이다. 따라서 북한의 잔존 세력이 제아무리 중국의 지원을 받는다고 하더라도 청천강 이북의 협소하기 그지없는 땅만으로는 국가로서 존립하기 어려운 만큼 국토 전체를 아우르는 통일은 그렇게 오랜 시간이 걸리지 않을 가능성이 높다는 것이 그의 판단이다.

청천강 라인 제안의 수용 가능성을 열어놓아야 하는 또 다른 이유는 제한 전쟁에서도 완전한 승리를 추구할 경우 큰 재앙을 초래할 수 있다는 것이다. 완전한 승리를 추구하려는 욕망에 대한 절제는 비단 전면전에만 해당되는 덕목이 아니다. 제한 전쟁일지라도 완전한 승리를 어떻게든 거두겠다는 욕심을 버려야만 다 이긴 전쟁을 놓치지 않는다.

그럼에도 불구하고 중국의 청천강 라인 요구는 또 다른 분단을 낳는 것인 만큼 절대 받아선 안 된다. 중국이 청천강 라인을 주장하면 한국은 간도 지방에 대한 영유권을 주장하는 것으로 대응해야 한다. 이와 함께 외교적인 노력을 통해 미국과 서유럽 국가들이 북한 지역에 대한 한국의 주권을 인정한다는 입장을 표명하게 할 경우 중국이 군사적으로까지 한국에 청천강 라인을 강요할 수는 없을 것이다. 상황이 이렇게 돌아가면 한국은 당당하고 합법적으로 한국군만으로 북한 지역으로 진입해 북한 영토를 점령해야 한다. 필요하다면 한중 외교 및 국방 장관 회담을 갖고 한국에 의한 통일 시 중국이 가질 수 있는 우려들을 해소하는 노력을 해야 한다.

역내 질서의 운명을 건 한중 전쟁

제한 전쟁에서 추구하는 목표를 넘어서 보다 큰 목표를 달성하고자 하다 보면 불가피하게 적국으로 하여금 복수심에 불타오르게 할 우려가 있다. 그럴 경우 또 다른 안보 위기를 불러일으킬 가능성을 잉태하게 된다. 절제해야 할 또 다른 이유는 전면전으로 비화되는 참사를 초래할 수 있다는 것이다.

중국과의 해상 전쟁도 마찬가지로 완전한 승리 추구는 절제되어야만 한다. 클라우제비츠가 『전쟁론』에서 주장한 바와 같이 전쟁의 목표 설정에서부터 절제가 요구된다. 그렇다면 중국과의 해상 전쟁의 목표는 마라도와 이어도 해역을 포함한 한국의 서해 영유권을 분점하려는 중국의 계획을 무산시키는 것이어야 한다. 이는 양국이 해상에서 포격을 주고받으면서 상대방이 자국의 레드 라인을 넘지 못하도록 결전하는 것이 전쟁의 목표가 되어선 안 된다는 것을 의미한다. 줄리안 코빗의 결전 회피 전략도 여기에 해당한다.

우리 함대와 잠수함, 그리고 전투기는 중국 함대와 전투기에 의한 침범이나 위협에 정면으로 대응하기보다는 결전을 미루면서 중국으로 하여금 영해선을 넘지 못하도록 압박해야 한다. 그렇게 하면 전면전을 각오하고 나설 수 없는 중국으로서는 곤란한 상황에 처하게 된다. 공해상에서 우리가 군사적으로 정면 대응하기를 기다릴 수밖에 없게 된다. 더욱이 국제법을 거리낌 없이 위반하는 중국에 대한 국제적 비난이 쏟아지게 될 것이다.

> 공산주의 독재 체제와 자유민주주의 체제 간의 전쟁이라는 의미를 갖는 한중 전쟁은 세계 질서의 흐름을 의도치 않게 완전히 바꾸는 전쟁이 될 가능성이 있다.

러시아혁명을 성공시킨 블라디미르 레닌은 스위스 망명 기간 중에 클라우제비츠의 『전쟁론』을 읽고 나서 전쟁은 교전 세력들의 계급 관계가 반영된다고 말한 바 있다. 하지만 한중 간 군사적 충돌은 양국의 계급 관계가 아니라 체제의 차이가 반영될 수밖에 없다. 요컨대 중국의 공산주의 독재 체제와 한국의 자유민주주의 체제 간의 전쟁이 되는 것이다. 체제 간의 전쟁이라는 의미를 갖는 한중 제한 전쟁은 세계 질서의 흐름을 의도치 않게 완전히 바꾸는 전쟁이 될 가능성이 있다. 이 전쟁이 실제로 발발하면 그것은 탈냉전 질서의 종언에 따른 것이지만, 여기서 한국이 승리하면 냉전 종식 때 살아남은 공산주의 국가인 중국을 체제 존립의 위기로 내몰게 된다.

만약 중국이 한국과의 제한 전쟁에서 패배하거나 균형을 이루는 데 그칠 경우 중국의 공산주의 체제에 거대한 균열이 생기게 된다. 앞 장에서도 잠시 살펴 본 바와 같이 미국의 중국 문제 전문가 아론 L. 프리드버그는 『패권을 향한 결전』에서 이렇게 분석한다. 중국 공산당이 역내 패권을 장악함으로써 중화민족의 부흥을 추구하겠다는 중국몽(中國夢)을 내세우게 된 데는 공산당 1당 지배 체제에 대한 국내의 정치적 불만을 대외적으로 돌리려는 의도가 있다는 것이다. 이런 상황에서 중국이 한국과의 제한 전쟁에서 질 경우 중국 내부의 정치적 불만이 폭발할 수 있다.

그렇게 된다면 중국이 공산주의 체제에서 자유민주주의 체제로 이행하게 될 가능성을 배제할 수 없다. 만약 이 같은 전망이 현실화된다면 세계는 새로운 변화를 목도하게 될 것이다. 즉, 미국 주도의 탈냉전 질서의 종언이 초래한 한국과 중국 간의 제한 전쟁이 역설적으로 진정한 탈냉전 체제의 완성을 가져오는 계기가 될 수 있는 것이다.

한중 전쟁과 대경장(大更張) 전략 보수의 출현

지난 25년 간 어느 정부도 북핵 해결을 위한 형식적인 외교를 넘어선 전략 외교를 미국, 중국, 일본, 러시아를 상대로 펴지 못했다. 이들 4강 사이에 벌어지고 있는 동아시아와 서태평양의 질서 재편 경쟁에 대한 제대로 된 전략을 수립하고 추진한 정부가 없었다고 해도 과언이 아니다.

중국과의 제한 전쟁에서 승리를 거둘 수 있으려면 전략 리더와 전략 국민이 등장해야 한다. 강국으로의 도약을 위한 대전략을 수립하고 강력하게 추진할 수 있는 지도자와 국민이 출현해야 하는 시점이다. 중국에 의한 한반도와 동아시아 비자유주의화를 저지하고 자유민주주의를 지킬 수 있으려면 국가 경영 세력은 20세기적 보수와 진보를 넘어서는 새로운 세력이어야 한다.

그 동안 한국 정부는 북핵 문제에 대한 전략적 해결 의지도 없으면서 그렇게 할 것처럼 시늉만 해왔다. 중국에 의해 외교와 군사 주권이 제약당하거나 위협 받는 상황을 방치해왔다. 중국에 의한 한국의 속국화 위기를 지켜보아 온 미국과 일본은 한국을 제외한 채 미일 동맹을 강화함으로써 중국의 패권에 맞서 동아시아와 서태평양 지역의 미국 주도 질서를 미일 공동 주도 질서로 전환하는 구상을 추진해 오고 있다.

동아시아와 서태평양 질서가 이 같이 급변하고 있음에도 한미 동맹 강화와 남북 대화에만 각각 몰두하고 있는 현 보수와 진보로서는 중국에 의한 속국화와 일본의 군사대국화로 인한 안보 위협을 극복하기 어렵다. 더욱이 극동지방 개발을 통해 미국에 대등한 강대국의 지위를 회복하고자 하는 러시아의 아시아 회귀로 한반도가 또 다른 위기에 직면할 수도 있다. 북핵을 넘어서 세계 질서와 동아시아 질서 전체를 읽고 그러한 질서의 변화를 주도할 수 있는 대경장(大更張) 세력이 한국의 국가경영을 맡아야 하는 이유는 바로 이 때문이다.

> **미국과 서유럽 중심으로 한 자유주의 진영과 중국과 러시아를 중심으로 한 비자유주의 진영 간 제2차 냉전 체제가 형성되기 시작했다.**

미국과 서유럽 중심으로 한 자유주의 진영과 중국과 러시아를 중심으로 한 비자유주의 진영 간 제2차 냉전 체제가 형성되기 시작했다. 이는 중국과 러시아의 시장경제 도입이 결코 국익을 둘러싼 전쟁 발발을 막을 수 없다는 투키디데스의 경고가 틀리지 않았다는 것을 말해준다. 즉, 중국이 경제 성장을 바탕으로 군사력을 증강해 미국의 패권에 도전하고 있다는 사실은 미중 간 교역 증대가 양국 간 전쟁 가능성을 없애주지 못한다는 것을 보여준다. 중국 경제의 글로벌 시장경제로의 통합이 결코 국익에 따른 갈등과 전쟁 가능성을 억제하지 못하고 있는 것이 현재의 실상이다.

트럼프 행정부는 오바마 행정부가 했던 만큼의 대 중국 견제 전략조차 추구하지 않았고, 그 결과 남중국해 영유권 분쟁이 중국의 승리로 귀결될 가능성이 높아졌다. 그렇게 될 경우 중국은 동중국해나 서해마저 내해화하기 위해 군사적 행동에 나설 가능성이 있다. 언젠가 그 같은 가능성이 현실화한다면 한국은 중국과의 제한 전쟁을 피할 수 없을 것이다. 그렇다면 한국은 중국을 상대로 당당히 승리를 거둠으로써 중국을 대전략 강국으로 도약하기 위한 제물로 삼을 수 있어야 한다.

그러기 위해서는 북핵 문제 해결과 경제적 이익을 위해 중국에 의한 속국화 위협을 감수하는 보수와 진보를 넘어서는 21세기 경장 세력이 출현해야 한다. 한국이 미국과 중국, 일본을 견인해 동아시아와 서태평양 지역의 평화와 번영을 주도하려면, 세계 질서와 지역 질서를 정확하게 읽어낼 수 있는 경장 세력이 등장해야 한다.

영국의 철학자 존 로크는 『통치론』에서 "한 사람이 힘으로 다른 사람을 속박하는 것은 전쟁 상태"라고 규정했다. 로크의 정의를 따른다면 경제력과 군사력에서 한국을 압도하는 중국이 한국을 상대로 제재와 위협을 서슴지 않는 것은 양국 관계가 사실상 전쟁 상태에 있는 것이나 마찬가지라고 볼 수 있다. 프러시아 군사전략가 클라우제비츠가 『전쟁론』에서 언급한 기준에서 볼 때도 중국이 한국을 상대로 취하고 있는 모든 정책과 행위는 명백히 선전포고에 해당한다. 그는 한 국가가 군사력의 위협이나 사용을 통해 다른 국가가 자국이 원하는 방향으로 행동하도록 만드는 것이 바로 전쟁이라고 정의했다.

클라우제비츠의 통찰대로 중국이 한국에 대해 일방적인 경제 제재와 외교적 위협을 가하는 데에는 한국을 압도하는 군사력을 보유하고 있다는 자신감이 자리잡고 있다. 사드 배치 발표 이후 중국이 취해 온 행위를 본다면 한국의 서해와 남해에 대한 영유권을 침해하거나 북한 붕괴 시 한국군의 북상을 제한하는 것을 넘어서 한국의 주권 자체를 넘보려는 것이 아니냐는 의심을 가지기에 충분하다.

절대 전쟁이든 제한 전쟁이든 간에 중국과의 전쟁 또는 군사적 충돌 가능성은 점차 임박하고 있다. 한국이 전쟁을 무릅쓰고 확전을 불사하면 우위를 차지하고 그렇지 않으면 중국에 의해 주권을 제약당하는 속국의 길을 걷게 된다. 따라서 전략 리더와 전략 국민으로 대표되는 대경장 세력이 시급히 국가경영을 맡아야 한다. 그래야만 한국은 중국에 대해 확전 우위를 확립하고 중국과의 제한 전쟁을 승리로 이끌 수 있도록 국군의 전력을 강화할 수 있다.

영국의 글로벌 경제지 〈파이낸셜타임스〉의 수석 논설위원인 기드온 래치먼은 2016년에 출간된 『동아시아화』에서 "세계 질서가 이미 동아시아화하고 있다."고 말한다. 그런데도 나라 전체가 이를 깨닫지 못하고 있다. 한국사회는 보수와 진보는 나뉘어져 연일 싸우고 있고 언론은 이분법적 보도로 그 같은 분열을 더욱 심화시키고 있다. 이로 인해 한국이 중국과의 제한 전쟁 등 국가적 위기에 대응하기 어려운 것이 아니냐는 우려가 높아지고 있다.

11

중국의 패권 전략과
북한 비핵화 문제

오늘날 한반도는 재래식 전쟁과 핵 전쟁 두 개의 전쟁 위기에 놓여 있다. 20세기 중반 한국-미국과 북한-중국 간에 벌어졌던 '재래식 전쟁'이 그 후 정전(停戰) 상태로 이어져 오다 2000년대 들어 북한의 핵무기 개발이 본격화하면서 마침내 '핵전쟁' 위기로까지 확대되고 있는 것이다.

1950년 6월 북한에 의한 남침으로 시작된 재래식 전쟁은 이후 미국과 중국이 각각 한국과 북한을 지원하기 위해 참전하면서 국제전으로 비화했다. 이 전쟁은 1953년 휴전 이후 현재까지 정전 상태에 있다. 하지만 남한과 북한은 '반(半) 개전 상태'에 놓여 있다. 서해교전, 천안함 폭침, 그리고 연평도 포격 등 북한에 의한 지속적인 군사 도발로 인해 언제 어떻게 국지전이 발발할지 알 수 없을 만큼 정전 체제가 불안정한 상태에 있다.

1989년 북한의 핵무기 개발로 촉발된 북핵 위기는 1994년 미북 제네바 합의와 2005년 6자회담을 통한 9.19 공동성명으로 해결될 것처럼 보였다. 하지만 북한은 2006년을 시작으로 2017년에 이르기까지 모두 6차례의 지하 핵실험과 대륙간탄도미사일 시험 발사를 감행함으로써 그 같은 기대는 모두 무산됐다.

1989년 북한의 핵무기 개발로 촉발된 북핵 위기는 2050년 동아시아의 새로운 질서를 결정할 '빅게임'으로 발전해왔다.

이에 따라 북핵 위기가 본격화하기 시작했고 2050년 동아시아의 새로운 질서를 결정할 '빅게임'으로 발전해왔다. 한미와 북중 간 고위급 외교 채널에서 논의되던 북핵 문제는 2018년부터 미북, 남북, 한미, 북중 등 4개의 양자 정상회담의 의제로 부상했다. 크림반도 강제 병합으로 미국과 서유럽의 경제 제재에 직면한 이후 아시아로 회귀 중인 러시아와 재무장의 기회를 엿보고 있는 일본도 역내 정상 간 북핵 외교전에 뛰어들었다. 북핵 위기가 바야흐로 동아시아와 서태평양 지역 질서를 결정하는 대결 무대가 된 것이다.

트럼프와 김정은은 2018년 6월 12일 싱가포르와 2019년 2월 27~28일 하노이에서 각각 1차 및 2차 정상회담을 가졌다. 6.25 전쟁 정전 이후 두 전쟁 당사국 정상이 처음 만났다는 데 의미가 있다. 두 차례의 미북 정상회담이 갖는 더 본질적인 의미는 국제 정치 차원에서 살펴보는 것이 더 타당할 것이다. 1차 및 2차 미북 정상회담은 북한이 비핵화할 가능성보다 북한이 핵보유국 지위를 달성할 가능성이 훨씬 더 크다는 사실을 드러냈다. 두 회담은 북한이 일괄 타결에 의한 비핵화를 거부함으로써 실패하긴 했으나 김정은의 궁극적인 목표가 핵보유라는 사실을 분명하게 확인해주었다.

김정은은 1, 2차 미북 정상회담에서 제한적인 핵시설 폐기, 핵실험 및 ICBM 시험 발사 영구중단 카드로 미국의 양보와 제재 해제를 이끌어내고자 했다. 트럼프는 김정은에게서 CVID(완전하고 검증가능하며 돌이킬 수 없는 비핵화) 방식의 비핵화 약속을 받아내지 못했다.

그렇게 된 원인은 북한이 대미 전략을 잘 수립해 추진했기 때문이 아니다. 그보다는 북한이 미국의 완전한 비핵화 요구를 들어주지 않아도 되게끔 중국이 만들었기 때문이었다. 시진핑은 6.12 미북 정상회담에 앞서 3월과 5월 김정은을 초청해 김정은의 집권 이후 처음으로 두 차례 중북 정상회담을 가졌다. 중국 언론에 의하면 시진핑은 이들 회담에서 CVID에 의한 일괄 타결이 아닌 매 비핵화 단계마다 동시적인 보상이 따른 단계적 비핵화를 해야 한다는 김정은의 입장을 지지했다. 김정은이 트럼프와의 회담에서 단계적 비핵화를 주장할 수 있도록 힘을 실어준 것이다. 시진핑의 이 같은 행동은 미국에게서 동아시아와 서태평양의 패권을 빼앗기 위한 중국의 대전략에 비롯되었다.

중국에게 북핵 문제는 미국에게서 군사적 패권을 빼앗 와야 하는 자국에 큰 도움이 되어 왔다. 지난 30년 간 북한은 미국의 제재와 압박에도 불구하고 핵무기 개발을 중단하지 않음으로써 미국이 중국의 패권 도전을 막는 데 전력을 기울이지 못하게 방해해 왔다. 이 때문에 중국은 북한이 미국의 일괄 타결 방식의 비핵화 요구에 응할 경우 북핵 이슈가 자국의 대미 패권 도전에 더 이상 도움이 되지 못할 것이라고 우려했다고 볼 수 있다.

따라서 김정은의 단계적 비핵화 전략은 두 가지 차원에서 평가하는 것이 가능하다. 하나는 일괄 타결 방식의 비핵화를 받아들였다가 정권을 잃고 결국 최후를 맞았던 리비아 가다피의 전철을 밟지 않으려는 김정은의 생존 전략이다. 다른 하나는 북핵 문제가 지속되게 함으로써 미국이 중국의 패권 도전을 억지하는 데 집중하지 못하게 만들려는 중국의 전략이 반영되어 있는 것이다.

중국의 패권 도전에 대한 미국의 소극적 대응의 결과: 북한의 비핵화 거부

1, 2차 미북 정상회담 개최는 트럼프 대통령이 북한 핵무기와 대륙간탄도미사일 문제를 경제 제재와 군사적 압박만으로는 해결하기 어렵다고 판단하고 협상을 통한 해결 노력을 병행하기로 결심했기 때문에 실현될 수 있었다. 하지만 트럼프 행정부는 김정은이 2012년 정권을 물려받은 뒤 핵무기와 대륙간탄도미사일 개발을 본격화했던 배경을 이해하지 못했다. 당시 동아시아와 서태평양 지역은 중국 주도의 비자유주의화 위기에 직면하고 있었다. 2011년을 지나면서 구매력 기준으로 중국의 국내총생산(GDP)이 미국을 앞지르기 시작했다. 중국의 급속한 경제적 부상과 이를 바탕으로 한 공세적인 패권 추구에 대해 미국이 소극적으로 대응하면서 동아시아와 서태평양 지역의 안보 질서에 큰 변화가 일어났고 북한에 핵 개발에 유리한 환경이 조성되었다.

트럼프가 김정은이 미북 정상회담에서 CVID에 합의하도록 만들길 원했다면 그 전에 중국의 대미 패권 도전에 강력하게 대처하는 대중 군사 및 외교 전략을 추진했어야만 했다. 중국은 2010년대 들어서 남사군도(Spratly Islands)의 암초에 인공섬을 조성해 군사기지화하고 남중국해를 중국의 내해로 만들려는 시도를 해오고 있었다. 궁극적으로 서태평양 지역에서 미국의 군사적 지위에 도전하려는 것이었다. 미국은 이런 중국의 패권 전략에 맞서 동아시아와 서태평양 지역에서 자신의 우위를 분명하게 과시했어야 했으나 그렇게 하지 않았다.

남중국해에 인공섬을 건설하지 말라는 오바마의 요구를 받은 시진핑은 이를 수용하겠다고 했으나 중국은 2015년 이 약속을 헌신짝 내버리고 보란 듯이 인공섬을 완공했다. 만약 미국이 인공섬 건설을 중단하게 만드는 등 처음부터 강력하게 대응해 왔다면 6.12 미북 정상회담은 전혀 다른 결과를 낳았을지도 모른다. 그랬다면 김정은이 미국에 깊은 두려움을 갖게 됐을 것이고 트럼프의 CVID 요구를 받아들였을지도 모른다.

1차 싱가포르 미북 정상회담의 진실

중국의 대미 패권 전략과 북한의 CVID 합의 거부 간의 관련성을 확인하려면 2018년 6월 12일 싱가포르에서 개최된 1차 미북 정상회담이 CVID 합의를 도출하는 데 실패한 과정을 구체적으로 살펴볼 필요가 있다.

무엇보다도 중요한 것은 김정은이 미북 정상회담 제의를 수용한 배경에 대한 미국의 인식이다. 당시 트럼프 행정부는 북한이 자국 주도의 유엔 안보리 경제 제재와 군사적 압박을 더 이상 견디기 어렵다고 판단했기 때문에 정상회담에 나오기로 한 것이라고 평가했다. 트럼프로서는 자신의 정상회담 제안을 김정은이 수용한 것을 굴복한 것이라고 보고 김정은이 회담에서 CVID에 대한 구체적인 약속과 함께 이를 이행하기 위한 로드맵에 합의할 것이라고 확신했다. 회담 직전에 그가 한 차례 회담을 취소했을 때 북한이 회담 개최 희망 입장을 우회적으로 담은 대응 성명을 발표한 것도 그 같은 확신을 부추기는 역할을 했다. 그래서 북한과의 사전 협상을 총괄한 마이크 폼페이오 국무장관도 6.12 미북 정상회담 직전까지 트럼프의 유일한 목표는 북한 핵무기의 CVID 하나라고 반복해서 밝혔다.

미국은 물론 한국과 일본에서도 김정은이 CVID에 합의할 것이라는 기대가 높았다. 하지만 회담 이틀 전 폼페이오가 김정은의 결단을 기대한다고 촉구했는데 이는 회담에서 CVID 합의가 이루어지지 않을 수 있다는 우려를 낳았다.

하지만 김정은이 싱가포르에서 '회군' 할 경우 향후 어떠한 신뢰도 받지 못하게 될 것이고 그 결과 국제적 경제 제재와 군사적 압박으로 인해 정권 붕괴 위기에 몰리게 될 것이라는 전망이 우세하면서 그가 CVID에 합의하거나 그에 준하는 양보를 하지 않을 수 없을 것이라는 분석이 대세를 이루었다.

> 트럼프-김정은 싱가포르 합의문 어디에도 '한반도의 완전한 비핵화' 라는 표현 외에는 북한 비핵화의 구체적 이행을 의미하는 문구는 없었다.

그러나 회담이 끝났지만 김정은이 서명한 합의문 어디에도 CVID는커녕 '한반도의 완전한 비핵화' 라는 표현 외에는 북한의 구체적인 비핵화 이행을 의미하는 문구는 보이지 않았다. 트럼프와 김정은 두 사람이 합의한 것은 한반도의 완전한 비핵화와 미북 관계 정상화를 위한 노력, 한반도에 지속적이고 안정된 평화 체제 수립을 위한 공동의 노력, 미군 포로와 실종자 유해 송환과 수습 등 4가지였다. "역사적" 이라는 평가를 받으면서 개최된 미북 간 첫 정상회담이 이처럼 북한 핵무기의 CVID라는 당초의 목표 달성에 실패한 데 대한 부정적 평가를 의식한 트럼프는 단독 기자 회견에서 그 같은 비판을 불식시키고자 노력했다. 북한의 비핵화는 긴 시간이 요구되기 때문에 이를 성공시키기 위해서는 김정은과의 신뢰 형성이 중요한데 이번에 그 같은 신뢰가 형성됐다는 것이었다.

트럼프는 그 같은 신뢰의 근거로서 김정은이 회담에서 탄도미사일 엔진 실험장의 폐쇄를 약속했다는 사실을 공개했다. 그런 다음 그는 질문에 대한 답변 형식으로 주한미군 철수 문제가 의제는 아니지만 주둔 비용이 많이 소요돼 언젠가는 철수하고 싶다는 의사를 표명했다. 이어 그는 한미 연합 군사훈련의 경우 비용이 많이 소요된다면서 앞으로 중단하겠다는 입장을 전격적으로 밝혔다. 비용을 명분으로 돌렸지만 김정은의 탄도미사일 엔진 실험장 폐쇄 약속에 대한 보상으로서 결정된 것이 아니냐는 의심이 들기에 충분했다. 이에 대해 싱가포르 미북 정상회담 직후 워싱턴 조야에서는 북한이 비핵화 약속 이행에 진정성을 갖고 임할 것인지를 검증하기 위한 일시적인 조치라는 평가가 제기됐다. 주한미군 철수 가능성에 대한 트럼프의 언급도 같은 맥락의 성격을 갖는 것으로 평가됐다. 트럼프가 김정은에게 미리 준 선물이었다는 것이다.

미북 정상회담 개최 전까지 국내에서는 북한의 핵무기 폐기 대가로 한미 군사훈련 축소 정도는 양보해야 하는 것이 아니냐는 논의가 없었던 것은 아니다. 쿠바 미사일 위기 당시 소련의 흐루시초프 공산당 서기장으로 하여금 쿠바로부터 미사일 기지를 철수하게끔 하는 대가로 존 F. 케네디 대통령이 터키 내 노후화된 미사일을 철수시킨 것처럼 북핵 폐기와 한미 군사훈련 축소를 맞바꿀 수 있다는 논의가 조심스레 이루어졌던 것이다.

하지만 트럼프는 북핵의 CVID를 약속 받지도 않은 채 한미 연합 군사훈련의 축소도 아닌 중단을 결정했다. 한미 연합 군사훈련 중단을 미사일 엔진 실험장 폐쇄 약속과 교환했다는 것은 '부등가 교환'이라고 볼 수 있다. 더구나 이 같은 거래는 한국의 입장에서 볼 때 북한의 비핵화와는 관계가 없었다. 한마디로 말해서 '밑지는 거래'였던 것이다.

　물론 미국의 입장에서는 그 정도까지는 아니었다. 미국에게 북한의 핵무기 개발이 위험한 것은 북한이 대륙간탄도미사일(ICBM)에 중형 핵탄두를 탑재해 미국 본토를 향해 발사할 수 있기 때문이다. 이 점에서 김정은이 약속했다는 미사일 엔진 실험장 폐쇄가 ICBM 개발 중단을 의미하는 것이라면 트럼프로서는 한미 연합 군사훈련의 중단과 맞바꿀 만하다고 여겼을 수 있다.

　트럼프가 합의문에 서명하면서 아무도 기대하지 못했던 성과가 있다고 회담 결과를 자평했던 것은 바로 이 관점에서 볼 필요가 있다. 트럼프는 기자회견에서 CVID가 합의문에 포함되지 않았다는 비판에도 적극 반박했다. 폼페이오도 6월 14일 한국을 방문해 문재인 대통령을 면담하고 회담 결과를 설명한 뒤 가진 회견에서 똑같은 비판이 제기되자 공세적으로 대응했다. 합의문에 적시된 '완전한 비핵화'라는 문구에는 'VID(검증가능하며 돌이킬 수 없는 비핵화)'의 의미까지 포함됐다는 것이다.

　하지만 그렇다고 양보하더라도 구체적인 비핵화 로드맵이 빠졌다는 것은 트럼프로서는 변명할 여지가 없이 6.12 싱가포르 회담이 '완전한 비핵화를 위한 회담'으로선 실패했다는 것을 의미했다. 물론 트럼프의 주장대로 김정은과의 신뢰가 더 중요할 수 있다. 하지만 북한과의 그간의 핵 협상 역사는 비핵화를 행동으로 강제하는 문구가 있어도 북한이 지킨 적이 없다는 걸 증명한다. 이 점에서 김정은이 CVID라는 구속력이 있는 문구가 없는 6.12 합의를 트럼프의 기대와는 달리 이행할 가능성이 현저히 낮다는 것은 불문가지였다.

　더 주목해야 할 사실은 북한이 자신들이 처음으로 모든 핵무기와 핵물질, 관련 생산 시설의 폐기에 합의해놓고 지키지 않았던 2005년 9.19 비핵화 공동성명 당시와 2018년 6.12 미북 정상회담 합의 시점의 북한의 능력은 엄청난 차이가 난다는 점이었다. 북한이 9.19 때는 1945년 일본에 투하됐던 '리틀 보이' 수준의 핵무기를 보유했다면 6.12 때는 소형화되고 경량화된 핵탄두를 탑재한 사정거리 1만 3천 킬로미터의 ICBM을 갖췄다고 평가된다. 그렇기 때문에 북한이 9.19 성명보다 6.12 합의를 쉽게 외면할 가능성이 훨씬 더 높았다고 볼 수 있다.

그렇다면 트럼프가 미국 주도의 안보리 제재와 군사적 압박이 계속되는 유리한 국면에서 김정은에게서 CVID 합의와 이행을 위한 로드맵을 받아내는 데 실패한 이유가 무엇인가? 바이든 행정부의 대북 비핵화 전략이 실패로 돌아가지 않도록 한국의 담론 시장이 도와줄 수 있는 부분은 무엇인가?

6월 11일 오후 김정은이 싱가포르에 도착한 시점부터 12일 밤에 평양으로 떠날 때까지를 들여다보면 두 가지 이상한 점이 포착된다. 첫 번째 이상한 점은 김정은이 리커창 중국 총리의 전용기를 타고 왔다는 것이다. 김정은이 싱가포르 공항에 도착해 중국 전용기에서 내릴 때 비행기 동체에는 중국 국기인 오성홍기가 선명하게 그려져 있었다. 이는 김정은이 마치 중국 지도자 같은 인상을 주었다. 김정은은 중국이 자신의 뒤를 든든하게 지켜주고 있다는 메시지를 주려는 것이었을까?

김정은의 의도를 이 같이 해석하는 데는 합리적인 근거가 있다. 트럼프와 김정은 회담이 6월 12일로 정해진 뒤 존 볼턴 백악관 국가안보보좌관으로 대표되는 미국 강경파들은 '선 핵포기, 후 보상'이라는 리비아 모델을 수용해야 정상회담이 개최될 수 있다는 압박을 가했다. 그러자 김정은은 5월 7~8일 전격적으로 중국 다롄시를 방문해 시진핑 중국 국가주석과 2차 중북 정상회담을 가졌다. 이 회담에서 이들 두 정상은 북한의 비핵화는 '선 핵포기, 후 보상' 방식의 일괄타결이 아니라 북한이 그동안 고수해 온 '단계별 핵 포기와 동시 보상' 방식으로 이루어져야 한다는 데 합의했다.

시진핑과의 이러한 합의는 김정은이 트럼프와의 회담에서 미국의 '선 핵포기, 후 보상' 방식의 일괄타결 요구를 거부하고 단계적 해결 방식을 고수할 수 있도록 돕는 것이었다. 시진핑은 미국의 제재와 압박이 강화돼 경제와 안보가 위기에 처하게 되더라도 중국이 경제와 군사 지원을 제공하겠다는 것을 분명히 했을 것으로 추정된다. 김정은이 리커창의 전용기를 타고 싱가포르에 왔다는 사실은 자신의 단계적 비핵화 방식이 시진핑의 지지를 받고 있는 만큼 CVID와 일괄타결을 수용하지 않을 것이라는 메시지를 우회적으로 분명히 했다는 의미를 갖는다.

두 번째 이상한 점은 김정은이 한 밤중에 느닷없이 싱가포르 시내 야간 투어에 나섰다는 것이다. 온 세계가 주목하고 있고 회담 결과 여하에 따라 자신은 물론 북한의 국운이 크게 바뀔 수 있는 미북 정상회담을 앞두고 마치 아무 생각 없는 여행객인양 행동했기 때문이다. 김정은은 왜 트럼프와의 회담에 대비하지 않고 시내 야간 구경에 나서는 여유를 부렸을까? 그 답은 5월 7~8일 시진핑과의 정상회담에서 단계적 비핵화에 대한 중국의 지지와 함께 경제와 안보 지원을 약속 받았기 때문에 굳이 회담 결과에 연연해야 할 이유가 없었다는 데서 찾을 수 있다.

트럼프가 김정은을 상대로 CVID에 의한 일괄타결 방식의 비핵화 약속을 이끌어내지 못한 이유는 위의 두 개의 장면에서 유추할 수 있다. 그러나 트럼프는 그 같은 유추를 하지 못했고 외견상으로만 유리하게 보이는 국면과 정세만 믿고 김정은과의 담판에서 이길 수 있다고 자신했다가 실패했다.

북한의 친미화에 대한 중국의 우려

키신저는 『세계 질서』에서 역사에서 당대의 국가적 현안이나 도전, 위기에 필요한 교훈을 얻기 위해선 유추를 할 수 있어야 한다고 했다. 그 역사가 먼 과거의 것이든 최근 것이든 외견상 관련이 없는 듯이 보이는 사건들 간의 관계를 유추를 할 수 있어야 외교에 성공할 수 있다는 것이다.

트럼프가 북한의 비핵화와 관련해 저지른 최대의 유추 실패는 1953년 한국 전쟁 이후 한국에 주한미군이 주둔하기 시작한 이래 중국에게 북한이 갖는 전략적 의미를 전혀 깨닫지 못한 것을 꼽을 수 있다. 중국이 북한과 관련해 가장 우려하는 것은 북한의 비핵화가 이루어져 미국 자본이 북한에 진출하고 북한이 친미 국가로 바뀌는 시나리오다. 북한이 친미 국가로 변신함에 따라 국경을 마주하고 있는 중국의 공산당 1당 지배 체제가 불안정해질 수 있다고 우려하기 때문이다.

북한이 친미 국가로 바뀌거나 한국 주도로 통일이 되면 중국의 입장에서는 재앙일 수밖에 없다. 주한미군과 압록강을 경계로 대치하게 되기 때문이다.

북한이 친미 국가로 바뀌거나 한국 주도로 통일이 되면 중국의 입장에서는 재앙일 수밖에 없다. 이 같은 시나리오가 현실화하면 주한미군이 압록강을 경계로 중국군과 대치하게 된다. 그럴 경우 미국이 중국의 패권 도전을 이전과 비교할 수도 없을 만큼 더욱 효과적으로 견제할 수도 있다. 중국이 남중국해와 서해로의 미국 해군의 접근을 거부하기 위해 중국 동북 3성 내륙과 해안에 배치해 놓은 중단거리 탄도미사일 둥펑-21D과 15 기지들이 미군의 사정거리 안으로 들어오기 때문이다.

시진핑 정권이 이 같은 시나리오에 대해 더 우려하는 이유는 중국 공산당 1당 지배체제의 위기와 관련 있다. 중국 내 중산층이 급속도로 증가하고 있고 정치적 자유를 갈망하는 흐름이 거세지는 상황에서 한반도 전역의 친미국가화는 중국 내 중산층의 정치적 각성을 자극할 수 있다는 것이 중국의 우려이다. 따라서 중국으로서는 북한이 미국의 요구를 수용해 북한이 친미 국가로 바뀌는 것을 구경만 할 수 없는 처지라고 볼 수 있다.

그렇기 때문에 시진핑이 2017년까지만 해도 거들떠도 안 보던 김정은과

2018년 들어 3월과 5월 각각 한 차례 씩 두 차례 정상회담을 갖고 북한의 대남 및 대미 전략에 깊숙이 관여하고 나섰던 것이다. 트럼프는 시진핑의 이런 대북 전략 변화를 간파하고 미북 정상회담 전에 시진핑과 만났어야만 했다. 북한의 비핵화가 중국 정치 체제의 불안정성을 초래하지 않을 것이라는 점을 납득시켰어야 했다. 만약 그랬다면 시진핑이 김정은에게 트럼프와의 회담에서 CVID를 수용하도록 설득했을지도 모른다.

하지만 트럼프는 북한의 비핵화에 있어 중국이 중대한 변수가 된다는 것을 전혀 인지하지 못했다. 그는 오로지 북한에 대해 최대의 경제 제재와 군사적 압박을 유지할 경우 김정은이 굴복하고 나올 것이라고 단선적으로만 사고하는 실책을 저지르고 말았다.

중국에 대한 트럼프의 실책:
완전한 승리의 추구

트럼프의 이 같은 실책은 그의 개인적 성향보다는 '완전한 승리'를 추구해 온 미국의 자유주의 패권 전략 문화에 기인한다. 그가 자유주의 패권에서 국익 우선주의와 현실주의적 세력 균형으로 미국의 대전략을 전환했기 때문에 아무도 생각치 못한 미북 정상회담이 개최될 수 있었다. 하지만 미 국무부와 국가안보보좌관실의 전략과 전술은 여전히 자유주의 패권 전략 문화에서 벗어나지 못했다. 트럼프 행정부는 중국과의 사전 협의를 통해 시진핑과 중국 공산당이 자신들의 정치 체제에 대한 우려 없이 북한이 비핵화 로드맵을 밟아가도록 유도하게 했어야 했다. 하지만 그러기에는 트럼프 행정부의 전략적 사고는 오바마 행정부 때까지의 자유주의 패권 전략 문화에서 여전히 젖어 있었다.

오바마 행정부는 러시아와 국경을 접한 우크라이나로까지 나토 확대를 추진하는 등 러시아에 대한 완전한 승리를 추구한 결과 러시아의 크림반도 강제 병합 사태가 발발했고 이는 유럽에서 탈냉전 체제의 종식을 가져왔다.

트럼프의 대북 전략이 북한을 친미 국가로 만들어 중국 공산당 1당 지배체제에 위협을 가할 가능성이 큰 것이었다면 그의 실책은 한국전쟁 때 맥아더의 그것과 닮았다고 할 수 있다. 당시 맥아더의 인천상륙 작전이 성공한 이후 북한군은 후퇴를 거듭해 중국과의 국경선인 압록강까지 내몰렸다. 이 때 중공군은 전격적으로 참전해 압도적인 병력 수를 바탕으로 물밀 듯이 밀고 내려왔다. 맥아더가 북한군의 저항으로 인해 북한 지역 전체를 수복하지 못하더라도 청천강 라인에서 멈췄더라면 중공군의 개입은 없었을 것이다. 그랬다면 그 후 정전이 이루어져 아주 적은 땅에만 기대야 하는 북한으로서는 종국에는 한국에 병합될 수밖에 없었을 것이다.

> **중국은 북한의 비핵화가 이루어질 경우 미국이 북핵 문제로부터 자유로워져서 중국의 패권 도전을 견제하는 데 집중하게 될 것을 우려한다.**

6.12 미북 정상회담이 실패로 돌아간 근본 원인은 이와 같이 미국이 중국을 배제한 채 한반도의 새로운 질서를 구축하는 완전한 승리 전략을 중국을 상대로 편 데서 기인한다고 볼 수 있다. 물론 중국은 북한이 미국이 요구해온 CVID에 의한 일괄타결 방식으로 비핵화를 한다고 하더라도 그것이 곧장 북한의 친미화로 이어져 자신들의 정치 체제를 위협한다고는 보지 않는다. 그러나 북한의 비핵화가 이루어질 경우 미국이 북핵 문제로부터 자유로워질 것이라는 데 중국은 주목하고 있다. 미국이 북한의 핵무기 개발을 저지하기 위해 투입해 온 군사 전력을 중국의 패권 도전에 대한 견제로 온전히 돌리게 되기 때문이다. 그렇게 될 경우 중국의 패권 도전이 더욱 어려워진다는 것이 중국 전략가들의 전반적인 우려이다.

2012년 시진핑 체제가 출범하면서 중국이 동아시아와 서태평양 지역에서 미국의 군사적 패권에 대한 도전을 강화해 온 목적은 패권 그 자체에 있지 않다. 그보다는 지역 패권국으로 도약해 옛 중화민족의 영광을 재현함으로써 정치적 자유에 대한 국내적 불만을 억제하고 공산당 1당 지배체제를 공고히 하는 데 있다.

"전쟁은 국내 정치의 연장"이라는 클라우제비츠의 말대로 패권 도전을 본격화하는 중국의 대외 전략이야말로 국내 정치의 연장이다. 다른 한편으로 "전쟁은 계급적 성격을 드러낸다"라는 레닌의 말을 원용한다면, 중국의 패권 도전 전략은 중산층 이상 계급과의 전쟁이기도 하다. 그렇기 때문에 미국이 북한을 자신들이 원하는 방식으로 비핵화시켜 친미국가로 만드는 것을 중국의 입장에서 관여하지 않는다면 중국 공산당의 1당 지배체제의 존망이 걸린 중산층 계급과의 전쟁의 성패를 미국에 맡기는 격이 된다.

트럼프는 5월 7일 2차 북중 정상회담 이후로 김정은의 비핵화 입장이 그 이전과 비교해 큰 차이가 난다고 주장했다. 하지만 그의 문제의식은 북한의 비핵화에 대한 시진핑의 전략을 파악하는 데까지는 이르지 못했다. 그는 대신 시진핑을 향해 견제구를 날렸다. 문재인 대통령과 5월 22일 백악관에서 회담을 갖기에 앞서 가진 회견에서 시진핑에 대해 '포커 플레이어'라는 냉소적인 뉘앙스를 담은 말을 한 것이다. 김정은이 미국의 비핵화 요구를 수용하는 것을 방해하고 있다는 것에 대한 우회적인 비판이었다.

그러나 북한의 비핵화에 대한 중국 공산당의 전략은 2017년 9월, 공산당 중앙위원회 결정에 의해 대외연락부의 정책으로 이미 확정된 상태였다. 문제의 정책은 중국 공산당 총서기인 시진핑의 비서실 역할을 하며 공산당 대내외 전략 수립 및 집행을 총괄하는 중앙판공청의 〈문건(2017) No. 94〉라는 명령문으로 당 대외연락부에 하달되었다. 이 문건의 도입부는 중국이 북한을 공산당 1당 지배체제 유지에 매우 중요한 전략 지역으로 중시하고 있다는 것을 분명히 하고 있다. "조선민주주의인민공화국은 서방 적대세력의 공격을 막아내기 위한 중국의 중요한 군사적 완충 지역일 뿐만 아니라, 우리 당의 '중국식 사회주의'의 고수를 위해 그 무엇으로도 대체할 수 없는 정치적 전략지대"라고 문건은 적시하고 있다. "그러므로 중국 당과 국가는 조선의 주권과 영토 보전을 어떤 희생을 치르더라도 반드시 지키고 조선 정부의 안정과 계승성을 전적으로 담보해야 하며, 한반도의 평화를 흔들림 없이 확고히 유지하여야 한다"고 문건은 말한다.

이 같은 기조 하에서 중국 공산당 중앙위원회는 북한이 자신들과 상의도 하지 않고 6차 핵실험을 감행했다고 비판한다. 그 같은 행위로 인해 유엔 안보리의 제재가 강화되고 미국 등 서방의 적대세력들에 의한 대북 군사적 압박이 거세지고 있다는 것이다. 북한의 반복적인 핵실험이 중국에 엄청난 국제적 압박으로 이어지고 있어 더는 참을 수 없을 만큼 심각하다고 문건은 강조한다. 그럼에도 불구하고 북한이 더 이상 도발을 하지 않을 경우 미국의 군사적 공격 가능성이 낮아질 것인 만큼 자제할 것을 권고하면서 북한이 국제제재와 미국의 군사적 위협을 이겨낼 수 있도록 지원을 하겠다는 입장을 표명하고 있다.

문건은 또한 "조선반도의 비핵화를 강력히 지지하며 핵확산금지조약(NPT)에 서약한 당사국으로서 중국의 책임 있는 국제적 지위를 과시하기 위하여 중국 공산당 대외연락부는 북한에 엄중한 경고를 할 필요가 있다"고 지적하고 있는데, 이는 중국이 북한의 자제를 요구하고 있음을 말해준다. 그러면서 중국 지도부는 공산당 대외연락부로 하여금 북한에 당장에 핵무기를 포기하지 않아도 된다고 안심시킴과 동시에 향후 새로운 핵실험을 하지 않는다는 것을 행동으로 보여줄 때 북한에 경제, 무역, 군사적 지원을 즉시 확대한다는 약속을 하라고 지시했다.

트럼프가 6.12 미북 정상회담에서 김정은에게서 CVID에 의한 북핵 문제의 일괄 타결에 대한 약속을 받아내지 못한 데는 중국 공산당 중앙위원회의 이 같은 대북 정책이 결정적 영향을 미쳤다. 즉 중국이 북한에 당장 핵무기를 포기하지 않되 더 이상의 도발을 자제할 것을 요구하고 이를 수용하면 미국의 경제 제재와 군사적 압박을 감당할 수 있게 돕겠다고 약속한 것이 김정은으로 하여금 트럼프의 CVID 요구를 거부하도록 만들었던 것이다.

여기서 주목할 중요한 대목이 있다. 2017년 9월 쯤 중국 공산당 대외연락부는 북한 노동당에 위의 문건을 전달했다. 하지만 김정은은 6차 핵실험인 수소탄 실험을 강행하고 이어서 사정거리 1만 3천 킬로미터의 대륙간탄도미사일 화성15호 시험 발사에 성공할 때까지 중국 공산당 중앙위원회의 요구를 수용하지 않았다. 이 같은 사실은 2017년 말 방북한 쏭타오 중국 공산당 대외연락부장이 김정은을 만나지도 못한 채 베이징으로 돌아갔다는 점에서 우회적으로 알 수 있다. 중국 공산당 중앙위원회는 북한 노동당이 위의 대북 정책 문건을 즉각 접수하지 않자 대외연락부장 쏭타오를 평양으로 파견했다. 하지만 김정은은 그를 만나주지도 않았다.

> 김정은은 핵개발을 완성하고 ICBM도 확보해야만 중국이 북한을 함부로 압박하지 못하고 경제 지원을 하게 만들 수 있다고 판단했다.

김정은은 핵개발을 완성하고 ICBM도 확보해야만 중국이 북한을 함부로 압박하지 못하고 경제 지원을 하게 만들 수 있다고 판단한 것이다. 김정은의 이 같은 전략은 2018년 3월 한국과 정상회담을 개최하기로 합의한 뒤 미북 정상회담도 갖겠다는 의지를 표명하자 현실화되었다. 그동안 김정은을 무시해 왔던 시진핑이 3월 말 김정은을 베이징으로 초청해 첫 중북 정상회담을 가진 것이다.

중국은 김정은이 트럼프의 CVID 요구를 수용하고 북한을 친미적인 시장경제 체제로 전환시킬 경우 중국 공산당 1당 지배 체제에 위협이 될 것이라는 우려를 갖고 있다. 그로 인해 김정은은 핵무기와 대륙간탄도미사일 개발 성공에 따른 자신감을 바탕으로 시진핑을 만나 경제와 군사 지원 약속을 받아내는 데 성공했다. 그 결과 김정은은 트럼프의 CVID 요구를 물리치고 단계적 비핵화 입장을 고수할 수 있었다.

결국 6.12 미북 정상회담이 북핵의 CVID와 일괄타결까지는 아니더라도 북한이 비핵화 프로세스를 밟을 수밖에 없는 구체적인 약속 하나 받아내지 못하고 일반론적인 합의에만 그친 이유가 있다. 그것은 트럼프와 그의 안보팀이 중국과 북한을 상대로 '완전한 승리' 전략을 추구했기 때문이다. 트럼프 행정부의 전략은 시진핑이 공산당 1당 지배체제에 대해 점증하는 정치적 불만을 해소하기 위해 펴고 있는 대내 전략과 대외 전략 모두를 견제하는 것이었다. 더 높은 경제 성장을 달성해 국민의 부를 늘려줌으로써 중산층의 정치적 불만을 누그러뜨리려 했던 시진핑의 대내 전략은 트럼프 행정부가 2017년 출범하자마자 좌초 위기에 직면했다. 미중 간 무역 불균형 등을 이유로 트럼프 행정부가 고율 관세를 비롯한 제재를 가하겠다고 위협하고 나오자 중산층의 다원주의적 욕구를 물질적 부를 제공해 해소하려던 시진핑의 전략이 위험에 처하게 된 것이다.

시진핑의 대외 전략도 트럼프의 견제에 직면했다. 남중국해의 내해화를 통해 동아시아와 서태평양 지역의 군사적 패권을 미국으로부터 가져오려 했던 시진핑의 전략에 대해 트럼프는 취임 첫 해 중단했던 남중국해 상의 '항행의 자유 작전'을 2018년 들어 재개했다. 영국과 프랑스 등 서유럽 국가들은 미국과의 연합훈련에 더 공세적으로 참여했다. 항행의 자유 작전에 서유럽 국가들이 더 적극적으로 나오자 시진핑은 자신의 패권 전략이 큰 차질을 빚을 가능성을 우려했다. 군사 패권을 확보해 국민들의 자긍심을 고양시킴으로써 공산당 1당 지배체제에 대한 불만을 누그러뜨리겠다는 시진핑의 구상이 무위로 돌아가기 때문이다.

시진핑은 2017년 10월 당 대회에서 '할 일은 하겠다'는 뜻의 '분발유위(奮發有爲)'로 '도광양회(韜光養晦)'라는 기존 대외 기조를 대체함으로써 지역 패권 추구를 사실상 공식화했다. 이는 공산당 1당 지배체제에 대한 고조되는 국민적 불만을 동아시아와 서태평양 지역의 패권을 차지함으로써 해소하려는 시진핑의 위기의식을 보여주는 것이었다. 시진핑은 트럼프 행정부의 대중 경제 및 군사적 압박 전략을 중국을 상대로 완전한 승리를 거둬 공산당 정권에 종지부를 찍겠다는 것으로 받아들였다.

2018년 들어 조성된 이 같은 위기 국면에서 북한이 남북 정상회담에 이어 미북 정상회담을 하겠다는 보도가 3월에 나왔다. 이에 대해 시진핑은 트럼프가 북한의 비핵화를 실현한 뒤 김정은이 미국 자본으로 경제 개발을 하도록 지원하려는 것이 아니냐는 의심을 가졌다. 북한이 친미 국가가 되면 미국의 영향력이 압록강 너머 중국에까지 미치게 되고 중국 공산당 지배에 타격을 줄 수 있을 것이라고 우려했다.

이에 시진핑은 3월이 가기 전에 서둘러 김정은을 베이징으로 초청해 1차 중북 정상회담을 가졌다. 그는 이 회담에서 북한의 단계적 비핵화에 대한 지지를 표명했다. 결국 트럼프는 김정은과의 회담에서 CVID까지는 아니더라도 단계적 비핵화의 첫 번째 단계에 해당하는 구체적인 상호 조치에 대해서도 김정은과 합의하지 못했다. 여기에는 트럼프 행정부가 중국에 대해서 뿐만 아니라 북한에 대해서도 완전한 승리 전략을 추구한 것이 결정적인 영향을 미쳤다고 볼 수 있다.

트럼프의 대 북한 완전한 승리를 위한 두 가지 의제

2017년 경제 제재와 군사적 압박을 통한 북한의 비핵화를 추구해 온 트럼프가 김정은을 상대로 편 완전한 승리 전략은 미북 정상회담 개최가 구체화되기 시작한 3월 이후 두 가지 의제로 추진됐다. 첫 번째 의제는 트럼프가 직접 제기한 것으로서 "김정은이 CVID에 의한 비핵화에 나서면 한국처럼 경제 발전을 하도록 도울 것이고 계속 통치하도록 보장하겠다"는 것이다. 이는 그 후 이른바 '트럼프 모델'로 명명됐다.

하지만 김정은과 북한에 이 같은 의제는 CVID에 의한 비핵화만 한다면 김정은에겐 통치권을 보장하고 북한 주민들에게는 먹고 살게 해주겠다는 의미의 사실상의 항복 요구로 받아들여졌을 것이다. 북한이 김정일 때부터 핵무기 개발을 해 온 목적은 미국에 의한 체제 위협에 대처하는 데 있다.

따라서 북한의 입장에서 비핵화 조건으로 미국에게서 받아내야 할 것은 김정은의 통치권 보장이라는 시혜와 경제 번영을 위한 지원이 아니다. 그래서 김정은으로서는 트럼프의 제안이 비핵화 합의를 끌어내기 위해서가 아니라 완전한 항복을 받아내려는 데 그 목적이 있다고 판단했을 것이다. 김정은은 미국이 유엔 안보리 경제 제재를 최대한 강화하고 자신들 주도의 군사적 압박을 가해 온 데서 이미 트럼프의 제안에 그 같은 목적이 있다고 의심했을 것으로 봐야 한다.

트럼프가 북한을 상대로 완전한 승리를 거두기 위해 추구했던 두 번째 의제는 무엇인가?

볼턴 국가안보좌관은 자신이 원하는 북한 비핵화 방식은 단순한 CVID가 아니라 '선 포기 후 보상' 방식의 리비아 모델이라고 밝혔다.

그것은 트럼프가 직접 제기한 것이 아니라 존 볼턴 국가안보좌관과 마이크 펜스 부통령에게서 나왔다. 볼턴은 미북 정상회담 개최 합의 이후 맥매스터의 후임으로 발탁됐는데, 자신이 원하는 북한 비핵화 방식은 단순한 CVID가 아니라 '선 포기, 후 보상' 방식의 리비아 모델이라고 밝혔다. 그는 4월 전후로 북한이 이 모델을 수용하면 리비아의 비핵화 때와 마찬가지로 핵무기와 핵물질 모두 미국의 원자폭탄 개발 장소로 유명한 테네시주의 동부에 위치한 소도시 오크리지(Oak Ridge)로 옮겨져야 한다고 주장했다. 미국은 2004년 1월 리비아로부터 확보한 핵무기·탄도미사일 개발 관련 중요 문서와 우라늄 농축에 사용되는 원심분리기, 장거리 미사일용 탄도미사일 유도장치 등을 모두 이곳에 보관했다. 오크리지는 구소련과 칠레로부터 넘겨받은 핵물질과 장비를 보관한 장소이기도 하다. 미국과 한국 내 북한의 비핵화 의지를 의심하는 보수 성향의 정치 세력과 언론은 볼턴의 이 같은 강경한 북핵 해결 방안에 대해 환영했다. 하지만 미북 정상회담 개최를 지지하는 대북 관여론자들은 볼턴의 요구로 인해 김정은이 회담에 나오지 않을 수 있다고 우려했다.

실제 이 같은 우려를 뒷받침하는 평양의 반응이 나왔다. 북한은 6자 회담 북한측 수석대표로 오랫동안 일했던 김계관 외무성 부상 명의로 볼턴의 주장을 비판하는 성명을 냈다. CVID 방식의 비핵화 요구도 항복의 의미로 받아들이는 북한이 가다피 정권의 붕괴로 이어진 선 핵포기와 후 보상 방식의 비핵화 모델을 받아들일 가능성은 거의 없었다.

북한이 볼턴의 리비아 모델 요구를 거부하고 나서자 그 다음엔 펜스 부통령이 나섰다. 그는 김정은을 향해 리비아 모델을 수용하지 않으면 가다피 운명처럼 될 것이라고 경고했다. 펜스의 경고는 볼턴의 주장보다 훨씬 강경한 것이었다. 이에 북한은 최선희 외무성 부상의 성명을 내고 펜스 부통령에 대해 경멸과 힐난을 퍼부었다.

북한이 김계관과 최선희를 앞세워 각각 볼턴과 펜스를 향해 거칠게 비난하고 나선 것은 트럼프가 이들을 앞세워 정상회담에서 김정은에게서 항복을 받아내고자 한다고 인식했기 때문이다. 따라서 북한은 회담에 앞서 트럼프가 완전한 승리 전략을 포기하도록 만들지 않으면 김정은이 감당할 수 없는 압박을 받을 것이라고 보고 반격을 가하고 나선 것이다.

북한이 미북 정상회담의 개최 무산까지 각오한 듯 강경한 입장을 취할 수 있었던 것은 시진핑이 김정은과의 두 차례 회담을 통해 경제와 군사 지원을 약속하고 단계적 비핵화 입장을 지지했기 때문이다. 중국의 이 같은 공약은 폼페이오 미국 국무장관이 CVID에 의한 일괄 타결을 이끌어내기 위해 방북하기 직전 다시금 확인됐다. 김정은이 폼페이오 방북 이틀 전인 5월 7일 중국 대련을 방문해 시진핑과 2차 정상회담을 갖고 단계적 비핵화에 대한 중국의 지지 의사를 재차 확인한 것이다.

미북 정상회담에 대한 김정은의 전략은 시진핑과의 두 번에 걸친 북중 정상회담 전후로 달라졌다. 이는 트럼프도 인정했다. 그는 5월 22일 방미한 문재인 대통령과 백악관에서 출입기자단과의 약식 회견을 가졌을 이렇게 말했다. "(CVID에 대한) 김정은의 태도가 시진핑을 만나기 전과 후가 차이가 난다. 시진핑은 최고의 포커 플레이어다." 이 같은 언급은 김정은의 태도 변화와 시진핑의 방해에 대해 트럼프가 얼마나 실망하고 분노하는지를 드러내준다. 5월 22일 한미 정상회담 직전에 나온 김계관 외무성 부상 명의로 된 볼턴에 대한 비난 성명에 대해서는 참고 넘겼던 트럼프는 이 회담 직후 발표된 최선희 명의의 펜스 비난 성명이 나오자 폭발했다.

5월 24일 트럼프는 북한이 위의 두 성명에서 표현한 분노와 공개적인 적대감을 이유로 싱가포르 회담은 적절하지 않다고 지적한 뒤 회담 취소를 통보했다. 하지만 트럼프는 김정은에게 마음이 바뀌면 연락을 해달라는 말을 덧붙였다. 트럼프는 김정은이 자신의 위신을 다시 세워줄 경우 싱가포르 미북 정상회담을 예정대로 갖고 김정은이 요구해 온 단계적 비핵화에 합의해서라도 일단 북한의 비핵화 프로세스를 시작하고 싶다는 속내를 드러냈다.

이에 김정은은 회담을 취소한 트럼프의 의중을 파악하기 위해 5월 26일 문재인 대통령과 판문점의 북측 지역인 통일각에서 2차 남북 정상회담을 전격적으로 가졌다. 그리고 김정은은 5월 27일 트럼프 앞으로 보내는 답신 성격의 성명에서 김계관과 최선희 성명에 대해 양해를 구한 뒤 싱가포르 회담 개최 희망을 표명했다. 트럼프가 5월 29일 싱가포르 회담 재추진 선언을 하자 김정은은 김영철 노동당 부위원장을 미국에 파견해 자신의 친서를 트럼프에게 전달했다.

트럼프는 회담 취소 결정을 번복하면서 김정은에게서 CVID에 의한 일괄타결 약속을 받아내는 것이 불가능하다는 것을 인식했다. 이 점에서 트럼프는 6.12 싱가포르 회담을 통해 북한의 비핵화를 위한 장기적인 과정을 시작했다는 것에 만족해야 했다. 이에 반해 김정은은 훨씬 더 큰 성과를 거두었다. 그는 단계적 비핵화에 대한 약속을 문서가 아닌 구두로 했음에도 이를 대가로 한미 연합 군사훈련의 즉각적인 중단 결정을 받아냈던 것이다.

이는 온전히 김정은과 시진핑의 합작품이었다고 할 수 있다. 트럼프가 기대보다 저조한 성과를 거두게 된 것은 김정은에게서 무조건적인 항복을 받아내려는 완전한 승리 전략을 추진했기 때문이다. 만약 트럼프가 볼턴과 펜스의 강경 발언 등을 통해 그 같은 완전한 승리 전략을 추진하지 않았다면 김정은이 3월과 5월 두 차례에 걸쳐 시진핑을 찾아가지 않았을 가능성이 높았다고 볼 수 있다.

볼턴과 펜스로 대표되는 대북 강경 그룹이 완전한 승리 전략을 노골적으로 추진한 결과 김정은-시진핑 동맹 체제가 형성됐다.

그러나 볼턴과 펜스로 대표되는 대북 강경 그룹이 완전한 승리 전략을 노골적으로 추진한 결과 김정은-시진핑 동맹 체제가 형성됐다. 트럼프가 항행의 자유를 위한 남중국해 상의 군사 훈련을 재개하고 중국의 대미 수출품에 대한 고율 관세 부과를 통해 중국에 대해 완전한 승리 전략을 추진할 가능성이 높아진 것도 시진핑으로 하여금 김정은과의 동맹 결성에 나서도록 했다. 그 결과 싱가포르에서 6월 12일 사상 처음으로 개최된 미북 정상회담은 트럼프의 판정패로 끝나고 말았다.

4월 27일 판문점 남측 평화의 집에서 열린 남북 정상회담이 기대에 못 미치는 합의인 판문점 선언을 내는 데 그친 것도 김정은이 3월 시진핑과의 1차 북중 정상회담을 통해 단계적 비핵화에 대한 지지를 이끌어낸 데 따른 자신감에서 말미암는다.

북한 비핵화의 가격:
종전선언과 평화협정, 주한미군 철수

4.27 판문점 선언을 보면 북한은 기존의 대남 적화통일 전략인 통일전선전술을 고수하고 있다는 것을 알 수 있다. 이는 무엇보다도 문재인 대통령이 북한의 비핵화와 관련해 김정은과 완전한 비핵화가 공동 목표라는 것을 재확인한다는 데만 합의했다는 사실에서 드러난다. 다시 말해서 이 같은 문구가 김정은이 북한의 핵무기와 핵물질 모두 폐기하겠다는 것을 의미하는지 항공모함과 전략폭격기, 핵잠수함 등 미국의 핵전력 자산의 한국으로의 전개와 배치까지 모두 금지하자는 의미인지가 확실하지 않다는 의혹이 제기되었다.

분명한 것은 북한의 목표가 핵무기 철폐 대가로 미국에게서 평화협정을 이끌어내 주한미군을 철수시킴으로써 남한을 적화 통일시킨다는 데 있다는 사실은 변하지 않았다는 것이다. 이 점에서 완전한 비핵화의 의미는 궁극적으로 한미 동맹의 와해를 통한 주한미군 철수를 달성함으로써 미국의 핵전력이 한반도에 전개되지 못하게 하는 것이라고 봐야 한다.

이는 판문점 선언의 핵심 조항인 3번 3항이 "정전협정 65주년인 금년 내 종전선언과 평화협정 체결을 위한 남북미 또는 남북미중 회담을 추진한다"는 문구로 되어 있다는 데서 확인된다. 이는 한국과 중국의 지지 하에 미국과의 종전선언과 평화협정 체결을 함으로써 주한미군이 철수하게 만드는 것이 북한이 말하는 완전한 비핵화의 목표임을 암시한다.

문재인 대통령과 정의용 당시 국가안보실장과 서훈 당시 국정원장 등 그의 외교안보팀이 이 같은 위험성이 다분한 선언문에 합의할 수 있었던 것은 두 가지 관점에서 검토할 수 있다. 첫 번째 관점은 남북간 교류협력이 본격적으로 이루어져 상호 신뢰가 형성되면 핵문제는 자연스럽게 없어진다고 생각하고 있기 때문에 비핵화의 구체적인 로드맵을 무리해서 합의문에 담으려 하지 않았다는 것이다.

두 번째 관점은 북핵 문제는 미북 간의 의제인 만큼 굳이 판문점 선언에 구속력이 있는 합의로 들어갈 필요가 없으며 완전한 비핵화를 공동의 목표로 확인한다는 조항만으로 충분하다고 봤다는 것이다.

이 두 가지 관점 모두가 판문점 선언이 나오는 데 문재인 정부의 나침반이 되었을 것이다. 이에 대해 국내 반응은 잘 됐다는 것이 주류를 이뤘다. 보수층의 반대도 왜 합의문에 CVID가 포함되지 않았느냐는 정도에 그쳤다. 북핵 문제가 미국의 의제이기 이전에 한국의 의제임에도 문재인 정부가 이를 외면했다는 비판은 도무지 찾아보기 어려웠다. 청와대는 CVID 합의가 빠졌다는 비판 여론에 대해 두 정상이 판문점 도보 다리 대화에서 CVID에 대해 공감했다는 전혀 확인될 수 없는 해명을 내놨다.

북한이 북핵 문제의 당사국인 한국을 무시하는 이유는 북한이 요구하는 비핵화의 '가격'을 한국이 지불할 능력이 없다고 보기 때문이다.

문재인 대통령과 그의 외교안보팀이 CVID와 이행 로드맵을 요구하지도 못한 결과 김정은과 그의 참모들은 완전한 비핵화가 공동 목표임을 확인한다는 선에서 한국을 무시했다. 북한은 비핵화 대가로 제시한 미북 평화협정을 한국이 지불할 수 없다고 여겼다. 북한이 북핵 문제의 당사국인 한국을 무시한 데는 또 다른 요인이 있다. 그것은 바로 북한이 핵무기와 ICBM에 대한 CVID 방식의 처리에 합의하고 싶어도 북한이 요구하는 '가격'을 한국이 지불할 능력이 전혀 없다는 사실이다. 북한은 한국의 대북 투자와 민간 교류협력, 남북간 재래식 군사력 감축 정도의 가격에는 핵폐기를 거래할 생각이 전혀 없다. 북한은 핵무기와 핵물질 일체의 가격을 미북 평화협정 체결을 통한 한미 동맹의 해체와 주한미군 철수로 매겨놓은 결정을 바꾼 적이 없다.

위와 같은 북핵 가격을 지불할 수 있는 능력과 자격은 오로지 미국만 갖고 있다는 것이 북한의 생각이다. 한국의 진보 정권들이었던 김대중 정부와 노무현 정부는 자신들이 북한이 원하는 가격을 지불할 능력을 갖고 있지 않다는 것을 깨달았다. 이들 정부는 어쩌면 미국이 그 같은 가격을 맞춰주길 기대했을 수 있다.

> **보수 진영은 북한이 매긴 가격을 인정하지 않았을 뿐만 아니라 부당한 가격을 지불하면서까지 북핵 문제 해결에 나서서는 절대 안 된다고 보았다.**

반면 이명박 정부와 박근혜 정부를 대표로 하는 보수 진영은 북한이 매긴 가격을 인정하지 않았다. 뿐만 아니라 미국도 북한이 요구하는 부당한 가격을 지불하면서까지 북핵 문제 해결에 나서서는 절대 안 된다는 것이 한국 보수 진영의 일관된 입장이다.

오바마 행정부 때까지만 해도 미국은 한국 보수 진영의 이 같은 입장에 '동의'했다. 이는 오바마 행정부가 전략적으로 동의한 것은 아니고 2008년 월스트리트 금융위기로 인한 수백만 중산층 가정이 파산하는 등 미국 내 사회경제적 이슈가 너무 커 이를 해결하는 데 골몰하느라 북핵 문제에 신경 쓸 여유가 없었기 때문이다. 하지만 2017년 1월 트럼프 행정부 출범 이후 상황이 돌변했다. 북한이 2017년 9월 6차 핵실험에 성공한 데 이어 11월에 미국 본토의 어디든 타격 가능한 사정거리 1만 3천 킬로미터의 대륙간탄도미사일

(ICBM) 화성15호 개발에 성공한 것이다. 이 같은 현실은 트럼프 행정부로서는 오바마 행정부가 '전략적 인내' 라는 정책으로 그랬던 것과 달리 북한의 핵무기와 대륙간탄도미사일 개발 문제를 외면하는 것이 더 이상 불가능하게 됐다는 것을 의미했다.

6.25 전쟁 이후 미국을 적대국가로 삼아 각종 군사도발을 해 온 불량국가 북한에 의해 미국 본토의 안전이 위협 받는 상황에서 트럼프가 선택할 수 있는 것은 적극적인 해결에 나서는 것 이외에는 없었다. 트럼프 행정부는 당초 유엔 안보리를 통해 대북 경제 제재를 강화하고 대북 군사적 압박을 높이면 북한의 비핵화를 대북 투자와 경제지원, 김정은의 통치권 보장 정도의 가격으로 충분히 살 수 있을 것이라고 여겼다.

하지만 트럼프와 그의 외교안보팀이 북한과 미북 정상회담 개최 합의 이후 김정은에게서 무조건적인 항복을 받아내기 위한 완전한 승리 전략을 추진한 탓에 그 같은 지불로는 어림도 없게 됐다. 볼턴과 펜스가 '리비아 모델을 수용하지 않을 시 가다피처럼 죽을 수 있다' 고 위협한 것이 결정적인 영향을 미쳤다. 당시 겁을 집어 먹은 김정은이 시진핑에게 달려가 단계적 비핵화 방안에 대한 중국의 적극적인 지지를 확보하는 데 성공했기 때문이다.

이에 따라 미국은 북한이 애초부터 요구해 온 종전선언과 평화협정 체결이라는 가격을 지불해야 하는 처지로 내몰리고 말았다. 6.12 미북 간 싱가포르 정상회담 결과가 김정은이 CVID가 아닌 '완전한 비핵화를 위해 노력한다' 는 하나마나 한 약속만 했는데도 트럼프는 엄청난 가격을 지불해야 했다. 김정은이 CVID를 약속하지 않았는데도 한미 연합 군사훈련의 즉각 중단을 결정했고, 주한미군의 철수 가능성을 암시하기도 했다.

문제는 미국이 종전선언과 평화협정 체결 요구를 들어주더라도 북한의 비핵화와 대륙간탄도미사일 폐기가 이루어지지 않을 수 있다는 데 있다. 김정은이 종전선언과 평화협정 체결이라는 값비싼 가격을 받아놓은 다음 주한미군 철수까지 추가로 지불하지 않으면 비핵화와 대륙간탄도미사일 폐기에 나서지 않겠다고 버틸 가능성을 배제할 수 없다.

> **북한이 비핵화를 약속하고 미국이 종전선언과 평화협정 체결 요구를 들어주더라도 북한의 비핵화와 대륙간탄도미사일 폐기가 이루어지지 않을 수 있다.**

만약 이 같은 시나리오가 현실화할 경우 한국의 안보는 큰 위기에 직면하게 된다. 미북 평화협정이 주한미군 철수로 이어질 가능성이 높아질 것이다. 그런데 북한이 단계적 비핵화를 명분으로 이를 장기화하면서 중국과의 군사적 동맹을 강화하게 될 경우 한반도는 온전히 중국의 영향권에 들어갈 수밖에 없다.

이 같은 상황이 현실화하면 한국은 중국과 러시아, 북한 등 전체주의 3각 동맹 체제에 의한 '비자유주의화' 위기에 직면하게 된다. 이 같은 '불온한' 시나리오가 실현되면 한국의 정치 체제는 친중, 친북, 친러 성향의 좌파 세력에 의해 지배될 것으로 전망된다. 한국의 내부 정치와 경제, 사회 체제까지 비자유주의화할 가능성이 높은 것이다.

이는 미국이 추구하고 있거나 그럴 가능성이 높은 두 가지 전략으로 인해 더욱 촉진돼 왔다. 첫 번째, 미국은 6.12 1차 싱가포르 미북 정상회담에서부터 북한의 비핵화보다 ICBM 능력 제거에 더 중점을 두어 왔다. 트럼프가 한미 연합훈련 중단 결정을 한국 정부와 협의도 없이 김정은과의 싱가포르 회담 직후 가진 기자회견에서 전격 공표한 것은 다분히 김정은이 약속한 동창리 미사일 엔진 실험장 폐쇄에 대한 대가였다고 분석할 수 있다. 미국으로서는 핵무기가 탑재된 북한의 대륙간탄도미사일 위협을 제거할 수만 있다면 한미 연합 훈련도 중단할 수 있고 나아가 주한미군까지 철수할 수 있다는 입장을 내비친 것이다.

두 번째, 미국은 북한의 비핵화와 ICBM 능력 제거 또는 감축을 조건으로 주한미군 철수를 통해 한반도의 중립화에 전격 동의할 수 있다는 입장을 내비치고 있다. 미국으로서는 2008년 금융위기 이후 위축된 경제로 인해 주한미군 주둔 비용은 물론 한미 연합 군사훈련 비용을 부담하는 것이 갈수록 부담스러운 상태에 있다. 따라서 중국과 북한 모두 원하고 있는 주한미군 철수를 조건으로 북한으로 하여금 CVID에 의한 비핵화와 ICBM 폐기 또는 제한을 수용하게 하고 중국이 이를 지지하게 하는 방안을 미국이 추진할 가능성이 충분히 있다.

문제는 이 같은 시나리오가 현실화하게 되면 중국의 대 한국 영향력이 급속하게 증가하게 되고 한반도는 중립지대가 아니라 중국의 속국으로 전락할 우려가 높다는 것이다. 미국도 이를 모르지 않는다.

하지만 동아시아와 서태평양 지역의 패권을 놓고 미국과 경쟁하는 중국에 한반도에 대한 영향력을 인정해주는 것이 중국과의 공존을 위해 필요하다고 보는 인식이 미국 내에 존재한다. 경제력 약화로 인해 군사력 감축이 이루어짐에 따라 급속한 경제 발전을 바탕으로 군사력을 강화하고 있는 중국과 제로섬 경쟁을 무한정 할 수가 없는 것이 오늘날 미국의 대외 전략이 처한 한계 상황이기 때문이다.

> 북한이 비핵화를 이행하고 미국이 평화협정 체결과 종전선언에 동의하게 되면 주한미군은 더 이상 한국에 주둔할 명분이 없어지게 될 수 있다.

만약 김정은이 트럼프의 이 같은 '선 보상, 후 비핵화' 모델에 동의해 구체적인 비핵화 조치를 취함으로써 싱가포르에서 합의한 '완전한 비핵화'가 트럼프 임기 내 이루어진다면 주한미군 철수가 불가피해질 수 있다는 우려가 제기되었다. 그 같은 우려를 낳은 첫 번째 이유는 북한이 비핵화를 이행하고 그에 따라 미국이 평화협정 체결과 종전선언에 동의하게 되면 주한미군은 더이상 한국에 주둔할 명분이 없어지게 되기 때문이다. 이는 트럼프가 싱가포르 회담 직후 가진 회견에서 "주한미군 유지비용이 부담이 돼 빠른 시일 내 철수시키고 싶으나 지금은 그렇게 할 수 없다"고 밝힌 뒤 나중에 북한과의 협상 의제가 될 수 있으면 좋겠다는 뉘앙스의 말을 덧붙인 데서 알 수 있다.

두 번째 이유는, 한미 연합 군사훈련 중단 조치가 장기화하게 되면 주한미군은 더 이상 존재할 필요성을 잃게 되기 때문이다. 주한미군 2만 8천명은 한국뿐만 아니라 다른 지역 기지들로도 순환 배치되는 병력이기 때문에 한국군과의 정례적인 훈련을 통해 한반도 지형을 익히고 한국과의 전략적 공조를 점검해야 한다. 따라서 주한미군 병력이 2년간의 배치 기간 동안 한국군과의 어떠한 합동훈련을 못하게 되면 계속 주둔하더라도 유사시 북한의 도발에 능동적으로 대응할 수 없게 된다. 한미 연합훈련의 중단이 장기화 하면 주한미군이 철수하는 것과 같은 효과가 나게 되고 실제로 철수하게 될 가능성이 높아지게 된다.

트럼프가 '선 보상, 후 폐기'라는 비판을 받으면서까지 김정은과 타협하게 됐던 데는 미국의 경제력이 2008년 월스트리트 금융위기와 2010년 글로벌 대침체를 겪으면서 급격히 약화되어 온 것이 결정적인 영향을 미쳤다. 2001년 9.11 테러 발발 이후 당시 조지 W. 부시 행정부가 테러와의 전쟁 차원에서 아프가니스탄과 이라크 전쟁이라는 두 개의 전쟁을 동시에 벌일 수 있었던 것은 냉전이 종식된 지 10년 정도 지난 시기인 당시까지만해도 세계 최고의 경제력이 뒷받침되었기 때문이다.

그러나 2008년 월스트리트 금융위기와 2010년 글로벌 대침체를 거치면서 미국 경제가 연 2~3% 안팎의 저성장을 거듭함에 따라 당시 오바마 행정부는 두 개의 전쟁을 벌이는 것은 감히 생각할 수도 없을 뿐만 아니라 미국과 동맹국들의 안보에 위협을 가하는 중국의 부상, 북핵, 시리아 내전, 러시아의 크림반도 병합 등 주요 글로벌 및 지역 위기를 해결하려는 적극적인 의지를 보이지 못했다. 오바마 대통령으로서는 경제 악화로 인한 빈부 격차 확대와 실업 증대 등의 사회경제적 현안 해결에 집중할 수밖에 없었기 때문이다.

트럼프 행정부가 처했던 미국 국내의 사회경제 상황도 오바마 행정부 때와 결코 다르지 않았다. 트럼프가 해외로 공장을 이전했던 미국 기업들을 압박해 다시금 미국으로 공장을 옮겨 오도록 만들고 동맹국과 적국을 가리지 않고 대 미 교역에서 막대한 흑자를 보고 있는 국가들의 대미 수출품들에 고율의 관세를 부과했던 것은 이 때문이다.

오바마가 경제력 약화로 인해 대외 안보 현안에 관여하지 않고 국내 사회경제적 기반 회복에 집중했다면 트럼프도 취임 이후 오바마와 거의 똑 같이 미국 안보와 직접적인 관련성이 없는 글로벌 안보 현안에는 큰 관심을 두지 않았다. 트럼프의 관심은 임기 4년 동안 오로지 미국 경제를 되살리는 데에만 맞춰져 있었다. 이를 위해 필요한 것이라면 그는 어떤 것도 마다하지 않고 하려고 했다.

트럼프는 오바마와 마찬가지로 두 개의 전쟁이든 한 개의 전쟁이든 새로 벌이는 것 자체 불가능하다고 보았다. 이 점에서 그가 중국과의 패권 전쟁을 벌이거나 북한의 핵무기와 대륙간탄도미사일 위협을 해결하기 위해 북한을 상대로 선제 타격을 한다는 것은 생각하기 어려웠다.

더욱이 중국은 2014년을 기점으로 구매력 기준으로 국내총생산에서 미국을 앞지르기 시작했다. 북한의 경우 2017년 6차 핵실험 성공으로 핵무기 개발에 성공한 데 이어 미국 본토를 타격할 수 있는 대륙간탄도미사일 시험 발사에 성공했다. 따라서 트럼프로서는 중국과의 패권 도전을 막기 위한 전선과 북한의 비핵화와 대륙간탄도미사일 능력 제거를 위한 전선을 동시에 감당할 수 없었다.

트럼프는 두 전선 중에서 상대적으로 쉬운 북핵 해결을 첫 번째 대외 전선으로 선택했다. 이 같은 선택에는 북한의 핵무기와 대륙간탄도미사일 개발로 인한 위기를 먼저 해결하는 것이 향후 중국과의 패권 경쟁을 유리하게 이끌어가는 데 도움이 될 것이라는 판단도 한 몫 작용했다.

하지만 미국으로선 중국과의 패권 경쟁뿐만 아니라 북한의 핵과 ICBM 문제도 완전한 승리를 추구할 수 있는 전선들이 아니었다. 중국은 이미 경제와 군사 부문에서 미국과 견줄 수 있는 글로벌 강국으로 올라섰다. 북한의 경우도 화성 15호의 시험 발사 성공으로 언제든지 핵탄두가 탑재된 대륙간탄도미사일로 미국 본토를 타격할 수 있는 능력을 갖추게 되었다.

> 미국으로선 중국과의 패권 경쟁뿐만 아니라 북한의 핵과 ICBM 문제도
> 미국이 완전한 승리를 추구할 수 있는 전선들이 더 이상 아니었다.

트럼프가 6.12 미북 정상회담에서 CVID를 관철하지 않고 거꾸로 한미 연합 군사훈련 중단이라는 보상을 먼저 제공함으로써 김정은이 비핵화와 대륙간탄도미사일 능력 제거에 나서도록 유도한 이유는 바로 여기에 있다. 트럼프 김정은을 상대로 CVID 방식의 일괄 타결이라는 완전한 승리 전략 대신 단계별 폐기와 동시적 보상 방식을 통한 장기적 해결이라는 제한적 승리 전략을 추구한 것이다.

북한의 핵 · ICBM 문제의 패러다임 변화

북한의 핵무기와 ICBM 개발로 인한 위기는 그 해결 방식에서 거대하고 근본적인 패러다임의 변화가 이루어지고 있다. 이 같은 패러다임 변화를 촉진하고 있는 요인은 세 가지로 정리할 수 있다.

첫 번째 요인은 미국이 경제력 쇠퇴와 국내 사회경제적 기반 악화로 인해 비용 부담이 큰 주한미군 유지는 물론이고 한미 연합 군사훈련을 지속하는 것이 갈수록 어려워지고 있다는 것이다.

두 번째 요인은 북한이 미국과 핵 문제를 일괄 타결하고 장차 친미 국가로 변모하는 상황이 발생하는 것을 원치 않는 중국이 김정은의 단계적 비핵화를 지원하고 있다는 것이다. 중국은 북한이 친미 국가로 바뀔 경우 중국 공산당 1당 지배체제에 불만이 높은 중국 중산층을 자극해 자칫 공산당의 1당 독재체제에 치명적 위기가 초래될 수 있다고 우려하고 있다.

세 번째 요인은 북한이 핵무기와 핵탄두 탑재 ICBM 개발에 2017년 성공했다는 사실이다. 이는 미국이 경제 제재 해제와 군사적 압박 중단, 경제개발 지원 등으로는 북한의 핵무기 폐기와 ICBM 능력 제거를 얻어내기가 어려워졌다는 것을 의미한다. 북한은 이들 전략 무기의 폐기 대가로 미북 평화협정 체결을 통한 체제 안전 보장을 요구해 왔다. 한국에게는 이를 들어줄 능력이 없다는 것이 북한의 주장이다. 오직 미국만이 가능하다는 것이다. 6.12 싱가포르 회담을 계기로 트럼프가 한미 연합 군사훈련 등 북한이 군사적 압박으로 여길 만한 모든 정책을 유보하기로 결정한 것은 북한의 입장을 어느 정도까지는 인정했기 때문이다. 이 점에서 트럼프가 6.12 회담을 계기로 김정은이 요구하는 이런 비싼 가격을 지불해야만 북한의 비핵화와 ICBM 능력 제거가 가능한 것이 아니냐는 생각을 갖기 시작했다고 평가할 수 있다.

하지만 북한의 비핵화와 ICBM 능력 제거가 과연 실현될 수 있을지 여부는 알 수 없다. 미국이 북한의 종전선언과 평화협정 체결 요구를 수용해도 김정은이 약속한 비핵화와 ICBM 능력 제거를 이행하지 않을 가능성이 적지 않기 때문이다. 김정은은 비핵화와 ICBM 능력 제거를 진행하는 척 하면서 그 과정을 한 없이 늦춰가면서 온갖 보상을 요구할지도 모른다. 그렇게 하면서 비밀리에 핵무기 제조와 ICBM 생산을 계속하는 등 기만 전술을 펼 가능성도 크다. 이 같은 우려가 현실화할 경우 한국의 안보는 초유의 위기에 직면할 것으로 전망된다. 비록 한미 동맹 체제가 비록 유지된다 하더라도 한미 연합 군사훈련이 중단되거나 주한미군마저 철수하는 상황이 현실화될 수 있기 때문이다.

따라서 한국은 트럼프 행정부를 뒤 이은 바이든 행정부 4년 동안 이 같은 사태가 발생할 가능성에 철저하게 대비해야 한다. 무엇보다도 김정은이 기만 전략을 펴지 못하도록 미국이 최대의 제재와 압박 체제를 유지하도록 만드는 것이 중요하다. 그렇게 함으로써 바이든 행정부가 FFVD(최종적으로 완전히 검증된 비핵화)든 CVID든 어느 방식의 비핵화를 추구하든 간에 북한의 모든 핵무기와 ICBM 생산 능력이 제거될 수 있게끔 미국과의 공조 체제를 튼튼히 해야 한다.

"미국은 충분한 국내 지지가 없는 상태에서 글로벌 질서 전체를 떠맡기보다는
파트너 국가들에게 각 지역의 지정학적 책임을 일정 부분 넘겨야 한다."

찰스 A. 쿱찬

"일본은 언젠가 강국의 지위 인정받기 위해
미국의 영향권서 벗어날 것이다."

즈비그뉴 브레진스키

GRAND

4부

일본의 제2 대동아공영권 야망과

한일 차세대 패권 경쟁

STRATEGY

12

일본 군국주의의 부활과
제2 대동아공영권 야망

오늘날 일본을 보면 고대 스파르타를 닮았다.

스파르타는 그리스의 군사적 패권을 갖고 있으면서도 더 이상 크지 못한 채 스스로 무너져 내렸다. 그 이유는 이웃 민족을 받아들이는 개방성이 낮았기 때문이다. 스파르타는 늘 긴장을 놓지 않게 만드는 초민족(超民族) 공동체의 변경 안에 있지 않았다. 그런 까닭에 스파르타에겐 무섭고 낯선 '타자(他者)'가 없었다. 그 결과 스파르타는 이웃 나라인 메세니아 사람들을 노예로 삼았다. 그 같은 관용의 부재가 스파르타를 제국으로 나아가는 것을 막고 스스로 무너지게 만든 요인이 되었다.

일본도 많은 점에서 스파르타와 별반 다르지 않다. 1868년 메이지(明治) 유신 이래 오늘날까지 일본은 한 번도 한민족을 비롯한 이웃 민족들에 대한 개방성을 보여준 적이 없다. 그 이유는 스파르타가 그랬던 것과 똑 같다. 국가 생존을 위협하는 초민족 공동체의 변경 안에 있지 않다 보니 한 번도 무섭고 낯선 타자를 만나지 못했기 때문이다. 그 결과 일본 민족으로서는 이웃 민족들을 개방성과 관용으로 대할 필요성이 없었던 것이다. 섬이라는 지리적 특성에서 오는 안전성이 이처럼 일본 민족을 교만하게 만든 것이다. 일본이 한국과 중국, 동남아 국가들을 침공해 식민지로 만드는 등 온갖 죄악을 도덕적 가책 없이 저지를 수 있었던 데는 이런 요인이 자리하고 있었다.

오늘날 일본의 개방성과 관용 수준은 위안부 문제에 대해 자민당 정부가 취해 오고 있는 정책 기조를 놓고 볼 때 매우 낮다. 박근혜 정부 때 아베 정권과의 협상 끝에 타결된 한일 위안부 합의에도 불구하고 일본 정부와 국민이 마음 저 깊은 곳에서 우러나오는 진정성을 갖고 사과하려는 것인지에 대해 한국 국민들로서는 확신하지 못하기 때문이다.

2021년 현재 국내총생산을 기준으로 보면 일본은 세계 3위의 경제 대국이다. 그럼에도 일본이 동아시아 지역에서 리더십을 발휘하지 못하는 것은 이웃 민족들과 국가들에 대한 개방성과 관용의 부재 때문이다. 일본은 역내 책임 있는 리더로 도약할 가능성이 낮은 것으로 평가 받고 있다.

그런 일본이 2010년대 들어 중국이 급속히 부상하고 북한의 핵무기와 탄도미사일 위기가 심화됨에 따라 한국의 대외 전략의 변수로 부상하고 있다. 중국이 동아시아와 서태평양 지역 패권 도전을 본격화하면서 증대되고 있는 안보 위기에 맞서 과연 일본과 협력해야 할지 말지를 고민해야 하는 상황에 직면하게 된 것이다. 중국에 의한 역내 비자유주의화 위기에 대해 한국과 일본 모두 자유민주주의 진영에 속한 만큼 원론적으로 보면 공동 대처하는 것이 맞다. 미국도 이를 원하고 있다.

하지만 이성은 일본과 협력할 것을 요구하지만 감정은 썩 내키지 않는다. 감정이 협력의 길을 막고 있는 큰 이유는 일본의 겉과 속이 다르기 때문이다. 겉으로 드러난 일본의 모습은 양심적인 자유민주주의 국가로 비쳐지고 있다. 하지만 내적인 모습은 여전히 20세기 초 동아시아를 전쟁터로 만든 쇼와(昭和) 시대 군국주의 유산을 이어받은 국가가 아니냐는 의혹에서 벗어나지 못하고 있다.

이 때문에 한국과 일본 간 안보 협력은 여전히 답보 상태에 머물러 있다. 물론 박근혜 정부 시기인 2016년 11월 23일 한국 국방부와 일본 방위성 간에 군사정보보호협정(GSOMIA)이 체결됐다. 이는 한일 양국 간 안보 협력의 수준을 높이는 데 기여할 것으로 기대됐다. 하지만 한·미·일 3국간 군사 협력을 본격화하기를 희망하는 미국의 기대에는 한참이나 못 미친다.

2018년 11월 한국 대법원이 일제 시기 징용에 끌려간 한국인들에 대한 일본 기업의 배상을 판결한 이후 양국 간 갈등과 긴장이 고조되고 있어 정보 협력이 이루어지지 않을 가능성을 배제할 수 없다. 중국이 한·미·일 3국 군사동맹의 출현을 방해하는 데 일정 부분 성공할 수 있었던 것도 이러한 한일 간의 불화를 이용할 수 있었기 때문이다.

미군 철수 후를 준비하는 일본

일본은 이처럼 중국의 패권 추구로 인한 비자유주의화 위기에 대한 대응과 관련해 미국 다음으로 주목을 받는 나라다. 이는 일본이 동아시아와 서태평양 지역의 자유민주주의 진영에서 미국 다음의 경제력과 상당한 군사력을 갖춘 강국이라는 것을 의미한다. 일본에 대한 관심이 높아지고 있는 또 다른 이유는 미국이 2008년 금융위기 이후 역내 관여의 깊이와 폭을 줄여감에 따라 일본이 그 빈 공간을 채우려는 욕망을 강력하게 표출하고 있기 때문이다.

미 브루킹스연구소 소속 국제정치학자 로버트 케이건Robert Kagan은 『밀림의 귀환The Jungle Grows Back』에서 일본이 미국의 역내 철수 가능성에 진지하게 주목한 시점으로 2013년에 주목한다. 당시 오바마 행정부가 시리아 사태 해결 방식으로 지상군 투입 대신 공군력에 의한 공중 폭격을 선택하는 것을 본 일본은 미국이 머지않아 동아시아에서 철수할 가능성이 높다고 판단했다는 것이다. 그는 "아베의 한 측근이 말한 것처럼 일본은 미국이 세계 경찰관 역할을 그만두면 더 이상 미국에 의존할 수 없다고 보고 있다"고 말한다. 요컨대 일본은 2013년 이후 미국이 동아시아에서 머지않아 떠날 가능성이 높다고 판단하고 그 시기가 올 경우 미국의 빈자리를 채우기 위한 군사대국화와 협력국가들의 네트워크 구축에 박차를 가해 왔다고 볼 수 있다.

> 찰스 A. 쿱찬은 미국이 글로벌 질서 전체를 떠맡기보다는 파트너 국가들에게 각 지역의 지정학적 책임을 일정 부분 넘겨야 한다고 주장한다.

미국의 지정학 문제 권위자인 제이컵 J. 그리기엘Jacob J. Grigiel은 2006년에 출간된 『강대국들과 지정학적 변화』에서 이미 미국의 역내 주둔 축소 시에 일본은 그 역할을 대신할 준비를 해야 할 필요가 있다고 일찌감치 말했다. 그렇다고 본다면 일본은 2000년대 중반부터 중국과의 패권 경쟁을 준비해왔을 가능성이 있다.

미국 학계에서도 미국이 이제 동아시아에서 그동안 맡아 온 안보 질서 유지 책임의 일부를 일본에 넘겨주어야 한다는 주장이 제기되어 왔다. 미 조지타운대 국제정치학자 찰스 A. 쿱찬Charles A. Kupchan은 2012년에 출간된『주인 없는 세계No One's World』에서 "충분한 국내 지지가 없는 상태에서 글로벌 질서 전체를 떠맡기보다는 미국은 파트너 국가들에게 각 지역의 지정학적 책임을 일정 부분 넘겨야 한다"고 주장한다. 동아시아에서는 미일 동맹을 강화하면서 일본에 그 같은 책임을 대신하도록 해야 하는데 그럴 경우 전쟁을 금지하는 평화헌법을 개정해야 할지 모른다고 그는 덧붙인다.

아베의 인도-태평양 전략과 대동아공영권 부활 욕망

2016년 8월 당시 아베 신조 총리가 대(對) 중국 전략으로 제시한 '인도-태평양 전략'의 실체를 놓고 역내 국가들 사이에서 논란이 제기되었다. 관심의 초점은 일본이 표출하는 욕망이 아베가 인도-태평양 전략의 명분으로 제시한 법의 지배와 평화, 시장경제 등 3대 가치의 실현에 부합하느냐는 데 있었다. 만약 그것이 아니라면 인도양과 태평양 두 대양을 연결해 아시아의 발전에 기여하겠다는 인도-태평양 전략의 목표는 무엇인가? 한국을 비롯한 역내 국가들의 불안은 위의 3대 가치 실현이 일본의 목표가 아닐 수 있다는 데 있다. 20세기 전반 아시아를 유린한 데 대한 책임 인정과 보상에 대해 모호한 수사로 일관해 온 일본 보수 세력이 과연 그 같은 가치들을 추구할 것인지에 대한 강한 불신이 역내 국가들 사이에 자리하고 있는 것이다.

실제로 일본이 중국의 위협을 능가하는 또 다른 안보 위협을 제기할 수 있다는 우려가 높아가고 있다. 아시아를 무참히 유린함으로써 많은 나라의 무수한 인명을 희생시킨 일본의 군국주의의 위험한 욕망을 부활시키려는 몸짓일지 모른다고 이웃국가들이 느끼고 있는 것이다. 중국은 주변국들의 이 같은 위기감을 읽고 일본이 군국주의로 치닫고 있다고 비난한다. 그러나 필리핀의 동아시아 전문가 헤이다리안은 『아시아의 새로운 전쟁터』에서 중일 간의 갈등의 본질은 패권 경쟁이라고 규정한다.

중국이 난징대학살 기념관을 1985년에 세우는 등 일본의 만행을 국내외에 알리고 있는 것은 체제유지 목적도 있다. 영국의 글로벌 경제지 〈파이낸셜타임스〉의 제프 다이어는 2014년에 출간된 『세기의 결전』에서 중국 정부는 자국의 국민들이 일본의 만행들에 관한 얘기를 많이 접하면 접할수록 공산당의 통치를 잘 따를 것이라고 인식하고 있다고 지적한다.

동아시아 국가들에게 중요한 것은 인도-태평양 전략이 아베와 그의 승계자들이 추진하고 있는 대동아공영권 전략의 21세기 버전인가 여부이다. 1930년대 미국은 대동아공영권 전략으로 조선, 중국, 동남아를 식민지로 만드는 등 일본 제국주의가 동아시아 지역을 지배하는 것을 묵인했다. 이에 대해 당시 미국에서 구미위원회를 통해 독립 외교를 하고 있던 이승만 박사는 군국주의 일본에게 동아시아를 내주려는 미 행정부를 신랄하게 비판했다. 그는 미 국무부에 조선을 독립시키고 일본을 견제해야 한다고 요구했다. 이승만 박사가 해방 직후 곧 바로 귀국하지 못하다가 일본 점령군 최고사령관이었던 맥아더 장군의 도움으로 10월에 가까스로 귀국할 수밖에 없었던 것도 그의 지속적인 비판에 불만을 가졌던 미 국무부의 보이지 않는 방해 때문이었다. 미국이 지지한다는 측면에서 보자면 대동아공영권과 인도-태평양 전략은 닮았다. 대동아공영권 전략이 미국의 지지를 얻었던 것처럼 인도-태평양 전략도 미국의 지지를 확보하는 데 성공했다.

트럼프 전 대통령은 2017년 11월 일본 방문 시 아베와의 정상회담에서 인도-태평양 전략을 함께 추진하기로 합의했다. 오바마 전 대통령이 환태평양

경제동반자협정(TPP)에 미국이 참여한다는 발표를 한 것도 2009년 일본을 방문했을 때였다. 오바마와 트럼프 모두 일본을 동아시아와 서태평양 지역의 최대 동맹국으로서 인정하기에 가능했던 것이었다. 만약에 인도-태평양 전략이 대동아공영권 전략과 정체성에서 같다고 하면 이는 미국이 예나 지금이나 일본이 주창하는 의제의 본질보다는 외양을 중시하는 한계를 갖는다는 것을 의미한다.

그럴 경우 미국과 일본의 관계는 동아시아 질서와 관련해 칼 마르크스의 유명한 통찰을 적용받는 '영예'를 안게 될지도 모른다. 마르크스는『루이 보나파르트의 브뤼메르 18일』에서 이렇게 말했다. "헤겔은 어디선가 세계사에서 막대한 중요성을 지닌 사건들과 인물들은 두 번 반복된다고 언급한 적이 있다. 하지만 그는 다음과 같은 말을 덧붙이는 것을 잊었다. 한 번은 비극으로, 다른 한 번은 희극으로 끝난다는 사실 말이다."

인도-태평양 전략에 숨은 일본의 목표가 진정으로 아시아의 평화와 발전을 위한 것이라고 보기 힘든 것이라면 마르크스의 언명을 적용해 이렇게 말할 수 있을 것이다. "20세기 전반 일본의 대동아공영권 전략이 태평양 전쟁에서의 참혹한 패배라는 비극으로 끝났다면, 21세기 중반 또 다시 아시아의 패권을 차지하려는 일본의 시도는 역내 국가들의 불신을 받고 실패하는 희극으로 끝나게 될 것이다."

결국 이 퍼즐의 핵심은 일본이 추구하고 있는 욕망의 정체가 무엇인가이다. 그것을 알려면 먼저 일본이 어떤 나라인지 파악하는 것이 중요하다. 그 핵심은 대동아 전쟁 당시 상대 국가에 대해 최소한의 공존 전략을 추구했는지 여부다.

이는 19세기 프로이센의 군사 전략가인 클라우제비츠의『전쟁론』의 핵심 명제를 일본에 적용해 어떤 결론이 나오는지 살펴보는 것에서 시작할 수 있다. 클라우제비츠와 그의 전략 사상을 잇는 조지 F. 케넌 등 20세기 현실주의 전략가들은 전쟁에서 진정으로 승리를 원한다면 두 개의 정책을 자제할 수 있어야 한다고 주장했다.

첫 번째는 완전한 승리를 거두겠다는 전략을 선택하지 않는 것이다. 완전한 승리 전략이란 적국을 상대로 승리를 거두었음에도 불구하고 적국으로부터의 잠재적인 위협도 제거하기 위해 적국을 구석으로 몰아넣어 재기할 가능성을 완전히 봉쇄하는 전략이다. 자제해야 할 이유는 이 전략을 추구할 경우 패자의 죽기 살기 식의 반격이 승자에게 재앙이 될 수 있기 때문이다. 승자가 그나마 확보했던 질서가 위기에 처하는 것이다. 대표적인 사례가 바로 2014년의 러시아에 의한 우크라이나 크림반도 강제 병합 사태다.

당시 미국과 서유럽은 안보협력체인 나토(NATO)를 러시아와 국경을 맞대고 있는 동유럽의 우크라이나에까지 확대하려 했다. 하지만 위기감을 느낀 러시아는 우크라이나 영토인 크림반도의 강제 병합으로 반격에 나섰고 우크라이나의 나토 가입은 실패로 돌아갔다. 러시아는 국경을 사이에 두고 미군과 마주하게 될 경우 자국의 안보가 크게 불안정해질 것이라고 우려했기 때문이다. 그 결과 이 사태는 타국의 영토와 주권을 존중한다는 베스트팔렌 체제에 기초한 탈냉전 질서가 유럽에서 종언을 고하는 데 결정적인 역할을 했다. 냉전의 승자인 미국과 서유럽이 패자인 구소련을 승계한 러시아를 상대로 완전한 승리를 거두려다가 거꾸로 탈냉전 질서의 붕괴라는 재앙을 당하고 만 것이다.

두 번째로 자제해야 할 정책은 적국을 완전히 파괴하는 절대 전쟁(absolute war)이다. 즉 피아(彼我)가 서로를 완전히 파괴하기 위해 벌이는 전쟁을 말하는 것이다. 절대 전쟁의 경우 전쟁의 당사자인 쌍방의 인적, 물적, 그리고 영토적 토대가 완전히 파괴되는 비극으로 귀결된다. 이 점에서 절대 전쟁은 완전한 승리 전략과 다르다. 실제 절대 전쟁을 역사에서 찾기 어려운 것은 이 때문이다.

그런데 현대 역사에서 완전한 승리 전략은 물론 악마적인 절대 전쟁까지도 아무런 도덕적 거리낌도 가지지 않고 저질렀던 나라가 하나 있다. 그 나라가 바로 일본이다.

　일본은 제한된 정치적 목적을 달성하기 위한 수단으로서 전쟁을 치르지 않고 이웃국가들을 철저히 파괴하는 절대 전쟁을 벌였던 나라다. 그런 일본이 제2차 대전에서 패배하면서 절대 전쟁을 멈출 수밖에 없었던 것은 미국이 소련의 참전을 촉구하면서까지 일본 군국주의 세력을 상대로 완전한 승리 전략을 폈기 때문이다. 한반도 분단과 중국의 공산화는 소련군이 중국 북부 지역으로 들어온 결과다. 이는 일본이 절대 전쟁, 즉 완전한 승리 전략을 추구한 결과였다.

　일본은 20세기 들어서면서 한반도의 조선과 중국을 비롯해 동남아 국가들을 상대로 전쟁을 게임하듯 치르기 시작했다. 전쟁의 목적은 단순히 이들 국가를 자신들의 영향권 하에 두는 데 있지 않았다. 사쓰마번과 조슈번의 후예들이 장악한 일본 육군 엘리트들은 갈수록 이웃국가들을 완전히 파괴하는 절대 전쟁으로 치달았다. 수뇌부를 포함해 일본 육군 엘리트 전체가 전쟁을 국내 정치의 연장으로 보지 않고 전쟁 자체를 목표로 보았다. 클라우제비츠가 현실에서 불가능하다고 봤던, 군부 주도에 의한 절대 전쟁이 실제로 벌어졌던 것이다.

　그들에게는 역내 국가들을 철저하게 파괴함으로써 이들 국가의 재기를 불가능하게 만들겠다는 것 이외의 어떤 목표도 없었다. 1937년 12월 7일 일본 육군이 중국을 침략하면서 수십만의 난징 시민을 학살하는 등 아시아 도처에서 수많은 만행을 저지를 수 있었던 것도 이 같은 맥락에서 봐야 한다. 이 모든 것이 전쟁의 주도권이 일본 정치인들로부터 군부의 수중으로 넘어가면서 발생했다. 이 점에서 일본 육군에 의한 절대 전쟁은 일본 정치가 군에 대한 문민 통제에 실패한 결과다.

> 일본 육군의 절대 전쟁을 중단시키고 일본의 패망까지 초래한 요인은 아이러니하게도
> 그들이 추구한 완전한 승리 전략이었다.

그런 일본 육군의 절대 전쟁을 중단시키고 일본의 패망까지 초래한 요인은 아이러니하게도 그들이 추구한 완전한 승리 전략이었다. 일본 육군은 1940년 9월 독일과 이탈리아와 함께 삼국동맹을 체결해 추축국으로서 제2차 대전을 일으켰다. 만약 그들이 삼국동맹에 참여하지 않았다면 미국과의 전쟁도 없었을 것이고 그에 앞서 확보한 중국과 조선, 동남아에 대한 지배권도 유지했을지 모른다. 일본 본토도 피해를 입지 않았을 것이다. 그러나 일본 육군은 미국을 자신들의 아시아 정복을 위협하는 국가로 인식했는데, 그 결과 전쟁을 통해 미국을 굴복시키겠다는 완전한 승리 전략을 추진하게 되었다.

일본 육군이 삼국동맹을 체결한 그 다음해인 1941년 12월 7일 진주만 기습으로 미국과의 태평양 전쟁에 돌입한 것은 이 때문이다. 일본 육군의 절대 전쟁은 미국에게 패하면서 끝났다. 군국주의 국가의 절대 전쟁은 그 같은 야만적인 전쟁을 지속하기 위해 추진한 완전한 승리 전략에 의해서 멈출 수 있었다. 그래서 일본의 절대 전쟁과 완전한 승리 전략 간의 관계는 근현대 전쟁사에서 결코 찾기 쉽지 않은 아이러니라고 할 수 있다.

현 일본 보수 집권 세력의 정체:
"메이지 유신과 쇼와 육군의 후예"

문제는 오늘날 일본의 국내 정치를 주도하고 있는 보수 세력이 20세기 전반 일본의 군국주의화를 주도했던 일본 육군의 후예들이라는 것이다. 전임 총리인 아베의 외조부는 전범으로 미군정(美軍政)에 의해 체포되어 복역했으나 1957년 일본 총리가 된 기시 노부스케다. 그런 군국주의적 혈연을 가진

352

아베가 전범들을 추모하기 위한 야스쿠니 신사를 참배하고 있다는 것은 무엇을 의미하는가?

현 일본 보수 세력이 메이지 유신 세력과 쇼와 육군 중심의 군국주의 세력의 범죄에 대해 반성하고 있다고 보기는 어렵다. 만약 그들이 반성하고 있다면 전쟁을 일으켜 이웃나라들을 식민화하고 이들 나라의 무고한 사람들을 살육하고 성 노예화하고 강제 징용해 노역시키는 등 인류사적으로 그 유례를 찾을 수없는 만행을 자행했던 메이지 유신 세력과 쇼와 육군을 추모하는 야스쿠니 신사를 참배하지는 않을 것이다. 그들이 매년 야스쿠니 신사를 참배하는 목적은 한 가지밖에 없다. 메이지 유신 세력과 쇼와 육군 선배들의 영혼을 만나 다짐하는 것이다. 그 선배들이 추구했던 대동아공영권이라는 군국주의 비전을 21세기에 자신들이 실현하겠다고 다짐하는 것인지도 모른다.

이는 제2차 대전 이후 총리로선 처음으로 야스쿠니 신사를 참배하기 시작한 총리인 고이즈미 준이치로의 태도에서 엿보인다. 그는 자신의 야스쿠니 신사 참배 습관에 대해 "가슴의 문제"라고 말했다. 고이즈미 자신은 가슴에서 우러나서 야스쿠니 신사를 참배한다는 것이다. 이처럼 반성 없는 일본 지도자들의 태도는 아베 신조가 미 군정에 의해 전범 혐의를 받아 체포되었던 외조부인 노부스케 전 총리를 존경한다고 자주 언급하는 것과 달리 반전(反戰) 평화주의자로 이름 높은 자신의 조부인 아베 간에 대해서는 거의 언급하지 않는 데서도 엿볼 수 있다.

미국 주도의 대중 견제 시스템에서
한국을 배제하려는 일본

일본은 이 같은 한계를 넘어서지 못하는 한 아시아의 리더가 될 수 없다.

이 같은 사실을 아시아 국가들 중에서 오직 일본만 모르고 있다. 이는 2017년 초 트럼프 미 행정부 출범 직후 확인됐다. 전임 오바마 행정부가 중국의 패권 도전을 견제하기 위한 경제 전략의 일환으로 일본, 호주, 뉴질랜드, 동남아 국가 등과 설립하기로 했던 TPP에서 트럼프 행정부는 탈퇴했다. 그러자 일본은 미국을 대신해 TPP의 리더를 자임하고 나섰지만 리더십을 인정받지 못하고 있다.

유독 환태평양 국가 중 한국에게만 가입을 권유하지 않았다는 것도 그 이유 중 하나이다. 바이든 행정부의 인도-태평양 전략 조정관인 커트 켐벨은 『축The Pivot』에서 박근혜 대통령이 2014년 TPP 가입 희망을 표명했을 때 오바마 대통령은 돕겠다고 말했다고 전한다. 하지만 아베는 당시 아무런 행동이나 말이 없었다. 이는 아베와 그의 내각이 한국의 가입을 원치 않았다는 것을 드러내준다. 미국의 대중 네트워크에서 배제시키기 위한 의도에서 그랬을 것이다.

일본의 이 같은 배타적 자세는 아베가 인도-태평양 전략을 추진하는 과정에서 한국에 한 번도 참여 권유를 한 적이 없는 것과 판박이다. 21세기 국제정치를 좌우하는 것이 군사력과 경제력을 중심으로 한 하드 파워(hard power)인 것은 사실이다. 하지만 하드 파워를 인정받을 수 있느냐는 소프트 파워(soft power), 즉 신뢰와 공감에 달려 있다. 일본이 제아무리 세계적인 경제 대국의 지위에 있다고 하더라도 이 같은 국제정치의 기본을 이해하지 못하는 한 동아시아와 서태평양의 리더가 되겠다는 바람을 이룰 수 없다.

문제는 쇼와 육군의 대동아공영 구상과 아베의 인도-태평양 전략이 맥락을 같이 하는지 여부다. 만약 같다고 한다면 아베의 인도-태평양 전략은 군국주의의 유산을 이어 받은 '의사 자유주의(fake liberalism)' 패권을 추구하는 것이라고 볼 수 있다. 20세기 전반기에 이웃국가들에게 저지른 침략과 식민지 지배에 대해 진정성 있는 사과와 보상을 거부하고 있는 데서 일본의 깊숙

한 내면에 있는 의사 자유주의의 측면들을 발견할 수 있다. 이 같은 본질은 인도-태평양 전략의 추진 과정에서도 확인되고 있다. 아베는 인도-태평양 전략을 선언한 2016년 이후 인도와 호주, 뉴질랜드를 방문한 뒤 일본 총리로서는 처음으로 동남아 국가들을 모두 방문했다. 하지만 그는 재임 기간 동안 중국을 한 번도 찾지 않았으며 한국에는 2018년 평창올림픽을 계기로 마지못해 방문했을 뿐이다.

> 아베의 목표는 서태평양 패권 경쟁의 한 가운데에 일본이 뛰어들게 해 미군 철수 시 서태평양의 해상 지배권을 놓고 중국과 다투려는 것이다.

필리핀의 국제정치학자 헤이다리안은 『아시아의 새로운 전쟁터』에서 아베는 2012년 중국의 증대되는 해군력에 대한 우려를 공유하는 인도양과 태평양 국가들 간 전략 동맹을 추진하겠다는 의사를 밝혔다고 말한다. 헤이다리안의 분석에 의하면 아베의 목표는 서태평양 패권을 둘러싼 미중 간 경쟁의 한 가운데에 일본이 뛰어들게 만드는 데 있다. 궁극적으로 미국의 역내 감축 또는 철수 시 중국과 서태평양의 해상 지배권을 놓고 다투려는 것이다.

물론 이 전략이 중국의 패권 추구를 견제하는 데 그 목적이 있다고 한다면 그가 중국을 방문하지 않았다는 것은 어떻게든 이해해볼 여지가 있다. 하지만 그는 한국도 찾지 않았을 뿐만 아니라 한국을 상대로 인도-태평양 전략에 대한 이해를 구하는 노력을 한 번도 하지 않았다. 아베가 첫 방한을 한 것은 2018년 2월 평창 동계 올림픽 개막식에 참석하기 위해서였다. 그의 방한은 자발적인 것이었다기보다는 2020년 도쿄 하계 올림픽 개최국 정상으로서 오지 않을 수 없어서 방한했다고 보는 게 합리적이다. 그랬기 때문에 당시 그는 문재인 대통령과의 회담에서 인도-태평양 전략에 동참해줄 것을 요청하지 않았다. 당연히 그는 그럴 의도를 갖고 있지 않았다.

의문은 아베가 왜 한국을 인도-태평양 전략의 협력 대상국에서 제외시키려 하는지에 모아진다. 앞에서 살펴 본 바와 같이 이 전략은 공식 목표와 비공식 목표라는 두 가지 목표를 갖고 있다. 아베는 공식 목표가 인도양과 태평양 두 대양을 연결해 아시아의 발전에 기여하는 데 있다고 주장해 왔다. 비공식 목표는 아베가 앞의 명분을 내걸고 미국, 인도, 호주, 뉴질랜드, 그리고 동남아 국가들과 함께 추진해 온 중국 견제였다. 이들 두 가지 목표 중 아베가 지향하는 것이 무엇이든 한국을 배제한 채 추진될 수 없다. 왜냐하면 한국은 아시아의 주요 국가일 뿐만 아니라 중국의 강압적인 패권 추구로 인해 비자유주의화라는 안보 위기에 직면해 있는 국가이기 때문이다.

> 한국을 빼고 일본-뉴질랜드-호주-동남아-인도로 이어지는 라인으로 인도-태평양 전략의 대중 방어 전선을 설정하자는 것이 일본의 전략일 가능성이 있다.

그런데 아베가 한국을 배제한 채 이 전략을 추진해 왔었다는 것은 무슨 의미인가? 가장 개연성이 있는 시나리오는 중국의 탄도미사일 사정권 안에 들어 있는 한국을 차제에 중국의 영향권으로 넘기는 것이다. 그러니까 인도-태평양 전략의 대중 방어 전선을 일본-뉴질랜드-호주-동남아-인도로 이어지는 라인으로 설정해 한국을 빼자는 것이 일본의 전략일 가능성이 있다.

이는 한국과 일본 간 중간 수역인 대화퇴에서 2018년 12월 일본 해상 자위대 소속 초계기를 향해 한국의 구축함 광개토대왕함이 레이더를 조사(照射)를 했다고 일본 방위성이 주장하고 나선 사태에서 엿볼 수 있다. 당시 일본의 주장은 한국의 구축함이 일본의 초계기에 조사를 했다는 것은 양국이 더 이상 동맹 관계가 아니라는 것이 일본이 말하고자 했던 핵심이었다. 이는 일본 방위성의 문제 제기 이후 아베가 취한 조치에서 읽을 수 있다. 한국의 국방부가 일본의 의혹 제기에 대해 사실이 아니라고 반박하자 아베는 당시 초계기의 조종사들의 음성파일을 공개하도록 방위성에 지시함으로써 갈등을 더 증폭시키고 나선 것이다. 아베가 재임 기간 동안 보여준 이 같은 행태는 당시 그의 파벌이 지배하는 집권당인 자민당과 내각이 한국을 더 이상 자유주의 진영의 주요 협력 국가로 여기고 있지 않다는 것을 여실히 보여준다.

만약 이 같은 해석이 맞는다면 아베가 한국과 중국을 방문하지도 않고 협의하지도 않았던 것이 이해가 된다. 문제는 일본이 왜 한국을 중국의 영향권으로 넘기려 하느냐는 것이다. 세 가지 이유가 있을 수 있다. 첫 번째는 한국은 아시아에서 유일하게 서구식 자유민주주의를 실현하면서 일본의 식민 지배와 침략에 대한 책임과 사과를 요구하는 유일한 나라인 만큼 어떻게든 함께 하고 싶지 않기 때문일 수 있다.

두 번째는 한국이 아시아에서 유일하게 IT를 비롯한 최첨단 산업에서 일본을 앞지르는 등 경제적 라이벌로 부상하고 있어 어떻게든 견제할 필요가 있다고 판단하기 때문이다.

세 번째는 미국이 동아시아와 서태평양 지역에서 떠나야 할 시간이 다가오면 누가 미국을 대신해 중국을 견제할지를 놓고 한국과 일본이 경쟁하게 될 것이기 때문이다.

여기서 아베가 인도-태평양 전략을 추진해 온 과정을 자세히 살펴 볼 필요가 있다. 그는 2015년 12월 12일 나렌드라 모디Narendra Modi 인도 수상과 회담을 갖고 '일본과 인도 비전 2025'라는 합의를 했다. 두 사람이 이 합의를 통해 인도와 태평양 지역의 평화와 안보, 개발을 위해 노력할 것을 공약했다. 인도-태평양 전략이 처음 수면 위로 떠오른 것이다.

아베가 이 전략을 공식적으로 세계무대 위로 올린 것은 앞서 언급한대로 2016년 8월 나이로비에서 개최된 제7차 도쿄 국제 아프리카개발 회의에서다. 당시 아베는 아시아와 아프리카의 연결로 세계 안정과 번영을 증진하기 위한 '자유롭고 열린 인도-태평양 전략(Free and Open Indo-Pacific Strategy)'을 선언했다. 이 선언의 목적에 대해 그는 "일본은 인도양과 태평양 두 대양과 아시아와 아프리카 두 대륙이 폭력 또는 강압에서 벗어나 자유, 법의 지배, 그리고 시장경제를 통해 번영하는 공간으로 발전할 수 있도록 촉진하는 책임을 맡는다"고 말했다. 그는 또 "두 대륙을 잇는 대양을 법의 지배를 받는 평화로운 대양으로 만들기 위해 아프리카와 함께 일하기를 원하고 그것이 일본이 여러분과 함께 하기 원하는 것"이라고 부연했다.

아베는 2012년 취임 이후 2020년 9월 퇴임할 때까지 한국엔 딱 한 번 다녀갔을 뿐이고 중국엔 한 번도 방문한 적이 없다. 더군다나 그는 한국이나 중국의 정상들에게 동아시아를 자유와 법의 지배, 시장 경제의 창달을 위한 공간으로 만들기 위해 노력하자고 제안한 적도 없다. 그런 그가 아프리카 국가들에게 위와 같은 메시지를 전한다는 것은 어떤 의미인가?

더욱 수용하기 어려운 대목은 일본이 아시아의 대표 국가도 아닌데 마치 아시아를 대표하는 국가인양 자처했다는 사실이다. 언제 아시아 국가들이 일본에게 아시아를 대표해서 인도양과 태평양 두 대양과 아시아와 아프리카 두 대륙의 평화와 발전을 위해 나서달라고 요청했는가? 그런데도 아베가 대표라도 된 듯 자처한 것 자체가 자민당을 중심으로 한 쇼와 군국주의를 계승한 일본 보수 세력의 위험성을 드러내준다.

일본의 '연극'은 여기서 끝나지 않는다. 그는 2017년 11월 일본을 방문한 트럼프 대통령과 회담을 갖고 양국 간에 인도-태평양 전략의 공동 추진에 합의하는 데 마침내 성공했다. 아베가 연출해 온 인도-태평양 전략이라는 희극의 하이라이트는 그 다음에 벌어졌다. 트럼프가 방일 직후 한국을 방문해 문재인 대통령과 회담을 가졌을 때였다. 당시 트럼프는 예상치 못한 의제 하나를 제안하면서 회담 결과 발표문에 명시하자고 했다. 바로 인도-태평양 전략이었다.

아베가 트럼프를 통해 인도-태평양 전략 구상에 대한 한국의 입장을 떠보게 한 것일까? 만약 사실이라면, 아베는 한국 정부가 거부할 가능성이 높다는 것을 감안하고 트럼프에게 그런 요청을 했을 것이다. 어찌됐든 아베의 속뜻은 한국을 참여시키는 데 있지 않았을 것이다. 한미 관계를 악화시키고 미국을 대신해 동아시아의 리더가 되려는 데 그의 숨은 목적이 있다고 볼 수 있다. 영국의 BBC 아시아 특파원으로서 동아시아 전문가인 험프리 헉슬리는 2018년에 출간된 『아시아의 바다』에서 아베의 권유로 인도-태평양 전략에 참여하기로 한 트럼프는 여러 차례에 걸쳐 '자유롭고 열린 인도-태평양'을 촉구했다고 말한다.

인도양과 태평양 지역의 국가들이 자유와 평화 속에서 번영할 수 있는 인도-태평양이 되어야 한다는 것이 트럼프의 참여 명분이었다. 요컨대 중국의 통제와 간섭으로부터 자유로운 인도-태평양 지역을 만들어가자는 것이다. 이는 아베가 트럼프에게 참여 명분으로 제시한 것이 자유롭고 열린 인도-태평양 건설이었다는 것을 의미한다. 하지만 아베는 한 번도 한국에 진심으로 참여를 권유하지 않았다. 한국에게만큼은 인도-태평양 전략은 자유롭지 않고 폐쇄적인 대중 견제 네트워크였다.

만약 이것이 일본 정부가 의도한 것이었다면 결과는 일본의 의도대로 됐다고 할 수 있다. 당시 문재인 대통령이 일단 답변을 유보한 것이다. 이 같은 유보적 태도에 국내외 언론과 전문가들은 대중 전략과 관련해 미국과 이견이 있는 것인양 평가했다. 이로써 최소한 담론 시장에서는 한미 관계가 더욱 긴장되는 모양새가 됐다.

문재인 정부와 언론 모두 이 사태를 제대로 대응하고 분석하지 못했다. 이는 한국의 외교안보 정책 담론 시장이 얼마나 4강의 전략에 대해 무지한지를 드러내준다고 할 수 있다. 한국 정부의 외교 당국은 인도-태평양 전략의 공동 추진이라는 트럼프의 제안이 무슨 의미가 있는지도 모른 채 허둥거렸다. 그 전략이 미국의 의제인지 아닌지도 분간하지 못했다. 언론의 모습은 더 심각한 수준이었다. 관련 학계 전문가들의 정확한 분석도 언론을 비롯한 담론 시장에서는 찾아보기 어려웠다. 고작해야 북한의 핵·미사일 위협이 고조되고 있는 상황에서 미국의 제안을 왜 받지 않았느냐는 1차원적 비판이 대세였다. 물론 중국의 폭력적인 부상이 동아시아의 안보 질서를 위협하지 못하도록 균형을 잡는 것과 북한의 핵·미사일 개발 위협에 대해 시급히 대응하는 것 모두 중요하다. 그럼에도 불구하고 일본 정부의 '쇼와 육군식' 외교에 휘둘리는 외교를 해서는 안 된다.

미국도 마찬가지다. 적어도 미국이 대중 균형 또는 견제를 위해 한국을 한·미·일 3국 협력의 틀에 참여하도록 하기 위해서는 인도-태평양 전략이 아닌 3국간의 새로운 전략 구상을 만들거나 기존의 아시아-태평양 전략과 같은 중립적인 구상으로 설득했었어야 했다. 인도-태평양 전략은 인도와 일본 양국 간의 이니셔티브로 평가받아 왔는데 갑작스럽게 사전 협의 없이 이를 한미일 3국 간 공동의 전략 구상으로 들이미는 것은 동맹국을 배려하는 외교라고 보기 어렵다.

미국은 패권 국가인 만큼 일본이라는 주요 동맹국의 의제를 받아줄 수 있다. 하지만 한국의 경우 일본이 제안한 의제를 아무런 검토도 없이 받아들이는 것은 일본의 영향력 아래 들어간다는 의미일 수 있다. 워싱턴이 이 점을 간과했다면 과연 미국이 중국의 패권 추구에 맞서 역내 동맹국 및 협력국 간 정교한 연대를 구축할 수 있는지 의문이 제기된다.

일본의 전수방어 헌법 개정과 핵보유 명분으로서 북핵

일본의 대 한국 전략은 이와 같이 양국 간 진정한 협력을 위한 것이라고 평가하기 어렵다. 이 같은 평가는 특히 일본의 보수 세력이 북한의 핵과 탄도미사일 위협과 관련한 전략 기조를 자국의 이익 중심으로 잡아 왔다는 데서 확인된다.

일본의 보수 세력이 북한의 위협을 자국의 이익을 위해 활용해 온 방향은 크게 네 가지로 나눠 볼 수 있다. 첫 번째로 북한의 핵 실험과 탄도미사일 시험 발사를 일본의 안보 위기로 연결시킴으로써 선거 승리를 위한 불쏘시개로 활용해왔다. 두 번째로 북한의 위협을 자위대를 전쟁을 할 수 있는 군대로 바꾸는 헌법 개정과 자위대의 전력 강화를 위한 명분으로 삼아왔다. 세 번째는 북한 문제를 둘러싼 한미 간의 보이지 않는 갈등을 미일 동맹의 강화를 위해 활용해왔다. 마지막은 향후 미국이 동아시아와 서태평양 지역을 떠나게 될 경우 중국과의 역내 패권 경쟁을 대비해 핵무기를 보유하기 위한 명분으로 이용해왔다.

> 현재 일본이 보유하고 있는 플루토늄은 핵무기 6,000개를 제조할 수 있는 분량이다.
> 사실상 마음만 먹으면 언제든지 핵무장을 할 수 있다.

현재 일본이 보유하고 있는 플루토늄은 47톤으로 핵무기 6,000개를 제조할 수 있는 분량이다. 일본은 2018년 7월 31일자 원자력위원회의 결정을 통해 플루토늄 보유량 상한을 현 47톤으로 묶고 점차 감축키로 했다. 일본은 핵무기를 보유하지 않은 국가 가운데 유일하게 사용 후 핵연료 재처리를 통해 플루토늄을 확보하고 있다. 하지만 일본의 대량의 플루토늄 보유는 북한에 핵 보유의 빌미를 제공하고 있다는 점에서 국제사회의 감축 압력을 받아 왔다. 하지만 일본 정부는 플루토늄 보유 상한 수치만 정하고 플루토늄 추출 재처리 공장은 계속 가동하고 있다. 일본은 사실상 언제든지 핵무장을 할 수 있는 태세를 갖추고 있다.

이 같은 관점에서 보면 두 번의 미북 정상회담 개최 전후 아베가 보여준 행보는 그가 정말 북한의 비핵화를 바라는지 의심케 만드는 것이었다. 그는 트럼프와 김정은 간 회담 개최가 결정됐을 때마다 매번 워싱턴으로 날아가 납북 일본인 문제를 회담의 주요 의제로 다루어줄 것을 요청했다. 미북 정상회담은 북한이 핵무기와 탄도미사일 개발을 포기하도록 만드는 데 초점을 맞춰져야 했다. 그런데도 아베가 그런 중차대한 회담에서 납북 일본인 문제가 다루어져야 한다고 주장했던 이유는 무엇인가? 그의 요구대로 납북 일본인 문제가 미북 정상회담의 주요 의제가 되면 회담이 북한의 비핵화에 오롯이 초점을 맞추기 어려워진다. 북한의 비핵화 협상이 실패할 공산이 커지고 결국은 북한이 핵보유국 지위를 확보하는 사태가 발생할 가능성이 커진다.

아베의 진짜 의도는 북한이 핵보유국 지위를 확보하도록 만드는 데 있는 것은 아닐까? 그는 북한이 핵보유국 지위를 확보하게 되면 이를 빌미로 일본의 핵무장을 요구할 수 있을 것으로 판단하고 있는지 모른다.

일본의 대 한국 절대 외교와 완전한 승리의 추구

일본 정부는 한국 대법원이 2018년 11월 미쓰비시중공업을 상대로 한 강제 징용 배상 소송에서 피해 한국인 4명과 유족 1명에 승소 판결을 내리자 아베가 앞장서서 한국 경제에 큰 타격을 가하기 위한 경제 보복을 검토하기 시작했다. 보복 방안의 하나로 검토된 것은 주요 원자재와 중간재의 대한국 수출을 중단하는 것이었다. 일본은 이 같은 보복에 대한 국제 사회의 비난 여론이 제기될까 우려해 EU와 미국 등 주요 국가들을 상대로 사전 양해를 구하는 노력까지 기울였다. 같은 해 3월 일본 정부는 일본 기업의 한국 내 자산이 압류 당할 경우 송금 중단과 비자 발급 중단 등의 조치도 취하겠다고 밝혔다. 일본 정부는 이런 검토와 준비를 거쳐 2019년 7월 반도체 3대 소재 수출 규제 조치를 취했다.

일본 정부는 또한 한국이 CPTPP(포괄적 · 점진적 환태평양경제동반자협정)에 가입 신청을 하더라도 거부하겠다는 입장도 표명했다. 일본의 이런 반한 분위기가 고조되면서 한국산 제품과 한국인 식당 불매 움직임으로까지 비화하는 등 일본 내 혐한 여론이 고조됐다. 이 같은 사실은 일본의 보수 세력이 기본적으로 한국을 역내 패권 가도의 걸림돌로 여기고 있다는 것을 보여준다. 메이지 유신 세력과 군국주의 세력이 한국에 저지른 만행과 그로 인한 한반도 분단이라는 지정학적 비극에 대해 일본 보수 세력이 얼마나 책임 의식을 갖고 있지 않는지를 확인시켜주는 사례이다.

클라우제비츠의 프레임으로 표현한다면 외교에는 두 종류의 외교가 있다. 첫 번째 외교는 '제한 외교(restricted diplomacy)'로서 이는 우호 관계에 있든 적대 관계에 있든 다른 국가의 입장을 고려하면서 국익을 추구하는 외교를 말한다. 두 번째 외교는 '절대 외교(absolute diplomacy)'로서 다른 나라의 입장을 일체 고려하지 않고 무조건 자국의 이익만을 추구하는 외교를 의미한다. 제한 외교는 '제한적 또는 절제된 승리'이고 절대 외교는 '완전한 승리'라고 정의할 수 있다. 그렇다면 일본이 그동안 대외적으로 보여 온 행보는 절대 외교라고 분류할 수 있다. 그러므로 일본이 추구하는 외교의 목적은 완전한 승리를 거두는 데 있다고 봐야 하는 것이다. 문제는 일본도 완전한 승리의 저주에 걸릴 것이냐는 데 있다.

일본이 미국을 대신해 중국의 패권 추구를 막고 자신들의 패권 지위를 도모하기 위해 인도를 비롯해 오세아니아 국가들과 동남아 국가들과 협력하려 하는 것은 완전한 승리를 추구하는 것이라고 볼 수 있다. 일본의 대중 전략이 완전한 승리의 추구인지 여부를 가리는 진실의 순간은 일본이 중국이 지닌 경제적 규모에 상응하는 중국의 리더십을 인정하지 않고 자신의 리더십을 과도하게 추구하는 경우다.

그 같은 가능성은 한국을 인도-태평양 전략의 추진 과정에서 철저히 배제해 왔다는 사실에서 엿볼 수 있다. 실제로 일본은 중국과 한국을 자신들의 적대 진영으로 상정하고 인도와 동남아 국가들, 오세아니아 국가들과의 협력을 통해 미국의 빈자리를 자신이 단독으로 차지하는 것을 목표로 하고 있다.

일본의 이 같은 전략에 대한 한국의 대응 전략은 무엇이어야 하는가? 일본은 인도-태평양 전략을 사실상 제2의 대동아 공영권 전략으로 의도하고 있다. 언제나 그렇듯 명칭이 환상을 불러일으킨다. 1930년대 쇼와 육군을 중심으로 한 일본의 군국주의 세력이 대동아공영을 외쳤을 때도 미국은 그 명칭에 미혹 당했다. 한 지역에서 다 함께 번영하자는 것 이상의 의제는 찾기 힘들다. 미국 행정부 내에서 일본에 동아시아 경영을 맡기자고 했던 것도 다 그 명칭 덕분이었다고 볼 수 있다. 이번에도 인도양부터 태평양까지 폭력과 강압에서 법의 지배와 자유, 시장경제를 지키자는 일본의 인도-태평양 전략이 불러일으키는 환상이 또 다시 일본의 보수 세력의 군국주의적 광기를 깨울 가능성을 배제할 수 없다. 그 가능성에 철저하게 대비하지 않으면 한반도는 또 다시 벼랑 끝으로 내몰릴지 모른다. 한국은 중국의 패권 추구와 북한의 핵·탄도미사일 위협, 한미 동맹 약화와 국내 이념 갈등 등으로 인해 이미 벼랑 근처까지 밀린 상태이다. 여기서 일본마저 쇼와 육군의 광기를 재현하게 되면 한국은 국망(國亡)의 위기에 직면할지도 모른다.

어떻게 일본의 군국주의화를 막을 것인가

한국은 일본이 21세기적 군국주의 국가로 전락하는 것을 막기 위한 대일 관여 전략을 수립해 추진해야 한다. 대일 관여 전략의 핵심은 일본의 국가 경영 세력이 쇼와 육군의 유산을 이어받은 보수 세력에서 이웃국가들과의 평화적인 공존을 추구하는 21세기 문명 평화주의 세력으로 바뀌게끔 유도하는 것이다.

이를 위해서는 현 일본 보수 세력의 기원인 메이지 유신 주도 세력의 정체에 대해 살펴볼 필요가 있다. 메이지 유신의 주도 세력은 1608년 세키가하라 전투에서 도쿠가와 이에야스(德川家康)에게 패하고 숨죽여 지내던 히데요시파 다이묘(大名)들의 후예들이다. 도쿠가와 막부 말기인 1868년 히데요시파 핵심 다이묘들의 영지였던 사쓰마번(藩)과 조슈번 간 삿초동맹이 도쿠가와 막부를 무너뜨리고 메이지 일왕을 중심으로 근대화에 착수한 것이 메이지 유신이다. 그 후 사쓰마번과 조슈번 출신들 간에 권력 갈등이 일어났고, 1877년 세이난 전쟁에서 사쓰마번 출신들이 패배하면서 오늘날까지 일본 정치는 조슈번 출신 정치인들에 의해 주도되어 왔다. 아베를 비롯한 일본 집권당인 자민당의 핵심 세력 역시 바로 조슈번, 즉 현 야마구치현 출신들이다.

메이지 유신 주도 세력의 후예인 아베는 중국의 역내 패권 도전에 맞서 미국과 동맹국들 간의 네트워크에서 한국을 의도적으로 배제하면서 미국의 철수 시 미국을 대신하여 중국과의 역내 패권 경쟁에 나설 채비를 해왔다. 이 같은 전략은 2020년 9월 아베가 건강 문제로 사임하고 관방장관으로 있다가 아베의 뒤를 이어 총리가 된 스가 요시히데가 계승했다.

그렇다면 이 같은 상황은 다음과 같이 정리할 수 있다. 히데요시는 임진왜란을 일으켜 한반도를 유린했고 그 후예 세력들은 한일합방으로 한국의 국권을 침탈한 데 이어 또 다시 동아시아 패권을 도모하기 위해 한국을 배제하는 등 역내 질서의 위기를 심화시키고 있다. 이 점에서 조선과의 선린 관계를 추구하고 나아가 중국까지 포함한 3국 간 평화적 공존을 추구한 도쿠가와 이야에스의 막부 정권은 히데요시와 그의 후예인 메이지 유신 세력보다 훨씬 문명적인 정치 집단이었다고 평가할 수 있다.

일본의 주류 정치 세력이 히데요시 후예들에서 도쿠가와 후예들로 바뀌도록 하는 것이 일본의 개방성과 관용을 높이는 데 가장 효과적일 것이다.

그렇다면 일본의 주류 정치 세력이 히데요시 후예들에서 도쿠가와 후예들로 바뀌도록 하는 것이 일본의 개방성과 관용을 높이는 데 가장 효과적일 것이다. 물론 오늘날 도쿠가와 후예들을 찾기도 어려울 뿐만 아니라 찾더라도 그들이 일본의 국가 경영을 맡을 준비가 되어 있을 가능성도 낮다. 따라서 도쿠가와 막부가 추구했던 평화적 공존 정책을 21세기에 계승하는 정치 세력이 출현할 수 있도록 대일 관여 전략을 펴나갈 필요가 있다. 즉, 메이지 유신과 쇼와 육군의 후예인 현 보수 세력이 추구하는 제2의 대동아 공영권 전략이 패망의 길이라는 점을 일본 국민들이 인식하게 하는 것이다.

2021년 10월 스가의 사퇴로 기시다 후미오가 총리직에 올랐다. 기시다는 취임 한 달 만에 국회를 해산하고 치른 총선에서 과반수 의석을 확보함으로써 안정적인 권력 기반을 다지는 데 성공했다. 기시다는 한일 협력을 중시하는 온건 성향의 정치인으로 평가 받는다. 히데요시의 후예인 아베와 스가와 비교한다면 기시다는 도쿠가와의 후예에 가깝다고 볼 수 있다. 이 점에서 기시다 같은 정치인들이 일본 정치의 주류가 될 수 있도록 도와 중국의 역내 패권 추구에 맞서 한일 양국 간은 물론 한미일 협력 체제가 강화되도록 만드는 대일 관여 전략이 더욱 요청된다.

13

한국과 일본의
역내 차세대 패권 경쟁

오늘날 한국과 일본 간에 벌어지고 있는 갈등과 대립은 역사 전쟁과 경제 전쟁의 형태를 띠고 있으나 그 본질은 역내 차세대 패권을 둘러싼 경쟁이다. 미국과 중국 간에 심화하고 있는 경제와 군사적 경쟁이 동아시아와 서태평양 지역의 현재 패권을 둘러싸고 벌어지고 있는 것이라면 한국과 일본이 벌이는 지금의 '혈투'는 역내 차세대 패권을 둘러싼 경쟁이라고 평가할 수 있다.

한일 역사, 경제 전쟁의 본질: 역내 차세대 패권 경쟁

왜 그렇게 봐야 하는 것인가? 미국은 머지않아 역외 균형 전략에 따라 이 지역에서 군사적 주둔을 대폭 축소하거나 아예 철수해 유사 시 증원 또는 파병하는 방식으로 전환할 가능성이 있다. 그 요인 중 하나는 미국의 경제력이 상대적으로 쇠퇴함에 따라 막대한 예산이 소요되는 해외 주둔이나 파병에 대한 미 국민의 비판적 여론이 높아지고 있다는 데 있다. 그렇게 된다고 하면 한국과 일본 중 어느 한 나라가 미국이 떠남으로써 생긴 빈자리를 차지해 미국을 대신해 중국의 패권을 저지하는 역할을 맡아야 한다.

요컨대 미국이 역내에서 완전 철군하거나 주둔 규모를 대폭 축소할 경우 미국을 대신해 중국의 패권 장악을 막아 역내 자유주의 질서를 주도하는 차세대 패권국의 지위를 둘러싼 경쟁이 한국과 일본 간에 진행되고 있는 역사 전쟁과 경제 전쟁의 본질이다. 하지만 한국과 일본 간에 이 전쟁에 임하는 태도엔 큰 차이가 있다. 일본은 중국과의 패권 대결에서 한국을 배제하겠다는 것인 반면 한국은 미국의 빈자리를 일본에 양보를 하지 않되 일본과의 전략적 협력을 통해 중국의 역내 패권을 저지해야 한다는 것이다.

일본이 2019년 7월 1일과 8월 2일 잇달아 한국에 반도체 소재 수출 규제와 전략물자 수출 우대조치 철회라는 경제 전쟁에 돌입한 것은 이 같은 정세 변화를 내다보고 준비하기 시작한 데 따른 깃일 수 있다. 다시 말해서 20세기 전반 대동아공영권을 추구했던 군국주의 유산을 물려받은 일본의 보수 세력은 가까운 미래에 미군의 역내 철수 또는 주둔 대폭 감축 시 그 빈자리를 놓고 한국이 덤비지 못하도록 경제력을 무너뜨려야겠다고 판단했을 수 있다. 일본의 보수 세력은 이 같은 판단에 따라 2000년대 들어 한국의 경제 성장을 주도하고 있는 반도체 산업에 타격을 가한다는 전략을 통산성을 중심으로 수립하고 이를 위해 반도체 소재와 부품의 대한 수출을 금지시켰던 것이다.

하지만 한국의 문재인 정부는 일본 보수 세력의 이 같은 전략을 전혀 파악하지 못한 채 넋 놓고 당하고 말았다. 일본의 노회한 군국주의 후예들을 상대로 한일 위안부 합의 재협상과 징용공 개별 배상 문제 등 과거사 전쟁을 역내 지정학의 차원에서 전략적으로 다루는 훈련이 안 된 20세기 수구 진보 세력이 이끄는 문재인 정부의 외교안보팀으로서는 대동아공영권의 야망을 다시 되살릴 기회를 노려 온 그들의 전략을 가늠하기가 불가능했던 것이다.

일본이 어느 날 느닷없이 반도체 소재 수출 규제 조치를 취한 배경에는 미국이 머지않은 시기에 역외 균형을 추구할 것으로 보고 대비하기 위한 의도가 자리하고 있다는 점을 문재인 정부의 외교안보팀으로서는 짐작조차 못했던 것이다. 상황을 이렇게 정리해 본다면 한국 대법원이 2018년 10월에 일본 전범 기업들을 상대로 한국 징용공들에 대한 개별 배상을 하라고 판결한 것은 일본의 군국주의 성향의 보수 세력에게는 '울고 싶은 데 뺨 때려준' 격의 계기가 되었다고 할 수 있다.

트럼프 행정부는 2017년 출범한 이후 전 세계 각지에서 오바마 행정부 때까지 벌여 왔던 체제 전환 전쟁들을 더 이상 추진하지 않았으며 시리아와 아프가니스탄 주둔 미군의 철수를 선언했다. 이 때문에 당시 아베 정권은 미국이 머지않아 동아시아와 서태평양 지역에서도 주둔을 축소하거나 철수할 수 있다고 예상하기 시작했다.

하지만 일본의 보수 세력은 미국이 이 지역에서 주둔을 축소하거나 철수할 때 그 빈자리를 놓고 한국이 일본의 강력한 경쟁자가 될 수 있다고 우려하고 있다. 국내총생산 규모는 일본의 4조 5천억 달러와 비교해 1/3정도인 1조 7천억 달러 수준이지만 수출 총액에서는 1천 3백억 달러 차이로 바짝 따라 온 데다 1인당 GDP도 비슷한 수준으로 성장한 한국이 향후 10년 안에 일본을 수출 총액과 1인당 GDP에서 넘어설 것이라는 전망이 제시되고 있다. 그럴 경우 일본의 보수 세력은 미국의 빈자리가 생긴다고 해서 일본의 몫이 될 것이라고 장담할 수 없게 되었다.

> **일본은 한국 대법원의 징용공 배상 판결을 빌미로 한국의 반도체 산업을 주저앉히기로 작정하고 반도체 소재의 대 한국 수출 규제 조치를 취했다.**

그래서 일본의 보수 세력이 한국 대법원의 징용공 배상 판결을 빌미로 한국 경제를 이끌고 있는 반도체 산업을 주저앉히기로 작정하고 2019년 7월과 8월 두 차례 잇달아 반도체 소재의 대 한국 수출을 규제하는 조치를 취했다고 평가할 수 있다. 따라서 당시 아베 정권의 대 한국 반도체 소재 수출 규제 조치는 한국을 상대로 벌인 예방 전쟁이라고 볼 수 있다.

최소한 분명한 것은 반도체 소재 수출 규제 조치가 한국의 경제에 치명적인 타격을 가하기 위한 목적에서 취해졌다는 사실이다. 아베 정권이 왜 2019년 여름 한국에 대해 반도체 소재 수출 규제 조치와 1천여 전략물자의 수출 심사 우대 철회 조치를 아무런 사전 예고도 없이 취했는지는 일본이 이들 두 조치를 통해 노리는 목표가 무엇인가를 분석할 때 비로소 풀린다.

이들 두 개의 조치와 관련해 또 다른 의문은 미국이 불개입한 배경이 무엇이냐이다. 북한의 핵, 탄도미사일 위협은 물론이고 2019년 중반 이후 부쩍 증대되고 있는 중국과 러시아의 군사적 위협에 맞서 한미일의 군사 협력이 그 어느 때보다 절실한 상황이었다. 그러나 한일군사정보협정(GSOMIA) 파기가 거론되는 등 한일 관계가 반도체 소재 수출 규제 조치로 인해 악화일로를 치달으면서 3국 협력이 위기에 처했다. 하지만 당시 트럼프 대통령이나 미 국무부는 한일 갈등에 관여하거나 조정하려는 어떤 움직임도 보이지 않았다. 이 때문에 아베가 트럼프와 밀약을 맺은 게 아니냐는 관측까지 제기됐다.

당시 일본 정부가 공식적으로 밝힌 수출 규제 이유는 한국이 일본에서 수입한 전략물자를 제대로 관리하지 못해 안보상의 관리가 필요하다는 것이었다. 세코 히로시게 경제산업상은 한국에 수출된 전략 물자의 일부가 북한에 넘어간 의혹까지 제기했다. 하지만 이는 근거 없는 의혹이었다.

그렇다고 해서 일본에게 근거가 있는 주장을 펴라고 요구한다고 해서 먹힐 리 없다. 마키아벨리의 말대로 목적이 선하면 수단과 방법을 가리지 않고 이겨야 하는 것이 전쟁의 논리이다. 20세기 미국의 경영 사상가 피터 드러커는 전략이란 적이 원하지 않는 방식으로 싸우는 것이라고 했다. 한국 대법원 판결을 빌미로 일본이 먼저 경제 전쟁이라는 형태로 시작한 역내 차세대 패권 전쟁에서 한국이 이기기 위해서는 일본이 원하지 않는 싸움의 방식이 무엇인지 찾아내 그 방식으로 대처하는 것이 중요하다.

한국 경제를 타격한 일본 보수의 개전 이유

세코 히로시게가 밝힌 개전 이유(casus belli)와 달리 아베는 개전의 명분을 한국 대법원의 징용공 배상 판결이 1965년 한일 청구권 협정을 위반했다는 주장에서 찾았다. 일본 정부가 수출 규제 조치를 취하게 된 것은 한국이 이 협정을 위반해 일본 기업들이 피해를 입게 됐기 때문이라는 것이다.

자민당은 2019년 7월 중순 참의원 선거에서 개헌선을 확보하기 위해 이를 적극 홍보했다. 아베 정권은 참의원 선거에서 한국을 상대로 시작한 경제 전쟁이 한국이 일본과의 중요 외교 협정을 위반했기 때문이라는 점을 삼았다. 아베 정권과 자민당 모두 '모든 전쟁은 국내 정치의 연장'이라는 클라우제비츠의 통찰을 바탕으로 대한 반도체 소재 수출 규제 조치와 참의원 선거 간에 긴밀한 전략적 연결을 추구했던 것이다.

따라서 반도체 소재 수출 규제를 주도한 인물이 세코가 아니라 아베였던 만큼 개전의 배경에 대한 그의 주장에 힘이 실린다. 그렇다면 정말로 수출 규제 조치가 한국 대법원의 판결에 대한 보복 차원에서 취할 만한 명분이 있었는지에 대해 알아 볼 필요가 있다. 아베 정권의 개전 명분이 일본의 전범 기업들이 한국 대법원 판결로 인해 큰 피해를 입게 된 만큼 그것을 막기 위해 수출 규제 조치를 취했다는 것이기 때문이다. 하지만 전후 상황을 보면 일본 전범 기업들의 피해를 막기 위해 수출 규제 조치를 취했다는 아베 정권의 주장을 뒷받침하는 근거는 찾기가 쉽지 않다.

왜 그런 것인가? 우선 한국 징용공들의 개인 배상 청구권이 청구권 협정으로 소멸됐다는 자민당 정권 지도부의 주장은 역대 일본 정부와 사법부의 공식 입장과 배치된다. 1965년 한일 청구권 협정 이후 일본 정부와 사법부의 공식 입장은 '국가 간 협정에도 불구하고 징용공 개인 배상 청구권은 살아 있다'는 것이었다.

2007년 중국 징용공들의 배상 청구권이 살아 있다는 일본 최고재판소의 판결은 한국 징용공들의 배상 청구권 역시 국가 간 청구권 협정에도 불구하고 없어지지 않는다는 것을 잘 보여준다. 일본 정부도 이와 똑 같은 입장을 유지해 왔다. 1991년 일본 외무성 야나이 순지 조약국장은 참의원에 출석해서 "한국 징용공들의 개인 배상 청구권은 살아 있다"고 밝혔다. 2019년 7월 반도체 소재 수출 규제 조치 당시 외무상이었던 고노 다로 전 방위상도 2018년까지만 해도 한국 징용공들의 배상 청구권을 인정했다. 우쓰노미야 겐지 전 일본 변호사협회 회장은 국가 간 청구권 협정이 징용공들의 배상 청구권을 없애지 못한다는 것이 국제법의 정신이라고 말했다.

그런데 한국 대법원의 판결이 나오자 아베 정권은 한국이 1965년 청구권 협정을 위반했다고 비난하기 시작했다. 한일 청구권 협정에도 불구하고 징용 공들의 개인 배상 청구권은 없어지지 않았다는, 일본 정부와 사법부가 오랫 동안 유지해 온 공식 입장을 아베 정권이 뒤집은 것이다. 아베가 이 판결이 청구권 협정을 위반했다고 보는 것은 징용공들의 개인 배상 청구권을 인정했 다는 것도 있지만 일본의 식민 지배를 불법으로 규정했기 때문이다. 청구권 협정 체결 당시 한일 양국은 36년간의 식민 지배를 불법으로 규정하지 않았 다. 이 때문에 이번 판결로 한국이 청구권 협정 개정을 요구할 가능성에 대한 우려가 이번 수출 규제 조치의 한 요인이 됐을 수 있다.

그럼에도 우리가 주목해야 할 대목은 아베가 일본의 전범 기업들이 자발적 으로 징용공들과 배상 합의를 하지 못하게끔 막았다는 사실이다. 우쓰노미야 전 회장에 의하면 전범 기업들은 일정한 범위에서라도 한국 징용공들과 배상 합의를 보려고 시도했다고 한다. 그러자 아베 정권이 나서서 막았고 그 결과 이들 기업들로서는 더 이상 나서지 못하게 됐다는 것이 우쓰노미야 전 회장 의 설명이다. 이는 반도체 소재 수출 규제를 통해 노리는 최종 목표가 자국 전범 기업들의 피해를 막는 데에 있지 않을 수 있다는 것을 보여준다. 이 점 에서 이번 수출 규제 조치가 한국 경제에 큰 타격을 줄 수 있는 만큼 그 자체 가 최종 목표일 것이라는 분석이 힘을 얻는다.

실제로 아베 정권의 반도체 소재 수출 규제 조치는 징용공 판결에 대한 보 복 차원으로만 이루어졌다고 보기엔 믿기 어려울 정도로 전쟁 상태의 적국 관계에서나 가능한 적대적인 분위기 속에서 취해졌다. 이는 아베 정권이 이 들 조치를 발표하는 과정에서 모든 외교 통로를 차단하고 무조건 무릎을 꿇 지 않으면 제재를 가하겠다는 식의 위협과 경고를 반복했다는 데서 알 수 있 다. 아베의 진짜 목표는 보복을 넘어 한국을 완전히 무릎 꿇리는 데 있었다.

일본 군국주의 세력의 대 한국 절대 전쟁

이 때문에 한국은 징용공 배상 판결과 관련해 일본의 요구를 수용하고 싶어도 그렇게 할 수 없었다. 그렇게 하는 순간 한국은 일본에 굴복했다는 국제 사회의 평가에서 벗어날 수 없을 것이기 때문이다. 아베는 한국이 양보하고 나오지 않기를 더 바라고 경제 전쟁을 시작했을지 모른다. 이는 아베의 '괴벨스'로 불렸던 세코 경제산업상이 이번 반도체 소재 수출 규제 조치 결정 과정에서 '한국이 일본에서 수입한 일부 전략물자가 북한으로 넘어간 의혹이 있다'며 전략물자 관리가 잘 이루어지지 않고 있다는 식의 모략을 일삼은 데서 엿보인다. 왜냐하면 이 같은 모략 자체가 한국이 양보하고 나오지 못하게끔 퇴로를 봉쇄하는 전략적 장치이기 때문이다.

그래서 이번 사태에서 한국은 '인정투쟁(struggle for recognition)'의 관점에서 바라보고 대처했어야 했다. 헤겔이 『정신현상학Phenomenology』에서 말한 것처럼, 죽음을 두려워 않고 굶주림 등 모든 생물학적 욕구를 참아냄으로써 상대와의 생사를 건 싸움을 불사하는 쪽이 주인(master)이 되고 그렇지 않은 쪽이 노예(slave)가 되는 인정 투쟁이 이번 사태의 본질인 것이다. 헤겔을 연구해온 알렉산더 코제브는 『헤겔 독해 입문Introduction to the Reading of Hegel』에서 "사람에게 가장 중요한 것은 타자(他者)의 인정을 받는 것"이라고 했다. 역사를 돌아보면 타자와의 전쟁에서 목숨을 건 민족은 생존했고, 생물학적 욕구에 무릎 꿇은 민족은 사라졌다는 것이다.

아베 정권은 이번 수출 규제 조치로 한국의 반도체 산업을 겨냥했다. 한국 반도체 기업들은 일본에서 핵심 소재와 부품을 제 때 수입하지 못하거나 거부당할 위험에 직면했다. 일본 정부의 수출 규제는 클라우제비츠가 『전쟁론』에서 언급한 것과 같이 상대방이 항복하지 않으면 멸절시키겠다는 절대 전쟁의 속성을 가졌다. 미국의 문명학자 이안 모리스는 『전쟁! 그것은 누구를 위한 것인가』에서 탄자니아에서 일부 종의 개미와 침팬지 사회에서 절대 전쟁이 벌어진 적이 있는 것을 확인했다고 말한다. 모리스의 이 말은 아베가 극히 일부의 동물이나 생물이 벌이는 절대 전쟁을 이웃 국가를 상대로 벌이고 있다는 걸 상기시켜준다.

그렇다면 아베는 왜 한국 경제를 주저앉히거나 추락시키려는 경제적 절대 전쟁을 일으킨 것인가? 아베는 임기 동안 동아시아 패권을 거머쥐려는 전략을 추구해 왔다. 2012년에 재집권에 성공한 아베는 이듬해부터 미국의 역내 철수 가능성이 높다는 데 주목했다. 그는 이 같은 판단에 따라 미국의 역내 철수 시 일본이 그 자리를 이어받기 위한 준비에 착수했다. 아베 정권과 자민당은 제2차 대전 패전 직후 제정된 평화헌법에 따라 전수방어(專守防禦)만 하는 국가에서 전쟁을 할 수 있는 보통국가로 탈바꿈하기 위한 개헌을 추진하면서 해공군력 강화에 박차를 가해 왔다.

미국 브루킹스연구소의 신보수주의 국제정치학자 로버트 케이건은 『밀림의 귀환』에서 아베가 2013년 시리아 사태를 계기로 미국의 역내 철수 가능성을 인식하게 되었다고 말한다. 당시 아베는 오바마 행정부가 시리아 사태에 지상군을 투입하지 않는 것을 보고 미국이 세계 경찰관 역할을 포기하려 한다는 것을 깨달았다는 것이다. 그 후 아베는 미국이 동아시아와 서태평양 지역에서 철수하게 되면 그 빈자리를 이어받아 중국과의 충돌을 불사해서라도 역내 패권을 추구해 나가겠다는 야심을 키워나가기 시작했다. 그는 2013년에 환태평양경제동반자협정(TPP)을 주도한 데 이어 2016년엔 인도-태평양 전략을 선언했다. 중국의 패권을 저지하기 위한 역내 안보 경제 네트워크를 주도해 온 것이다. 필리핀의 국제정치학자 리처드 J. 헤이다리안도 『아시아의 새로운 전쟁터Asia's New Battlefield』에서 아베의 목표는 일본이 미중 패권 경쟁의 한 가운데로 뛰어들게 하는 데 있다고 말한다. 아베의 야망이 일본이 미국의 대중 패권 경쟁을 지원하는 데 그치지 않고 중국과 직접 패권 경쟁을 벌이게 하는 데 있다는 것이다.

트럼프 행정부는 2017년 출범하면서 중국에 대한 군사적 견제보다는 무역 전쟁을 통한 경제적 국익 추구에 집중했다. '아메리카 퍼스트(America First)' 라는 이름의 국익 우선주의는 2018년 12월 시리아와 아프간 주둔 미군의 철수 발표를 통해 자유주의 패권의 공식 폐기가 확인된 이후 더욱 본격화되었다. 이는 아베의 역내 패권 야심에 유리하게 작용했다. 미국이 국익 우선주의에 따라 대중 군사 견제에 직접 나서기보다는 일본 자위대의 역할을 확대하는 쪽으로 방향을 잡으면서 미일 군사 동맹이 더욱 강화되어 온 것이다.

이 점에서 트럼프의 국익 우선주의가 아베로 하여금 한국에 반도체 소재 수출 규제라는 경제 전쟁을 벌일 수 있는 판을 만들어주었다고 볼 수 있다. 아베는 일본 자위대의 대중 군사적 역할이 확대되길 바라는 트럼프 행정부가 일본이 한국에 어떤 경제 전쟁을 벌이더라도 한국 편에 서서 간섭하지 않을 것이라는 자신감이 있었다.

사물인터넷 시대와 한일 경제 역전

하지만 아베 정권이 2019년 7월을 한국으로 상대로 경제 전쟁을 일으키는 시점으로 삼은 데는 이 같은 유리한 요인만 있었던 것은 아니다. 일본의 보수 세력이 보기에 2010년대 후반 들어 일본 경제에 크게 불리하게 작용하는 한 가지 흐름이 한국을 상대로 경제 전쟁을 시작하는 데 큰 영향을 미친 것으로 평가 받는다. 그것은 인공지능(AI)의 발전에 따라 사물인터넷(IoT) 시대가 다가옴에 따라 반도체 수요가 크게 증가하고 있다는 사실이다. 일본의 보수 세력이 이를 위협으로 보는 이유는 AI와 IoT 시대가 개막되면서 '반도체 불임 국가'인 일본으로선 반도체 강국인 한국에 역전 당할 가능성이 그만큼 높아진다고 보기 때문이다.

한 때 세계적인 반도체 강국이었던 일본이 오늘날 반도체 분야에서 뒤쳐지게 된 데는 이유가 있다. 지난 1980년대 후반부터 세계 시장을 주름잡던 일본의 반도체 기업들은 자국 내에서 자신들만의 전용 생산 장비를 공급 받는 데 집착하다 생산 비용이 급증하면서 1990년 후반 들어 낙오했다. 당시 유럽에서 값싼 생산 장비를 들여 와 가격 경쟁력을 확보한 삼성전자를 비롯한 한국 기업들에게 시장을 빼앗긴 것이다. 그 후로 일본은 정부 보조금을 지급하면서까지 다시금 반도체 강국 지위를 회복하고자 했으나 실패하고 말았다.

사물인터넷 시대엔 집이나 사무실, 자동차, 도로 등 우리가 살아가는 환경 전부가 인공지능을 갖춘 인터넷으로 연결될 것으로 전망된다. 그렇게 되면 메모리와 비메모리 반도체 수요가 폭발적으로 증가하게 된다. 일본의 글로벌 정보통신 투자 기업 소프트뱅크의 손정의 회장은 "사물인터넷 시대는 인류 최대의 패러다임 시프트를 불러일으킬 것"이라고 말한다.

이 같은 가능성은 2020년 들어 중국 우한에서부터 확산되기 시작한 코로나19 감염병의 글로벌 확산으로 인해 전 세계적으로 비대면 시대가 개막하면서 더욱 높아지고 있다. 사람들이 바이러스 감염을 피하고자 대면을 꺼리면서 가상공간(On-line)과 비가상공간(Off-line)에서 비대면 접촉이나 대화를 지원하는 AI와 IoT 기술과 장비 산업이 급속도로 발전하고 있는 것이다. 이는 반도체의 글로벌 수요가 더욱 증대되고 있다는 것을 의미한다. 요컨대 코로나19 글로벌 감염병 사태가 '반도체 불임국'인 일본보다 반도체 강국인 한국에 경제적으로 유리한 국면을 조성하고 있는 것이다.

아베가 반도체 소재 수출 규제 조치를 취하기 전인 2018년도 한국의 수출 총액 6,054억 달러 중 반도체 수출은 1,267억 달러에 달했다. 반도체 수출액이 두 배만 늘어도 1,300억 달러 가량 많은 일본의 수출 총액을 따라 잡는다. 10년 내 사물인터넷 시대가 본격 개막되면 한국과 일본 간에 경제력 역전이 충분히 가능하다는 평가를 받는다. 이 같은 평가가 더욱 주목 받고 있는 것은 코로나19 바이러스의 글로벌 확산으로 전 세계가 비대면 사회로 전환됨에 따라 반도체 수요가 급증하고 있기 때문이다.

이근 서울대 경제학과 교수는 『2021 한국 경제 대전망』에서 한국의 1인당 국내총생산이 2020년에 해방 후는 물론 임진왜란 이후 처음으로 일본을 추월할 것으로 예상된다고 밝혔다. 이 교수에 의하면 한국의 1인당 경상 국민소득은 2019년 3만 1,431달러였으며, 2020년에는 3만 1,246달러를 기록할 것으로 예상되었다. 물가 수준을 반영한 구매력 기준 1인당 실질 국민소득은 2019년 3만 9,060달러였고, 2020년에는 3만 8,546달러로 예상된다는 것이었다. 이 경우 한국의 1인당 국민소득은 일본 대비 2019년 98.2%에서 2020년에 101.9%를 실현하게 된다. 미국 대비 소득 수준에서도 한국은 72.5%로 일본의 71.1%보다 앞설 것으로 예상된다고 그는 덧붙였다.

이는 일본이 왜 2019년 한국 대법원의 징용공 판결을 명분으로 서둘러 한국 반도체 산업을 겨냥한 경제 전쟁에 나섰는지를 보여준다. 일본 정부가 반도체 수출 규제 조치를 취하기 전에 이런 상황을 파악했을 가능성이 높다.

일본이 자국 경제가 한국에 역전당하기 시작했다는 불안감이 높아지는 가운데 글로벌 반도체 패권을 향한 한국의 대장정이 본격적으로 시작된 시점은 2019년 4월이다. 삼성전자 이재용 부회장은 4월 24일 비메모리 반도체 분야에 133조원을 투자하겠다고 발표했다. 같은 날 한국 정부도 문재인 대통령의 강력한 의지에 따라 비메모리 반도체 산업 지원책을 발표했다. 이것이 바로 수출 규제라는 아베의 선전포고로 이어지는 진실의 순간이다.

향후 10년 내에 한국이 메모리와 비메모리 반도체 모두 세계 1위를 할 경우 아베를 정점으로 한 일본의 군국주의 보수 세력이 모색해 온 패권 전략은 무위로 끝날 가능성이 높다. 일본 정부가 반도체 소재 수출 규제라는 도발을 감행한 것은 이처럼 한일 간 경제력 역전을 우려해서인데, 한국에 역전 당하면 미국의 역내 철수 시 그 빈 자리는 한국 차지가 될 수밖에 없기 때문이다.

사물인터넷 시대가 오면 한국이 일본을 역전할 가능성이 높다는 것을 구체적으로 뒷받침해주는 사례가 있다. 2016년 소프트뱅크의 손정의 회장이 반도체 회로 설계 회사 암(ARM)을 240억 파운드(33조원)이라는 천문학적인 금액을 주고 인수했는데, 이는 역대 일본 역사상 최대 규모의 기업 인수였다. 한국의 반도체 생산 능력에 두려움을 느껴 온 아베와 그의 참모들로서는 적지 않은 자극이 됐을 것으로 평가 받는다. 손 회장이 시세에다 43%를 더 얹어서 암을 사들인 것은 이 회사가 사물인터넷 시대의 플랫폼이 될 것이라고 확신했기 때문이다. 최고의 보안성과 저소비 전력 기능을 갖춘 암의 반도체 설계는 사물인터넷 시대에 더욱 중요해질 것이라고 그는 말한다. 하지만 그는 2020년 다른 투자 건들의 실적이 악화됨에 따라 암을 인수한 지 4년 만에 엔비디아에 매각하기로 했다.

2019년 들어 반도체 기술이 더욱 진화하면서 인공지능과 사물인터넷 시대가 더욱 성큼 다가오고 있다. 삼성전자의 133조원 투자 계획을 접한 일본의 아베 정권은 한일 간 경제력 역전이 가까워졌다고 여겼을 수 있다. 그는 이쯤에서 한국의 반도체 산업에 제동을 걸지 않으면 위험하다고 생각했을 것이다. 아베 정권은 한국의 반도체 산업을 주저앉히기 위해서는 자국 기업들이 생산하고 있는 반도체 핵심 소재의 수출 규제 외엔 다른 방법이 없다는 걸 알았을 것이다. 삼성전자 등 한국 기업들은 고순도 불화수소, 플루오린 폴리이미드, 포토 레지스트 등 반도체 3대 소재 조달을 거의 일본 기업들에 의존해 왔다. 일본 언론에 따르면 아베 정권은 반도체 소재 수출 규제 조치를 취하기 직전 한국 반도체 기업들의 소재와 부품 재고량을 파악했다고 한다.

하지만 이들 소재의 한국 수출에 대한 규제 조치를 취하는 데는 국제 사회가 납득할 수 있는 명분이 필요했다. 한국에 역전 당할까 두려워 반도체 수출 규제와 수출 심사 우대 조치를 취했다는 의심을 사지 않아야 하기 때문이다.

아베는 국내외 명분을 따로 제시했다. 대외적 명분은 한국에 수출된 전략 물자의 북한 반출이라는 악의적 의혹이었다. 대내적 명분은 한국이 대법원 판결로 1965년 한일 청구권 협정을 위반해 일본 전범 기업들에 피해를 초래했다는 것이다. 일본과 한국에서 실질적인 명분으로서 효과를 거둔 것은 후자였다. 울고 싶은 아베의 뺨을 결과적으로 한국 대법원이 때려준 격이었다.

삼성전자의 비메모리 투자 발표 이후 두 달여 만에 일본의 반도체 소재 수출 규제 조치 발표가 있었다. 일본 정부는 규제 조치의 발표 시점을 오사카 G20 정상회의 직후인 2019년 7월 초로 잡았다. 이는 G20 정상회의 기간에 정상회담을 갖자는 한국의 제안을 일본이 계속 거부한 데서 알 수 있다. 아베는 문 대통령과 회담을 가지면 직후 규제 조치를 발표하기 어려울 것이라고 보고 의도적으로 피했던 것이다. 결국 아베는 한국의 반도체 패권을 저지할 절호의 기회를 잡았다고 판단했고 그 기회를 놓치고 싶지 않았을 것이다.

일본 보수 세력의 한미 이간 책략: '한중 반도체 연합 프레임'

아베 정권은 머지않은 시기에 미국의 철수가 이루어질 때를 대비해 미국을 대신해 동아시아와 서태평양 지역의 패권을 차지하기 위해 숙적 관계인 한국을 대중 동맹 네트워크에서 배제하려 애써왔다. 특히 아베는 2016년부터 추진해 온 인도-태평양 전략(Indo-Pacific Strategy)에 고의적으로 한국의 참여를 막아 왔다. 이는 미국의 역내 철수 시 그 빈자리를 놓고 경쟁자가 될 수 있는 한국을 중북러 전체주의 진영으로 떠넘기기 위한 전략에서 비롯된 것이다. 아베 정권은 한국의 대북 관여 정책이 북한의 비핵화로 이어질까 우려해 왔다. 일본으로서는 중국과의 패권 경쟁에 필요한 자체 핵무장을 정당화하기 위해서는 핵을 보유한 북한이 필요하기 때문이다.

미국은 2019년 봄 전 세계 동맹국들에게 중국의 정보통신 기업인 화웨이 제품을 보안 위협을 이유로 사용하지 말 것을 요청했다. 일본은 정부 차원의 정보통신장비 입찰에서 화웨이 제품을 배제하기로 했지만 한국 정부는 공식적인 사용 금지 조치를 취하지 않았다. 그로 인해 일본이 미국과 한국 사이를 이간질할 수 있는 여지가 만들어졌다.

한편 일본의 보수 세력들은 한중 반도체 연합이 등장할 수 있다는 프레임을 미국에 제기해오고 있다. 한국 반도체 산업에 대한 일본의 공격이 '한국 대 미일 반도체 전쟁'으로 확대될 가능성을 배제할 수 없는 것이다. 하지만 다행스럽게도 바이든 행정부는 트럼프 행정부와 달리 반도체의 중요성을 인식하고 있고 한국과의 적극적인 협력을 희망하고 있다. 바이든 대통령은 4월 12일 백악관에서 '반도체 화상회의'를 갖고 한국의 삼성전자와 대만의 TSMC를 상대로 대미 투자를 촉구했다. 백악관은 반도체를 단순한 산업을 넘어 안보 자산이라는 점을 명백히 했다. 바이든 대통령은 반도체를 '인프라'라고 규정하면서 "중국 공산당이 반도체 공급망을 재편하고 지배하려는 계획을 갖고 있는데, 우리도 그렇게 해야 한다"고 말했다. 이는 바이든 행정부가 반도체가 국가의 핵심 인프라인 동시에 안보 자산이기 때문에 중국의 반도체 산업이 성장하는 것을 막아야 한다는 전략을 세웠다는 것을 의미한다.

바이든 행정부는 미국 경제와 안보의 토대가 되는 반도체의 전 세계 생산의 72%가 중국과 지리적으로 가까운 한국과 대만, 일본 등 동아시아에 편중된 것을 우려한다. 미국의 생산 비중은 13%에 불과하다. 이 때문에 바이든 행정부는 미국에서 소요되는 반도체는 미국 내에서 생산되도록 하겠다는 전략을 추진하고 있다. 한국으로서는 일본의 이간질을 막기 위해 반도체 등 첨단 기술분야에서 미국과의 협력을 확대함으로써 안보뿐만 아니라 경제 분야에서 한미 동맹을 강화해나갈 필요가 있다.

2021년 5월 21일 워싱턴 한미 정상회담에서 문재인 대통령과 바이든 대통령이 중국의 신기술 패권을 저지하기 위해 한미가 반도체와 배터리 분야에서 협력하기로 한 것은 잘한 결정이다. 물론 문 대통령이 신기술 협력과 함께 쿼드의 필요성 공감, 미사일 사거리 제한 해제 등 친미와 반중 기조의 합의들을 이룬 데는 바이든 행정부의 대북 정책을 관여 방향으로 유도하려는 정치적 목적이 작용했다는 관측이 있다. 그럼에도 불구하고 미국과 반도체와 배터리 등 신기술 분야의 협력에 합의한 것에 대해서는 긍정적으로 평가해야 한다.

한일 차세대 패권 경쟁의 분수령: 미국 신뢰의 향배

하지만 문재인 정부는 아베 정권의 수출 규제 조치가 미국 철수 시 일본이 한국을 밀어내고 그 빈자리를 차지하기 위한 일종의 예방 전쟁이라는 지정학적 본질을 이해하지 못했다. 만약 문재인 정부가 그 의미를 이해했다면 미국을 적으로 돌리는 외교 전략을 추진해선 안 된다는 것은 너무나 기본에 속하는 문제였다. 그러나 문재인 정부의 수구 좌파 성향의 외교안보팀은 아베 정권에 대한 국민적 반감이 고조되고 국제적 여론도 비판적으로 나타나자 이를 오판하고 큰 외교적 실책을 범하고 말았다. 문재인 정부가 미국이 중국과 북한의 도발에 대응하기 위한 한미일 3국 간 군사 협력의 버팀목의 하나로서 중시해 온 한일군사정보보호협정(GSOMIA)를 8월 22일 더 이상 연장하지 않는다는 결정을 내린 데 이어 9월 18일 일본을 백색국가(white list, 전략 물자 수출 시 절차 간소화 우대 대상 국가) 명단에서 제외한 것이다.

일본이 반도체 소재 수출 규제 조치를 취함으로써 예방 전쟁을 시작했다고 해서 일본이 원하는 방식으로 싸워서는 이길 수 없다. 아베를 중심으로 한 일본의 보수 세력은 이번 경제 전쟁을 시작하면서 한국의 좌파 정부가 지소미아 연장 거부나 백색국가 명단 제외 등 보복 조치로 대응하고 나설 것이라고 충분히 예상했을 것이다. 그리고 문재인 정부가 그런 식으로 싸움에 나서주기를 바랬을 것이다. 왜냐하면 일본의 보수 세력이 이번 전쟁을 통해 노리는 최종 목표가 한국에 대한 미국의 신뢰를 약화시키는 것이었기 때문이다.

문재인 정부의 지소미아 연장 거부 결정은 미국의 한국에 대한 신뢰를 흔드는 데 엄청난 영향을 미쳤다. 지소미아는 한미 동맹과 미일 동맹을 중국과 북한의 도발에 맞서 통합시켜주는 역할을 해 왔다. 이 점에서 미국은 지소미아를 특히 중국 견제를 위한 중요한 디딤돌로 여겨 왔다. 그런데 문재인 정부가 그걸 없애겠다는 결정을 했으니 그 같은 결정에 대해 미국이 어떤 평가를 내렸을지는 불문가지(不問可知)였다.

일본 정부의 반도체 소재 수출 규제 조치에 맞서 지소미아의 연장을 거부하는 것이 전략적으로 옳은 것인지 여부는 국제정치 차원에서 신중하게 판단했었어야 했다. 하지만 문재인 정부의 외교안보팀은 불행하게도 그런 이성을 갖추지 못했다.

일본이 시작한 한일 간의 차세대 패권 경쟁의 승패는 어느 나라가 미국으로부터 더 신뢰를 받느냐 여부에 달려 있다. 아베 정권은 한국과의 경제 전쟁을 시작할 때부터 이 점을 잊지 않았다. 그래서 아베 정권은 문재인 정부가 지소미아 연장을 거부하는 움직임을 보일 때도 아무 의사도 표명하지 않았다. 아베 정권은 내심 문재인 정부가 지소미아 연장을 거부하는 결정을 내리기를 바랬을 것이다. 그래야만 일본이 미국의 신뢰를 둘러싼 한국과의 경쟁에서 이길 수 있기 때문이다. 이 점은 2020년 9월 아베가 사임한 뒤 아베의 지지를 얻어 새로운 총리가 된 스가 요시히데도 정확히 인식하고 있었다.

아베와 스가가 예상한대로 미국은 문재인 정부에 지소미아 연장 거부 결정을 철회하도록 다양한 경로를 통해 압박했다. 트럼프 대통령은 물론 국무장관과 국방장관은 나서지 않고 국방부 차관보와 부차관보급 인사들이 미국 언론과의 인터뷰 등을 통해 문재인 정부의 지소미아 폐기 결정에 대해 우려를 제기한 것이다. 문재인 정부는 이들의 경고와 압박을 처음에는 귓등으로 흘려버렸다. 하지만 국민 대다수가 지소미아 연장 거부를 반대하는 것으로 나타나자 문재인 정부가 결국 연장 거부 입장을 철회했다.

이 과정에서 주목해야 할 대목은 미국이 지소미아 연장을 위해 일본에게 한국을 상대로 취한 수출 규제 조치의 완화라든가 뭔가 양보를 하라는 식의 설득이나 압박을 전혀 하지 않았다는 사실이다. 미국은 오로지 지소미아의 연장 필요성만을 제기했다.

> 일본은 한국이 지소미아 연장을 거부하길 바랐다. 미국의 한국에 대한 신뢰를 손상시키고 더 나아가 한미일 3국 군사 협력이라는 부담에서도 벗날 수 있기 때문이다.

문제는 미국이 왜 그랬냐이다. 지소미아는 한미 동맹과 미일 동맹을 중국의 도발에 대한 견제를 위해 하나로 묶는 가교와도 같은 역할을 해 왔다. 그같이 중요한 지소미아가 폐기될지 모를 위기 상황에서 미국으로서는 충분히 일본 정부를 상대로도 수출 규제조치에 대한 우려를 전달할만 했다. 하지만 미국은 그렇게 하지 않았다. 미국의 트럼프 행정부가 일본 정부에 한마디도 하지 않았다는 사실이 어떤 의미를 갖는가?

이는 당시 트럼프 행정부가 자신들이 일본을 상대로 무슨 권유와 압박을 하더라도 아베 정권이 반도체 소재 수출 규제 조치를 철회할 가능성이 없다는 것을 정확하게 알고 있었음을 의미한다. 아베 정권은 지소미아 문제와 관련해 두 가지를 노렸고 양보할 생각이 전혀 없었다. 하나는 문재인 정부가 반도체 소재 수출 규제에 대한 보복 차원에서 지소미아 연장을 거부하도록 만들어 미국의 한국에 대한 신뢰를 손상시키는 것이었다. 다른 하나는 문재인 정부의 지소미아 폐기를 계기로 한미일 3국 군사 협력이라는 부담에서 벗어나고자 했다. 그럴 경우 일본은 미국의 영향력으로부터 좀더 자유로운 처지에서 중국과의 패권 경쟁을 주도하는 국면을 만들 수 있을 것이라고 보았다.

여기서 후자, 즉 두 번째 목표가 미국이 우려하는 대목이다. 미국은 언제나 일본이 자국의 영향력에서 벗어나 독자적으로 역내 패권을 추구하게 될까 우려해 왔다. 미국이 이 같은 우려를 갖고 있는 까닭은 미국은 미일 동맹을 통해 일본을 자국의 영향력 아래에 묶어둠으로써 동아시아와 서태평양 지역에서 패권을 유지해 올 수 있었기 때문이다. 따라서 일본이 미국의 영향력에서 이탈하게 된다면 미국으로서는 이 지역에서 더 이상 패권을 유지하기 어려워질 수 있다는 결론이 나온다.

그래서 미국 국방부 고위 인사들은 지소미아 연장을 거부하려는 문재인 정부를 상대로 다소 무례한 표현들을 써 가면서까지 폐기를 막고자 했던 것이다. 요컨대 미국 국방부가 한국에게 전하고자 한 메시지는 지소미아를 폐기 않고 연장해야만 일본을 미일 동맹과 한미일 군사 협력 구조에 묶어둘 수 있으니 도와달라는 간청이었다고 보아야 한다.

따라서 한국이 그 같은 간청을 들어주었다는 것은 역설적으로 미국의 신뢰를 회복한 것이라고 할 수 있다. 이 같은 관점은 일본의 보수 세력으로서는 짐작도 하지 못했을 것이다. 왜냐면 그들은 미국이 중국과 러시아, 북한을 견제하기 위한 중심축으로서 미일 동맹에 가장 큰 기대를 하고 있고 자신들이 그 같은 기대에 일관되게 부응해 왔다고 생각하고 있기 때문이다. 하지만 그것은 그들의 오판이다. 미국은 늘 일본이 미일 동맹 구조에서 이탈할 가능성을 염려해 왔다. 미국이 중국을 경제적으로 견제하기 위해 구축한 다자 무역 체제인 TPP에 일본이 2013년에 가입했을 때 당시 오바마 대통령이 가장 큰 성과라고 평가한 것은 이 때문이다. 그만큼 미국은 일본이 과연 미중 패권 경쟁에서 일본이 계속 미국의 편에 설 것인지 의구심을 갖고 있다.

일본은 2020년에도 중국 정부의 영향 아래 있다고 판단되는 중국의 정보 통신 기업의 제품과 기술을 사용하지 못하도록 만들기 위해 구축한 '클린 네트워크(clean network)'에 참여하지 않았다. 이는 아베 정권이 문재인 정부가 화웨이 제품을 공식적으로 금지하지 않은 것 이상으로 미국의 반중 전략을 지원하지 않는 것으로 평가 받았다. 이것만이 있는 게 아니다. 아베 정권은 중국이 글로벌 패권을 넘보기 위해 2013년부터 추진해 온 '일대일로' 프로젝트에 참여했다. 아베의 BRI 참여 결정은 일본이 중국의 글로벌 패권 전략을 지원하는 것이 아니냐는 의구심을 낳기에 충분하다는 평가를 받았다.

> 브레진스키는 일본이 언젠가 경제 강국으로서의 상응하는 지위를 역내에서 인정받기 위해 미국의 영향력에서 벗어나려 할 것이라고 보고 있다.

이 같은 사실은 일본의 보수 세력이 궁극적으로 미국의 신뢰할 만한 동맹이 되지 못할 수 있다는 것을 의미한다. 카터 대통령의 국가안보보좌관을 지낸 즈비그뉴 브레진스키는 1997년에 출간된 『거대한 체스판The Grand Chessboard』에서 그러한 미국의 우려를 언급한 바 있다. 그는 글로벌 경제 강국이자 미국의 글로벌 패권의 지정학적 확장으로서 일본의 현 지위가 일본의 새로운 세대에게 받아들여질 것인지는 확실하지 않다고 말한다. 일본은 글로벌 현상 유지에 전적으로 만족하지 않을 것이고 글로벌 강국으로서의 공식 인정을 받을 자격이 있다고 느끼고 있으며, 아울러 미국에 대한 지역적으로 유용한 안보 의존이 그 같은 인정을 받는 것을 방해한다는 것을 알고 있다. 요컨대 브레진스키는 일본이 언젠가 경제 강국으로서의 상응하는 지위를 역내에서 인정받기 위해 미국의 영향력에서 벗어나려 할 것이라고 보고 있다.

한일 차세대 패권 경쟁과 한국의 전략

한국과 일본 간의 차세대 역내 패권 경쟁은 아베 정권의 반도체 소재 수출 규제 조치로 이미 시작되있다. 두 나라 중 어느 나라가 더 미국의 신뢰를 얻느냐가 한일 패권 경쟁의 승패를 가르게 된다. 다만 한국이 일본처럼 해서는 승산이 없다. 한국은 미국이 세계 질서를 어떤 대전략으로 관리해야 하는지에 대해 진지하게 관여하는 방식으로 싸워야 한다.

이 책 앞에서 줄곧 지적해 온 바와 같이 한국은 미국이 완전한 승리를 추구하는 이상주의적 자유주의 패권으로는 동아시아에서 자유주의 질서를 유지하기 어렵다는 점을 제시해야 한다. 일본은 한국의 실수를 유도해 미국의 신뢰를 더 얻으려는 얄팍한 술수를 펴지만 한국은 미국의 전략적 동반자가 되겠다는 각오로 대응해야만 한일 간 차세대 역내 패권 경쟁에서 이길 수 있다.

문재인 정부가 일본의 보수 세력이 걸어 온 싸움에 제대로 된 전략을 갖고 대처하지 못한 이유가 있다. 20세기 수구 좌파는 위안부와 징용공 배상 등 과거사 문제와 독도 문제를 자신들의 정치적 기반을 강화하기 위해 활용해 왔다. 그들은 한국이 과거사와 영토 문제를 지정학적 관점에서 어떻게 다루어야만 일본을 제치고 역내 자유주의 질서를 주도하는 강국으로 도약할 수 있는지 전혀 고민하지 않았고 앞으로도 그럴 것이다.

그래서 동아시아와 서태평양 지역의 패권을 둘러싸고 미중 경쟁이 격화하는 오늘날 한국의 국가 경영은 더 이상 수구 좌파가 맡아선 안 된다. 한국을 2050년까지 글로벌 3대 강국으로 도약시킴으로써 중국에 맞서 역내 자유주의 질서를 주도하는 대전략을 갖춘 21세기 대경장(大更張) 보수 세력이 국가 경영을 맡아야 한다. 이 점에서 일본의 보수 세력이 시작한 차세대 역내 패권 경쟁에서 한국이 승리할 것인지 여부는 대경장 보수가 차기 정부를 맡을 수 있느냐 여부와 직결된다. 대경장 보수가 정권을 잡으면 이기고, 못 잡으면 진다고 해도 지나치지 않다. 일본의 보수 세력의 전략에 정확하게 대응할 수 있는 비전과 능력을 지닌 세력은 대경장 보수 세력 외에는 없다.

"평화가 모든 국가의 목표여야 한다.
한 국가를 정복하는 유일한 방법은 관대함을 통해서이다."

크세노폰

"외교의 목표는 전쟁 방지이고
군사적 수단은 사용하지 않을 때 효력이 있다."

헨리 키신저

GRAND

5부

북한의 핵·ICBM 도발을 둘러싼
한미북중의 전략 대결

STRATEGY

14

중국의 패권 추구와 북한 핵개발
그리고 한국의 '핀란드화'

1910년 5월 영국 왕 에드워드 7세의 장례식 때 유럽 전역의 왕들과 로열패밀리가 참석했다. 미국의 여류 역사가 바바라 W. 터크먼은 제1차 세계대전의 발발 과정을 다룬 『8월의 총성』에서 당시 오월의 아침 아홉 명의 왕들이 장례 행렬의 선두에서 말을 타고 가는 모습이 너무나 멋진 장관이었다고 했다. 아홉 명의 왕들의 뒤를 이어 다섯 명의 왕위 계승 예정자들과 일곱 명의 왕비들이 뒤따랐다.

한 자리에 이렇게 많은 '시대정신'들이 모인 적이 없다는 점에서 에드워드 7세의 장례식은 유례를 찾기 어려울 정도로 성대하게 치러졌다. 각국 왕들과 황태자들, 왕비들이 다투어 조문한 것은 영국이 제국이었던 만큼 당연한 측면이 있긴 하지만 또 다른 배경이 있다. 그가 '유럽의 삼촌(Uncle of Europe)'이라는 별명을 갖고 있는 데서 알 수 있듯이 그는 유럽의 많은 나라들의 왕과 왕비와 복잡한 혈연관계에 있었다.

하지만 왕가들의 혈연관계도 국가들 간 권력정치의 벽을 넘지 못했다. 독일 왕 빌헬름과 영국 왕 조지는 사촌지간이었다. 그럼에도 이들은 에드워드 7세의 장례식이 치러진 지 4년 뒤에 발발한 제1차 세계대전에서 적으로 싸워야 했다. 이는 국제 정치에 각국의 왕가들이나 수반들 간의 혈연이나 그 밖의 인연이 의미 있는 영향을 미치지 못한다는 것을 상징적으로 보여준다. 국제 정치는 엄연히 주요 현안을 둘러싸고 관련 국가들이 각자의 이해를 관철하기 위해 추진하는 전략들 간의 함수관계에 의해서 좌우되는 것이다.

이 점에서 1914년 8월 제1차 세계대전의 발발은 수많은 인명의 살상에도 불구하고 국제정치학이 발전하는 계기가 되었다. 이 때문에 '만인의 만인에 대한 투쟁 상태'로서의 국제정치에서 국가의 생존은 각국 리더들 간의 '생물학적 혈연관계'가 아니라 주요 국제 현안들을 둘러싼 각국의 '전략적 혈연관계'를 얼마나 정확하게 파악하느냐에 달려 있다.

21세기는 그 어느 때보다 국제정치 현안들에 대한 국가 간의 전략적 혈연관계가 복잡하다. 그 같은 가계도를 정확하게 파악한다는 것이 더욱 어려워졌다. 특히 북한의 핵무기와 탄도미사일 개발 위기라는 '천애 고아'의 집안을 찾는 것도 결코 쉬운 일이 아니다.

북핵 위기의 국제적 혈연관계

그럼에도 불구하고 관련 없어 보이는 단서들이라도 모아서 추적해야 한다. 한 나라의 정책이 뜻밖에도 다른 나라의 운명에 큰 영향을 끼칠 수 있기 때문이다. 그렇게 좇아가다 보면 오바마 미 행정부의 임기 8년 동안 북한이 핵·탄도미사일 개발에 더욱 박차를 가하는 데 보이지 않는 도움을 준 다국적 혈연관계는 중국과 미국이라는 것을 발견하게 된다. 북한의 혈맹이라고 불리는 중국이 북한의 핵, 탄도미사일 개발을 뒷받침하는 혈연관계에 있다는 것은 자연스러워 보인다. 하지만 미국이 그 같은 전략적 혈연관계의 상위에 놓여 있다는 것은 엄청난 역설이다. 중국이 남중국해 영유권 분쟁을 일으키며 역내 패권에 대한 본격적인 도전을 할 수 있게 된 것은 미국이 국력의 쇠퇴로 인해 군사적 우위를 지키는 데 어려움을 겪기 시작했기 때문이다.

> 미국이 쇠퇴하고 중국이 패권 도전에 나서면서 북한의 핵·탄도미사일 개발이 본격화되었다. 중국이 북핵 사태의 '어머니'라면 미국은 '할머니'인 셈이다.

북한이 핵·탄도미사일 개발을 본격화할 수 있게끔 유리한 정세를 조성한 것은 중국의 급속한 부상과 패권 도전의 본격화다. 미국의 쇠퇴가 중국이 미국의 패권에 도전할 수 있는 계기를 마련했는데 이는 북핵 사태가 악화할 수 있는 정세를 조성하는 데 큰 영향을 미쳤다. 말하자면 중국이 북핵 사태의 악화를 낳은 '어머니'라면 미국은 '할머니'인 셈인 것이다.

2008년 미국의 금융위기와 이로 인한 미국의 경제력 쇠퇴와 군사력 감소는 중국이 동아시아와 서태평양 지역에서 미국의 패권에 대해 도전하는 것을 가능하게 했다. 그렇다면 북한이 2012년 김정은 정권 출범 이후 핵과 탄도미사일 개발을 더욱 본격화하게 된 데는 가까이는 중국의 부상에 따른 유리한 정세의 조성이, 멀리는 미국의 국력 쇠퇴와 이로 인한 군사력 감소가 큰 영향을 미쳤다고 평가할 수 있다. 이는 북핵 사태를 한반도 정세만을 들여다보아서는 해법을 찾을 수 없다는 것을 의미한다.

글로벌 질서의 변화와 이로 인한 동아시아 질서의 변화를 읽을 때 김정은 정권의 전략을 파악할 수 있을 뿐만 아니라 대응 전략을 마련할 수 있다. 때문에 북한 문제는 더 이상 남북 간 및 미북 간 관계로만 설명할 수 없다. 글로벌 질서 변화와 함께 동아시아와 서태평양 지역의 질서 변화를 복합적으로 읽어낼 수 있을 때 북한 문제를 올바로 풀 수 있다.

이렇게 본다면 글로벌 차원이든 지역 차원이든 모든 위기와 도전은 혈연관계처럼 뿌리가 이어져 있다. 특히 역내 양대 안보 사안인 남중국해 영유권 분쟁 사태와 북한의 핵·탄도미사일 문제는 이처럼 뿌리가 긴밀하게 얽혀 있다. 중국이 남중국해 남사군도와 서사군도의 섬들과 환초들을 불법적으로 점유함에 따라 영유권 분쟁이 격화해 왔다. 그 결과 남중국해 공해상의 항행의 자유가 위협 받고 있다는 우려가 차츰 높아져 왔다. 미국이 이 해역에서 '항행의 자유 작전'을 펼치면서 양국 간에 긴장이 고조되고 있다.

미중 갈등과 대북 제재에 대한 중국의 전략

미중의 이 같은 갈등과 대립은 북한의 핵·탄도미사일 문제 해결을 위한 양국 간 공조를 어렵게 만드는 최대의 요인이 되어 왔다. 중국은 남중국해를 자신의 내해(內海)로 만들기를 원한다. 남중국해로의 미국의 접근을 차단하게 되면 서태평양 지역의 패권을 미국으로부터 가져올 수 있다고 믿기 때문이다. 중국의 입장에서는 남중국해 영유권 문제를 놓고 미국과 충돌하고 있는 상황에서 미국이 원하는 방식으로 북한의 핵·탄도미사일 문제 해결을 도와줄 생각이 없다. 더군다나 중국으로선 미국의 요구를 액면 그대로 들어줄 수 없다. 중국에게 북한은 혈맹관계에 있기 때문이다. 이들 두 가지 이유로 인해 중국은 2016년까지만 해도 미국의 북핵 해결 노력을 마지못해 지원하는 입장을 견지했다.

그랬던 중국이 2017년 들어 대북 제재와 압박에 좀더 적극적으로 임하는 모습을 보이기 시작했다. 몇 가지 이유가 있다. 그 중 가장 큰 것은 미국의 대중 견제 전략이 남중국해 영유권 분쟁 사태에 대한 개입을 축소하는 등 약화되고 있는 것으로 보였기 때문이다. 이 같은 외견상의 변화는 무엇보다도 트럼프 행정부가 출범하자마자 전임 오바마 행정부가 추진했던 대중 경제 봉쇄 전략인 환태평양경제동반자협정(TPP)에서 탈퇴한 데서 확인된다.

오바마 행정부는 이 협정을 의회에서 비준 받기 직전까지 준비해놓은 상태였다. 이 뿐만이 아니다. 2017년 하반기 들어서는 힐러리 클린턴 전 국무장관이 2011년 대 중국 견제 전략으로 제창한 아시아 회귀(Pivot to Asia)에서도 후퇴하는 조짐을 보이기 시작했다. 그 같은 조짐은 11월 12일 베트남 남부에 위치한 항구도시 다낭에서 개최된 트럼프와 쩐 다이 꽝 베트남 주석의 정상회담에서 포착됐다. 트럼프 대통령은 이 자리에서 중국과의 서사군도 영유권 분쟁을 조정해줄 수 있다는 입장을 밝혔다.

하지만 이 같은 입장은 남중국해에서의 중국의 강압적인 패권 추구를 견제하기 위해 미국이 추진해 온 아시아 회귀 전략에서 벗어난 것으로 평가 받는다. 하지만 트럼프 행정부가 이 같은 전략적 선회를 하는 것이 사실이라면 이는 미국 내 현실주의자들의 목소리가 트럼프 행정부의 대 중국 전략에 반영된 결과였을 것이다.

영국의 글로벌 경제지 〈파이낸셜타임스〉의 국제 문제 논설위원 기드온 래치먼은 2016년에 출간된 『동아시아화』에서 미국의 현실주의자들은 중국이 주변 지역을 지배하는 것을 인정해야 한다고 믿는다고 말한다. 중국의 경제 규모와 군사력을 볼 때 중국이 주변 지역을 지배하는 것은 불가피하다는 것이 그들의 생각이라는 것이 그는 진단이다. 만약 미국이 이런 불가피한 결과를 수용하지 않으려 할 경우 중국에 의해 파국적인 전쟁이나 모욕을 당하게 될 것이라고 미국의 현실주의자들은 우려하고 있다고 그는 부연한다.

미국의 대 중국 견제 수위의 하락과 함께 중국이 미국의 대 북한 경제 제재에 동참하게 만든 또 다른 요인은 중국의 막대한 대미 흑자 구조를 바로 잡으려는 트럼프 행정부의 압박이었다. 트럼프 대통령은 취임 직후부터 중국이 환율조작국으로 드러나면 보복 관세를 부과하겠다고 공언했다. 중국은 2017년 한해 미국과의 교역에서 미국에 수출하는 나라들 중에서 제일 많은 1,706억 달러의 흑자를 올렸다. 이는 일본이 거둔 대미 흑자 330억 달러의 다섯 배가 넘는 규모다. 트럼프 행정부가 중국에 제기하는 의혹은 중국이 환율조작을 통해 대미 교역에서 이 같은 막대한 흑자를 거둔 것이 아니냐는 것이다.

하지만 이 같은 보복 관세 논의는 미국을 상대로 한 북한의 6차 핵실험과 다섯 차례에 걸친 대륙간탄도미사일 시험 발사 위협이 고조되면서 더 이상 수면 위로 드러나지 않았다. 미국은 중국의 지원을 받지 않고는 대북 제재가 성공하기 어렵다는 판단 아래 대중 보복 관세 부과 문제는 거둬들인 것이다.

미중이 역대 최고로 강도가 센 제재안에 합의한 데는 트럼프 행정부가 남중국해의 영유권 분쟁에 대한 불개입으로 선회 움직임을 보인 게 결정적인 기여를 했다.

북한은 2017년 7월 4일부터 11월 29일까지 화성-14, 12, 15호로 이어지는 대륙간탄도미사일(ICBM)을 시험 발사에 성공했다. 특히 마지막으로 11월

29일 고각으로 발사된 화성-15호는 정상 각도인 45도로 쏠 경우 13,000km를 넘을 것으로 추정됐다. 이는 북한이 화성-15호의 시험 발사 성공으로 미국 본토 전역을 타격할 수 있는 능력을 갖췄다는 것을 의미했다. 그 어느 때보다 북한의 핵·탄도미사일 위협이 미국 안보에 제기하는 중대성을 인식한 미국은 중국을 설득해 기존의 제재들을 뛰어넘는 강력한 제재를 추진하기로 합의했다. 이에 따라 같은 해 12월 22일 유엔 안보리는 새로운 대북 제재안인 2397호를 채택했다. 이는 북한이 9월 6일에 6차 핵실험을 한 데 대한 제재안인 2395호보다 훨씬 강도가 센 것으로 평가 받는다. 미중이 역대 최고로 강도가 센 제재안인 2397호 채택에 합의한 데는 트럼프 행정부가 시진핑 정부에 두 가지 '보상'을 한 것이 결정적인 기여를 했다. 남중국해의 영유권 분쟁에 대한 불개입으로의 전략적 선회 움직임과 환율조작 혐의에 대한 보복 관세 논의 유예라는 보상이 그것이었다.

2397호만큼이나 강한 제재 방안이 담긴 2395호가 6차 핵실험이 있은 지 6일 만인 9월 12일 전격 채택될 수 있도록 중국이 미국에 협력해준 것도 이들 두 가지 대중 정책 변화에 대한 보답으로 평가할 수 있다. 무엇보다도 2395호의 신속한 채택을 중국이 도와주었다는 데 큰 의미가 있다. 왜냐하면 철광석과 석탄, 수산물의 수출 금지 이후 북한에 대한 가장 큰 경제적 타격 방안이 담겼기 때문이다. 2017년 상반기 수출액이 2억 2천만 달러로 1위를 차지했던 임가공 의류 제품의 수출이 2395호 제재로 인해 막힌 것이다. 중국 통계에 따르면 2016년 북한의 수출액 중 임가공 의류 제품의 비중은 27.5%에 달했다. 임가공 의류 제품의 수출은 조선족 기업 등 중국 기업들은 북한 내 섬유공장에서 만든 의류 제품에 '메이드 인 차이나' 상표를 붙인 뒤 단둥으로 들여와 유럽 등지로 수출하는 방식으로 이루어져 왔다.

이 같은 방식의 대북 의류 임가공 사업은 북한의 주요 소득원 중 하나가 되어 왔다. 중국 정부는 안보리 제재 조치 2395호 채택 직후 곧 바로 자국 기업들이 북한에서 만든 의류 제품을 단동에 잠시 들여온 뒤 메이드인차이나 상표를 붙여 유럽 등으로 수출하는 것을 전면 금지시켰다. 중국 정부는 또 안보리 제재에 따라 북한산 석탄과 철광석 수입도 일체 하지 못하게 했다. 이는 중국 정부가 트럼프 행정부에 위의 두 가지 대중 정책 변화에 대해 보답했다는 것을 의미한다.

하지만 이들 두 가지 보상만으로는 중국이 이들 대북 제재안 채택에 합의해주고 엄정하게 이행하려고 하는 모습을 보인 이유를 설명하기가 어렵다. 당시 중국의 협력이 너무도 진지했기 때문이다. 더구나 트럼프 행정부가 TPP를 탈퇴하긴 했으나 아시아 회귀를 공식적으로 포기하겠다고 밝힌 것도 아니었다. 미국이 중국의 환율 조작 혐의가 없다고 무혐의 처리를 한 것도 아니기 때문에 트럼프 행정부가 보복 관세를 부과할 가능성이 아예 사라진 것도 아니었다. 이 때문에 이들 두 가지 가변적인 조짐만으로 중국이 혈맹인 북한에 대한 미국의 경제 제재에 협조하기로 한 이유를 설명하기에는 뭔가 부족한 것이다.

시진핑 정부의 입장에서 봤을 때 중국의 앞마당인 남중국해도 중요하고 환율조작국 지정을 피함으로써 미국으로부터 보복 관세를 부과 받지 않는 것도 중요했다. 하지만 한국과 미국이라는 자유민주주의 세계와의 완충지대로서의 북한은 그 무엇과도 비교할 수 없을 만큼 중요하다는 것이 시진핑 정부의 인식이었다. 이 점에서 중국은 자칫 미국이 자신들이 원하는 수준의 대북 제재를 추진하지 못할 경우 북한을 군사적으로 침공할 가능성을 우려해 왔다.

이 같은 우려로 인해 중국은 미국이 북한을 군사적으로 공격하지 않고 제재와 압박으로 북한의 핵·탄도미사일 문제를 해결하도록 돕는 것이 최선이라는 생각을 했을 것이다. 만약 그렇게 하지 않아 미국이 끝내 북한에 대해 선제타격을 할 경우 북한 정권이 붕괴해 완충지대가 사라질지 모른다고 우려했을 수 있다.

이 같은 계산이 중국이 미국의 대북 제재에 동참하는 데 결정적인 영향을 미쳤을 수 있다. 이는 트럼프 미 행정부가 2018년 8월 중국산 대미 수출 상품에 고율의 관세를 부과하기로 결정한 데 이어 2019년 8월 5일 중국을 환율 조작국으로 지정한 이후에도 중국이 안보리 제재를 이행해 왔다는 데서 확인된다. 미중 간 무역 및 환율 전쟁이 고조되는 상황임에도 양국의 대북 제재 공조는 계속 유지되어 온 것이다. 2016년 1월 북한의 4차 핵실험 이후 채택된 안보리 대북 제재에 대한 중국의 전반적인 입장도 이런 맥락에서 보면 일관성을 갖는다. 동남아 국가들과의 남중국해 영유권 분쟁을 놓고 미국과 갈등 수위를 유지하면서 미국의 대북 제재에 크게 반대하지 않고 있는 것이다.

남중국해 영유권 분쟁과 북핵 문제의 전략적 상충

그럼에도 불구하고 중국은 남중국해의 지배권을 미국에게서 가져오기 위해 북한에 대한 제재의 강도와 비핵화 이행 요구 수위도 전략적으로 조절하는 모습을 보여 왔다. 이 같은 모습은 특히 오바마 행정부가 남중국해 영유권 분쟁과 관련해 중국을 상대로 군사적 압박을 강화할 때 나타났다. 바이든 행정부가 오바마 행정부 때처럼 남중국해 문제와 관련해 대중 군사적 견제 수위를 높일 경우 중국이 북한 문제를 활용해 미국의 대중 군사적 견제에 맞대응할 가능성이 높다. 이는 미국과 중국이 남중국해 영유권 분쟁 사태와 북한의 핵·탄도미사일 문제를 놓고 밀고 당기는 게임을 해오고 있다는 것을 의미한다.

이를 뒷받침하는 상황으로 가장 적절한 사례는 2016년 4월에 남중국해를 둘러싸고 양국 간에 벌어진 군사적 갈등이다. 당시 미국은 남중국해 남사군도(南沙群島, Spratly Islands)의 모래톱에 군사기지를 건설하고 있던 중국에 맞서 함정과 잠수함을 투입함으로써 군사적 견제를 강화했다. 미국의 견제는 4월 4~15일 미국, 필리핀, 그리고 호주 간 연합 군사훈련에 이어 5월 27일 중국의 남중국해에서의 군사적 확장에 대한 애슈턴 카터Ashton Carter 미 국방부 장관의 비판, 그 해 5월 일본 이세시마에서 개최된 G7 정상회의에서의 중국의 남중국해 군사 거점화 비판 선언 채택 등으로 이어졌다. 이 같은 일련의 미국과 국제사회의 견제는 시진핑 국가주석을 비롯한 중국 지도부에게 큰 압박으로 다가왔다.

그러자 당시 중국은 북한 문제로 미국에 맞대응하고 나섰다. 중국은 그 즈음 베이징을 방문한 리수용 당시 북한 외무상에게 이례적으로 시진핑과의 면담을 허용했다. 이는 중국의 의도대로 중북 간 우호적 관계를 드러내 보이는 모습으로 국제사회에 비춰졌다. 더구나 면담 직전 북한이 탄도 미사일 시험 발사를 시도했는데 이는 면담에 담긴 중국의 대 미국 메시지를 극대화했다. 중국은 리수용 외무상의 방중 기간에 2013년 최룡해 당시 북한 군 총정치국장이 중국을 방문했을 때와 달리 비핵화를 강조하지 않았을 뿐만 아니라 대북 제재 국면을 완화시키는 모습을 연출한 것이다. 이와 관련해 국내외 전문가들은 남중국해에서 미국의 대중 군사적 포위에 대한 맞대응 성격이 크다고 평가했다.

이 상황은 남중국해의 지배권을 둘러싸고 미국과 중국 간에 군사적 긴장이 고조됨에 따라 확전 우위(확전을 불사하고 상대를 압박해야 승리를 거둘 수 있다는 군사전략 개념) 게임으로 발전하고 있다는 것을 보여준다. 남중국해를 중심으로 한 동아시아와 서태평양 지역의 미중 패권 경쟁은 이처럼 북핵 문제와 한반도 통일 문제와의 연계성을 더욱 심화시켜오고 있다. 중국 아시아태평양국제전략연구원의 왕쥔생은 "리수용의 방중을 계기로 중북 간 우호 관계가 여전히 견고하다는 것을 보여주었고 한국은 조선병합(북한에 대한 흡수 통일)과 같은 방식으로 통일하겠다는 환상을 버려야 한다"고 말했다. 이 언급에는 중국이 북한을 미국에 내줄 수 없을 뿐만 아니라 대북 제재를 남중국해에서의 미국의 대 중국 군사적 견제에 맞대응하는 카드로 활용하겠다는 속내가 우회적으로 반영되어 있다고 볼 수 있다.

미국의 반격은 곧 바로 터져 나왔다. 미국 국무부는 같은 해 6월 초 중국을 북한의 주요 자금 세탁 우려 대상국으로 지정한 것이다. 중국까지 이 조치에 따라 제재를 받을 수 있는 이유는, 북한과의 금융 거래가 금지됐는데도 이를 어긴 중국 금융기관들은 미국에 의해 거래가 제한되기 때문이다. 심지어 미국은 북한과의 부품 거래 혐의로 중국의 글로벌 정보통신 기업 화웨이에 대한 조사에 착수했다는 언론 보도까지 나왔다.

리수용의 방중에 뒤이어 싱가포르에서 개최된 상그릴라 회의(Asia Security Summit)에서도 북한의 비핵화에 대한 중국의 입장은 모호한 것으로 비쳐졌다. 당시 회의에 참석한 한국의 한민구 국방부 장관이 중국측에 대북 제재 공조에 최선을 다해 달라고 요구한 데 대해 중국 대표단의 일원인 중국 부참모장은 한국의 사드 배치에 대해 반대 입장을 밝혔다. 이 같은 상황에서 같은 해 6월 5~6일 베이징에서 개최된 미중 전략경제대화에서 미국과 중국은 대북 제재 이행에 대한 합의를 봤다고 밝혔다. 하지만 미국은 '제재 우선' 입장을 고수했고 중국은 '제재와 대화 병행' 입장을 주장했다.

이 같은 사실은 남중국해 영유권 분쟁을 둘러싼 미중 간 군사 및 외교적 갈등과 대립이 고조될수록 대북 제재와 압박에 대한 양국 공조에 균열이 날 가능성이 높다는 것을 보여주었다. 미중 양국은 이 전략대화에서 남중국해 영유권 분쟁을 둘러싼 기존의 입장 차이를 좁히는 데 실패했다. 미국은 남중국해 상에서의 군사적 확장을 자제해야 한다고 중국을 압박했으나 중국은 관련 국들 간 대화로 해결해야 한다고 맞섰다. 회담 도중에 중국이 남중국해에 건설한 인공섬에 등대 두 개를 추가 운용하기로 결정했다는 중국 매체의 보도가 터져 나왔다. 이 때문에 미국 측의 분위기는 더욱 냉랭해졌다.

문제는 남중국해를 둘러싼 미국과 중국 간의 갈등과 대립이 격화할수록 북핵 문제와 한반도 통일 문제와 관련해 미국과 중국이 공조할 가능성이 낮아진다는 것이다. 중국의 입장에서 남중국해에 대한 목표는 북핵 문제와 한반도 통일 문제에 대한 목표와 일치한다. 자국이 동아시아와 서태평양의 패권을 차지하는 데 유리한 방향으로 풀어가는 것이다. 남중국해 문제의 경우 중국은 남중국해를 자신들의 내해(內海)로 만드는 것이 목표이다.

북핵 문제와 한반도 통일 문제도 대 미국 관계에서 중국의 국익에 유리한 방향으로 해결하는 것이 중국의 목표다. 즉, 북핵 문제는 북한이라는 완충지대가 유지되는 방향으로 풀고자 하고 한반도 통일 문제도 종국적으로 분단된 상태를 유지하거나 중국에 우호적인 통일 국가가 들어서는 것이 중국의 궁극적인 목표이다.

중국의 이 같은 남중국해와 한반도에 대한 목표는 이들 두 지역에 대한 미국의 전략적 목표와 상충한다. 미국은 이들 두 지역의 문제 모두 중국의 역내 패권 도전을 억제하는 방향으로 풀어나가길 원한다. 남중국해 영유권 분쟁에 대한 미국의 목표는 필리핀과 베트남 등 남중국해에서 중국과 영토분쟁 중인 미국의 동맹 및 협력 국가들이 중국의 영유권 탈취에 맞서도록 지원함으로써 이 해역이 중국의 내해화하는 것을 막고 항행의 자유를 지키는 것이다. 한반도 문제에 대해서도 마찬가지다. 북한으로 하여금 핵·탄도미사일 개발을 포기시키고 비핵화를 달성하는 것이 당면 목표다. 미국은 남중국해 등에서 중국이 북핵 문제를 악용하는 것을 최대한 차단하고자 한다.

미중을 견인하기 위한 대전략으로서 동아시아연합 구축

미국과 중국이 이처럼 남중국해와 한반도 문제에서 서로 다른 목표를 추구하는 상황에서 한국에게 시급하게 요청되는 것은 이들 두 강대국을 견인할수 있는 대전략의 수립이다.

대전략의 정의를 가장 전략적으로 내렸다고 평가되는 미국 존스홉킨스대학의 국제정치학자 할 브랜즈Hal Brands의 말에 의하면, 대전략이란 "한 나라가 세계에서 달성하고자 하는 목표와 그 같은 목표를 달성하기 위해 무엇을해야 하는가에 관한 목적 지향적이고 일관된 생각들의 묶음"이다. 브랜즈의이 같은 대전략의 정의를 따른다면 한국이 추구해야 할 대전략의 방향은 분명하다. 북핵과 통일 문제를 놓고 한국에 유리한 방향으로 미국과 중국을 이끌어가기 위해서는 동아시아와 서태평양 지역은 물론 전 세계 질서의 변화를볼 필요가 있다. 그래야만 이 지역 전체가 자유주의를 기반으로 한 평화와 번영의 공동체로 나아가도록 하는 데 한국이 중심적인 역할을 할 수 있기 때문이다.

사실 중국이 북핵 문제와 더 나아가서 한국 주도의 통일 문제에서 미국의전략에 전폭적으로 협력하지 않고 있는 이유는 두 가지다. 첫 번째는 북핵 문제 해결을 위해 상당한 외교안보 비용을 치르고 있는 미국이 그 같은 비용을계속 지출하게 만드는 것이 중국의 역내 패권 확보에 도움이 되기 때문이다. 요컨대 중국은 북한의 핵·탄도미사일 문제가 계속 지속되게 함으로써 미국의 힘이 어떻게든 소진되도록 만드는 것이 중요하다고 여기고 있다. 그래야만 남중국해 분쟁에서 미국이 대중 견제에 더 많은 군사력과 외교력을 동원하지 못하게 만들 수 있다고 여긴다.

두 번째 이유는 김정은 정권이 미국의 의도대로 대북 제재가 추진될 경우붕괴할 수밖에 없기 때문이다. 그렇게 되면 한국 주도의 통일이 될 수 있는데이 경우 중국으로서는 미군이 주둔한 통일 한국과 국경을 맞대게 된다. 이로인해 중국은 자국의 공산당 1당 독재 체제가 위협 받을 수 있다고 우려하고있다. 현재 중국이 국경을 나누고 있는 대다수 국가들은 사회주의 체제 국가들이거나 권위주의 체제 국가들이어서 중국 공산당의 체제 유지에 도움이 되어 왔다. 이런 상황에서 북한 정권이 붕괴해 통일 한국이 등장할 경우 자유민주주의의 영향뿐만 아니라 주한미군에 의한 군사적 견제까지 받게 된다. 이 때문에 중국은 1) 미군이 청천강 이남에 주둔하거나, 2) 한강 이남에 주둔하거나, 아니면 3) 아예 철수하는 등 세 가지 방안 중 택일해야만 북한 정권이 붕괴할 때 한국 주도의 통일을 인정할 수 있다는 담론을 확산시켜 왔다.

중국 정부가 이 같은 담론을 확산해 온 공간은 한국과의 15트랙 대화(민간과 정부 공동 참여)나 2트랙 대화(민간만 참여)이다. 이 같은 위압적인 담론은 내가 이명박 정부 때 청와대 외교통일 문제 선임국장으로 재직하던 시기에 참여한 중국과의 15트랙 회의에서도 중국 측 인사들에 의해 공공연하게 제기됐었다. 중국에서 열린 어느 민관 합동 회의에서는 중국의 관변 전문가들이 마치 북한을 중국 영토의 일부분으로 여기는 언행을 하기도 했다. 북한에 무슨 일이 있더라도 한미 연합군은 절대 평양과 원산 간 청천강 라인을 넘으면 안 된다면서 만약 그 위로 북상할 시에는 중국으로서는 개입하지 않을 수 없다고 그들은 목소리를 높였다.

이에 나는 북한 지역이 한국이 언젠가 수복해야 할 영토인 만큼 한반도 전역이 한국의 주권 하에 있다는 사실을 상기시켜주었다. 나는 내친 김에 현재 중국 동북 3성 일대인 간도(間島) 지방도 한국의 구토(舊土)였던 만큼 한반도 통일 후 한국과 중국 간에 이 문제를 협의할 필요하다고 주장했다. 이어서 나는 중국이 평양~원산 간 라인의 이북 지역을 마치 자신들의 영향권인 양 여기는 주장을 하는 것은 국제법 위반에 해당한다는 점을 주지시켰다. 아울러 중국이 이웃국가들의 영토 주권을 인정하지 않으면 책임 있는 세계 리더 국가로 성장할 수 없다는 경고의 말을 덧붙였다. 상황이 이쯤 되자 그들은 더는 반박하지 못했다. 그들로서는 더 억지를 부렸다간 간도 문제에다 남중국해 문제까지 공박 당할 수 있다는 것을 우려했기 때문이다. 하지만 그들의 얼굴에는 불만의 기색이 역력했다.

그렇다면 북핵 문제와 통일 문제에서 한국의 전략적 이해에 부합하는 동아시아와 서태평양 질서를 위한 대전략은 무엇인가? 미국, 중국, 일본, 그리고 러시아 등 4강은 물론 동남아 국가들과 오세아니아 국가들도 공감하고 참여할 수 있는 역내 질서 수립을 위한 커다란 비전을 마련해야 한다. 그런 다음엔 그 같은 비전을 달성하기 위한 대전략이 수립되어야 한다. 비전이란 가고자 하는 목적지를 가리키고 대전략은 그 목적지에 도달하기 위한 모든 전략을 총괄하는 최종 전략으로서 결과를 낳는 것이다.

전략 전문가인 미국의 국제정치학자 에드워드 N. 러트웍이 『전략』에서 정의한 바에 의하면 "대전략이란 전략 전체의 결론"에 해당한다. "대전략은 수직 차원과 수평 차원에서 일어나는 모든 사건을 함께 어우러지게 함으로써 결과를 도출한다"는 것이 그의 설명이다. 브랜즈와 러트웍이 내린 대전략 정의들을 하나로 통합해 정리해서 본다면 대전략이란 "한 국가가 추구하는 목표를 달성하기 위한 목적 지향적이고 일관된 아이디어들을 불확실한 정세에도 불구하고 입체적으로 실현함으로써 그 목표를 이뤄내는 것"이다.

바로 이 점에서 한국은 먼저 동아시아와 서태평양 지역이 도달해야 할 목적지를 가리키는 비전을 수립해야 한다. 그렇다면 그 비전은 무엇이어야 하는가? 그것은 역내 패권을 노리지 않는 중견 국가로서 한국만이 추구할 수 있는 비전이다. 그것은 바로 동아시아와 서태평양 지역의 모든 구성 국가들의 주권과 영토가 존중되고 이를 바탕으로 평화가 정착되고 역내 모든 사람들이 부민(富民)의 삶을 살아갈 수 있도록 하는 질서의 수립과 유지여야 한다. 이것이 나의 오랜 믿음이다.

문제는 이 비전의 실현을 위한 대전략이다. 이 비전은 유럽연합(EU)처럼 동아시아연합(East Asian Union) 또는 아시아연합(Asian Union)을 설립하는 것이다. 유럽연합이 처음 유럽철강공동체에서 시작해서 현재의 경제 및 정치

공동체로 발전해 온 것에 주목해야 한다. 동아시아연합 또는 아시아연합도 평화공동체에서 안보공동체를 거쳐 경제·정치공동체로 진화할 수 있을 것이다.

동아시아연합 또는 아시아연합이라는 대전략에 대한 미국과 중국의 공감을 끌어내기 위해서는 한 가지 전제가 있다. 그것은 동아시아와 서태평양 지역의 미래 질서를 주도하기 위해 미국과 중국이 각자 추진하고 있는 대전략에 대한 정확한 분석이다. 이를 위해서는 중국이 자신들의 역내 패권 확보에 가장 중요하게 다루고 있는 남중국해 문제와 북핵 문제에 대해 어떤 전략을 펴고 있는지부터 면밀히 파악해야 한다. 이와 함께 미국이 중국의 대전략에 대응하기 위해 펴고 있는 대전략을 살펴봐야 한다. 그렇게 해야 한국은 미국과의 전략 동맹을 강화해나가면서 중국이 남중국해와 북핵 문제에서 남의 나라 영토 불침범과 비핵화 등의 21세기 지구 문명 표준을 준수하게끔 공조할 수 있을 것이다.

미국과 중국이 각각 어떤 대전략으로 경쟁하고 있는지는 남중국해 상에서 양국 간에 벌어지는 군사적 갈등과 긴장을 얼마나 정확하게 분석하는지 여부에 달려 있다. 이를 위해서는 먼저 남중국해의 지배권을 장악하는 것부터 시작해 역내 패권국으로 올라서겠다는 대전략을 중국이 본격적으로 추진하기 시작한 시기부터 살펴보는 노력이 필요하다.

이 책 앞에서 살펴 본 바와 같이 중국이 동아시아와 서태평양 지역에서 미국에게서 패권국의 지위를 빼앗아 올 수 있다는 확신을 갖게 된 '진실의 순간 (the moment of truth)'은 2008~2010년 시기였다. 위태롭게 유지되어 오던 미국의 경제가 이 시기에 마침내 하강하기 시작한 반면 중국의 경제 규모는 미국의 그것에 버금가는 수준까지 올라서기 시작했다. 2008년 월스트리트 발 금융위기를 겪은 미국 경제는 2010년에 유로화 위기로 인해 세계 경제가 이른바 글로벌 대침체로 들어가면서 급격한 하강 곡선을 그리기 시작했다.

공식 통계에 따르면 중국의 구매력 기준 GDP는 2011년에 미국의 80%에 이르렀고 미국과 동률을 기록한 것은 2014년이다.

이때부터 중국은 경제력에 걸 맞는 군사력을 키워 동아시아와 서태평양에서 미국이 유지해 온 패권을 빼앗아 오겠다는 대전략을 추진하기 시작했다. 중국은 이 대전략을 추구하기 위해 남중국해 상에서 필리핀과 베트남과의 영유권 분쟁을 무릅쓰고 이 해역의 80%에 달하는 구역에 아홉 개의 선을 긋고 자국의 영해라고 주장하고 이 해역 내의 바위와 환초 위에 인공섬을 짓고 그 위에 군사시설을 건설하기 시작했다.

그러자 미국은 남중국해에서의 중국의 이 같은 무리한 군사적 확장에 대해 일본, 호주, 필리핀, 인도 등 동맹국들 및 협력국가들과의 공조를 통해 군사적 견제를 강화하기 시작했다. 중국이 북핵 문제와 관련해 대북 제재 이행을 위한 미중 간 공조를 완화하는 방식으로 대응하기 시작한 것은 이 때문이다.

러트웍은 『중국의 부상 대(對) 전략의 논리』에서 "2008년 금융위기, '워싱턴 컨센서스(Washington Consensus, 미국의 신자유주의 세계화 전략)'의 외견상 몰락, 그리고 '베이징 컨센서스(Beijing Consensus, 중국의 사회주의 시장경제 모델)'의 성과가 2009~10년 사이에 명백하게 입증되면서 중국의 통치 엘리트들이 대담해졌다"고 지적한다. 그는 이어 "중국의 대외 성명들이 톤과 내용에서 갑작스런 변화를 보였는데 가장 특징적인 변화는 금융정책에서 시작해 서구와의 외교 사안에 이르기까지 서로 다른 많은 이슈들에 대해 날카롭고 공격적이 되었다는 것"이라고 평가한다.

중국이 구매력 기준 GDP 세계 1위 지위에 올라서면서 동아시아와 서태평양 지역의 패권 장악이라는 대전략과 그 실현을 위한 4개의 주요 전략을 추진해 왔다. 4개의 주요 전략은 대 미국 군사 전략, 남중국해와 동중국해 상의 도서 영유권 확보 및 대만과의 통일 전략, 동아시아와 서태평양 지역의 경제 질서 주도권 확보 전략, 그리고 미국의 동맹 및 협력 국가들에 대한 친선 강화 및 이들 국가들의 '핀란드화'를 통한 미국의 영향력 감소 전략 등이다. 이러한 4개의 주요 전략을 통해 중국 대전략의 전체 윤곽을 그려낼 수 있다. 그리고 그 같은 윤곽을 잡음으로써 북핵 문제와 한반도 통일 문제가 중국의 대전략 및 4개 주요 전략과 어떤 연관성을 갖는지 파악할 수 있다.

이와 함께 미국이 중국의 대전략과 4개 주요 전략에 맞서 어떤 전략으로 대응하고 있는지도 살펴보아야 한다. 중국이 역내 질서를 자국 우위의 질서로 재편하기 위해 북한의 핵 문제와 한반도 통일 문제를 어떻게 활용해 왔는지에 대해서도 같은 맥락에서 분석해 볼 필요가 있다. 끝으로 미국이 이를 어떻게 인식하고 대응해 왔는지도 들여다보아야 한다.

한국이 '동아시아연합'이라는 대전략을 성공적으로 추진하려면 미국과 중국의 대전략과 주요 하위 전략들 간의 충돌 가능성을 파악하고 최소화하는 노력이 필요하다. 그래야만 남중국해 문제와 북핵 문제 등 핵심 안보 현안들에서 미국과 중국이 협력하도록 유도할 수 있다. 그런 노력이 성공할 때 미중 관계가 갈등과 대립에서 공조와 협력의 공간으로 이행할 수 있을 것이다. 그 같은 이행이 이루어질 때 동아시아연합이라는 한국의 대전략이 추진될 수 있는 기본 질서가 잡힐 수 있다.

러트웍이 언급했듯이, 글로벌 대침체 후 지역 및 세계 주요 현안에 대한 중국의 대응이 도전적이고 공세적으로 눈에 띄게 전환된 것은 단지 구매력 기준 GDP가 세계 1위로 올라섰기 때문만은 아니다. 그보다는 중국은 2000년대 들어 개혁, 개방의 성과가 나타나면서 경제력이 증대돼 머지않아 미국과 견주거나 우위를 점할 수 있는 군사력을 갖출 수 있다고 판단했을 것이다.

중국이 대외적으로 갑자기 공세적으로 전환한 데는 이 같은 배경이 있다고 보는 것이 합리적인 추론이다. 시진핑 주석은 2012년 취임한 뒤 중국의 비전과 대전략을 제시했다. 그가 밝힌 비전은 중화민족의 위대한 부흥을 의미하는 '중국몽(中國夢)'이다. 이를 실현하기 위한 핵심 전략으로서 그가 내놓은 것은 일대일로(一帶一路)다. 이는 중국에서부터 중앙아시아를 지나 유럽까지 육로와 해상으로 이어지는 21세기 실크로드 경제 벨트를 구축함으로써 글로벌 제국으로 도약하겠다는 구상이다. 중국의 대전략은 동아시아와 서태평양 지역을 자국의 군사적 우위에 기반한 질서로 재편하겠다는 목표를 의미한다.

중국은 이러한 목표를 달성하기 위해 남중국해와 동중국해 상의 바위섬과 환초의 영유권을 주장함과 동시에 대만과의 통일을 추진하고, 경제 질서도 미국 주도에서 자국 주도로 바꾸고 그리고 군사적으로 미국에 대해 상대적 우위를 차지하기 위한 전략을 추구해 오고 있다.

한국의 중국문제 전문가 전인갑 서강대 교수는 『현대중국의 제국몽』에서 시진핑이 제시한 비전인 중국몽에 대해 "중화제국을 21세기에 새로운 형태로 복원하려는 것"이라고 말한다. 이 같은 시도에 담긴 중국의 의지에 대해 그는 이렇게 평가한다. "경제, 정치, 군사 강국을 넘어서 중화제국의 연속을 가능하게 했던 보편 가치와 보편 문화를 전통 기반으로 재정립하려는 중국의 의지에 주목해야 한다."

한국에 대한 중국의 '핀란드화' 전략

동아시아와 서태평양 지역이 제2차 대전 이후 평화와 번영을 달성할 수 있었던 것은 미국이 군사적 우위를 바탕으로 자유주의적 패권 질서를 구축했기에 가능했다. 미국 프린스턴대 국제정치학자 G. 존 아이켄베리가 2011년 출간된 『자유주의적 리바이어던Liberal Leviathan』에서 주장한 바에 의하면 사회주의 체제의 국가들인 중국과 베트남이 시장경제를 도입하는 등, 몇몇 나라를 제외한 대부분의 국가들이 자유 시장경제를 기반으로 비교적 평화와 안정을 유지할 수 있었던 것은 미국이 군사적 우위에 의한 세력 균형 체제를 구축했기에 가능했다.

하지만 미국 주도의 자유주의 패권 질서가 동아시아와 서태평양 지역에서 지속되어 올 수 있게끔 한 원동력인 미국의 군사적 우위란 단지 미국의 군사력이 중국의 군사력보다 강하다는 것을 의미하지 않는다. 그보다는 어느 국가든지 미국을 상대로 군사적으로 도발할 경우 더 큰 보복을 당한다는 확신을 도발 국가에게 주는 이른바 '확전 우위(escalation dominance)'의 지위를 미국이 확보하고 있다는 것을 의미한다.

> **동아시아와 서태평양 지역에서 중국이 미국에 대해 군사적 우위를 점하기 위해서는 미국으로부터 확전 우위의 지위를 빼앗아 와야 한다.**

따라서 동아시아와 서태평양 지역에서 중국이 미국에 대해 군사적 우위를 점하기 위해서는 미국으로부터 확전 우위의 지위를 빼앗아 와야 한다. 중국이 이를 위해 추진해 오고 있는 군사 전략이 바로 반접근과 지역거부(A2AD)라고 불리는 전략이다.

중국의 A2AD 전략은 군사 전략과 해양 전략으로 동시에 추진되고 있다. 군사 전략은 중국 인민해방군이 미국으로부터 확전 우위의 지위를 빼앗아 오기 위한 것으로서 그 방안은 중국 동부 해안에 일본 오키나와와 요코스카 미군 기지와 괌 미군 기지를 타깃으로 한 탄도 미사일을 배치해 유사 시 미 해군의 기동력과 반격 능력을 완전 봉쇄한다는 것이다. 요컨대 중국의 이 같은 군사 전략은 미국의 항모, 구축함, 잠수함 전력이 남중국해와 동중국해 상으로 접근하는 것 자체를 저지하기 위한 것이다. 중국의 국방비가 1997년 100억 달러에서 2015년 1450억 달러로 급증한 결과 이 같은 군사 전략의 추진이 가능했다고 필리핀의 동아시아 전문가 리처드 J. 헤이다리안은 『아시아의 새로운 전쟁터』에서 주장한다.

해양 전략은 이 같은 군사 전략이 이행되는 시기 이외의 평시에도 남중국해와 동중국해 상에서 미국 해군이 예전처럼 자유로이 작전을 펼치는 것을 제한하는 것을 목표로 한다. 이를 위해 중국은 이 해역의 거의 전체에 해당하는 넓이의 바다에 구단선(nine-dash line)을 그어서 중국의 영유권이 적용되는 것을 공표함과 동시에 남중국해 인공섬을 건설해 그곳에 전투기의 이착륙이 가능한 군사시설을 만들었다. 헤이다리안은 중국이 구단선 내 해역 전체가 자국의 영해라고 주장하는 것에 대해 '최대주의적 해석'이라고 부른다. 이 같은 해석은 중국이 남중국해를 내륙 호수처럼 다룬다는 것을 의미한다고 그는 지적한다. 이는 남중국해 상의 항행과 비행의 자유를 안보상의 핵심 국익으로 간주해 온 미국에 대한 도전이라고 그는 평가한다. 유엔 국제해양법은 중국의 구단선에 대해 일체의 정당성을 부여하지 않고 있다.

하지만 중국은 남중국해에서 미국에 대해 군사적 우위를 차지하기 위해 공격적인 군사 전략을 펴오고 있다. 이 해역에서 군사적 우위 지위를 차지해야만 자신들의 것이라고 주장하고 있는 도서들과 환초들의 영유권을 가질 수 있기 때문이다. 남중국해와 동중국해에서 미국에 군사적 우위를 확보하고 그 덕분에 이들 해역의 도서들과 환초들의 영유권을 확고히 할 경우 서태평양 지역의 패권은 자연스럽게 자신에게 올 것이라고 중국은 상정하고 있다.

중국은 역내 패권 장악이라는 대전략을 위해 군사적 우위 확보와 함께 역내 미국 동맹 네트워크의 약화를 도모하고 있다. 즉, 중국이 미국의 역내 동맹국들에 대해 추구하고 있는 전략은 '핀란드화' 또는 '우크라이나화'를 통해 이들 국가와 미국 간의 동맹 관계를 약화하는 것이다.

중국이 이 같은 전략의 목표로 삼고 있는 가장 중요한 대상 국가 중 하나가 바로 한국이다. 중국은 한국의 외교 및 군사 주권에 제약을 가하는 '핀란드화'를 추구해 왔다. 중국의 대 한국 핀란드화 압박은 티베트의 정신적 지도자인 달라이 라마의 방한을 무산시킨 것에서부터 미국의 미사일 방어(Missile Defense) 체제에 참여하지 못하도록 한 것까지 여러 성과를 거두어 왔다.

핀란드화 압박이 아니더라도 한국과 중국이 일본 제국주의의 피해자라는 공동의 역사적 기억을 가진 것도 한국의 대 미국 관계에 부담을 주고 있다. 특히 2012년 중국 공산당 총서기에 이어 2013년 국가주석에 취임한 시진핑 주석의 2014년 방한은 일본의 식민지 지배에 대해 한국 국민들이 갖고 있는 고통스런 기억에 불을 지폈다. 이는 한일 간에 중국에 대한 견제 외교 및 국방 협력이 성사되지 못하게 만드는 환경을 조성했다. 이런 상황은 중국의 부상에 대응하는 3국 간 안보 협력에 부정적인 영향을 미쳤다.

한국에 대한 중국의 핀란드화 전략은 군사적인 면에서도 고조되고 있다. 2015년부터 북한의 핵무기 개발과 장거리 탄도 미사일 개발이 큰 진전을 보이자 미국은 북한의 핵탄도미사일 위협으로부터 주한미군을 방어하기 위한 요격 미사일 시스템인 사드를 배치하는 방안을 추진했다. 이에 대해 중국은 사드가 자신들의 안보에 위협이 되기 때문에 배치를 강행할 경우 그에 따른 책임을 한국이 져야 한다는 등 노골적인 위협을 가했다. 이 같은 위협은 2016년 7월 한국이 사드 배치를 결정하자 절정에 달했다. 중국에 진출한 한국 기업들에 대한 제재와 중국인들의 한국 관광 중단 등의 보복을 서슴지 않았다.

> 중국은 자신들의 역내 패권 확보에 중요한 변수가 된다고 판단되는 나라들에 대해서는 하나 같이 핀란드화 전략을 추진해 오고 있다.

사드 배치를 둘러싼 한중 간 갈등은 2017년 11월 베이징에서 열린 문재인 대통령과 시진핑 주석 간 한중 정상회담을 계기로 겉으로 보기에는 봉합됐다. 이 같은 사드 사태로부터 배울 수 있는 중대한 교훈은 한 가지다. 그것은 한국이 미국과의 군사 동맹을 강화함과 동시에 군사력을 키우지 않을 경우 중국의 속국으로 추락할 수도 있다는 사실이다. 그만큼 한국을 타깃으로 한 중국의 핀란드화 위협이 한 나라의 독립을 지탱하는 3대 축인 외교와 국방, 경제 분야의 주권을 위협하는 상황으로까지 고조되고 있다.

중국은 자신들의 역내 패권 확보에 중요한 변수가 된다고 판단되는 나라들에 대해서는 하나 같이 핀란드화 전략을 추진해 오고 있다. 남중국해에서 벌이고 있는 도서들과 환초들의 영유권 분쟁의 주요 당사국들인 베트남과 필리핀 외에 말레이시아와 인도네시아 등 주요 동남아 국가들에 대해서도 중국은 일정한 수준의 핀란드화를 추진해오고 있다.

하지만 중국은 이 같은 외교 안보적 압박을 가하는 방식으로는 자국 주도의 지역 질서를 창출하기 어렵다는 점을 인식하고 있다. 중국은 역내 개발도상국들의 지지를 끌어내는 것이 패권 확보에 큰 도움이 된다고 판단했다. 이런 판단 아래 중국은 이들 개도국의 경제 개발과 사회간접자본시설 확충을 지원하기 위해 2016년에 57개국을 회원국으로 하는 아시아인프라투자은행(AIIB)을 창설했다.

중국 주도의 신경제질서 구축을 통한 패권 추구

하지만 중국이 AIIB를 창설하게 된 보다 큰 목적은 역내 경제 질서를 미국과 일본 중심에서 중국 중심으로 재편하겠다는 데 있다. 2014년 구매력(PPP) 기준 GDP 순위 세계 1위의 경제력과 3조 달러에 달하는 막대한 달러 보유고를 바탕으로 중국은 아시아와 태평양 지역의 경제 개발과 사회간접자본 시설 확충 부문에서 본격적으로 대안 체제 구축에 나선 것이다.

이를 위해 중국은 한국, 영국, 독일 등 미국의 주요 동맹국들의 참여를 이끌어내는 데 성공했다. 영국과 독일은 미국의 글로벌 패권 체제를 떠받쳐 온 나라들이라는 점에서 이들 두 나라가 AIIB 창설에 참여하기로 한 결정은 미국에 커다란 충격을 안겨주었다. 특히 영국의 참여 소식을 접한 오바마 대통령이 격분했다는 후문이다.

중국이 이처럼 AIIB의 주요 창설 회원국으로 영국과 독일 등 서유럽 강국들을 초청했다는 것은 중국의 목표가 단순히 역내 경제와 안보 질서의 재편에만 있는 것이 아니라는 것을 보여준다. 그보다는 글로벌 경제와 안보 질서까지 중국 중심으로 재편하는 목표까지 염두에 두고 AIIB를 창설했다고 볼 수 있다.

　하지만 중국의 AIIB 창설은 미국이 자초한 측면이 크다. 그 이유는 미 의회가 2010년 IMF의 중국의 지분을 높여주는 법안을 부결한 데 기인하기 때문이다. 만약 당시 미 의회가 이 법안을 통과시켰더라면 중국이 AIIB를 창설하지 않았을 가능성이 있다.

　이 같은 사실은 미국이 세계 경제의 규범 제정과 집행에 있어 중국을 상대로 완전한 승리(a complete victory)를 거두려다가 오히려 미국 주도의 경제 질서가 위기에 처했다는 것을 의미한다. 미국이 중국의 경제력에 상응하는 IMF의 의사 결정권을 중국에 부여하는 제한적 승리(a restricted victory)를 추구했더라면 미국 주도의 세계 경제 질서는 유지됐을 수도 있다. 중국의 AIIB 체제가 등장한 것은 미국이 완전한 승리 전략의 덫에 걸렸다는 것을 보여준다.

　중국이 주변국들을 자국의 영향력 아래 두기 위해 추진해 온 경제 지원 전략은 주로 일대일로 사업과 관련해 막대한 차관 제공을 통해서 이루어져 왔다. 이로 인해 중국의 지배력이 커지고 있는 지역은 주변의 동남아와 서남아를 넘어 남유럽까지 이르고 있다. 이들 지역의 주요 국가들은 중국에서 들여온 막대한 차관 상환 문제로 2018년 들어 벼랑 끝으로 몰리고 있다. 이로 인해 이들 지역에 대한 중국의 영향력이 급속도로 증대하는 결과를 낳고 있다.

　말레이시아는 일대일로 사업과 관련해 철도 및 가스관 건설을 위해 중국으로부터 도입한 25조원 규모의 차관을 갚는 문제로 인해 몸살을 앓고 있다. 파키스탄도 철도와 고속도로, 송유관 건설을 위해 중국으로부터 들여 온 차관이 620억 달러로 눈덩이처럼 불어남에 따라 IMF에 구제 금융을 신청해야 할 정도의 경제위기에 직면한 상태다. 미국은 구제금융이 중국 빚을 갚는 데 쓰여서는 안 된다고 경고하고 있다.

스리랑카는 중국의 일대일로 프로젝트를 통해 함바토타 항구를 건설했으나 이 항구의 지분 80%와 운영권을 99년간 중국에 넘겨야 했다. GDP가 20억 달러에 불과한 지부티의 경우 중국에 진 빚이 12억 달러에 달하자 미군의 관문 역할을 해 온 항구의 운영권이 중국에 넘어갈 위기에 처했다.

남유럽에 위치한 몬테네그로도 중국의 차관으로 세르비아로 이어지는 고속도로를 건설하려다가 국가 빚이 GDP의 80%까지 국가 부도위기에 직면해 있는 상황이다. 몰디브도 대외 부채 중 중국 채권이 70%가 될 만큼 대 중국 종속이 심화하고 있다. 이 때문에 이 나라에 중국의 군사기지가 들어서는 건 시간문제라는 평가가 나오고 있다.

중국이 한국에 대한 핀란드화 전략을 본격화하기 시작한 시점은 2007년이다. 이때까지만 해도 GDP 기준으로 미국에 한 참 뒤져 있었기 때문에 미국에 대해 군사적 우위를 차지하려는 시도를 본격적으로 추진하지 않았다. 중국은 또 이 시기까지는 남중국해와 동중국해 상의 섬들과 환초들의 영유권을 가져오기 위한 인공섬과 군사시설을 건설하지 않았다. 중국은 미국의 패권 질서를 존중하는 대외 전략 기조 하에서 6자 회담과 같은 미국이 주도하는 북한 핵 문제의 해결 노력에 동참했다.

중국의 이 같은 대외 전략 기조는 2008~10년 미국의 금융위기와 글로벌 대침체 이후 큰 변화를 보이기 시작했다. 특히 중국은 북한의 2013년 2월 12일 3차 핵실험을 전후해 미국의 대북 제재와 압박 전략에 잦은 이견을 보이기 시작했다. 이와 함께 중국은 한국에게 자신들이 북한이 핵을 포기하게끔 도와줄 수 있을 것 같은 신뢰를 주는 데 성공했다. 이에 따라 중국과의 관계를 강화하면 북한 핵 문제도 해결되고 급속한 성장세를 보이고 있는 중국의 내수 시장 개척에도 큰 도움이 될 것이라고 한국 정부는 생각했다.

중국은 한국의 이 같은 생각을 읽고 시진핑 주석의 2014년 방한을 계기로 한중 간 협력 관계를 더욱 증진해나고 싶다는 의사를 전달했다. 한국은 이를 북핵 해결을 위한 전기로 활용하겠다는 바람으로 수용했다. 그 결과 한중 관계는 더욱 가까워지기 시작했다. 2010년 이후 중국이 미국과 역내 패권을 둘러싸고 본격적인 경쟁 관계에 들어가게 되면서 한중 관계의 강화는 한미 관계의 약화로 이어졌다. 미국이 남중국해와 동중국해에서 인공섬과 군사시설 건설을 강행하는 중국의 행위를 비판해 줄 것을 요구했으나 한국은 이를 수용할 경우 한중 관계에 부담이 될 것으로 우려했다. 그러다 보니 한국은 미국의 요구에 미온적으로 응했고 이는 한미 관계의 약화로 이어졌다.

한미 관계에 더욱 타격을 준 것은 한국의 AIIB 참여였다. 중국은 북핵 문제 해결을 지원할 수 있다는 명분을 내세워 명색이 미국의 동맹인 한국에 미국의 패권 질서에 도전하는 국제 금융기구인 AIIB에 참여해 달라고 압박했다. 한국은 고민 끝에 참여를 결정했다. 북핵 해결과 중국 시장 개척이라는 두 마리 토끼를 잡기 위해서는 불가피하다고 한국 정부는 판단했다.

하지만 그 같은 결정이 미국에 적지 않은 불신을 준 것은 사실이다. 실제로 미국에게 한국의 AIIB 참여는 동맹국인 한국이 중국의 도전에 힘을 보태는 것을 의미했다. 엄청난 불신이 아닐 수 없다. 2010년 이후 중국이 취해 온 이 같은 일련의 대 한국 전략은 북핵 문제를 활용해 미국의 동맹 질서를 약화시키는 데 성공했다.

사드 배치에 대한 중국의 보복과 문재인 정부의 '3不 1限' 정책

한국 정부의 대중 정책 중에서 AIIB 참여만큼이나 한미 관계를 악화시킨 것이 또 있다. 그것은 2015년 9월 3일 베이징 천안문 광장에서 개최된 중국의 항일 전쟁 승리 70주년 기념식에 박근혜 대통령이 참석한 일이다. 미국의 주요 동맹국의 국가수반으로는 유일한 참석이었다. 당시 박 대통령의 참석 역시 중국이 북핵 해결 지원을 고리로 요구해 온 데 따른 것이다. 이 점에서 중국이 한국으로부터 AIIB 창설 회원국 참여와 항일 전쟁 승리 70주년 기념식의 대통령 참석 등을 이끌어냈다는 사실은 북핵 해결 지원이라는 지렛대가 한미 동맹을 약화시키는 데 큰 효과를 발휘했다는 것을 보여준다.

하지만 사드 배치 문제에서만큼은 중국의 이 같은 전략은 통하지 않았다. 2016년 1월 북한이 4차 핵실험을 감행하자 한국 정부는 중국에 의한 대북 비핵화 설득이 잘 먹혀들지 않는다고 판단하고 그해 7월 8일 사드 체계의 주한미군기지 내 배치를 결정한 것이다.

이 날 한국 국방부는 주한미군 사령부와 공동으로 사드의 한국 배치 결정을 발표했다. 중국의 집요한 반대에도 불구하고 북한의 핵·탄도미사일 위협으로부터 국가 안보를 지키는 것이 훨씬 중요하다고 판단하고 결정한 것이다. 한국 정부는 같은 해 6월 4~5일 싱가포르 아시아안보회의 기간에 애슈턴 카터 국방장관이 조만간 한미 간 사드 배치 합의 발표가 나올 것이라고 밝힌 데서도 알 수 있듯이 한미 양국 국방부는 발표 한 달 전에 합의를 이루었던 것으로 확인된다. 한국은 사드 배치 결정을 통해 AIIB 참여와 중국 전승절 참석으로 인해 약화한 미국의 신뢰를 어느 정도 회복했다.

하지만 2017년 5월 출범한 문재인 정부가 사드 배치 과정에서 사드의 레이더 시스템인 X밴드 레이더의 환경영향 평가의 부실 등을 문제 삼으면서 다시금 한미 관계가 악화되었다. 그 과정에서 북한은 6차 핵실험과 화성 15호를 비롯한 장거리탄도미사일 시험 발사 등 한국과 미국의 안보에 중대한 위협이 되는 도발을 했다. 이에 따라 문재인 정부와 트럼프 행정부가 대북 압박과 제재에서 양국 간 공조를 강화하기로 하면서 사드를 둘러싼 국내 갈등은 수면 밑으로 가라앉았다. 하지만 같은 해 12월 14일 베이징에서 열린 문재인 대통령과 시진핑 주석 간 한중 정상회담 전후로 한중 간에 비공개로 양해된 것으로 보도된 '3不1限'으로 인해 한미 관계는 더욱 타격을 받았다. 3不1限은 사드의 추가 배치와 한미일 3국 군사동맹 참여, 미국의 미사일 방어 체제 참여 등 세 가지를 하지 않고, X밴드 레이더의 중국 방향 탐지를 제한한다는 것이다.

이들 세 가지 중에서 한미일 3국 간 안보 협력의 경우 한국은 중국의 요구 이전에 이미 미국에 거절 입장을 표명했다. 문재인 정부는 중국에 대한 군사적 견제 차원에서 일본과 협력할 의사가 없었다. 남중국해에서의 중국의 불법적인 인공섬 건설과 군사기지 건설을 비판해달라는 미국의 요구에도 한국 정부는 외교부의 공식 성명을 내놓지 않았다. 아시아안보회의 같은 지역 국제회의에서 항행의 자유에 대한 지지를 표명하는 데 그쳤다. 이에 따라 워싱턴 조야에서 한국에 대한 인식이 급속히 악화하고 있다는 평가들이 많이 제기됐다.

바로 이 점에서 중국이 그동안 북핵 문제가 해결되도록 돕겠다는 명목으로 추진해 온 대 한국 외교가 '기록적인 흑자'를 올려왔다는 것이 입증되었다. 문재인 정부 출범 이후 한국이 급속도로 중국과 가까워짐에 따라 중국은 자국 견제를 목적으로 한 한미일 3국 간 안보협력 체제의 출현을 막을 수 있었다. 중국은 또 남중국해 인공섬 건설과 그 위에 구축한 군사 시설에 대해 한국 정부가 외교부 성명을 통해 공식 비판을 가하지 못 하게 하는 성과를 올렸다. 미국의 요청에도 불구하고, 중국의 국제법 위반에 대한 한국의 미온적인 입장은 2016년 7월 12일 네덜란드 헤이그 소재 상설중재재판소(PCA)의 판결이 나온 뒤에도 유지됐다. 재판소는 남중국해의 구단선 내 전 해역에 대한 영유권을 갖고 있다는 중국의 주장은 근거가 없으며, 중국이 구단선 내에서 조성한 인공섬 등 암초들은 모두 영해나 배타적 경제수역을 가질 수 없는 해양 지역이라고 판결했다. 판결 직후 한국 정부는 외교부를 통해 "이번 판결에 유의하면서 이를 계기로 남중국해 분쟁이 평화적이고 창의적인 외교 노력을 통해 해결되기를 기대한다"라는 모호한 입장을 내놓았다. 그로부터 2주 뒤인 7월 24~25일 라오스에서 열린 아세안지역포럼(ARF)의 외교장관 회의에서도 한국의 외교부 장관은 같은 입장을 되풀이했다.

미일 주도의 대 중국 동맹 네트워크와 한국의 전략

중국에 경사되는 한국 정부의 모습이 많아지면서 동아시아와 서태평양 지역 내 미국의 동맹 질서가 재편되고 있는 흐름이 나타났다. 미국 주도의 대(對) 중국 동맹 네트워크에서 한국이 배제되고 있다는 우려가 제기되었다. 이 같은 우려를 뒷받침하는 유력한 사례가 있다. 2016년 6월 4일 오바마 행정부의 국방부 장관인 애슈턴 카터가 싱가포르에서 열린 아시아안보회의 기조연설을 하면서 미국의 대중 동맹 네트워크 국가들을 언급했는데 미국의 주요 동맹국 중 유일하게 한국만 빠졌던 것이다.

> 중국에 경사되는 한국 정부의 모습이 많아지면서 미국 주도의 대 중국 동맹 네트워크에서 한국이 배제되고 있다는 우려가 제기되고 있다.

이 같은 흐름은 시간이 흐를수록 뚜렷해지고 있다. 특히 2017년 11월 도쿄에서 열린 트럼프 미국 대통령과 아베 신조 일본 총리 간 미일 정상회담에서는 한국이 트럼프 행정부가 추진하는 미국의 동맹 네트워크에서 확실하게 빠졌다는 것이 확인됐다. 이 자리에서 트럼프가 아베의 제의를 수용해 '인도-태평양 전략'을 공동으로 추진하기로 합의했지만 두 나라 모두 사전에 한국과는 어떠한 협의도 없었다.

아베는 이 전략의 목표를 표면적으로는 아시아-아프리카 협력 증대로 내세웠다. 하지만 이 전략의 실질적인 목표는 역내 자유주의 국가들 간의 새로운 동맹 네트워크의 구축에 있었다. 이 전략의 목표가 무엇이든 미국과 일본이 동아시아와 서태평양 지역의 대표적인 중견국인 한국과 한 번도 상의를 하지 않은 채 그 같은 전략에 합의했다는 사실이 의미하는 바는 분명하다. 그것은 바로 한국이 미국 주도의 역내 동맹 네트워크에서 배제되고 있다는 것이다.

문제는 미국의 역내 동맹 네트워크에 대한 중국의 와해 전략을 어떻게 저지하느냐는 것이다. 미국은 중국의 부상을 견제하는 데 초점을 맞춘 아시아 회귀와 환태평양경제동반자협정 등의 전략을 추진해 왔다. 하지만 이들 두 전략은 더 이상 작동되지 않고 있다. 오바마 행정부가 임기 8년 동안 국내 사회경제 개혁에 집중함에 따라 전략적인 외교안보 정책을 추진하지 못한 결과 아시아 회귀는 공허한 담론으로 끝나버렸다. 환태평양경제동반자협정은 트럼프 대통령이 탈퇴를 선언하면서 동력을 잃어버렸다.

다만 오바마 행정부가 중국의 대미 군사 전략인 반접근과 지역거부(A2AD)에 맞서 비교적 조용하게 시작했던 대중 군사 전략인 '공중-해상 전투(Air-Sea Battle)'만큼은 살아남았다. 미국의 군사 전문가인 로버트 하딕은 『해상의 포화』에서 공중-해상 전투 전략은 중국의 반접근과 지역거부 전략의 핵심인 대(對) 미국 탄도 미사일 공격 능력을 유사 시 조기에 무력화시키는 전략이라고 말한다. 중국의 패권 전략이 기본적으로 반접근과 지역거부에 의한 것인 만큼 미국도 군사 전략인 공중-해상 전투로 강력하게 대응하는 것이 중요하다. 이 점에서 공중-해상 전투 전략이 반접근과 지역거부 전략에 우위를 차지할 수 있느냐가 동아시아와 서태평양 지역의 미래를 좌우한다고 할 수 있다. 이 지역이 미국 주도의 자유주의적 질서로 남아 있을 것인지 아니면 중국 주도의 비자유주의적 질서로 바뀔 것인지 여부는 미국의 공중-해상 전투 전략의 성공 여부에 달려 있는 것이다.

미국은 중국에 군사적 우위를 빼앗기지 않기 위해 공중-해상 전투 전략을 중심으로 더욱 강화된 해군과 공군 전력을 배치해 왔다. 오바마 행정부가 대중국 견제를 위한 새로운 동맹의 축으로서 미국-일본-인도-호주 간 협력 체제의 수립을 위한 노력을 할 수 있었던 것도 이 같은 군사 전략의 뒷받침이 있었기에 가능했다. 이 같은 동맹 질서 재편 노력은 오바마 대통령이 2016년 6월 7일 나렌드라 모디Narendra Modi 인도 총리를 워싱턴으로 초청해 정상회담을 가진 데서 잘 확인된다. 미국과 인도는 양국 국방 협력을 위한 방위산업 기술 협정과 군수 및 해양 정보 공유 그리고 항공모함 이동 관련 협정을 체결했을 뿐만 아니라 공동성명에 "해양에서 항행의 자유가 존중돼야 한다"는 문구를 포함시킴으로써 중국이 인공섬을 건설하고 군사시설을 확장하고 있는 남중국해 문제에 공동 대응하겠다는 의지를 밝혔다. 오바마 행정부의 이 같은 노력은 중국과의 영토 갈등을 빚고 있는 인도를 끌어들여 아시아에서 일본-호주-베트남-필리핀-인도로 이어지는 반(反)중국 신동맹 질서를 구축하려는 전략으로 평가 받는다.

이 전략은 일본의 아베 정권에 의해서 인도-태평양 전략이라는 이름으로 먼저 추진돼 왔다. 문제는 일본이 이 전략을 추진해 오는 과정에서 미국의 혈맹인 한국을 전혀 논의 또는 협의 대상으로 여기지 않았다는 사실이다. 아베 총리는 2012년 취임 이후 이때까지 한국을 한 번도 방문하지 않았고 국제행사에서 한국의 정상과 만났을 때에도 이 전략에 대해 설명하지 않았다. 반면 미국은 일본과 달리 혈맹인 한국을 이 새로운 동맹 축에서 빼고자 하는 의도가 없을 것이다. 하지만 아베의 행보에서 볼 때 일본은 한국을 배제하려는 의도가 있었다고 보여진다.

동아시아와 서태평양 지역에서 미국의 대 중국 동맹 질서가 한국만 제외시킨 채 서서히 그 윤곽을 갖춰가고 있다. 오늘날 긴장이 고조되고 있는 동아시아와 서태평양 지역의 불안정성에 관한 글로벌 담론 시장에서는 남중국해 인공섬 건설과 군사기지 확대에 대해 미국이 항행의 자유를 지키기 위해 새로운 동맹 네트워크와 함께 본격적인 견제에 나설 경우 미중 간에 군사적 충돌이 발발할 가능성이 높을 것이라는 우려들이 제기되고 있다.

하지만 그 같은 시나리오가 현실화할 경우 한국이 미국을 군사적으로나 외교적으로나 지원하기 위해 나서리라고 예상하는 국내 전문가를 찾아보기 어렵다. 이는 그만큼 한국의 대외 전략의 축이 친미(親美)에서 친중(親中)으로 이동해 왔다는 것을 뒷받침한다. 이 같은 축의 이동이 한미 동맹을 중시하는 보수 정부인 박근혜 정부에서 본격적으로 이루어지기 시작했다는 것은 아이러니다. 한미 동맹의 중요성에 대한 인식에서 보수보다 한참 뒤지는 좌파 성향의 문재인 정부 하에서 이 같은 외교 중심축의 이동은 더욱 본격적으로 이루어지고 있다.

이 같은 우려는 이미 2017년 12월 초순 베이징에서 열린 한중 정상회담에서 문재인 대통령이 시진핑 주석의 '3不 1限' 요구에 대해 비공식적으로 양해를 했다는 언론 보도들에서 확인된다. 한국 사회가 이처럼 전체적으로 친중화 내지는 속국화 방향으로 바뀌면서 중국이 반접근과 지역거부(A2AD) 전략에 따라 중국 본토 해안에 배치한 탄도미사일들이 주한미군 기지를 포함한 한국 전역을 겨냥하고 있는 것에 대해 비판하는 목소리조차 듣기 어려운 상황이 되었다. 하딕도『해상의 포화』에서 중국의 A2AD 전략은 한국의 2개 주한미군 기지도 둥펑-21D 등 중거리 탄도 미사일의 타깃으로 삼고 있을 것이라고 평가한다. 한국 정부와 담론 시장에서는 이 같은 현실에 대해 중견국의 국력 상 어쩔 수 없지 않느냐는 분위기를 어렵지 않게 감지할 수 있다. 더욱이 한국은 중국 시장을 놓치지 않아야 하는 만큼 중국과의 협력을 지속해야 한다는 목소리들이 재계에서 제기되고 있다.

미국과 유럽, 아시아의 전문가들이 2010년대 들어 출간한 저작들 가운데 한국이 미중 간 군사적 충돌에 의한 전쟁 발발 시 미국을 도울 것이라고 전망한 저작을 찾기란 쉽지 않다. 이 같은 사실은 한국이 그만큼 중국 쪽으로 경사되고 있다고 국제 담론 시장이 보고 있음을 의미한다. 전 세계 전문가들의 이 같은 평가는 한중 관계의 진전에 대해 미국의 워싱턴 조야(朝野)에서 제기해 온 의혹에 확신을 부여해 왔다. 여기에 일본이 워싱턴 DC 소재 친일(親日) 성향의 싱크탱크들을 중심으로 한국에 대한 불신을 조장해 온 것도 한미 동맹 약화에 큰 영향을 미쳤다. 중국이 한미 관계와 한일 관계를 와해시키려고 노력해왔다면 일본 역시 한미 간의 갈등을 조장해 온 것이다.

15

미북 평화협정과
주한미군 지위 문제에 대한
한미북중의 전략

중국과 북한이 한국과 미국을 상대로 추구해 온 전략적 목표들 중에 한 가지 일치하는 것이 있다. 바로 주한미군 철수이다. 전략 문제 권위자인 미국의 국제정치학자 에드워드 러트웍Luttwak은 『중국의 부상 對 전략의 논리The Rise of China vs. the Logic of Strategy』에서 한미 연합방위 체제가 한국전쟁 이후 북한의 공세적 군사 위협으로부터 한국을 방어하는 데 성공한 것에 대해 주목할 필요가 있다고 말한다. 한미 연합방위 체제의 성공을 견인해 온 것은 당연히 주한미군이다.

그렇기 때문에 주한미군의 철수가 중국과 북한의 공동의 목표가 되고 있다는 사실은 이들 두 나라가 한미 연합방위 체제를 무너뜨리는 데 공통의 이해를 갖고 있다는 것을 보여주는 것이다.

표면적으로만 보면 중국과 북한이 주한미군 철수를 통해 달성하고자 하는 각자의 최종 목표는 다르다. 북한의 최종 목표가 한반도 적화 통일이라면 중국의 최종 목표는 동아시아와 서태평양을 넘어서 세계의 패권을 장악하는 것이다.

하지만 더 크게 보면 중국과 북한 모두 각자의 최종 목표가 서로에게 결정적인 도움이 된다고 여긴다. 핵·탄도미사일 개발 중단과 한미 연합 군사훈련 중단을 맞바꾸자는 북한의 요구를 중국이 지지하는 것은 이 때문이다. 중국은 북한의 요구를 '쌍중단(雙中斷)'이라고 표현하면서 한국에 이를 수용하라고 압박해 왔다.

중국과 북한의 '트로이 목마' 전략: 쌍중단과 미북 평화협정

믿기 어렵지만, 두 전체주의 국가의 이 같은 '위험한' 요구는 2018년 6월

12일 싱가포르에서 개최된 1차 미북 정상회담에서 받아들여졌다. 트럼프는 회담 직후 기자회견에서 한미 연합 군사훈련의 중단을 발표했다. 북한이 비핵화 약속—미국이 원하는 CVID(완전하게 검증되고 되돌릴 수 없는 비핵화)에 의한 일괄타결도 아닌—조차 이행하지 않은 상황에서 덜컥 비핵화 완료 때나 가능할 법한 보상 조치를 취하겠다고 트럼프가 발표한 것이다. 한국과 미국이 그 전까지는 한 번도 생각해 본 적이 없는 '선(先) 보상, 후(後) 핵 폐기' 방식이다. 이 방식은 트럼프 전 미 대통령이 김정은 북한 국무위원장과의 싱가포르 회담에서 제시했다는 점에서 '트럼프 모델'로 명명할 수 있다.

하지만 트럼프가 당시 회담 직후 가진 단독 기자회견에서 한미 연합 군사훈련 중단을 전격 발표한 배경은 북한과 중국의 요구 이유와 다르다. 미국 경제가 어려운 상황에서 적지 않은 비용이 소요되는 연합 군사훈련을 계속하기 어렵다는 것이 그의 이유였다.

이와 함께 한미 연합 군사훈련의 중단이 계속되기 위한 전제는 북한의 비핵화 이행이라는 것이 미국의 입장이었다. 회담 이후 북한의 비핵화가 김정은의 약속과 달리 지연되자 그 해 9월 제임스 N. 매티스James Norman Mattis 미 국방장관은 한미 연합 군사훈련을 재개할 수 있다는 뉘앙스의 발언을 했다. 그러자 트럼프는 북한이 비핵화 약속을 지키지 않으면 언제든 한미 연합 군사훈련을 재개하겠지만 당장 하지는 않을 것이라고 말했다.

│ 중국은 주한미군 철수가 자국에 대한 미국의 군사적 견제를 약화시키는 데
│ 결정적 역할을 할 것으로 본다.

중국은 주한미군 철수가 자국에 대한 미국의 군사적 견제를 약화시키는 데 결정적 역할을 할 것으로 본다. 중국은 미국이 군사력을 동아시아와 서태평양 지역에 투사하는 것을 차단해야만 이 지역의 패권을 차지할 수 있다. 중국이 남중국해와 동중국해로의 미국의 접근을 거부하기 위한 목적의 반접근과 지역거부 전략을 추진해 온 것도 이 때문이다.

중국이 미군이 이 지역으로 접근하는 것을 막기 위해 가장 중요하게 여기는 것은 주한미군의 철수다. 주한미군 기지가 중국 본토로 연결되는 육지의 끝 지점에 위치해 있기 때문이다. 주한미군 기지는 북한 정권의 붕괴 시 미국이 유일하게 육상 루트를 통해 중국으로 군사력을 전개할 수 있는 전초 기지로서 매우 큰 전략적 중요성을 갖는다. 중국과는 남중국해와 동중국해를 사이에 두고 있어 중국을 상대로 해군력과 공군력만 투사할 수 있는 괌과 오키나와 기지들에 비해 훨씬 중요한 전초 기지라고 할 수 있다. 따라서 중국의 입장에서 볼 때 주한미군 철수는 역내 패권 장악을 위한 결정적 한 수가 되는 셈이다.

북한이 한반도 적화 통일을 실현하는 데 가장 필요한 변화는 당연히 중국이 역내 군사 패권을 장악하는 것이다.

북한이 한반도 적화 통일을 실현하는 데 가장 필요한 변화는 당연히 중국이 역내 군사 패권을 장악하는 것이다. 쌍중단 방식을 통해서든, 미북 평화협정 체결을 통해서든 간에 주한미군이 철수한 다음에 북한은 다음 같은 3단계 로드맵을 추진할 것으로 예상할 수 있다. 첫 번째는 미국과 합의를 깨고 핵무기와 탄도미사일 위협을 재개함으로써 한국에 친북 성향의 정권이 들어서게끔 하는 것이다. 두 번째는 친북 성향의 정권과의 합의를 통해 남북한 연방 정부를 두고 남북한이 독자 체제와 정부를 운영하는 것이다. 세 번째는 남북한 연방제를 북한이 주도하는 1국가 1체제로 전환하는 것이다.

북한은 대미 핵·탄도미사일 위협만으로는 이 3단계 로드맵을 실현하기에 역부족이라고 본다. 미국이 이 지역을 떠나 더 이상 한국을 도울 수 없는 환경이 3단계 로드맵의 성공 조건이라고 북한은 인식한다. 그렇게 될 때 한국에 친북 성향의 정권이 들어서고 남북한 연방제가 실현되고, 궁극적으로 적화(赤化) 통일로 이어질 수 있다고 여긴다.

그렇다면 여기서 매우 중요한 퍼즐 하나가 제기된다. 쌍중단과 미북 평화 협정이 어떻게 주한미군 철수로 이어질 수 있느냐는 것이다. 이들 두 개의 사안 모두 한미와 북한 간에 합의될 경우 결과적으로 주한미군이 떠나게 될 가능성이 높다. 하지만 한미 연합 군사훈련의 중단이 그 같은 결과로 이어질 가능성에 대해서는 논의가 한 번도 이루어지지 않았다. 국내 담론 시장에서는 한국과 미국이 연합 훈련을 중단할 경우 과연 북한이 핵·미사일 개발을 중단할 것인지 여부만 논의해왔다. 이에 대해서는 회의적인 의견이 지배적인데, 무엇보다도 북한이 과연 합의를 지킬 것인지를 신뢰할 수 없기 때문이다. 더구나 아직까지는 최대한의 압박과 제재를 통해 북한의 핵·미사일 개발을 중단시킬 수 있다는 믿음이 정부와 학계에 존재하고 있다.

그러나 국내 학계 일각에서는 1962년 쿠바 미사일 위기 사례를 들어 한미 연합 군사훈련 중단을 검토할 필요성이 있다는 주장이 제기되고 있다. 1962년 10월 쿠바 미사일 위기 당시 소련이 쿠바로 향하게 했던 SS-4중거리탄도 미사일 적재 선박을 회항시키고 쿠바 내 미사일 기지를 철수하게끔 만들었던 것은 미국이 터키에 있는 노후화된 미사일 기지를 철수하기로 비밀리에 합의해주었기 때문이다. 겉으로는 미사일 적재 선박의 회항과 미사일 기지의 철수를 하지 않을 경우 폭격하겠다는 케네디 대통령의 최후통첩이 마치 위기를 극적으로 해결한 결정적인 요인처럼 보인다. 하지만 실제 위기를 해결한 미국의 카드는 미국이 소련의 위협에 대응해 터키에 운용해 온 노후화한 미사일 기지 철수 제안이었다. 케네디로서는 '값싼' 터키 미사일 기지를 '훨씬 값비싼' 쿠바 미사일 기지로 맞바꾼 것이다. 사실 미국은 애초에 터키 미사일 기지를 쿠바 미사일 위기와 관계없이 철수할 예정이었다. 이 같은 사실을 몰랐던 소련으로선 어차피 철수하기로 되어 있던 터키 미사일 기지와 쿠바 미사일 기지를 맞바꾸는 커다란 손실을 입었다.

한미 연합 군사훈련의 중단을 북핵 개발 중단과 맞바꾸자는 구상은 쿠바 미사일 위기의 해결 방식에서 비롯됐다. 소련의 쿠바 핵미사일 기지 철수를 위해서 미국이 더 이상 효용성이 없는 터키 미사일 기지를 철수하는 타협안을 제시한 것과 같이 한국과 미국도 북한이 핵·미사일 개발을 중단하게끔 하기 위해서는 한미 연합 군사훈련 중단이라는 양보를 할 수 있어야 한다는 얘기다.

그렇다면 실제로 이 같은 구상이 현실화할 경우 북한의 핵무기와 탄도 미사일 개발로 인한 위기는 해결될 수 있을 것인가? 북한이 미국과의 협상에서 보여 온 행태를 바탕으로 예상해볼 경우 해결 가능성은 매우 낮다. 가장 큰 이유는 북한이 한미와의 협상에서 핵·탄도미사일 개발 중단에 합의한 이후에도 비밀리에 개발을 계속할 수 있기 때문이다. 이는 1994년 북한의 비핵화를 목표로 미북 간에 체결된 제네바 합의가 북한의 핵무기 개발 재개로 인해 2003년 파기된 데서 알 수 있다. 이 점에서 북한이 다시 합의를 위반하지 않을 가능성이 없다고 할 수 없다.

만약 한미 연합 군사훈련의 중단이 상당 기간 지속된 후에 북한이 비핵화 이행을 거부할 경우 한미 연합 방위체제는 심각한 위기에 봉착하게 된다. 북한은 미국과의 비핵화 합의에 따라 한미 연합 군사훈련 중단이라는 대가를 얻어놓고도 비밀리에 핵무기와 탄도미사일 개발을 지속할 가능성이 높다. 만약 그런 사태가 발발하면 그 기간 동안 한국과 미국은 북한의 핵과 탄도미사일 위협에 대응할 수 있는 효과적인 한미 연합 방위태세를 갖추지 못하게 된다. 더구나 설령 북한의 그 같은 속임수가 드러나더라도 한미 양국은 곧 바로 연합 군사훈련을 재개할 수 없다. 한미 연합 군사훈련은 많은 예산과 승인 절차를 필요로 하기 때문이다. 또한 미국 행정부와 의회의 의사 결정 시스템은 한 번 유예되거나 폐기하기로 한 사안을 다시 되살리기가 어려운 구조다. 예산 책정도 어렵지만 의회를 상대로 재개 이유를 설득하기도 어렵다. 노태우

정부 때 철수시킨 전술핵을 다시 들여오기 쉽지 않은 이유도 이 때문이다.

하지만 북한이 정작 노리는 것은 한미 연합 군사훈련이 유예되거나 훈련 재개를 어렵게 만드는 데 있는 것이 아니다. 북한의 두 번째 시나리오는 쌍중단 합의 이후 한국과 미국을 상대로 대규모 연합 군사훈련뿐만 아니라 모든 군사 훈련을 중단하라고 요구하는 것이다. 연례 한미 연합 군사훈련 중단 합의가 주한미군의 철수로 이어질 가능성이 높은 이유는 북한의 이 두 번째 시나리오 때문이다.

북한이 한미 연합 군사훈련의 중단 합의는 대규모 훈련뿐만 아니라 주한미군이 자체적으로 실시하는 훈련도 해당된다고 주장하면 한국과 미국에게는 커다란 압박이 될 수 있다. 만약 미국이 요구를 들어주지 않을 시 북한은 핵무기와 탄도미사일 개발을 재개하겠다는 위협을 가할 가능성이 크다. 그렇게 되면 한미는 이 합의를 유지하기 위해 북한의 추가 요구를 수용해야만 하는 상황에 직면할 수 있다. 그런 상황이란 북한이 미국 본토 전역을 타격할 수 있는 대륙간탄도미사일의 개발을 사실상 완료했음을 암시하는 경우다.

이 경우 미국은 북한의 추가 요구를 수용할 가능성이 있다. 한미는 모든 군사훈련을 중단할 수밖에 없게 되는데, 그렇게 되면 주한미군은 한국에 계속 주둔할 이유를 찾지 못하게 된다. 주한미군에 배치된 장교들과 사병들이 훈련을 하지 않은 채 2~3년 체류하다가 귀국하는 것은 아무런 의미가 없기 때문이다. 주한미군의 훈련 차질만이 문제가 아니다. 미국은 한국으로 항공모함과 장거리 폭격기 등 전략자산을 전개하기도 어려워질 것으로 예상된다. 전략자산의 기동에는 한국 해·공군이 함께 참여하기 때문에 북한이 한미 연합 군사훈련이라고 주장하면서 중단을 요구할 가능성이 있다. 이런 상태가 몇 년 지속되면 미국은 전략자산 전개의 포기와 함께 주한미군의 철수를 선택하게 될 가능성을 배제할 수 없다. 이 같은 가능성은 북한이 비밀리에 핵·탄도 미사일 개발을 완료한 것도 모른 채 미국이 쌍중단 합의를 지키기 위해 한미 연합 방위체제를 희생시키는 결과를 초래할 수 있다는 것을 의미한다.

결국 북한이 요구하고 그 뒤에서 중국이 거들고 있는 쌍중단은 한국과 미국의 입장에서 볼 때 '트로이 목마'이다. 북한이 이 목마에 숨긴 전략적 목표는 비밀리에 핵·탄도미사일의 개발을 완료함과 동시에 주한미군의 철수를 통해 한미 군사동맹을 와해시키는 데 있다. 북한과 중국의 이 같은 전략이 성공할 수 있을지는 전적으로 한국과 미국이 쌍중단 요구에 숨은 북한과 중국의 위험한 의도를 정확하게 읽어낼 수 있느냐에 달려 있다.

트럼프는 한국 정부와 군에 일체의 양해를 구하지 않은 채 6.12 미북 정상회담에서 한미 연합 군사훈련의 중단 요구를 들어주었다. 하지만 이는 어디까지나 북한이 비핵화를 이행할 때만 유지될 수 있는 합의였다. 미국은 북한이 비핵화를 거부하는 것으로 드러나면 즉각 한미 군사훈련을 재개하겠다는 입장을 밝혔다. 실제로 2019년 2월 하노이에서 열린 2차 미북 정상회담에서 북한이 영변 핵시설 전체와 함께 그간 공개되지 않았던 강선의 비밀 핵시설까지 포함한 비핵화 요구를 수용하지 않자 한미 양국은 곧바로 양국 연합 군사훈련을 재개했다.

하지만 북한이 핵무기와 탄도 미사일 개발을 중단할 가능성은 없다. 한미 양국은 최대한의 경제 제재와 압박을 유지할 경우 북한이 비핵화에 나서지 않을 수 없을 것이라고 예상한다. 하지만 그 같은 대북 제재와 압박이 실패할 가능성도 염두에 두어야만 한다. 북한에 대해 경제적으로 가장 큰 압박을 가할 수 있는 중국이 동아시아와 서태평양 지역의 패권을 확보하기 위한 전략 차원에서 북한과 똑 같이 주한미군 철수를 원하고 있기 때문이다. 중국이 대북 압박과 경제 제재에 적극 동참할 가능성은 거의 없다고 볼 수 있다.

6.12 합의 이후 3개월 간 북한은 비핵화 이행은 유보한 채 대륙간탄도미사일을 완성하는 데 박차를 가해 왔다는 정보가 미국 언론에 보도되기도 했다. 만약 북한이 사정거리 1만 2천km가 넘는 대륙간탄도미사일 화성15호의 대

기권 재진입 기술을 확보하는 데 성공한다면 북한은 한미 연합 군사훈련을 다시 중단하라고 요구하고 나설 것이다. 더 나아가 주한미군의 크고 작은 군사훈련까지 중단하도록 협박할 가능성이 있다.

그러나 한미 양국은 북한이 핵무기 소형화와 함께 대륙간탄도미사일 개발에 성공했다고 하더라도 그 같은 요구들을 들어주면 안 된다. 북한과 중국의 요구를 수용한다고 하더라도 북한 핵·미사일 위기가 해결되지 않기 때문이다. 그 같은 요구를 수용하면 오히려 북한과 중국에 포로가 되는 결과를 낳을 뿐이다. 따라서 이 같은 위기에 정면으로 맞서는 용기와 그에 따른 전략이 요구된다.

> **북한의 핵무기와 대륙간탄도미사일의 완성으로 중대한 위기가 발발하더라도**
> **그 역시 재래식 군사력에 의한 확전 우위 게임일 수밖에 없다.**

헨리 키신저 전 미 국무장관은 역사는 그 도전이 거대하다고 해서 그 대책이 불가능한 것은 아니라고 말해준다고 강조한다. 아무리 강력한 군사력을 보유하고 있다하더라도 그것만으로는 어떠한 위협도 억제하지 못한다는 것이 역사적으로 검증된 사실이다. 마찬가지로 핵무기 보유가 곧 핵무기 사용으로 이어지지 않는다. 핵무기 사용은 곧 공멸을 뜻한다는 것을 핵무기 보유 국가의 지도자라면 모두 다 인식하고 있기 때문이다. 그렇다면 북한의 핵무기와 대륙간탄도미사일의 완성으로 중대한 위기가 발발하더라도 그 역시 재래식 군사력에 의한 확전 우위 게임일 수밖에 없다.

한미의 지도부가 확전 우위 의지를 갖고 북한에 핵과 미사일을 포기할 것을 강력하게 요구해야 한다. 북한이 수용하지 않을 시 그 다음 게임 수칙은 북한 지도부에 그에 상응하는 대가를 치르게 할 것임을 분명히 하는 것이다. 확전 우위 전략은 핵추진 항공모함과 장거리 전략폭격기 등의 전략자산 전개를 통한 군사적 위협과 함께 김정은의 신변에 대한 강력한 심리적 위협을 가할 때 성공할 가능성이 높다.

이는 로널드 레이건 대통령이 1987년 6월 12일 서베를린 브란덴브루크 문 앞에서 행한 연설에서도 확인된다. 당시 그는 미하일 고르바초프 소련공산당 서기장을 향해 소련과 동유럽의 평화를 위해 베를린 장벽을 부수라고 요구했다. 그의 연설은 고르바초프에게 큰 압박이 됐다. 고르바초프가 1985년부터 추진해 온 페레스트로이카(perestroika)와 글라스노스트(glasnost)에 더욱 매진하게 된 데는 "소련이 평화와 번영을 원한다면 베를린 장벽을 무너뜨리라"는 레이건 대통령의 요구가 결정적인 영향을 미쳤던 것으로 평가 받는다. 미국의 역사가 피터 쉬와이저Peter Schweizer는 『레이건의 전쟁Reagan' s War』에서 당시 고르바초프는 레이건의 요구를 접하고 개혁과 개방에 나서지 않으면 안된다는 두려움을 느꼈다고 말한다.

고르바초프가 지방당의 서기로 있다가 체르넨코 후임으로 공산당 서기장으로 발탁된 것도 레이건 대통령의 강력한 압박에 따른 것이었다고 한다. 당시 안드레이 그로미코 외상을 필두로 한 소련 지도부는 레이건에게 두려움을 느꼈다고 쉬와이저는 말한다. 그로미코가 개혁적인 인물을 새로운 서기장으로 앉혀야겠다고 판단한 것도 이 때문이었다는 것이다.

그러나 미국과 한국의 어느 지도자도 북한의 핵·미사일 개발 위협과 중국의 패권 행보에 대해 레이건 대통령이 했던 것만큼 강력한 심리적 압박을 가하지 못했다. 이 같은 사실은 레이건 이후 미국의 어느 대통령도 그 만큼 자유주의 철학을 깊이 신념화하지 못했다는 것을 보여준다. 제2차 대전 전후 서구의 지도자 중에 레이건만큼 자유주의에 대한 확고한 신념을 갖고 독재 체제에 맞선 지도자는 윈스턴 처칠이다. 그는 독재 체제는 반드시 무너진다는 확고한 신념으로 영국 국민들에게 승전의 희망을 불어넣으면서 나치 독일과의 전쟁을 승리로 이끌었다. 하지만 오늘날 레이건과 처칠처럼 김정은과 시진핑을 상대로 핵미사일 개발과 강압적인 패권 추구를 중단하라고 요구할 용기를 지닌 리더는 한국과 미국에서 아직 나오지 않고 있다.

평화협정 요구에 숨은 북한의 노림수

북한이 주한미군 철수를 목표로 주력해 온 또 다른 카드는 미국과의 평화협정이다. 북한이 평화협정을 원하는 것은 6.25전쟁 이후 계속되어 온 정전상태를 종전상태로 전환하기 위해서다. 그렇게 되면 북한, 중국과 정전협정을 체결한 유엔사령부는 해체됨과 동시에 유엔사의 일원으로서 참전했던 미국은 더 이상 한국에 미군을 주둔시킬 명분이 없어지기 때문이다. 북한이 핵·탄도미사일을 개발해 온 원래의 목적은 여기에 있다. 미국에 의한 체제 전복이나 군사적 공격을 두려워했기 때문이 아니라 미국에게서 평화협정 체결을 이끌어내기 위해서였다.

그러나 미국이 응하지 않고 강력하게 막아서지 않자 북한은 전략을 바꿨다. 북한은 차제에 핵무기 보유국 지위를 확보하는 것이 가능하다고 판단하고 미국과의 평화협정과 핵무기 보유국 지위 등 두 가지 목표를 모두 추구해 왔다. 중국이 북한의 비핵화 문제가 미북 평화협정 체결을 통해 해결되기를 바라는 것도 이 때문이다.

하지만 미국이 북한의 평화협정 체결 요구를 수용할 가능성은 거의 없다. 이는 무엇보다도 그것이 주한미군의 철수와 이로 인한 한미 연합 방위체제의 붕괴로 이어질 것이라는 사실을 미국이 너무나 잘 알고 있기 때문이다.

> 미국이 미북 평화협정을 수용하지 않는 또 다른 이유는 그것이 주한미군 철수뿐만 아니라 주일미군 기지의 폐쇄로도 이어질 수 있기 때문이다.

미국이 수용하지 않는 또 다른 이유는 미북 평화협정이 주일미군 기지의 폐쇄로도 이어지기 때문이다. 미국이 일본 내 사세보와 가데나와, 후텐마 등지에 미 육·해·공군과 해병대가 사용하는 21개의 기지 및 시설의 운용 근거는 6.25 전쟁 때 미일 간에 체결된 조약이다. 이 조약의 목적은 일본 정부가 한반도에서의 유엔군 활동을 지원하기 위해 미국에 일본 내의 군사 기지 및 시설·용역을 제공하는 데 있다. 그러므로 미북 평화협정 체결로 인해 주한 유엔군사령부가 해체될 경우 미국은 주일미군 기지를 사용할 명분이 없어진다.

주일미군 기지는 주한미군 기지와 더불어 미국이 중국의 패권 추구를 견제하는 데 중추적인 역할을 하고 있다. 더욱이 주일미군은 미일 군사동맹의 핵심적인 역할을 맡고 있다. 2008년 금융위기 이후 경제적으로 쇠퇴하고 있는 미국은 중국과 맞설 수 있는 경제력과 군사력을 갖춘 일본과의 협력을 중시해 오고 있다. 미국의 이 같은 대일 정책은 트럼프 행정부 출범 이후 트럼프와 아베 간 밀착 외교 등으로 더욱 본격적으로 이루어져 왔다. 이는 일본이 대중 견제 전략 차원에서 제기해 온 인도-태평양 구상을 트럼프 대통령이 적극 수용한 데서도 확인된다. 미국이 북한과의 평화협정을 수용할 가능성이 거의 없다고 봐야 하는 것은 이 때문이다.

그러나 미국이 북한의 이들 두 가지 요구를 전격 수용할 가능성을 배제할 수 없다. 미국이 북한의 핵무기 탑재 대륙간 탄도미사일 공격을 현실적인 위협으로 인식했을 경우, 북한을 협상 테이블로 끌어내기 위해 이들 두 개의 요구를 검토할 가능성이 있다. 이 때 미국이 현실적으로 얻을 수 있는 것은 북한의 비핵화가 아니라 핵무기와 대륙간탄도미사일의 추가 개발 동결 또는 해외 반출 금지다.

하지만 미국은 북한의 핵무기 탑재 대륙간탄도미사일 위협을 막기 위해서는 그러한 결과라도 얻어내야만 한다. 미국은 그동안 검토 대상에 있었던 선제타격 옵션은 고려할 수가 없는 상황에 처한다. 따라서 북한을 설득해 추가 개발 동결과 해외 반출 금지를 이끌어내기 위한 카드로서 한미 연합 군사훈련 중단과 미북 평화협정 체결을 고려하지 않을 수 없게 된다.

이 같은 시나리오가 현실로 나타난 것이 바로 6.12 1차 미북 정상회담이었다. 트럼프가 회담을 제안한 배경은 유엔 안보리 경제 제재만으로는 북한의 핵무기와 대륙간탄도미사일 개발을 중단시키기 어렵다는 판단이 자리하고 있다. 북한의 군사적 반격 능력을 고려할 때 선제 타격 옵션이 불가능하다는 사실을 깨달은 것도 김정은과의 회담 개최의 한 배경이 됐을 것이다. 더구나 트럼프는 경제 제재와 선제 타격 위협을 고집하다가 자칫 북한의 대륙간탄도미사일 공격을 당할 가능성에 대해서 크게 우려했다.

〈워싱턴 포스트〉지 부편집인 밥 우드워드는 2020년에 출간된 『분노Rage』에서 당시 트럼프가 가졌던 그 같은 우려에 대해 쓰고 있다. 우드워드는 이 책에서 트럼프가 자신이 김정은과의 정상회담을 통해 얻은 성과에 대해 북한과의 핵전쟁을 피하게 됐다는 것을 꼽았다고 말한다. 북한과의 핵전쟁을 피하게 됐다는 것만 해도 성과 중의 성과라고 몇 번이나 언급했다는 것이다.

문제는 미국이 북한과의 평화협정 체결 시 불가피하게 초래될 주한미군 철수와 주일미군 기지와 시설 폐쇄를 감수할 것이냐는 데 있다. 감수한다면 미국은 중국의 군사 패권 추구를 견제하는 데 중요한 역할을 하는 최전방 군사기지들을 잃게 된다. 그렇기 때문에 미국은 북한과의 협상에 나서기 전에 주한미군의 철수와 주일미군 기지의 폐쇄를 막을 방법을 강구해야 할 것이다.

북한의 핵·탄도미사일 개발은 이처럼 주한미군의 철수를 이끌어내고, 궁극적으로 대남 적화통일을 달성하기 위한 평양의 전략 카드다. 미국과 한국의 집요한 요구에도 불구하고 북한의 핵탄도 미사일 개발을 저지하기 위한 대북 압박과 제재에 중국이 적극적으로 나서지 않은 데는 이 같은 배경이 있다. 중국은 북한에 의한 한반도의 적화통일이 자신들의 역내 패권 확보하는 데 결정적인 기여를 할 것으로 기대하고 있다. 그럼에도 불구하고 한국과 미국은 핵·탄도미사일 개발에 숨은 북한과 중국의 전략에 대해 확신하지 못했다. 그 결과 북한은 한국과 미국을 자유자재로 농락한 끝에 핵무기를 탑재한 대륙간탄도미사일 개발에 성공하기 직전까지 와 있다. 한국과 미국 정부는 북한이 아직 대기권 재진입 시 발생하는 7천도의 고열을 견디는 기술을 확보하지 못했다는 입장이다. 하지만 일각에서는 그 기술을 확보하는 데 성공했다는 평가가 있다. 일본의 〈아사히신문〉은 2017년 12월 20일 서울의 한 소식통을 인용해 북한이 대기권 재진입 기술을 확보했다고 보도했다.

중국이 주한미군의 존재에 대해 얼마나 못마땅해 하는지는 사드 사태에서 확인된다. 중국은 한국의 박근혜 정부가 2016년 7월 미국의 요청을 수용해 사드 1개 포대(한 포대는 발사대 6기로 구성)의 주한미군 배치 결정 이후 한국에 매우 무례한 행태를 보였다. 한국 정부에 대한 외교적 압박은 물론 중국에 진출한 한국 기업에 대한 제재와 중국 국민들의 한국 관광 금지 등 할 수 있는 모든 보복을 가했다. 이는 미국이 북한의 탄도미사일을 요격할 수 있으면서 중국 내륙의 미사일 기지까지 탐지할 수 있는 사드를 배치한 것에 대해 중국이 얼마나 반발했는지를 보여준다. 주일미군 기지에 배치된 사드에 대해선 가만히 있던 중국이 주한미군의 사드 배치에 이성을 잃었다는 것은 그만큼 주한미군이 주일미군보다 중국에 전략적으로 위협이 된다고 판단하고 있다는 것을 의미한다. 주한미군의 X밴드 레이더는 주일미군의 그것보다 훨씬 더 정확하게 중국의 미사일 기지를 탐지할 수 있는 것으로 평가 받는다. 그렇기 때문에 중국은 자국이 미 항모 등을 향해 탄도미사일을 발사했을 때 주한미군의 X밴드 레이더가 이를 탐지해 이 미사일을 요격할 수 있다는 점을 우려하고 있다.

사정이 이러한데도 중국이 미국이 아닌 한국을 압박한 것은 미국에 대한 이 같은 우려를 드러내고 싶지 않아서다. 미국이 중국의 이 같은 속내를 모르는 것은 아니지만 그렇다고 해서 이 같은 우려를 드러내는 것은 자칫 자국 본토에 배치된 탄도미사일들이 미국의 역내 군사적 패권을 빼앗기 위한 목적을 갖고 있다는 것을 시인하는 격이 될 수 있다. 이 때문에 중국 정부는 X밴드 레이더가 자국의 중단거리 탄도미사일 기지를 탐지하는 것에 대해 직접적 우려를 제기한 적은 한 번도 없었다. 그 대신 중국은 자국 민간 전문가들을 통해 한국이 2천km가 넘는 X밴드 레이더의 탐지 거리를 800km로 제한하거나 그 정도의 탐지 거리를 갖고 있는 이스라엘산 레이더로 교체하면 반대하지 않을 것이라는 입장을 표명하고 있다.

중국 상해 칭화대 리빈 교수가 2017년 한국의 한 언론 매체와 미국의 카네기재단 웹사이트에 기고한 글은 중국 정부의 이 같은 입장을 반영한 것이라 할 수 있다. 그는 중국이 주한미군의 사드 배치를 반대하는 이유는 X밴드 레이더의 탐지 거리와 능력 때문이라고 주장했는데 이는 중국 정부의 입장보다 조금 더 나간 것이다. 그의 설명에 의하면 주한미군의 X밴드 레이더는 중국 동북부 지방의 미사일 기지에 배치된 탄도미사일들을 스텔스 기능이 없는 미사일 후면을 포착함으로써 탐지할 수 있다고 한다. 따라서 한국 정부가 X밴드 레이더의 탐지 거리를 800km로 줄인다면 중국 정부가 더 이상 반대하지 않을 것이라고 그는 주장했다. 리빈의 이 같은 주장은 중국이 사드를 가진 주한미군에 대해 얼마나 부담을 갖고 있는지를 드러내준다.

그렇다면 어떻게 북한의 핵·탄도미사일 개발 위기를 한미 연합 군사훈련의 중단과 미북 평화협정 체결 등을 수용하지 않고서도 해결할 수 있을까?

무엇보다 그 같은 전략은 완전한 승리(a full victory)를 거두는 것이 되어선 안 된다. 완전한 승리 전략이란 북한의 김정은 정권을 차제에 붕괴시키는 것을 의미하는데, 현재 중국이 북한을 지원하고 있는 상황에서는 김정은 정권을 붕괴시키는 것은 불가능하다. 그럼에도 그 같은 완전한 승리 전략을 추진할 경우 러시아가 우크라이나를 침공하고 크림반도를 강제 병합한 것과 같이 중국이 한반도를 침공해 북한 지역을 강제 병합하는 사태가 초래될 수 있다.

그렇기 때문에 전략은 한국과 미국도 어느 정도 만족하고 북한과 중국도 완전히 잃지 않는 방향으로 수립되어야 한다. 선제공격을 통해 김정은 정권의 붕괴를 추구하는 것이 아닌 제한전이라도 군사력 사용을 불사한다는 의지를 표명함으로써 북한의 후퇴를 강제하는 채찍 전략을 활용해야 한다. 이와 함께 북한이 핵·탄도미사일 개발 포기를 결심할 경우 체제 보장과 경제 발전을 위한 지원을 약속하는 당근 전략을 병행할 필요가 있다.

> **미국이 북한의 핵·탄도미사일 위기를 해결하기 위해서는 중국의 패권 추구도 함께 견제할 수 있는 전략을 추진해야 한다.**

북한의 핵·탄도미사일 위기는 미국의 대(對) 아시아 외교안보 전략이 약화하면서 더욱 심화해 왔다. 중국의 강압적 패권 행보가 더욱 본격화한 것도 마찬가지로 미국의 대 아시아 관여 전략의 퇴조에서 말미암았다. 따라서 미국이 북한의 핵·탄도미사일 위기를 해결하기 위해서는 중국의 패권 추구도 함께 견제할 수 있는 전략을 추진해야 한다. 이 같은 전략은 미국에게만 전적으로 맡겨두어선 안 된다. 한국도 미국의 동맹국으로서 적극적으로 미국을 도와야 한다. 한국은 북한의 핵·탄도미사일 위협의 직접적인 대상일 뿐만 아니라 중국의 패권 장악에 따른 최대 피해국이 될 가능성이 높기 때문이다.

이 점에서 한국은 북한과 중국을 아우르면서 동아시아와 서태평양 지역이 안보 공동체로 진화할 수 있게 하는 대전략을 마련해야 한다. 20세기 전반기에 아시아를 지배했던 군국주의 일본 육군의 후예인 일본의 현 보수 세력은 여전히 제국주의적 대동아공영권에 대한 향수에 젖어 있다는 비판을 받고 있다. 더욱이 미국이 국력의 쇠퇴로 인해 차츰 아시아에서 물러나는 징후가 엿보이자 일본은 그 공간을 차지하려는 욕망을 감추지 않고 있다. 전쟁할 수 있는 자위대를 만들기 위한 개헌을 추진하는 한편 미국과의 군사 동맹을 더욱 강화하고 있다.

전시작전권 전환과 한국군의 전략군화

한국군의 전략 능력을 강화하는 것이 급선무다. 이를 위해서는 주한미군 사령관 겸 한미 연합사령관에게 있는 전시작전권을 가져와야 한다. 오랫동안 한국군이 전시작전권을 행사하지 못한 채 미군에 의존한 결과 유사 시 북한의 군사 공격은 물론 중국과 일본의 군사 도발에도 전략적 대응을 할 수 있는 군 장성들을 찾기가 쉽지 않다. 국가의 안보를 지켜내려면 안보 질서의 변화를 정확히 읽어내고 군사 전략을 수립할 수 있는 군 수뇌부가 필요하다. 클라우제비츠의 말대로 전쟁이 정치의 연장이라면 군 수뇌부의 잔략가들이 국가 지도자들에게 유사 시 전쟁을 감행할 수 있는지 여부를 건의할 수 있어야 한다. 군 수뇌부의 전략가들이 그 같은 전쟁의 승리를 위한 전략과 자원, 병력에 대한 검토를 마칠 수 있어야 한다. 군사 전략에 대한 전문성이 부족한 정치인들을 군 수뇌부의 전략가들이 적극적으로 뒷받침하는 시스템이 자리 잡을 때 전쟁은 정치의 연장이라는 클라우제비츠의 명제가 현실에서 작동할 수 있다.

전작권을 한국군으로 전환하는 의제가 보수 진영과 진보 진영 간에 이념적 공방의 대상이 되어 왔다. 진보 진영은 미국이 한미 연합군으로 북한을 공격하는 것을 막기 위해 전작권 전환을 서둘러야 한다는 입장이다. 반면 보수 진영은 전작권 전환은 한미 연합 방위태세를 약화시킬 수 있다는 우려를 제기해 왔다. 더군다나 북핵 위기가 해결되지 않은데다 전작권 행사에 필요한 군사 능력을 갖추지 못한 만큼 시기상조라고 보수 진영은 주장하고 있다. 국내 어디에서도 주권국가의 군사력을 튼튼히 하기 위해 전작권 전환이 필요하다는 담론은 나오지 않고 있다. 전작권 전환은 당연히 의지만으로 할 문제가 아니다. 전시에 주한미군을 지휘해 작전을 주도해야 하는 만큼 그에 필요한 첨단 장비를 주한미군에 버금가는 수준으로 갖춰야 한다. 하지만 진보 진영과 보수 진영은 그 같은 조건을 달성하는 노력을 촉구하는 담론을 제기하지 않은 채 오로지 자신들의 관점에만 기초해 찬반 입장을 주장하고 있다.

중국의 패권 추구가 본격화하고 북한의 핵·탄도미사일 개발이 진행 중인 상황은 전작권 전환에 대한 보다 객관적인 담론의 형성을 요구하고 있다. 한미 연합 방위태세를 공고히 하면서도 한국군의 독자적인 전시 작전 능력을 제고해야만 북한과 주변국들의 안보 위협에 대처할 수 있다는 담론이 형성될 때 전작권 전환이 가능하다. 이처럼 북한의 한미 연합 군사훈련 중단과 미북 평화협정 체결 요구는 중국의 역내 패권 추구와 한국의 전작권 전환 문제의 함수 관계를 복잡하게 만들고 있다. 이 같은 함수를 어떻게 푸느냐가 북핵 위기 그리고 더 나아가 동아시아와 서태평양지역의 비자유주의화 위기를 극복하는 데 있어 관건이 될 것이다.

16

북한 비핵화
미북 정상회담의 전모

북한의 비핵화는 권력 정치라는 국제정치의 본질에서 볼 때 미중 게임이다. 북한의 비핵화 협상을 좌우하는 것은 남북한이 아니라 미국과 중국이다. 이는 북한 비핵화 협상의 결정적인 변수인 중국의 대북 정책이 무엇인지를 살펴보면 쉽게 알 수 있다. 미국 주도의 유엔 안보리 경제 제재에도 불구하고 북한이 버텨낼 수 있도록 지금도 중국이 지원하고 있다는 사실을 주목해야 한다.

> **중국이 안보리 대북 제재에 동참하는 시늉을 하면서 북한의 비핵화를 이루고자 하는 미국을 방해하는 전략적 목표가 무엇인지가 중요하다.**

중국의 대북 지원이 완전 중단된다면 북한은 식량과 생필품 부족 등 경제난을 감당할 여력이 바닥나게 돼 미국의 비핵화 요구에 응할 수밖에 없다. 때문에 중국이 안보리 대북 제재에 동참하는 시늉을 하면서 북한의 비핵화를 이루고자 하는 미국을 방해하는 전략적 목표가 무엇인지가 중요하다. 북한의 비핵화 실현 여부는 미국이 중국의 목표를 인식하고 중국이 원하는 방향으로 양보할지 말지에 따라 결정된다고 볼 수 있다. 중국으로서는 북한에 대한 경제적 지원을 할 수밖에 없는 자신들의 우려를 미국이 해소할 때 대북 지원을 완전히 중단하고 북한이 미국의 비핵화 요구를 수용하게끔 만들 수가 있다. 이 점에서 미국과 중국이 북한의 비핵화와 관련해 상대방에 대해 갖고 있는 우려 해소에 어느 정도 합의했는지에 따라 북한의 비핵화에 대한 미북 간 협상의 성패가 결정될 가능성이 높다.

19세기 프러시아 군사전략가 클라우제비츠가 『전쟁론』에서 말한 바와 같이 전쟁은 국내 정치의 연장임과 동시에 다른 수단에 의한 국내 정책의 지속이다. 이는 북한의 비핵화라는 또 다른 '전쟁'에서도 역시 마찬가지다. 북한 비핵화를 둘러싼 한국, 미국. 중국, 북한의 목표 역시 각국 정권의 국내 정치 권력 유지와 관련 있다고 볼 수 있다. 일반적으로 전쟁에는 참전국들의 체제

역시 반영되기 마련이다. 러시아 사회주의 혁명을 이끈 레닌이 스위스 망명 시절 클라우제비츠를 읽고 나서 "전쟁은 계급을 반영한다"고 말한 것과 같은 맥락이다. 그렇다면 북한의 비핵화 방향을 둘러싸고도 한미와 중북 간에 체제 경쟁이 벌어지고 있다는 시각이 가능하다.

한국과 미국의 목표는 북한이 생산해 온 모든 과거핵(무기와 물질, 시설)과 탄도미사일의 폐기, 미래 생산 능력의 제거다. 이 같은 목표는 오바마 전 행정부 때까지는 CVID(완전하고 검증가능하며 되돌릴 수 없는 비핵화)로 표현됐다. 하지만 트럼프 행정부는 FFVD(최종적으로 검증되고 되돌릴 수 없는 비핵화)라는 표현으로 변경했다. 한미 양국은 북한이 FFVD를 수용할 경우 그들이 원하는 안전보장을 위한 한·미·북·중 간 평화체제 구축과 함께 북한의 경제 개발을 위한 투자 등의 인센티브를 제공하겠다는 입장을 표명해 왔다.

북한 비핵화에 대한 접근에 있어 한국과 미국의 체제 성격이 드러나는 지점은 북한의 경제 개발에 대한 지원 약속이다. 트럼프는 김정은과의 1차 정상회담을 마치고 나서 "북한이 비핵화를 이행하면 베트남처럼 경제 발전을 할 수 있게 해주겠다"고 말했다. 그는 그 후 기회가 닿을 때마다 같은 말을 반복했다. 트럼프의 이 같은 언급은 한미가 비핵화 이후 북한의 친미 국가화 또는 자유 시장경제 체제로의 이행을 추진하겠다는 전략을 갖고 이를 추진하고 있는 듯이 보이게 했다. 당연히 중국은 이런 의구심을 품었을 것이다.

하지만 당시 트럼프는 중국을 상대로 막대한 재정이 소요되는 패권 경쟁을 벌이지는 않았다. 그는 중국의 패권 도전을 군사와 경제적 봉쇄로 막기보다는 중국과의 적절한 균형을 추구하면서 미국 국민들의 삶의 질을 향상시키기 위한 '아메리카 퍼스트(America First)'라는 국익 우선주의를 추구했다. 2018년 12월 아르헨티나 부에노스아이레스에서 개최된 G20 정상회의 기간에 열린 미중 정상회담에서 양국 간 무역 전쟁이 발발 4개월 여 만에 큰 충돌이 없이 일단락될 수 있었던 데는 트럼프의 이 같은 전략이 작용했다.

북한 비핵화에 대한 두 가지 전략:
제한적 승리와 완전한 승리

트럼프 행정부의 북한 비핵화 전략은 '제한적 승리(a restricted victory)'를 목표로 했다. 중국을 자극할 수 있는 북한의 친미화까지 나가지 않고 북한의 비핵화에만 머물렀다. 한국과 미국의 이 같은 제한적 승리 전략은 북한 비핵화를 위한 제1의 길로 부를 수 있다.

반면 중국과 북한의 북한 비핵화 목표는 한국과 미국의 목표와 크게 다르다. 가장 핵심적인 목표는 북한의 비핵화를 주한미군 철수와 유엔사령부 및 일본 내 후방 기지들의 해체와 맞바꾸는 것이다. 중국의 전략 목표는 북한을 완충지대로서 계속 유지하면서 동아시아와 서태평양 지역의 군사 패권 지위를 획득하는 데 있다. 북한은 주한미군 철수를 이루어내고 중국의 패권이 달성되는 시점에 대남 적화 통일을 실현하고자 한다.

중국과 북한이 한국과 미국을 상대로 추구하는 것은 '완전한 승리(a full victory)' 전략이다. 이 같은 전략은 중국과 북한이 한국과 미국이 더 이상 자신들에게 위협이 되지 못하도록 완전 굴복시키려는 것이다. 클라우제비츠의 말대로 패자는 재기의 기회를 가질 권리가 있으나 완전한 승리는 그런 기회를 보장하지 않는다. 따라서 중국과 북한의 이 같은 완전한 승리 전략은 제2의 길이라고 부를 수 있다.

중국이 북한의 비핵화 게임에서 완전한 승리를 추구하게 된 데는 2018년 들어 이루어진 미북 정상회담 개최 합의에 대한 중국의 우려가 결정적 영향을 미쳤다. 중국 공산당 지도부는 미국이 미북 정상회담을 통해 북한의 비핵화를 달성한 다음 북한을 친미 국가로 만들 수 있다는 우려를 갖기 시작했다. 중국으로 하여금 그 같은 우려를 갖게 만든 결정적인 요인은 앞에서 언급한 트럼프의 말이었다. 트럼프가 6.12 미북 정상회담 전후로 북한을 향해 "비핵화만 한다면 미국과 서구 자본에 의한 경제 발전을 시켜주겠다"고 한 것이 중국을 긴장시켰다. 중국이 보기에 트럼프의 이 말은 북한이 비핵화 이후 미국에 의해 시장경제 체제로 이행할 가능성이 높다는 것을 의미한다. 만약 그 같은 가능성이 현실화할 경우 북한은 종국적으로 자유 민주주의 체제로 한국에 흡수 통일될 것이라고 중국은 예상한다. 그렇게 되면 중국으로선 북한이라는 완충지대를 잃게 돼 압록강을 경계로 주한미군과 마주하게 될 가능성이 크다는 것이 중국의 우려이다.

> 중국은 북한의 완충지대화 전략을 한 번도 내려놓은 적이 없다. 중국은 압록강을 경계로 미군과 마주하게 될 가능성을 가장 우려한다.

6.25 전쟁 당시 맥아더가 압록강까지 치고 올라올 때 마오쩌둥은 소련의 무기 공급이 이루어지기도 전에 인민해방군을 투입했다. 스탈린이 재촉했기 때문이기도 하지만 그 전에 "북한이라는 완충지대를 잃어버릴 수 없다는 중국의 전략에서 비롯됐다"고 헨리 키신저 전 미 국무장관은 『중국 이야기On China』에서 말한다. 그 후 중국은 이 같은 전략을 한 번도 내려놓은 적이 없다. 오히려 중국은 북한의 완충지대화 전략을 더욱 강화시켜 왔다. 어느 날 북한이 갑자기 붕괴해 주한미군을 주축으로 한 한미 연합군이 압록강까지 북상하는 사태가 발생할 경우를 대비해 중국이 한미를 상대로 평양–원산 라인 이상으로는 절대 올라와선 안 된다고 경고해온 것은 이 때문이다.

이 시나리오가 현실화하면 중국은 그 결과가 재앙이 될 것이라고 예상한다. 그 이유는 두 가지다. 첫 번째는 주한미군이 압록강 지대에 사드를 배치할 경우 사드에 딸린 X밴드 레이더에 의해 중국 동북3성과 본토 해안 지역에 배치한 탄도미사일 기지들이 주한미군과 한국군에 포착되기 때문이다. 이는 사정거리가 1,500~2,000km에 달하는 동풍–15와 동풍–21 탄도미사일로 미 항모, 잠수함, 전략폭격기, 스텔스 전투기가 남중국해와 동중국해로 진입하는 것을 차단하는 '반접근과 지역거부(A2AD)' 전략이 무너지는 것을 의미한다. 중국으로서는 A2AD 덕분에 서태평양 지역에서 미국과의 군사 우위 경쟁에서 간신히 우위에 올라설 수 있었는데 북한이 친미 국가로 바뀌면 미국의 우위로 되돌아갈 수밖에 없다.

두 번째는 신의주-단둥 라인 등을 통해 미국의 자유주의 정치와 문화, 사상이 중국 대륙으로 유입되는 것이다. 이럴 경우 중국으로서는 공산당 1당 지배체제가 뿌리 채 흔들릴 수 있다. 중국이 어떻게든 역내 패권국의 지위를 달성하고자 애쓰는 것도 공산당의 권력을 유지하는 데 그 목적이 있다. 패권국 도약을 통해 중산층에게 민족적 자긍심을 고취시켜줌으로써 다원주의 체제에 대한 정치적 욕구를 약화시킬 수 있다는 것이 중국 공산당의 믿음이다.

중국은 2017년 말까지만 해도 유엔 안보리의 대북 제재 결의에 따라 모든 대북 지원을 철저하게 막았다. 그러나 2018년 들어 1차 미북 정상회담의 개최 합의가 이루어진 이후 중국은 북한과의 교역을 비공식적으로 예년의 절반 수준까지 늘려왔다. 안보리 제재로 인해 경제 상황이 크게 어려워진 북한이 미국과의 협상에서 굴복하지 않도록 대북 지원을 늘려오고 있는 것이다. 북한이 친미 국가로 바뀌는 것을 막기 위해선 북한에 경제 지원을 늘리지 않으면 안 된다고 봤기 때문이다.

2017년 12월까지만 해도 중국 기업들은 중국 정부의 지시로 저임금의 북한 노동력을 이용한 의류 임가공 교역을 모두 정리했다. 그랬던 중국 기업들이 2018년 초부터 대북 의류 임가공 사업을 성(省) 정부의 허가를 받아 은밀하게 재개하기 시작했고, 현지 사정에 밝은 한 기업인에 의하면 2021년 현재 북한으로부터 들여 오는 의류 임가공 물량이 20억 달러 수준을 회복했다고 한다.

중국은 북한의 철광석도 연간 5,000만 달러 규모로 수입해 오고 있다. 중국은 단둥 등에 북한 노동자들이 6개월 단기 비자로 나와 일할 수 있도록 허용하고 있다. 이들 5만여 명의 북한 노동자들이 한 해 송금하는 총액은 2억 달러 정도에 달할 것으로 추산된다. 러시아에 외화벌이를 위해 나가 있는 노동자들의 송금까지 합치면 3억 달러가 넘을 수 있다. 이처럼 중국의 지원 덕분에 북한은 강력한 안보리 제재 국면에서도 5~6억 달러의 경화를 벌어들이고 있다. 2억 달러면 30만t의 식량을 살 수 있는 액수다. 북한이 비핵화 합의를 지연시키고 있는 것은 중국의 이 같은 대북 지원 실태와 관련 있다.

시진핑이 2018년 3월, 5월, 6월 세 차례 김정은을 중국 베이징과 다롄 등으로 초청해 이례적인 중북 정상회담을 가진 것도 이 같은 맥락에서 봐야 한다. 시진핑과 김정은은 이들 회담을 통해 미국과의 비핵화 협상에 임하는 공동 전략을 세웠을 가능성이 있다. 앞에서 살펴 본 제2의 길이 이를 통해 결정됐을 것이다. 이를 상징적으로 보여주는 것이 6월 12일 김정은이 트럼프와의 1차 정상회담에 참석하기 위해 중국 총리 전용기를 타고 싱가포르 공항에 도착한 장면이다. 이 날 김정은은 트럼프와의 미북 정상회담에서 CVID 요구를 거부하고도 '한미 연합 군사훈련 즉각 중단'이라는 대어(大魚)를 낚을 수 있었는데 이는 시진핑의 막후 연출이 없었다면 전적으로 불가능했을 것이다.

시진핑이 2019년 1월 초 김정은을 베이징으로 초청해 4차 중북 정상회담을 갖고 그 해 2월 말 트럼프와의 하노이 2차 미북 정상회담을 권유한 배경도 위와 같은 맥락에서 읽을 필요가 있다.

문제는 이 같은 상황에서 어떻게 북한의 비핵화 방향을 한미의 전략인 제1의 길로 되돌릴 것이냐이다. 유일한 방법은 중국에게 제1의 길이 완전한 승리를 추구하는 전략이 아니라는 점을 설득하는 것이다. 이를 위해서는 미국의 역할이 중요하다. 미국이 북한에게 비핵화를 하면 경제 발전을 시켜주겠다는 약속을 하더라도 그것이 북한을 친미 국가로 만들겠다는 의미가 아님을 중국에 확신시켜주어야 한다.

미북 간 비핵화 협상의 성패는 이런 관점에서 살펴볼 때 답을 찾을 수 있다. 미국이 중국을 상대로 완전한 승리 전략을 추진하는 것이 아니냐는 중국의 의혹이 해소되었는지를 먼저 분석하는 것이 관건이다. 하지만 미국이 중국의 그 같은 의혹을 해소시키기 위해 북한의 핵동결이나 단계적 비핵화에 합의해주는 것은 한국의 입장에서는 제한적 승리 전략이 아니라 나쁜 합의에 불과하다.

북한의 핵동결 전략과 트럼프의 빅딜 전략

이 점에서 2019년 6월 말 판문점에서 열린 미북 양자 정상회동과 남북미 3자 정상회동은 미북과 남북 간에 나쁜 합의가 있었던 것이 아니냐는 우려를 낳았다. 그 해 2월 말 하노이 2차 미북 정상회담이 결렬된 이후 비핵화 협상에 아무런 진전이 없는 상황에서 판문점이라는 상징적인 장소에서 미북 및 남북미 합동 정상회동이 떠들썩하게 열렸다는 사실이 뭔가 석연치 않은 느낌을 주었기 때문이다.

헨리 키신저 전 미 국무장관은 『외교Diplomacy』에서 "역사는 금언이 아닌 유추에 의해서 가르친다"고 말했다. 어떤 현안이든 똑같은 사례가 없는 만큼 주요 분야에서 축적된 역사에서 정확한 유추를 해낼 수 있어야만 올바른 분석을 할 수 있다는 것이 그의 역사 철학이다. 이런 의미에서 2019년 6월 30일 판문점 미북 정상 접촉과 사상 첫 남북미 정상 회동은 정확한 역사적 유추를 필요로 한다.

당시 상황은 2차 하노이 미북 정상회담 결렬 이후 미북 간 비핵화를 둘러싼 갈등이 지속되고 있었다. 그런데도 트럼프와 김정은이 4개월 만에 판문점 군사분계선 상에서 66년간의 정전체제를 일거에 무너뜨리기라도 할 듯이 극적인 회동 장면을 연출한 것은 무언가 예사롭지 않았다. 미북이 비핵화 협상과 관련해 뭔가 '불온한' 타협을 하려는 것이 아니냐는 느낌을 주었다. 트럼프가 협상 목표를 하향 조정하자 김정은이 그에게 2020년 11월 대선에서 재선되는 데 도움이 될 만한 '그림'을 만들어준 것이 아니냐는 의혹이 제기되기도 했다. 이 날 〈뉴욕타임스〉의 '핵동결설' 보도도 이 같은 의심을 더욱 부추겼다.

만약 트럼프가 당시 대북 협상의 목표를 조정한 것이 맞았다면 그 방향은 다음 두 가지 중 하나였을 것이다. 하나는 핵동결이다. 이는 미국이 북한이 핵시설 일부의 해체와 핵물질 생산 중단, 핵무기 해외 이전 금지 등을 포함한 핵동결을 하고 미 본토 전역을 사정권으로 하는 북한의 대륙간탄도미사일 생산 및 발사 능력을 완전 폐기하는 대신 사실상의 핵보유국 지위를 인정해주기로 북한과 합의하는 것이다. 다른 하나는 단계적 비핵화다. 미국이 '모든 핵시설과 물질, 무기를 일괄 폐기한다'는 빅딜 방안을 철회하고 북한이 요구해 온 단계적 비핵화를 수용하는 것이다.

주지하다시피 하노이 정상회담은 파국으로 끝났다. 당시 김정은은 핵보유 의지를 보이면서 트럼프의 빅딜 방안을 거부했다. 대신 그는 트럼프에게 핵실험과 탄도미사일 시험 발사를 중단하는 것에 대한 대가로서 안보리 제재 해제를 요구했다. 그는 영변 핵시설의 일부 또는 전체를 폐기할 수 있다는 뉘앙스의 언급을 몇 차례 했으나 실제 그러겠다는 뜻은 아니었다.

김정은의 협상 전략 목표는 철저하게 핵동결에 대한 트럼프의 동의를 이끌어내는 것이었다. 이를 간파한 트럼프는 회담장에서 걸어서 나왔다. 하노이 회담의 파국은 이처럼 트럼프의 '빅딜 전략'과 김정은의 '핵동결 전략'이 충돌한 데서 기인했다. 그 후 북한은 "만대의 보검"인 핵무기를 포기하지 않을 것이라면서 도발을 재개했다. 김정은이 같은 해 5월 들어 신형 탄도 미사일 시험 발사를 두 차례나 감행한 것이다. 이는 유엔 안보리의 제재를 무시하는 도발이었다.

하지만 트럼프는 참모들의 우려와 달리 북한의 단거리 탄도 미사일 시험 발사를 별거 아니라고 했다. 그러면서 그는 자신과 김정은의 관계가 좋다고 하면서 다시 만나게 되길 바란다는 메시지를 보냈다. 그러나 북한은 응하지 않았다. 김정은은 대신 중국과 러시아와의 관계를 강화했다. 그는 같은 해 4월 25일 푸틴과의 블라디보스톡 회담에 이어 6월 20일 방북한 시진핑과의 5차 회담을 통해 핵동결을 위한 단계적 비핵화 방안에 대한 지지를 요청했다.

이런 상황에서 판문점에서 3차 미북 정상회담이 개최되리라 예상한다는 것은 불가능했다. 트럼프도 그랬다. 그는 일본 오사카 G20 회의 폐막일인 6월 28일 "내일 방한하는 데 판문점에서 김정은과 만날 수 있으면 좋겠다"는 트윗을 띄웠다. 이때까지만 해도 그는 그 같은 바람이 이루어지리라고는 생각하지 못했다. 하지만 이 날 오후 북한은 뜻밖에도 긍정적으로 반응했다. 6월 29일 스티븐 비건 미 국무부 대북정책특별대표는 최선희 북한 외무성 제1부상을 판문점에서 만나 남측 자유의 집에서 3차 미북 정상 회담을 갖기로 합의했다.

6월 30일 트럼프와 김정은은 판문각 앞에서 포즈를 취한 뒤 함께 분계선을 넘어 자유의 집에 도착해 3차 정상회담을 53분여 동안 가졌다. 이날 자유의 집 앞에서는 문재인 대통령까지 합류해 남북미 정상 회동까지 이루어졌다. 많은 사람들은 한반도의 기존 질서에 엄청난 현상 변경이라도 일어나기라도 할 것 같은 느낌을 받았다.

문제는 판문점 미북 정상회담이 하노이 회담 이후 미국의 빅딜론과 북한의 핵군축론이 계속 맞서면서 정체되어 온 그간의 협상 국면과는 배치되는 사건 이라는 것이다. 트럼프가 협상 목표를 핵동결이나 단계적 비핵화 중 하나로 조정하기로 하면서 김정은과 의기투합했을지도 모른다고 본 것은 이 때문이다. 트럼프는 5월 북한의 단거리 탄도 미사일 시험 발사를 지켜보면서 자칫 빅딜 방안을 고집할 경우 핵실험과 대륙간탄도미사일 시험 발사가 재발할 가능성을 우려했을 수 있다. 만약 북한이 그 같은 도발을 재개하면 트럼프로서는 그나마 자신의 업적이라고 자랑했던 북한 문제가 2020년 12월 대선에서 자신의 재선 가능성을 집어삼킬 재앙으로 변할 것이라고 우려했을 수 있다.

이 같은 추정은 체계적인 분석이 요청된다. 그래야만 한국과 미국이 북한의 핵동결 전략에 말려들지 못하게끔 담론 시장을 통해 견제를 할 수 있다. 정치, 외교, 경제, 그리고 군사 등 주요 분야에서 역사를 바탕으로 한 유추(analogy)가 중요한 것은 이 때문이다. 20세기 영국의 세계적인 역사가 에릭 홉스봄은 『역사론』에서 "역사는 개인이나 집단의 기억이 아니라 역사가의 책"이라고 말한다. 따라서 역사적 유추를 통한 분석은 주요 분야의 고전들에 대한 통섭적인 연구와 응용에 의해서 가능하다.

동서양 외교사를 통틀어서도 3차 판문점 미북 정상회담과 남북미 정상회동에 비교되는 사례는 없다. 키신저의 말대로 역사는 '맞춤형 요리책'이 아니다. 19세기 프러시아 군사전략가인 클라우제비츠가 수많은 전쟁에 대한 연구를 통해 도출한 패러다임이 오히려 역사적 유추를 위한 좋은 틀이 될 수 있다. 클라우제비츠가 『전쟁론』에서 제시한 '전쟁은 국내 정치의 연장'이라는 패러다임이 바로 그것이다.

클라우제비츠는 『전쟁론』에서 전쟁은 힘을 통해 상대방으로 하여금 내가 원하는 것을 하도록 만드는 행위라고 정의한다. 북한과의 핵 협상이 '전쟁'인 이유는 직접 관련된 남 · 북 · 미 · 중 간에 서로 유리한 협상 목표를 설정하려는 힘의 경쟁이 벌어지고 있기 때문이다. 문제는 이들의 협상 전략이 각자의 국내 정치 연장으로서 수립되고 조정된다는 것이다.

어떤 나라의 정치권력이든지 자신들이 보유한 힘의 정도와 국민의 의사를 고려하지 않은 채 전쟁의 목표를 설정할 수는 없다. 이 패러다임이 역사적 유추에 의한 분석틀로서 제격인 것은 이 때문이다. 이 분석틀을 통해 이들 정치권력들이 국내 정치의 연장으로서 북핵 협상의 목표를 어떻게 조정하고 있는

지 유추할 수 있다.

그렇다면 북한의 핵과 탄도 미사일 개발로 인해 가장 큰 영향을 받는 한국, 미국, 중국 세 나라의 정부가 각자의 국내 정치적 상황에 따라 어떻게 북한과의 협상 목표를 조정하는지 비교 분석해 볼 필요가 있다.

한 · 미 · 중의 북 비핵화 전략 목표: 국내 정치의 연장

현재 한국, 미국, 중국의 국내 정치와 북한과의 핵 협상 목표 간 연계 상황을 비교하면 트럼프 행정부가 어떻게 협상 목표를 조정했는지, 그 뒤를 이은 바이든 행정부가 어떤 협상 목표를 설정할 것인지에 대한 추정을 할 수 있다.

먼저 미국의 현재 국내 정치경제 상황을 살펴보는 것이 중요하다. 이를 위해서는 계층별 소득 구조에 대한 파악이 우선되어야 한다. 프랑스의 정치경제학자 토마 피케티는 『21세기 자본』에서 2010년 전후 미국의 소득 상위 1%가 미국의 국민총생산(GDP)에서 차지하는 비중이 23%에 달했는데 이는 1929년 대공황 당시와 같다고 지적한다. 소득 상위 10%의 비중이 50%를 넘은 것도 그 때와 비슷하다. 이러한 양극화 구조는 트럼프 행정부 4년뿐만 아니라 바이든 행정부 출범 이후에도 변화가 전혀 없다. 현재 미국 국민의 과반수가 더 이상 해외에서의 군사적 대외 개입에 반대하고 있는 것은 이 같은 경제 상황에서 비롯된다. 2018년 12월 트럼프가 시리아와 아프간 철군을 선언함으로써 미국의 대전략이 자유주의 패권에서 국익 우선주의로 본격 이행하게 된 데에는 이런 배경이 있다.

이 같은 상황에서 2020년 11월 대선에서 재선을 노렸던 트럼프로서는 김정은을 상대로 빅딜 방안을 고수하기 어려웠다. 김정은이 또 다시 핵실험과 중장거리 탄도미사일 시험 발사를 재개할 수 있었기 때문이다. 그럴 경우 트럼프는 항모와 전략폭격기 등 큰 비용이 드는 전략 자산을 전개할 수밖에 없을 것이고, 이는 트럼프의 재선에 불리하게 작용했을 것이다.

북한과의 핵 협상과 관련해 트럼프가 취할 수 있었던 최고의 재선 전략은 김정은이 도발을 재개하지 않도록 일부 제재의 해제와 완화를 통해 다독이고 협상 목표를 빅딜에서 김정은이 원하는 단계적 비핵화로 조정하는 것이었다. 그럴 경우 트럼프는 궁극적으로 자신과 김정은이 '윈-윈' 할 수 있을 것이라고 생각했을 것이다.

하지만 이것은 김정은이 거두게 될 승리에 비하면 아무 것도 아니었다. 김정은의 경우 단계적 비핵화 과정에서 끝없는 살라미 전술을 통해 최소한의 핵시설 폐기와 핵물질 생산 중단 등만 내주고 경제적 지원과 주한미군 지위 변경 또는 철수를 얻어낼 가능성이 있었기 때문이다.

물론 미국도 이 같은 가능성에 대해 우려했다. 하지만 김정은은 빅딜을 거부하고 하노이 회담 이후 단거리 탄도 미사일 시험 발사 등의 도발을 재개했다. 이런 상황에서 미국으로서는 달리 방법이 없었다. 경제 제재도 김정은의 무릎을 꿇리지 못했다. 중국이 막후 지원을 계속해 왔기 때문이다. 그렇다고 해서 트럼프 행정부로서는 막대한 재정이 소요되는 군사적 공격 카드를 선택할 수도 없는 노릇이었다.

2019년 6월 30일 〈뉴욕타임스〉의 핵동결설 보도는 이 같은 배경에서 나온 것으로 볼 수 있다. 외교안보 베테랑 저널리스트인 데이비드 생어 기자는 이날 트럼프 행정부에서 북한과의 핵 협상을 놓고 핵 동결 수준에서 타협하는 안을 준비 중이라고 전했다. 존 볼턴 국가안보보좌관은 '완전한 추측'이라며 부인했다.

하지만 다음날 〈뉴욕타임스〉는 추가 보도에서 정부의 일부 고위 관료들 간에 핵시설 폐쇄를 통해 핵물질의 추가 생산을 중단시키되 핵무기는 놔두는 '점진적 접근법'을 북한과 협상하는 방안이 검토되고 있다고 반박했다. 이 보도는 폼페이오가 이 접근법을 지지한다고 덧붙였다. 그의 직계인 비건 대북 정책 특별대표가 제기한 '동시적, 병진적 해결'도 점진적 접근법의 또 다른 형태였다. 이 방안은 6.12 1차 미북 정상회담 때 합의한 '미북 관계 개선과 한반도 평화체제 구축, 북한의 비핵화'를 동시적으로, 병진적으로 추진하겠다는 것이다. 문제는 이들 의제가 북한 핵동결 목표를 관철하기 위해 계획된 것이라는 데 있었다.

리비아식 모델인 '선 폐기 후 보상'을 주장해 온 볼턴이 협상 라인에서 배제된 것도 이들 보도가 진실일 수 있다는 것을 뒷받침했다. 트럼프는 김정은과의 회담에 폼페이오만 배석시켰다. 하노이 때까지만 해도 회담에 참석했던 볼턴이 협상에서 완전히 배제된 것은 트럼프가 협상 목표를 핵동결로 조정한 데 따른 것일 수 있다.

만약 당시 트럼프가 북한의 핵동결 요구를 수용하기로 했다면 이는 불량국가의 위협에 굴복해서는 안 된다고 주장해 온 볼턴에겐 커다란 굴욕이었을 것이다. 이 점에서 〈뉴욕타임스〉의 '딥스롯(deep throat, 내부 고발자)'이 볼턴이었을 가능성을 배제할 수 없다. 폼페이오와 국무부가 주도했던 1, 2차 정상회담 준비 과정에서도 여러 차례 정보 누출이 있었는데 그 때마다 국무부는 공공연히 볼턴을 누출자로 지목했다.

시진핑이 북한의 단계적 비핵화와 정치적 해결을 촉구한 데에는 국내의 정치적 안정을 공고히 하기 위한 목적이 숨어 있다.

시진핑이 G20 정상회의 직전인 6월 20~21일 북한을 방문한 목적도 북한의 핵 문제가 중국의 국내 정치에 불리하게 돌아가지 않도록 관리하는 데 있었다. 그는 방북 기간 중에 비핵화 문제의 '정치적 해결'을 강조했는데 그것은 일종의 단계적 비핵화 방안으로서 미국과 타협하라는 의미로 평가 받았다. 시진핑은 비핵화에 따른 북한의 안보 불안은 한반도 평화협정을 통해 해결할 수 있다고 했다.

시진핑이 북한의 단계적 비핵화를 촉구한 데에는 자신의 국내 정치적 기반을 공고히 하기 위한 목적이 숨어 있다. 북한의 비핵화가 완전히 무산되면 일본과 한국이 핵무장을 나설 수 있다. 이런 상황이 현실화하면 중국은 역내 패권 확보에 실패할 수 있다. 미국 프린스턴대의 중국 전문가 아론 L. 프리드버그는 『패권을 향한 결전』에서 중국의 역내 패권 도전은 공산당의 지배 체제 강화를 위한 것이라고 분석한다.

문제는 시진핑이 북한의 핵보유로 인해 핵도미노 사태가 발발해 중국이 패권 확보에 실패할 경우 자신의 장기 집권에 대한 구상이 흔들릴까 우려하고 있다는 것이다. 그가 핵동결이 됐든 단계적 비핵화가 됐든 일단 북한이 비핵화에 착수하게 만들고자 하는 것은 바로 이 때문이다.

시진핑이 북한의 단계적 비핵화가 종국적으로 핵동결로 이어질 수 있다는 것을 모를 리 없다. 그럼에도 불구하고 그가 단계적 비핵화를 촉구하는 것은 북한으로 하여금 현재와 미래 핵능력의 일정 수준을 폐기하게끔 만든다면 북한의 비핵화가 사실상 이루어졌다고 평가할 수 있다고 보기 때문이다. 만약 그 같은 평가가 나올 수만 있다면 북한발 핵도미노를 차단할 수 있다는 것이 시진핑이 품고 있는 기대일 것이다.

> **문재인 정부가 판문점 미북 정상회동을 미북 간 적대 관계가 청산된 증거라고까지 평가한 것은 국내 정치적 목적이 자리하고 있다.**

한국 정부도 북한의 비핵화 문제를 국내 정치의 연장으로서 다루고 있다. 문재인 정부가 판문점 미북 정상회동을 미북 간 적대 관계가 청산된 증거라고까지 평가한 것은 왜곡이라는 비판의 목소리가 비등했다. 정부가 판문점 미북 정상회동과 남북미 3자 정상접촉을 북핵 위기 해결은 물론 미북 간 적대 관계까지 청산돼 한반도 평화가 본격 도래한 것을 보여주는 순간(the moment)으로 표현하는 것은 평화와 안정을 바라는 중도층을 지지 기반으로 묶어놓으려는 국내 정치적 목적이 자리하고 있다.

특히 문재인 정부가 "첫 남북미 3자 정상회동", "북한 땅을 밟은 최초의 미국 대통령" 등의 표현을 사용하는 것 자체가 한반도의 엄중한 냉전 상태와 괴리되는 것이다. 이 점에서 북한의 비핵화 문제가 문재인 정부 들어 노골적으로 국내 정치의 연장에서 다뤄지고 있다는 비판이 적지 않다.

이런 '역사적 유추 분석'을 통해서 볼 때 2019년 한국, 미국, 중국 3국 모두의 대북 협상 목표가 '핵동결'로 후퇴했다고 평가할 수 있다. 이 때문에 북한의 비핵화는 정말 불가능해진 것이 아니냐는 우려가 높다. 이 같은 우려가 현실화할 경우 문제는 북한의 비핵화가 아니다. 김정은이 단계적 비핵화를 명분으로 평화협정 체결과 주한미군 지위 변경 또는 철수 등을 요구하는 등 미국을 상대로 살라미 전술을 구사할 경우 이를 어떻게 저지하느냐이다.

트럼프가 재선에 실패하고 조 바이든 행정부가 출범하면서 이런 우려는 많이 가라앉았다. 바이든 행정부의 대외 전략을 주도하는 이상주의적 외교전문가 그룹인 블롭(the Blob)이 트럼프 행정부보다 훨씬 강력한 대북 정책을 공언함에 따라 미북 간 핵동결 타협 가능성이 낮을 것으로 예상되기 때문이다.

그렇지만 한국은 한미 동맹을 공고히 하면서 김정은의 기만전술에 대비해야 한다. 김정은이 어떤 위협과 기만으로 바이든 행정부를 핵동결로 유도할지 알 수가 없다. 실제 그 같은 우려가 현실화할 가능성을 배제할 수 없다. 블롭이 오바마 행정부 때 북핵 문제가 해결되기 어렵다고 판단하고 '전략적 인내'라는 이름의 정책으로 방치한 적이 있기 때문이다. 따라서 김정은이 마치 모든 핵무기와 핵시설을 폐기할 것처럼 약속하고 실제로는 핵동결로 유도하는 기만전술을 펼 경우 블롭이 넘어갈 가능성이 있다.

그렇게 될 경우 종국적으로 북한이 핵보유 지위 달성을 선언하는 사태가 발생할 가능성이 높다. 북한이 핵보유국 지위를 달성하게 되면 미국은 핵보유국이 된 북한과 러시아의 지원을 받은 중국의 군사적 패권 도전을 막아내지 못하고 확전 우위의 지위를 중국에 넘겨주게 될 수 있다. 한미일 3국 연합에 의한 자유주의 질서가 중러북 전체주의 3각(角) 동맹에 의한 비자유주의 질서로 대체될 가능성이 높은 것이다.

하노이 2차 미북 정상회담과 북핵 게임의 향배

2019년 2월 베트남 하노이에서 열린 2차 미북 정상회담은 동아시아와 서태평양 지역의 질서 재편의 주도권을 잡기 위한 동맹과 협력의 지전략적(地戰略的) 구도에 큰 영향을 미쳤다. 무엇보다 주목할 것은 북한의 완전한 비핵화를 추구하는 진영에 중국이 가담하는 양상이 조성되었다는 점이다. 2018년 6월 1차 미북 정상회담 전후부터 핵동결을 목표로 하는 북한이 중국 대신 러시아에 의존하기 시작한 것이 아니냐는 평가가 제기됐다. 이에 따라 포스트 하노이 북핵 동맹 질서가 '한·미·중·일 대(對) 북·러 구도'로 새롭게 짜지고 있다는 분석들이 제기됐다.

문제는 포스트 하노이 북핵 게임의 향배다. 한미일 동맹의 전략은 크게 보면 기존 안보리 경제 제재 유지를 통해 북한에 설득과 압박을 병행하는 '올코트 프레싱'으로 모아졌다. 중북러 동맹의 전략은 핵실험과 미사일 시험 발사의 영구중단을 안보리 제재 해제와 맞교환함으로써 미국이 핵동결에 합의하도록 유도하는 데 맞춰질 것으로 예상됐다. 하지만 각 진영의 정상 외교가 재개되면서 이들 정상 간에 잠복해 있던 전술상의 갈등이 수면 위로 드러났다.

특히 한미일 진영에선 북한의 완전한 비핵화 합의 이전엔 어떠한 제재도 해제할 수 없다는 미일과 제재 일부의 완화를 통해 북한을 다시 협상 테이블로 나오도록 설득하자는 한국 간에 막후 샅바 싸움이 벌어졌다. 북한이 완전한 비핵화에 합의하기 전까지는 제재 해제나 완화는 어림도 없다는 입장은 미국보다 일본이 더 강하게 주장했다. 주일 미국 대사는 하노이 회담 결렬 직후 한 기고문을 통해 미국이 대북 제재를 강화해 온 데는 일본의 역할이 컸다고 주장하기도 했다.

북중러 전체주의 3각 동맹 내부에서도 갈등이 나타났다. 6.12 싱가포르 1차 미북 정상회담 전후에 직접 관여하지 않았던 러시아가 포스트 하노이 게임에서 북한과 긴밀한 소통을 시작했다. 이는 최근 수 년 간 극동 개발에 본격 착수하면서 '러시아판 아시아 회귀'를 추진해 온 푸틴이 동아시아 질서 결정전에 참전하기로 한 데 따른 것이었다.

북러 관계와 대조적으로 하노이 회담 결렬 이후 중국과 북한 간에 미묘한 긴장이 감지되기도 했다. 싱가포르 회담 직후 김정은을 베이징으로 불렀던 시진핑이 이번엔 하노이에서 평양으로 귀환하던 그를 양회(兩會) 참석을 이유로 베이징으로 부르지 않았다. 이 때문에 하노이 회담 결렬과 관련해 시진핑이 김정은에게 뭔가 불만이 있는 것이 아니냐는 의혹이 제기되기도 했다. 중국이 한미일 진영으로 이탈하는 게 아니냐는 평가를 받기도 했다. 하지만 시진핑이 같은 해 6월 20일 평양을 방문함으로써 중북 관계는 변함이 없는 것으로 확인됐다.

그럼에도 불구하고 하노이 미북 정상회담 직후 벌어진 북핵 게임을 둘러싸고 관련 국가들 간에 벌어진 이 같은 변화는 대체 어디에서 말미암았는지 살펴 볼 필요가 있다.

하노이에서 트럼프와 김정은 간에 북한의 비핵화를 둘러싸고 이루어진 대화의 전체 윤곽을 파악해야만 각 동맹 진영 내부에서 나타나고 있는 긴장 원인을 진단할 수 있다. 또한 북한의 비핵화와 관련해 각 동맹 진영이 향후 어떤 전략을 추진할지를 가늠해 볼 수 있다.

포스트 하노이 북핵 게임은 트럼프 행정부를 이어 출범한 바이든 행정부 임기 동안 다음 세 가지 시나리오 중 하나가 될 것으로 예측된다.

첫 번째 시나리오는 완전한 비핵화에 대한 미북 간 전격 합의다. 두 번째는 사실상 핵동결을 인정하는 타협으로서 '나쁜 합의(bad deal)' 다. 세 번째는 비핵화 협상은 계속되는데 핵 포기는 이루어지지 않는 상태가 이어지다가 북한이 갑자기 핵과 대륙간탄도미사일(ICBM)의 개발을 완료했다고 선언하는 경우다. 최악의 시나리오다.

> **하노이 미북 정상회담의 전모를 추적하기 위해서는 먼저 '트럼프 승리, 김정은 패배' 라는 프레임을 버려야 한다.**

하노이 회담의 전모를 추적하기 위해서는 먼저 회담 이후 미국과 한국, 일본의 정부와 언론, 학계에서 기정사실하고 있는 '트럼프 승리, 김정은 패배' 라는 프레임을 버려야 한다. 김정은이 영변 핵시설 단지의 폐기를 조건으로 제재 해제를 이끌어내려다 좌절을 맞본 반면 트럼프는 그 같은 요구를 거절하고 어떠한 합의도 않은 채 협상장을 걸어 나오는 '노딜(no deal)' 을 선택하는 용기를 보여주었다는 분석은 하노이 회담의 진실과 하등 관계가 없는 해석이다.

그렇다면 하노이 회담의 진실은 무엇인가? 가장 주목해야 할 사실은 트럼프와 김정은 모두 2차 정상회담이 결렬될 수밖에 없다는 것을 알고 하노이에 왔다는 것이다. 보다 정확하게 말한다면 김정은은 결렬시키는 것을 목표로 삼고 왔고 트럼프는 결렬될 수밖에 없다는 것을 알고 왔다는 것이다.

그 근거는 하노이 회담에 앞서 열렸던 미북 실무회담 결과에서 찾을 수 있다. 미북이 2차 정상회담을 갖기로 합의한 것은 1월 중순이었다. 그 후 스티븐 비건 미 국무부 대북정책 특별대표와 김혁철 북한 국무위원회 대미 특별대표는 여러 차례 실무회담을 갖고 의제를 협의했지만 어떤 합의도 하지 못했다. 비건이 완전한 비핵화에 대한 북한의 합의를 이끌어내고자 했으나 김혁철은 영변 핵시설 단지의 핵물질 생산 중단만 할 수 있다는 입장을 고수했다. 핵동결만 가능하다는 것이었다. 김혁철은 또 비핵화 조치에 대한 약속 없이 안보리 제재 해제와 완화를 요구했다. 북한이 핵 실험과 탄도 미사일 시험 발사 중단 약속을 각각 17개월과 15개월째 지켜오고 있는 만큼 2016년 3월부터 핵 실험과 탄도 미사일 시험 발사를 이유로 2017년 12월까지 유엔 안보리가 취해 온 5건의 제재는 완전 해제되거나 완화되어야만 한다는 것이었다. 하지만 비건은 가장 중요한 것, 즉 완전한 비핵화에 대한 합의가 되기 전까지는 그 어느 것도 합의할 수 없다는 점을 분명히 했다. 그는 2월 6~8일 평양 방문 등 여러 차례에 걸친 실무회담을 통해 FFVD(최종적이고 완전히 검증된 비핵화)에 대한 합의를 요구했다. 그 때마다 김혁철은 핵동결과 제재 해제만을 주장하면서 정상회담을 취소할 수 있다는 위협을 가했다. 북한이 말하는 완전한 비핵화의 정의가 무엇이냐는 비건의 물음에도 김혁철은 답하길 거부했다. 그 결과 미북 실무회담은 아무런 성과 없이 끝나고 말았다.

결국 트럼프와 김정은 모두 실무 회담의 결렬에서 서로의 입장 차이를 정확히 알았을 것이다. 그래서 두 사람은 실무 회담에서 서로에게 요구했던 입장을 철회하거나 완화하지 않으면 2차 정상회담은 결렬될 것이라는 점을 너무도 잘 알고 하노이에 왔다고 봐야 한다.

그렇다면 트럼프와 김정은 두 사람은 이처럼 결렬될 것이 분명한 2차 정상회담을 강행했던 이유는 무엇인가?

이를 알기 위해선 하노이 회담이 결렬된 뒤 서울과 워싱턴의 담론 시장에서 지배적인 지위를 누려온 해석 하나를 검토할 필요가 있다. 그것은 김정은이 영변 핵시설 폐기 카드 하나만 준비했기 때문에 트럼프로부터 제재 해제 또는 완화를 이끌어내는 데 실패했다는 해석이다. 한마디로 김정은이 트럼프의 의중을 전혀 읽지 못한 채 회담 전략을 짰다는 것이다. 문재인 정부의 외교안보 책사인 한 국제정치학자도 똑 같은 해석을 내놨다. 그는 하노이 회담

전 워싱턴에 잠시 체류할 때 북한이 영변 핵시설 폐기만으로는 미국에게서 제재 해제나 완화 조치를 끌어낼 수 없을 것이라는 생각이 들었다고 말했다. 정부 당국자도 아닌 자신도 그런 짐작을 하는데 김정은이 그런 판단을 못했다는 것은 이해할 수 없다는 것이다. 요컨대 이 같은 해석은 북한이 제재 해제 또는 완화 조치를 이끌어낼 요량이었으면 영변 핵시설 폐기 외에 미국이 원하는 한두 개의 핵시설 폐기를 추가로 약속했었어야 한다는 인식을 바탕으로 한다. 이 같은 해석은 김정은이 진짜로 비핵화를 할 것이라는 시각에서 출발한다.

하지만 이 같은 해석은 틀렸다. 하노이 회담의 전모를 들여다보면 김정은이 이 회담에서 달성하고자 했던 전략 목표는 애초부터 제재 해제 또는 완화가 아니라 핵보유에 있다는 것이 드러난다. 회담 첫날인 2월 27일 단독 회담과 만찬에서 다음날 단독 회담과 확대 회담에 이르기까지 김정은이 일관되게 제안한 것은 트럼프와 미 대표단이 원하는 비핵화 조치가 아니라 핵실험과 미사일 시험 발사의 영구중단과 영변 핵시설의 핵물질 생산 동결 두 가지였다. 김정은은 이 같은 핵동결과 탄도미사일 발사 동결의 대가로 5건의 안보리 제재 중 민수 및 민생 부분 해제를 요구했다. 김정은은 이 같은 요구를 트럼프와 미 대표단이 받을 리가 없다는 것을 알고 있었다. 이미 미북 실무회담을 통해 트럼프와 폼페이오의 의중을 확인했기 때문이다.

그럼에도 김정은이 핵동결 조치를 대가로 제재 해제를 요구한 데는 두 가지 목적이 있었다. 하나는 트럼프로 하여금 자신의 요구를 거절하도록 만들어 회담을 결렬시킨 뒤 비핵화 협상을 지연시키면서 핵개발을 완성하기 위한 시간적 여유를 확보하는 것이다. 다른 하나는 회담을 결렬시켜 핵 실험과 대륙간 탄도미사일 시험 발사 재개로 판을 크게 흔들어 미국이 핵 실험과 탄도미사일 시험 발사 영구중단 조치에 대해 제재 해제라는 정당한 가격을 지불하도록 압박하는 것이다.

김정은이 핵 실험과 탄도미사일 시험 발사 영구중단 약속의 대가로 한반도 평화협정을 요구하지 않은 것도 그의 목표가 핵보유에 있다는 것을 보여준다. 김정은은 실무회담 결과를 보고 받고 한반도 평화협정 문제와 관련해 미국이 평화선언의 형태로 수용하는 방향으로 변화하고 있음을 알게 됐다. 한반도 평화협정 체결은 북한이 오랫동안 핵개발 명분으로 요구해왔던 것이다.

그런데 김정은은 정작 하노이 회담에서 앞의 두 가지 조치를 약속하는 대가로 평화협정 체결을 요구하지 않았다. 그 까닭은 김정은이 트럼프가 한반도 평화선언을 통해 평화체제 프로세스를 본격 시작하자고 나오면 꼼짝도 못한 채 핵 포기를 당할 수밖에 없을 것이라고 우려했기 때문이다. 당시 북한 외무상 리용호가 회담이 결렬된 그 날 새벽 외신 회견에서 평화협정 등의 문제는 당장 해결하기 어려워 제재 해제 문제만 요구하게 됐다고 설명했다. 리용호가 굳이 그 같은 궁색한 해명을 한 것은 김정은이 평화협정 체결 요구를 하지 않는 데 따른 모순을 의식했기 때문이다.

그렇다면 마지막 의문은 김정은이 2월 28일 확대회담 때 핵보유라는 전략 목표에 어긋나는 영변 핵시설 전체 폐기라는 비핵화 조치를 제안하게 된 배경이 무엇이냐는 것이다.

> **김정은의 전략은 비핵화 협상은 형식적으로 지속하되 핵보유 목표는 포기하지 않는 것이다. 그는 비핵화 의지가 있다고 위장하지 않으면 안 된다는 것을 잘 알고 있다.**

김정은이 회담 내내 핵동결과 탄도미사일 동결 대가로 제재 해제를 요구하자 트럼프와 미 대표단은 김정은에게 당신이 2018년부터 지금까지 직접 여섯 차례나 비핵화를 하겠다고 했던 말은 뭐냐고 압박했다. 김정은의 전략은 비핵화 협상은 형식적으로 지속하되 핵보유 목표는 포기하지 않는 것이다. 그런 만큼 그는 비핵화 의지가 있다고 위장하지 않으면 안 된다는 것을 잘 알고 있다. 그는 미국의 의심을 해소시키지 않고 핵동결과 탄도미사일 동결 조치만 주장하기엔 부담을 느꼈다. 김정은은 진짜 할 생각 없이 영변 핵시설 일부를 폐기하겠다고 제안했다. 그러자 트럼프와 미 대표단은 김정은을 상대로 질문과 요구를 한 가지씩 했다. 질문은 영변 핵시설 390여 개 중 폐기하겠다고 하는 곳이 어디를 가리키느냐는 것이었다. 요구는 영변 핵시설 단지 인근 분강의 지하 비밀 고농축 우라늄 시설도 추가로 폐기해야 한다는 것이었다. 김정은은 앞의 질문엔 전혀 답을 하지 못했다. 폐기할 의도가 없었기 때문이다. 그는 뒤의 요구에 대해서는 트럼프가 회담 결렬 뒤 가진 회견에 말한 바와 같이 놀란 표정을 지었다. 그런 다음 그는 그 같은 비밀 핵시설의 존재를 부인했다.

이 같은 사실은 김정은이 애초부터 영변 핵시설의 폐기를 하노이 회담의 의제로 생각하지 않았다는 것을 보여준다. 그가 영변 핵시설 일부를 폐기하겠다고 제안한 뒤 구체적인 폐기 대상을 밝히고 비밀 고농축 우라늄 시설의 추가 폐기까지 하라는 트럼프의 요구를 거부했다는 사실은 그의 궁극적인 목표가 핵보유라는 것을 시사한다. 이 같은 분석에 트럼프도 동의했다. 회담 결렬 뒤 가진 기자회견에서 트럼프는 김정은이 핵보유를 원하는 것 같았다고 말했다.

김정은의 연극은 여기에서 끝나지 않았다. 김정은이 영변 핵시설 중 구체적인 폐기 대상을 밝히지도 않고 분강 지하 비밀 핵시설의 존재도 부인하자 트럼프와 미 대표단이 협상장에서 걸어 나왔을 때였다. 김정은은 다시금 속마음을 감추고 외무성 부상 최선희를 미 대표단에게 보내 영변 핵시설 전체를 폐기하겠다는 메시지를 전했다. 구체적인 폐기 대상을 밝히지 않음으로써 자신의 비핵화 의지가 심각한 의심을 받고 회담이 결렬되려고 하자 김정은은 회담 결렬의 책임을 트럼프에게 떠넘기기 위해 마지막 위장 제안을 하고 나선 것이다.

하지만 김정은의 위장은 오래 가지 못했다. 그의 메시지를 전달 받은 트럼프와 미 대표단이 다시금 영변 핵시설 단지의 규모와 범위가 어디까지인지 질문한 것이다. 김정은은 당연히 대답할 수 없었다. 그가 대답할 수 없었던 까닭은 영변 핵시설 전체 폐기 제안은 실제로 폐기하겠다는 게 아니라 트럼프에게 '억울한 결렬'을 당했다는 이미지를 만들어내기 위한 것이기 때문이었다. 북한이 영변 핵시설 전체 폐기까지 제안했는데 미국이 이를 의심하고 거절하는 바람에 북한으로서는 억울하다는 식의 선전전을 펴는 것이 가능할 것이라고 김정은은 기대했던 것이다.

하지만 그는 대답을 하지 않으면 당연히 거부될 것으로 여겼는데 곧 바로 예상 못한 위기에 처했다. 영변 핵시설 전체의 범위에 대한 김정은의 대답이 나오지 않았는데도 트럼프가 참모들의 반대에도 불구하고 영변 핵시설 전체 폐기를 조건으로 제재 해제나 완화를 하되 '스냅백(snapback, 비핵화를 이행하지 않으면 제재를 복원하는 방안)'을 단서로 붙이는 방안을 검토해보자고 제안했다. 이는 김정은으로서는 생각하지도 못한 돌발 상황이었다. 하지만 얼마 지나지 않아 김정은이 안도의 한숨을 내쉬는 상황이 발생했다. 빅딜 문서의 작성을 주도했던 폼페이오 국무장관이 트럼프의 동의를 얻어 "이 같은 딜을 할 수 없다"고 일축하고 나섰던 것이다.

김정은의 '억울한 결렬' 전략 대 트럼프의 '나쁜 합의 회피' 전략

이로써 2차 하노이 미북 정상회담은 결렬됐다. 트럼프는 회담 직후 혼자 가진 기자회견에서 결렬 책임을 김정은에게 돌렸다. 김정은이 비핵화를 할 준비가 돼 있긴 했으나 미국이 정말 원하는 중요한 비핵화를 할 준비가 돼 있지 않아서 제재 해제 또는 완화 요구를 들어줄 수 없었다는 것이 트럼프의 회견 요지였다. 트럼프는 또 영변 핵시설 외의 또 다른 우라늄 농축 시설의 폐기를 추가로 요구했다고 한 뒤 김정은이 미국이 아는 것에 대해 놀라는 표정이었다고 전했다.

김정은은 억울한 결렬을 당했다는 이미지 전략이 타격을 입을 수 있다고 우려했다. 그는 트럼프의 회견 내용을 적극 반박할 것을 외무상 리용호와 부상 최선희에게 지시했다. 리용호가 기자회견에서 주력한 것은 이번 회담에서 김정은이 얼마나 억울한 결렬을 당했느냐는 것을 알리는 것이었다.

우선 리용호는 트럼프가 밝힌 것과 달리 북한이 미국에 요구한 것은 모든 안보리 제재의 해제가 아니라 2016년 3월 이후 채택된 5건의 제재이고 그 중에서도 민수와 민생 관련 제재 해제였을 뿐이었다고 주장했다. 그는 그 같은 요구가 정당한 이유로 두 가지를 들었다. 첫 번째는 문제의 제재 5건이 북한의 핵실험과 탄도미사일 시험 발사로 인해 채택되었던 만큼 핵실험과 탄도미사일 시험 발사를 1년 넘게 중단해 왔고 영구중단을 문서로 약속하겠다고 한 만큼 그 같은 제재들은 해제되거나 완화되어야 한다는 것이다.

두 번째는 김정은이 영변 핵시설 단지 전체의 폐기 제안까지 했는데도 미국이 제재 완화조차 거부한 것은 억울하다는 것이다. 북한 입장에서 더욱 억울한 것은 공식적으로 유일한 핵시설인 영변 핵시설 전체를 폐기하겠다는 파격적인 제안을 했는데도 트럼프가 비밀 우라늄 농축시설을 추가로 폐기하도록 요구했다는 것이었다. 이어 최선희는 "국무위원장 동지께서 앞으로 조미 거래에 대해 의욕을 잃지 않으시나 하는 느낌을 받았다"고 말하면서 김정은의 마음을 감성적으로 전하고자 애썼다.

김정은의 억울한 결렬 전략 행보는 여기서 멈추지 않았다. 베트남 응우옌 푸 쫑 주석과의 정상회담 전 베트남 의장대 사열식 참석한 그는 밤새 잠을 설치고 힘이 빠진 모습을 보인 데 이어 베트남 공식 방문 일정을 반나절 단축하고 서둘러 귀국길에 올랐다. 김정은이 전용 열차로 평양으로 귀환하는 65시간 내내 전 세계 언론은 그가 열망했던 제재 해제가 거절당한 데서 말미암은 실망감이 얼마나 클 것인지를 연일 보도했다.

이 같은 억울한 결렬 전략이 먹혀듦에 따라 김정은은 새로운 도발의 명분을 확보하게 되었다. 그는 귀국하자마자 동창리 소재 탄도 미사일 시험 발사장을 원래대로 복구하도록 지시했다. 북한은 미국의 정보당국이 정찰위성을 통해 잘 볼 수 있도록 대낮에 작업했다. 그 결과 북한의 미사일 발사대 복구 위성사진이 미 언론과 국내 언론에 대대적으로 보도됐다.

김정은이 안보리 제재를 당할 수 있는 대륙간탄도미사일 시험 발사 대신 인공위성 발사 형태의 도발을 감행할 것이라는 분석이 제기됐다. 하지만 추가적인 도발은 없었다. 그 정도의 도발 우려를 조성하는 것만으로도 충분하다고 여긴 것이다.

김정은은 단지 도발 이미지를 조성하는 것만으로도 두 가지 효과를 거뒀다. 하나는 미국과의 비핵화 협상을 무기 연기시킴으로써 핵무기의 소형화, 경량화, 다종화와 대륙간탄도미사일의 대기권 재진입 기술을 완성할 수 있는 시간을 번 것이다. 다른 하나는 핵실험과 미사일 시험 발사 영구중단 약속을 파기할 수 있다는 위협을 가함으로써 제재 해제나 완화를 하지 않으면 그 같은 약속이 지켜지지 않을 수 있다는 경고를 보냈다. 그는 미국의 이목을 동창리에 묶어놓고 푸틴에게 SOS를 쳤다. 영변 핵시설 일부 폐기 또는 핵물질 생산 중단 같은 핵동결만으로 비핵화 협상이 마무리될 수 있도록 러시아가 나서달라고 요청한 것이다.

김정은의 전략이 이처럼 핵보유를 위한 '억울한 결렬'이었다면 트럼프의 전략은 무엇이었는가?

트럼프도 1월 비건 미 국무부 부장관과 김혁철 대미 협상대표 간 실무회담 결과를 보고 받고 김정은이 비핵화 의지가 없다는 것을 알았다. 하노이에서 FFVD 방식의 완전한 비핵화에 대한 김정은의 합의를 이끌어낸다는 것은 불가능하다는 것을 인식했던 것이다. 폼페이오는 미국이 원하는 비핵화의 범위를 김정은에게 정확하게 주지시키는 것을 하노이 회담의 전략 목표로 하자고 제안해 트럼프에게서 재가를 받았다.

폼페이오 국무장관은 북한의 완전한 비핵화를 위한 빅딜 방안을 마련한 뒤 이를 트럼프에게 보고했다. 김정은이 하노이에서 이 빅딜 방안을 수용할 것인지 여부에 대해서 트럼프와 폼페이오, 볼턴 세 사람 모두 가능성이 없다는 데 의견이 일치했다고 볼턴은 『그것이 일어난 방』에서 말하고 있다.

그럼에도 불구하고 이 같은 빅딜 방안은 북핵 위기가 발발 이후 미 행정부 차원에서 처음으로 완성됐다는 점에서 의미를 갖는다. 어쨌든 빅딜 문서를 주도해 만든 사람도, 하노이 회담에서 김정은과의 나쁜 합의에 대한 유혹을 이겨내고 노딜(no deal)을 하도록 트럼프를 붙잡아 준 참모도 폼페이오였다.

트럼프가 이 빅딜 문서를 내민 것은 하노이 회담 이틀째인 2월 28일 오전 단독회담 후 열린 확대회담에서였다. 당시 이를 건네받은 김정은은 크게 당황하며 불쾌한 모습을 감추지 않았다. 옆 자리에 있던 노동당 부위원장 겸 통일전선부장 김영철은 "정상 간 회담은 대화로 문제를 풀어야지 어쩌자는 것이냐"고 불만을 제기했다. 이 문서가 김정은을 당혹케 한 것은 무엇보다도 모든 핵무기와 핵 연료를 미국으로 넘기라는 요구가 담겨 있었기 때문이다.

이 같은 요구는 미국에게서 핵동결 합의를 받아내고자 했던 김정은에겐 모욕적이었다. 이 문서에는 이 같은 요구를 시작으로 핵시설, 화학 및 생물 전 프로그램, 탄도 미사일, 발사대, 관련 시설의 완전한 해체 요구가 담겼다. 이들 요구 외에 별도로 다음의 네 가지 요구가 첨부되어 있다. 첫 번째는 핵 프로그램에 대한 완전한 포괄적 신고 및 미국과 국제사찰단에 대한 완전한 접근 허용이다. 두 번째는 모든 관련 활동 및 새 시설물의 건축 중지다. 세 번째는 모든 인프라 제거다. 네 번째는 모든 핵 프로그램 과학자와 기술자의 상업적 활동으로의 전환이다.

하지만 트럼프와 폼페이오가 김정은에게 합의할 것을 요구한 것은 이 같은 빅딜 문서의 전체 내용이 아니다. 폼페이오는 트럼프를 도와 세 가지를 요구했다. 첫 번째는 김정은이 폐기하겠다는 제안한 영변 핵시설의 정확한 범위 제시하라는 것이었다. 두 번째는 분강의 지하 비밀 고농축 우라늄 시설도 추가로 폐기하라는 것이었다. 세 번째는 핵시설과 핵무기, 탄도 미사일, 핵탄두 무기 체계의 목록 작성과 신고를 하라는 것이었다. 하지만 김정은은 어떻게 한 번에 그렇게 할 수 있느냐고 반발하면서 버텼다. 그는 핵실험과 탄도미사일 시험 발사의 영구중단을 문서로 약속하고 영변 핵시설 단지 내 핵물질 생산을 중단하는 대가로 5건의 제재 해제를 하라는 입장을 고수했다.

그러다가 김정은이 트럼프가 협상장을 떠난 직후 최선희를 통해 영변 핵시설 단지 전체를 폐기하겠다고 했을 때 트럼프는 그 단지의 범위가 어디까지인지 물었고 북한 측의 답변이 없는데도 스몰딜에 대한 강한 유혹을 느꼈다. 이 때 폼페이오는 트럼프의 오랜 개인 변호사였던 코언의 의회 청문회로 인해 국내 여론이 안 좋은 상황에서 스몰딜, 즉 북한의 핵동결이라는 비난 받을 가능성이 높은 나쁜 합의를 하지 말라고 조언했다. 트럼프가 귀국한 뒤 코언 청문회가 자신이 협상장에서 걸어 나오게 하는 데 기여했을 수 있다고 언급한 것은 이 때문이다.

김정은과 트럼프는 모두 자신들의 회담 전략을 철두철미하게 국내 정치의 연장 차원에서 추진했다. 미 재무부가 발표한 대북 제재를 트럼프가 3월 22일 트위터로 취소시킨 것도 2020년 11월 대선 승리를 위해 김정은을 다시금 협상 테이블로 끌어내기 위해서였다. 하노이에서 노딜을 결행하게 된 데 가장 큰 영향을 미친 것이 코언 청문회로 악화된 국내 여론이 더 나빠질 것이라는 우려였던 것처럼 국내 정치적 목적에 따라 대북 전략이 바뀌었던 것이다.

이는 김정은도 마찬가지다. 그가 비핵화 협상에 나서면서도 핵동결을 통한 사실상의 핵보유국 지위를 추구하는 것도 핵 포기 시 리비아의 가다피나 이라크의 후세인처럼 언제 어떻게 권력을 빼앗겨 죽임을 당할지 알 수 없다는 불안감 때문이었다. 핵을 포기하는 대가로 한반도 평화협정을 체결한다고 해서 자신의 안전과 체제와 권력 유지를 담보할 가능성이 없다는 것이 그의 인식이었다.

그것이 이번 하노이 회담에서 드러났다. 트럼프가 내민 빅딜 문서에 핵 포기 시 미국이 지원하겠다고 한 북한 경제의 발전 방안에 대해 김정은이 관심을 보이지 않았다는 사실은 이 같은 관점에서 봐야 한다. 다시 말해서 비핵화를 조건으로 미국의 지원 하에 외국 자본에 의한 경제 발전을 이루는 것은 오히려 자신의 안전과 체제에 위기를 초래할 것으로 김정은은 인식하고 있다. 노동당 1당 독재 체제와 자신의 안전과 권력 유지에 큰 도전이 될 가능성이 높은 외국 자본의 투자에 따른 경제 발전을 원하지 않는 것이다. 그가 원하는 경제 발전 형태는 외부의 자본 지원을 받아서 당과 국가 주도의 경제 발전을 이룩하는 것이다.

하노이 회담의 이 같은 진실은 북한의 비핵화 게임을 중심으로 한 동아시아 질서 결정전의 구도를 다음과 같이 세 가지 차원에서 바꿔놓았다.

첫 번째는 중북 동맹의 균열과 미중 협력의 본격화가 시작된 것이다. 시진핑은 2019년 1월 9일 베이징에서 열린 중북 정상회담에서 김정은에게 두 가지 요청을 해서 긍정적인 답변을 얻었다. 하나는 트럼프의 2차 미북 정상회담 개최 제의를 수용하라는 것이었다. 다른 하나는 트럼프와 다시 만나면 비핵화 문제의 정치적 해결을 하라는 것이었다. 하노이 회담 결과 김정은은 첫 번째 요청만 이행하고 두 번째 것은 거부한 것으로 드러났다.

이 같은 결과만 보면 시진핑으로선 배신을 당했다고 볼 수 있다. 김정은이 평양으로의 귀로에 베이징에 들러 시진핑을 만나지 못하고 러시아에 SOS를 친 것은 바로 이 때문이었다. 이는 트럼프의 2월 28일 회견에서도 확인된다. 그는 회견 중간에 북한 교역의 93%는 북중 국경에서 이루어진다고 말한 뒤 김정은은 아주 강력해서 남의 말에 휘둘리지 않는다고 평가했다. 이 말은 좀

뜬금없어 보이지만 중요한 의미를 담고 있다.

이 말은 북한의 대외 교역 93%를 좌우하는 강력한 힘을 가진 시진핑의 부탁을 거절하는 것을 보니 김정은이 겁이 없는 인물이라는 뜻이다. 2차 미북 정상회담에서 비핵화에 합의하라는 시진핑의 설득에 김정은이 그렇게 하겠다고 약속을 했으면서도 정작 자신을 만나선 그 약속을 지키지 않았다는 것이 트럼프의 얘기다. 이 말은 비아냥조이지만 김정은에게 무서운 경고를 한 것이라고 해석할 수도 있다. 만약 북한이 비핵화를 거부할 경우 시진핑에 의해 현재 재개되고 있는 북중 밀무역이 봉쇄될 수도 있다는 것을 암시한다.

두 번째는 한미 동맹이 약화되고 한일 관계가 더욱 악화하게 되면서 한미일 3국 협력 체제가 껍질만 남게 되는 시기가 오고 있다는 것이다. 한국은 김정은이 비핵화 의지를 가진 것처럼 거짓으로 미국을 설득해 온 것이 드러남에 따라 양국 간 신뢰가 큰 위기에 직면했다. 이 같은 상황에서 문재인 정부가 대북 제재를 약화시키는 경협 재개를 통해 김정은을 설득해보겠다는 입장을 고수할 경우 한미 관계는 더욱 악화할 가능성이 높다.

이런 상황에서 일본은 한미 간의 신뢰 위기를 활용해 한국을 제치고 미국과 북핵 문제 해결의 중심축이 되겠다는 욕심을 감추지 않고 있다. 대법원의 징용 배상 판결 이후 일본의 경제 제재 위협이 지속되고 있는 가운데 한일 관계가 북한 비핵화 문제로 인해 더욱 수렁으로 빠져들 가능성이 있다. 이로써 한미일 3국 동맹의 가능성은 요원해진 것이다. 이 같은 변화는 북한의 핵위협이 현실화하는 상황에서 중국이 러시아와 손잡고 동아시아 질서의 비자유주의화를 추구할 수 있는 환경이 조성되고 있다는 것을 의미한다.

세 번째는 북한의 핵보유 가능성이 다시금 높아짐에 따라 일본이 이를 명분으로 핵무장에 나설 시기가 더 빨라지고 있다는 것이다. 이에 따라 중일 간에 패권 경쟁이 더욱 본격화할 것으로 예상된다.

17

핵무기 개발에 숨은
북한의 대중 전략

국제정치 현안의 진실은 관점과 정보의 폭과 깊이에 따라 약간만 드러날 수 있고 그 모습 전체를 드러내기도 한다.

기원전 3세기 로마로 쳐들어간 카르타고의 명장 한니발은 트레시메네 전투와 칸나이 전투에서 천하무적의 로마군에 연거푸 대승을 거두었지만 끝내 로마를 정복하지 못했다. 영국의 20세기 세계적인 역사가 아놀드 토인비 Arnold Toynbee는 『역사의 연구』에서 한니발이 이탈리아 반도 남부에 위치한 따뜻한 카푸아에서 군대를 월동(越冬)시킨 결과 군대의 힘이 나약해진 나머지 로마에 패했다고 말한다. 만약 유대인들이 고난을 피하려 한니발 군대처럼 안온한 이집트로 되돌아갔다면 그들은 오늘날의 유대 민족으로 살아남지 못했을 것이라고 토인비는 주장한다.

마찬가지로 거친 들판에 세워진 하나의 도시에 불과했던 로마가 제국으로 발전할 수 있었던 원동력도 삶의 환경이 안온하지 않았던 까닭에 현실에 안주하지 않고 끊임없이 정복에 나선 데 있다고 그는 말한다. 마키아벨리도 『로마사 논고Discourse on Livy』에서 로마가 제국을 건설할 수 있었던 데는 이런 미덕(美德, virtue)이 기여한 덕분이지 플루타르크의 주장처럼 온전히 운(運, fortune)에 힘입은 것은 아니라고 지적한다.

하지만 18세기 프랑스의 계몽주의 사상가로서 『법의 정신』을 쓴 몽테스키외는 『로마의 성공, 로마제국의 실패』에서 숱한 승리를 거둔 한니발 군대가 어디선들 '카푸아'를 발견하지 못했겠느냐고 되묻는다. 한니발 군대의 힘이 약화한 까닭은 온화한 기후의 카푸아에서 월동하는 바람에 긴장이 풀렸기 때문만이 아니라 연거푸 예상 밖의 수많은 승리를 거두어 물질적으로 풍요로워지자 그 같은 처지에 안주했기 때문이라는 것이다.

몽테스키외에 의하면 한니발 군대의 패배를 초래한 두 가지 결정적인 원인이 더 있다. 하나는 칸나이 전투 직후 공포에 사로잡힌 로마를 곧 바로 포위하지 않았던 것이고, 다른 하나는 카르타고 본국으로부터 지원을 전혀 받지 못했다는 것이다. 특히 한니발은 본국의 승인을 받지 않고 로마 정복에 나섰다. 그 결과 그의 군대는 본국으로부터 일체의 보급과 병력 충원을 받지 못했는데 이것이 패배의 주요 원인이었다는 것이 몽테스키외의 분석이다. 정복한 주요 지역마다 병력을 떼어내 수비를 맡기다 보니 결과적으로 본대가 크게 약해졌다는 것이다.

한니발 군대의 패배 원인에 대해 20세기 해석과 18세기 해석이 이렇게 차이가 난다는 사실은 오늘날 동아시아 국제정치와 관련해 무척이나 중요한 점을 시사한다. 즉, 우리가 다 알고 있다고 여기는 국제정치 현안이 분석가의 관점과 정보의 폭과 깊이에 따라 전혀 예상치 못한 측면이 드러나거나 감춰질 수 있다는 것이다.

북한의 핵·탄도미사일 개발 목적에 대한
몽테스키외적 해석

이 같은 측면을 지닌 대표적인 국제 현안 중 하나가 바로 지난 30여 년 간 북한의 핵무기와 대륙간탄도미사일(ICBM) 개발로 인해 발생해 온 위기다. 그동안 북한의 핵무기와 ICBM 개발 목적과 관련해 미국을 압박해 주한미군을 철수시켜 남한을 적화 통일하기 위한 것이라는 분석이 지배적이었다. 이 같은 분석은 북핵 문제에 대한 '토인비적 해석'이라고 할 수 있다. 그런데 또 다른 분석이 있다고 한다면 그것은 현대인들에게는 낯설 수밖에 없는 '몽테스키외적 해석'이라고 부를 수 있을 것이다.

이 점에서 북한의 핵무기와 ICBM 개발로 인한 위기 문제는 새로운 관점에서 다시금 조명해 볼 필요가 있다. 한국과 미국이 수십 년간 해결하기 위해 노력해왔는데도 더 악화하고 있다는 것은 뭔가 중요한 원인을 놓치고 있기 때문일 수 있다. 지금까지 우리로서는 전혀 알지 못했던 북핵의 또 다른 진실이 있을 수 있다. 따라서 그 숨겨진 진실을 발굴해내야만 온전히 북핵 위기의 전모를 알 수 있고 더 현실적인 해결 방안을 찾을 수 있다.

> **북한의 핵무기 개발을 막기 위한 전략은 모두 실패로 돌아갔다. 이제는 북한이 핵무기 개발에 집착해 온 배경에 대해 재고해 볼 필요가 있다.**

그렇다면 우리가 알고 있던 북한의 핵무기와 탄도미사일 개발 배경의 진실은 무엇이고 지금까지 감추어져 온 또 다른 진실은 무엇인가? 1990년대 초 북한 핵 위기 발발 이후 한국과 미국이 중심이 되어 추진해 온 전략은 모두 실패로 돌아갔다. 북한이 핵무기 개발에 집착해 온 배경과 핵무기 개발을 중단시키기 위해 취해 온 제재와 협상 모두를 좀더 폭넓게 사고할 필요성이 요구되는 것은 이 때문이다.

북한의 핵 개발을 막기 위해 지난 30년 가까이 추진되어 온 대북 제재도 협상도 무엇 하나 성공하지 못했다. 이는 2017년 한 해 다 확인됐다. 이 해 9월 북한은 여섯 번째 핵실험을 단행한 데 이어 2개월 뒤인 11월 말 미국 본토까지 타격할 수 있는 대륙간탄도미사일 화성-15호의 시험 발사에도 성공했다. 이로써 북한은 소형의 표준화된 핵무기를 탑재할 수 있는 중·장거리 탄도미사일 개발을 완료하기 직전 단계에 와 있는 것으로 평가받는다.

트럼프 대통령이 2018년 6월 김정은과의 1차 미북 정상회담을 시작으로 여러 차례 정상 간 협상을 한 데는 북한이 핵무기와 대륙간탄도미사일 개발에 사실상 성공했다는 평가가 영향을 미쳤다. 화성-15호의 시험 발사 성공은 미국 국민들에게서 엄청난 위기감을 불러일으켰다. 그동안 북한 핵시설을 선제 타격할 수 있다는 으름장을 놓아 온 트럼프는 더 이상 군사적 위협과 대북 제재를 통한 압박만으로는 북핵 문제를 해결하기 어렵다고 판단했다. 그로서는 2020년 재선을 위해서라도 김정은과의 정상회담에 나설 수밖에 없었다.

그러나 북한의 비핵화 협상은 2019년 2월 하노이 2차 미북 정상회담을 계기로 타결될 가능성이 낮다는 것이 드러났다. 이 회담에서 김정은은 미국의 FFVD 방식의 비핵화에는 응하지 않고 1차 정상회담에서 자신이 약속한 핵 실험과 탄도 미사일 시험 발사 중단에 대한 보상으로서 안보리 제재 해제 또는 완화를 요구했다. 트럼프와 가진 1, 2차 정상회담에서 확인된 김정은의 전략적 목표는 오로지 핵무기 보유국의 지위를 인정받는 것이었다. 이를 위해서 그는 비핵화 요구를 따를 것처럼 행동하면서 살라미 전술을 통해 미국이 안보리 제재를 해제하게 하는 데 주력했다. 미국과의 평화협정 체결을 통해 주한미군 철수를 노린다는 애초의 핵개발 목표는 김정은의 핵심 목표가 아닐 수 있다는 것이 드러났다.

이 같은 사실은 한국과 미국의 대북 전략이 총체적으로 실패했을 뿐만 아니라 애초 처방이 잘못됐을 가능성을 보여준다. 결국 북한의 핵 개발 목표에 대한 보다 정확한 분석과 새로운 제재와 협상 전략이 요구되고 있다. 한니발의 패배 원인은 토인비의 해석에서 벗어나 몽테스키외의 해석까지 살펴볼 때 정확하게 알 수 있는 것처럼, 북핵 문제도 마찬가지다. 기존의 패러다임에서 벗어나야 새로운 해결책을 찾을 수 있다.

핵무기 개발에서 북한의 남은 숙제는 대륙간탄도미사일이 대기권 재진입 시 발생하는 7천도 이상의 고열을 견딜 수 있는 탄두 개발이다. 한국과 미국의 정보 당국이 판단하기로는 북한이 그 같은 탄두 개발에 성공하는 데 소요되는 예상 시간은 그리 길지 않다. 2017년 말 당시 3년 안팎의 시간이 걸릴 것이라는 전망이 우세했다. 그러니까 2021~22년 쯤 북한이 대기권 재진입이 가능한 탄두 개발에 성공할 가능성을 배제할 수 없다.

한국과 미국으로서는 새로운 북핵 전략을 마련할 시간이 얼마 남지 않았다. 하지만 설령 북한이 7천도의 고열을 견디는 탄두 개발에 성공하더라도 한국과 미국은 최대한의 경제 제재를 유지하면서 김정은이 FFVD 방식의 비핵화에 합의하도록 계속 압박해야 한다. 이 점에서 새로운 전략은 시간이 어느 정도 소요되더라도 시도해 볼 가치가 있다.

문제는 새로운 전략을 마련하기 위해서는 매우 어려운 두 가지 퍼즐을 풀어야 한다는 것이다. 첫 번째 퍼즐은 북한이 온갖 국제 제재와 압박에도 불구하고 핵무기와 탄도미사일 개발에 집착해 온 배경에 한국과 미국이 모르는 무엇인가 다른 요인이 있느냐는 것이다.

> 북한의 주장대로 핵개발이 한미 연합군의 공격 위협을 막기 위한 것이라고 하더라도 그것이 북한 핵개발의 유일한 이유가 되기에는 뭔가 부족하다.

한국과 미국은 북한의 목적이 미국의 군사적 위협을 차단함으로써 대남 적화 통일을 이루는 데 있다고만 인식해 왔다. 북한도 미국의 군사적 위협이 핵개발 이유라고 주장해 왔다. 그러나 또 다른 이유가 있을 가능성을 배제할 수 없다. 북한의 공격에 대비한 방어 훈련만 하고 있는 미국과 한국이 군사 공격을 가할 가능성은 낮다는 것은 북한도 잘 알기 때문이다. 따라서 북한의 주장대로 핵개발이 한미 연합군의 공격 위협을 막기 위한 것이라고 하더라도 그것이 북한 핵개발의 유일한 이유가 되기에는 뭔가 부족하다.

따라서 북한이 외부의 안보 위협을 막기 위해 핵무기를 개발해 왔다면 그 위협 국가는 미국 외의 또 다른 나라가 있다고 의심해 볼 여지가 있다. 이 같은 의심이 진실로 드러난다면 그동안 추진해 온 전략으로는 북핵 위기를 온전히 해결하기 어렵다.

두 번째 퍼즐은 '한반도 중립화'에 대해 미국과 중국 간 빅딜이 이루어질 가능성이다. 미중 빅딜 설은 2017년 중반 북한의 중장거리 탄도미사일 도발이 한창일 때 헨리 키신저 전 미 국무장관이 제기한 후 그 가능성에 대한 논의가 한국과 미국을 중심으로 이루어져 왔다. 빅딜 설의 전제는 북한이 핵·탄도미사일 개발 프로그램을 끝까지 포기하지 않을 경우다. 그런 상황이 발생할 경우 중국은 김정은 정권의 붕괴와 한국 주도의 통일에 합의해주고 미국은 주한미군 철수에 동의함으로써 통일된 한반도가 미중 어느 쪽으로도 기울지 않도록 한다는 것이 미중 빅딜 설의 핵심이다. 문제는 주한미군이 철수하게 되면 통일 한반도가 중립 지대가 된다는 것이다. 하지만 중립 지대라는 것은 외견상 그렇게 보이게 된다는 것일 뿐이다. 실제로는 한반도에 대한 중국의 군사적 영향력이 더 커짐에 따라 궁극적으로는 통일 한국은 중국의 속국 지위로 전락할 가능성이 높다.

> **한반도 빅딜 설은 북한이 핵무기 개발을 끝까지 포기 하지 않을 경우 미국과 중국이 북한 정권을 붕괴시키고 통일된 한반도를 중립지대로 만든다는 것이다.**

미국도 이 같은 우려를 모를 리가 없다. 그렇기 때문에 미국이 한반도 중립화 빅딜에 동의해준다면 그것이 의미하는 바는 분명하다. 미국의 입장에서 북한 핵·탄도미사일 위기 해결이 한미 군사동맹의 유지보다 더 중요하다고 볼 수 있다. 때문에 중립화 빅딜 가능성에 대해 정확한 진단을 하는 것이 매우 중요하다. 그래야만 북한 핵 위기도 해결하고 통일 한반도가 중국의 속국으로 전락하는 위기도 예방할 전략을 마련할 수 있기 때문이다.

우리는 이 두 번째 퍼즐에서 첫 번째 퍼즐을 푸는 데 결정적인 단초를 발견할 수 있다. 빅딜 설에 의하면 북한이 핵무기 개발을 끝까지 포기 하지 않을 경우 미중이 김정은 정권의 붕괴를 추진한다고 돼 있다. 북한은 2017년 11월 사정거리가 13,000km가 훨씬 넘는 대륙간탄도미사일 화성-15호의 시험 발사에 성공했다. 이는 북한이 미국 본토 내 어디든지 타격할 수 있는 능력을 갖췄다는 것을 의미한다. 이 때문에 미국은 어떻게든 자국 본토에 대한 북한의 핵폭탄 탑재 대륙간탄도미사일 공격 위협을 제거해야 하는 절박한 입장이다. 때문에 북한이 끝까지 핵무기를 고수하겠다고 한다면 미국에게는 김정은 정권의 붕괴라는 선택 말고는 다른 대안이 없다.

하지만 빅딜 설의 중요한 전제로 중국이 김정은 정권의 붕괴에 동의할 수 있다고 가정하는 것은 뭔가 이상하다. 북한과 중국은 서로 혈맹이라고 불러 왔기 때문이다. 더구나 북한 정권이 붕괴한 뒤 한국이 통일하는 것을 양해하는 대가로 미국이 약속한 주한미군 철수가 이루어질지 여부는 중국으로선 확신할 수 없다. 잘못하다간 한반도 중립화는커녕 완충지대 역할을 해 온 북한 지역만 미국에 헌납할 위험성이 있다는 것을 중국이 모를 리가 없다. 사정이 이러함에도 키신저가 중국이 미국과 빅딜을 할 수 있다는 비전을 제시했다는 것은 중요한 점을 암시한다. 그것은 바로 중국이 주한미군 철수를 대가로 북한 정권의 붕괴와 한국의 통일 카드를 미국에 내줄 수 있다고 전망될 정도로 중북 관계가 겉으로 비쳐지는 것과 달리 혈맹 관계가 아닐 수 있다는 것이다.

중국의 패권 도전과 북한의 핵무기 개발

이들 두 가지 퍼즐을 풀기 전에 먼저 북한과 중국의 대외 전략 간에 중요한 공통점 하나를 살펴 볼 필요가 있다. 두 나라가 미국을 상대로 공세적인 전략을 추진하게 된 시점이 일치한다는 사실이다. 세계 4위 대형 투자금융사인 리먼 브러더스가 파산한 2008년이다. 당시는 부동산 버블이 터지면서 발생한 금융위기를 계기로 미국 경제가 급격히 내리막길을 걷기 시작한 때였다. 미국의 경제력이 금융위기를 계기로 쇠퇴하기 시작한 것은 북한과 중국이 공세적인 대미 정책을 추진하는 데 결정적인 영향을 초래했다.

중국은 미국의 금융위기를 계기로 동아시아와 서태평양 지역에서 미국의 패권에 대한 본격 도전에 나섰다. 미국이 경제력 쇠퇴로 인해 앞으로 동아시아와 서태평양 지역에 대한 군사 및 외교 부문의 관여를 줄여나갈 수밖에 없다고 중국은 판단했다. 중국은 2014년 구매력(PPP) 기준으로 국내총생산에서 미국을 앞질렀다. 그런 만큼 급속한 경제 발전에 따라 군사력을 증강하면 충분히 미국으로부터 패권을 가져올 수 있다고 판단한 것이다.

미 존스홉킨스대 국제정치학자인 마이클 만델바움은 『임무 실패』에서 이렇게 말한다. "중국은 (미국발) 금융위기와 경기 침체로 인한 심각한 경제적 타격을 모면했는데 이는 중국 지도자들이 아시아와 그 너머의 지역으로 중국의 힘과 영향력을 확대할 수 있다고 확신하게 만들었다." 이 때문에 미국의 금융위기를 초래한 부동산 버블이 커지는 데 중국이 기여했다는 음모론이 제기되기도 했다. 음모론의 요지는 중국이 2017년 12월 현재 3조 달러가 넘는 막대한 달러 보유고를 동원해 금융위기 발발 전에 미국의 부동산을 많이 매입함으로써 부동산 버블 형성에 크게 기여했다는 것이다. 진실이 무엇이든 간에 미국의 금융위기가 미중 패권 경쟁을 촉발시킨 계기가 된 것은 분명한 사실로 받아들여지고 있다.

북한이 핵무기 개발에 공세적으로 착수한 시기도 미국의 금융위기 다음 해인 2009년이다. 당시 중국이 필리핀과 베트남 등을 상대로 남중국해의 영유권 분쟁을 고조시키는 등 서태평양 지역의 패권을 미국에게서 가져오기 위한 공세에 나서고 있었다. 이 때의 역내 정세는 금융위기의 수습에 바쁜 미국에 불리하게 돌아가고 있었다. 북한은 그 해 5월 25일 2차 핵실험을 감행할 수 있었던 데는 이 같은 정세 변화가 큰 영향을 미쳤다. 북한으로선 역내 정세가 자신들에게 매우 유리하다고 판단하고 2차 핵실험 도발에 나섰던 것이다.

2차 핵실험은 2006년 10월 9일 실시했던 1차 핵 실험 때보다 훨씬 강력했다. 1차와 2차 실험은 폭발력에서 상당한 차이가 난다. 북한은 1차 핵실험 때보다 강력한 규모의 핵실험을 하더라도 경제력의 쇠퇴로 인해 역내 영향력이 줄어들고 있는 미국이 압박을 강화하기가 어려울 것이라고 예상했다.

북한의 1차 핵실험은 제2차 대전 말 미국이 히로시마에 투하한 핵폭탄의 1/16 수준인 TNT 1킬로톤(kt)의 위력을 보였다. 이는 사실상 핵장치 실험정도의 형식적인 실험으로 평가됐다. 이때는 이라크와 아프간 전쟁으로 초강대국의 군사력을 과시하던 조지 W. 부시 행정부의 임기 말이었다. 때문에 북한은 너무 도발적인 핵실험을 할 경우 자칫 미국에 의한 예방 타격을 당하거나치명적인 경제 제재에 직면할 수 있다고 우려했던 것으로 보인다. 1차 실험에서 북한이 핵무기 개발에 대한 분명한 의지정도만 드러내는 데 머물렀다고평가할 수 있는 것은 이 때문이다.

> 북한이 핵무기와 중장거리 탄도 미사일 개발에 본격 착수한 시점은 중국이 미국의 패권에 대한 도전을 본격화한 때와 거의 일치한다.

그랬던 북한은 2차 실험 때는 폭발력을 6킬로톤으로 크게 증가시킨 데 이어 폭탄 통제력을 강화했다고 주장했다. 2차 핵실험이 이루어진 2009년은중국이 동아시아와 서태평양에서 미국의 패권에 대한 도전을 본격화하기 시작한 시점과 거의 일치한다. 중국의 도전이 본격화함에 따라 제2차 대전 이후 동아시아와 서태평양에서 유지돼 온 미국 주도의 질서가 흔들리기 시작했다. 이에 따라 북한은 미국에 의한 예방 타격이나 치명적인 경제 제재에 직면할 가능성이 낮아졌다고 판단했다. 북한이 2차 핵실험을 계기로 핵무기와 중장거리 탄도 미사일 개발에 본격 착수하게 된 데는 이처럼 중국의 부상과 미국의 쇠퇴가 결정적 계기를 제공한 것이다.

바로 이 지점에서 앞의 두 개의 퍼즐을 풀 수 있는 중요한 단초를 찾을 수있다. 북한과 중국이 대미 공세를 강화하기 시작한 시점은 미국의 금융위기직후로 일치한다. 또 중국의 본격적인 패권 도전에 따라 미국의 역내 입지가위축되면서 북한이 핵무기와 탄도미사일 개발을 본격화하는 데 유리하게 작용하기 시작했다. 이쯤 되면 중북 관계가 미국을 공동의 적으로 삼는 전략적동맹이라는 평가를 받을 수 있다.

여기서 중요한 단초가 될 수 있는 의문이 생긴다. 그것은 중국과 북한이 과연 전략적 동맹인지 여부다. 두 나라 모두 똑같은 공산당 1당 지배 체제의 국가로서 서로를 혈맹으로 규정해왔다. 이 때문에 북한이 핵무기와 탄도 미사일 개발을 통해 막고자 하는 외부 위협은 오로지 미국에 의한 군사적 공격이라고만 알려져 왔다. 실제로 북한은 그렇게 주장해 왔다. 외견 상 북한은 중국을 안보 위협으로 여기지 않는 것으로 인식되어 왔다.

북한이 미국을 겨냥해 핵개발을 해왔다고 보는 또 다른 이유는 대남 적화 전략과도 관련이 있다. 북한의 최종 목표가 핵무기 탑재 대륙간탄도미사일로 미국에 위협을 가함으로써 미국으로부터 불가침협정 또는 평화협정 체결을 이끌어내는 데 있다는 것이 한미 양국의 안보 공동체가 고수해 온 평가다. 요컨대 주한미군 철수를 이루어낸 뒤 한국을 적화 통일하겠다는 것이 북한의 최종 목표라는 것이다.

북한의 최종 목표가 무엇인지 살펴보기 전에 한 가지 분명한 것이 있다. 그것은 바로 북한이 핵무기와 핵무기 탑재 탄도미사일 개발에 성공할 경우 이는 한국에게 심각한 안보 위협이 된다는 사실이다. 물론 북한이 이 대량살상무기를 한국을 상대로 실제로 사용하기는 어렵다. 자살행위이기 때문이다. 한 번 사용할 경우 한미의 전면적인 공격이 이루어질 것이고 그렇게 되면 북한은 붕괴할 수밖에 없다. 김정은이 이를 모를 리 없다.

북한의 핵 공갈 위협과 한국의 확전 우위 전략

그렇다면 북한이 이들 대량살상무기를 통해 거두려는 전략적 효과가 무엇인가? 자신들이 원하는 것을 내놓지 않을 경우 핵무기를 사용하겠다는 공갈 위협일 것이다. 이 때 한국이 그 같은 공갈 위협을 물리칠 수 있는 방법은 무엇인가? 국민들이 공포에 사로잡히지 않도록 심리적으로 안정시키면서 할 테면 해보라고 버티는 것이다. 공격할 경우 절대 가만두지 않겠다는 단호한 의지를 북한에게 전달함과 동시에 재래식 무력에 의한 전면전을 불사하겠다는 단호한 태세를 보여야 한다.

북한의 핵무기 개발을 둘러싼 남북한 게임의 본질은 미중 패권 경쟁에서처럼 확전 우위이다. 허먼 칸의 말대로 확전을 두려워하지 않고 불사하는 쪽이 결국 이기는 게임인 것이다.

헨리 키신저가 『중국 이야기』에서 분석한 바와 같이 확전 우위 게임이었던 제1차 대전이 발발할 수밖에 없었던 것은 외교가 작동하지 않았기 때문이었다. 하지만 북한의 핵무기 사용 위협으로 인한 확전 우위 게임은 외교적 해결이 완전히 차단될 가능성은 없다. 북한의 후견국인 중국이 북한의 핵무기 사용 위협이 자칫 미중 간 3차 대전으로 이어질 것을 우려해 북한을 상대로 외교적 개입에 나설 가능성이 높다. '투키디데스 함정' 이론에 따라 중국과의 전쟁을 회피하는 데 총력을 기울이는 미국도 같은 우려를 갖고 한국에 대한 설득과 함께 중국의 관여를 요구하고 나설 것으로 예상된다.

| 전술핵을 도입해야만 북핵 위기에 대응할 수 있는 것은 아니다. 확전 우위에 대한 신념만 있다면 재래식 무기로도 북한의 핵공갈에 맞설 수 있다.

그렇다면 북한은 한국과 미국의 확전 우위 전략과 중국의 적극적인 만류로 인해 한국을 향한 핵무기 사용 위협을 철회할 수밖에 없을 것이다. 한국이 북한의 핵무기 사용 위협을 이겨낼 가능성이 높은 이유는 바로 여기에 있다. 이는 2010년 말 북한의 연평도 포격 사태 때도 확인됐다. 당시에도 북한은 사실상 핵무기와 탄도미사일 등 대량살상무기 능력을 보유하고 있었을 것이다. 그러나 먼저 포격을 당한 한국이 확전을 불사하는 태세로 반격을 가하자 북한도 더 이상 대응을 하지 못했다. 대량살상무기 보유 여부가 전쟁의 승패를 좌우하는 것이 아닌 것이다.

같은 맥락에서 미군의 전술핵을 재도입해야만 북핵 위기에 대응할 수 있다는 논의도 너무 경직적으로 대할 필요가 없다. 확전 우위에 대한 신념이 부재한 상황인데 전술핵을 보유하고 있다고 해서 북한의 공갈에 맞설 수 있는 것은 아니기 때문이다. 확전을 불사하겠다는 확고한 의지만 있다면 재래식 무기로도 충분히 북한의 핵무기 사용 위협에 대처할 수 있다. 따라서 미국으로부터 전술핵을 재도입하더라도 한국이 북한에 의한 도발 시 확전 우위에 따라 확전을 불사하는 의지를 갖고 대처하는 자세를 갖춰야만 효과를 발휘할 수 있다.

6.25 전쟁 때도 마찬가지 일이 벌어졌다. 당시 핵무기를 보유하고 있는 미국은 핵무기가 없었던 중국의 반격을 받아 후퇴를 할 수밖에 없었다. 1970년대 베트남 전쟁 때도 마찬가지다. 미국은 당시 핵무기가 갖는 위력을 너무 과신한 나머지 제2차 대전 이후 재래식 전력의 개발을 등한시 했다. 그 결과 미국은 월맹과의 전쟁에서 고전을 거듭해야 했다.

따라서 한국이 확전 우위 의지로 무장해 있다면 북한이 핵무기와 탄도 미사일의 사용 위협으로 한국을 압박해 무력 통일을 하기는 불가능하다. 같은 맥락에서 북한이 미국을 상대로 핵무기와 장거리 탄도 미사일 공격 위협을 가해 미북 불가침조약을 이끌어내는 것도 불가능하다고 볼 수 있다. 만의 하나 북한이 핵무기를 사용하면 그 순간 한국과 미국의 총반격에 의해 북한은 붕괴할 것이라는 점을 김정은은 잘 알고 있을 것이다.

북한이 현재 개발하고 있는 핵무기와 이를 소형화해 장착한 대륙간탄도 미사일을 실제로 사용하겠다는 목적을 갖고 있다고 보기 힘들다. 북한의 목적은 잠재적 적국이 쉽사리 자국을 공격하지 못하도록 만드는 데 있다고 보는 게 더 현실적이다.

북한이 경계하는 실제 위협 국가: 미국인가 중국인가

군이 핵무기를 보유하지 않고 재래식 무력만 갖고 있을지라도 확전 우위의 전략을 갖고 있다면 핵무기 보유 국가를 상대로 한 전쟁에서 이길 가능성이 충분히 있다. 바로 이 점에서 북한이 핵무기와 탄도미사일 개발을 해 온 목적이 이처럼 미국의 군사적 공격 위협에 대응하기 위한 것이라고만 보는 것은 완전한 해답이 아니다. 더군다나 북한은 연례 한미 연합 군사훈련이 자신들에 대한 침공을 위한 것이 아니라는 사실도 잘 알고 있다.

다만 한미가 북한의 기습 공격에 대비해 대북 공격 능력을 가다듬어 왔다는 사실은 북한 지도부는 잘 알고 있다. 하지만 북한은 자신들이 공격하지 않으면 한미 연합군이 대북 공격에 나서지 않을 것이라고 판단하고 있을 가능성이 적지 않다. 더군다나 미국의 국력이 쇠퇴하고 있어 북한을 공격할 가능성은 거의 없을 것이라는 점도 북한이 모를 리가 없다.

그렇기 때문에 미국의 군사적 공격 위협에 대한 우려가 북한으로 하여금 국제 제재를 감수하고 핵개발에 집착하도록 만드는 유일한 요인이라고 보는 분석은 뭔가 중요한 변수를 놓치고 있다고 볼 수 있다. 그래서 북한이 뭔가 또 다른 목적을 갖고 핵무기를 개발해 온 게 아니냐는 의혹이 제기된다.

이 퍼즐을 풀 수 있는 중요한 단서는 핵무기 개발과 관련한 김정일의 언급에서 찾을 수 있다. 1980년 대 후반부터 핵무기 개발에 착수했던 김정일은 핵무기 보유는 중국에 의한 위협 때문이라고 말했던 것으로 알려졌다. 국경을 맞대고 있는 중국으로부터 주권을 지키기 위해 핵무기를 개발하지 않을 수 없다는 것이다. 홍석현 중앙일보 명예회장에 의하면, 김정일은 이 같은 의중을 2000년 6월 15일 당시 방북한 김대중 대통령과의 남북 정상회담에서 털어놓았다고 한다. 홍석현 회장은 2018년 3월 〈워싱턴 포스트〉 기고문을 통해 김 전 대통령으로부터 전해들은 김정일의 언급을 공개했다. "김일성 주석은 중국은 주머니를 두 개 차고 있으니 항상 조심하라고 하셨다. 내 생각은 다르다. 중국이 찬 주머니는 두 개가 아니라 열 개는 된다. 통일되더라도 주한미군은 유지해야 한다는 김 대통령 말씀에 동의한다."

그러나 이 같은 주장은 신중하게 다뤄져야 할 필요가 있다. 김정일이 한국 내부를 교란시키기 위한 차원에서 그 같은 말을 했을 수 있기 때문이다. 특히 통일 이후 주한미군의 주둔에 동의한다는 김정일의 언급이 갖는 이중성에 주목할 필요가 있다. 핵 개발이 미국을 겨냥한 것이 아니라고 선전하면서 한국 사회의 불안감을 누그러뜨림과 동시에 핵무기로 한국 국민들을 심리적으로 압박하기 위한 목적이 담겨 있을 수 있기 때문이다.

김정일은 2007년 10월 4일 평양에서 개최된 노무현 대통령과의 2차 정상회담에서도 똑같은 언급을 했다. 미북 불가침조약이 체결되더라도 주한미군은 그냥 있어도 된다고 말했다는 것이다. 김정일이 두 차례의 남북 정상회담을 통해 노렸던 목적은 고려연방제를 관철하는 데 있었다. 때문에 통일 이후 주한미군 주둔을 양해한다는 김정일의 언급은 대남 공작 차원의 기만전술일 수 있다는 점을 주의 깊게 관찰해야 한다.

미북 간에 불가침조약이나 평화협정이 체결될 경우 현재의 정전상태가 해소됨에 따라 유엔사령부가 해체되고 일본으로 이전하게 된다. 주한미군 사령관이 유엔사령관을 겸하고 있기 때문에 그때 가서 한국 정부가 제아무리 주둔을 희망하더라도 주한미군은 더 이상 한국에 남아 있을 수 없게 된다.

북한은 이 같은 주한미군과 유엔사의 구조를 정확하게 파악하고 있다고 봐야 한다. 그런데도 김정일은 선심이라도 쓰듯 한국이 고려연방제를 수용하면 주한미군 주둔을 양해하겠다고 했다. 이는 전형적인 통일전선전술에 해당된다. 북한은 한국 국민들을 안심시켜야만 한국 정부가 고려연방제를 수용할 수 있을 것이라고 판단했을 가능성이 있다.

그러므로 미북 불가침조약이 체결되더라도 주한미군 주둔을 양해할 것이라는 김정일의 언급은 이 같은 맥락에서 신중하게 다뤄져야 한다. 요컨대 북한이 한국으로 하여금 고려연방제 통일 방안에 동의하게 만들기 위해 그 같은 통일이 이루어지더라도 주한미군이 계속 주둔할 수 있을 것이라는 거짓 믿음을 한국 국민들에게 심어주려 했을 수 있다.

그럼에도 불구하고 중국의 잠재적 위협에 맞서기 위해서 또는 중국을 믿을 수 없어서 핵무기를 개발했다는 김정일의 언급은 그 자체로만 보면 개연성이 전혀 없다고 단정하기는 어렵다. 중국이 남중국해에서 주변 국가들을 상대로 자행하는 강압적인 행동에서 보듯이, 중국과 국경을 맞대고 있는 나라가 아니면 중국에게 알게 모르게 당하는 압박이 얼마나 심한지 이해하기란 결코 쉽지 않다. 중국과 국경을 맞대고 있는 나라의 수는 14개국인데 이 중 대부분의 나라가 중국의 영향권 아래 놓여 있어 대외 정책의 자율성이 크게 위축돼 있다. 북한도 이 같은 두려움을 늘 느낄 수밖에 없다고 볼 수 있다. 이 때문에 김정일이 어떻게든 핵무기 개발이 필요하다고 판단했을 수 있다.

북한 핵무기 개발의 숨은 목적

하지만 그 증거를 찾기란 어렵다. 1980년대 후반 북한이 핵개발에 착수한 이후 김정일의 발언을 뒷받침하는 문건을 만들었을 리 없고 그 같은 발언을 공식적으로 증언할 사람을 찾기도 어렵다. 김정일의 발언은 고위층 출신의 탈북자와 김대중 대통령에 의해 전해진 이후 더 이상의 확인 과정을 거치지 못한 채 수면 밑에 머물러왔다. 이렇게 된 데는 북한의 역정보일 수 있다는 우려도 크게 작용했다.

그러나 워싱턴 DC를 둘러싼 미국 조야(朝野)의 담론시장에서는 "북핵 개발의 목적이 중국에 대한 견제에 있고 통일 이후 주한미군이 주둔하는 데 동의한다"는 김정일의 언급에 대한 관심이 적지 않은 것으로 파악된다. 주요 싱크탱크의 핵심 관계자들은 김정일의 언급이 사실일 수 있다고 평가하고 있다. 안보 분야 전직 고위 인사는 박근혜 정부 임기 중반쯤 워싱턴을 방문했을 때 한 저명한 싱크탱크 소장으로부터 그 같은 언급을 들었다고 말한다. 북한이 핵무기를 만들게 된 데는 대미 목표도 있으나 중국의 영향권에 들어가 주권 유지가 어려울 수 있다는 우려가 크게 작용했다는 것이다. 워싱턴의 전략가들은 북핵이 중국과의 균형을 위한 지렛대로서 개발되었을 가능성이 있다고 보는 것이다.

문제는 북한의 핵 개발 배경에 중국 요인이 있다는 것을 뒷받침할 수 있는 어떤 단서가 있느냐는 것이다. 그러한 정황을 보여주는 단서라도 있어야 북한의 핵개발로 인한 위기에 대한 정확한 진단과 해법 모색이 가능해진다. 언론, 청와대 외교안보수석실, 통일부 등을 거치면서 나는 북한이 핵 개발을 통해 추구해 온 두 가지 목표에 관한 증거를 확보하는 데 관심을 가져왔다.

첫 번째 목표는 북한이 핵무기 개발을 통해 미북 불가침조약 체결과 대남 적화통일을 추구해 왔다는 증거를 찾는 것이었다. 나는 6.15 정상회담과 104 정상회담을 중심으로 한 역대 정부의 각종 남북대화를 살펴보면서 그 증거를 찾고자 노력해 왔다. 이는 어느 정도의 성과가 거두었고 그 결과는 두 권의 책으로 발표됐다. 하나는 김대중 정부 임기 중반 때 출간된 『김대중 정부의 위험한 거래』이고, 다른 하나는 노무현 정부 때 나온 『레드 라인: 북핵 위기의 진실과 미국의 한반도 전략』이다.

두 번째 목표는 북한이 핵무기 개발을 중국에 대한 균형 차원에서 추진했다는 고위직 출신 탈북자들의 증언을 뒷받침하는 증거를 찾는 것이었다. 하지만 이렇다 할 성과가 없었다. 그러던 차에 우연히 박근혜 정부 고위 인사로부터 미국의 저명한 싱크탱크 대표가 했다는 분석을 접했다. 그 후 나는 영국 총리로서 제2차 대전을 승리로 이끈 윈스턴 처칠이 말한 한 명언을 몸소 경험했다. 처칠은 계획의 중요성을 어느 누구보다 강조했던 정치가였다. 하지만 계획이 아무리 잘 세워졌다고 하더라도 현실이라는 파도에 부서지게 마련이라고 그는 솔직하게 인정했다.

그렇다면 왜 계획을 세워야 하는가. 계획이 세워져 있을 때 운이 따르기 때문이다. 앞서 전직 고위 인사에게서 중요한 증언을 들은 뒤 얼마 지나지 않아 한 세미나에 참석한 적이 있었다. 북한 핵과 탄도미사일 위기의 원인과 해법에 관한 토론 행사였다. 이 자리에서 나는 북한 핵과 탄도미사일 위기의 배경으로 미국 요인 외에도 중국 요인에 관해서도 주목할 필요가 있다는 의제를 제기했다.

나는 이 의제가 한반도 운명에 큰 변수가 될 수 있다고 설명했으나 관심을 표시하는 전문가는 없었다. 그런데 한 중국 전문가가 내게 할 말이 있다고 말을 건네 왔다. 그의 얘길 들어보니 그것은 내가 찾고자 했던 중국 요인에 관한 것이었다. 이것은 운으로 표현할 수 있다. 평소 찾겠다는 계획이 없었다면 접하기 어려운 것이었기 때문이다. 당초 참석하려 하지 않으려 했던 세미나에서 만난 한 중국 전문가로부터 그토록 찾았던 귀한 증거를 접할 수 있었다.

이 전문가로부터 전해들은 것은 중요한 내용이었다. 북한이 탄도 미사일 시험 발사를 할 때마다 중국도 서부의 사막지대 등에서 미사일 시험 발사 훈련을 해왔다는 것이다. 처음에는 우연이겠지 하고 넘겼는데 두 나라가 매번 같은 시기에 미사일 시험 발사를 하는데 꼭 북한이 먼저하고 중국은 나중에 따라 한다고 했다. 중국의 탄도미사일 시험 발사는 세계로부터 거의 주목받지 않았다. 초강대국이기 때문이다. 북한이 탄도미사일 시험 발사를 할 때마다 불러일으킨 국제적인 우려로 인해 그 직후에 늘 이루어져 왔던 중국의 탄도 미사일 시험 발사들은 가려져 왔던 것이다.

그렇다고 한다면 이 같은 사실이 갖는 의미는 무엇인가? 분명한 건 중국이 장거리 탄도 미사일의 시험 발사를 매번 군이 북한의 시험 발사와 비슷한 시점에 한다는 것은 결코 우연의 일치가 아니라는 것이다. 그것은 최소한 중국이 북한의 미사일 시험 발사에 매우 민감하게 반응하고 있다는 것을 의미한다는 것이다. 언제든 시험 발사를 해도 국제 사회의 비난이나 주목을 받지 않는 중국이 굳이 발사 시간대를 북한의 시간대와 맞출 까닭이 없기 때문이다.

> **중국이 북한의 핵무기 개발에 민감하게 반응하고 있는 이유는 그 개발 목적이 반드시 미국의 위협에 대처하려는 데만 있지 않다는 것을 알고 있기 때문이다.**

문제는 중국이 민감하게 반응하고 있다면 그 이유는 무엇이냐는 것이다. 그것은 중국이 북한의 핵무기와 탄도 미사일 개발 목적이 반드시 미국의 위협에 대처하려는 데만 있지 않다는 것을 알았기 때문이다. 즉, 북한이 핵무기 개발을 하려는 궁극적인 목표가 미국의 위협에 대한 대응에만 있지 않고 훗날 닥칠 중국의 위협에 대응하기 위해 사용하려 한다는 것을 중국이 파악하고 있었던 것이다.

이 관점에서 본다면 동아시아와 서태평양 지역에서 중국과 심각한 군사적 갈등 관계에 있는 나라는 미국과 북한 두 나라가 된다. 물론 미국과의 갈등은 현재 일어나고 있는 것이고 북한과의 갈등은 잠복되어 있다. 이 때문에 중국은 암묵적으로 북한도 견제하기 위해 전략 무기를 개발하고 있는 것이다.

대표적인 사례는 중국이 2017년 11월 초 최소 13,000km 이상의 사정거리를 갖는 ICBM 둥펑-41을 개발한 것을 꼽을 수 있다. 속도가 마하 10이 넘고 기존의 조기 경보 시스템과 방어 시스템을 뚫고 들어갈 수 있는 장치들과 탄두 외피를 장착했다. 이로써 중국은 미국을 포함해 세계 어디든지 타격할 수 있는 공격 수단을 확보했다는 평가를 받는다. 하지만 둥펑-41 탄도미사일 시험 발사 시기가 공교롭게도 같은 해 7월 북한이 대륙간 탄도미사일 화성-14호의 시험 발사에 성공한 지 4개월도 채 안 지난 시점이라는 것은 앞의 가설이 진실일 수 있다는 것을 간접적으로 뒷받침한다.

이 같은 개연성을 전제로, 둥펑-41 시험 발사 성공은 다음과 같이 해석할 수 있다. 즉, 북한이 미국 본토의 서부 지역까지 타격할 수 있는 대륙간 탄도 미사일을 개발하는 데 성공했다는 사실은 미국이 갖는 정도의 위기감까지는 아니더라도 중국에게도 심각한 우려를 불러일으켰다는 것이다. 이 점에서 중국이 서부 지역에서 3단계 고체 연료 추진체를 가진 대륙간 탄도 미사일 둥펑-41을 극비리에 시험 발사를 한 데는 두 가지 목적이 있다고 분석할 수 있다. 하나는 미국의 트럼프 행정부가 출범 직후부터 패권 경쟁 차원에서 중국에 대해 가하고 있는 압력에 대한 전략적 억지력을 높이려는 것일 수 있다. 다른 하나는 북한의 ICBM 개발에 따른 잠재적 위협에 대응하기 위한 것일 수 있다.

후자의 측면에서 보면 미국, 중국, 그리고 북한 3국간에 벌어지는 상황은 점입가경이다. 중국이 최신 대륙간 탄도미사일 시험 발사에 성공한 지 20여 일도 안 지난 11월 29일 북한은 중국이 성공시킨 것과 똑같이 사정거리가 13,000km가 훨씬 넘는 대륙간탄도미사일 화성-15호의 시험 발사에 성공한 것이다. 이에 대해 북한은 미국 본토 전역을 타격할 수 있게 됐다고 자랑했다. 트럼프 대통령은 북한의 탄도미사일 위협에 대한 해결을 자신했으나 내부적으로 그에 대한 우려가 임계점에 다다랐다.

화성-15호의 시험 발사 성공을 놓고 미국과 북한 간에 이 같은 긴장 국면이 조성되는 것을 지켜보는 중국의 심정은 복잡할 수밖에 없었을 것이다. 중국 지도부는 화성-15호는 미국은 물론이고 중국도 타깃으로 개발된 것이라고 말하고 싶었을 것이다. 하지만 중국은 외교부 대변인 발표를 통해 북한의 대륙간 탄도 미사일 시험 발사에 대해 반대한다는 간단한 입장을 내놓는 데 그쳤다. 전형적인 벙어리 냉가슴 앓는 모습이었다.

사실 이 같은 상황을 이해하지 않고는 사드 배치를 둘러싼 한중 간 갈등을 이해할 수 없다. 중국이 2016년 7월 한국 정부가 주한미군이 사드 한 개 포대를 도입하도록 허용한 뒤 외교적 협박과 경제적 보복을 벌인 배경에는 이런 속사정이 있었다. 북한의 핵무기와 탄도미사일 개발이 미국뿐만 아니라 중국도 겨냥한 것인데 미국이 북한의 탄도미사일 대응이라는 명분을 들어서 중국의 탄도 미사일 기지들을 탐지할 수 있는 사드를 한국에 배치하자 중국은 도저히 참을 수가 없었다. 북한의 핵무기와 탄도 미사일 개발 성공은 중국의 안보 불안을 불러일으켰다. 그런데 미국은 북한의 대륙간탄도미사일 시험을 계기로 북한의 탄도 미사일 대응에는 그다지 효과적이지 않지만 중국의 탄도미사일 위협을 무력화할 수 있는 사드를 배치했다. 그러자 중국은 더 이상 참지 못하고 분노를 폭발시키기에 이르렀다.

중국의 이 같은 분노가 바로 사드 배치를 문제 삼아 한국에 대한 위협과 보복으로 나타난 것이다. 그렇지 않았으면 중국이 미국을 상대로 사드 배치 철회를 요구했을 가능성이 높다. 하지만 중국은 한국을 상대로 집요하게 요구하고 있다. 중국은 사드 배치 원인을 제공한 북한에도, 주한미군의 안전을 위해 사드를 배치한 미국에도 따질 명분이 없었다. 그래서 중국은 한국만 붙잡고 협박과 제재를 가했다. 이것이 사드 사태의 본질이다. 당시 중국의 협박과 보복이 심화하자 한국에서는 정작 사드를 들여 온 미국에는 따지지 않고 왜 한국을 물고 늘어지냐는 이해가 안 된다는 불만이 높았다. 이 같은 불만은 핵무기와 탄도 미사일 개발을 둘러싼 중국과 북한 간의 수면 밑의 갈등을 알 수 없었기 때문에 생긴 것이다.

북한의 핵위협과 한반도 중립화 빅딜

북한의 핵·미사일 위협이 미국은 물론 중국이 인내할 수 있는 선을 넘어설수록 한국이 우려해 온 시나리오가 현실화할 가능성이 있다. 그것은 바로 미국과 중국이 북한을 붕괴시켜 한국이 통일하게 하게 한 뒤 주한미군을 철수시켜 한반도를 중립화하기로 빅딜을 하는 것이다.

물론 이 같은 가능성은 어디까지나 북한의 핵과 탄도미사일 개발이 중국도 타깃으로 삼고 있다는 가설이 사실임을 전제로 한다. 중국은 북한이 계속해서 자신들도 겨냥한다는 사실을 숨긴 채 미국에 대한 핵과 탄도미사일 도발을 강화할 경우 미국은 한국에 더 많은 전략 무기들을 배치할 것이라고 믿는다. 그렇게 되면 자신들의 대미 억지력이 약화할 수밖에 없게 돼 동아시아와 서태평양 지역의 패권을 확보하기 어려울 것이라고 중국은 우려할 수 있다.

> 중국이 북한을 아예 제거하는 편이 낫다고 판단하게 된다면 키신저가 제안한 미중 간 한반도 중립화 빅딜 구상이 현실화될 가능성이 있다.

그렇기 때문에 중국은 북한을 아예 제거하는 것이 낫다고 판단할지 모른다. 만약 중국이 그런 판단을 하게 된다면 키신저가 제안한 미국과 중국 간 빅딜 구상이 중국의 결단으로 현실화될 가능성이 한층 높아진다. 그렇게 되면 한반도는 주한미군이 철수하게 됨에 따라 미국과 중국 간에 중립 지대로 전환된다. 하지만 미군이 떠난 통일 한국은 중국의 영향권 아래로 들어갈 가능성이 높다.

북한이 핵·미사일 위협을 갈수록 더 고조시켜 온 데는 이처럼 세 가지 큰 배경이 있다. 첫 번째는 중국의 급속한 경제적 발전과 군사력 증대에 따라 속국으로 전락할지 모른다는 불안감이다. 두 번째는 중국의 패권 도전이 본격화하고 미국의 영향력이 쇠퇴하면서 미국에 의한 경제적 제재와 군사적 공격을 당할 가능성이 줄어들고 있다는 점이다. 세 번째는 핵과 미사일 능력을 발전시키면 언젠가 미국으로부터 불가침조약 또는 평화협정을 이끌어내고 한국을 적화 통일할 수 있다는 전망이다.

여기에 자신들의 우방인 러시아가 블라디보스톡을 중심으로 한 극동 지방

개발을 본격화하는 이른바 '러시아판 아시아 회귀'에 나서고 있는 것도 유리한 요인으로 꼽을 수 있다. 북한의 핵·미사일 도발은 이 같이 미국, 중국, 한국을 상대로 한 다목적 카드라고 볼 수 있다.

하지만 한국, 미국, 중국의 대북 전략 목표는 하나로 일치하지 않고 있다. 북한의 핵·미사일 개발 포기를 이끌어내기 위해서는 이들 3개국 간에 북한에 대한 전면적인 금융 및 교역 제재에 대한 합의가 이루어져야 한다. 하지만 중국은 결단하지 못하고 있다. 결단 시점은 앞에서 살펴 본 것처럼 중국의 입장에서 북한이 자신들의 패권 확보 전략에 도움이 되지 않고 걸림돌이 된다는 확신이 들 때다.

그 때가 오면 미중 빅딜로 인해 북핵 사태는 해결될지 모르겠지만 한국은 한반도 중립화라는 더 큰 위기에 봉착하게 될 수 있다. 이 때문에 한국은 북핵 문제의 해결을 포함한 동아시아와 서태평양 지역 전반의 질서에 대한 대전략을 세워야 한다. 한국은 미국이 중국과의 빅딜을 하지 않고도 북핵 문제를 해결하고 역내 패권을 유지할 수 있도록 힘을 보태야 한다. 그래야만 한반도 중립화라는 참변을 피할 수 있다.

북한의 핵무기 개발 배경에 중국 요인이 있다는 것은 중국이 북핵 문제 해결을 위한 실질적인 지렛대가 되기 어려울 수 있다는 것을 의미한다.

마지막으로 북한의 핵무기 개발 배경에 중국 요인이 있다는 분석과 관련해 주목해야 할 점이 있다. 그것은 북한이 향후 어떤 도발을 일으키더라도 중국은 이를 해결하기 위한 지렛대가 되기 어렵다는 사실이다. 북핵 위기가 그동안 심화한 데는 한국과 미국의 대북 전략이 '북한은 혈맹이자 후견국인 중국의 말을 들을 수밖에 없다'는 잘못된 전제가 큰 영향을 미쳤다. 한국과 미국 모두 중국의 협력을 이끌어내는 데 너무 많은 에너지를 낭비해 온 것이다.

특히 한국의 대중 전략은 이 전제 하에서 벗어난 적이 없다. 2015년 9월 박근혜 대통령이 중국의 대일 승전 70주년 기념식에 참석한 것이나 중국이 미국 주도의 국제통화기금(IMF)과 세계은행(IBRD)에 맞서 창립한 아시아인 프라투자은행(AIIB)에 다섯 번째로 많은 3.8%의 지분으로 참여한 것 모두 북핵 문제 해결을 위해 중국의 협력을 확보하기 위한 의도에서 비롯됐다. 이처럼 한국 정부가 대북 문제에 있어 중국의 협력을 구하고자 추진해 온 정책들은 한미 동맹 관계의 악화를 초래했다.

이 같은 사실에서 우리는 중대한 교훈을 얻는다. 어떤 중대한 외교안보 사안이든지 한 가지 측면만 보고 전략을 수립할 경우 국가적 재난에 직면할 수 있다. 한국이 21세기 역내 질서 결정전에서 승리할 수 있으려면 전략가들은 전략적 관점의 폭과 깊이를 더욱 보강해야 한다.

에필로그

글로벌 3대 강국 도약을 위한
2050 대전략

기원전 5세기 아테네에서 살았던 크세노폰Xenophon은 민주주의 가치를 신봉하는 전형적인 그리스 지식인이었다. 그는 소크라테스와 친구들이 참석한 저녁 식사 자리에서 소크라테스의 철학을 듣고 토론하는 등 소박하고 일상적인 삶을 즐겼다.

이 점에서 그는 늘 심각하고 진지한 사고만 했던 투키디데스와는 달랐다. 그는 아테네에서 지인들과의 저녁 식사 자리에서 토론을 즐기며 행복하게 살았던 아테네인들의 삶을 그린 책인『향연Dinner Party』을 집필했다. 그는 생전의 소크라테스에 관한 많은 일화를 담은『소크라테스의 회상Memories of Socrates』이라는 책도 썼다. 이는 그가 철학적이고 문화적인 삶을 살았다는 걸 보여준다.

특히『향연』이 돋보이는 책이다. 이 책에는 독자들로 하여금 웃게 만드는 대목들이 많다. 그 중 하나가 악처로 소문난 크산티페와 계속 함께 사는 이유가 무엇이냐는 한 참석자의 질문에 대한 소크라테스의 대답이다. 악처로 소문이 크게 난 그녀를 데리고 살고 있다는 것은 그만큼 자신이 관대한 사람이라는 것을 입증한다는 것이다. 해학적인 대답으로 곤경을 넘기는 기지를 발휘한 것이다.

크세노폰은 아테네를 떠나 스파르타로 가서 남은 생을 마쳤다. 그가 아테네의 민주주의 가치를 신봉했음에도 불구하고 스파르타로 망명한 배경은 투키디데스가 당시 아테네에 대해 내린 비판에서 찾을 수 있다. 투키디데스는『펠로폰네소스 전쟁사』를 쓸 무렵 아테네에서 모든 도덕성의 주춧돌인 다른 사람의 권리에 대한 존중이 무너지고 사라져버렸다고 했다. 그 시기에 아테네는 타인의 권리 존중이라는 생각을 무시함으로써 제국의 지위를 획득했다는 것이 투키디데스의 비판이었다. 그는 "제국을 통치하는 도시는 자신의 이익에 부합하는 것이라면 그 어떤 것도 정의와 이성에 어긋나지 않는다고 여긴다"고 말했다.

스파르타가 펠로폰네소스 전쟁에서 아테네에 승리할 수 있었던 것도 단순히 페르시아의 지원 때문이 아니라 아테네가 이 같이 기존의 미덕과 가치를 잃어버린 나머지 단결력을 상실했기 때문이다. 아테네라는 새로운 강국이 부상하자 제국인 스파르타가 위협을 느끼면서 전쟁이 발발했다고 보는 '투키디데스 함정' 프레임이 틀렸다고 보는 이유도 여기에서 찾을 수 있다. 시민 다수가 전쟁을 원치 않는데도 아테네가 스파르타와의 전쟁을 벌인 근본적인 원인은 페리클레스 등 정치지도자들의 제국에 대한 열망이 너무나 컸었기 때문이다. 크세노폰이 아테네를 떠난 것은 이 때문이다. 타인에 대한 존중과 배려, 관용이라는 미덕과 가치를 버리고 제국의 지위를 얻기 위해 정의와 이성의 의미를 왜곡하는 조국의 욕망에 그는 실망했던 것이다.

크세노폰은 투키디데스처럼 '전사 지식인(warrior intellectual)'의 삶을 살았다. 하지만 이들 두 사람의 길은 완전히 달랐다. 크세노폰이 전사 지식인이 된 것은 페르시아 원정대에 참여한 것이 계기가 됐다. 원정대가 페르시아로 들어갔을 때 병사들을 이끌던 장교들 모두가 페르시아 군대에 의해 암살당했다. 그 결과 1만 명의 병사는 리더가 없는 상태로 페르시아 군대에 쫓겨 다녀야만 했다. 이에 병사들은 리더를 선출하기로 하고 한 자리에 모였다. 이 자리에서 크세노폰은 '모든 병사 하나하나가 장군이며 우리는 조국으로 반드시 돌아갈 수 있다'는 자신감을 불어넣었다. 그 결과 그는 병사들에 의해 리더로서 추대됐다. 그는 아테네 출신의 민주주의자답게 귀환 과정에서 모든 사안을 모든 병사들이 참석한 회의에서 다수결로 결정하도록 했다. 그 덕분에 병사들은 무사히 귀환할 수 있었다. 페르시아의 반대편 끝에 있는 바다에 도달했을 때 병사들이 외친 그 유명한 말이 바로 '바다다! 바다다!' 였다. 하지만 그는 스파르타로 가서 살았다. 아테네는 그를 추방했고 스파르타는 그에게 전원주택을 제공했다.

크세노폰은 스파르타에서 페르시아 원정대의 역정을 다룬 『페르시아 원정기『The Persian Expedition』를 집필했다. 그는 아테네에서 소크라테스 등 당대의 명사들이 참석한 향연을 통해 누렸던 관용과 배려의 문화적 삶과 페르시아 원정대의 리더로서 겪은 역정을 통해 깨달은 제일 중요한 가치는 '국가의 최고의 목표는 전쟁 방지'라는 것이었다. 민주주의에 대한 신념을 지닌 지식인으로서 직접 전사가 되어 전쟁을 겪었기에 도달할 수 있는 깨달음이었다. 그는 이렇게 말한다. "평화가 모든 국가의 목표여야 한다. 한 국가를 전쟁으로 정복하는 유일한 방법은 관대함을 통해서이다. 사람들이 자신들보다 더 나은 자에게 자발적으로 복종할 때에만 정복은 지속되는 것이다."

크세노폰이 스파르타가 내준 집에서 살면서 아테네 시민들의 평범한 일상을 그린 『향연』을 저술한 배경도 다른 사람의 권리를 존중하고 타인을 관대하게 대하는 정신이 아테네에서 사라져간 데 대한 안타까움에서 찾을 수 있다. 비록 크산티페가 악처일지라도 그런 아내와 같이 사는 것은 자신의 관대함을 입증하는 것이라고 당당히 말하던 소크라테스의 자긍심을 크세노폰이 굳이 언급한 것도 배려와 관용이야말로 당시 아테네인들이 소중히 했던 가치였음을 말하고자 했던 것이다.

현실주의 외교 거장들의 사상적 기원: 크세노폰

전쟁과 평화에 관한 크세노폰의 이 같은 생각은 제2차 대전 이후 세계 질서를 주도한 20세기 미 현실주의 외교 거장들의 사상적 기원이 되고 있다. 대표적인 거장들로는 1970년대 초반 미중 데탕트를 성사시킨 헨리 키신저 전 미 국무장관과 1940년대 후반 소련 봉쇄 전략을 기획해 '냉전의 아버지'로 불렸던 조지 F. 케넌 전 소련 주재 미 대사를 꼽을 수 있다.

전쟁 방지가 국가의 최고 목표이고 평화가 모든 국가의 목표여야 한다고 크세노폰이 본 것처럼 키신저도 그의 역저 『외교』에서 "외교의 목표는 전쟁 방지이고 군사적 수단은 사용하지 않을 때 효력이 있다"고 역설한다. 어떻게 든 전쟁을 막아 평화를 실현시키는 것이 모든 국가의 목표여야 한다는 게 크세노폰과 키신저의 일치된 생각이다.

> **소련을 봉쇄해 자체 모순에 의해 붕괴하도록 유도해야 한다는 케넌의 전략은 "어떤 국가든 자발적으로 복종하지 않으면 정복할 수 없다"는 크세노폰의 통찰과 맞닿아 있다.**

케넌의 봉쇄 전략도 "어떤 국가든지 자발적으로 복종하지 않으면 정복할 수 없다"는 크세노폰의 통찰과 직접적으로 맞닿아 있다. 크세노폰과 케넌은 어떤 적국이라도 무력을 써서 완전한 승리를 거둔다는 것은 불가능하다는 데 생각이 일치하는 것이다.

그래서 케넌은 소련을 상대로 완전한 승리를 거두는 것이 불가능한 만큼 전쟁을 해서도 안 되고 그렇다고 해서 유화 정책을 추진해서도 안 된다고 봤다. 미국 예일대 국제정치학자로서 세계적인 냉전사(冷戰史) 전문가인 존 루이스 개디스가 쓴 『조지 F. 케넌』에 의하면 케넌의 전략은 소련이 세계 시장 체제에 진입하지 못하도록 봉쇄해 계획경제와 집단생산 등 자체 모순에 의해 붕괴하도록 유도함으로써 제한적 승리를 추진하는 것이었다.

사람들이 자신들보다 더 나은 자에게 자발적으로 복종할 때에만 정복이 지속된다고 크세노폰이 말한 바와 같이 케넌도 강제로 소련이 공산주의를 포기하도록 만드는 것보다는 자발적으로 자유민주주의와 시장경제에 승복하도록 유도하는 것이야말로 진정한 승리라는 것을 알았던 것이다.

케넌은 외교 일선에서 물러난 뒤 행한 강연 내용을 모아 펴낸 『미국 외교 50년』에서 적국을 완전한 승리를 통해 굴복시키려고 하는 시도가 갖는 위험성에 대해 이렇게 말했다. "윤리적이고 이데올로기적인 목표를 추구하고 상대 국민 전체의 태도와 전통, 또는 정권의 성격을 바꾸는 것을 목표로 하는 경우라면 군사적인 수단만으로, 또는 단기간에 승리를 달성하는 것이 불가능해진다. 특히 전면적인 승리라는 개념은 과거에 우리에게 가장 큰 손해를 끼쳤고 미래에도 가장 큰 손해를 야기할 위험한 망상이다." 이는 크세노폰의 말과 전혀 다르지 않다.

냉전 종식에 대한 케넌의 평가도 같은 맥락에서 볼 수 있다. 개디스에 의하면 케넌은 냉전이 미국과 서유럽의 승리로 종식되자 사람들은 승리 요인을 대소 봉쇄 전략이라고 평가하는 것에 대해 자신은 세 가지 점에서 동의하지 않는다고 말했다. 첫 번째는 시간이 너무 오래 걸렸다. 두 번째는 비용이 너무 많이 소요됐다. 마지막 세 번째는 소련에 무조건적인 항복을 요구했다. 이 중 세 번째 지적은 케넌이 적국, 특히 강대국을 상대로 한 완전한 승리의 추구를 하책(下策) 중의 하책으로 여겼다는 것을 보여준다.

크세노폰과 2020년대 동아시아 정세

오늘날 한국을 둘러싸고 급류처럼 변화하는 역내 정세는 어쩌면 우리로 하여금 투키디데스보다 크세노폰에 더 주목하게 한다. 미국의 여류 그리스 고전학자 이디스 해밀턴Edith Hamilton은 『고대 그리스인의 생각과 힘The Greek Way』에서 "세계가 아직도 크세노폰을 따라잡지 못하고 있다"고 말했다. 오늘날 세계 전체에서 크세노폰을 따라잡지 못하고 있는 대표적인 지역을 꼽는다면 동아시아와 서태평양 지역일 것이다. 그 까닭은 한국을 둘러싸고 있는 중국, 일본, 북한 3개국 모두 평화를 국가 목표로 삼고 있다고 보기 어렵기 때문이다.

2017년 초 트럼프 행정부 출범 이후 미국의 역내 철수 기조가 더욱 완연해짐에 따라 중국의 패권 도전이 본격화하고 있고 일본은 이에 맞서 미국을 대

502

신해 중국과의 패권 경쟁을 벌일 준비를 하고 있다. 북한은 이 같은 역내 질서의 변화 속에서 중국의 지원 아래 비핵화 협상을 기만과 거짓으로 임하면서 핵동결을 통한 핵보유국 지위 확보에 전력을 기울이고 있다.

> **한국은 '완전한 승리 전략'을 추진하고 있는 중국과 북한이라는 전체주의 국가와 일본이라는 의사 민주주의 국가와 사실상 '전쟁 상태'에 직면해 있다.**

그 결과 한국은 '완전한 승리 전략'을 추진하고 있는 중국과 북한이라는 전체주의 국가와 일본이라는 의사(pseudo) 민주주의 국가와 사실상 '전쟁 상태'에 직면해 있다고 평가할 수 있다. 여기서 전쟁 상태란 타인을 강제로 자신의 영향력 아래 두려고 하는 상태를 말하는 것으로서, 이는 존 로크가 『통치론』에서 내린 정의다. 문제는 이들 3개 국의 완전한 승리 전략이 성공할 가능성이 높아지고 있다는 것이다.

트럼프가 2016년 11월 미국 대선 과정에서 공약한 대로 자유주의 패권 전략을 포기하고 미국 우선주의라는 변형된 현실주의로 돌아서면서 북한과 비핵화 협상에 나서자 시진핑은 이를 기회로 한반도의 중국화를 위한 전략적 관여에 나섰다. 시진핑의 관여 노력은 2018년 6월 12일 싱가포르에서 열린 1차 미북 정상회담에서부터 성과를 내기 시작했다.

당시 트럼프가 김정은의 핵실험과 탄도미사일 시험 발사 중단 약속에 대한 대가로 한미 연합 군사훈련을 중단했는데 이것은 중국이 '쌍중단(雙中斷)'이라는 이름으로 미국에 지속적으로 촉구해 온 방안이었다. 시진핑은 또 트럼프에게 북한의 핵 포기를 명분으로 주한미군 철수로 이어질 수 있는 다자간 평화협정 체결의 필요성을 강조해왔다.

이 때문에 주둔 비용 문제로 주한미군 철수 의지가 강했던 트럼프는 김정은이 핵 포기와 평화협정을 맞바꾸는 데 동의할 경우 협정에 서명할 가능성이 높았다. 그래서 트럼프 행정부 시기에 미북 간 비핵화 협상이 급진전해 한국, 미국, 북한, 중국 간 한반도 평화협정이 체결되었다면 주한미군이 철수하게 됐을 가능성이 적지 않았다. 만약 그랬다면 중국으로서는 한반도를 자신들의 영향권 아래에 둘 수 있는 천재일우(千載一遇)의 기회를 맞이했을 수 있었을 것이다. 하지만 천만다행으로 미북 간 북핵 협상이 2차 하노이 미북 정상회담 결렬 이후 더 이상 진척을 보지 못함에 따라 그 같은 최악의 상황은 피했다. 바이든 행정부는 트럼프 행정부와 달리 자유주의 패권 전략을 다시 추구할 가능성이 높기 때문에 주한미군 철수를 초래할 수 있는 미북 평화협정 체결을 북한 비핵화 방안의 하나로 고려할 가능성은 매우 적다.

중국이 한반도에 대한 영향력을 높여가고 있는 데는 일본의 보이지 않는 역내 패권 전략이 적지 않은 역할을 하고 있다. 일본은 2012년 아베 정권의 재출범 이후 미국 중심의 역내 동맹 네트워크로부터 한국을 배제하는 전략을 추진해 왔고 이 같은 한국 배제 전략은 2020년 9월 아베가 사임한 후 출범한 스가 요시히데 정권에서도 그대로 유지되었다. 미국이 오바마 때 참여했다가 트럼프 취임 후 탈퇴한 환태평양경제동반자협정(TPP)과 트럼프가 취임 첫해에 참여를 결정한 인도-태평양 전략(Indo-Pacific Strategy) 전략은 모두 아베가 주도적으로 추진해 왔던 대(對) 중국 견제 미국 동맹 네트워크들이다.

아베 정권에 이어 스가 정권까지 한국을 대중 견제를 위한 미국 동맹 네트워크에서 배제하려고 했던 것은 그만큼 한국의 국력이 커져 미군의 역내 철수 시 그 빈자리를 놓고 한국과 경쟁할 경우 자칫 일본이 밀릴 수 있다고 우려하기 때문이다. 그래서 오바마 행정부 때부터 미군의 철수 움직임이 점차 뚜렷해지자 일본은 한국을 제외한 동맹국과 협력국들의 지지를 받아 미국을 대신해 중국과 패권을 겨루기 위한 군사대국화를 추진해오고 있다.

북한은 2017년 9월 6차 수소탄 실험 성공과 그 해 11월 대륙간탄도미사일(ICBM) 화성15호 시험 발사 성공으로 사실상 핵무기와 대륙간탄도미사일 보유국 지위를 확보했다. 하지만 그 과정에서 유엔 안보리의 경제 제재를 받아

온 북한은 2018년 6월과 2019년 2월 각각 싱가포르와 하노이에서 한 차례씩 열린 미북 정상회담에서 핵시설 일부의 포기를 조건으로 제재 해제를 이끌어 내고자 했다. 트럼프는 싱가포르 회담에서 김정은에게서 CVID(완전하고 검증 가능한 불가역적인 비핵화)에 대한 약속은 받아내지 못한 채 한미 연합 군사 훈련 중단이라는 선물만을 안겼다. 트럼프는 2차 하노이 미북 정상회담에서는 영변 핵시설 폐기와 2016년 3월 이후 취해진 경제 제재의 해제를 맞바꾸자는 김정은의 제안을 거절했다. 그 대신 그는 김정은에게 FFVD(최종적으로 완전히 검증된 비핵화) 방식의 일괄 타결에 의한 비핵화를 요구했다. 북한의 단계적 해결 방식의 비핵화를 받지 않겠다는 입장을 분명히 한 것이다.

문제는 바이든 행정부가 이런 상황에서 북한의 핵·ICBM 문제를 어떤 전략으로 해결할 것이냐이다. 현재 예상되는 시나리오는 세 가지다. 첫 번째는 바이든의 외교안보 전략을 주도하고 있는 이상주의 외교전문가 그룹인 블롭(the Blob)이 오바마 행정부 때 전략적 인내(strategic patience)라는 이름으로 그랬던 것처럼 적극적인 비핵화 정책을 추진하지 않고 내버려두는 것이다. 두 번째는 블롭이 능력 부족을 자인하면서 김정은의 요구대로 비핵화 수준을 핵동결로 낮추는 것이다. 세 번째는 블롭이 북한으로 하여금 비핵화 협상에 보다 진정성을 갖고 나오도록 유도하기 위해 한국과 중국, 일본과의 협력을 통해 안보리 제재를 더욱 강화하고, 인권 문제에 대한 압박을 높이는 것이다.

중국과 일본의 역내 패권 전략과 한국의 대응

중요한 것은 한국의 대전략이다. 한반도를 둘러싼 동아시아와 서태평양 지역의 이 같은 질서 변화 속에서 생존을 넘어 강국으로 도약하기 위해서는 어떤 대전략이 요구되느냐는 것이다. 큰 방향은 중국과 일본, 북한이 완전한 승리 대신 역내 국가들과의 평화를 추구하도록 유도하기 위한 동맹 전략과 함께 그 같은 전략을 추진할 수 있는 군사력과 경제력을 강화하는 것이어야 한다. 니체가 말한 바와 같이 활과 화살을 갖고 있을 때만 사람들은 침묵하고 조용히 앉아 있는 것이다.

문제는 주변 국가들이 폭력적인 방법으로 완전한 승리를 거두려할 때 한국의 대응 전략이다. 앞서 언급한 바와 같이 한국은 당연히 확전 우위를 바탕으로 한 결전 회피 전략으로 제한적 승리를 추구해야 한다. 하지만 한 나라의 대전략이 이 같은 방향으로 모색된다고 하더라도, 대전략의 성공 여부는 그것을 추진할 수 있는 능력과 비전을 갖춘 국가 경영 세력이 등장할 수 있느냐에 달려 있다.

존 루이스 개디스가 『대전략론On Grand Strategy』에서 정의한 바와 같이 대전략이라는 것은 무한한 열망과 그것을 달성할 수 있는 제한된 수단 간에 균형이다. 그에 의하면 전략가는 일관된 방향 감각을 갖춘 고슴도치의 능력과 무수한 위험 변수를 인지해내는 감각을 갖춘 여우의 능력을 동시에 지녀야 한다. 이는 국가의 경우에도 마찬가지다. 고슴도치와 여우의 감각과 능력을 동시에 갖춘 21세기 국가 경영 세력이 출현해야만 한반도와 동아시아의 질서 변화에 성공적으로 대처할 수 있다.

먼저 국가 대전략의 방향을 모색하기 위해서는 고전의 힘을 빌려야 한다. 한 개인의 삶은 물론 한 국가의 생존을 위한 통찰을 제공해주는 고대와 근대, 현대의 고전들을 더 찾아볼 필요가 있다. 무엇보다 인간의 본성이 평화보다는 승리를 더 원한다는 점을 고전들을 통해 인식하는 것이 중요하다. 그래야만 오늘날 동아시아와 서태평양 지역은 물론 세계 전역의 정세가 갈수록 크세노폰과 투키디데스의 철학을 잇는 키신저와 케넌의 현실주의적 세력균형과는 거리가 먼 정글로 변해 가는 근본적인 이유를 알 수 있다. 중국과 일본이라는 동아시아의 강대국과 북한이라는 불량국가가 왜 동아시아와 서태평양 지역의 질서에 위협이 되고 있는지 그리고 그런 위협에 어떻게 대처해야 하는지를 배울 수 있다.

이를 위해 앞에서 잠시 살펴 본 기원전 202년 북아프리카 자마(Zama)에서 이루어진 한니발과 스키피오 두 영웅 간의 만남을 다시금 조명할 필요가 있다. 평화협정을 체결하는 것 외에는 조국 카르타고를 지켜낼 방법이 없다고 판단한 한니발이 스키피오에게 간청한 끝에 어렵사리 만들어진 대좌였다. 스키피오는 통역을 가운데 두고 멀찌감치 떨어져 한니발과 대좌했다. 한니발은 어떻게든 평화협정을 끌어내야만 카르타고의 미래가 있다는 마음에 절박한 심정이었다. 한 때 코끼리 부대를 앞세워 로마를 공포로 몰아넣었던 위용은 그 어디에서도 찾을 수 없었다. 한니발은 승리의 허망함과 함께 평화가 강자에겐 영광인 반면 약자에겐 짐일 뿐이라고 말했다.

"사람의 마음이란 평화보다는 승리를 더 갈망할지 모르네. 나는 정치적인 머리보다는 야심찬 정신을 더 좋아하지. 자네처럼 내게도 그런 행운이 한 번은 있을 줄 알았네. 하지만 승리란 위대할수록 오래 지속되기 어렵지. 지금은 자네에게 승리의 시간인 반면 우리에겐 모든 것이 어두운 시간이지. 자네에게 평화는 영광스러운 일이고 공정한 것으로 여겨질 것이네. 하지만 평화를 청하는 우리에게 평화는 어떤 명예도 가져다주지 않고 필요한 짐만 지울 뿐이네."

이는 로마의 역사가 리비우스Livy가 쓴 로마서 중 한 권인 『한니발과의 전쟁』에 나오는 한니발의 유명한 말이다. 하지만 스키피오는 한니발의 간청을 거절한다. 스키피오는 카르타고 본국을 공격해 완전한 승리를 거두는 것만이 전쟁을 끝내는 지름길이라고 믿었던 것이다.

오늘날 동아시아 질서와 관련해 주목해야 할 것은 "사람의 마음은 평화보다는 승리를 갈망한다"는 한니발의 말이다. 이 말은 21세기 중반의 동아시아 질서를 결정지을 현재의 역내 정세와 관련해 중요한 함의를 갖는다. 사람이나 국가는 힘이 있으면 평화보다는 타국에 대한 완전한 승리를 갈망하는 본능은 기원전 3세기나 현재나 다르지 않다.

당시 카르타고가 지중해의 패권을 거머쥐기 위해 로마를 침공한 것처럼 20세기 초와 중반에 독일은 유럽의 패권을 장악하기 위해 제1, 제2차 대전을 일으켰다. 일본도 20세기 초 동아시아의 패권을 차지하기 위해 청일 전쟁과 러일 전쟁을 벌여 승리를 거둠으로써 조선을 식민지화했다. 그런 다음 일본은 20세기 중반 진주만을 공격함으로써 태평양전쟁을 일으켰다.

한니발의 앞의 말이 진실이라면 사람이 운영하는 국가도 평화보다 승리를 갈망하기는 마찬가지다. 그러므로 어떤 국가든지 한 지역의 패권을 도모할 만큼의 경제력과 군사력을 갖추면 패권에 도전하기 마련이다. 구매력 기준 GDP 세계 1위와 4위를 각각 차지하고 있는 중국과 일본이 그 같은 경제력에 걸맞는 군사력을 갖춰감에 따라 역내 패권을 놓고 경쟁하지 않는다면 이상한 일일 것이다. 실제로 중국이 유라시아 대륙을 연결하는 21세기 비단길로서 추진하고 있는 일대일로와 일본이 미국, 인도, 호주와 함께 추진하고 있는 '인도-태평양 전략' 모두 역내 패권을 목표로 하는 완전한 승리 전략들이다.

에어 크로의 프레임과 역내 패권 전쟁 전망

이들 전략을 꿰뚫어 보는 눈은 제1차 대전 발발 전후 영국 외무성의 선임 서기관이었던 에어 크로의 〈크로 메모랜덤〉에서 배울 수 있다. 헨리 키신저 전 미 국무장관이 쓴 『중국 이야기』에 따르면 크로는 1907년 그가 작성한 이 메모랜덤에서 독일이 해군력을 건설하는 목표가 무엇이든지 영국보다 강력한 해군력을 건설하게 되면 그 자체로 영국에게는 객관적인 위협이고 대영제국의 존재와는 양립할 수 없게 될 것이라고 분석했다. 때문에 독일 정부가 표방하는 것이 무엇이든, 영국은 최악의 상황에 대비해야 한다는 것이었다.

제1차 대전이 발발하기 7년 전에 이 같은 보고서가 나왔다는 것은 그 당시 외교로 위기를 해결할 여지가 없었다는 것을 의미한다고 키신저는 평가한다. 어느 한 쪽이 물러서지 않는 한 전쟁은 불가피했다. 결국 아무도 물러서지 않았고 이로 인해 7년 후 제1차 대전이 발발하게 되었다.

> **에어 크로가 오늘날 중국에 대해 평가한다면 제1차 대전 직전의 독일과 같다고 할 것이다. 일본도 갈수록 대동아전쟁을 벌이기 직전의 군국주의 정권을 닮아가고 있다.**

크로가 오늘날 중국에 대해 평가한다면 제1차 대전 직전의 독일과 같다고 할 것이라고 키신저는 분석한다. 일본도 마찬가지다. 갈수록 대동아전쟁을 벌이기 직전의 군국주의 정권을 닮아가고 있다는 의심을 받고 있다. 군사력을 강화하면서 남중국해에서 영유권 분쟁을 일으키고 주변국 주권을 위협하는 목적에 대해 중국이 어떻게 설명하든 간에, 크로의 결론은 하나일 것이다. 즉, 미국의 군사력, 특히 해군력에 필적하는 힘을 기르는 데 성공할 경우 중국은 반드시 동아시아와 서태평양에서 미국의 패권에 도전하게 될 것이다.

그렇게 될 경우 영국과 독일이 전쟁으로 치달았던 것처럼 미중 간에도 전쟁이 벌어질 것인가? 크로의 프레임에 의하면 미중이 전쟁으로 치닫게 되는 것은 불가피하다. 중국의 체제 전환을 추구하는 미국의 자유주의 패권 전략과 21세기 중화제국을 꿈꾸는 중국의 '중국몽(中國夢)' 전략은 무력 충돌로 이어질 가능성이 있다. 더군다나 바이든 행정부를 지배하고 있는 블롭은 자유민주주의와 자유 시장경제를 공유하는 국가들 간에는 전쟁이 일어나지 않는다는 민주주의 평화 이론을 신봉하고 있다. 그래서 블롭은 탈냉전 시기 동안 3개의 행정부에서 자유주의 패권 전략을 주도적으로 추진했던 것이다.

미국의 자유주의 패권 전략과 중국의 중국몽 전략 간 대결 패턴이 만들어지고 거기에 따른 동맹 네트워크가 결성되면 스스로 부여한 조건으로부터, 특히 내부적인 가정으로부터 절대로 달아날 수 없다는 것이 크로가 가진 인식의 진수라고 키신저는 지적한다. 만약 이 같은 프레임이 아무런 문제없이 작동하게 되면 사소한 사안에서조차 적대감이 고조되기 때문에 미중 양국 간 전쟁 발발을 막을 수 있는 장치가 하나도 남지 않게 된다. 키신저가 크로와 다른 점은 이 같은 일이 일어나서는 안 된다고 보고 그것을 막기 위해 어떻게든 노력해야 한다는 입장이다.

한니발의 말과 크로의 메모랜덤은 이처럼 미국으로부터 역내 패권을 빼앗으려는 중국과 향후 미군의 철수에 대비해 군사대국화를 추구하고 있는 일본에 대한 대응과 관련해 중요한 교훈을 준다. 미국의 자유주의 패권 전략과 중국의 중국몽 전략 간에, 그리고 중국의 중국몽 전략과 일본의 제2 대동아공영권 전략 간에 충돌을 제어하기 위한 노력을 기울이지 않으면 전쟁이 발발할 가능성이 높다는 것이다.

키신저가 촉구한 것처럼 미중 간 그리고 중일 간 전쟁이 발발하지 않도록 노력하는 것이 가장 중요하다. 중국은 한국을 희생양으로 삼아 미국과 일본을 상대로 한 패권 다툼을 유리하게 끌고 가려 할 것이다. 일본도 마찬가지다. 일본은 미국의 역내 철수 시 그 빈자리를 둘러싸고 한국이 자신들에게 도전하지 못하도록 군사와 경제 양 부분에서 타격을 가할 가능성이 높다.

따라서 미중 및 중일 패권 경쟁이 폭력적으로 전개되지 않도록 막는 노력은 미국만의 몫이 아니다. 중국의 패권 도전 본격화와 일본의 패권 도전 착수로 인해 가장 직접적인 피해를 입을 가능성이 높은 한국도 미국만큼 전략적 대응을 해야 한다.

이를 위해 눈여겨봐야 할 현대 고전은 미국의 현실주의 국제정치학자인 케네스 N. 월츠Kenneth N. Waltz가 쓴 『국제정치이론Theory of International Politics』

이다. 이 책에서 그는 국가 전략에 대해 "현재의 파트너를 만족시켜주고 잠재적인 파트너를 즐겁게 해주는 것이다"라고 정의한다. 월츠가 이 책에서 말하고자 하는 바는 내가 이 책의 첫 장부터 제기해 온 의제와 맞닿아 있다. 즉, 월츠의 중심 메시지가 완전한 승리 전략이 전쟁을 비롯한 불안정성을 낳는 기원이라는 나의 주장과 같은 맥락에서 이루어지고 있다는 것이다. 이 점에서 월츠의 책은 중요한 의미를 갖는다.

월츠는 균형이 생겨나는 과정에 대해서 이렇게 설명한다. 균형들은 인간들이나 국가들의 선의 또는 악의에서 생겨나지 않고 모든 국가들이 존재하는 조건에서 생겨난다. 이 때문에 한 국가에게 만족스러운 균형은 다른 국가에게는 불리한 불균형이 될 수 있다. 요컨대 하나의 만족스러운 균형이 다른 국가 또는 진영에 대한 완전한 승리를 의미한다고 본다면 그 국가 또는 진영은 그런 균형이 자신들에게는 불균형이 될 수 있다고 보고 그걸 수용하는 대신 전쟁을 선택할 우려가 있다.

따라서 경쟁이 치열할수록 국가들은 절대적 이익보다는 상대적 이익을 추구해야 한다는 것이 월츠의 주장이다. 이 말을 클라우제비츠의 언어로 바꿔 본다면 절대적 이익은 절대 전쟁이고 상대적 이익은 제한 전쟁이라고 말할 수 있다. 그러므로 어느 한 국가 또는 진영이 경쟁 국가 또는 진영을 상대로 완전한 승리를 시도하지 않고 모든 국가가 공존하는 조건이 만들어질 때 진정한 균형이 형성될 수 있다는 것이 월츠의 결론이라고 볼 수 있다.

북·중·일과 '전쟁 상태'에 있는 한국

그렇다면 역내 질서의 불안정성이 심화되고 있는 상황에서 한국이 대전략 강국으로 도약하기 위해서는 어떤 전략이 요구되는가? 이를 살펴보기 전에

17세기 영국 철학자 존 로크의『통치론』으로 되돌아갈 필요가 있다.

로크는 영국이 절대왕정 체제에서 입헌군주제를 거쳐 자유민주주의 체제로 발전할 수 있도록 사상적으로 뒷받침했다. 인류가 야만의 자연 상태를 극복하고 자유민주주의라는 문명 상태로 진화하게끔 도운 그의 사회계약론은 전체주의와의 전쟁 상태에 직면한 우리에게 다른 어떤 사상보다도 더 많은 가르침을 줄 수 있다. 영국의 명예혁명 이후 4세기가 지난 21세기에도 공산당 1당 독재 체제라는 야만의 자연 상태에 머물러 있는 중국과 북한에 의한 안보 위기를 극복하기 위한 지혜를『통치론』에서 만날 수 있다.

로크 사상의 정수는 왕이 국민의 동의 없이 권력을 자의적으로 행사하는 사회는 자연 상태에 불과하다고 선언했다는 데 있다. 왕정 체제는 국민이 법의 보호를 받을 수 있는 정치시민사회가 아니다. 왕이 지배하는 사회는 사람들이 왕의 자의적 권력 행사에 맞서 스스로 자산을 방어해야만 하는 자연 상태라고 그는 주장했다. 때문에 사람들이 그러한 위협에 스스로 대처할 수 없는 자연 상태에서 벗어나 합의를 통해 만들어진 국가와 법의 보호를 받는 정치시민사회로 이행해야 한다고 로크는 믿었다. 이 같은 신념은 1688년 국민이 주권자임을 선언한 영국의 명예혁명을 성공시킨 사상적 토대가 되었다.

힘의 우위를 이용해 상대 국가를 자기의 절대적인 권력 밑에 두려는 나라는 곧 상대 국가와 전쟁 상태에 놓이게 된다.

중국과 일본, 북한을 상대로 한 한국의 전략과 관련해 로크에게서 구할 수 있는 통찰은 '전쟁 상태'에 대한 정의(definition)이다. 그는『통치론』에서 전쟁 상태에 관해 이렇게 말한다. "다른 사람을 자신의 절대적인 권력 밑에 두려고 하는 사람은 그렇게 함으로써 그 상대방과는 전쟁 상태에 들어가게 된다." 그 이유는 그 같은 의도가 목숨을 빼앗으려는 의도의 선언으로 이해되기 때문이라고 했다.

국가 간의 관계가 전쟁 상태에 들어가게 되는 원인도 마찬가지다. 힘의 우위를 이용해 상대 국가를 자기의 절대적인 권력 밑에 두려는 나라는 곧 상대 국가와 전쟁 상태에 놓이게 된다. 이 정의를 따른다면 현재 한국은 분명하게 두 나라와 전쟁 상태에 놓여 있다. 바로 중국과 북한이다. 일본과는 점점 전쟁 상태로 진입하고 있다.

북한과 중국과 전쟁 상태에 놓이게 된 원인은 서로 다르다. 북한과의 전쟁 상태는 북한이 핵무기와 탄도미사일 개발을 통해 한국에 중대한 위협을 가하면서 시작됐다. 중국과의 전쟁 상태는 중국이 동아시아와 서태평양 지역의 패권을 잡기 위해 한국을 속국화하려는 전략을 추진하면서부터다. 중국은 2016년 7월 사드 배치를 기점으로 한국을 속국화하기 위한 경제적 압박을 가해 왔다. 이와 함께 중국은 자신들의 역내 패권 장악에 위협이 되는 주한미군을 철수시키기 위해 한반도 평화 체제 수립을 통한 북한의 비핵화를 주장하고 있다.

로크의 설명을 빌리면 한국이 중국이나 북한과의 전쟁 상태에 들어간다는 것은 생존이라는 목적을 갖는다. 중요한 것은 한국이 주권 국가로서 자유민주주의 체제를 유지하기 위해서는 반드시 이들 두 나라를 상대로 승리를 거두어야 한다는 것이다. 만약 한국이 승리하게 될 경우 이는 한국 국민의 자유와 생명을 지켜내는 것을 넘어서서 동아시아와 서태평양 지역이 전체주의라는 야만의 자연 상태로부터 벗어나게 된다는 것을 의미한다. 즉, 이들 전체주의 국가에 의해 자유와 주권이 예속 당하는 야만의 자연 상태로부터 자유민주주의라는 문명 상태로 이행하게 되는 것이다.

중국과 북한이라는 전체주의 국가와의 전쟁에서 승리하기 위한 방법은 두 가지다. 하나는 명예혁명과 같이 피를 흘리지 않고 이기는 것인데 이는 외교적 성공에 의해서만 가능하다. 다른 하나는 프랑스 대혁명처럼 유혈 사태를 거쳐 승리하는 경우다. 이때는 외교가 실패해 불가피하게 군사력을 사용해 승리하는 것이다. 두 경우 모두 승패가 결정되는 것만으로 전쟁 상태가 종식되지 않는다. 로크에 의하면 패자가 승자에게 평화를 요청하고 손해를 배상을 하는 동시에 상대방과의 진정한 화목을 바랄 때에만 전쟁 상태가 끝난다.

북핵 위기와 중국의 속국화 위협에 어떻게 대응해야 하는가

클라우제비츠의 관점에서 볼 때 외교라는 이름의 전쟁에는 두 종류가 있다. 하나는 외교를 통해 달성하고자 한 정치적 목적을 이루면 더 이상의 목적을 추구하지 않는 '제한 외교'다. 다른 하나는 외교를 통해 달성하고자 한 애초의 정치적 목적을 이룬 뒤에도 경쟁 국가로 하여금 어떤 이익도 얻지 못하게 만드는 영합 게임(zero-sum)을 추구하는 '절대 외교'다.

그렇다면 북핵 위협과 중국의 속국화 위협에 대처하기 위한 외교는 어떤 종류의 외교에 해당하는가? 이들 두 외교 모두 당연히 제한 외교가 되어야 한다. 북핵 위협과 중국의 속국화 위협을 해결하면 더 이상의 외교라는 전쟁은 추진할 필요가 없다. 만약 절대 외교를 추진한다면, 그것은 외교라는 이름의 전쟁을 넘어서 군사력이 사용되는 전쟁을 통해 완전한 승리를 추구하겠다는 것을 의미한다.

문제는 한국이 중국과 북한을 상대로 한 완전한 승리를 추구할 만한 국력을 갖추고 있지 않다는 데 있다. 북한을 상대로 완전한 승리를 거둘 능력이되면 통일이라는 명분이라도 있다. 하지만 북한이 핵·탄도 미사일 개발에 사실상 성공한 상황에서는 북한의 공격에 대한 군사적 방어는 가능해도 북한에 대한 군사적 공격을 통한 무력 통일은 불가능하다. 중국을 상대로 해서는 더더욱 그렇게 할 능력이 없다.

따라서 중국의 속국화 위협을 해결하기 위한 제한 외교가 실패하면 불가피하게 제한 전쟁을 치르는 방안이 남게 된다. 중국이 계속 속국화 위협을 가할 경우 도리어 큰 위기에 처할 수 있다는 것을 보여줘야 한다. 물론 이마저도 중국이 먼저 제한 전쟁을 걸어 올 때 할 수 있다.

그러나 한국이 그동안 북핵 해결 외교 전쟁과 중국 속국화 대응 외교 전쟁에서 각각 패배한 이유는 서로 다르다. 먼저 북핵 외교 전쟁에서 실패한 이유를 살펴보면 그 근원은 이명박과 박근혜 두 보수 정부와 김대중과 노무현 두 진보 정부가 서로 이 외교 전쟁에 임하는 전략이 달랐다는 데 있다. 보수 정부는 북한이 핵을 포기하게 만드는 제한 외교도 성과를 거두지 못한 상태에서 북한 붕괴라는 절대 외교를 추구한 결과 실패했다. 즉, 북핵 문제도 해결되지 않은 상황에서 곧 통일이라도 될 것 같은 환상에 젖어 북핵 외교보다 통일 담론에 더욱 주력했던 것이 실패를 초래한 이유였다.

진보 정권인 김대중, 노무현 정부가 실패한 원인은 북핵 외교가 전쟁 상태 또는 전쟁이라는 사실을 외면한 데 있다. 최대한의 압박과 제재를 가해서 김정은 정권으로 하여금 핵·탄도미사일 개발을 계속할 경우 체제가 존속할 수 없다는 점을 깨닫게 해주어야만 했는데 진보 정권들은 그렇게 하지 않았다. 진보 정권들은 대신 대화에만 매달렸는데 그마저도 북한의 비핵화를 목표로 한 것이 아니었다. 2018년 1월 개최된 남북 고위급 회담에서도 문재인 정부는 비핵화 의제를 회담의 필수 의제로 설정하는 데 소극적이었다. 북한의 비핵화를 다루자는 한국측의 제안에 북한측이 핵문제는 미국과의 문제라고 일축하자 남측 대표단은 더 이상 요구하지 못했다. 진보 정권들은 이처럼 비핵화 의제보다는 그와 관계가 없는 경제와 사회 분야의 교류협력에만 몰두해 왔다. 그 결과 북한의 비핵화는 진보 정권들의 대북 정책에서 핵심 의제로 자리 잡을 수 없었다.

한국의 외교가 중국의 속국화 위협에 대응하는 데 실패한 원인은 보수 정부와 진보 정부 모두 똑같다. 애초부터 두 진영의 정부 모두 중국의 속국화 위협에 대한 대응을 대중 외교 목표 중 하나로 포함하지 않았다. 오로지 다른 두 가지 목표만 추구해 왔다. 하나는 중국으로 하여금 북한을 설득하게 하거나 대북 제재에 동참하게 해 북한이 핵을 포기하게 만드는 것이다. 다른 하나는 거대한 중국 시장에 한국 기업들이 진출할 수 있도록 경제 협력을 증대시키는 것이다.

> 한국의 외교가 중국의 속국화 위협에 대응하는 데 실패한 원인은 애초부터 중국의 속국화 위협에 대한 대응을 대중 외교 목표로 설정하지 않았기 때문이다.

중국의 속국화 위협에 대한 대응을 대중 외교 목표에 포함시키지 않은 이유는 보수와 진보 모두 중국이 미국과 어깨를 나란히 하는 초강대국이고 한국은 중견국가에 불과하다는 시각에 매몰되서 중국에 적극적으로 대응하지 못해 온 데서 찾을 수 있다. 그러다 보니 중국이 한국을 속국화하고자 하는 정책을 노골적으로 추진하는데도 이에 대해 균형을 잡는 목소리를 정부의 정책과 싱크탱크, 언론 등 담론 시장에서 접하기 어려운 것이 현실이다.

이 같은 상황을 입증해주는 진실의 순간이 있다. 박근혜 정부가 2016년 7월 사드 배치를 결정한 직후 중국이 사드 배치가 중국의 전략적 균형을 훼손한다고 주장하면서 철수시킬 것을 오만하게 요구했을 때였다. 당시 한국 정부와 학계, 언론 어디에서도 중국이 오래 전부터 단거리 탄도미사일인 둥펑-15 등을 한반도를 향해 배치함으로써 한국의 전략적 균형을 훼손시켜 왔다는 사실을 지적하지 않았다. 더군다나 사드는 중국을 겨냥한 것이 아니라 북한의 핵 · 탄도미사일 위협에 대응하기 위해 배치된 반면 둥펑-15는 명백히 한반도를 사정권 안에 두고 유사 시 한국의 안보를 볼모로 삼겠다는 의도를 갖고 배치된 것이었다.

만약 중국이 사드의 X밴드 레이더의 탐지 거리를 백두산까지로 제한해줄 것을 요구한다면 한국은 수용 조건으로 한반도를 향해 배치되어 있는 단거리 탄도미사일인 동풍-15를 동북3성에서 철수시킬 것을 요구해야만 한다. 하지만 그 같은 요구는 한국 정부는 물론 국내 학계와 언론 어디에서도 나오지 않았다. 이 같은 사실은 중국에 의한 속국화 위협에 대해 정부와 싱크탱크를 비롯한 민간의 담론 공간 모두 심각하게 인식하지 못하고 있음을 의미한다. 이런 상황에서 한국 정부가 중국 정부와 3不 1限에 대해 양해를 주고받았다는 사실은 중국의 속국화 위협 해결은 외교라는 전쟁으로는 달성하기 어려울 수 있다는 것을 보여준다.

그렇다면 이들 두 위기를 해결하기 위한 전략은 무엇인가?

위의 두 문제와 관련해 추구해야 할 목표와 전략에 대해 국내 정치권에서 합의가 이루어지지 않은 상태다. 더구나 중국의 속국화 위협에 대해서는 한국 정치권 내부의 인식 자체가 부족한 실정이다. 이 점에서 변화 방향은 두 가지다. 하나는 국내 정치권이 북핵 문제와 관련한 해결 방안에 대해 합의하는 것이다. 그 핵심은 미·중·일·러 4강과 함께 북한에 대한 최대한의 경제적, 외교적 압박과 제재를 가함으로써 북한의 비핵화에 주력하는 것이다. 중국의 속국화 위협의 경우는 이 문제를 국내 정치권에서 대중 외교의 주요 목표로 설정하는 것이 중요하다. 그런 다음 북핵 해결을 위한 중국의 협력 유도와 한국 기업들의 중국 시장 진출 지원이라는 기존 목표들과의 충돌 가능성을 염두에 두고 전략적으로 추진해야 한다.

2018년 들어 문재인 정부에 의해 본격화된 북한 비핵화를 위한 2차 외교 전쟁은 지난 진보 정권과 그 뒤를 이은 보수 정권과는 전혀 다른 차원에서 이루어졌다. 한국과 미국이 한편으로 대북 제재와 압박을 유지하면서 다른 한편으로 북한과의 정상 및 장관급 회담을 통한 협상 전략을 추진하기 시작한 것이다. 이 해 문재인 대통령과 김정은 국무위원장은 4월, 5월, 9월 각 한 차례씩 모두 세 차례 남북 정상회담을 가졌다. 트럼프 대통령과 김 위원장은

2018년 6월 싱가포르와 2019년 2월 하노이에서 각각 한 차례씩 모두 두 번의 미북 정상회담을 가졌다. 트럼프와 김정은은 2019년 6월 판문점에서 미북 정상회동을 가진 데 이어 문대통령이 참석한 가운데 사상 첫 남북미 3국 정상회동을 가졌다. 이 과정에서 김정은은 중국 시진핑과 2018년 3월, 5월, 6월, 그리고 2019년 1월 모두 네 번의 정상회담을 가졌다. 1990년대 초반 북한의 핵 위기가 발발한 이래, 이 문제를 해결하기 위해 한국, 미국, 중국이 북한과 수차례 양자 정상회담을 갖게 된 것은 전혀 예상하지 못한 일이었다.

하지만 세 차례 남북 정상회담과 두 차례 미북 정상회담, 한 차례 남북미 정상회동에도 불구하고 북한의 비핵화를 외교 전쟁은 여전히 갈 길이 멀다. 특히 2020년 11월 트럼프가 재선에 실패함에 따라 미북 정상 외교는 지속될 가능성이 낮아졌다. 2021년 1월 20일 출범한 바이든 행정부는 대선 때부터 북한의 비핵화 문제는 전임 트럼프 행정부와 달리 정상회담이라는 '탑다운 (top-down)' 방식이 아닌 실무회담부터 시작하는 '바텀업(bottom-up)' 방식으로 협상하겠다는 입장을 견지했다.

> 한국, 미국, 북한, 중국은 북한 비핵화 해결이라는 외교 전쟁에서 서로 다른 목표를 추구하고 있다. 한국이 이 전쟁에서 승리하기가 쉽지 않은 이유다.

문제는 한·미·북·중 4개국이 모두 이 외교 전쟁에서 추구하는 목표가 단순히 북한의 비핵화 그 자체가 아니라는 데 있다. 한국이 원하는 북한의 비핵화의 방식은 과거에 만든 핵무기와 미래에 핵무기를 만들 수 있는 모든 능력의 제거다. 미국의 경우는 핵무기의 완전한 제거도 중요하지만 더 중요한 것은 소형 핵무기가 탑재된 대륙간탄도미사일 능력의 제거다. 과거 핵무기 제거와 미래 핵과 대륙간탄도미사일 능력 제거 둘 중에 하나를 선택해야 한다면 미국은 후자를 선택할 가능성이 적지 않다. 그만큼 핵무기가 탑재된 대륙간탄도미사일의 타격 위협에 대한 미국 국민의 우려가 크기 때문이다.

북한의 경우 김정은은 비핵화를 자신의 정권에 위협이 되지 않는 선에서 추진해 왔고 앞으로도 그렇게 할 것이다. 중국은 북한의 비핵화가 북한의 친미 국가화를 초래할 가능성에 대해 경계하고 있다. 따라서 중국의 목표는 북한이 완전한 비핵화를 하지 않더라도 더 이상 도발하지 않음으로써 미국과의 적절한 긴장 관계가 지속되게 하는 것이다.

한·미·북·중 4개국은 이처럼 북한의 비핵화 해결이라는 외교 전쟁에서 서로 다른 목표를 추구하고 있다. 그래서 한국이 이 전쟁에서 승리하기가 쉽지 않다. 하지만 북한이 개발한 과거핵과 앞으로 개발할 미래핵 모두로부터 커다란 안보 위협을 받고 있는 한국으로서는 이들 핵 모두를 제거하는 북한의 완전한 비핵화를 달성해야 한다. 그러기 위해서는 한국은 세 개의 과제를 함께 풀어가야 한다. 첫 번째는 미국에 대해서는 과거 핵까지 제거하는 것이 진정한 북한의 비핵화라는 것을 강조해야 한다.

두 번째는 북한이 완전한 비핵화를 하는 것이 체제 안전에 위협이 되지 않는다는 사실을 실질적인 조치를 취해 김정은이 납득하게 해야 한다. 세 번째는 중국에게 북한의 완전한 비핵화로 인해 중국의 공산당 1당 지배 체제가 위기에 직면하지 않는다는 점을 완곡하게 설득해야 한다. 필요하다면 북한과 중국이 우려하는 체제 불안감을 동아시아 안보 공동체를 만들어 해소하는 방안을 미국과 진지하게 논의해야 한다.

역내 차기 패권 둘러싼 일본과의 외교 전쟁

한국은 북한의 비핵화와 중국의 속국화 위협을 극복하기 위한 두 개의 외교 전쟁 외에 또 다른 외교 전쟁에 직면하고 있다. 그것은 20세기 초 대동아 공영권의 깃발 아래 아시아 전역을 초토화시킨 쇼와 시대의 육군을 잇고 있는 일본의 보수 세력이 다시 동아시아의 패권을 노리는 위험한 야심에서 말미암는 것이다. 일본의 보수 세력은 제2차 대전 전범들의 위폐가 안치된 신사를 해마다 참배해 오고 있다. 그들은 헌법 개정을 통해 자위대를 전수(專守) 방어에서 전쟁을 할 수 있는 군대로 변신을 시키기 위한 시도를 지속적으로 해왔다.

쇼와 시대에 군국주의 체제를 주도했던 당시 육군의 후예들이 이 같은 시도를 또 다시 추진하게 된 계기는 2008년 미국의 금융위기다. 당시 미국은 경제가 급격히 쇠퇴하게 되자 동아시아에서 점진적으로 물러나기 시작했다. 이에 따라 일본은 점차 커지고 있는 미국의 빈자리를 대신해 중국과의 패권 경쟁에서 승리하겠다는 야망을 키워왔다. 하지만 미국이 완전히 떠날 가능성은 낮다. 혹여 미국이 철수하더라도 그 빈자리를 일본이 차지하는 것에 동의할 역내 국가는 거의 없다.

그럼에도 불구하고 미국이 떠나고 일본이 그 뒤를 이어 중국과의 일전을 벌이는 사태가 발발할 가능성을 배제할 수 없다. 만의 하나 그런 일이 일어난다면 일본이 문명적인 리더십을 펴게 될 것인지에 대해서는 누구도 확신할 수 없다. 위안부와 징용공 배상 문제를 높고 가장 가까이 있는 이웃국가의 마음조차 사지 못하고 있는 일본이 역내 패권을 중국과 분점하거나 단독으로 차지할 경우 일본이 추구할 리더십이 문명적일 것이라고 예상하기 어렵기 때문이다.

최근 들어 일본은 한국을 중국의 영향권으로 밀어내려는 시도를 끊임없이 해오고 있다. 그 대표적인 사례는 대중 견제 전략인 '인도-태평양 전략'이다. 아베는 이 전략을 일본, 인도, 호주, 미국 4개국만의 협력을 통해 추진했다. 한국을 중국의 영역 안에 남겨둔 채 이들 4개국을 연결하는 대중 봉쇄 라인을 구축하겠다는 전략을 추진한 것이다.

이는 일본의 인도-태평양 전략의 목표는 중국의 패권 추구를 막는다는 데에만 있지 않다는 것을 의미한다. 일본의 진정한 의도는 미군이 동아시아와 서태평양 지역에서 철수할 때를 대비해 미국 동맹 네트워크에서 한국을 배제시킴으로써 미국의 빈자리를 자신들이 온전히 차지하는 데 있다.

일본이 궁극적으로 노리는 목표는 중국과 패권 경쟁에서 승리함으로써 동아시아와 서태평양 지역의 명실상부한 패권국이 되는 데 있다. 하지만 일본이 모르고 있는 것이 있다. 그것은 바로 중국의 주요 외교 목표 중 하나가 한일 관계의 악화라는 사실이다. 그만큼 중국은 한국과 일본이 협력할 경우 자신들의 패권 추구에 위협이 될 수 있다고 여기고 있다. 일본의 한국 배제 전략은 중국에게만 유리한 정책인 것이다.

> **일본이 중국의 패권 도전을 견제하기 위한 네트워크에서 한국을 배제하려 하는 것은 중국에 유리한 정책이고 미국의 전략적 목표와 명백히 상충한다.**

일본이 중국의 패권 도전을 견제하기 위한 네트워크에서 한국을 배제하려 하는 것은 미국의 전략적 목표와 명백히 상충한다. 하지만 미국은 한일 관계가 악화된 것이 일본의 이 같은 지속적인 한국 배제 전략에서 비롯된다는 것을 인식하지 못하고 있다. 미국은 한일 갈등이 위안부와 징용공 배상 문제 등 과거 식민 지배의 어두운 유산 탓이라고만 믿는 모습을 보여 오고 있다. 그러다 보니 워싱턴에서는 한국이 이들 문제에서 대범하게 대처해야 하는데 지나치게 과거 지향적이라고 보는 정서가 팽배해 있다.

하지만 미국의 이 같은 정서는 잘못된 것이다. 일본은 어떻게든 한국이 잘되는 일이라면 꼭 방해하려 한다는 점을 미국은 인식할 필요가 있다.

문재인 정부는 역대 정부들과 달리 북한과 미국을 설득해 양국 간에 사상 첫 정상회담이 이루어질 수 있게 했다. 하지만 그 같은 노력으로 개최된 6월 12일 미북 정상회담은 북한의 비핵화에 대한 합의를 도출하는 데 실패했다. 그렇지만 사상 첫 미북 정상 간 논의가 이루어졌다는 것만으로도 긍정적인 평가를 받을 만했다.

문제는 일본이 미북 정상회담 개최 합의 직후부터 납북 일본인 문제가 회담 의제에 포함되어야 한다고 주장하기 시작했다는 것이다. 일본 총리 아베는 트럼프를 두 번이나 만나 요청했다. 미북 정상회담은 엄연히 북한의 비핵화를 위한 담판이었다. 그런 회담의 의제 중의 하나로 납북 일본인 문제를 포함되어야 한다는 아베의 주장은 일본이 진정으로 북한의 비핵화가 중대한 문제라고 인식하고 있다면 나올 수 없었다.

왜 당시 아베는 트럼프가 김정은과의 회담을 통해 북한의 비핵화 의제에 집중하지 못하게 하려 했던 것일까? 두 가지 답이 있을 수 있다. 하나는 아베는 미북 정상회담 개최를 계기로 납북 일본인 문제를 회담 의제의 하나로 포함시킬 것을 주장함으로써 자신이 그 만큼 국민을 생각한다는 이미지를 만들어내어 국내 정치적 입지를 회복하려 했다는 분석이 가능할 것이다. 만약 국내 정치적 입지 회복이 아베가 노린 목표였다면 이는 결과적으로 성공했다. 그는 같은 해 9월 20일 자민당 총재 선거에서 이시바 시게루 전 방위상을 물리치고 3연임에 성공함으로써 최장수 총리가 됐다. 더 나아가 자민당 내에서는 당규를 개정해서라도 아베의 4연임을 추진할 수 있다는 분위기가 형성되기 시작했다.

다른 하나는 북한의 비핵화가 만의 하나 현실화할 경우 미국을 대신해 동아시아와 서태평양 지역의 리더 국가로 올라서려는 일본의 꿈에 장애가 될 것이라고 봤기 때문일 수 있다. 남북한 관계가 가까워지고 이것이 한국 주도의 통일로 이어질 경우 통일 한국은 자연스레 자유민주주의 진영의 강국으로 도약할 가능성이 크다. 그런 만큼 쇼와 육군의 군국주의 유산을 전승하고 있는 일본의 보수 세력으로서는 이를 어떻게든 막는 것이 일본의 국익에 도움이 된다는 판단을 했을 수 있다.

일본은 인도-태평양 전략의 추진 과정에서도 의도적으로 한미 간 갈등을 조장해 온 측면이 있다. 아베는 2017년 11월 도쿄에서 인도-태평양 전략을 공동으로 추진하기로 합의한 뒤 서울로 떠나는 트럼프에게 이 전략을 문재인 대통령에게 제안하도록 권유했을 가능성이 있다. 하지만 한국이 그 같은 제안을 수용할 가능성이 낮다는 것을 일본이 모를 리가 없었을 것이다. 실제로 문 대통령은 인도-태평양 전략의 공동 추진을 한미 정상회담 발표문에 담는 것에 대한 유보 입장을 밝혔다. 그 결과 서울과 워싱턴의 언론들은 대중 전략을 놓고 한미 간에 큰 이견이 있는 것처럼 보도했고, 한미 동맹의 불안정성을 드러내는 것으로 평가했다.

일본의 아베와 그의 참모들이 애초에 이 같은 결과를 의도했다면 그들의 전략은 성공했다고 할 수 있다. 일본의 인도-태평양 전략은 한국의 안보에 간접적이나마 위협이 될 소지가 크다. 이 같은 위협은 중국의 패권 추구가 가속화할수록 증대될 가능성이 높다.

따라서 중국의 속국화 문제와 북한의 핵·탄도 미사일 문제만큼이나 한국의 안보에 위기를 초래할 수 있다는 우려가 적지 않은 일본의 보수 집권 세력에 대해서도 외교라는 이름의 전쟁에 착수해야 한다. 이 전쟁에서 승리하기 위해서는 먼저 전쟁의 목표를 설정해야 한다. 그 목표는 두 가지여야 한다고 본다.

첫 번째 목표는 일본이 진정한 자유민주주의 국가라면 지난 식민지 시기에 저질렀던 모든 잘못에 대해 진정한 사과를 하고 책임을 져야 함을 깨우치게끔 정부와 민간 등 모든 부문이 관여해 나가는 것이다. 이 같은 관여는 일본 내 한국과 우호적 관계를 구축해야 한다고 믿는 세력과 협력해야만 성공할 수 있다. 일본의 보수 정치 세력과 달리 군사 및 외교 부문의 관료와 전문가 그룹의 다수는 한국과의 안보 협력이 절대적으로 필요하다는 것을 인식하고 있다. 이를 뒷받침하는 것이 2016년 한일 군사정보보호협정(GSOMIA)의 체결이다. 이 협정 체결을 담당했던 정부의 고위 당국자에 의하면 일본의 주요 안보 정책결정자들은 한국과의 협력에 진심으로 임하는 모습이었다고 전한다. 이는 일본이 북핵 위기와 중국에 의한 역내 비자유주의화 위기에 맞서 한국과의 국방 협력에 긍정적으로 임하고 있다는 것을 보여준다.

두 번째 목표는 이 같은 관여를 해나가면서 동아시아와 서태평양에서 자유민주주의를 지켜냄과 동시에 이 지역을 평화와 번영 공동체로 발전시키려는 한국의 노력에 일본이 참여하도록 이끄는 것이다.

이 두 가지 목표를 어떤 전략으로 치러야 할 것인지에 대해서는 한국 정치의 보수와 진보 진영이 진지한 논의를 통해 합의를 이루어야 한다. 중국의 속국화 위협과 북한의 핵·탄도미사일 위협을 해결하기 위한 외교 전쟁에서처럼 보수와 진보가 또 다시 갈등을 벌일 경우 일본을 상대로 한 외교 전쟁에서 승리할 수 없을 것이다.

이와 같이 한국은 중국과 북한, 일본을 상대로 외교 전쟁을 치러 왔거나 더 치열하게 치러야 할 상황에 놓여 있다. 어느 것 하나 민족과 국가의 운명을 좌우하지 않는 것이 없다. 어떻게 이들 국가와의 외교 전쟁에서 승리할 수 있는 것인가? 클라우제비츠의 통찰이 주는 교훈처럼 정치의 연장이 전쟁인 만큼 국내 정치가 바뀌지 않으면 이들 전쟁 상태나 전쟁에서 승리할 수 없다.

21세기 국가 대전략 패러다임으로서 대경장주의

문제는 한국의 정치가 어떻게 바뀌어야 하느냐는 것이다. 국내 정치에서 진보라고 불리는 구시대적 좌파 세력은 적국인 북한과 잠재적 적국인 중국에 대해 '선택적 친화력(selective affinity)'을 보여 왔다. 이 점에서 문재인 정부는 물론이고 이후 등장할지 모르는 미래의 진보 정부는 이들 구시대적 진보 세력으로부터 자유로워져야 한다. 그렇게 하지 않고는 한국이 이들 세 개의 전쟁에서 이길 가능성은 없기 때문이다. 아니 구시대적 좌파는 그 같은 전쟁의 본질을 인식하지 못할 뿐만 아니라 앞으로도 그와 똑같은 모습을 보일 것이 분명하다.

그렇다고 한다면 합리적 중도 진보와 개혁적 보수는 각각 구시대적 좌파와 수구 우파와 결별함으로써 각자 새로운 국가 개혁 비전으로 국민 앞에서 경쟁해야 한다. 관건은 개혁 보수와 합리적 중도 진보가 어떤 방향으로 변화를 모색하는 것이 중국과 북한, 일본을 상대로 벌이고 있거나 벌여야 할 3개의 외교 전쟁에서 승리할 수 있느냐는 것이다.

그것은 무엇보다도 개혁 보수와 합리적 중도 진보가 구시대적 좌파와 수구 우파가 파고들 수 없을 정도로 국민적 지지를 이끌어낼 수 있는 철학과 정신적 혁명을 이루어내는 것이다. 그렇게 할 때 비로소 20세기적 낡은 보수와 진보는 각각 '21세기 전략 보수'와 '21세기 전략 진보'로 다시 태어날 수 있다. 개혁적 보수 혁명과 합리적 중도 진보 혁명은 계층, 연령, 이념, 지역 등으로 분열된 국민을 통합하기 위한 가치와 정신의 경쟁이 되어야 한다. 이를 위해 개혁적 보수와 합리적 중도 진보 모두 로크와 루소의 사회계약(social contract) 철학을 통해 정립된 자유민주주의의 가치를 복원해내야 한다. 그 가치란 국가가 국민이 자유와 생명, 재산을 야만의 자연 상태로부터 지키기 위해 합의함으로써 탄생했고 실정법은 그 같은 국민 간 계약을 바탕으로 만들어졌다는 것이다. 이는 국민이 곧 국가이고 시민사회라는 것을 의미한다. 개혁 보수와 합리적 중도 진보가 국가 경영을 위해 지켜나가야 할 최고의 가치는 바로 이것이다. 따라서 한국 사회가 이 같은 사회계약의 정신에 충실할 수 있도록 개혁 보수와 합리적 중도 진보가 국가와 사회를 개혁하는 것만이 모든 분열을 극복하고 국민을 하나로 통합하는 길이다.

중국과 일본, 북한을 상대로 한 전쟁을 승리로 이끌 수 있는 새로운 국가와 국민인 '전략국가(strategic nation)'와 '전략국민(strategic people)'은 이렇게 해서 탄생할 수 있다. 분열된 국민이 아닌 통합된 국민만이 국난을 이겨낼 수 있다. 전략 국민이 주도하는 국가가 될 때 비로소 위의 세 개의 전쟁에서 이길 수 있다. 그래서 나폴레옹은 "군대만으로는 나라를 끝까지 지킬 수 없으나 국민이 지키는 나라는 위기를 이겨낼 수 있다"고 말했다. 전략 국민만이 국가와 시민사회를 국내외의 위기로부터 지켜낼 수 있다. 이를 위해서는 개혁적 보수와 합리적 중도 진보가 각각 21세기 전략 보수와 21세기 전략 진보로 발전해야 한다.

하지만 개혁 보수와 합리적 중도 진보의 등장에 따른 전략 국민의 탄생만으로는 이들 세 개 전쟁에서 승리를 거두기에는 부족하다. 급변하는 21세기 글로벌 및 역내 도전들에 성공적으로 대응하기 위한 대전략의 수립이 요청된다. 무엇보다 미래 경제를 좌우하는 4차 산업과 함께 이를 3차 산업과 결합한 제조업 부흥을 성공으로 이끌 수 있는 경제 대전략이 마련되어야 한다. 이와 함께 동아시아와 서태평양 지역의 안보 질서에 위협을 제기하고 있는 중국과 북한, 일본을 이겨낼 수 있는 외교안보 대전략을 수립하고 추진해야 한다.

하지만 이들 두 가지 전략 모두 기존의 패러다임으로는 마련하기란 불가능하다. 새로운 패러다임이 필요하다. 율곡(栗谷) 이이(李珥)가 『성학집요聖學輯要』에서 제시한 경장(更張)이 바로 그것이라고 나는 생각한다.

율곡 사상의 정수가 담긴 이 책은 조선시대의 유학자가 지은 저서로서는 유일하게 임금들에게 경서와 사서를 강의하는 경연(經筵, 임금에게 학식이 높은 신하가 경전을 강의하고 토론하는 자리)에서 읽힌 책이다. 이 책은 중국의 진덕수가 임금이 해야 할 수양과 국가 경영의 방법과 가치에 대해 성현들의 지혜를 집대성해서 만든 『대학연의大學衍義』와 같은 형식으로 씌어졌다. 이 때문에 학계에서는 『성학집요』를 『대학연의』보다 낮추어 보는 시각이 많다. 하지만 두 책을 읽어본 나는 『성학집요』가 훨씬 훌륭한 책이라고 생각한다. 특히 『대학연의』가 산만하고 복잡해서 『성학집요』를 쓰게 되었다는 율곡의 말에 나는 전적으로 공감한다. 율곡이 이 같이 평가했다는 것은 그가 진덕수보다 군자의 수양과 군주의 국가 경영에 대해 훨씬 더 깊은 공부했다는 것을 의미한다.

율곡은 『성학집요』에서 경장에 대해서 다음과 같이 정의했다. 낡은 거문고 줄을 새 줄로 고쳐 매는 것처럼 시대의 변화에 발맞추어 개혁하는 것이 경장이다. 그는 선조 임금에게 국가를 경장해야만 백성의 삶이 개선될 수 있고 외적의 침입에도 대처할 수 있다고 주장했다. 율곡의 '십만 양병론'이 나온 배경은 바로 여기에 있다.

경장을 주창하는 율곡은 선조의 조정에서 늘 외로운 처지였다. 서애(西厓) 류성룡을 제외한 대다수 신료들은 율곡이 저 혼자만 나라를 걱정한다고 비난했다. 해주로 낙향한 그에게 선조가 다시 조정으로 나오라고 아무리 불러도 벼슬을 사양했다. 그럼에도 선조가 끈질기게 요청하자 어쩔 수 없이 조정에 나가 이조판서직을 맡았다. 그 때도 그는 선조에게 민생을 국정의 우선순위로 삼아야 한다는 간언을 멈추지 않았다.

경장을 해야만 해결할 수 있는 오늘날 두 가지 도전 모두 21세기 전략 보수와 진보가 함께 풀어야 할 과제다. 경장이란 개혁을 훨씬 넘어서는 한 시대를 아우르는 전략적인 패러다임이다. 경장의 성공은 국민의 동의에 달려 있다. 율곡보다 한 세대 아래인 상촌(象村) 신흠(申欽)은 "경장을 하기 위해서는 먼저 민심을 살펴야 한다"고 했다. 경장은 필연적으로 기득권층의 거센 반대에 부딪치기 마련인 만큼 민심을 등에 업고 추진해야 한다는 것이다. 경장을 추진하려면 민심을 얻어야 하고, 민심을 얻으면 경장은 물 흐르듯 자연스럽게 진행된다고 그는 말했다. 개혁 보수와 합리적 중도 진보가 국민의 마음을 얻지 않고는 국정 운영의 기회를 얻을 수 없을 뿐만 아니라 경장을 할 수도 없는 것이다.

경제 성장과 세 개의 외교 전쟁에서의 승리만큼이나 부(富)의 양극화 해결이 21세기 전략 보수와 전략 진보가 추진해야 할 경장의 주요 의제가 되고 있다. 민심의 동의를 바탕으로 한 경장의 노력을 통해 부의 양극화 심화로 인해 부의 많고 적음에 따라 신분과 서열이 정해지는 퇴행적 흐름을 끊어야 한다. 또한 경장의 정신으로 급변하는 글로벌 경제 질서와 역내 안보 질서에 성공적으로 대응할 수 있는 전략 국가를 만들어야 한다.

21세기 전략 보수와 전략 진보는 경장의 정신을 '대경장주의(大更張主義)', 즉 국가 대전략 패러다임으로 발전시켜야 한다. 21세기 전략 보수와 전략 진보는 대경장주의라는 새로운 패러다임으로 무장할 때 경제와 안보의 도전들을 해결하고 중국과 일본을 견제할 수 있는 글로벌 3대 대전략 강국으로 도약할 수 있을 것이다. 대한민국의 21세기 개혁 패러다임이 대경장주의로 환골탈태할 때만이 고구려 광개토대왕 이후 잃어버린 대전략 강국이라는 오랜 숙원을 실현할 수 있을 것이다.

그렇다면 글로벌 대전략 강국의 지위를 달성하기 위한 21세기 한국의 국가 대전략은 어떤 방향으로 수립되어야 하는가?

2050년을 목표로 글로벌 3대 강국으로 도약한다는 국가 대전략을 실현하기 위해서는 성장, 복지, 행복 등 3대 비전으로 나누어 이들 비전의 성공을 뒷받침할 수 있는 의제들이 요청된다. 무엇보다 먼저 국가 대전략의 총사령부로서 부총리급의 국가미래전략기획원을 설치할 필요가 있다. 현재 정부 조직 상 국가 대전략을 이끌 부처와 기관이 없다. 3공화국 시기 산업화를 주도했던 경제기획원도 없어진데다 그 후신인 기획재정부는 예산과 재정 문제에만 골몰하는 등 경제 전반의 총사령부 역할을 해내고 있지 못한 지 오래다.

미래전략기획원이 앞의 국가 대전략을 위해 추진해야 하는 핵심 과제는 향후 30년 간 다음 3대 비전을 실현하게 된다.

1. 4차 산업혁명과 저탄소, 수소 신산업 혁명 중심 성장 비전

528

2. 부의 양극화 심화로 인한 민주주의 위기 해소 위한 21세기 신사회계약으로
서 복지 비전

3. 생명 중시, 공정 보장, 열린 기회 등의 행복 비전

미래전략기획원이 2022년 3월 9일 대선을 통해 등장하게 될 대경장 정부에 의해 출범하게 되면 가장 먼저 해야 할 일은 향후 30년 간 5년 단위의 성장, 복지, 행복 3대 비전 실현을 위한 각각의 계획을 세워야 한다.

한국이 2050년 글로벌 선진 강국이 되고자 한다면 국민 전체를 하나로 통합시킬 수 있는 이념이 무엇보다 중요하다. 오늘날 심화하고 있는 보수와 진보, 계층, 세대, 성, 지역 간 갈등과 반목을 해소하기 위한 이념은 '공동체 자유주의'가 되어야 한다. 공동체 자유주의는 지금은 고인이 된 박세일 선생이 주창한 이념으로서 그 핵심은 개인의 자유를 존중하되 그것이 사회의 안정과 발전에 저해될 경우 공동체의 이익을 우선한다는 것이다. 21세기 보수 이념인 공동체 자유주의를 통해서만이 모든 지역과 계층, 세대, 성별 간 화합과 통합을 이루는 하나 된 진짜 대한민국이 가능하고 이를 기반으로 글로벌 3대 선진 강국으로 도약할 수 있다.

성장 비전의 핵심 의제는 AI 중심의 4차 산업혁명과 그린뉴딜 저탄소, 수소 신산업 혁명을 통한 경제 성장이 되어야 한다. 4차 산업기술 혁명에 따른 인공지능과 반도체 등 디지털 신산업들과 기후변화 극복 위한 그린뉴딜에 따른 저탄소, 수소 산업들을 발전시켜야만 2050년 글글로벌 3대 강국의 비전을 달성할 수 있다.

이 같은 성장 의제를 성공시키기 위해서는 대대적인 세제와 규제 개혁 통한 외국 기업 유치로 4차 산업과 저탄소 산업의 글로벌 중심 부상해야 한다. 현재 25%(지방세 포함 27.5%)인 법인세 수준을 아일랜드(12.5%)와 영국(19%) 이상으로 인하하고 각종 기업 규제를 개혁함으로써 4차 산업과 저탄

소 산업 관련 외국 기업들의 유치해 국내 일자리를 대폭 늘려야 한다. 법인세와 함께 상속세까지 대폭 인하함에 따른 세수 부족은 외국 기업들의 유치에 따른 일자리 증가와 외국 기업들과의 신기술 경쟁에 따른 시너지로 한국 기업들의 경쟁력 증가로 충분히 메울 수 있을 것으로 전망된다.

4차 산업과 저탄소 신산업 관련 외국 기업의 투자 유치를 위해서는 관련 지원을 전담하는 '코리아 투자청'을 설립할 필요가 있다. 4차 산업과 저탄소 신산업의 글로벌 허브로 도약하기 위해서는 코리아 투자청을 통해 외국 투자 기업들을 위한 맞춤형 솔루션을 제공해야 한다. 아일랜드가 2019년 1인당 GDP 7만 8660달러로 세계 3위를 차지할 수 있었던 데는 유럽 최저 법인세율(12.5%)과 함께 아일랜드투자청(IDA)을 통해 외국 투자 기업을 위한 최고의 환경을 만들어낸 것이 크게 기여했다.

초기 기업 투자법(seed enterprise investment scheme)도 도입할 필요가 있다. 한국이 4차 산업과 저탄소 신산업 관련 스타트업 기업들의 글로벌 허브로 도약하기 위해서는 기업이 사업화에 실패해도 세금 환급 등으로 투자금의 최대 75%까지 회수할 수 있도록 해주는 초기 기업 투자법의 시행이 필요하다. 영국이 세계 3위 유니콘 기업 보유국이자 유럽 인공지능(AI) 관련 스타트업 1537개 중 479개가 소재하는 유럽의 AI 수도로 부상할 수 있었던 데는 초기 기업 투자법이 크게 기여했다.

이와 함께 고임금과 규제를 피해 해외로 진출한 한국 기업들을 국내로 되돌아오도록 하는 이른바 '코리안 리쇼어링'을 위한 세제와 투자, 노동 시장 개혁을 본격 추진해야 한다. 지난 10년 간 연 평균 7조 5천억 원 규모의 해외 투자를 해 온 한국 기업들이 공장을 국내로 이전하도록 유도할 경우 연 5만 개의 일자리가 창출될 수 있다.

복지 비전은 이홍규 카이스트 경영학과 명예교수가 주창하는 '21세기 대한민국과의 새로운 사회계약'이라는 의제로 요약된다. 코로나19 사태의 장기화와 디지털 비대면 사회로의 이행에 따른 실업과 소득 감소로 인한 부의 양극화 심화 위기와 그로 인한 민주주의 위기를 해결하기 위한 사회 구성원들 사이의 경제사회적 관계의 합의라는 의미의 사회계약을 새로이 체결하는 노력이 요청된다.

하지만 성장 비전과 복지 비전만으로는 2050년 3대 글로벌 강국과 같은 국가 대전략을 달성하기 어렵다. 이에 맞는 외교안보 및 통일 전략이 함께 추진되어야 한다. 국가 안보가 확실할 때 성장도 복지도 가능한 것이기 때문이다. 무엇보다도 요청되는 21세기 안보 모델은 전술핵 재배치를 통한 21세기 한미 전략핵동맹이다. 북한의 핵·ICBM 개발과 군사 위협, 중국의 역내 군사적 패권 추구, 러시아의 영공 침범, 일본의 군사대국화 등 한반도와 동아시아의 군사적 도전과 위기로부터 영토와 주권을 지키기 위해서는 한미 전략핵동맹을 서둘러 추진해야 한다.

> **한미 전략핵동맹은 단순히 전술핵의 재배치 전략이 아니다. 한미 동맹을 중국과 러시아에 의한 역내 자유주의 위협에 대한 공동 대응을 포함한 안보 플랫폼으로 발전시키는 것이다.**

한미 전략핵동맹은 단순히 전술핵의 재배치를 위한 전략이 아니다. 전술핵 재배치뿐만 아니라 전작권 회수(문재인 정부가 반대하는 미국의 한미 합의 조건을 충족하고 유엔사의 재활성화 요구를 수용해서 추진)까지 함으로써 한미 동맹을 북한에 의한 위협에만 한정한 20세기 양자 안보 플랫폼에서 중국과 러시아에 의한 역내 자유주의 위협에 대한 공동 대응을 포함한 21세기 역내 안보 플랫폼으로 발전시키는 것이다.

대북통일 정책 분야의 의제는 '북한과의 차분한 체제 경쟁 속 21세기 민족 공동체통일 방안 준비'로 표현할 수 있다. 이 의제는 북한에 대한 흡수 통일 시도를 자제하고, 한미 전략핵동맹을 통한 튼튼한 안보 체제를 수립해 북한의 도발에 대한 강력한 대응을 통한 평화를 추구하면서, 차분하게 체제 경쟁에 주력해나가는 과정에서 21세기 민족공동체 통일 방안을 마련해 북한의 갑작스런 붕괴에 대비하는 것이다.

21세기 민족공동체 통일 방안은 미·중·일·러 등 주변 4강이 한국 주도의 평화 통일을 지지하게 만드는 전략과 함께, 여야, 보수와 진보, 시민사회, 탈북자, 계층, 세대, 성별 간 다양한 의견 등을 모두 반영함으로써 노태우 정부 때 여야 합의로 만든 민족공동체 통일 방안을 21세기 버전으로 업그레이드하는 것이다.

외교 비전의 핵심 의제는 역내 자유주의 질서를 수호하고 지역 전체의 평화와 번영을 추구하는 아시아의 다자주의 협력 플랫폼, 아시아연합(AU)의 창설이다.

외교 비전의 핵심 의제는 이 책 앞에서 로크와 루소의 사상을 살펴보면서 제시한 바 있는 아시아연합(AU) 창설이다. 아시아연합은 중국과 러시아, 북한 등 전체주의 국가들에 의한 안보 위협으로부터 역내 자유주의 질서를 수호하고 아시아, 태평양 지역 전체의 평화와 번영을 추구하기 위한 21세기 아시아의 다자주의 협력 플랫폼이다. 유럽연합(EU)의 성공은 오늘날 세계 각 지역의 평화와 번영을 위한 시대정신이 경제적, 문화적 통합, 군사 협력을 추구하는 지역 통합이라는 데 이견이 없다는 것을 보여준다.

따라서 한국은 한미 전략핵동맹과 자유주의 국가들과의 연대를 통해 중국과 러시아의 군사적 패권을 저지하고 아시아를 평화와 번영의 자유주의 공동체로 발전시켜나가는 아시아연합이라는 외교적 비전을 구현해야 한다.

교육은 2050년 국가 대전략 실현을 위해 대개혁을 해야 하는 가장 중요한 정책 분야이다. 중국과 러시아, 일본에 비해 영토가 작은 나라로서 G3 선진 강국이 되기 위해서는 이들 나라를 상대로 외교안보와 경제 분야에서 경쟁할 수 있는 지성과 전략을 갖춘 인재들을 길러내야 한다. 교육은 부의 양극화 시대에 많은 중산층과 서민 가정 출신 청소년들에게 인생 역전을 위한 통로가 되어야 한다. 교육의 이 같은 역할은 대학을 졸업한 뒤 기존 제조업과 서비스 산업에서 일하다가 실직하거나 이직하는 성인들을 위해서도 더욱 요청된다.

대학 시스템은 4차 산업혁명과 저탄소, 수소 신산업 인재 양성 시스템으로 전환되어야 한다. 지역 별로 AI와 IoT 등 IT와 반도체, 배터리를 비롯한 4차 산업혁명과 저탄소, 수소 신산업 인재들을 양성할 수 있도록 해야 한다. 이와 함께 대학들은 기존 제조업 중 4차 산업과 융합해 발전할 수 있는 부문과 신 서비스 산업 부문 인재들도 육성해야 한다.

국가 주도 재교육 시스템의 구축이 시급하다. 국가가 책임지는 재교육 시스템을 구축함으로써 기존 제조업과 서비스 분야에서 일하다 산업 구조 변화로 인해 실직한 성인들이 재취업할 수 있도록 스마트한 재교육 플랫폼이 구축되어야 한다. 경제 전반이 4차 산업과 저탄소 신산업으로 이행하는 과정에서 실직한 노동자들이 새로운 산업에 필요한 전문 지식을 습득할 수 있도록 재교육하고 그 기간 동안 실업 수당을 지급하면 기본소득과 같은 효과를 거둘 수 있다.

현재의 주 5일 근무제는 주 4일 근무제로 전환하는 것을 장기적으로 검토할 필요가 있다. 지난 2년 간 코로나19 바이러스 감염 사태가 장기화함에 따라 많은 기업들이 주 4일 근무제를 운용해 온 결과 기업들과 근로자들 모두 각종 비용을 절감할 수 있는 것으로 확인되고 있다. 기업들은 사무실 유지비용 감소와 임금 삭감 효과를 거두는 반면 근로자들은 교통비용 절약과 함께 주거지를 도심에서 외곽으로 옮김으로써 주거비용도 크게 절감할 수 있다.

병역 문제도 교육 문제만큼이나 선진 강국 건설을 위한 인재 활용 측면에서 매우 중요한 개혁 과제다. 군사 분야가 앞으로 갈수록 병력 중심에서 전략 자산과 장비 중심으로 변화할 수밖에 없다는 점에서 21세기 강군을 건설하기 위해서는 전문성을 갖춘 장교와 부사관 중심의 군대로 전환되어야 한다. 따라서 병역제는 현재의 징집제에서 모병제로 단계적으로 전환해나가야 한다.

더구나 인구가 감소하고 있다는 점에서도 모병제의 필요성에 주목할 필요가 있다. 모병제로 전환하기 위해서는 군 전투력 약화를 방지하는 장기 로드맵을 설계하여 단계적인 병역복무기간 단축과 동시에 모병제의 비중을 늘려나가는 방식으로 추진되어야 한다.

최종 목표는 순수 모병제로 전환해 모든 장교·부사관·병 집단을 전문 직업 군인들로 구성하는 것으로서 중간 목표들을 설정하여 충족해야 할 일련의 필요조건들을 전제로 병역의무기간을 단계적으로 단축해나가면 된다. 육군을 기준으로 보면 18개월, 15개월, 12개월 순으로 점차 병역 기간을 단축해나갈 수 있다.

행정 개혁도 대전략 강국으로 도약하는 데 있어서 매우 중요한 개혁 과제다. 개혁 방향은 지방을 살리기 위한 '메가 시티'로의 행정 체제 개편이 되어야 한다. 중앙-광역-기초 등 3단계 구조를 중앙-지방 등 2단계로 간소화하고 전국을 50개의 행정 권역으로 혁신하는 것이다. 아날로그적인 구체제가 지역 감정의 심화를 빚어내는 요인이 되어 온 오늘날 한국의 행정 체제는 2029년부터 저출산과 고령화에 따라 인구의 자연감소가 시작되면 인구 절벽과 지방소멸이 현실화할 것으로 예상되는 만큼 이 같은 방향의 행정 체제 개편은 시급히 국가적 의제로 추진되어야 한다.

대구시와 경상북도, 대전시와 세종시, 부산과 울산, 경상남도 등 통합에 나서는 지방자치단체들이 증가하고 있는 것도 이들 지자체가 이 같은 문제를 심각하게 인식하는 데 따른 것으로 평가 받는다. 프랑스는 2016년 22개 광역 지자체를 13개로 통폐합했다. 한국도 2050년 국가 대전략 차원에서 중앙-광역-기초 3단계의 행정 체제를 중앙-지방 2단계 구조로 50개의 행정권역으로 개편해나가야 한다.

정치 개혁의 핵심은 4년 중임 대통령제로의 개헌이다. 현행 5년 단임 대통령제가 갖고 있는 국가 경영의 연속성이 제한되는 등의 문제점을 해결하기 위해 다음 정부에서 4년 중임 대통령제로의 개헌 추진이 필요하다. 결국 2050년 국가 대전략의 최종 목표는 '21세기 위대한 기회의 나라' 로 요약된다. 공동체 자유주의의 이념 하에 성장과 복지, 행복 등 3대 비전과 외교, 안보, 통일 분야 의제들을 실현해냄으로써 동아시아와 서태평양 지역의 평화와 번영을 주도하는 선진 강국으로 도약하는 것이다.

한국이 동아시아와 서태평양 지역의 중심국가로서 역내 자유주의 질서를 지켜내고 평화와 번영을 주도하는 대전략 강국으로 도약할 수 있느냐 여부를 결정짓는 것은 단 한 가지다. 그것은 바로 고대, 중세, 근대, 현대의 동서양 대전략가들이 설파해 온 '완전한 승리의 비극과 제한적 승리의 불가피성' 이라는 지혜를 얼마나 깊이 인식하고 실천하느냐는 것이다.

국내 정치가 2050년 국가 대전략과 핵심 의제들을 실현하는 데 성공할 수 있는지 여부도 마찬가지다. 보수와 진보와 여야, 계층, 세대, 지역, 성 등 국내 정치의 모든 주체가 서로 완전한 승리가 아닌 제한적 승리를 추구할 때 한국은 21세기 대전략 강국으로 도약할 수 있을 것이다.

| 참고 문헌 |

· 강미현. 『비스마르크 평전』, 에코리브르
· 개릿 매팅리. 박상이 옮김. 『아르마다』, 가지 않은 길
· 게오르그 W. F. 헤겔. 김종호 옮김. 『역사철학강의』, 삼성출판사
· 공자. 한상갑 옮김. 『논어』, 삼성출판사
· 공자. 성백효 옮김. 『서경』, 전통문화연구회
· 김일영. 『건국과 부국』, 기파랑
· 김종대. 『이순신, 신은 이미 준비를 마치었나이다』, 시루
· 남덕우, 강경식 외. 『80년대 경제 개혁과 김재익 수석』, 삼성경제연구소
· 니콜로 마키아벨리. 『로마사 논고』, 한길사
· 닉 래곤, 알리 벨시. 함규진 옮김. 『대통령의 결단』, 미래의 창
· 다키자와 아타루. 이서연 옮김. 『그들의 운명을 가른 것은 정치력이었다』, 사이
· 대니 로드릭. 고빛샘, 구세희 옮김. 『자본주의 새판짜기: 세계화의 역설과 민주적 대
  안』, 21세기 북스
· 레오 스트라우스. 함규진 옮김. 『마키아벨리』, 구운몽
· 레오 스트라우스. 양승태 옮김. 『정치철학이란 무엇인가』, 아카넷
· 레베카 코스타. 장세현 옮김. 『지금, 경계선에서: 오래된 믿음에 대한 낯선 통찰』, 쌤앤
  파커스
· 로만 크르즈나릭. 김병화 옮김. 『공감하는 능력』, 길벗
· 로버트 라이시. 안진환, 박슬라 옮김. 『위기는 왜 반복되는가』, 김영사
· 로버트 T. 올리버. 황정일 옮김. 『이승만』, 건국대학교출판부
· 류성룡. 김홍식 옮김. 『징비록(懲毖錄)』, 서해문집
· 리처드 도킨스. 홍영남 옮김. 『이기적 유전자』, 을유문화사
· 리처드 윌킨슨, 케이트 피킷. 전재웅 옮김. 『평등이 답이다』, 이후
· 마르쿠스 아우렐리우스. 천병희 옮김. 『명상록』, 숲
· 마이클 샌델. 이창신 옮김. 『정의란 무엇인가』, 김영사
· 마쓰우라 레이. 황선종 옮김. 『사카모토 료마 평전』, 더숲
· 마키아벨리. 임명방 옮김. 『군주론』, 삼성출판사
· 맹자. 한상갑 옮김. 『맹자』, 삼성출판사
· 박지원. 김형조 옮김. 『열하일기(熱河日記)』, 돌베개
· 비. 에이치. 리델 하트. 박성식 옮김. 『스키피오 아프리카누스』, 사이
· 사이토 다카시. 오근영 옮김. 『내가 공부하는 이유』, 걷는나무

· 송복.『서애 류성룡 위대한 만남』, 미래인력연구원
· 스테파노 자마니, 루이지아노 브루니. 제현주 옮김.『21세기 시민경제학의 탄생』, 북돋움
· 아놀드 토인비. 노명식 옮김.『역사의 연구』, 삼성출판사
· 아리스토텔레스. 천병희 옮김.『정치학』, 숲
· 알렉상드르 코제브. 이링 페처 편집. 설헌영 옮김.『역사와 현실 변증법』, 도서출판 한벗
· 알프레드 세이드 머핸. 김주식 옮김.『해양력이 역사에 미치는 영향』, 책세상
· 애덤 스미스. 박세일, 민병국 옮김.『도덕감정론』, 비봉출판사
· 앤 패디먼. 정영목 옮김.『서재 결혼시키기』, 지호
· 앤서니 B. 앳킨스. 장경덕 옮김.『불평등을 넘어』, 글항아리
· 앨런 블룸. 이원희 옮김.『미국 정신의 종말』, 범양사출판부
· 에드워드 H. 카. 김태현 옮김.『20년의 위기』, 녹문당
· 에릭 라이너트. 김병화 옮김.『부자 나라는 어떻게 부자가 되었고 가난한 나라는 왜 여
   전히 가난한가』, 부키
· 요르겐 랜더스. 김태훈 옮김.『더 나은 미래는 쉽게 오지 않는다』, 한국물가정보원
· 에드먼드 윌슨. 유강은 옮김.『핀란드역으로』, 이매진
· 이교관.『누가 한국 경제를 파탄으로 몰았는가』, 동녘
· _____.『김대중 정부의 위험한 거래』, 한송
· _____.『레드 라인』, 한울
· _____.『전략국가의 탄생』, 한울
· 이근 외.『2021년 한국 경제 대전망』, 21세기북스
· 이나모리 가즈오. 홍성민 옮김.『좌절하지 않는 한 꿈은 이루어진다』, 더난출판
· 이덕일.『근대를 말하다』, 위즈덤하우스
· 이덕일.『난세의 혁신리더 유성룡』, 역사의 아침
· 이민웅.『이순신 평전』, BM성안당
· 이순신. 송찬섭 옮김.『난중일기』, 서해문집
· 이용희.『일반 국제정치학 상』, 박영사
· 이이. 고산 옮김.『성학집요(聖學輯要)』, 동서문화사
· 이정철.『언제나 민생을 염려하노니』, 역사비평사
· 정운영.『세기말의 질주』, 해냄출판사
· 제러드 다이아몬드.『어제까지의 세계』, 김영사
· 제프리 베스트. 김태훈 옮김.『절대 포기하지 않겠다: 윈스턴 처칠 그 불굴의 초상』, 21
   세기 북스
· 조지 케넌. 유강은 옮김.『미국 외교 50년』, 가람기획
· 조지프 스티글리츠. 장경덕 옮김.『끝나지 않은 추락』, 21세기 북스
· 존 J. 미어샤이머. 이춘근 옮김.『미국 외교의 거대한 환상』, 김앤김북스

· 존 L. 캐스티. 이현주 옮김.『대중의 직관』, 반비

· 줄리안 콜벳. 김종민, 정호섭 옮김.『해양전략론』, 한국해양연구소

· 진덕수. 이한우 옮김.『대학연의』, 해냄

· 찰스 다윈. 박만규 옮김.『종의 기원』, 삼성출판사

· 카를로 치폴라. 최파일 옮김.『대포, 범선, 제국』, 미지북스

· 칼 폴라니. 홍기빈 옮김.『거대한 전환』, 도서출판 길

· 케네스 월츠. 박건영 옮김.『국제정치이론』, 사회평론

· 토마 피케티. 안준범 옮김.『자본과 이데올로기』, 문학동네

· 토마스 홉스. 한승조 옮김.『리바이어던』, 삼성출판사

· 폴 에얼릭, 로버트 온스타인. 고기탁 옮김.『공감의 진화』, 에이도스출판사

· 표트르 크로포트킨. 김영범 옮김.『만물은 서로 돕는다』, 르네상스

· 프란체스카 도너 리. 조혜자 옮김.『6.25와 이승만』, 기파랑

· 프레드 캐플런. 허진 옮김.『링컨: 어느 글 쓰는 사람에 관한 전기』, 열림원

· 피터 드러커. 이재규 옮김.『클래식 드러커』, 한국경제신문

· 피터 터친. 윤길순 옮김.『제국의 탄생』, 웅진씽크빅

· 필립 코틀러. 박준형 옮김.『필립 코틀러의 다른 자본주의』, 더난출판

· 하랄트 벨처. 윤종석 옮김.『기후전쟁』, 영림카디널

· 하영선.『역사 속의 젊은 그들』, 을유문화사

· 한영우.『율곡 이이 평전』, 민음사

· 허버트 마르쿠제. 김현일 옮김.『이성과 혁명』, 중원문화

· 헨리 조지. 전강수 옮김.『사회 문제의 경제학』, 돌베개

· 헨리 키신저. 최영두 외 옮김.『핵무기와 외교정책』. 국방연구원

· Acemoglu, Daron & James A. Robinson. 2013.『Why Nations Fail』, Crown

· Allison, Graham. 2013.『Lee Kwan Yew: The Grand Master's Insights on China, the United States, and the World』, The MIT Press

· Anderson, Perry. 2017.『American Foreign Policy and Its Thinkers』, Verso

· Aurelius, Marcus. 2006.『Meditations』, Penguin

· Bacevich, Andrew J. 2002.『American Empire』, Harvard University Press

· Blanchette, Jude D. 2020.『China's Red Guards』, Oxford

· Bolton, John. 2020.『The Room Where It Happened』, Simon & Schuster

· Bourke, Richard. 2015.『Empire & Revolution』, Princeton

· Bremmer, Ian. 2013.『Every Nation for Itself』, Portfolio/Penguin

· _____. 2015.『Suprepower』, Portfolio/Penguin

· Brooks, Rosa. 2016.『How Everything Became War and the Military Became

Everything』, Simon & Schuster
· Brzezinski, Zbigniew. 1993. 『Out of Control』, Collier Books
· _____. 1997. 『The Grand Chessboard』, Basic Books
· _____. 2013. 『Strategic Vision』, Basic Books
· Burrow, John. 2007. 『A History of Histories』, Vintage
· Burrows, Mathew. 2014. 『The Future, Declassified』, Palgrave Macmillan
· Bush, George H. W. & Brent Scowcraft. 1999. 『A World Transformed』, Knopf
· Calomiris, Charles W. and Haber, Stephen H. 2014. 『Fragile By Design』, Princeton
· Campbell, Kurt M. 2016. 『The Pivot』, Twelve
· Christensen, Thomas J. 2015. 『The China Challenge』, Norton
· Clausewitz, Carl von. 2008. 『On War』, Oxford
· Clinton, Hillary Rodham. 2014. 『Hard Choices』, Simon & Schuster
· Cohen, Elliot. 2003. 『Supreme Commander』, The Free Press
· Chollet, Derek. 2016. 『The Long Game』, PublicAffairs
· Cooley, Alexander and Nexon, Daniel. 2020. 『Exit from Hegemony』, Oxford
· Corbett, Julian. 1911. 『Principles of Maritime Strategy』, Dover
· Chua, Amy. 2009. 『Day of Empire』, Anchor
· Dallek, Robert. 2007. 『Nixon and Kissinger』, Harper Collins
· Deneen, Patrick J. 2018. 『Why Liberalism Failed』, Yale
· Diamond, Jared. 2005. 『Collapse』, Penguin
· Duek, Colin. 2015. 『The Obama Doctrine』, Oxford
· Dyer, Jeof. 2014. 『The Contest of the Century』, Knopf
· Economy, Elizabeth C. 2018. 『The Third Revolution』, Oxford
· Farrow, Ronan. 2018. 『War on Peace』, Norton
· Ferguson, Niall. 2015. 『Kisinger: 1923-1968 The Idealist』, Penguin Press
· Friedberg, Aaron L. 2011. 『A Contest for Supremacy』, Norton
· _____. 2014. 『Beyond Air-Sea Battle』, IISS
· Fukuyama, Francis. 2015. 『Political Order and Political Decay』, Farrar, Straus and Giroux
· _____. 2006. 『The End of History and the Last Man』, Avon Books
· Gaddis, John L. 2011. 『George F. Kennan』, Penguin
· _____. 2018. 『On Grand Strategy』, Penguin Press
· Gates, Robert. 2014. 『Duty』, Knopf
· Gewen, Barry, 2020. 『The Inevitability of Tragedy』, Norton

· Gibbon, Edward. 2005. 「The History of the Decline and Fall of the Roman Empire」, Penguin
· Goodwin, Doris Kearns. 2005. 「Team of Rivals」, Simon & Schuster
· Griffiths, Rudyard. 2015. 「Has Obama Made the World a More Dangerous Place?」, Anansi
· Grygiel, Yakub J. 2006. 「Great Powers and Geopolitical Changes」, Johns Hopkins
· Haddick, Robert. 2014. 「Fire on the Water」, Naval Institute Press
· Haas, Richard. 2014. 「Foreign Policy Begins At Home」, Basic Books
· Haas, Ryan. 2021. 「Stronger」, Yale
· Hayton, Bill. 2014. 「The South China Sea」, Yale
· Hegel, G. W. F. 1976. 「Phenomenology of Spirit」, Translated by A.V. Miller. Oxford
· Herodotus. 2003. 「The Histories」, Penguin
· Heydarian, Richard Javad. 2015. 「Asia's New Battlefield」, Zed Books
· Hill, Christopher R. 2014. 「Outpost」, Simon & Shuster
· Hobbs, Thomas. 2008. 「Leviathan」, Oxford
· Hoffman, Philip T. 2015. 「Why Did Europe Conquer the World?」, Princeton
· Holslag, Jonathan. 2015. 「China's Coming War with Asia」, Polity
· Huntington, Samuel P. 1996. 「The Clash of Civilizations and the Remaking of World Order」, Simon & Shuster
· _____. 2004. 「Who Are We?」, Simon & Shuster
· Ikenberry, G. John. 2011. 「Liberal Leviathan」, Princeton
· Immerwahr, Daniel. 2019. 「How to Hide an Empire」, Picador
· James, Harold. 2009. 「The Creation and Destruction of Value」, Harvard
· Johnson, Paul. 2008. 「Heroes」, Harper Perennial
· Kagan, Robert. 2018. 「The Jungle Grows Back」, Knopf
· _____. 2013. 「World America Made」, Knopf
· _____. 2009. 「The Return of History and The End of Dreams」, Knopf
· Kaplan, Robert D. 2003. 「Warrior Politics」, Random House
· _____. 2014. 「Asia's Cauldron」, Random House
· _____. 2014. 「The Revenge of Geography」, Random House
· _____. 2016. 「In Europe's Shadow」, Random House
· Kissinger, Henry. 1994. 「Diplomacy」, Touchstone
· _____. 2011. 「On China」, Allen Lane

· _____. 2014. 『World Order』, Penguin Press
· Kojeve, Alexandre. 1980. 『Introduction to the Reading of Hegel』, Edited by Allan Bloom. Translated by James H. Nichols, Jr. Basic Books
· Kroenig, Matthew. 2020. 『The Return of Great Power Rivalry』, Oxford
· Krugman, Paul. 2007. 『A Conscience of A Liberal』, Norton
· Kupchan, Charles A. 2012. 『No One's World』, Oxford
· Kurlantzick, Joshua. 2007. 『Charm Offensive』, Yale
· Kynge, James. 2006. 『China Shakes the World』, Mariner Books
· Lieber, Robert J. 2016. 『Retreat and Its Consequences』, Cambridge
· Livy, Titus. 1965. 『The War with Hannibal』, Translated by Aubrey de Selincourt. Penguin Books
· Locke, John. 2005. 『Two Treaties of the Government』, Penguin
· _____. 2004. 『An Essay Concerning Human Understanding』, Penguin
· Luce, Edward. 2012. 『Time To Start Thinking』, Atlantic Monthly Press
· Luttwak, Edward N. 2012. 『The Rise of China Vs. the Logic of Strategy』, The Belknap Press of Harvard University Press
· Machiavelli, Niccolo. 1980. 『The Prince』, Translated by George Bull. Penguin
· _____. 2003. 『The Discourses』, Penguin Books
· Madrick, Jeff. 2011. 『Age of Greed』, Knopf
· Magnus, George. 2018. 『Red Flags』, Yale
· Mahan, Alfred T. 1987. 『The Influence of Sea Power on History 1660~1783』, Dover
· Mahbubani, Kishore. 2020. 『Has China Won?』, Public Affairs
· Malcolm, Noel. 2015. 『Agents of Empire』, Oxford
· Mandelbaum, Michael. 2002. 『The Ideas That Conquered the World』, PublicAffairs
· _____. 2016. 『Mission Failure』, Oxford
· Mann, James. 2013. 『The Obamaians』, Viking
· _____. 2007. 『The China Fantasy』, Penguin
· Marshall, Tim. 2015. 『Prisoners of Geography』, Scribner
· Mattis, Jim. 2019. 『Call Sign Chaos』, Random House
· McChrystal, Stanley. 2015. 『Team of Teams』, Portfolio Penguin
· McCoy, Alfred W. 2017. 『In the Shadows of the American Century』, DB
· McFate, Sean. 2019. 『The New Rules of War』, Morrow
· Mead, Walter Russel. 2004. 『Power, Terror, Peace, and War』, Alfred A. Knopf

· Mearsheimer, John J. 2018. 『The Great Delusion』, Yale
· Mencius. 2004. 『Mencius』, Penguin
· Micklethwait, John & Adrian Wooldridge. 2014. 『The Fourth Revolution』, Penguin
· Minzner, Carl. 2018. 『End of an Era』, Oxford
· Morgenthau, Hans. 2005. 『Politics Among Nations』, McGraw-Hill Education
· Mitter, Rana. 2020. 『China' s Good War』, Belknap Harvard
· Morris, Ian. 2011. 『Why the West Rules - For Now』, Farrar, Straus and Giroux
· _____. 2014. 『War! What It Is Good For?』, Farrar, Straus and Giroux
· Mounk, Yascha. 2018. 『The People vs. Democracy』, Harvard
· Nye, Jr, Joseph S. 2011. 『The Future of Power』, PublicAffairs
· O' Hanlon, Michael. 2021. 『The Art of War in an Age of Peace』, Yale
· Orlik, Thomas. 2020. 『China the Bubble That Never Pops』, Oxford
· Pascal, Blaise. 1995. 『Pensees』, Penguin
· Piketty, Thomas. 2014. 『Capital in the Twenty-First Century』, Balknap Harvard
· _____, 2020. 『Capital and Ideology』, Harvard University
· Pillsbury, Michael. 2016. 『The Hundred-Year Marathon』, St. Matin' s Griffin
· Polybius. 1979. 『The Rise of the Roman Empire』, Translated by Ian Scott-Kilvert. Penguin Books
· Posen, Barry. 2014. 『Restraint』, Cornell Univ. Press
· Rachman, Gideon. 2016. 『Easternisation』, Bodley Head
· Ramo, Joshua Cooper. 2010. 『The Age of Unthinkable』, Back Bay Books
· Rogin, Josh. 2021. 『Chaos Under Heaven』, HMH
· Rothkopf, David. 2014. 『National Insecurity』, PublicAffairs
· Rousseau, Jean Jacques. 1968. 『The Social Contract』, Penguin
· Sanders, Bernie. 2016. 『Our Revolution』, St. Martin' s Press
· Sanger, David E. 2018. 『The Perfect Weapon』, Crown
· Sarotte, Mary Elise. 2014. 『The Collapse』, Basic Books
· Scharre, Paul. 2018. 『Army of None』, Norton
· Schopenhauer, Arthur. 2004. 『Essays and Aphorisms』, Penguin
· Schweizer, Peter. 2002. 『Reagan' s War』, DoubleDay
· Sestanovich, Stephen. 2014. 『Maximalist』, Knopf
· Sharma, Ruchir. 2016. 『The Rise and Fall of Nations』, Norton
· Shambaugh, David. 2008. 『China' s Communist Party』, University of California Press

· _____. 2013. 『China Goes Global』, Oxford
· _____. 2016. 『China's Future』, Polity
· Singh, Robert S. 2016. 『After Obama』, Cambridge
· Slaughter, Anne. 2005. 『A New World Order』, Princeton
· Sparrow, Bartholomew. 2015. 『The Strategist』, PublicAffairs
· Stasavage, David. 2020. 『The Decline and Rise of Democracy』, Princeton
· Steinberg, James and Michael O'Hanlon. 2014. 『Strategic Reassurance and Resolve』, Princeton
· Stiglitz, Joseph E. 2015. 『The Great Divide』, Norton
· _____. 2013. 『The Price of Inequality』, Norton
· Tacitus. 1999. 『The Histories』, Oxford
· Talbott, Strobe. 2002. 『The Russia Hand』, Random House
· Tangredi, Sam J. 2013. 『Anti-Access Warfare』, Naval Institute Press
· Taylor, A. J. P. 1955. 『Bismark: The Man and the Statesman』, Vintage
· Tocqueville, Alexis de. 『Democracy in America』, Signet Classic
· Thucydides. 1972. 『History of the Peloponnesian War』, Translated by Rex Warner. Penguin
· Vico, Giambattista. 2000. 『New Science』, Translated by David Marsh. Penguin
· Walt, Stephen. 2020. 『The Hell of Good Intentions』, FSG
· Williamson, John. 1994. 『The Political Economy of Policy Reform』, IIE
· Wolf, Martin. 2014. 『The Shifts and the Shocks』, Penguin Press
· Woodward, Bob. 2018. 『Fear』, Simon & Schuster
· _____. 2020. 『Rage』, Simon & Schuster
· Xenophon. 1984. 『The Persian Expedition』, Penguin Books
· _____. 1990. 『Conversations of Socrates』, Penguin Books